"十二五"普通高等教育本科国家级规划教材
全国高等医药院校规划教材

供临床、预防、基础、口腔、麻醉、影像、药学、检验、护理、法医等专业使用

核医学教程

第3版

主 编 李亚明

科学出版社
北　京

· 版权所有　侵权必究 ·

举报电话：010-64030229；010-64034315；13501151303（打假办）

内 容 简 介

《核医学教程》（第3版）全书由四篇（总论、诊断、治疗和展望）三十章组成。在"总论篇"中，本书重点介绍和阐述了核医学及其相关知识的基本概念，核医学仪器和放射性药物的质量控制，临床常规诊治的辐射剂量和放射卫生防护监测，核医学学科组建及其规章制度以及临床核医学研究的常用设计方法。在"诊断篇"，本书共分十三章，系统阐述了核医学体内体外检查的原理和方法、临床意义。在"治疗篇"，本书系统介绍了核素体内、体外治疗的原理和临床应用，突出了对于核素治疗后出现的临床表现的医学认识。作为培养二十一世纪医学人才的教材，本书增设了"展望"一篇章，重点介绍和展望了核医学在现代和未来医学疾病研究、诊治中的价值、进展和发展趋势。

图书在版编目（CIP）数据

核医学教程 / 李亚明主编. —3版. —北京：科学出版社，2014
"十二五"普通高等教育本科国家级规划教材·全国高等医药院校规划教材
ISBN 978-7-03-041392-5

Ⅰ.①核… Ⅱ.①李… Ⅲ.①核医学-高等学校-教材 Ⅳ.①R81

中国版本图书馆 CIP 数据核字(2014)第 154904 号

责任编辑：周万灏 / 责任校对：胡小洁
责任印制：赵 博 / 封面设计：范璧合

版权所有，违者必究。未经本社许可，数字图书馆不得使用

科学出版社 出版
北京东黄城根北街 16 号
邮政编码：100717
http://www.sciencep.com

北京凌奇印刷有限责任公司印刷
科学出版社发行 各地新华书店经销

*

2003 年 1 月第 一 版　　开本：787×1092　1/16
2014 年 10 月第 三 版　　印张：27 插页：4
2025 年 1 月第十二次印刷　　字数：675 000

定价：88.00 元
（如有印装质量问题，我社负责调换）

《核医学教程》（第3版）编委名单

主　　编 李亚明
副主编 黄　钢　王　铁　匡安仁　张永学　何作祥
编　　委（按姓氏笔画排序）

马云川　首都医科大学宣武医院
王　茜　北京大学人民医院
王　铁　首都医科大学朝阳医院
王　辉　上海交通大学医学院附属新华医院
王全师　南方医科大学南方医院
王荣福　北京大学第一医院
王雪梅　内蒙古医科大学附属医院
石洪成　复旦大学附属中山医院
田　蓉　四川大学华西医院
冯　珏　河北医科大学第二医院
匡安仁　四川大学华西医院
吕中伟　同济大学附属第十人民医院
朱小华　华中科技大学同济医学院附属同济医院
刘建军　上海交通大学医学院附属仁济医院
关晏星　南昌大学第一附属医院
安　锐　华中科技大学同济医学院附属协和医院
杜补林　中国医科大学附属第一医院
杨　志　北京大学肿瘤医院
杨小丰　新疆维吾尔自治区人民医院
杨敏福　首都医科大学朝阳医院
李亚明　中国医科大学附属第一医院
李林法　浙江大学医学院附属第一医院
李思进　山西医科大学第一医院
李雪娜　中国医科大学附属第一医院

吴　华　厦门大学附属第一医院
时景璞　中国医科大学附属第一医院
何作祥　中国医学科学院阜外心血管病医院
张永学　华中科技大学同济医学院附属协和医院
陈　跃　泸州医学院附属医院
陈卫文　昆明医科大学附属曲靖医院
陈雪红　兰州大学第二医院
庞　华　重庆医科大学附属第一医院
袁卫红　昆明医科大学第二附属医院
徐惠琴　安徽医科大学第一附属医院
黄　钢　上海交通大学医学院附属仁济医院
阎　英　沈阳军区总医院
蒋宁一　中山大学附属第二医院
韩建奎　山东大学齐鲁医院
谭　健　天津医科大学总医院

编写秘书　杜补林

前　　言

到2014年5月，《核医学教程》第2版已发行快7年了。7年中，这本教材印刷了多次，表明它在我国高等教育核医学教学和人才培养中起到了一定的作用，得到了充分的肯定。

新版《核医学教程》继续全面贯彻教育部"十二五"普通高等教育本科国家级规划教材编写指导思想。来自全国20个省市自治区24所大学、医科院的我国知名核医学专家参加了编写工作。

在过去的7年中，国内外核医学有了长足的发展，突出表现在分子影像和多模态影像在临床逐步普遍应用，核医学或多学科指南、规范、专家共识覆盖了核医学的诊断和治疗等领域。在本书的编写中，上述发展均有了充分的体现和遵循。

为了保持本书的特点，本次编写中对上一版的篇章没有做大的变化，全书仍分为总论、诊断、治疗和展望4篇。

结合教学、住院医师规范化培养、研究生培养的工作经验和学生的初步临床科研需求，本书增加了"核医学研究的常用方法"一章。编写者是我国著名的流行病学专家时景璞教授。在这一章里，时景璞教授结合核医学临床工作和数据特点，通过深入浅出，一一举例，较全面地介绍了基本的核医学科研方法，对提升学生和初级医师的临床科研能力尤为重要。

随着医学的进步，核医学的一些传统概念可能不一定能准确表达其内在的生物学特点和实际的临床应用价值，例如，甲状腺摄碘试验。该试验通过24小时动态测量碘在甲状腺内的代谢过程，完整地反映了甲状腺滤泡上皮细胞膜上碘的转运、碘在细胞内有机化、甲状腺激素合成的数量和速率、甲状腺激素释放的速率等生物过程和功能，仅以甲状腺摄碘试验表述难免以偏概全，又没有很好的表达试验的意义和价值。本次编写，主编建议将其名称改为甲状腺碘代谢试验。同样，将过氯酸盐释放试验改为碘有机化障碍试验。

核医学教学工作是核医学学科建设重要的一环和基石，它要起到培养学生对核医学的兴趣、立志从事核医学事业的重要作用。教材编写工作可打造优秀的核医学教材编写、授课的师资队伍，使教材成为核医学重要理论和重点技术的宝典。

本教材各位编委均为工作在医教研一线的专家、学者，在编写过程中大家本着高度的责任心，在此表示衷心感谢。中国医科大学附属第一医院核医学科的杜补林、李雪娜等同志及科学出版社的领导和编辑在本书编辑、文稿校对、整理等工作中付出了辛勤努力，在此表示真诚的感谢。

由于水平有限，难免有不当之处，诚恳希望广大读者提出批评和改进意见，以便修订时加以完善和改正。

李亚明
2014年5月

目　　录

第一篇　总　　论

第一章　核医学概述 ················· 1
第一节　核医学的定义和内容 ············ 1
第二节　核医学的特点 ·················· 2
第三节　核医学的发展历史和现状 ········ 3
第二章　核物理基础知识 ·············· 9
第一节　原子结构 ······················ 9
第二节　核衰变 ······················· 10
第三节　电离辐射与物质的相互作用 ····· 13
第三章　核医学仪器 ················· 16
第一节　单光子发射型计算机断层显像
　　　　仪（SPECT） ·················· 16
第二节　正电子发射型计算机断层
　　　　显像仪（PET、PET/CT） ········ 18
第三节　其他类型放射性探测仪器 ······· 20
第四节　多模态显像 ··················· 21
第四章　放射性药物 ················· 22
第一节　放射性核素的来源 ············· 22
第二节　放射性药物的制备 ············· 24
第三节　放射性药物的质量控制与质量检验 ··· 27
第四节　放射性药物的使用和管理 ······· 28
第五节　体内诊断用放射性药物 ········· 30
第六节　体内治疗用放射性药物 ········· 32
第五章　放射辐射生物学和防护 ········ 34
第一节　天然和人工放射源 ············· 34
第二节　辐射生物效应 ················· 34
第三节　放射防护的基本原则和措施 ····· 40
第六章　核医学科组建及其规章制度 ···· 45
第一节　组建核医学科的基本要素 ······· 45
第二节　核医学科的主要规章制度 ······· 48
第七章　临床核医学研究的常用设计
　　　　方法 ······················· 52
第一节　临床研究设计方法的类别 ······· 52
第二节　临床试验性研究方法 ··········· 53
第三节　病例对照研究 ················· 58
第四节　队列研究 ····················· 61

第二篇　诊　　断

第八章　核医学诊断概论 ·············· 65
第一节　核医学显像的基本原理 ········· 65
第二节　核医学显像的类型和主要特点 ··· 68
第三节　核医学显像的影像分析 ········· 73
第四节　放射性核素非显像诊断方法 ····· 74
第九章　神经系统 ··················· 76
第一节　脑葡萄糖代谢显像和脑血流灌注
　　　　显像 ························· 76
第二节　PET 脑代谢-脑血流联合显像 ···· 88
第三节　脑脊液循环显像 ··············· 89
第四节　神经递质、受体和转运蛋白显像
　　　　及神经核医学研究 ············· 93
第十章　心血管系统 ················· 97
第一节　心肌灌注显像 ················· 97
第二节　心肌代谢显像 ················ 108
第三节　心肌神经受体显像 ············ 112
第四节　心肌阳性显像与乏氧显像 ······ 113
第五节　心室功能显像 ················ 114
第六节　大血管显像与深静脉显像 ······ 121
第十一章　内分泌系统 ··············· 125
第一节　甲状腺功能测定 ·············· 125
第二节　甲状腺显像 ·················· 128
第三节　甲状旁腺显像 ················ 135
第四节　肾上腺显像 ·················· 137
第五节　生长抑素受体显像 ············ 143
第十二章　消化系统显像 ············· 147
第一节　肝胆动态显像 ················ 147
第二节　肝胶体显像 ·················· 150
第三节　肝动脉血流灌注显像和肝血池显像 ··· 153
第四节　唾液腺显像 ·················· 155
第五节　胃肠道出血显像 ·············· 158
第六节　异位胃黏膜显像 ·············· 159
第七节　胃食管反流显像和胃排空功能测定 ··· 162
第八节　^{13}C 或 ^{14}C-尿素呼气试验 ···· 166
第十三章　呼吸系统 ················ 168
第一节　肺灌注显像和肺吸入显像的原理
　　　　和方法 ······················ 168
第二节　临床应用 ···················· 172
第十四章　骨骼与关节系统 ··········· 179
第一节　骨显像的原理、方法与影像分析 ··· 179
第二节　骨转移癌 ···················· 182
第三节　代谢性骨病 ·················· 188
第四节　原发性骨肿瘤 ················ 189
第五节　其他骨骼良性骨病变 ·········· 194

第六节　骨密度测定 199
第十五章　骨髓淋巴显像 205
　第一节　骨髓显像 205
　第二节　淋巴显像 208
第十六章　泌尿系统 213
　第一节　肾图检查 213
　第二节　肾动态显像 219
　第三节　肾功能介入试验 224
　第四节　肾静态显像 226
　第五节　膀胱反流显像 229
第十七章　肿瘤显像 232
　第一节　肿瘤 PET/CT 显像 232
　第二节　肿瘤 SPECT 显像 248

第十八章　炎症显像 261
　第一节　^{18}F-FDG 炎症显像 262
　第二节　其他炎症显像 266
第十九章　体外标记免疫分析 270
　第一节　体外标记免疫分析的基本原理 270
　第二节　体外标记免疫分析的基本试剂和基本技术 271
　第三节　体外标记免疫分析的类型 272
　第四节　体外标记免疫分析的质量控制 276
第二十章　儿科核医学 279
　第一节　儿科核医学特点 279
　第二节　儿科核医学临床应用 283

第三篇　核素治疗

第二十一章　放射性药物治疗概论 285
　第一节　放射性药物治疗疾病的基本原理 285
　第二节　治疗用放射性药物的特点 286
第二十二章　甲状腺疾病的 ^{131}I 治疗 290
　第一节　^{131}I 治疗甲状腺功能亢进症 290
　第二节　^{131}I 治疗分化型甲状腺癌 298
第二十三章　恶性肿瘤骨转移癌的放射性药物治疗 307
　第一节　放射性药物治疗骨转移癌概论 307
　第二节　用于骨转移癌治疗的放射性药物 309
　第三节　^{153}Sm-EDTMP 治疗骨转移癌 310
　第四节　^{89}SrCl$_2$ 治疗骨转移癌 313
　第五节　^{186}Re 及 ^{188}Re 治疗骨转移癌 315
　第六节　其他治疗骨转移癌的放射性药物 316
第二十四章　皮肤病的放射性核素治疗 319
　第一节　放射性核素治疗皮肤病概论 319
　第二节　血管瘤的放射性核素治疗 323
　第三节　其他皮肤病的放射性核素治疗 325
第二十五章　血液疾病的放射性药物治疗 329

　第一节　放射性药物治疗血液病概论 329
　第二节　^{32}P 治疗真性红细胞增多症 330
　第三节　^{32}P 治疗原发性血小板增多症 333
　第四节　^{32}P 治疗慢性白血病 335
第二十六章　放射性核素介入治疗 340
　第一节　放射性粒子植入治疗 340
　第二节　腔内介入治疗癌性胸、腹水 347
　第三节　放射性核素动脉介入治疗 349
　第四节　放射性支架血管内照射预防血管成形术后再狭窄 351
第二十七章　放射免疫治疗 359
　第一节　放射免疫治疗的原理和药物 360
　第二节　放射免疫治疗的临床应用和现状 363
第二十八章　其他疾病的放射性核素治疗 367
　第一节　^{99}Tc-MDP（云克）治疗 367
　第二节　^{131}I-MIBG 治疗恶性富肾上腺素能受体肿瘤 369
　第三节　前列腺增生的治疗 371
　第四节　^{131}I 治疗脊髓空洞症 374

第四篇　展　望

第二十九章　核医学的研究热点 376
　第一节　受体显像研究 376
　第二节　基因显像与基因治疗研究 384
　第三节　凋亡显像研究 390
　第四节　动脉粥样硬化斑块显像研究 393
　第五节　乏氧显像研究 396
　第六节　放射免疫显像研究 398
　第七节　多模式分子影像研究 401

第三十章　核医学分子影像展望 407
参考文献 415
附录 417
　附录一　常用放射性核素主要物理参数表 417
　附录二　放射性核素通用衰变计算表 419
　附录三　小儿放射性药物投予剂量计算法 420
　附录四　常用放射性药物 421

第一篇 总 论

第一章 核医学概述

第一节 核医学的定义和内容

核医学（nuclear medicine）是利用核素示踪技术（radionuclide tracing technology）即核素（nuclide）及其标记化合物（labeled compound）进行临床诊断、治疗疾病以及生物医学研究的一门学科，是核技术与医学相结合的产物，是现代医学的重要组成部分。在我国学科设置上其称谓为影像医学与核医学。

核医学在内容上分为实验核医学（experimental nuclear medicine）和临床核医学（clinical nuclear medicine）两大部分。

1. 实验核医学　是应用核素（核射线）进行生物医学基础理论的研究，探索生命现象本质和物质变化规律，为认识正常生理、生化过程和病理过程提供新理论和新技术，已广泛应用于生命科学各个领域。

2. 临床核医学　是利用核素及其标记化合物用于诊断和治疗疾病的临床医学学科，包括诊断核医学和治疗核医学。尤其是在我国临床上，核医学已形成一门临床专科。

（1）诊断核医学包括：以放射性核素显像（radionuclide imaging，RI）及脏器功能测定为主的体内（in vivo）诊断法；以体外放射分析为主的体外（in vitro）诊断法。

放射性核素显像是利用放射性核素及其标记化合物进行脏器或病灶功能显像的方法，有别于单纯形态结构的成像，是一种独特的分子功能影像，是核医学的重要特征之一。现代分子生物学的发展更为临床核医学的分子功能显像（molecular functional imaging）注入了强大的生命力。

如果只以时间—放射性曲线（time-activity curve）等显示形式进行脏器功能测定的方法则称为非显像检查法。

体外放射分析是以放射免疫分析（radioimmunoassay，RIA）为代表的体内微量生物活性物质定量分析技术，是将实验核医学的相关核技术应用于医学检验领域，是现代医学检验学的重要组成部分，已成为医学检验技术现代化的重要标志之一。

（2）治疗核医学是通过高度选择性聚集在病变部位的放射性核素或其标记化合物所发射出的射程很短的核射线，对病变部位进行内照射治疗。

实验核医学和临床核医学是同一学科的不同分支；实验核医学的研究成果不断推动临床核医学的发展，而临床核医学在应用实践中又不断向实验核医学提出新的研究课题，二者相互促进，不断发展进步。

第二节 核医学的特点

核医学核素显像技术与超声成像（ultrasonic imaging）技术、X 射线 CT（X-ray computed tomography，X-CT）技术和核磁共振成像（magnetic resonance imaging，MRI）技术是当今医学诊断的四大影像技术，在临床诊疗中均占据举足轻重的地位。

核医学功能显像与超声、X 射线和 MR 等成像技术是完全不同的。

超声成像是利用声呐原理，通过探测回波信号直接成像，以人体不同组织、或正常和异常组织的声阻抗不同作为诊断依据，成像速度快，成本低。

X-CT 成像是以测定人体的 X 射线吸收系数为基础，以衰减系数为重建变量，用数学方法通过电子计算机处理重建断层图像，以物理密度差异为诊断依据，成像分辨率高。

MR 成像是利用人体中氢质子在磁场中经共振吸收后的弛豫过程而形成的多参数重建图像，其共振信号反映了受检体的氢质子密度。以人体正常和病变组织或器官的质子密度分布不同作为诊断依据，对软组织的区分能力强。

上述三种所获得的影像基本为解剖结构成像，鉴于仪器具有较高的物理空间分辨率，图像清晰。近年来，随着设备硬件完善和各种软件开发及计算机技术应用发展，超声和 MR 有向功能成像过渡的发展趋势。

核医学成像是以核素示踪技术为基础，以放射性浓度为重建变量，以组织吸收功能的差异作为诊断依据。将放射性核素标记的分子探针（molecular probe）和/或显像剂（imaging agent）、示踪剂（tracer）引入机体后，探测并记录引入体内靶组织或器官的放射性示踪剂发射的 γ 射线，以影像的方式显示出来。这不仅可以显示脏器或病变的位置、形态、大小等解剖学结构，更重要的是可以同时提供有关脏器和病变的血流、功能、代谢和受体密度的信息，甚至是分子水平的化学信息，因此有助于疾病的早期诊断。这也是核医学成像最有特色之处。

此外，放射性核素显像为无创性检查。所用的放射性核素物理半衰期（physical half life，$T_{1/2}$）短，化学量极微，病人所接受的辐射吸收剂量（absorbed dose）低，因此发生毒副作用的几率极低。

新型核医学显像仪器——将单光子发射型计算机断层仪（single photon emission computed tomography，SPECT）和正电子发射型断层仪（positron emission tomography，PET）同机配置 CT 和 MR 装置，即 SPECT/CT 和 SPECT/MR、PET/CT 和 PET/MR，能同时反映活体功能代谢信息和精细解剖形态，改写了传统的核医学影像由于引入放射性及仪器分辨率的限制不能提供病变细微结构的历史，这是核医学功能代谢显像发展的一个新里程碑。

PET/CT 和 PET/MR 是将高性能的 PET 和多层螺旋 CT 或高磁场 MR 通过多种技术在硬件和软件方面结合在一起的高科技产品。这种结合并不是 X-CT 或 MR 功能和正电子符合探测功能的简单相加，还具有单独螺旋 CT 和 MR 或正电子符合成像设备不具备的同机图像融合功能，是目前最先进的医学影像检查设备之一。

因此，核医学显像具有灵敏度高、特异性强、分辨率和安全性好，快速获得全身分子功能显像，对病灶提供精细定位和定性诊断、反映疾病病理生理过程而进行早期诊断等特点，这是其他影像技术不可替代的。

近年来，各种成像技术均有很大的发展。超声成像利用更多的声学参数作载体，获取更多的生理、病理信息；通过数字化等途径，努力提高声像图质量，使其能显示更微细的组织结构。增强 CT 和动态 CT、螺旋 MR、磁共振波谱（magnetic resonance spectroscopy, MRS）技术等可显示血流动力学、分子微观运动、生理、生化代谢变化及化合物定量分析。

新的挑战更促使核医学向发挥自己优势的方向快速发展。图像融合（fusion imaging）技术可将 CT、MR 解剖结构影像与核医学 SPECT 和 PET 获得的功能代谢影像相叠加，更有利于病变精确定位和准确定性诊断。

放射性核素示踪技术与分子生物学技术相结合产生的分子核医学（molecular nuclear medicine）发展十分迅速。基于单克隆抗体或基因工程抗体的放射免疫显像（radioimmunoimaging, RII）和放射免疫治疗（radioimmunotherapy, RIT）、基因表达显像（gene expression imaging）和基因治疗（gene therapy）、反义显像（antisense imaging, ASI）和反义治疗（antisense therapy, AST），以及多种分子显像探针（molecular imaging probe）等的多模态影像技术的临床应用研究非常活跃，具有广阔的应用前景。

可以预见，核医学仪器设备和放射性示踪剂的发展，对提高威胁人类健康的肿瘤和心脑血管疾病的早期影像诊断技术及治疗水平方面将起到十分重要的作用。

第三节　核医学的发展历史和现状

一、核医学的发展历史

现代科学技术的四大标志是电子计算机技术、空间技术、生物技术和原子能的和平利用，后者在一个多世纪以来获得了迅速发展，已深入到国民经济的各个领域和部门。

1895 年，伦琴（Roentgen）发现 X 射线。

1896 年，贝克勒尔（Becquerel）发现铀[^{238}U]的天然放射性，从而打开了核物理学的大门。

1898 年，居里（Curie）夫妇成功提炼出放射性核素镭[^{226}Ra]和钋[^{218}Po]，制成 Ra 针，Ra 疗揭开了核医学的序幕。

1930 年，加速器问世实现了人造放射性核素，但因产量小、品种少、价格昂贵而难以推广。

1938~1942 年，首次应用 ^{131}I 诊断和治疗甲状腺疾病，为诊治核医学的发展及广泛应用开辟了光明大道。

1942 年，原子能反应堆建成，使人造放射性核素的产量、品种增多，价格降低，为核医学发展打下了物质基础。应用的核素包括碘[^{131}I、^{125}I]，磷[^{32}P]，氚[^{3}H]，碳[^{14}C]，硫[^{35}S]，锝[^{99m}Tc]等。

20 世纪 50 年代，甲状腺功能仪、肾功能仪、闪烁扫描机的应用，揭开核医学显像诊断的序幕。

20 世纪 60 年代，γ 照相机、钼[^{99}Mo] - 锝[^{99m}Tc]发生器、RIA 体外放射分析的应用，核医学、核药学（nuclear pharmaceuticals）开始腾飞。放射性核素标记物（如标记抗原、抗体、配体）和放射性药物（radiopharmaceuticals）如 ^{99m}Tc 标记药物在品种、数量和质量上均获得了很大的发展。

20 世纪 70 年代，电子计算机在核医学中的应用促使核医学仪器得到进一步完善，核医学诊断水平得到进一步提高，实现了脏器功能测定和动态显像。

20 世纪 80 年代以来，SPECT、PET、符合线路 SPECT、SPECT/CT、PET/CT 等核医学仪器快速发展；另外，核药学也得到快速发展，研制更好的脏器动态显像剂、建立快速标记法、研制超短半衰期核素标记的代谢显像剂（如镓[^{67}Ga]、铊[^{201}Tl]、铟[^{111}In]、^{123}I、^{11}C、氮[^{13}N]、氧[^{15}O]、氟[^{18}F]标记药物）。

21 世纪初，PET/MR 问世及应用，其广阔的发展空间，有望将分子影像学的发展带入一个新的时代。核医学已发生了翻天覆地的变化，取得了令人瞩目的成就。

我国核医学经历从无到有、从小到大的发展过程，在临床工作中已成为诊治疾病和医学研究不可缺少的手段。在老、中、青三代核医学工作者几十年的共同努力下，我国核医学事业从规模到水平都得到了良好的发展，在某些领域已达到或接近国际先进水平。

二、核医学的发展现状

（一）放射性药物

放射性药物是临床核医学发展的重要基石，其中用于放射性核素显像的放射性药物种类繁多，发展也非常迅速。

^{99m}Tc 是显像检查中最常用的放射性核素。目前全世界应用的显像药物中，^{99m}Tc 及其标记的化合物占 80% 以上，广泛用于心、脑、肾、骨、肺、甲状腺等多种脏器疾患的检查，并有配套药盒供应。此外，^{131}I、^{67}Ga、^{201}Tl、^{111}In、^{123}I 等放射性核素及其标记物也有较多应用，在临床中发挥着各自的特性和作用。

20 世纪 70 年代以来，随着 PET、医用回旋加速器及目前 PET/CT 显像仪器的问世及推广应用，^{11}C、^{13}N、^{15}O、^{18}F 等短半衰期的正电子放射性核素的应用也逐年增多，在研究人体生理、生化、代谢、受体等方面显示出独特优势。^{18}F 标记的氟代脱氧葡萄糖（^{18}F-fluorodeoxyglucose，^{18}F-FDG）是目前临床应用最为广泛的正电子放射性药物；其他如肿瘤代谢显像剂 ^{11}C-MET、心、脑灌注显像剂 ^{13}N-NH$_3$、tk 报告基因显像剂 ^{18}F-FHBG、乏氧心肌显像剂 ^{18}F-FMISO 以及受体显像剂 ^{18}F-FES、^{123}I（^{11}C）-β-CIT、^{18}F-dopa、^{123}I（^{11}C）-QNB、^{131}I（^{11}C）-CFN 等逐步应用于临床，或显示出很好的临床应用前景。

治疗用放射性药物种类也很多，^{131}I 仍是治疗甲状腺疾病最常用的放射性药物；锶[^{89}Sr]Cl$_2$、钐[^{153}Sm]-EDTMP 和铼[^{188}Re]-HEDP 等放射性药物在骨转移癌的缓解疼痛治疗中也取得了较为满意的效果；其他治疗性放射性药物还有 ^{32}P、钇[^{90}Y]、^{131}I-MIBG 等。近年来具有我国知识产权的国家Ⅰ类新药 ^{131}I-美妥昔单抗注射液和 ^{131}I-chTNT（商品名，唯美生^{TM}）已应用于临床。

我国对放射性药物的研究自 1985 年以后发展较快，取得了令人瞩目的成果，尤其是一批 ^{99m}Tc 标记的放射性药物的研制成功大大促进了临床核医学的发展，如 ^{99m}Tc-MIBI、^{99m}Tc-ECD、^{99m}Tc-DTPA 等已成为心肌灌注显像、脑血流灌注显像和肾动态显像的常用显像剂。此外，^{99m}Tc-N（NOEt）$_2$、^{99m}Tc-HL91、^{99m}Tc-TRADOT-1 等一批新型放射性药物也开始应用于冠心病、细胞乏氧和早期帕金森病诊断的临床应用研究，同时 ^{99m}Tc-IBZP、^{99m}Tc-ABZM、^{18}F-7-OH-AFPM 等受体显像剂的研制也取得了可喜的进展。

（二）核医学仪器

核医学仪器是核医学工作中必不可少的条件，包括核医学诊疗工作中所使用的各种放射性探测仪器，其中显像仪器是最重要的组成部分。

1958年，Anger 发明了第一台 γ 照相机（γ camera），为核医学显像技术的应用奠定了基础，使 γ 照相机成为最基本的显像仪器。

20 世纪 80 年代推出了 SPECT，实现了全身显像和断层显像，从而大大提高了图像的空间分辨率和诊断的灵敏度及准确性，加速了临床核医学的发展。SPECT 已成为目前核医学科最常用的显像仪器，并列为国家三级甲等医院必需配备的检查仪器。

PET 是目前临床核医学领域中最先进的显像仪器，被美国 2000 年《时代周刊》评为 20 世纪最具有创意且已商业化的三大发明之一。迄今为止，全世界已有 1000 多个 PET 中心。双探头和三探头符合线路 SPECT（coincidence circuit SPECT）在 SPECT 基础上兼有部分正电子显像功能。在 PET、符合线路 SPECT 基础上通过配置 CT 成像系统，实现了衰减校正（attenuation correction，AC）与同机图像融合，即 SPECT/CT、PET/CT，可同时获得病变部位的功能代谢状况和精确解剖结构的定位信息，已成功用于临床。此外，动物 SPECT（microSPECT）、动物 PET（microPET）和动物 PET/CT（microPET/CT）已研制成功并推广到临床实验研究应用中，对今后生物医学基础理论研究及新药开发具有重要应用意义。目前，我国在临床运行的 SPECT（其中 SPECT 358 多台，SPECT/CT 及符合线路 SPECT 140 多台）和 γ camera 600 多台，PET 11 台，PET/CT 180 多台，进口 MicroPET 或 PET/CT 10 多台和国产 MicroPET 3 台。

（三）临床核医学

1. 放射性核素显像 放射性核素显像是临床核医学的重要组成部分，其检查内容几乎涵盖了全身各个系统，在肿瘤、心血管系统、骨骼系统、泌尿系统、神经系统和内分泌系统疾病中的应用最为广泛。

（1）肿瘤核医学（nuclear oncology）近年来异军突起，利用 ^{67}Ga、^{201}Tl、^{131}I、^{99m}Tc 和 ^{18}F 等放射性核素及其标记化合物进行非特异性或特异性肿瘤显像，在肿瘤诊断和疗效观察等方面的价值日益受到临床的关注。特别是 ^{18}F-FDG 肿瘤代谢显像在肿瘤良恶性鉴别、分级和分期、治疗后复发和坏死的鉴别、疗效和预后判断等方面具有独特优势。

随着 PET/CT、PET/MR 及正电子核素的广泛应用，放射性核素显像已进入分子水平，以肿瘤代谢、基因、受体等为对象的肿瘤分子显像展示了诱人的前景。代谢显像中除葡萄糖代谢显像外，核苷酸代谢显像、氨基酸代谢显像等都具有重要临床价值。

放射免疫显像从临床试用至今，检查患者已达数万例，肿瘤类型涉及结肠癌、卵巢癌、乳腺癌、胃癌、甲状腺癌、肺癌、膀胱癌、黑色素瘤以及淋巴瘤等多种恶性肿瘤。

受体显像是一种无创的、能在活体内、从受体分子水平上研究肿瘤生物学行为的新方法，并对肿瘤病因学探讨、早期诊断和治疗指导等具有重要的临床价值，诊断效能明显优于传统的影像学检查。在国外，神经多肽受体显像、类固醇受体显像与 σ 受体显像等已用于多种肿瘤的诊断、分期、治疗方案选择与预后评价。

反义显像技术是将放射性核素标记的人工合成的反义寡核苷酸注入体内，通过体内核酸杂交而显示特异性基因过度表达的癌组织。目前，大多数用金属放射性核素直接标记单链或双链 DNA，即先用初级胺在反义 DNA 的两端将其衍生，再用不同的金属双功能螯合剂，如 DTPA、SHNH 或 MAG$_3$ 进行螯合以减少空间障碍，最后用 ^{99m}Tc 进行标记。使用单独或用聚乙二醇包裹的脂质体作为载体可提高转运效率及细胞内探针的浓度。

乏氧显像是应用乏氧显像剂探测缺血、缺氧组织。动物和人实体肿瘤中普遍存在乏氧细胞，对肿瘤患者治疗前后肿瘤氧水平进行检测，可评价疗效，有助于制订治疗方案。目前，国内外报道 ^{99m}Tc-HL91 和 ^{18}F 标记的氟硝基咪唑（^{18}F-fluoromisonidazole，^{18}F-FMISO）乏氧显像已成功地应用于临床肿瘤显像。

此外，其他各系统放射性核素显像在长期临床应用实践中也得到了不同程度的发展和完善。

（2）核心脏病学（nuclear cardiology）是临床核医学的重要组成之一。心肌灌注显像与心室显像已成为目前无创性诊断冠心病和评价心功能的灵敏而准确的方法；门控心肌灌注断层显像在观察心肌血供状况的同时可以评价左室室壁运动和左心功能状况，具有更大的实用价值。

近年来，心肌代谢显像（检测存活心肌）、心脏神经递质和受体显像（了解心脏神经支配功能完整性及受体分布、密度与亲和力）等新显像技术的应用，在冠心病治疗决策、心脏介入治疗及心脏移植术后的疗效评价等方面均有重要意义。

（3）神经核医学（nuclear neurology）在观察和研究脑血流分布、代谢、受体等方面有着重要作用。

局部脑血流（regional cerebral blood flow，rCBF）显像是研究脑局部血供状况的常用方法，合并应用负荷试验，可以显著提高对缺血性脑血管病的诊断灵敏度和准确性；脑 ^{18}F-FDG 显像在痴呆的鉴别诊断和脑功能研究方面具有独特优势。

近年来，脑神经递质和受体显像也从实验室研究进入临床应用，其中 ^{123}I 标记的多巴胺 D$_2$ 受体显像、5-羟色胺转运蛋白显像以及 ^{99m}Tc 标记的多巴胺转运蛋白显像已开始应用于帕金森病的诊断和疗效观察、精神分裂症患者的耐药筛选及药量选择，以及药物成瘾与戒毒应用研究。

此外，在探索人类行为、情感等生理行为变化和脑部疾患上，神经递质和受体显像越来越受到重视，国外关于这方面的研究已进入到临床应用阶段，国内的实验研究也取得了令人满意的结果。我国已成功合成了 ^{99m}Tc-TRADOT-1 并进行了猴帕金森病模型实验和临床前研究。

2. 放射性核素治疗 放射性核素治疗安全、经济且疗效肯定，已成为治疗疾病的一种有效手段。放射性核素治疗始于 20 世纪 40 年代中后期，当时主要用于内分泌、血液系统疾患的治疗。经过几十年的发展，经典的 ^{131}I 治疗甲状腺功能亢进症和功能性甲状腺癌转移灶，以及 ^{131}I-MIBG 治疗嗜铬细胞瘤等仍然是临床治疗的有效手段。

近年来，^{89}SrCl$_2$、^{153}Sm-EDTMP 和 ^{188}Re-HEDP 等用于治疗恶性肿瘤骨转移癌引起的骨痛取得了较为满意的效果。

我国研制的 ^{99m}Tc-MDP（亚甲基二磷酸盐，商品名"云克"）对类风湿性关节炎、骨转移癌骨痛治疗的疗效逐渐得到肯定。

肿瘤的核素导向治疗包括放射免疫治疗、受体导向治疗，已经或正在进入临床应用研究阶段，具有广阔前景。国内已开展了 ^{131}I-美妥昔单抗注射液治疗原发性肝癌和 ^{131}I-chTNT 抗肿瘤坏死单克隆抗体药物治疗肺癌、宫颈癌、脑胶质瘤的 RIT。基因治疗和反义治疗的研究在血液病等领域取得了许多可喜的结果。

^{125}I 粒子组织间植入方法治疗实体瘤等肿瘤新疗法也越来越受到人们的关注,并得到临床推广应用。另外,冠状动脉狭窄血管成形术后进行放射性核素内照射治疗来预防冠脉再狭窄的方法国内已开始试用于临床,并取得了较好效果。全国开展放射性核素治疗的医疗机构有 513 多个,共有 1297 多张病床,总治疗人数为 36.9 万多人次,主要治疗甲状腺机能亢进、皮肤病、分化型甲状腺癌术后残留、复发及转移、恶性肿瘤骨转移骨痛等。

3. 体外放射分析 1959 年,Yalow 和 Berson 建立 ^{131}I-胰岛素 RIA;1968 年,Miles 和 Hales 建立免疫放射分析(immunoradiometric assay,IRMA),开辟了医学检验史上的新纪元,Yalow 并因此获得了诺贝尔生理医学奖。

RIA 填补了定量测定体内极微量生物活性物质方法的空白,在其后 40 多年大大推动了内分泌学科的飞速发展。

我国 RIA 起步于 1962 年,首次建立了胰岛素的 RIA 分析方法并应用于临床。之后 RIA 试剂药盒的生产、RIA 测试仪器的研制及其临床应用方面都逐渐发展起来。全国各地的大中型医院和部分基层医院都建有 RIA 实验室或 RIA 中心,能够进行激素、蛋白、抗体等 300 余种生物活性物质的检测。有 480 多个核医学科开展体外分析检测,其中 RIA385 多个,全年检测 996.8 万多个标本;非放免检测 312 多个,全年非放免检测 3245.4 万多个标本,收到极好的社会和经济效益。

在 RIA 的测定原理基础上,其他体外分析方法也得到了不断发展,如酶联免疫分析(enzyme linked immunosorbent assay,ELISA)、化学发光免疫分析(chemiluminescent immunoassay,CLIA)、时间分辨荧光免疫分析(time-resolved fluoroimmunoassay,TrFIA)等非放射性体外分析技术,对 RIA 提出了挑战。这就需要不断发展高灵敏的免疫放射分析法使检测的灵敏度大大提高,改进标记和检测技术并不断开发新的检测项目等,充分发挥体外放射分析方法的优势,以适应临床医学的发展。

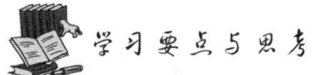
学习要点与思考

1. 掌握核医学的定义、内容和特点,以及核医学诊治疾病的基本原理及其特点。

2. 熟悉本学科在生物医学领域的地位、尤其有别于其他医学影像技术的反映组织细胞功能代谢和受体密度的特点及优势,科学和客观地对核医学这门知识交叉、渗透性非常强的边缘学科有一个新的全面认识。

3. 了解核医学发展历史、现状、新进展和学科发展的前景,为今后学习各章节和运用核医学新技术、新疗法为临床医学服务打下坚实的基础。

(王荣福)

中英文对照

核医学	nuclear medicine
核素示踪技术	radionuclide tracing technology
核素	nuclide
标记化合物	labeled compound
实验核医学	experimental nuclear medicine
临床核医学	clinical nuclear medicine

放射性核素显像	radionuclide imaging，RI
体内	in vivo
体外	in vitro
分子功能显像	molecular functional imaging
时间-放射性曲线	time-activity curve
放射免疫分析	radioimmunoassay，RIA
超声成像	ultrasonic imaging
X射线CT	X-ray computed tomography，X-CT
核磁共振成像	magnetic resonance imaging，MRI
分子探针	molecular probe
显像剂	imaging agent
示踪剂	tracer
物理半衰期	physical half life，$T_{1/2}$
吸收剂量	absorbed dose
单光子发射型计算机断层仪	single photon emission computed tomography，SPECT
正电子发射型断层仪	positron emission tomography，PET
磁共振波谱	magnetic resonance spectroscopy，MRS
分子核医学	molecular nuclear medicine
放射免疫显像	radioimmunoimaging，RII
放射免疫治疗	radioimmunotherapy，RIT
基因表达显像	gene expression imaging
基因治疗	gene therapy
反义显像	antisense imaging，ASI
反义治疗	antisense therapy，AST
多种分子显像探针	molecular imaging probe
伦琴	Roentgen
贝克勒尔	Becquerel
居里	Curie
核药学	nuclear pharmaceuticals
放射性药物	radiopharmaceuticals
^{18}F标记的氟代脱氧葡萄糖	^{18}F-fluorodeoxyglucose，^{18}F-FDG
γ照相机	γ camera
符合线路SPECT	coincidence circuit SPECT
衰减校正	attenuation correction，AC
肿瘤核医学	nuclear oncology
^{18}F标记的氟硝基咪唑	^{18}F-fluoromisonidazole，^{18}F-FMISO
核心脏病学	nuclear cardiology
神经核医学	nuclear neurology
局部脑血流显像	regional cerebral blood flow，rCBF
免疫放射分析	immunoradiometric assay，IRMA
酶联免疫分析	enzyme linked immunosorbent assay，ELISA
化学发光免疫分析	chemiluminescent immunoassay，CLIA
时间分辨荧光免疫分析	time-resolved fluoroimmunoassay，TrFIA

第二章 核物理基础知识

第一节 原子结构

(一)原子核与核外电子

原子(atom)是物质组成的基本单位,是一种元素能保持其化学性质的最小单位。原子的组成主要包括质子、中子和电子。按照国际统一规定,一个原子的特征可以用符号 $^A_Z X$ 表示。其中 X 表示某元素,A 表示原子的质量数,Z 表示原子的质子数(原子序数),N 表示中子数(图 2-1)。

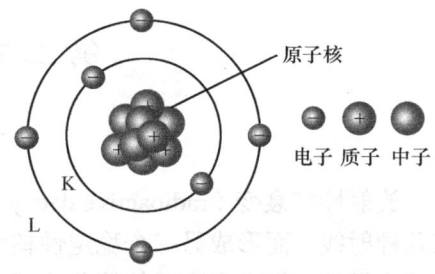

图 2-1 原子基本结构示意图

原子核是由原子中所有质子和中子相结合组成的一个中心,其半径远远小于原子的半径。质子带有一个正电荷,其质量是电子质量的 1836 倍。中子不带电荷,其质量是电子质量的 1839 倍。因此,原子核几乎集中了原子的全部质量,约占 99.9%以上。质子和中子数量的总和叫做质量数。国际上统一将原子的静止质量用原子质量单位(atomic mass unit,u)来表示,并定义 $^{12}_6 C$ 原子质量的 1/12 作为 1u。

$$1u = 1.660 \times 10^{-27} kg$$

核外电子带有一个负电荷,与原子核中质子可以通过场力相互吸引,被束缚在一个绕着原子核运行的原子轨道中。电子离原子核越近,吸引力则越大。每一个原子轨道都对应一个电子的能级,按轨道半径由内到外依次定义为 K、L、M、N、O、P、Q 层,每层能容纳的电子数为 $2n^2$ (n 代表第几层)。

轨道电子可以通过吸收或释放能量在不同能级轨道中跃迁,改变原子的能级状态。当电子获得能量,从低能级跃迁到高能级而使低能级出现空位时,称为激发态。处于激发态的原子很不稳定,高能级电子会自发跃迁到低能级空位上使原子恢复到基态,并释放特征性 X 线,或将能量传递给外层电子脱离原子而成为自由电子(俄歇电子)。每一种元素均有其自己的特征辐射,通过测定特征辐射就可以鉴别物质的元素组成。

(二)核素

在内部或外部因素的作用下,原子核中的质子数与中子数可以发生变化。但对于某种特定的元素而言,其质子数是恒定不变的,如果原子核的质子数发生变化,则此原子则变成了另外一种元素的原子了。而中子数是可以变化的,一种元素的中子数的数量决定了该原子的稳定性。中子数和质子数相等的核素较为稳定。

1. **核素** 质子数、中子数相同,并处于同一能级状态的元素,称为一种核素(nuclide)。每种元素可以包括若干种核素。目前已知的核素有 2300 多种,分别属于 100 多种元素。例如,^1H、^2H、^3H 属于同一种元素,但分别为三种不同的核素。

2. **同位素** 同一种元素的不同核素,质子数相同,中子数不相同,互为该核素的同位素（isotope）。例如，^3H、^2H 和 ^1H 互为同位素。

3. 同质异能素 同一种元素的不同核素，质子数和中子数都相同，但能级不同的核素互称为同质异能素（isomer），如 ^{99}Tc 和 ^{99m}Tc 互为同质异能素。

能够稳定地存在，不会自发发生放射性衰变的核素，称为稳定性核素（stable nuclide）。能够自发发生放射性衰变，并发射出放射线或亚原子粒子的核素，称为放射性核素（radioactive nuclide），又称为不稳定性核素（unstable nuclide）。目前，在已经发现的2300余种核素中稳定核素只有297种。原子序数小于82的元素至少存在一种稳定性核素，而原子序数大于82的元素都不稳定，会自发发生裂变直到稳定。

第二节 核 衰 变

一、核衰变类型

放射性核衰变（radioactive decay）是指放射性核素从不稳定的原子核自发地放出一种或几种射线，而形成另一个稳定性核素并停止放射的过程。发生放射性衰变前的原子核一般称为母核，发生衰变后的核称为子核。根据原子核发生放射性衰变所放出的射线种类不同，放射性核衰变的类型主要包括α衰变、β衰变以及γ衰变。

（一）α衰变

α衰变指原子核中放射出一个α粒子（A=4，Z=2）的衰变类型。每次α衰变，母核（X）失去2个质子和2个中子，子核（Y）原子序数减少2，质量数减少4。此过程伴随能量释放。

$$^A_ZX \to {^{A-4}_{Z-2}}Y + {^4_2}He + Q \qquad {^{226}_{88}}Ra \to {^{222}_{86}}Rn + {^4_2}He + 4.879 MeV$$

α粒子具有射程短、能量高和电离能力强的特点。主要发生于 Z>82 的核素。

（二）β衰变

β衰变主要包括 β^- 衰变、β^+ 衰变和电子俘获三种衰变类型。

1. β^- 衰变 指原子核放射出一个电子的衰变类型。β^- 衰变同时伴随反中微子（$\bar{v}$）释放。

$$^A_ZX \to {^A_{Z+1}}Y + \beta^- + \bar{v} + Q \qquad {^{32}_{15}}P \to {^{32}_{16}}S + \beta^- + \bar{v} + 1.71 MeV$$

2. β^+ 衰变 指原子核放射出正电子（β^+粒子）的衰变类型。β^+衰变同时伴随中微子（v）释放。

$$^A_ZX \to {^A_{Z-1}}Y + \beta^+ + v + Q \qquad {^{18}_9}F \to {^{18}_8}O + {^0_{+1}}e + v + 0.663 MeV$$

3. 电子俘获（EC） EC是指原子核吸收一个核外轨道电子，而使核内的一个质子转变为中子和中微子的衰变类型。发生电子俘获衰变的子核一般以不稳定激发态的形式存在。

$$^A_ZX + {^0_{-1}}e \to {^A_{Z-1}}Y + v \qquad {^{55}_{26}}Fe + {^0_{-1}}e \to {^{55}_{25}}Mn + v$$

当一种放射性核素的中子数比相应的稳定同位素的中子数要多（富中子放射性核素），容易发生 β^- 衰变；反之，贫中子放射性核素则容易发生 β^+ 衰变或电子俘获。

（三）γ衰变

γ衰变是指激发态原子核放射出γ光子，从激发态回到基态或低能状态的衰变类型。

$$^{Am}_ZX \to {^A_Z}X + \gamma \qquad {^{99m}_{43}}Tc \xrightarrow{6.02h} {^{99}_{43}}Tc + \gamma \qquad {^{113m}_{49}}In \xrightarrow{1.7h} {^{113}_{49}}In + \gamma$$

激发态子核有时可维持相当长的时间才退激,这种子核可看成是一种单独的放射性核素,本身又可作为母核,通过释放γ射线回到基态。此种衰变母核和子核的原子序数和质量数相同,只是母核和子核的能级不同。这种同质异能的变化称同质异能跃迁。γ衰变也有三种基本方式,即γ辐射、内转换和电子对内转换。

1. γ辐射 处于激发态的子核,寿命在 $10^{-13} \sim 10^{-11}$s,将以不同方式释放多余能量而跃迁到较低能级。其中以电磁辐射或以γ光子形式放出多余能量称γ辐射。一般表示成

$$Y^* \rightarrow Y + \gamma$$

2. 内转换 原子由激发态向基态跃迁时,可以将多余的能量直接传给核外电子,使之获得足够的能量脱离轨道成为自由电子(free electron),这一过程称内转换(internal conversion)。由内转换放射出的自由电子称内转换电子(internal conversion electron)(图2-2)。

3. 内转换电子对 对于激发态能量很高的γ衰变,相对于基态能量级差 $\triangle E > 1.02$MeV,则出射的携能粒子可能是一个正负电子对,称内转换电子对。此方式较少见。

放射性核素转变为稳定性核素往往需要多次衰变才能完成,也称为递次衰变。衰变后释放的α射线、β射线及γ射线由于其固有的基本特征,在入射到不同物质中发生的相互作用也不同。各种放射线的基本特性比较如表2-1所示。

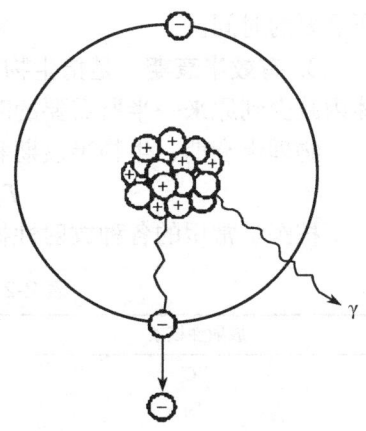

图2-2 γ衰变和内转换模式图

表2-1 各种放射线的基本特性

	α射线	β射线	γ射线
质量	^4_2He	e	光子
电荷	+2	-1	—
速度(公里/小时)	2万	20万	30万
穿透力	弱	较强	强
射程	mm	m	≥10m
电离效应	最强	较强	弱

二、核衰变规律

原子放射性核衰变是自然地发生,具有固定周期,并不因温度、压力、磁场等理化性质改变。对于特定原子核,其核子数随时间变化规律恒定,都遵守一种普遍衰变规律。

(一)衰变定律

放射性核素发生衰变时,虽然所有原子都能发生衰变,但它们并不是同时进行,放射性核素的原子数随时间作负指数函数而衰减。以公式表示:

$$N = N_0 e^{-\lambda t}$$

式中:N_0 为 $t=0$ 时的放射性核素的原子核数;N 为经过一定时间 t 后的放射性核素的原子核数;e 为自然对数的底(e = 2.718);λ 为衰变常数(decay constant):表示单位时间内某种放射性核素自发衰变掉的母核数和当时存在的母核总数之比,也就是每个原子核在单位时间内衰变的几率,λ 越大,衰变越快。λ 是反映放射性核素衰变速率的特征性参数。

（二）半衰期

为了更为形象的描述放射性核素随时间衰变的规律，引入半衰期的概念。

1. 物理半衰期　放射性核素在自然衰变过程中，所有的原子数减少至一半所需要的时间称物理半衰期（physical half life，$T_{1/2}$），简称半衰期（$T_{1/2}$）。这是放射性核素所特有的物理性质。根据衰变公示，可以推出半衰期与衰变常数的关系。

$$T_{1/2} = 0.693/\lambda$$

2. 生物半衰期　是指进入生物体内的放射性活度经由各种途径从体内排出原来一半所需要的时间。

3. 有效半衰期　是指生物体内的放射性活度因从体内排除和物理衰变的双重作用，在体内减少到原来一半所需要的时间。

物理半衰期、生物半衰期和有效半衰期三者之间的关系为：

$$T_{eff} = (T_{1/2} \cdot T_b) \cdot (T_{1/2} + T_b)^{-1}$$

核医学常用的各种放射性核素的物理半衰期如表 2-2 所示。

表 2-2　常用的各种放射性核素的物理半衰期

放射性核素	主要释放射线	物理半衰期
^{11}C	β^+	20.3 min
^{13}N	β^+	9.97 min
^{15}O	β^+	2.03 min
^{18}F	β^+	109.8 min
^{68}Ga	β^+	67.8 min
^{82}Rb	β^+	1.26 min
^{99m}Tc	γ	6.0 h
^{201}Tl	γ	3.0 day
^{67}Ga	γ	3.3 day
^{131}I	β^-和γ	8.02 day
^{111}In	γ	2.8 day

（三）放射性计量单位

1. 放射性活度（radioactivity）　放射性活度是表示单位时间内发生的核衰变次数。放射性活度的国际制单位是贝克勒尔（becquerel，Bq），定义为每秒发生一次核衰变。衍生单位有千贝可（kBq）、百万贝可（MBq）、十亿贝可（GBq）和万亿贝可（TBq）。

曾用单位是居里（curie，Ci），1 Ci = 3.7×10^{10} Bq。衍生单位包括毫居里（mCi）和微居里（μCi），它们的关系为：

$$1 Ci = 1 \times 10^3 \text{ mCi} = 1 \times 10^6 \text{ μCi}$$

2. 比放射性活度和放射性浓度　比放射性活度（specific activity）是指单位质量物质内含有的放射性活度，简称比活度，单位是 Bq/g 或 Bq/mol。放射性浓度（radioactive concentration）是指单位体积溶液内含有的放射性活度，单位是 Bq/L。

3. 放射性活度和质量的关系　根据阿伏伽德罗常数（Avogadro constant）1 mol 的各种元素含 6.023×10^{23} 个原子，可推算出放射性核素质量与放射性活度的关系式：

$$m = (A \cdot T_{1/2} \cdot m_a) \cdot (4.17 \times 10^{17})^{-1} \qquad m = (A_c \cdot T_{1/2} \cdot m_a) \cdot (1.13 \times 10^{13})^{-1}$$

式中：m 为质量（g）；A 为放射性活度（MBq）；A_c 为以居里（Ci）为单位的放射性活度；m_a 为原子质量数。应该说明，计算放射性核素的质量时，所计算的放射性核素应是无载体（carrier-free）的，即纯粹的放射性核素不含有稳定性核素。若同时存在稳定性核素即有载体（carrier-containing）时。计算时应考虑到载体的影响。

第三节 电离辐射与物质的相互作用

带电粒子如 α 粒子、β 粒子、电子和质子与非带电粒子 X 射线、γ 射线及中子所组成辐射统称电离辐射。电离辐射与物质相互作用是辐射生物效应、放射线探测及辐射防护应用的基础。

一、带电粒子和物质的相互作用

（一）电离

电离是具有足够能量的带电粒子与原子中的轨道电子发生碰撞所引起的。原子内的轨道电子与带电粒子相互作用，使轨道电子获得足够的能量脱离原子，造成原子的电离，形成正负离子对，这个过程称电离（ionization）。

电离的强弱常用射线在每厘米路程上产生的离子对数来度量，即电离密度（ionization density）或比电离（specific ionization）。带电粒子的电荷量越大，运动速度就越慢，所经过的物质密度越大，比电离就越大，带电粒子的能量损失也就越多。

（二）激发

激发是指原子内的轨道电子从入射的带电粒子所获得的能量不足以电离，只能使低能级的轨道电子跃迁到高能级轨道上去，使整个原子处于能量较高的状态的过程，这个过程称激发（excitation）。处于激发态的原子是不稳定的，很容易自发跃迁回到基态，同时释放出特征 X 射线或俄歇电子。

（三）韧致辐射

高速带电粒子在原子库仑场的作用下，运动方向和速度发生变化，带电粒子的部分动能转化为连续能谱的电磁辐射，这种辐射称韧致辐射（bremsstrahlung）。产生韧致辐射的能量与带电粒子能量成正比，与原子序数 Z^2 成正比，与带电粒子的质量平方成反比（图 2-3）。

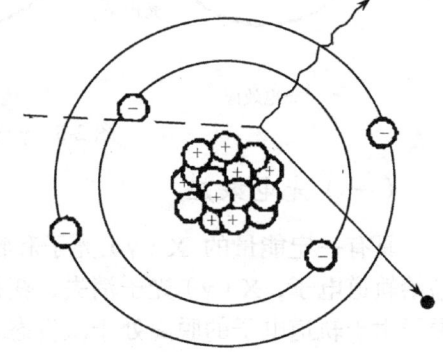

图 2-3 韧致辐射模式图

（四）散射

入射带电粒子受物质中原子核库仑电场作用而改变速度和运动方向，但不辐射光子，也不激发原子核的过程称散射（scattering）。其中仅运动方向改变而能量不变者称弹性散射。α 粒子质量大，径迹基本是直线进行，散射不明显；β 粒子质量较小，径迹折线进行，散射明显。

（五）湮没辐射

湮没辐射（annihilation radiation）是指一个粒子与其反粒子发生碰撞时，其质量可能

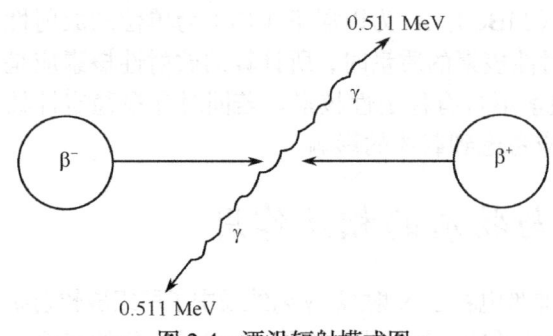

图2-4 湮没辐射模式图

转化为γ辐射的能量的过程。如正电子湮没辐射。正电子的平均寿命仅有10^{-9}s，它与物质相互作用并完全耗尽其动能前，与物质中的自由电子相结合，正负两个电子的静止质量可转化为方向相反、能量各为0.511MeV 的两个 γ 光子（图2-4）。

（六）契伦科夫辐射

当高速带电粒子在透明介质中以大于光在这种介质中的传播速度运动时，带电粒子的部分能量以电磁波的形式辐射出来，这种现象即契伦科夫辐射。

二、光子与物质的相互作用

X（γ）射线既是一种电磁辐射，可表现出与红外线、可见光一样的波动性特征；同时也是一种粒子（光子），其在与物质相互作用时表现其粒子性特征。与带电粒子相比，X（γ）光子与物质相互作用时并不能直接引起物质原子电离和激发，而是首先把能量传递给带电粒子，继而发生光电效应、康普顿效应和电子对效应等作用（图2-5）。

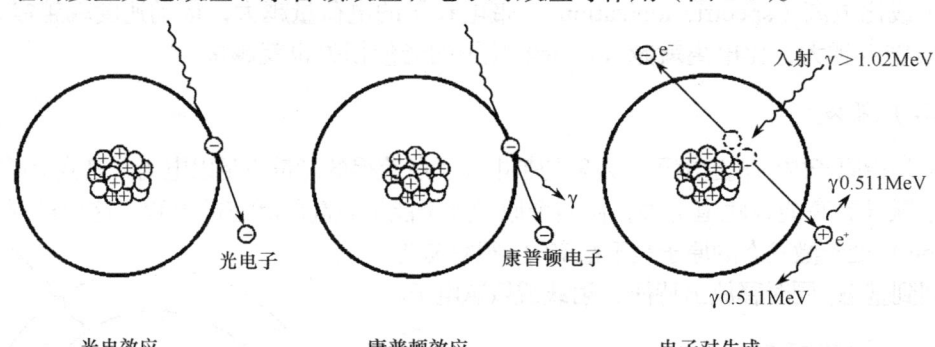

图2-5 γ光子与物质的相互作用模式图

（一）光电效应

具有一定能量的 X（γ）光子和物质原子的轨道电子发生相互作用，把其全部能量传递给轨道电子，X（γ）光子消失，获得能量的轨道电子脱离原子成为自由电子（光电子）；原子由于轨道电子的脱离处于激发态，继而发射特征 X 线或俄歇电子回到基态，这种过程称为光电效应（photoelectric effect）。随着原子序数的增加，光电效应发生的概率增加；X（γ）光子的能量越大，光电效应发生的概率减小。光电效应是低能时 X（γ）光子与物质相互作用的最主要形式。相对于水，光电效应发生概率占优势的能量范围大约在 10~30keV。

（二）康普顿效应

X（γ）光子和物质原子内的轨道电子发生相互作用，部分能量传递给轨道电子，X（γ）光子本身能量减少，运动方向发生改变；获得能量的轨道电子脱离原子成为自由电子（反冲电子）。这种过程称为康普顿效应。康普顿效应主要发生在 X（γ）光子能量相对较大范围时。相对于水，康普顿效应发生概率占优势的能量范围大约在 30keV~25MeV。

（三）电子对效应

当 X（γ）光子从原子核旁经过时，在原子核库仑场的作用下形成一对正负电子，称为电子对效应。电子对效应仅发生在入射 X（γ）光子能量高于 1.02 MeV 时。相对于水，光电效应发生概率占优势的能量范围大约在 25~100MeV。形成的正电子可继而在物质中与一个自由电子结合发生电子对湮没作用，产生湮没辐射。

三、中子与物质的相互作用

中子与原子核的作用方式有弹性散射和核反应等。中子将一部分能量传递给被碰撞的原子核，使它受到反冲脱离壳层电子作用成为反冲核运动，从而引起物质的电离和激发。

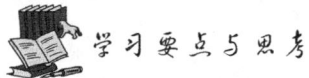
学习要点与思考

1. 了解原子核的基本结构及特性，掌握原子核和放射性核素的相关概念。
2. 熟悉核素衰变类型、衰变规律，并了解射线与物质的相互作用。

（刘建军）

中英文对照

原子	atom
原子质量单位	atomic mass unit
核素	nuclide
同位素	isotope
同质异能素	isomer
稳定性核素	stable nuclide
放射性核素	radioactive nuclide
不稳定性核素	unstable nuclide
放射性核衰变	radioactive decay
自由电子	free electron
内转换（电子）	internal conversion (electron)
衰变常数	decay constant
物理半衰期	physical half life
放射性活度	radioactivity
贝克勒尔	becquerel，Bq
比放射性活度	specific activity
放射性浓度	radioactive concentration
阿伏伽德罗常数	Avogadro constant
无载体	carrier-free
有载体	carrier-containing
电离（密度）	ionization (density)
比电离	specific ionization
激发	excitation
韧致辐射	bremsstrahlung
散射	scattering
湮没辐射	annihilation radiation
光电效应	photoelectric effect

第三章 核医学仪器

核医学仪器指在核医学诊疗中使用的能探测各种放射线的仪器，由两大部分组成，即辐射探测器（radiation detector）及对脉冲信号进行分析记录的电子测量装置和（或）计算机装置，包括 SPECT、SPECT/CT、PET、PET/CT、PET/MRI 及其他类型放射性探测仪器。

第一节 单光子发射型计算机断层显像仪（SPECT）

（一）SPECT 的成像原理

SPECT 实际是在一台高性能的 γ 照相机的基础上增加了支架旋转的机械部分、断层床和图像重建软件，使探头能围绕躯体旋转 360° 或 180°，从多角度、多方位采集一系列平面投影像。通过图像重建和处理，可获得横断面、冠状面和矢状面的断层影像。SPECT 广泛应用于全身各个系统的放射性核素显像。

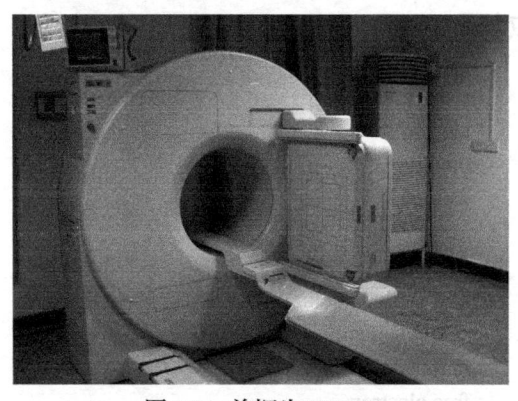

图 3-1　单探头 SPECT

（二）SPECT 的类型

按探头数目分为：

1. **单探头 SPECT**　只有一个可旋转的探头，如图 3-1 所示，结构简单，但断层及扫描速度慢。

2. **双探头 SPECT**　有两个可旋转探头，见图 3-2，两个探头可为固定角或可变角。固定角（90°）常被用于心脏显像。可变角（180°，90°，76°，102°）适用于各脏器显像。

3. **三探头 SPECT**　有三个可旋转的探头，见图 3-3，三探头可进行 180°，120°，90°，76°，102°）成像。特别 120°成像对心肌显像效果较好。

按仪器功能分为：

1. **普通 SPECT**　只进行γ射线的采集成像。
2. **正电子放射性核素的 SPECT**

（1）双探头符合线路断层显像仪（dual-head tomograph with coincidence，DHTC），或称 SPECT/PET，见图 3-4。有两个探头，并带有符合探测电路，它不仅能进行常规单光子核素显像，而且能完成 ^{18}F 标记物正电子核素显像，具有一机两用的功能。DHTC 的 NaI（Tl）晶体兼顾高低两种核素的有效探测，分辨率低于 PET。

（2）超高能准直器的 SPECT 显像：是将双探头 SPECT 装上高能准直器，直接探测 511keV 超高能γ射线。可同时进行高低能双核素显像，尤其适用于检测存活心肌的双核素显像，但由于探测灵敏度低，图像分辨率差，不利于肿瘤早期诊断与转移或复发病灶的探测。

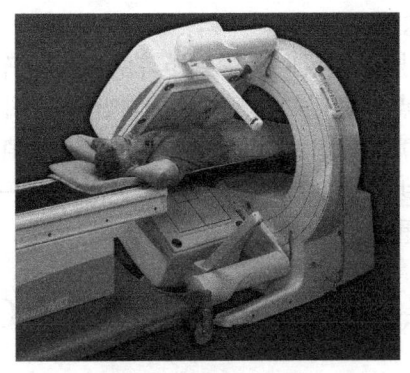
图3-2 双探头SPECT

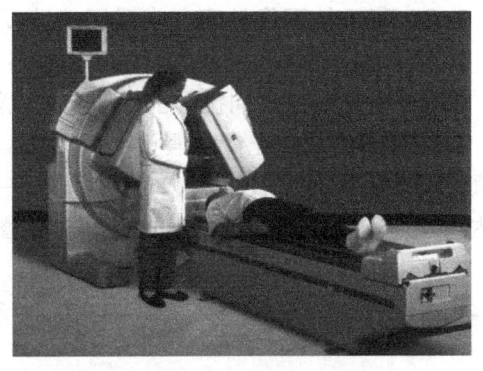
图3-3 三探头SPECT

3. SPECT/CT 为了弥补SPECT图像解剖定位信息不足的缺陷以及能够对γ光子进行精确的衰减校正，有些SPECT上加装了X线CT系统，见图3-5。它具有γ照相机和CT双重功能，一次显像可得到SPECT、CT及两者融合的图像。一种做法是在SPECT探头机架上安装一个简单的X线球管，对侧安装探测器；另一种做法是在SPECT机架后再并排安装一个高档螺旋CT。

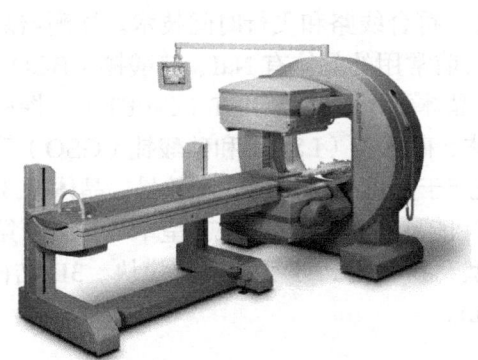
图3-4 符合线路SPECT

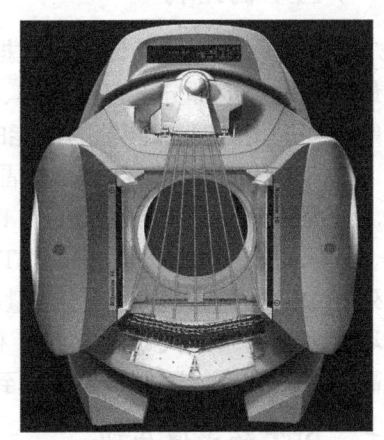
图3-5 SPECT/CT

（三）SPECT的数据采集及图像重建处理

1. 单核素或多核素采集 设置所用放射性核素的能量和窗宽，一次检查可以设置1~3个能量窗，实现单核素单能量采集，或2~3个核素同时采集，或单核素多能量采集。

2. 采集类型

（1）静态采集：预置计数或预置时间采集，最后由存入众像素中的总信息量组成一帧影像。

（2）动态采集：一般用帧模式（frame mode）采集，即将收集到的计数信号直接按位置信号存入相应的像素，预置帧率及总帧数。

（3）门控采集：门控采集是以生理信号对动态帧模式采集进行门控，例如用心电图的R波触发R-R间期内等时（如1/15、1/32R-R间期）动态采集。

（4）全身扫描采集：自动确定床速或探头移动速度，进行从头到足或从足到头的采集。

（5）断层采集：在计算机控制下探头围绕靶器官旋转180°或360°，采集64或128帧投影，形成靶器官的三维断层图像。

3. SPECT 的图像处理 常采用滤波反投影和迭代重建法。

（1）滤波反投影法：是把原始图像在各个方向的投影值反向投影到矩阵的各个矩阵单元中。再把所有方向的反向投影都相加起来就得到一个点源经过简单反投影重建出来的图像。

（2）迭代重建：先任意假设一幅图像，然后计算假设图像的投影值，并将计算值与测量值进行比较。每比较一次，对结果修正一次，直到假设值经修正后与真实值完全一致，或达到某种精度，迭代停止，此时得到的图像即为重建的断层图像。

第二节 正电子发射型计算机断层显像仪（PET、PET/CT）

将构成机体的基本元素的正电子核素（^{18}F，^{11}C，^{15}O，^{13}N）标记上葡萄糖、氨基酸、核酸、配体等物质注射入人体内，通过 PET 及 PET/CT，在体外无创伤、动态地观察这些物质进入人体后的生理、生化变化，可以准确显示活体的物质代谢、细胞增殖、受体分布、血流灌注及脏器功能等信息，因此，PET 也被称为"活体生化显像"。PET 是目前所有影像技术中最有前途的影像技术之一，是核医学发展的里程碑。

（一）PET 的结构

PET 主要由探测系统、计算机数据处理系统，图像显示和断层床等组成。探测系统是 PET 的最重要的组成部分，包括晶体、电子准直、符合线路和飞行时间技术。探测器晶体的材料的不同决定 PET 探测器的性能的差异。目前常用的晶体有 NaI、锗酸铋（BGO）、硅酸镥（LSO）和硅酸钆（GSO）等晶体，NaI 晶体常用临床型 PET（C-PET），探测效率较低。专用的 PET 常采用锗酸铋（BGO）晶体、硅酸镥（LSO）和硅酸钆（GSO）等新的晶体，其探测效率较高。另外，PET 的性能决定于晶体的排列形式和数量，晶体呈 360°环行排列在 PET 的机架上，环的数量越多探测性能越高。第一代 PET 呈单环排列，第二代呈双环或多环，第三代 PET 多环、模块结构型，新一代 PET 为多环、模块、3D 结构，大大提高了探测效率，图像分辨率达到为 3~5mm。

（二）PET 的成像原理

注射入活体后的正电子发射性核素发射的 β$^+$粒子在体内湮灭辐射后产生两个方向相反和能量均为 511keV 的 γ 光子同时入射至互成 180°环绕人体的探测器而被其吸收，见图 3-6。被接收的光子按不同角度分组，就得到各角度投影。通过置换成空间位置和能量信号，经计算机处理重建出这些化合物在体内三个断面的断层影像。

（三）PET 采集的计数类型

1. 单个计数 即每个探头所采集到的计数。由于 PET 安装有符合线路，单个计数中只有 1% 到 10% 被接受为符合计数。

2. 真符合与随机符合 真符合指两个探头同时探测到来自一个湮灭辐射事件 γ 光子，且这两个光子没有和周围物质发生作用而改变方向。真符合计数越多，图像质量越好。随机符合与真符合的主要区别为随机符合两

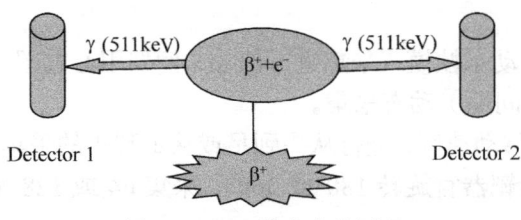

图 3-6 PET 符合成像原理

个探头探测到的两个光子来自不同的湮灭辐射事件。随机符合使图像本底增加,降低图像分辨率。

3. 散射符合　γ光子在飞行过程中和吸收物质的一个电子作用,虽然电子使γ光子改变了运动方向,但这个光子和与它相对应的另一个光子仍同时进入两个相对的探测器,这个被记录下来的事件称为散射符合。散射符合是影响图像质量的另一个重要因素。

(四) PET 的采集方式

PET 显像的图像采集包括发射扫描（emission scan）与透射扫描（transmission scan）。发射扫描方式包括 2D 采集、3D 采集、静态采集、动态采集、门控采集以及局部采集和全身采集等。主要的采集方式为 2D 采集、3D 采集。2D 采集时探头环与环之间放置隔栅,隔栅由铅或钨等屏蔽材料制成,目的是防止错环符合事件的发生。在 2D 采集时,只准许相对及相邻环之间发生符合事件,图像信噪比高,轴向视野的均匀度也较好。3D 采集收进环间隔栅,系统会记录探测器之间任何组合的符合事件,轴向视野的均匀度差,图像校正和重建复杂,定量精度差。见图 3-7、图 3-8。

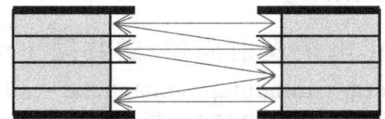

图 3-7　2D 采集方式

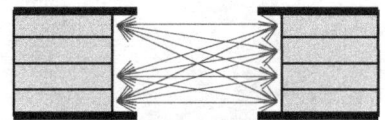

图 3-8　3D 采集方式

(五) PET 的图像重建

目前 PET 图像重建常用滤波反投影法（filtered back-projection）和有序子集最大期望值法（ordered subsets expectation maximization, OSEM）两种方法。滤波反投影法虽图像重建的速度快,SUV 计算准确；但是存在高分辨和低噪声的矛盾,有时会出现明显的伪影。OSEM 属于代数迭代方法类,虽然图像重建的速度慢,但具有较好的分辨率和抗噪声能力,重建的图像解剖结构及层次清楚,伪影少,病灶变形少,定位、定量较准确,图像质量好。

(六) PET/CT 的图像融合

PET/CT 是将正电子发射断层显像 PET 和 CT 有机融合在一起的一体化的无创性影像检查设备,图 3-9~图 3-11。

1998 年,第一台专用 PET-CT 的原型机安装在匹兹堡大学医学中心。将 CT 图像转入 PET 计算机内为发射扫描数据提供衰减校正,然后获得 PET 图

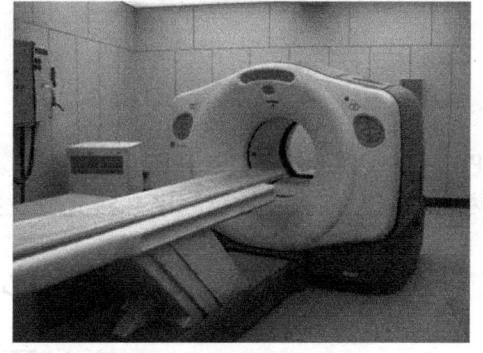

图 3-9　GE 公司 PET/CT

像和 PET、CT 融合图像,两种检查在同一设备上先后完成,同时获得功能、解剖和二者的融合图像。这种同机图像融合简单而精确,在此基础上的病灶定位和定性也将更准确。产生了"1+1>2"的效果。PET 与 CT 的结合还有另一方面的价值,即可以大大缩短 PET 的检查时间。一般专用 PET 检查需要约 1h,其中约 1/3 的时间用于采集衰减校正图像。例如,使用 ^{68}锗(^{68}Ge)棒源进行衰减校正,每个床位需要增加 3~4min,完成躯干检查（约 5~6 个床位）共占约 20min。使用 CT 进行衰减校正,同样的检查范围仅需约 1min,从而可以大大缩短检查时间。

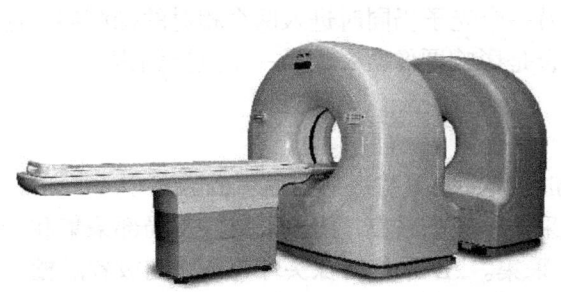

图 3-10　Philips 公司 PET/CT

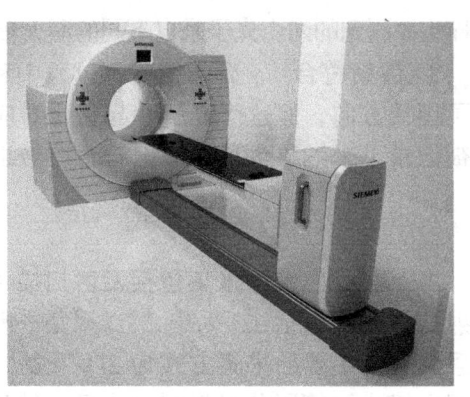

图 3-11　Siemens 公司 PET/CT

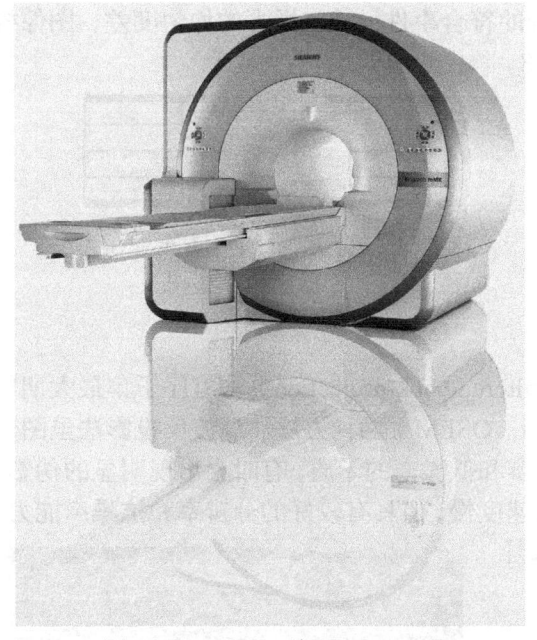

图 3-12　Siemens 公司 PET/MRI

（七）正电子发射断层/磁共振（PET/MRI）

正电子发射断层/磁共振（positron emission tomography/magnetic resonance imaging，PET/MRI）是 PET 探测器嵌合在 MRI 设备中，PET 和 MRI 能够同步地分别独立完成各自扫描。它可以对在软组织中扩散的疾病细胞进行成像。它使病患能够在各个模式下进行扫描，该系统还可以分别收集 PET 和 MRI 影像，图 3-12。

PET/MRI 检查与目前常用的 PET/CT 比较，放射对人体的损伤可以大幅度减低，因为不像 CT，MRI 对人体无任何放射损伤。PET/CT 在胸部肿瘤研究中起着无法取代的作用，但是在脑、乳腺、肝脏、盆腔和前列腺等肿瘤诊断和研究中 PET/MR 将对 PET/CT 起着强有力的支撑和补缺作用。在软组织肿瘤，比如淋巴瘤、骨髓瘤等肿瘤的诊断、临床分期和疗效监测中必将充分发挥其特有的优势。

第三节　其他类型放射性探测仪器

一、单光子骨矿物质密度测定仪

单光子骨矿物质密度测定仪主要采用长寿命的 γ 源（如 241Am，半衰期为 433 年，长期使用无需更换），用于测量人体及动物活体的骨矿物质含量。可用于因肾功能不全、代谢性疾病、血液病、光照不足、缺乏运动、营养不良、药物应用等所引起的骨质疏松症的早期诊断、临床诊断及疗效观察、也可用于骨代谢的基础理论研究。

二、前列腺增生治疗器

^{90}Sr-^{90}Y 前列腺增生治疗器根据人体前列腺的病理解剖，设计两种不同类型的（"尿道型"和"直肠型"）的治疗器。这种β射线腔内治疗器为良性前列腺增生症患者提供了一种安全、有效、经济、简便和无创伤的新疗法。

第四节 多模态显像

多模态分子影像技术是将在人体细胞水平的特征分子、组织水平功能和脏器水平解剖结构有机结合起来的全新影像成像模式，融合多种显像技术，可以更详细地了解疾病发展过程，较单一的影像技术具有更大优越性，包括多模态成像方法和多功能分子探针两方面。

多模态成像方法一般指超过两种以上的医学影像进行有机结合，对疾病进行早期诊断、分期（分层）和指导治疗。目前多种模态成像设备的档次、软件和技术方法在不断提高，包括 CT、MRI、核医学（PET/CT、SPECT、mPET/CT）、光学成像（Fluoresence Reflectance Imaging，FRI）、单光源量子点多标记物成像、拉曼散射（SERS）、磁共振频谱（MRS）、远红外和超声。

多功能分子探针是指不同信号源（磁介质、核素、光学物质）双、多重标记，用多功能联接分子复合标记具有多靶标结合部的分子探针，成为研究的最新方向，是多模态分子影像研究基础。多模态分子显像有助于适宜病人的选择、精确定位、准确信息、疗效观察、进展预测，从而提高肿瘤的分子靶向治疗疗效。

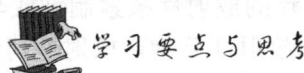

1. 掌握 SPECT 和 PET 显像工作原理。
2. 了解其他类型的放射性探测仪器。

（王雪梅）

中英文对照

辐射探测器	radiation detector
双探头符合线路断层显像仪	dual-head tomograph with coincidence，DHTC
帧模式	frame mode
发射扫描	emission scan
投射扫描	transmission scan
滤波反投影法	filtered back-projection
有序子集最大期望值法	ordered subsets expectation maximization，OSEM
正电子发射断层/磁共振	positron emission tomography/ magnetic resonance imaging，PET/MRI
光学成像	fluoresence reflectance imaging，FRI

第四章 放射性药物

设问

核医学是一种利用标记有放射性核素的药物诊断和治疗疾病的科学，是医学现代化的产物，是核技术在医学领域的应用科学。放射性核素示踪技术是核医学的精髓，无论诊断还是治疗都和这项技术密切相关。相信大家都了解示踪技术，比如，在自然界观察野生动物大熊猫的生活习性就是利用的示踪技术。科学家捕获野生大熊猫后，在它身上放上一个无线电发射器，人们在房间内通过仪器就可以探测到大熊猫的行踪，那个无线电发射器就是一种示踪物。可以想象，作为示踪物，一定很轻，很小，不易被熊猫察觉，也不能影响和干扰熊猫的行为和功能。你知道吗？在人体核医学检查中用的放射性核素也许是这个星球上最小、最轻、最不容易影响生理机制的示踪物了。将放射性核素连在某些化合物上，就可以制备成放射性示踪剂，把它引入生物体内后，通过仪器我们就能在体外探测到放射性示踪剂在生物体内的分布、代谢情况。可是如何生产这些神奇的放射性核素？如何将放射性核素连接到特定的化合物变成放射性药物？经过怎样严格的控制之后能将放射性标记化合物应用于人体？放射性药物如何去控制和管理呢？

核医学是一门发展十分迅速的新兴学科，放射性核素示踪技术是核医学的最基本技术。本章内容将带你领略这些神奇的放射性核素，阐明放射性药物的制备方法及其在临床医学的应用。

放射性药物（radiopharmaceutical）指用于医学诊断或治疗的放射性核素制剂或其标记化合物。凡在分子或制剂内含有放射性核素的药品都统称放射性药物。放射性药物、核医学设备和工作场所是核医学必备条件，而放射性药物又是核医学发展的重要基石。

放射性药物可以是放射性核素的无机化合物，如 Na^{99m}TcO$_4$，^{201}TlCl，Na^{18}F 等。更多的是用放射性核素标记的物质，标记物质可以是有机化合物、多肽、蛋白质以及纳米粒子等，如 ^{18}F-FDG、^{11}C-MET、^{68}Ga-Octretide、^{99m}Tc-Tilmanocept 等。

放射性药物的种类可根据其物理半衰期、生产来源、辐射类型、给药途径、剂型等进行分类。但通常是按照临床用途分类，即体内放射性药物和体外放射性药物。

放射性药物之所以特殊，首先是因为它具有放射性，它不同于普通药物，不具有明确的药理作用，而是根据放射性药物的理化和生物学特性决定其在体内的靶向分布，利用放射性核素发出的粒子或射线达到诊断或治疗的目的。此外，其化学量很少，多为一次性使用，几乎不存在体内蓄积的危害。放射性药物除和一般药物一样必须符合药典，如无菌、无热源、化学毒性小等要求，还应根据诊治需要而对其发射的射线种类、能量和半衰期等有所选择，并要考虑对于患者、医护人员以及公众的辐射防护问题。

第一节 放射性核素的来源

天然放射性核素一般不适合医学应用。临床上使用的放射性核素多是通过人工方法获取，主要是通过放射性核素发生器（generator）淋洗、核反应堆及加速器生产。此外，也可从裂变产物中提取。

1. 放射性核素发生器产生核素 放射性核素发生器是从一种长半衰期的母体核素中分离短半衰期的子体核素的装置。每隔一段时间，分离一次子体，有如母牛挤奶，故又俗称"母牛"。它的出现，使得某些短半衰期的核素的应用成为可能，其使用方便，在临床上应用广泛。表4-1中列举了几种常用的医用核素发生器及其母核与子核的性质和洗脱剂。

表4-1 用于临床核医学的部分放射性核素发生器

母体核素及半衰期		子体核素及半衰期		发生器洗脱剂
^{99}Mo	66 h	^{99m}Tc	6.02 h	0.9% NaCl
^{188}W	69.4 h	^{188}Re	16.9 h	0.9% NaCl
^{113}Sn	115 d	^{113m}In	99.5 min	0.05 mol/L HCl
^{68}Ge	271 d	^{68}Ga	68 min	0.05~0.6 mol/L HCl
^{81}Rb	4.6 h	^{81m}Kr	13 s	H$_2$O
^{62}Zn	9.3 h	^{62}Cu	9.7 min	2 mol/L HCl
^{82}Sr	25.5 d	^{82}Rb	75 s	2 mol/L HCl
^{90}Sr	28.8 y	^{90}Y	64 h	5 mol/L EDTA

注：上述放射性核素发生器除^{188}W-^{188}Re发生器、^{90}Sr-^{90}Y发生器为治疗用核素发生器外，其余均为诊断用放射性核素发生器

（1）单光子核素发生器：^{99}Mo-^{99m}Tc 发生器：^{99m}Tc 是临床最为广泛使用的放射性核素之一。^{99}Mo 的半衰期为66 h，其子体 ^{99m}Tc 具备理想的半衰期（6.02 h）及合适的γ射线能量（140keV），达到平衡的时间是24h。因此，每天可用生理盐水淋洗获得新鲜的 ^{99m}Tc，^{99m}Tc 具有活泼的化学性质，可以较容易地标记多种物质。

（2）正电子核素发生器：正电子核素的来源主要是加速器生产，限制了远离加速器医院的应用。正电子核素发生器作为加速器生产的补充，为PET临床应用提供方便。

1）^{82}Sr-^{82}Rb 发生器：^{82}Rb（^{82}RbCl）是美国国家食品药品监督管理局（U.S. Food and Drug Administration，FDA）批准的正电子放射性药物，具有与钾离子类似的性质，主要应用于PET心肌血流灌注显像。因为 ^{82}Rb 的半衰期只有76s，可以短时间内反复检查，但需要置于PET机旁，自动淋洗，自动注射。

2）^{68}Ge-^{68}Ga 发生器：^{68}Ge-^{68}Ga 发生器是由母核 ^{68}Ge（$t_{1/2}$ = 287 d）和子核 ^{68}Ga 组成。它具有母体半衰期长，便于长期使用，子核 ^{68}Ga（$t_{1/2}$ = 68 min；β^+：1.9 MeV）是正电子发射核素，具有易标记，半衰期较适中，降低病人所受的辐射剂量等优点。^{68}Ga-（DOTA-Phe^1-Tyr^3）Octreotide 药物在欧美已经用于神经内分泌肿瘤的临床诊断研究。

（3）治疗用核素发生器：^{90}Sr-^{90}Y 发生器：^{90}Sr 衰变成 ^{90}Y 的反应是个接近完美的典型β衰变，其中产生的伽玛衰变微不足道。^{90}Y 是治疗肿瘤的理想核素之一。它具有适当的物理半衰期（$t_{1/2}$ = 64 h），高能β射线（E_{MAX}=2.3 MeV，E_{AVE}=0.93 MeV）；平均组织射程2.5 mm，最大为11.9 mm，以细胞直径20 μm计算，可杀死150~200个细胞直径范围内的细胞，在500~600个细胞直径范围内有杀伤作用。近年来，将 ^{90}Sr-^{90}Y 发生器进行定期分离纯化得到的子体 ^{90}Y 与载体标记后制备的放射性药物在肝癌、骨癌、乳腺癌及卵巢癌等疾病的治疗是国际上放射性治疗药物的研究热点之一。

2. 加速器生产的放射性核素 尽管核素发生器可以提供部分核素，但大多医用正电子放射性核素是由加速器生产的。加速器能够加速质子、氘核、α粒子等带电粒子，这些粒子轰击各种靶核，引起不同的核反应，生成不同的放射性核素。医学中常用的加速器生产

的正电子核素有：^{11}C、^{13}N、^{15}O、^{18}F、^{124}I、^{64}Cu 等。

生产正电子的加速器分为直线加速器和回旋加速器，但直线加速器的能量低，主要生产 ^{15}O，供科研使用，因此，临床 PET 中心配套使用的是回旋加速器。

回旋加速器发明于 1930 年，其基本原理是：带电粒子在磁场中做圆周运动，采用变化电极的方法，使粒子在较低电压下通过多次加速获得高能。

由于加速器每次生产一个品种的核素，整个加速器的消耗都要加到这个产品中，所以加速器生产的核素价格较为昂贵。

3. 反应堆生产的核素 反应堆生产的放射性核素是将含有有关原子核的适当对象放入反应堆活性区，利用高注量中子来轰击（或叫辐照），使有关原子核发生核反应而产生的。被轰击的对象称为靶，做靶的材料叫做靶材料，靶材料的有关元素及其有关原子核称为靶元素和靶核。由于中子是电中性的，不受原子核库仑势垒的影响，它很容易进入被轰击的靶核进而实现核反应，使该靶核转变为所需的放射性核素。其主要生产方法有：

（1）通过慢中子轰击 ^{235}U 在反应堆中做短时间的辐照，通过核聚变分裂产生多种放射性核素，然后进一步纯化分离就可以得到所需的短半衰期核素，如 ^{133}Xe、^{99}Mo 等。

（2）利用核反应堆强大的中子流轰击各种靶核，吸收中子后的靶核发生重新排列，变为不稳定的新核素（放射性核素），如 ^{31}P（n，γ）^{32}P、^{50}Cr（n，γ）^{51}Cr 和 ^{88}Sr（n，γ）-^{89}Sr 等。

核反应堆生产放射性核素的优点是：能同时辐照多种样品、生产量大、辐照操作简单等。缺点是：多为富中子核素，通常伴有 β⁻衰变，不利于制备诊断用放射性药物；核反应产物与靶核大多数属同一元素，化学性质相同，难以得到高比活度的产品。

第二节 放射性药物的制备

放射性药物制备通常包括放射性核素生产（见上节），被标记载体的合成，放射性核素标记载体三个步骤。对于单光子类显像剂和治疗类药物的制备，上述三个步骤比较明显，正电子类显像剂的制备，后两个步骤往往同时完成。

被标记载体的作用是携带放射性核素到达靶器官或组织，达到诊断或治疗的目的。因此，载体可以是一般的化学药物、生物活性物质，也可以是专门为核医学诊断或治疗而设计的物质。放射性药物的标记方法包括合成法（化学合成、生物合成）、交换法、络合法（直接、间接络合）等。现将常用的几种放射性核素标记药物的制备介绍如下：

1. 单光子放射性药物

（1）^{99m}Tc 的放射性药物：锝是过渡元素，原子序数为43，目前已知有38个同位素，其所有同位素都是不稳定的。^{99m}Tc 发射单一能量的 γ 射线。^{99m}Tc 具备了单光子显像用放射性核素的所有优势，是目前临床核医学用途最广泛的单光子显像用核素。

从 ^{99}Mo-^{99m}Tc 发生器用生理盐水淋洗得到的 ^{99m}Tc 的化学形式是高锝酸钠，高锝酸自身较稳定。为了标记，通常需要用还原剂将+7 价的 ^{99m}Tc 将其还原成 ^{99m}Tc 的+3、+4、+5 等低价态的 ^{99m}Tc 才能制备成放射性药物，常用的还原剂为氯化亚锡。

目前市售的 ^{99m}Tc 配套药盒，是将除 ^{99m}Tc 以外的一切材料，包括被标记化合物、还原剂、络合剂等组装在密封瓶内，需要时加入 ^{99m}Tc 新鲜淋洗液，待反应完毕，即可使用。

（2）碘的放射性药物：碘的原子序数为53，位于元素周期表第七主族，其价电子层构

型为 $5s^2p^2$，再加一个电子便可达到稳定的八电子构型。碘的单体是双原子分子 I_2。用放射性碘标记，主要由碘的氧化状态控制。因此进行放射性碘标记需用氧化剂将主要以碘化钠形式存在的碘阴离子（I^-）氧化成碘分子。在水溶液中，游离的碘分子成 I^+-I^-。其中 I^+ 以 H_2OI^+ 的形式存在，H_2OI^+ 是产生碘化反应的离子，可与含有稳定碘的化合物发生同位素交换反应或与其他有机化合物发生化学取代反应完成放射化学碘的标记。核医学中常用的放射性碘有 ^{131}I、^{125}I、^{124}I 等。

^{131}I 的半衰期为 8.04 天，γ 射线的能量 365keV，而且伴有 β 射线，不适合单光子显像。但它由反应堆大量生产，价格便宜，目前仍用于标记某些药物，临床主要是用于进行甲状腺功能亢进和分化型甲状腺癌转移灶的治疗。

^{125}I 的半衰期 60.14 天，γ 射线的能量为 35keV 和 27keV，无 β 射线，特别适合用作体外竞争分析标记试剂。

^{124}I 为正电子衰变核素，半衰期为 4.2 d，发射的正电子最大能量为 2.1 MeV，湮没辐射后产生 511 keV 的 γ 射线。是用于治疗和 PET 显像为一体的核素。

对于药物原料分子中已经具有碘原子的物质，可通过同位素交换法进行标记；如待标记药物中无碘，主要通过亲电取代反应完成标记。如在蛋白质或多肽的碘标记应用中，首先将放射性碘化钠中碘阴离子用氧化剂演化成碘分子与碘+1 价阳离子，经过亲电取代反应机制标记在酪氨酸的苯环上羟基的两个邻位，组氨酸或色氨酸残基也具有碘标记活性位点。而常用的标记方法主要有氯胺 T 法、固相氧化法（Iodogen 法）和过氧化物酶法。

（3）^{67}Ga、^{111}In 的放射性药物：镓、铟、铊、硼和铝同属于元素周期表中第三主族的元素。其离子半径小、电荷高、主要以配位键结合。在溶液中以金属离子的水合态存在。

^{67}Ga 由加速器生产，其物理半衰期为 78.3h。Ga^{3+} 在原子半径和电荷方面与铁离子（Fe^{3+}）极为相似，可与血浆中的转铁蛋白、组织中的乳铁蛋白及铁蛋白结合。

^{111}In 由加速器生产，半衰期为 67.4h，发射能量为 173、247 keV 的 γ 射线。其标记方法主要有以下两种：

1）直接标记：铟的最稳定价态是+3 价，可以与配位基团的分子络合，形成配位数为 6（少数为 5）的稳定络合物。

2）间接标记：通过含有 DTPA 结构双功能螯合剂进行标记，一般用于单克隆抗体与多肽的标记。标记后需要测定放化纯度和 pH，一般放化纯度要求大于 95%，pH 为 5.5~7。

2. 正电子放射性药物

（1）^{18}F 的放射性药物：氟的化学性质活泼，取代化合物分子中的氢后，化合物的生物学性质变化不大，因此，可用 ^{18}F 取代药物中的氢用于 PET 诊断应用。^{18}F 通常由回旋加速器生产，其半衰期（$T_{1/2}$=110min）较其他正电子核素半衰期长，有利于标记较复杂化合物及临床应用，下面简单介绍常用 ^{18}F 标记的放射性药物。

1）氟[^{18}F]化钠（Sodium Fluoride [^{18}F]，[^{18}F]-NaF）：无载体的 $^{18}F^-$ 是用 97% 以上的 ^{18}O-水经核反应 ^{18}O（p，n）^{18}F 制得，经阴离子交换柱捕获，将靶水与之分离后，再用适量的生理盐水淋洗即得无色、无菌、无热源、适合静脉注射的制剂，其 pH 4.5~8.0，放化纯度应大于 95%。无载体的 $^{18}F^-$ 进入体内，99% 以上被骨摄取，并不与血浆白蛋白结合，加上 PET 高分辨率，是理想的骨显像剂。

2）氟[^{18}F]脱氧葡萄糖（[^{18}F]-FDG）：以 1，3，4，6-四乙酰基-2-三氟甲磺酰吡喃甘露糖为起始原料，经亲核反应、水解和纯化三步合成制得。其 pH 4.5~7.5，放化纯度应大于 90%。

[^{18}F]-FDG 与天然葡萄糖（Glu）的结构十分相似，所以也可以经葡萄糖转运蛋白主动运输进入细胞膜，而后在己糖磷酸激酶作用下磷酸化生成 2-[^{18}F]氟-6-磷酸-脱氧葡萄糖。但与 Glu 相比，其不能进一步在异构酶的作用下继续代谢，同时由于其带有负电荷不能自由通过细胞膜，只能滞留在细胞内，因此它可以使葡萄糖代谢旺盛的组织或器官（如肿瘤、脑灰质和心肌）显像，并由此计算出葡萄糖代谢率。其也是最重要的 PET 诊断剂，已广泛用于肿瘤、中枢神经系统疾病和心脏疾病的诊断。

（2）^{11}C 的放射性药物：碳是非金属元素，它是构成生命体主要元素之一。碳的同位素有十几种，其中 ^{11}C 的半衰期为 20.4 min，发生 β^+ 衰变，主要用于 PET 显像。因碳原子在有机分子中处于骨架地位，制备碳标记化合物不能用同位素交换法，而是用化学合成或生物合成法。大多数受体类药物都是 ^{11}C 标记的，最大优点是标记后不改变药物的理化和生物学特性。

1）碳[^{11}C]乙酸盐（[^{11}C]-AC）：用氮气（含 1%~2%氧气）经核反应 ^{14}N（p, α）^{11}C 制得 ^{11}C-CO$_2$，再与溴化甲基镁反应得到醋酸[^{11}C]盐，经系列柱纯化，产品吸附在阴离子交换柱上（IC-OH），用适量的生理盐水淋洗该柱即得，其 pH 4.5~8.0，放化纯度应大于 95%。其主要用于心脏冠状动脉疾病的诊断，评价局部心肌的存活能力，对急性心梗的预后评估优于 ^{18}F-FDG，近年来，也可用于肝细胞肝癌、前列腺癌、肾细胞癌等的诊断。

2）碳[^{11}C]蛋氨酸（[^{11}C]-MET）：以 *L*-高半胱氨酸内酯为起始原料，在碱性条件下水解前体，用 ^{11}CH$_3$I 或 ^{11}C-CH$_3$OTf 进行硫甲基化，经 C-18 柱纯化即得，其 pH 6.0~8.0，放化纯度应大于 98%。主要用于与氨基酸的摄取和蛋白质合成有关的肿瘤显像，特别是脑神经胶质瘤显像。

（3）^{13}N 及 ^{15}O 的放射性药物

[^{13}N]-氨（[^{13}N]-NH$_3$）：^{13}N-氨可用不同的方法、步骤制得（如经核反应 ^{16}O（p, α）^{13}N 或 ^{12}C（d, n）^{13}N）。在高纯靶水中加入 5mmol/l 的乙醇（或乙酸），经 ^{16}O（p, α）^{13}N 核反应在靶中直接生产出[^{13}N]氨水，经阳离子交换柱（CM）吸附后生理盐水淋洗，过无菌滤膜即得。其 pH 4.5~7.5，放化纯度应大于 95%。心肌血流灌注显像，进行血流定量测定。心肌的摄取取决于心肌的血流量，在正常组织的分布与血流成正比，梗死的部位无摄取。结合 ^{18}F-FDG 可评价局部心肌的存活能力。

[^{15}O]-水（[^{15}O]-H$_2$O）：水是最常见的，在人体内含量最多的物质。一般医用加速器用 ^{15}N-氮气 ^{15}N（p, n）^{15}O 核反应制得 ^{15}O$_2$，再与氢气混合，在 410℃铂丝催化，^{15}O-水蒸气通入生理盐水中，即得。其 pH 4.5~8.0，用气相色谱检测，放化纯度应大于 95%。主要用于血流动力学（如心、脑、肾、脾和肺等的血流量）定量测定。

（4）^{64}Cu、^{124}I 等固体靶核素放射性药物：固体靶核素是指由固体靶材料经过回旋加速器轰击之后获得的核素。在制备过程中通常将靶材料镀在一个基板靶盒上，靶盒一般多为银或铌。固体靶轰击后可以多次使用。在固体靶中生产出的核素需要传送出来，进行分离、提取、纯化。铜一般以 ^{64}Cu^{2+} 的形态出现，碘一般以 ^{124}I-I$_2$ 的形态出现。其中 ^{124}I-I$_2$ 的标记同本节中碘的标记。

^{64}Cu 的标记

1）直接标记：铜的最稳定价态是+2 价，可以与配位基团的分子络合，形成配位数为 4（ATSM）或者配位数位 6（EDTA）的稳定络合物。

2）间接标记：通过含有 DOTA、NOTA 结构双功能螯合剂进行标记，一般用于单克隆抗体与多肽的标记。

第三节 放射性药物的质量控制与质量检验

核医学使用的放射性药物，需引入人体内进行诊断与治疗。因此，为确保其安全有效，必须进行严格的质量控制与检验。

1. 放射性药物的质量控制 质量控制是药品生产管理规范（GMP）的一部分，它包括取样、质量标准、检验以及组织机构、文件系统和产品的发放程序等，它不仅局限于实验室内的检验，还涉及影响产品质量的所有决定。质量控制旨在确保产品符合既定标准要求之后，方可使用。

质量控制的基本要求：

（1）应当配备适当的设施、设备、仪器和经过培训的人员，有效、可靠地完成所有质量控制的相关活动。

（2）应当有批准的操作规程，用于原辅料、包装材料、中间产品、待包装产品和成品的取样、检查、检验以及产品的稳定性考察，必要时进行环境监测。

（3）由经授权的人员按照规定的方法对原辅料、包装材料、中间产品、待包装产品和成品取样。

（4）检验方法应当经过验证或确认。

（5）取样、检查、检验应当有记录，偏差应当经过调查并记录。

（6）物料、中间产品、待包装产品和成品必须按照质量标准进行检查和检验，并有记录。

（7）物料和最终包装的成品应当有足够的留样，以备必要的检查或检验；除最终包装容器过大的成品外，成品的留样包装应当与最终包装相同。

2. 放射性药物的质量检验 放射性药物质量检验是质量保证体系中一个重要环节，它直接影响放射性药物在临床应用中安全性、有效性和稳定性，必须根据国家制定的标准对放射性药物进行质量控制。内容主要包括物理性质、化学性质和生物学性质三方面。

（1）物理检验

1）性状：外观形状是对药品的色泽和外表感观的规定，药品外观性状的变化往往反映了药品质量的变化。在有防护措施的条件下，通过目视镜检查放射性药品物理状态、颜色及有无异物、异常絮状物或沉淀。

2）放射性核素纯度：放射性核素纯度是指特定放射性核素的活度占总活度的百分数。放射性药物中如果混有放射性核杂质，不仅给受检者增加不应有的辐射危害，同时也会影响显像的质量。

3）放射性活度：放射性活度是放射性药物的一个重要指标，使用前必须准确测定其活度。用药剂量不足会明显降低诊断质量或治疗效果，而剂量过高则会使患者接受额外辐射剂量或治疗过度。一般放射性药物质量标准中活度测定值均在标示值的±10%，治疗用放射性药物的活度测定值应控制在标示值的±5%为佳。

（2）化学鉴定

1）pH：放射性药物绝大部分是注射液，特定的 pH 对保证放射性药物的稳定性非常重要。由于血液的缓冲能力强，放射性药物的 pH 允许在 3~9 之间，但最理想的药物应为 pH 7.4 的等渗溶液。

2）放射化学纯度：放射化学纯度是指以特定化学形式存在的放射性活度占总放射性

活度的百分比。放射性药物中的放射化学杂质可以从制备过程中或药物的自身分解中产生。由于放射化学杂质可能对人体有害或影响放射性药物的体内分布，因此应对其进行控制，即放射化学纯度（radiochemical purity）不低于 90%~95%。

3）化学纯度：化学纯度是指以特定化学形式存在的某物质的质量占总质量的比例，与放射性无关。化学杂质一般是生产过程带入的，过量的化学杂质可能引起毒副反应或影响进一步放射性药物的制备和使用。化学纯度（chemical purity）的质控内容主要是控制化学杂质或载体含量，如高锝酸钠注射液中含铝量不得超过 10 μg/ml，锆含量不得超过 20 μg/ml。临床上有一种专门用来检测铝离子存在的试纸，如 pH 试纸一样，简便、直观，若溶液中有少量铝离子存在，试纸就会变成红色。

(3) 生物学鉴定

1）无菌及无热源：放射性药物必须是无菌和无热源的。无菌检查是药品安全重要检查项目之一，通常采用灭菌或除菌的方法，对于热稳定性好的制品，多选用灭菌方法，对于不宜灭菌或短半衰期需即时标记的放射性药物，多采用微孔滤过膜过滤法除菌。无菌检查采用细菌培养的方法完成。根据药典规定：每批培养基随机取不少于 5 支（瓶），培养 14 天，应无菌生长。关于无菌检查的方法，《中华人民共和国药典》（2010 年版）作出了新的修订，内容涉及培养基的使用范围、培养基灵敏度试验、试验稀释液和冲洗液等诸多方面。详细内容请参见：药典附录 XI H 无菌检查法。无菌检查最大不足是花费时间长，不适合短半衰期放射性药物的检测。

热源也是放射性药物必须通过的检查，热源的本质尚不清楚，热源的检查方法尚不成熟，目前采用细菌内毒素试验替代热源检查。

2）生物活性与生物分布：生物活性指放射性药物在体内的生物学特性。如受体显像中标记配体与受体的亲和力，放射免疫显像中标记抗体与抗原的免疫结合能力。此外，放射性药物在靶器官中的摄取量、浓聚程度及排泄速率应能反映靶器官的功能状态。生物分布在放射性新药研究中，作为阐明药代动力学的指标。

3）毒性：放射性药物的毒性包括两方面，一是被标记药物的毒性；二是辐射安全性。被标记药物的一次性使用量很小，其化学毒性甚微。辐射安全性问题的评价指标为医用内照射量，估算体内辐射剂量（MIRD）值应符合国家有关法规。并通过异常毒性及急、慢性毒性实验。

第四节　放射性药物的使用和管理

1. 放射性药品的使用

(1) 放射性药物的使用原则：对患者施用放射性药物前，首先要做正当性判断，即权衡施行放射性诊、治对于患者的利弊；在保证诊、疗效果的前提下，尽可能减少放射性药物的用量；采取必要的保护措施，如封闭某些器官或促排措施，减少不必要的辐射。

原则上妊娠期妇女禁用放射性药物，哺乳期妇女慎用放射性检查，对于育龄妇女进行放射性检查时，也要安排在妊娠可能性不大的月经开始后的 10 天内进行。由于儿童对辐射较为敏感，所以一般情况下，放射性检查不作为首选。若进行放射性检查时应根据年龄、体重或体表面积严格控制放射性活度。

(2) 不良反应及防治原则：放射性药物的不良反应是指注射了常规用量的放射性药物

后，出现的异常生理反应，由于使用不当造成的不良后果不包括在内。

放射性药物的不良反应与放射性本身无关，而是机体对药物中的化学物质（包括细菌内毒素）的一种反应。各种放射性药物不良反应发生率不尽相同，平均约万分之二左右。随着药物质量的提高，药品检测方法的完善，不良反应发生率逐年下降。

放射性药物的不良反应表现多为变态反应，其次为血管迷走神经反应，少数为热源反应。症状可在用药后即刻至数小时内发生，多数不良反应可自行缓解。

防治措施中，应以预防为主。医务人员应了解放射性药物不良反应，掌握处置原则。在放射性药物制备过程中，严格遵守操作规程，了解患者有无过敏史，注射前进行必要解释。科室应备有急救措施，一旦出现不良反应，积极采取相应措施，及时请有关科室协同救治。

2. 放射性药品的管理

（1）放射性药物的法律法规：1984年9月第六届全国人大常委会第七次会议通过的《中华人民共和国药品管理法》第39条规定，放射性药品属特殊管理的药品，管理办法由国务院制定。1989年1月时任国务院总理李鹏发布第25号令《放射性药品管理办法》，自发布之日起施行。《放射性药品管理办法》从研制、临床研究和审批、生产、经营和进出口、包装和运输、使用、药品标准和检验等几个方面对放射性药品制定了相应的管理规定，自此放射性药品进入了依法管理的时代。

2001年2月第九届全国人大常委会第二十次会议通过的《中华人民共和国药品管理法》第35条规定，放射性药品属特殊管理药品，管理办法由国务院制定。随着《中华人民共和国药品管理法》的修订和实际情况的变化，需对《放射性药品管理办法》进行修订，目前国家药品监督管理部门正在依据十多年的实施经验组织有关人员草拟修订稿。2002年9月国务院第360号令公布的《中华人民共和国药品管理法实施条例》，自发布之日起施行。了解、熟悉药品、放射性药品管理法规，是每位临床核医药学工作者必备条件。

（2）医疗机构制备和使用放射性药品的许可

1）申请《放射性药品使用许可证》的条件：医疗机构申请《放射性药品使用许可》，应符合"核发《放射性药品使用许可证》验收标准"相应等级所规定的条件。

医疗机构应持有环保部门核发的《辐射安全许可证》，应配备与制备和使用放射性药品相适应并具有一定资质的人员。应具备与制备和使用放射性药品相应的房屋及制备、质量控制及辐射防护仪器设备。制定与制备和使用放射性药品相关的一系列管理制度。

2）许可证分类及相应许可范围：《放射性药品使用许可证》分为四类。

持有（第一类）的医疗机构可以使用体外诊断用各种含放射性核素的分析药盒。

持有（第二类）的医疗机构可以使用：（Ⅰ）体内诊断、治疗用的一般放射性药品；（Ⅱ）即时标记放射性药品生产企业提供的已配制完成的含锝[^{99m}Tc]注射液。

持有（第三类）的医疗机构可以从事：（Ⅰ）第二类规定的放射性药品；（Ⅱ）采用放射性核素发生器及配套的药盒自行配置和使用体内诊断及治疗用放射性药品；（Ⅲ）采用市售自动合成装置自行制备和使用正电子类放射性产品。

持有（第四类）的医疗机构可以从事：（Ⅰ）第三类规定的放射性药品；（Ⅱ）可研制和使用放射性新制剂以适应核医学诊治新方法、新技术的应用。研制范围仅限国内市场没有或技术条件限制而不能供应的品种。

（杨　志）

第五节 体内诊断用放射性药物

诊断用放射性药物（diagnostic radiopharmaceuticals）是用于获得靶器官或病变组织的影像或功能参数，进行疾病诊断的一类体内放射性药物，也称显像剂（imaging agent）或示踪剂（tracer）。

体内诊断用放射性药物分为非显像和显像药物。前者用于体内器官或病变组织的功能判断，后者则通过显像进行影像及功能诊断。以下主要介绍显像药物。根据成像设备的不同，又分为 SPECT 显像药物与 PET 显像药物。

一、体内诊断放射性药物的基本要求

1. **物理半衰期** 放射性核素的半衰期要适当，过短很难保证显像剂的制备和显像过程的完成；过长会增加病人的辐射剂量。^{99m}Tc 的半衰期 6.02h，是目前较为理想的 SPECT 显像用核素；^{18}F 的半衰期 109.8min，是目前较为理想的 PET 显像用核素。

2. **衰变方式** 理想的 SPECT 显像所用的核素最好是单能、纯 γ 射线，如 ^{99m}Tc；而正电子显像所用放射性核素最好是纯 $β^+$ 衰变。

3. **光子能量** 适合 SPECT 显像的射线能量一般选在 100~300keV 范围。能量过低会因射线衰减影响图像质量；能量过高会增加病人的辐射剂量。^{99m}Tc(140keV)、^{111}In(173keV)是较理想的适合 SPECT 显像的核素。PET 显像正电子的能量为 511keV。

4. **生物学特性** 在靶器官（组织）聚集快、在血液中清除快，具有较高的靶/非靶比值。

二、常用的 SPECT 显像药物

在核医学显像中，以 SPECT 显像较为普及，是目前临床核医学的常规显像。核医学显像药物的种类繁多，显像机制也不尽相同，核医学医生可根据检查目的选择不同的显像剂及显像方法，为临床提供器官（组织）的功能和代谢信息。SPECT 显像药物中 ^{99m}Tc 及其标记化合物占80%以上，常用的有：

1. ^{99m}Tc-MDP 主要用于骨显像。

2. ^{99m}Tc-MIBI、^{99m}Tc-P53 和 ^{201}TlCl 主要用于心肌血流灌注显像。

3. ^{99m}TcO$_4^-$ 主要用于甲状腺、胃黏膜异位及腮腺显像，与 ^{99m}Tc-MIBI 或 ^{201}TlCl 联合可用于甲状旁腺显像。

4. ^{99m}Tc-MAA 肺灌注及下肢静脉显像，与 ^{99m}Tc-DTPA 气溶胶或 ^{99m}Tc-气体或 ^{133}Xe（肺通气显像剂）联合显像对于肺栓塞的诊断具有较高的价值。

5. ^{99m}Tc-DTPA 可用于肾动态显像、肾小球滤过率测定、膀胱尿反流显像；口服可用于胃食管返流显像、胃排空显像；气溶胶吸入用于肺通气显像；鞘内注射用于脑池显像。

6. ^{99m}Tc-ECD、^{99m}Tc-HMPAO 用于脑血流灌注显像。

7. ^{99m}Tc-RBC 用于门控心血池显像、消化道活动性出血显像、肝动脉灌注和血池显像。

8. ^{99m}Tc-植酸钠、^{99m}Tc-硫胶体 可用于肝脾显像。

9. ^{99m}Tc-EHIDA、^{99m}Tc-PMT　用于肝胆动态显像,后者还可用于肝细胞癌的阳性显像剂。

10. ^{99m}Tc-DX、^{99m}Tc-硫化锑、^{99m}Tc-ASC　用于淋巴显像。

11. ^{99m}Tc-EC、^{99m}Tc-MAG$_3$　用于肾动态显像及肾小管分泌功能测定。

12. ^{99m}Tc-DMSA、^{99m}Tc-GH　用于肾静态显像。

13. ^{67}Ga-枸橼酸镓　用于肿瘤及炎症显像。

14. ^{131}I-碘化钠或 ^{123}I　用于甲状腺显像及分化型甲状腺癌转移灶显像。

15. ^{131}I-MIBG　肾上腺髓质显像。

16. ^{123}I 和 ^{131}I 标记的胆固醇　可用于甲状腺和肾上腺皮质显像。

此外,还有神经受体显像、抗原抗体结合显像、乏氧显像等特异性较高的方法,但临床实际应用较少。

三、常用 PET 显像药物

放射性药物和核医学显像设备的发展是影像核医学的基石。从影像核医学发展史看,正在从器官整体功能向器官内细胞代谢、分子特征发展。PET 显像是临床最实用的分子影像手段。PET 常用正电子标记核素是 ^{18}F、^{11}C、^{13}N 和 ^{15}O,目前 PET 显像主要涉及肿瘤、神经和心脏三大领域,按照 PET 显像剂生化作用机制分为血流灌注、代谢及受体结合类。

1. 血流灌注显像剂　较为常用的是 ^{15}O-H$_2$O(半衰期 2min)和 ^{13}N-NH$_3$·H$_2$O(半衰期 10min)。^{15}O-H$_2$O 可在短期内对同一患者进行反复检查,是目前公认的进行 rCBF 定量测定的"金标准"。^{13}N-NH$_3$·H$_2$O 主要用于与 ^{18}F-FDG 配合检测存活心肌。

2. 代谢显像剂

(1)葡萄糖糖代谢显像剂:^{18}F-FDG 是目前临床上应用最广泛的正电子显像剂,占 PET 显像药物的 85% 以上。^{18}F-FDG 主要用于肿瘤、冠心病、神经精神类疾病的诊断、鉴别诊断、疗效监测和评价预后等。

(2)氨基酸代谢显像剂:^{11}C 或 ^{18}F 标记的氨基酸可以反映体内氨基酸转运和蛋白质合成情况,如 ^{11}C-MET(甲基-L-蛋氨酸)、^{18}F-FET(氟代乙基酪氨酸)、^{18}F-FPT(氟代丙基酪氨酸)用于肿瘤显像。

(3)脂肪酸代谢显像剂:^{11}C-乙酸盐(^{11}C-acetate)心肌显像可估测心肌活性,也可用于肿瘤显像,特别是那些 ^{18}F-FDG 效果不理想的肿瘤,如前列腺癌和原发肝细胞癌。

(4)核酸代谢显像剂:^{11}C-胸腺嘧啶、^{11}C-阿糖呋喃尿嘧啶及 ^{18}F-FLT(脱氧氟代胸苷),可以反映肿瘤细胞的增殖状况。

(5)胆碱代谢显像剂:^{11}C-choline(胆碱)、^{18}F-FEC(乙基胆碱)可作为肿瘤细胞增殖、细胞分裂的间接指标。对于脑肿瘤,泌尿生殖肿瘤(膀胱癌、前列腺癌等)应用效果较好。

(6)氧代谢显像剂:常用的是 ^{15}O$_2$ 气体常用于研究痴呆症和脑卒中。受检者吸入 ^{15}O$_2$ 后,立刻进行 PET 动态显像,可得到脑氧代谢率(cerebral metabolic rate of oxygen, CMRO$_2$)。

(7)乏氧显像剂:^{18}F-FMISO(氟硝基咪唑),通过了解肿瘤细胞的缺氧状态以评估放疗效果。

3. 受体结合显像剂　利用正电子核素标记的配体进入人体后,通过 PET 显示与受体特定的结合位点及其分布，密度和功能，并能定量反映其代谢参数，以此对疾病的病因作出诊断和鉴别诊断，并可选择治疗方案，观察疗效，判断预后。

（1）多巴胺递质（^{18}F-FDOPA）、多巴胺转运蛋白（^{11}C 或 ^{18}F-标记的 β-CIT、^{11}C-CFT）多巴胺受体显像剂（^{11}C-雷氯必利，即 ^{11}C-raclopride）^{18}F-FDOPA 反映多巴胺的合成，^{11}C-β-CIT 反映多巴胺在突触间隙的代谢，而 ^{11}C-raclopride 则反映多巴胺 D_2 受体的数目和结合能力。利用 PET 显像可在不同层面显示帕金森病（Parkinson disease）的特征。

（2）苯二氮䓬受体/γ 氨基丁酸受体显像剂：常用显像剂是 ^{11}C-氟马西尼（^{11}C-flumaazenil，^{11}C-FMZ），主要用于原发癫痫和一些神经精神疾病的诊断。

（3）甾体激素受体显像剂：如雌激素受体显像剂为 ^{18}F-17β-雌二醇（^{18}F-FES），对于乳腺癌雌激素受体的检测、转移灶寻找、监测激素治疗反应等有较高的临床意义。

（4）多肽类显像剂：用正电子标记小分子多肽实现 PET 显像是重要的领域。目前的应用研究如 ^{18}F 标记奥曲肽（^{18}F-Octrotide，生长抑素类似物），对于细胞膜上有生长抑素受体的肿瘤，如垂体瘤、神经内分泌瘤、淋巴瘤等进行显像，可定位诊断或观察疗效。

（5）其他：除上述介绍的显像剂外，肿瘤细胞凋亡显像、肿瘤基因显像（如反义基因显像、多药耐药基因显像及报告基因显像）等是目前研究的热点，随着理想显像剂的研发及显像技术的成熟，核医学显像将在分子影像中发挥更大的作用。

第六节 体内治疗用放射性药物

治疗用放射性药物（therapeutic radiopharmaceuticals）是指能高度选择性聚集在病变组织产生局部电离辐射生物效应，从而抑制或破坏病变组织发挥治疗作用的一类体内放射性药物。

常用的放射性核素多是发射纯 β$^-$ 射线（^{32}P、^{89}Sr、^{90}Y 等）或发射 β$^-$射线时伴有 γ 射线的核素（^{131}I、^{153}Sm、^{186}Re、^{188}Re、^{177}Lu、^{117}Sn），后者可通过体外显像探测治疗药物在体内靶部位的分布。因此，伴有 γ 射线的 β$^-$ 衰变核素是较理想的放射性治疗药物。有效半衰期以数小时或数天比较理想，靶/非靶比值越高越好。临床常用的治疗药物如下。

1. ^{131}碘化钠溶液 主要用于治疗多种甲状腺疾病，如毒性弥漫性甲状腺肿（Graves 病），功能自主性甲状腺腺瘤（Plummer 病），分化型甲状腺癌（differential thyroid cancer，DTC）。

2. ^{89}SrCl、^{153}Sm-EDTMP、^{186}Re-HEDP、^{188}Re-HEDP、^{177}Lu–EDTMP、^{117}Sn-DTPA 用于缓解或治疗骨转移癌性疼痛。

3. ^{32}磷（^{32}P）酸钠盐 根据用途制备成不同形式，其溶液能有效抑制血液细胞异常增生，治疗真性红细胞增多症和原发性血小板增多症；制成敷贴器可治疗皮肤血管瘤、局限性神经皮炎、慢性湿疹等；制成磷酸铬胶体悬浮液，用于治疗海绵状血管瘤、恶性胸腔、腹腔积液。

4. 间位 ^{131}碘代苄胍（^{131}I-MIBG） 是肾上腺能受体的配体类似物，用于治疗富含肾上腺能受体的肿瘤，如嗜铬细胞瘤、神经母细胞瘤、甲状腺髓样癌、类癌等，属于较经典的靶向治疗。

5. 放射性粒子（^{125}I、^{103}Pb） 用特殊方式直接植入肿瘤、受浸润或沿淋巴途径扩散的靶区组织中，通过内照射治疗肿瘤。

6. 放射性核素 ^{32}P、^{90}Y 近距离照射预防冠状动脉成型术后再狭窄 由于 α 粒子的电

离作用大于 β⁻ 粒子，也适合内照射治疗。2013 年获美国 FDA 批准的新药 ^{223}ReCl$_2$ 是一种发射 α 粒子的放射性药物。

放射性核素治疗具有副作用小、经济且疗效肯定，已成为治疗疾病的一种有效手段。

（杨小丰）

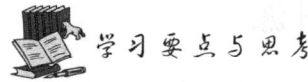 学习要点与思考

1. 放射性药物的定义、分类和特点。
2. 掌握氟[^{18}F]脱氧葡萄糖的制备、质控方法，代谢显像原理和临床应用。
3. 熟悉放射性核素的来源。熟悉 ^{99m}Tc、放射性碘药物的常规标记方法。
4. 熟悉体内诊断、治疗放射性药物的基本要求。
5. 熟悉常用显像药物的机制。
6. 了解放射性药物的制备、使用的禁忌证及相关各项管理规定。
7. 了解放射性药物的质量控制与质量检验。

中英文对照

放射性药物	radiopharmaceutical
发生器	generator
氟[^{18}F]化钠	Sodium Fluoride [^{18}F]，[^{18}F]-NaF
放射化学纯度	radiochemical purity
化学纯度	chemical purity
显像剂	imaging agent
示踪剂	tracer
^{11}C-甲基-L-蛋氨酸	^{11}C-MET
^{18}F-氟代乙基酪氨酸	^{18}F-FET
^{18}F-氟代丙基酪氨酸	^{18}F-FPT
^{11}C-乙酸盐	^{11}C-acetate
^{11}C-胆碱	^{11}C-Choline
脑氧代谢率	cerebral metabolic rate of oxygen，CMRO$_2$
^{18}F-氟硝基咪唑	^{18}F-FMISO
^{18}F-乙基胆碱	^{18}F-FEC
^{18}F-多巴胺递质	^{18}F-FDOPA
^{11}C-雷氯必利	^{11}C-raclopride
^{11}C-氟马西尼	^{11}C-flumaazenil
^{18}F-17β-雌二醇	^{18}F-FES
^{18}F-奥曲肽	^{18}F-Octrotide
间位 ^{131}碘代苄胍	^{131}I-MIBG

第五章 放射辐射生物学和防护

第一节 天然和人工放射源

辐射来源与种类

（一）天然电离辐射源

人类在其生活环境中随时随地不可避免地受到天然电离辐射的照射，称为天然本底辐射（natural background exposure）。主要包括以下三部分。

1. **宇宙射线** 指从外层空间进入大气层的高能粒子流，包括质子、中子、介子、电子和光子等。宇宙射线对人群的照射剂量率与海拔高度有关。

2. **宇生放射性核素** 是宇宙射线与高层大气中的原子相互作用的产物。主要有 ^{14}C、^{22}Na、^{7}Be 和 ^{3}H 等。人类受宇生放射性核素辐照途径主要为食入。

3. **原生放射性核素** 主要包括存在于地球上岩石、土壤、大气、水及动植物体内的放射性核素。海水中主要含 ^{40}K、^{87}Rb 及铀系元素；大气中主要是 ^{3}H、钍及其子系；动植物组织中主要是 ^{40}K、^{226}Ra、^{14}C 等。

天然本底辐射是人类受照的最大来源，成年人均剂量率（dose rate）为 2.4mSv 见表 5-1。

表 5-1 天然辐射成年人年均剂量率（mSv）

来源	典型值①	升高值②
宇宙线	0.39	2.0
环境γ射线	0.46	4.3
体内放射性核素	0.23③	0.6
氡及子体	1.3	10
共计	2.4	

①典型值指世界范围内绝大多数地区的数值；②升高值指大面积的代表值，某些局部区域数据可高于升高值；③不包括氡及其子体

（二）人工电离辐射源

人工电离辐射源是用人工方法（如反应堆、加速器等）制备的辐射源。根据其用途不同可分为：工业用源、农业用源、医疗照射、大型辐照装置、核电站、核试验等。临床医学中常用的辐射源几乎都是人工辐射源，例如，^{32}P、^{131}I、^{99m}Tc、^{60}Co 等。

第二节 辐射生物效应

一、辐射剂量单位

在辐射生物效应与辐射卫生防护学中，衡量电离辐射的物理量称为辐射剂量。最常用的辐射剂量有以下三种。

1. **照射量**（exposure，X） 照射量是表示射线空间分布的辐射剂量，即在离放射源一定距离的物体受照射线的多少。单位是库仑·（公斤）$^{-1}$，简写为 C·kg^{-1}，即以在单位质量受照物质中射线能量全部转换成同一符号电量的值来表示。

照射量除了与放射源的活性大小有关，还与被照物体与放射源的相对位置有关。离放射源越远，受照的照射量越小。旧制单位是伦琴（R），两者的换算关系是 1 C·kg^{-1}=3.876×10^{3}R。

2. **吸收剂量**（absorbed dose，D） 定义为单位质量的受照物质吸收电离辐射的平均能量，单位是戈瑞（Gray，Gy），1Gy 表示 1 千克受射线照射物质吸收射线能量为 1 焦耳，简写为 J·（kg）$^{-1}$。传统的吸收剂量单位是拉德（rad），两者的换算关系是 1Gy=100rad。

3. **当量剂量**（equivalent dose，H） 表示按照辐射权重因子 W_R 加权的吸收剂量，单位为 J·（kg）$^{-1}$，它是衡量射线生物效应（biological effects）及危险度（hazard）的辐射剂量，国际制单位是希沃特（sievert，Sv），旧制单位是雷姆（rem），1 Sv = 100 rem。生物体在受到同样剂量的吸收剂量照射时，由于射线种类和能量不同，所产生的生物效应可有明显的差别。当量剂量是在吸收剂量的基础上引入一与辐射类型及能量有关的权重因子计算出来的，它等于吸收剂量乘以品质因素 Q（quality factor，Q）。在核医学日常使用的 γ 射线、X 射线、β 射线、正电子的 Q=1，即 1Sv=1Gy；而中子、质子 Q=10，α 射线的 Q 值是 20。

二、辐射生物效应的分类

（一）急性效应和晚期效应

1. **急性效应**（acute effects or early effects） 发生在大剂量的 X 线、γ 射线全身照射（一般 2Gy 以上）后，数小时或数天内发生的效应。

2. **晚期效应**（late effects or delayed effects） 发生在急性效应恢复后或长期小剂量照射者，一般数年或数十年后发生的效应，例如致癌效应和遗传效应等。

（二）确定性效应和随机效应

从放射卫生防护的需要考虑，根据国际放射防护委员会（International Commission of Radiation Protection，ICRP）26 号出版物按剂量-效应关系把辐射生物效应分为确定性效应和随机效应。

1. **确定性效应**（deterministic effects） 确定性效应是指辐射损伤的严重程度与所受剂量呈正相关，有明显的阈值，剂量未超过阈值不会发生有害效应。一般是在短期内受较大剂量照射时发生的急性损害。

2. **随机效应**（stochastic effects） 研究的对象是群体，是辐射效应发生的几率（或发病率而非严重程度）与剂量相关的效应，不存在具体的阈值。主要有致癌效应和遗传效应。

三、辐射生物效应的基础及影响因素

（一）辐射生物效应的物理和化学基础

产生放射生物效应的最根本的原因是由于放射线与物质的相互作用导致的生物分子的电离和激发，以及由此而产生的继发作用。继发作用主要是自由基（radicals）的作用。

带电粒子能直接引起物质的电离和激发。非带电粒子，例如，γ 射线、X 射线和中子等是通过与物质相互作用时产生的次级电子引起物质电离和激发。

辐射损伤的化学基础分为直接作用和间接作用。直接作用是由于射线的能量或粒子直接引起生物分子的电离、激发和断裂，造成生物组织结构和功能的损伤。间接作用是指在射线的直接作用下产生的自由基，主要是水自由基对生物分子的损伤作用。

自由基就是有一个或多个不配对电子而能独立存在的原子或分子，具有极高的不稳定性和化学反应性，存在的时间极其短暂。例如 $OH^{\cdot}$ 自由基的半衰期为 $10^{-10}\sim10^{-9}$ 秒，它可以迅速地引起其他生物分子结构的破坏。自由基以在元素符号或分子式的上方注上一个小圆点来表示，如 $OH^{\cdot}$、$CH_3^{\cdot}$ 等。

水是生物体内含量最多的物质，辐射对水分子的作用很早就受到关注。当射线作用于水分子时，引起水分子激发和电离。被激发的水分子处于不稳定的较高能量状态，激发能可转变为振动能，引起化学键断裂，分解成为氢自由基和氢氧自由基，表示如下：

$$H_2O \rightarrow H_2O^* \rightarrow H^{\cdot} + OH^{\cdot}$$

水分子被电离时发生以下变化：

$$H_2O \rightarrow H_2O^+ + e^-$$

H_2O^+ 是不稳定的，可进一步发生以下反应：

$$H_2O^+ \rightarrow H^{\cdot} + OH^{\cdot}$$
$$H^+ + e^- \rightarrow H^{\cdot}$$
$$e^- + nH_2O \rightarrow e_{aq}^-$$

e_{aq}^- 是水分子电离产生的自由电子的动能耗尽后，被水分子俘获形成的水合电子（aqueous electrons）。水合电子具有极强的还原性。以上反应形成的自由基及水合电子能进一步与生物大分子反应。设有机大分子为：R-H，可表示为：

$$R-H + H^{\cdot} \rightarrow R^{\cdot} + H_2$$
$$R-H + OH^{\cdot} \rightarrow R^{\cdot} + H_2O$$

水自由基与生物大分子作用形成的新的自由基又可和其他分子反应，例如：

$$R-H + {\cdot}C^6H^5 \rightarrow R-C^6H^5 + {\cdot}H$$

生物大分子可能受到射线的直接作用，但主要是自由基的作用。自由基通过以上反应可直接作用于生物大分子：①核酸分子、蛋白质分子等，对核酸分子的作用主要作用于碱基、磷酸二酯键、核糖；②通过脂质过氧化作用造成体内包括细胞膜、线粒体膜、溶酶体膜、核膜等生物膜（biological membranes）的损伤，使生物膜的能量传递，物质转运，信息识别等功能受到影响。生物膜主要是脂质和蛋白质组成，自由基作用于脂肪酸碳链的不饱和键，使相邻的不饱和键形成共轭双键，这样的结构将易于与氧发生反应形成过氧化物。

（二）辐射生物效应的影响因素

1. 辐射剂量 用高传能线密度射线照射哺乳动物培养细胞，观测到生存率呈指数规律减少。低传能线密度射线受介质条件影响较大（如有氧和缺氧等）。总的来说，在短期内全身受 X 线、γ 射线照射时，受照射量越大，产生的损伤越严重。

2. 分割次数和剂量率 一定辐射剂量一次照射比分割成多次照射引起的生物效应大。低剂量照射影响类似多次分割照射。主要原因可能是照射中亚致死损伤的恢复和细胞增殖所致。

3. 照射范围 全身照射和局部照射产生的生物效应是不同的。例如癌症患者的放射性治疗，照射肿瘤及其周边组织，一次照射 2~3Gy 剂量，患者一般没有反应；若 2~3Gy 全身照射，则会有放射性症状出现。

4. 氧效应（oxygen effects）**和传能线密度**（linear energy transfer，LET） 这两个概念对于治疗射线的选择和治疗效果评价以及在辐射防护剂的开发中都有实用意义。

氧效应是指生物组织或分子的辐射效应随组织中氧浓度的增加而增加。氧效应的大小以在缺氧条件下产生一定生物效应的剂量与有氧条件下产生同样效应的剂量的比值，即氧增强比（oxygen enhancement ratio，OER）来表示。

传能线密度表示带电粒子在某一长度径迹上消耗的能量与该径迹长度之比。实际是指射线在穿过物质时在一个单位长度射程中所产生的离子对数目，或引起的能量损失。LET 越大，说明该粒子在单位长度的组织内释放的能量越多，电离密度越大，因而对生物组织和分子的损伤就越大，是衡量射线引起生物效应程度的物理量。

核医学临床使用的 X、γ、β 射线是低 LET 射线，α 射线、中子等是高 LET 射线。低 LET 的 X、γ 射线，OER=2.5~3.0。OER 随 LET 的增加而下降，当 LET 接近 200keV $(\mu m)^{-1}$ 时，OER 等于 1，也就是说，没有氧效应，该射线在有氧和缺氧的状况下产生的生物效应均相同。实体肿瘤往往有坏死和乏氧细胞的存在，因而对放射线有抵抗性。增大氧浓度和选用高 LET 射线核素可增强治疗效果。根据这一理论开发新的高 LET 放射源治疗肿瘤已是放射治疗的又一研究领域，例如 α 射线、中子以及加速器产生的重离子射线、π 介子等。

减低氧含量可保护正常组织，这也是放射防护剂的作用机制。通过药物作用减少血液或用化学药物与氧结合，使组织氧浓度减低，降低人体组织和生物分子对射线的敏感性。

5. 相对生物效应（relative biological effectiveness，RBE） 射线产生生物效应的程度受多种因素的影响。在受照辐射剂量相同时，不同的射线种类，分次照射的次数，剂量率以及有氧和无氧等都能影响产生生物效应的大小。通常以 250keV X 射线产生的生物效应作为比较的基准。某种辐射产生生物效应与 250keV X 射线产生的生物效应相同时所需剂量的比值被称为相对生物效应，表示为：

RBE = 250keV X 射线产生生物效应的剂量/某辐射产生生物效应的剂量

6. 组织的辐射敏感性 自然界中不同种类的动物，同种动物的不同个体以及同一个体的不同组织在受到同样剂量的照射时引起的损伤都是不同的。

一般来说，哺乳动物辐射敏感性比低等生物高；生物体的淋巴细胞、造血细胞、生殖细胞和肠黏膜上皮细胞辐射敏感性高；肌细胞、神经细胞、骨细胞敏感性较低；其他组织细胞，例如，膀胱上皮细胞、食管上皮细胞和结缔组织细胞等辐射敏感居中。

总的来讲，高等动物比低等动物辐射敏感性高；分裂增殖活跃的细胞、分化程度较低的组织细胞辐射敏感性高。以上的规律也有例外，如羊和狗的辐射敏感性比人高，小淋巴细胞是分化好、不分裂的细胞，但对辐射很敏感。

常用于衡量敏感性的指标有在辐射下发生的半数致死的剂量、存活率和细胞染色畸变率等。

分子生物学的发展对辐射敏感的机制有了更深入的认识，主要有：①近年来的研究证明，DNA 的损伤，特别是 DNA 双链断裂是辐射致细胞死亡的重要因素，DNA 双链断裂的产生在有氧条件下与照射剂量呈直线关系。②细胞对 DNA 双链断裂的修复能力和修复的速度直接与细胞的辐射敏感性有关。③不同的细胞周期辐射敏感性不同，呈周期性变化。在 G_1/S 期交界处辐射敏感性最高，到 S 期辐射敏感性逐渐降低，到 S 晚期达到最低。进入 G_2 和 M 期，敏感性又上升，直到最高，而 G_1 期又有一定的抗性。根据近年来的研究报道，产生这种周期性变化的原因可能是在不同的细胞周期 DNA 损伤的差异和修复水平的变化以及细胞内环境的不同等因素引起的。④癌基因和抑癌基因表达的影响。癌基因在肿瘤的发生、细胞的分化、细胞内信号传导和细胞周期的调控等方面都起着重要作用。近年来的研究已发现癌基因和抑癌基因表达能影响辐射敏感性。目前已发现的人的 DNA 修复基因有 XRCC1~8（X-ray cross complementing gene）、ERCC（exision repair cross complementing gene）以及 RAD51 和 raf 基因等。抑癌基因 p53 参与细胞周期和 DNA 损伤限制点的调控，p53 基因突变，除易引起癌症外，还可使 DNA 修复能力异常，辐射敏感性增高。比较多的研究结果提示 raf、ras、myc、RAD51 等基因的过度表达可使辐射敏感性降低，引入这些基因的反义核苷酸阻断其表达可使辐射敏感性增高。总之，癌基因和抑癌基因表达对辐射敏感性的影响是一个复杂的问题，还有待更深入的研究和论证。

四、临床常规诊治的辐射剂量

2002 年 10 月，国家质量监督检验检疫总局以编号 GB18871-2002 批准发布《电离辐射防护与辐射源安全基本标准》，自 2003 年 4 月 1 日起实施。新基本标准首次建立了核医学诊断的医疗照射指导水平（表 5-2）。

表 5-2 典型成年受检者在各种核医学诊断中的活度指导水平

检查项目	放射性核素	化学形态	每次检查常用的最大活度（MBq）
骨			
骨显像	^{99m}Tc	MDP 和磷酸盐化合物	600
骨断层显像	^{99m}Tc	MDP 和磷酸盐化合物	800
骨髓显像	^{99m}Tc	SC	400
脑			
脑显像（静态的）	^{99m}Tc	TcO_4^-	500
	^{99m}Tc	DTPA，葡萄糖酸盐和葡庚糖酸盐	500
脑断层显像	^{99m}Tc	ECD	800
	^{99m}Tc	DTPA，葡萄糖酸盐和葡庚糖酸盐	800
	^{99m}Tc	HM-PAO	500
脑血流	^{99m}Tc	HM-PAO，ECD	500
脑池造影	^{111}In	DTPA	40
泪腺 泪引流	^{99m}Tc	TcO_4^-	4
甲状腺			
甲状腺显像	^{131}I	碘化钠	20
	^{99m}Tc	TcO_4^-	200
甲状腺癌转移灶（癌切除后）	^{131}I	碘化钠	400
甲状旁腺显像	^{201}Tl	氯化亚铊	80
	^{99m}Tc	MIBI	740
肺			
肺通气显像	^{99m}Tc	DTPA 气溶胶	80
肺灌注显像	^{99m}Tc	HAM	100
	^{99m}Tc	MAA	185

续表

检查项目	放射性核素	化学形态	每次检查常用的最大活度（MBq）
肺断层显像	^{99m}Tc	MAA	200
肝和脾			
肝和脾显像	^{99m}Tc	SC	150
胆道系统功能显像	^{99m}Tc	EHIDA	185
脾显像	^{99m}Tc	标记的变性红细胞	100
肝断层显像	^{99m}Tc	SC	200
心血管			
首次通过血流检查	^{99m}Tc	TcO_4^-	800
	^{99m}Tc	DTPA	560
心和血管显像	^{99m}Tc	HAM	800
心血池显像	^{99m}Tc	标记的正常红细胞	800
心肌显像	^{99m}Tc	PYP	600
心肌断层显像	^{99m}Tc	MIBI	600
	^{201}Tl	氯化亚铊	100
	^{99m}Tc	磷酸盐和磷酸盐化合物	800
胃，胃肠道			
胃/唾液腺显像	^{99m}Tc	TcO_4^-	40
美克尔憩室显像	^{99m}Tc	TcO_4^-	400
胃肠道出血	^{99m}Tc	SC	400
	^{99m}Tc	标记的正常红细胞	400
食管通过和胃-食管反流	^{99m}Tc	SC	40
胃排空	^{99m}Tc	SC	12
肾，泌尿系统			
肾皮质显像	^{99m}Tc	DMSA	160
	^{99m}Tc	葡庚糖酸盐	200
肾血流、功能显像	^{99m}Tc	DTPA	300
	^{99m}Tc	MAG_3	300
	^{99m}Tc	EC	300
其他			
肿瘤或脓肿显像	^{67}Ga	柠檬酸盐	300
	^{201}Tl	氯化物	100
肿瘤显像	^{99m}Tc	DMSA，MIBI	400
神经外胚层肿瘤显像	^{123}I	MIBG	400
	^{131}I	MIBG	40
淋巴结显像	^{99m}Tc	标记的硫化锑胶体	370
脓肿显像	^{99m}Tc	HM-PAO，标记的白细胞	400
下肢深静脉显像	^{99m}Tc	标记的正常红细胞	每侧185
	^{99m}Tc	大分子右旋糖酐	每侧185

  令人不安的是，在实际临床核医学工作中以上各种检查的给药剂量却明显高于新基本标准的指导水平。因此，今后更应严格按照放射防护的原则、措施，认真管理，尽量避免不必要的照射，提高显像灵敏度，降低使用放射性药物用量，把辐射剂量尽量降低。

  随着 PET 显像越来越多地应用到临床，由此对受检者产生的照射也引起人们的重视。受检人接受一次 PET 检查所接受的有效当量剂量与一次 CT 检查（2~10mSv）相当。在 PET 的各种检查项目中，以 ^{18}F-FDG 全身扫描（360MBq）的有效当量剂量（10.5mSv）为最高。这一有效剂量只是一次应急照射限值（100mSv）的 1/10，远低于发生非随机生物效应的阈值，而由此可能引发随机生物效应的概率也只有 0.02/%，而 SPECT/PET ^{18}F-FDG 显像的有效当量剂量仅为 PET 的 1/3~1/2。因此，PET 和 SPECT/PET 都是比较安全的检查。

放射性核素治疗已广泛应用于许多临床学科，尤其在甲状腺疾病、血液疾病、皮肤疾病和肿瘤等核素治疗方面，已成为临床较为常规的治疗方法。对于不同疾病，其放射性核素的具体用量在相关章节有详述。值得注意的是，凡接受放射性核素治疗的患者应在其体内的放射性物质的活度降至一定水平后才能出院，以控制其家属与公众成员可能受到的照射。接受了 ^{131}I 治疗的患者，其体内的放射性活度降至低于 400MBq 之前不得出院。必要时应向患者提供有关患者本人与其他人员接触时的辐射防护措施的书面指导。

第三节 放射防护的基本原则和措施

一、放射防护的目的和基本原则

辐射效应主要分为确定性效应（deterministic effect）和随机效应（stochastic effect）两大类。前者存在着剂量阈值，当吸收剂量大于阈值时，辐射会对人体健康造成一定的危害，如发生白内障和皮肤良性损伤等。而后者没有剂量阈值，但效应出现的机会率与剂量有关，如辐射诱发癌症及遗传效应等。

放射防护的目的是防止有害的确定性效应的发生，限制随机效应的发生率，使之达到被认为可以接受的水平，确保放射工作人员、公众及其后代的健康和安全。

为了实现放射防护的目的，我国现行的放射防护基本标准《电离辐射防护与辐射源安全基本标准》（GB 18871-2002）在国际放射防护委员会（ICRP）第 60 号出版物的基础上提出了放射防护三原则。与 ICRP 第 60 号出版物相比，基本标准表述的防护三原则不仅顺序有改变，而且内涵有所扩大。内容如下：

1. **放射实践的正当化**（justification of radiological practice） 任何伴有电离辐射的实践，所获利益必须大于所付出的代价，这种实践才是正当的，被认为是可进行的。若拟议中的实践不能带来超过代价（包括健康损害代价和防护费用的代价）的净利益，则不应当采用该项实践。

2. **个人剂量和危险度限制**（individual dose and risks limits） 所有实践带来的个人受照剂量必须低于当量剂量限值。在潜在照射情况下，应低于危险度控制值。

3. **放射防护的最优化**（optimization of radiological protection） 任何电离辐射的实践，应当避免一切不必要的照射。任何必要的照射，在考虑了经济、技术和社会等因素的基础上，应保持在可以合理达到的最低水平（as low as reasonably achievable，ALARA）。所以最优化原则也称为 ALARA 原则。在谋求最优化时，应以最小的防护作为代价，获取最佳的防护效果，不能追求无限地降低剂量。

上述三项基本原则是不可分割的放射防护体系。其中最优化原则又是最基本的原则，目的在于确保个人所受的当量剂量不超过标准所规定的相应限值。

二、放射卫生防护监测和管理

(一) 剂量限值

为了防止确定性效应的发生,并把随机性效应的发生几率降低到可以接受的水平,必须制定一个人体可以接受的剂量限值。剂量限值不是安全和危险的分界线,而是不可耐受的和可耐受的剂量区域之间一个选定的界值。个人剂量限值(individual dosage limit)是指放射性职业人员和广大居民个人所受的当量剂量的国家标准限值。

ICRP和我国对放射工作人员和公众受照射的年剂量限值都有明确的规定,任何组织和个人都必须严格遵守。即使个人所受剂量没有超过规定的相应的剂量限值,仍然必须按照最优化原则考虑是否要进一步降低剂量。

1. 放射工作人员的剂量限值 放射工作人员的年当量剂量是指1年工作期间所受外照射的剂量当量与这一年内摄入放射性核素所产生的累积当量剂量二者的总和,但不包括天然本底照射和医疗照射。国际放射防护委员会对1990年以前的十多年来自全世界的报告进行汇总和研究,重新对电离辐射相关的生物效应的危险概率进行了估计。在ICRP1990年建议书中,对职业照射和公众照射的年剂量限值作出新的规定,见表5-3。我国根据本国国情,制定了放射工作人员剂量限值标准,见表5-4。

表5-3 ICRP1990年建议书的年剂量限值(mSv/年)[①]

应用	剂量限值	
	职业	公众
有效剂量	20	1
眼晶状体	150	15
皮肤	500	50
手和足	500	

① 限值用于规定期间有关的外照射剂量与该期间摄入量的50年(对儿童算到70岁)的累积剂量之和。对未孕女职业者的剂量限值与男职业者相同,但对怀孕或可能怀孕的女职业者应以公众的剂量控制

表5-4 我国规定的职业照射个人年剂量限值(mSv/年)[①]

对象	限制内容	职业照射
任何放射工作人员	连续5年的平均有效剂量	20
	任何一年中有效剂量	50
	眼晶体年当量剂量	150
	四肢(手和足)或皮肤年当量剂量	500
年龄为16~18岁接受涉及辐射照射就业培训的徒工和该年龄段学习过程中需要使用放射源的学生	年有效剂量	6
	眼晶体年当量剂量	50
	四肢(手和足)或皮肤年当量剂量	150

① 16岁以下的任何人均不得接受职业性照射

在特殊情况下,依照审管部门的规定,剂量平均期可由5年延长到10个连续年。并且,在此期间内,任何放射工作人员所接受的年平均有效剂量不得超过20mSv,任何单一年份不应超过50mSv。此外,当任何一个工作人员自此延长平均期开始以来所接受的剂量累计达到100mSv时,应对这种情况进行审查。

女性放射性工作人员一旦意识到自己已经怀孕,就要避免电离辐射的影响。由于胎儿不属于职业人员,只能按一般公众对待。故国际电离辐射防护与辐射源安全基本标准(IBSS)规定在孕期内胚胎和胎儿接受剂量不得超过 1mSv。ICRP 规定只要妇女宣告怀孕,在孕期余下时间内应施加补充的剂量限值,对腹部表面(下躯干)的剂量不得超过 2mSv,为保护胎儿安全,还要限制放射性核素的摄入量,不得超过年摄入量限值的 1/20。

2. 公众个人的剂量限值 公众个人的剂量限值是指任何一年内所受外照射的剂量当量与这一年内摄入放射性核素所产生的待积当量剂量二者的总和,但不包括天然本底照射和医疗照射。我国规定的公众个人的剂量限值标准见表 5-5 所示。

表 5-5 我国规定的公众个人年剂量限值（mSv/年）

对象	限制内容	公众照射
公众个人	年有效剂量	1
	特殊情况下,在 5 个连续年的年平均剂量不超过 1mSv 时,年有效剂量	5
	眼晶体年当量剂量	15
	皮肤年当量剂量	50

公众照射个人剂量限制除以上规定外,对接受放射性照射患者的慰问者及探视人员也有剂量限制。对于患者探视者所受到的照射要加以约束,使他们在患者诊断或治疗期间所受到的剂量不得超过 5mSv。探视摄入放射性物质的患者的儿童所受剂量限制于 1mSv 以下。

卫生部公布新版《GBZ 165-2012 X 射线计算机断层摄影放射防护要求》,首次公布了针对不同人群、不同部位 CT 检查的诊断参考水平。新版标准于 2013 年 2 月 1 日起实施,旧版标准同时废止。根据《要求》,典型成年患者 X 射线 CT 检查头部、腰椎和腹部的诊断参考水平分别为 50mGy、35mGy 和 25mGy,0~1 岁儿童患者胸部和头部诊断参考水平为 23mGy 和 28mGy,10 岁儿童患者胸部和头部诊断参考水平为 26mGy 和 52mGy。《要求》提出,CT 工作人员应在满足诊断需要的同时,尽可能减少受检者所受照射剂量。开展 CT 检查时,做好非检查部位防护,严格控制对诊断要求之外部位的扫描。

(二)相关的法律法规

放射卫生防护法律法规,是对放射性工作进行法制化、标准化、科学化管理的基本手段,为预防性和经常性放射卫生监督及卫生学评价提供了必要的法律依据。

目前,我国放射防护方面的法规有《中华人民共和国职业病防治法》、《放射性核素与射线装置放射防护条例》、《职业健康监护管理办法》、《中华人民共和国放射性污染防治法》、《放射事故管理规定》、《放射工作卫生防护管理办法》、《放射防护器材与含放射性产品卫生管理办法》、《放射工作人员健康管理规定》、《核设施放射卫生防护管理规定》、《预防性健康检查管理办法》等。我国第四代放射防护基本标准《电离辐射防护与辐射源安全基本标准》(GB 18871-2002) 于 2003 年 4 月 1 日起正式实施。

2006 年我国卫生部发布临床核医学放射卫生防护新标准 (GBZ 120-2006)。临床核医学放射防护的标准还包括:《放射性核素敷贴治疗卫生防护标准》(GBZ 134-2002)、《临床核医学的患者防护与质量控制规范》(GB 16361-2012)、《医用放射性废物的卫生防护管理》(GBZ 133-2009) 等。

三、外照射防护的一般措施

1. **时间防护** 人体受到照射的累积剂量是随时间延长而增加。在不影响工作质量的前提下，尽量减少人员受照射的时间。为缩短受照时间，在进行有关操作之前，应做好充分准备，操作时务求熟练、迅速。某些场合下，例如抢修设备和排除事故，工作人员必须在强辐射场内进行工作，可能持续一段时间，此时应采用轮流、替换办法，限制每个人的操作时间，将每个人所受辐射剂量控制在拟定的限值以下。

2. **距离防护** 人体受到的照射量率是随着相对辐射源位置的距离增大而减小的，其近似与距离的平方成反比，即距离增大1倍，照射量率则减少到原来的四分之一。因此，距离防护是指在放射性场所工作时，应尽可能远离放射源。例如，采用具有不同功能的长柄器械或机械手进行远距离操作，保持控制室、操作台与辐射源有足够的距离等。

3. **屏蔽防护** 在人与放射性物质之间设置屏蔽以吸收射线的能量，称为屏蔽防护。屏蔽射线的材料大致分为两类：一类是高原子序数的金属材料，如铅、铁、钨、铀等；另一类是低分子序数的通用的建筑材料，如混凝土、砖、土等。

核医学工作中主要的外放射源，一是放射性药物；二是体内存有放射性药物的患者。操作放射性药物时，坚持在多方位屏蔽的条件下进行分装、转移、传送，穿戴铅围裙和铅眼镜，采用铅玻璃制成的注射器套给患者进行静脉注射，在患者与工作人员之间适当利用铅屏风，这些都是有效的屏蔽防护措施。

4. **公众的防护** 公众成员主要是指与患者接近的家属亲朋和与之相距较近的人员。

一般来说，核医学用放射性核素的量不大，有效半减期也较短，因此对有关公众成员的辐射危害很小的，一般只需采用简单的距离和时间防护即可。

对于用高活度进行治疗的病人应住院。一般要估计其回家后，家属由于照料患者所致辐射吸收剂量低于国家规定公众剂量限值以下，可考虑其出院。在医疗照射中，对于非接受诊疗的个人在患者治疗期间所受的照射不得超过5mSv。接受 ^{131}I 治疗的患者，其体内和体表放射性活度需降到400 MBq以下才可出院，体内辐射对儿童造成的剂量应低于1mSv。

四、内照射防护的一般措施

内照射防护的基本原则为：积极采取一切有效措施，切断放射性物质进入人体内的各种途径，尽量减少或避免放射性核素进入人体的机会，使进入人体内的放射性物质不超过国家规定的放射性核素年摄入量限值，减少或防止人体受到内照射的危害。其防护措施为：

1. **围封隔离** 对于开放型放射性场所，必须采取严密而有效的围封隔离措施。其中包括在开放源周围设立一系列屏障，限制可能被污染的空间表面，防止放射性物质向四周环境扩散，防止由于人员或物体的流动而将污染带到未经污染的地方等措施。

2. **放射性表面污染的防止和去除** 对受到污染的表面应及时去污，对污染的空气进行合理通风，有条件的地方应安装空气净化装置。操作者必须遵守安全操作规定，防止或减少污染的发生，保持工作场所的清洁卫生。

3. **个人卫生防护** 其根本目的是防止放射性物质通过呼吸道、消化道、皮肤（包括伤口）进入体内。放射性工作场所应穿着个人防护用具。严禁在放射性工作室进食、饮水、吸烟、存放食物和用嘴吸放射性移液器。禁止皮肤损伤者操作放射性物质。离开工作场所前要有效地清洗手部及可能污染的部位，使达到放射性污染控制水平要求。

4. 放射性"三废"处理 开放型放射性工作会产生一定的放射性"三废"。采取合理而有效的措施治理好"三废",是保护环境的重要保障。

5. 加速排出体内的核素 对误服及可能有放射性核素进入体内者,立即含漱、灌胃、催吐或服相应的促排药物,使其尽快排出体外。

6. 建立内照射监测系统 建立内照射监测系统,对放射工作人员体表和工作场所及周围环境中的空气、水源进行常规监测,以便及时发现问题,改进防护设备和防护措施。

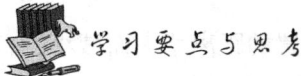

1. 掌握辐射剂量单位的定义。
2. 熟悉辐射来源与种类。
3. 熟悉辐射生物效应的基础及影响因素。
4. 熟悉放射防护的基本原则和措施。

(阎 英 宠 华)

中英文对照

天然本底辐射	natural background exposure
照射量	exposure,X
吸收剂量	absorbed dose,D
当量剂量	equivalent dose,H
生物效应	biological effects
危险度	hazard
希沃特	sievert,Sv
雷姆	rem
品质因素	quality factor,Q
急性效应	acute effects or early effects
晚期效应	late effects or delayed effects
国际放射防护委员会	International Commission of Radiation Protection,ICRP
确定性效应	deterministic effects
随机效应	stochastic effects
自由基	radicals
水合电子	aqueous electrons
生物膜	biological membranes
氧效应	oxygen effects
传能线密度	linear energy transfer,LET
氧增强比	oxygen enhancement ratio,OER
相对生物效应	relative biological effectiveness,RBE
确定性效应	deterministic effect
随机效应	stochastic effect
放射实践的正当化	justification of radiological practice
个人剂量和危险度限制	individual dose and risks limits
放射防护的最优化	optimization of radiological protection
最低水平	as low as reasonably achievable,ALARA
个人剂量限值	individual dosage limit

第六章　核医学科组建及其规章制度

核医学是一门研究核技术在医学上应用的学科。其主要任务是应用核素诊断、治疗和研究疾病。按照卫生部医院等级验收标准，三级医院应设立核医学科。

第一节　组建核医学科的基本要素

一、核医学科的特点

（1）核医学技术是临床诊断、治疗和研究疾病的重要手段。核医学科的业务工作不仅为临床各科提供诊疗服务，而且还承担相应的科研与教学任务。建立核医学科是建立三级医院的基本条件之一。

（2）核医学是一门综合性的学科，涉及医学、生物学、核物理学、放射化学、药学、电子工程学、计算机等学科。因此，核医学科是一个多专业、多层次的综合技术结构体。科室工作人员除医护人员外，应根据需要配备其他有关专业人员。由于核医学技术发展迅速，应重视专业人员业务技术的培养和提高。

（3）核医学工作大多采用开放型放射性核素，操作者及周围人员可能受到电离辐射的外照射，还可因操作不慎造成内照射以及污染环境。因此，必须按照国家放射防护规定，对工作场所的设计、剂量监督、放射性废物的处理、放射性污染的清除、放射性工作安全操作、工作人员的个人防护和保健等各个方面采取有效措施，以保障工作人员和周围人群的安全以及保护环境。

（4）开展核医学科业务工作必须配有仪器设备和放射性药物（放射性核素、放射性标记物、放射性试剂盒）等基本条件，并有计划地更新设备，扩大放射性药品种类，以适应新技术的发展。

（5）核医学专业涉及面广，诊疗内容繁多，与临床诊疗和科研工作关系密切，应加强科室间的联系与协作，充分发挥核医学技术的特长和作用。

二、组织建制

1. 原则和要求　核医学科的建设原则上应根据医院的等级规模，考虑到科室的专业特性、承担的工作任务、发展趋势和各地具体情况等诸因素。有利于科室科学管理，有利于提高诊疗质量和工作效率。

2. 科室设置　根据我国核医学的现状及发展趋势，省、市、县各级综合性医院核医学科设置模式建议见表6-1~表6-3。

3. 编制和人员结构　核医学专业涉及面广，技术更新快，人员的专业技术培训和提高任务重；核医学科的医技人员除工龄假外，尚有法定放射保健休假；核医学检查大多需动态和定量分析，检查较费时。因此，核医学科的人员编制应考虑上述因素。

表 6-1　省级以上医院核医学科的设置

组别	主要工作内容
显像组（PET/CT 和 SPECT/CT）	脏器显像等
功能测定组	甲状腺功能测定、肾功能测定、其他功能测定
体外分析组	放射免疫分析、其他相关的非放射体外分析
核素治疗病区（组）	放射性核素内照射治疗、介入治疗、敷贴治疗等
高活性室	放射性药物制备和分装等
回旋加速器室	正电子药物生产、制备与研究
核医学研究室	核医学有关实验研究、研究生培养
工程技术组（按各医院实际情况定编）	仪器检修、计算机图像处理、计算机软件开发

表 6-2　市级医院核医学科的设置

组别	主要工作内容
显像组 SPECT/CT	脏器显像等
功能测定组	甲状腺功能测定、肾功能测定、其他功能测定
体外分析组	放射免疫分析、其他体外分析
核素治疗病房	放射性核素内照射治疗、敷贴治疗
高活性室	放射性药物制备、分装等

注：建议市级医院也应考虑 PET/CT

表 6-3　县级医院核医学科的设置

组别	主要工作内容
显像组 SPECT	脏器显像
功能测定组	甲状腺功能测定、肾功能测定、其他功能测定
体外分析组	放射免疫分析或其他体外分析
核素治疗组	根据实际条件开展核素治疗工作
高活性室	放射性药物制备、分装等

根据当前核医学工作的实际情况，医院核医学科（室）的编制一般按照每 100 张床位配备 1~1.5 人定编（医药院校附属医院教学人员编制另定），其中医师、技师（包括仪器操作技师、物理师、化学师）、护师三者所占比例一般分别为 40%、50%和 10%。建议 2500 张床位数以上的大型综合性医院核医学科人员编制应不低于 25~30 人，有 PET 中心和核素治疗病房的单位应按照需求和规模另外增加人员编制。设置有 PET 中心者根据工作量大小增加 4~6 名医师、3~4 名技师、2~3 名护师。配备回旋加速器制备正电子药物的 PET 中心，1~2 名化学师。有独立核素治疗病房者需根据床位数配备 2~3 名医师和 4~6 名护师（需满足护理单元 24 小时三班制轮班）。各级医院可根据核医学科（室）的设备条件，承担诊疗、教学、科研任务，开展的项目和工作量多少等实际情况适当增减人员编制。

科室人员组成有医、护、技和工勤人员。省级医院、医学院校附属医院和规模较大的市级医院的核医学科除医护技术人员外，尚应配有放射药物专业和核仪器工程技术人员 1~2 名。有 PET 和回旋加速器的单位还应配备化学合成的专业人员。

各级医院核医学科实行科室主任负责制。县级医院由主治医师以上人员担任科主任；市级和省级医院由副主任医师或副教授以上人员担任科主任。科内各专业组由相应专业的中级以上职称的人员担任组长。

三、仪 器 设 备

仪器设备是开展核医学工作的必要条件。鉴于核医学技术发展迅速，设备更新快，少数设备经费投资较大，各级医院在装备时应遵循下述原则：

（1）根据医院分级管理要求及目前实际情况，有计划有步骤地添置或更新大型设备。按照等级医院管理的基本要求，三级以上的医院应该配备 SPECT，脏器显像、体外分析和核素治疗工作。病床数在 2500 张以上的大型医院，或年显像人次在 5000 以上的核医学科必须配备两台以上的 SPECT 才能满足临床需求，其中 1 台必须是双探头 SPECT。

（2）国产设备如能满足技术要求，应立足于国产设备。

（3）为了充分发挥仪器的效用，加强放射卫生防护，凡设立有核医学科的医院或研究机构，核仪器设备应集中于核医学科管理，必须由具有核医学上岗资格的专业人员使用，避免各科分散装备，且易造成设备浪费和放射性污染。

（4）贵重设备的购置（如 SPECT/CT、PET/CT 等）应根据国家有关规定采取公开招标方式引进。各级医院可根据各自核医学科所承担的工作任务、开展的项目及工作量等实际情况，配备相应的仪器设备。

四、建 筑 要 求

临床核医学是开放型放射性工作，存在内、外照射和环境污染等放射防护问题。故核医学科的建筑设计除满足使用和管理需要外，还应符合放射性防护要求。科室建筑面积应根据科室开展的业务范围、工作量并兼顾近期需要和远期发展，县级医院不小于 200 m^2，地市级医院不小于 500 m^2，省级医院不小于 800 m^2（开设病房者，根据床位数另定）。配备有 PET 和回旋加速器的科室，其建筑面积需在原标准基础上增加 800~1000 m^2 左右。建筑要求主要根据开放型放射性工作单位的类别和工作场所的级别而定。具体内容包括正确选址、用房的合理布局、内部设施及附属设施应符合放射防护要求等，要有专用的放射性污物处理系统。临床核医学科多属第 3 类开放型放射性工作单位，可以设在医院的一般建筑物内，但应集中在建筑物的一端或一层，与非放射性工作科室相对隔离，有单独的出入口，注意远离产科、营养室等部门。核医学治疗专用病房应与普通病房分开。核医学科的显像检查室最好与放射、超声等专业科室集中在同一建筑物内，以便相互联系和统一管理，组成完整的影像科室。

三级及以上的医院应设有核素治疗病房，至少要有 5 张病床，病房面积应按照病床数量计划面积，除了按照普通病房考虑其功能设施和工作空间外，还要考虑辐射防护相关的空间配置，其中每张病床空间不得低于 6 平方米面积，且病床与病床之间需加射线防护屏蔽层。核素治疗病房必须分为辐射污染病区和无辐射污染的工作区。同时必须设有符合环保要求的放射性污物排放和存储系统。

根据放射防护法规，新建、扩建、改建放射性工作场所，工程项目的选址和设计必须报经所在地区卫生、公安、环保部门同意后，报省卫生、公安、环保部门验收合格，领取许可证后，方可启用。

五、科室及人员资质

核医学科必须持有放射诊疗许可证，辐射安全许可证，放射性药品使用许可证。在使用放射性药物时，要有放射性核素转让协议。如装备有PET或SPECT等显像设备应持有大型医用设备配置许可证。

核医学科工作人员应持有相应的资格证书，如医师执业及资格证书，放射性工作人员培训合格证书，核医学大型医疗设备上岗证等。如操作PET/CT或SPECT/CT，还需持有CT上岗证。

第二节 核医学科的主要规章制度

一、工作制度

（1）实行科主任负责制。一切以病人为中心，健全科室管理系统，加强思想教育，改善服务态度，提高诊疗质量，密切与临床科室联系，积极开展医疗、教学、科研工作。

（2）根据医院年度工作要求，结合科室具体情况，制定科室年度工作计划，组织实施，定期检查。年终总结，肯定成绩，找出差距，以便改进与提高。

（3）贯彻执行各类各级人员岗位责任制，明确分工。人员相对固定，适当轮换，以扩大知识面，适应科室工作需要，保证诊疗质量。

（4）健全会议制度。每周召开科室会一次，传达院周会内容与要求，小结本周科室工作，研究和安排下周科室工作。建立定期业务学习制度。

（5）自觉遵守医院各项规章制度，坚守工作岗位，严格考勤考核。

（6）根据工作需要和技术条件，可设核医学专科门诊和专家门诊，安排高级职称医师或有一定经验的医师担任门诊诊治工作。对患者检查要认真，病历书写简明扼要，符合规范。关心病员，态度和蔼、耐心。

（7）建立和执行医师接诊制度，其工作内容包括：掌握适应证，填写或补充患者的病史、体检及其他有关特殊检查结果，确定检查项目、部位、方法、放射性药物的品种、剂量；及时处理在检查中出现的问题，显像检查完成后，决定病人可否离去或复查；及时发报告，并安排必要的进一步检查，有不能解决的问题应及时请示上级医师或科主任等。

（8）根据工作需要，可设核素治疗病房。病房应保持整齐清洁，非住院患者不得进入病房。患者服用放射性核素后，须在专用厕所大小便，不得随意走出病房。病历应完整，记载内容准确。住院医师对所管患者每日至少查房两次。出院时应向患者详细交代有关事宜。

（9）加强质量管理，保证检查质量。检查结果如与临床表现不符，应研究其原因，必要时应复查。

（10）建立集体阅片制度，三级医院必须每周主任读片一次，并有读片记录；二级医院必须每两周主任读片一次，并有记录。必要时与其他影像或临床科室联合阅片，研究诊断和检查技术，解决疑难问题，不断提高工作质量。报告书写项目应填写完整，叙述准确、客观、结论合理。

（11）加强与其他临床科室联系，不断开展新项目、新技术，及时总结工作经验。

（12）物品管理应指定专人负责，合理使用。

（13）建立差错事故登记制度。

二、仪器质控、管理、操作、保养和维修制度

（1）仪器质控专人负责，SPECT、PET及CT都要进行常规质控，如平均每两周一次，旋转中心和铅栅模型测试每月一次及图像融合校正，PET的放射源定期校正等。

（2）科室仪器设备应建立账册，专人负责，做到账物相符。

（3）每台仪器均应有操作规程，使用时严格按规定步骤操作。新来或进修人员在未掌握使用方法前，不得独立操作仪器。贵重仪器应专人使用，指定专人负责仪器保养工作。

（4）建立仪器技术档案（使用说明书、线路图、故障及维修记录）。

（5）仪器发生故障，应及时报告维修人员，尽快修理。

（6）做好"五防"（防寒、防热、防潮、防尘和防火）工作。

（7）每日清洁仪器外壳，保持仪器清洁。

（8）每3个月清除机内积尘一次，做到定期保养。

（9）在非空调室内，高温季节开机时间不得过长，如工作需要，应采取散热措施，必要时可停机散热后再继续使用。

（10）SPECT和PET室应保持恒温（温度范围可定在18~25℃），温度梯度不超过3℃/h，相对湿度范围为20%~80%，每日要有记录。

（11）检查结束后，必须认真搞好室内整洁工作。

（12）未经科室批准，仪器设备不得外借。

（13）有计划地做好仪器设备更新工作。

三、放射性同位素订购、领取、保管、使用制度

（1）国家规定订购与使用放射性核素实行许可证制度。应根据工作实际需要，在规定允许使用量范围内，制定年度订购计划。

（2）放射性核素及放射免疫分析试剂盒应有专人领取和保管，到货后迅速取回，及时登记，妥善保存，防止丢失或变性。

（3）使用时，将放射性核素移入专用铅罐内，盖上铅盖，贴妥标签，注明放射性核素种类、放射性浓度及日期，出厂说明书妥加保存，以备查对。

（4）^{99m}Tc和^{113m}In发生器按规定步骤与要求安装，质量检测符合要求后方可使用。

（5）标记及注射放射性药物时应严格核对，防止发生差错。应定期质控检查，如需要可随时检测。

（6）放射免疫分析试剂盒不符合质控指标者不得使用，以保证检测结果准确可靠。

（7）放射性核素到货后，应及时通知患者检查或治疗，以减少浪费。

（8）放射性核素空容器应固定地点集中存放和按规定退回生产厂家。

（9）要有专人负责每日放射性药品的登记，如生产厂家，生产日期，批号，注射前剂量和注射后针筒残余剂量等，要有注射者签名。

四、查 对 制 度

（1）接受检查申请单时，做到三查（查申请单填写是否符合规范、查临床诊断及检查目的是否清楚、查是否已交费）。

（2）收集检测标本时，除做到上述三查外，还应检查样品是否符合检测要求。

（3）放射免疫分析时，检查试剂盒种类是否相符，有无超过有效期。

（4）标记放射性药物时，要查药物种类是否与检查目的相符，查注射放射药物的剂量是否符合检查要求，查注射方法是否符合检查目的。

（5）查对检查报告是否符合规范，图片与报告是否一致，SPECT报告有无主治医师以上人员审签。

（6）放射性核素治疗剂量必须经两人计算及核对。

（7）注射药物时，要查对病人的姓名，性别，检查项目及注射的放射性药物类别。

五、资料管理制度

（1）检查申请单项目应填写齐全。检查结束后，申请单应保留存档。

（2）患者应用药物种类、药物标记质量、给药剂量、检查时间以及仪器条件应记录详细。

（3）各种检查登记簿应保持整洁，项目填写齐全，及时更换，妥善保存。

（4）X线片、软盘及磁带按规定地点存放。借阅照片应办理借片手续，经借医师签名，按期归还。

（5）供教学示教的特殊病例图片应另行存放，应在登记簿上注明，以便查对。

（6）加强随访工作，有手术、病理对照结果者，应及时在登记簿注明。

（7）建立主要病种随访制度，由医师负责随访，填写随访登记卡片、统计报告与疾病诊断符合率。

六、安全管理制度

（1）工作人员应妥善保管科室大门及房门钥匙，防止丢失，一旦不慎遗失，应及时报告，并作应急处理。

（2）科室设有病房者，在大剂量放射性核素治疗的患者住院治疗期间，每日应有专人值班，病房内不得接待非住院患者，不得会客。

（3）工作人员下班前必须检查仪器、水、电、煤气及关窗锁门。全科（室）人员应熟知总电源开关位置，灭火机置于醒目地点，工作人员应熟练掌握灭火器的使用方法。

（4）非工作需要，在科室内不得使用电炉。

（5）室内无人时，工作人员应随手关门，高活性区（室）闲人不得入内。

（6）放射性核素及放射免疫试剂盒应有专人负责妥善保管，不得遗失。

（7）未经科室同意，本科工作人员不得在科室留宿。

（8）提高警惕，发现非本科（室）就诊人员应及时查问，发生重大事故应及时向领导汇报。

（9）专人负责安全管理，应定期检查，发现问题及时改进。

（10）科室应建立放射性事件应急预案。

（11）科室应配备放射性表面污染源测定仪，至少每周测量一次，要有记录。

七、消毒隔离制度

（1）严格执行无菌操作规程，防止交叉感染。制备和操作注射用放射性药物时，应佩戴口罩及工作衣、帽。

（2）器械要定期消毒和更换，保证消毒液的有效浓度。

（3）传染病及可疑传染病患者检查后，应立即更换检查床单，有关物品要严密消毒。

（4）通风橱要保持整齐清洁，定期用紫外线消毒。

（5）接受放射性核素治疗或检查的患者，必须使用专用厕所，严禁随地吐痰，污染地面。

（6）带有放射性的器具和一次性用品应按放射卫生防护要求妥善处置，防止污染环境。

八、清洁卫生制度

（1）核医学科（室）是开放型放射性工作场所，又是电子仪器比较集中的科室，应重视科室清洁卫生工作。

（2）科室应经常保持整齐清洁，墙壁不得随意张贴，物品用后归还原处。

（3）科室清洁工作应由专人负责，具体实施办法视单位实际情况决定。

（4）每日上下午各清扫科室一次，并定期组织进行清洁卫生，集中处理仪器清洁、室内外清扫、物品换洗等事宜，结束时应有检查。

（5）毛巾每日换洗一次，其他布类物品每周换洗两次，遇有特殊情况随时更换。

（6）进入贵重仪器检查室（SPECT 室、PET 室、γ 照相机室及药物制备室等）时，应换穿工作鞋。

（7）高活性区（室）清洁工具应专用，不得拿至其他区（室）使用，以防污染扩散。

九、抢救药品配备制度

（1）科室要配备必要的抢救设备和药品，定期检查，以免药品过期。

（2）抢救用品要放在检查室内，以便于紧急情况时使用。

（3）抢救物品要有专人负责，并用详细的使用记录。

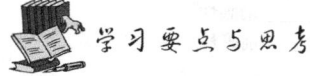
学习要点与思考

1. 熟悉组建核医学科的基本要素。
2. 了解核医学科的主要规章制度。

（王　辉）

第七章 临床核医学研究的常用设计方法

临床研究内容广泛、复杂，包括研究诊断方法的应用价值，评价不同干预措施的有效性和安全性，了解疾病预后及影响预后的因素等内容。此外，由于观察对象是患者，故还要考虑医学伦理问题。由此可知，在研究设计时需采取合适方案才能达到预期目的。

第一节 临床研究设计方法的类别

临床研究设计方法按研究工作的时向总的可以分为前瞻性、回顾性、横断面等类别。但根据方法学、研究内容、因果联系强度也可以进行不同的分类。

一、按方法学特征分类

此种分类方法主要源于流行病学的方法学。这是较传统的一种分类方法。主要分为观察性和实验性两大类，观察性又包括描述性和分析性；试验性又分为临床试验、现场试验和社区试验三类。此种分类方法优点是概括性较全面，不足是临床方案种类不够具体。

二、按研究内容分类

临床研究内容较为广泛，包括疗效及药物不良反应评价、疾病预后评价、诊断试验、病因研究等等。每一研究内容的设计方案都有一定的不同点。按研究内容分类考虑了不同设计方案的论证强度和可行性，较切合临床实际。

三、按因果联系强度分类

按因果联系强度分类是根据每种方案设计特点和论证强度将研究设计方案分为试验性研究和非试验性研究两类，即一类为试验性，二类为非试验性，如表7-1所示。试验性

表7-1 按因果联系强度的临床研究方法分类

第一类 研究者可以控制其防治措施或受试者与可疑致病因素的接触	
1. 随机对照试验	前瞻性
2. 交叉对照研究	前瞻性
3. 前后对照研究	前瞻性
4. 单病例随机对照试验	前瞻性
5. 非随机对照试验	前瞻性
6. 历史性对照研究	前瞻性
7. 序贯试验	前瞻性
第二类 研究者不能控制其防治措施或受试者与可疑致病因素的接触	
8. 队列研究	前瞻性
9. 病例对照研究	回顾性
10. 横断面研究	横断面
11. 叙述性研究（病例分析）	
12. 个案报道	

研究所得结果的论证强度高于非试验性研究。试验性研究各方案均为前瞻性，其治疗措施多由研究者设计施加。由于每个试验所具有特征不同，又分为真试验和类试验。类试验的论证强度弱于真试验。非试验性研究的队列研究虽也为前瞻性，但设计内容与试验性研究方案有所不同。此种分类方法较清晰，方案种类齐全，对不同方案进行因果联系强度划分有利于临床应用。本章将重点介绍随机对照试验、病例对照研究和队列研究，对试验性的其他方法作简要概述。

第二节　临床试验性研究方法

一、随机对照试验

（一）概念、设计模式

随机对照试验（randomized controlled trial，RCT）是按照正规随机方法，使每位研究对象（患者）有同等机会被分入试验组或对照组，试验组实施治疗措施（intervention），对照组给予对照措施或仅给予安慰剂（placebo），在相同条件下，应用客观效应指标，经一段时间随访观察后，比较两组的差别。随机的意义在于控制研究的选择性偏倚和混杂偏倚，增加组间可比性，经统计学处理可获得真实可靠的结果。随机对照试验设计模式见图7-1。

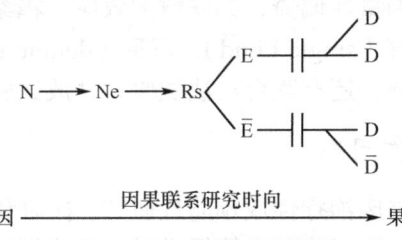

图 7-1　RCT 的设计模式

N：符合公认的诊断标准的患者总数或人群总数；　　　Ne：该人群或患者中符合纳入标准又不具备排除标准的人数；
RS：分层后随机分配；　　　　　　　　　　　　　　E：暴露可疑致病因素或接受防治措施的试验组；
Ē：未暴露可疑致病因素或未接受防治措施的对照组；　╫：为随访期或观察期、中间填时间；
D：发病人数、有效人数、生存数；　　　　　　　　　D̄：未发病人数、无效人数、死亡数等

例如：选用经 SPECT 检查证实有骨转移的前列腺癌患者，随机分为试验组和对照组。试验组给予静脉注射 $^{89}SrCl_2$，对照组使用传统化疗药物，整个试验过程采用盲法。经治疗随访观察后，比较两组患者的生存状况。如果试验组生存状况优于对照组，则说明放射性核素对该类患者有更好的疗效。

（二）设计的主要内容

RCT 的精髓在于精心考虑研究对象的代表性和可比性，采用随机、对照、盲法（安慰剂）等原则，尽可能地避免和减少一些人为的、已知的或未知的各类偏倚的影响，从而使研究结果具有真实性和可比性，保证临床防治措施的应用价值。

1. 研究对象的选择

（1）研究对象的来源：根据研究目的选择研究对象。研究对象可以是患病群体的随机抽样也可以来自医院连续非随机抽样。

（2）研究对象的可靠性：研究对象的可靠性指所选中的每一位研究对象确实是所要研

究疾病的患者。为了保证避免选入未患病者而影响研究的真实效果，选择病例时，要有明确的、公认的诊断标准、纳入标准、排除标准。各项标准一经确定不能轻易变动。

（3）研究对象的代表性：研究对象的代表性指所选中研究对象无论从年龄、性别、疾病类型、病情轻重及有无合并证等方面都要能代表病例总体。为保证研究对象的代表性，要有足够量样本。RCT样本量估计，根据指标性质而有所不同（其计算公式参见有关书籍）。

2. **随机**（randomization） 随机分组的方法主要有简单随机、区组随机和分层随机，其中后者较受推崇。它是依据某些临床特点、预后因素或危险因素，将研究对象分为不同的组（统计学称为层），再将每一层不同数量的研究对象随机分配到试验组或对照组。这样可以保证某些重要因素在组间的均衡分布，增加其可比性及结论的可靠性；选择2~3个研究因素或研究水平为好。

3. **对照**（control） 对照是指除了要研究的处理因素外，其他条件如年龄、性别、病情、行为状态等具有可比性的两组或几组病例进行同步观察比较。对照意义在于控制非试验因素的影响和偏倚，反映治疗的真实结果，并可确定差异是否来自试验因素，判定不良反应和并发症的发生率等。对照的种类较多，主要包括：随机对照、交叉对照、前-后对照、非随机同期对照、历史对照、配比对照、相互对照、标准对照、潜在对照等。

4. **盲法**（blind method） 在临床治疗研究中有三个基本角色，即受试对象、执行者和监督者中的一个、二个或三个不知道研究对象接受的是何种干预措施时称之为盲法。实施盲法的目的主要是避免测量性偏倚，如安慰剂效应、霍桑效应等。

盲法的种类主要包括单盲（single blind）、双盲（double blind）、三盲（triple blind），其中双盲实验较为常用，此外，还有联合盲法试验、开放试验（open trial）等。

（三）应用范围及注意问题

随机对照试验主要用于临床治疗性或预防性研究，探讨和比较某一新药或新的治疗措施对疾病的治疗和预防效果，为正确的决策提供科学的依据。在大样本、多中心的临床研究中也常常采用随机对照试验。

需注意，并非所有疗法均需经RCT证实。如长期临床实践经验已肯定的疗效，就无需再做RCT试验验证，如手术治疗阑尾炎、青霉素治疗细菌性感染等；某些罕见病也无需做RCT，因为病例来源有限，不能积累足够数量的患者；不少致死性急性疾病也不宜做RCT。

（四）优点与不足

该方法的优点主要是研究结果的真实性强，作为循证证据的级别高，是系统评价的主要资料来源；可以有效地控制偏倚；资料统计分析容易实施。主要的缺点试验中要设立对照组，且要采用对照方案（有时是安慰剂对照）及设盲，因此存在潜在的伦理学影响；实施难度较大；样本代表性受限，研究对象的代表性不够充分，外部真实性有时也有一定的局限性。

二、其他试验性研究方法

（一）单病例随机对照试验

1. **定义及模式** 单病例随机对照试验（N of one RCT）是应用随机对照试验的原理，

以单个病例自身作为对照，评价多种药物的有效性及安全性，以筛选出最适宜的药物。单病例随机对照试验的目的是观察个体病例对多种治疗以及干预措施的反应，以帮助患者进行药物筛选及在临床上有针对性的帮助制定个体病例的治疗决策。单病例随机对照试验与RCT既相似，又存在区别。

单病例随机对照试验的设计模式见图 7-2。该方案以每对药物为一个单位，作随机分配以决定试验药物和安慰剂的用药顺序。依药物效应发生和达到疗效稳定所需的时间，决定试验药物的观察期，并使每一药物的观察时期保持一致。每一干预措施所持续的时间称为一个观察期（period），每一轮（pair）试验包括一个使用试验药物的观察期和一个使用对照药物的观察期。在每个观察期间及每轮试验期间设有一段合理的药物洗脱期，在研究过程中要求采用盲法，当试验数据能充分表明试验药物对事先制定的研究目标是否有作用时，则可终止试验。

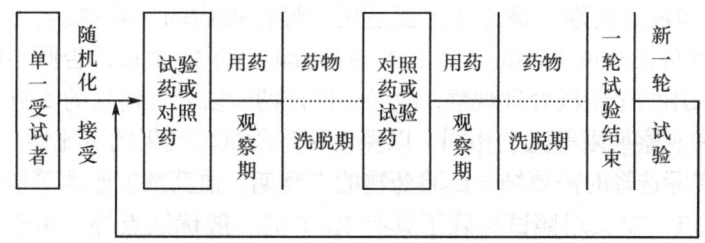

图 7-2 单病例随机对照设计模式

例如，对一位多发性骨转移癌骨痛的男性患者进行单病例随机对照试验，评价锝[^{99}Tc]亚甲基二膦酸盐联合 ^{89}SrCl$_2$ 治疗的疗效。试验每轮分为 2 期，每期为 3 个月，每轮随机确定联合治疗和单一应用 ^{89}SrCl$_2$ 治疗期。最后比较两个阶段的治疗效果。

2. 应用条件及注意问题　单病例随机对照试验主要适合病情较为稳定且需较长期服药的慢性疾病，例如，冠心病、肿瘤、哮喘、类风湿关节炎等，也适用于一些少见病、特殊病的治疗试验（不易满足样本量要求）；在临床上，主要用于医生或患者对某治疗措施的疗效及安全性尚存疑虑或者对药物不同剂量的效用不够清楚时；也可以用于一些长期服用多种药物，且对药物的有效性及安全性均不清楚的患者。

应用单病例随机对照试验注意问题包括：随机分配的对象是药物或干预措施，而不是患者；双盲是不可缺少的一个环节；洗脱期确定应该合适；试验所使用的药物（包括治疗药物和对照药物）应有起效快，停药后药效消失快的特点；研究结论仅适用于受试者。

3. 优点与缺点　该方法的优点包括，无论患者情况如何特殊，所获得的结果对他都有一定的直接价值；可在短时间内从多种干预中选出最有效方案，使患者从该试验中获益，在医学伦理上也可减少争议；试验简单易行，易被患者接受，失访率低，提高了患者的依从性。主要缺点是由于试验分为两个阶段和几个轮次进行，可能会出现基线的不可比；样本量小、数据少，获得结果的外推性受到限制。

（二）交叉对照试验

1. 概念及模式　交叉对照试验（cross-over design，COD）是将全部研究对象随机分为甲、乙两组。在第一阶段甲组为试验组，乙组为对照组，分别采用试验和对照措施进行观察。此阶段研究结束后经过一个休息时期（洗脱期），再进入第二阶段。此时将两组的

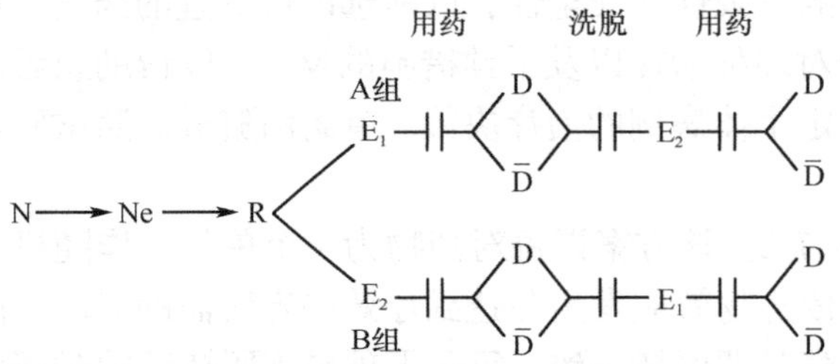

治疗措施进行对换，即甲组作为对照组，乙组则为试验组。全部研究工作结束后再评价疗效。交叉前期的试验其实就是 RCT。

图 7-3　COD 的随机设计模式

交叉对照试验随机设计模式如图 7-3 所示。例如，用交叉对照试验方法评价 ^{131}I 治疗脊髓空洞症的疗效。选择合格病例后，随机将研究对象分为 A 组和 B 组。首先对 A 组患者给予 ^{131}I 治疗，B 组给予安慰剂，对两组药物疗效进行观察。此阶段结束后，对两组对象停用一切药物约一周，开始第二阶段的交叉试验。A 组给予安慰剂，B 组给予 ^{131}I，继续观察两组对象疗效。最后对两组总的疗效进行比较。

2. 应用条件和注意问题　该方法主要适用于慢性疾病的疗效观察。故病情必须稳定，病程不能太短，反应出现时间不能太晚，效应持续时间不能太长，否则不能保证试验顺利完成。由于需要采用两个阶段处理观察，故必须保证两阶段处理措施的实施方式、观察时间、指标、判断标准和观察期限等完全相同，以保证两阶段试验结果的可比性；对洗脱期的长短应有一个估计，实际选择时需要结合试验药物的半衰期、血药浓度监测等指标加以确定。

3. 优点与缺点　交叉对照试验除了具有 RCT 的一般优缺点外，由于每位研究对象都先后接受了两种治疗措施，因而消除了个体差异的影响，增加了两组间的可比性；由于每个患者都先后两次接受了试验和对照措施，因此，与 RCT 方案比较节省了一半样本量。节省了研究样本。这一点对于稀少病例的疗效研究是十分有价值的。

（三）前后对照试验

1. 概念与模式　前后对照试验（before-after trials，BAT）是将同一受试对象在应用处理措施或者对照措施前后的观察指标进行对比研究。试验过程分为试验前、后相等的两个阶段。第一阶段使用对照措施，第二阶段应用试验性措施。试验结束时，将前后两阶段的观察效果进行比较。前、后两个阶段的试验结束时，整个治疗性试验才算完成。该方案是对两种不同处理措施进行比较的好方法。前后对照试验的设计模式如图 7-4 所示。

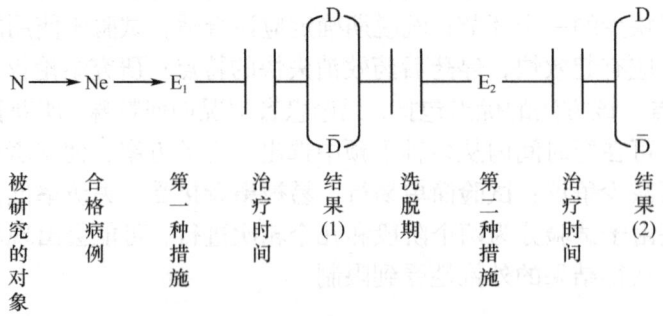

图 7-4　前后对照研究的设计模式

例如，观察 ^{99}Tc-亚甲基二膦酸盐（MDP）治疗强直性脊柱炎（AS）的疗效。随机入选满足纳入条件的 AS 患者，首先给每一个患者静脉滴注 ^{99}Tc-MDP，连续 10 天，收集有关实验室指标的变化情况；之后通过 10~15 天的洗脱期后，给予某种非甾体类抗炎药（NSAIDs）继续下一疗程。最后比较两种治疗方法对强直性脊柱炎治疗的效果。

2. 应用条件与注意问题 前后对照试验多应用于临床治疗性研究，以比较不同治疗措施的效果。同样要求是慢性疾病，病程较长或是慢性复发性疾病，如风湿病、高血压、糖尿病、溃疡等；由于每个病例必须要经过前后两个阶段接受两种不同处理措施，故需要一定病程时间。

应用该方法时需注意：它不是试验前随机分组的结果比较，而是同一组研究对象试验前后的疗效比较；必须至少要有两种或两种以上处理措施，只有一种治疗措施不能称为前后对照试验；试验前后两个阶段观察期或用药期必须相等；洗脱期要有明确规定。

3. 优点与缺点 该方法的主要优点是每个受试者在整个研究过程中均有接受新疗法和对照疗法的机会。因此可以消除个体差异的影响，使研究结果更加真实可靠；所需样本量小，统计效率较高。主要缺点是如果前后两阶段相隔时间太久，病情轻重程度不可能完全一致，这样会可能影响两个阶段的可比性；研究病种的受限，只能用于慢性复发性疾病；洗脱期时间过长或者不足，都会影响研究结果的真实性。

（四）非随机对照试验

1. 概念及模式 非随机对照试验（non-randomized controlled trial，NRCT）是指未按随机化原则将研究对象分组，而是由临床医师确定研究对象的分组或按不同地点加以分组，一组作为试验组，另一组作为对照组。经过一段时间观察后比较两组的疗效。如在两个同级医院合作开展对前列腺增生两种疗法疗效的比较，其中一所医院的患者为一组，采用核医学疗法；另一医院患者为一组，采用传统药物疗法，然后比较两组的疗效。此项研究是以各自医院的患者为对象，没有采用随机分组原则，因此属于 NRCT。

NRCT 设计属于试验性研究类型，但由于缺乏随机的原则，因此属于类试验研究。NRCT 的设计模式与 RCT 比较，除了没有随机分组外，其他完全相同。

2. 应用条件与注意问题 该方法适合那些不适合做随机对照试验的治疗性研究，如临床治疗手段的某种特殊性，或者患者对某种治疗措施的主观选择性，伦理的限定等。采用该方法时应尽量缩小选择性以及测量性偏倚，保证研究结果与结论的真实性。

3. 优点和缺点 NRCT 主要是根据临床适应证或一些条件的限定而产生试验组和对照组，故临床医生和患者均易接受，研究工作容易进行；在一定程度上避免了伦理学限制；与 RCT 相比较，NRCT 方案所需样本较少。主要缺点是两组基本临床特点和主要预后因素可能分布不均衡，缺乏严格的可比性。使临床试验的结果出现偏差，导致错误结论。

（五）历史性对照试验

1. 概念及模式 历史性对照试验（historical controlled trial，HCT）是将现在患某病的患者作为试验组，对之采用新的干预措施。对照组不是在同时期确立的，而是将过去某一时期患同种病的病例作为对照组，这些患者患病时接受过传统疗法或某种干预措施，然后比较两组的结果以判断新的干预措施的疗效。

历史性对照试验在形式上属于前后对照试验的一种，但这种方案是非随机、非同期的对照试验。尽管属于试验性研究，但仅为类试验。其结果论证强度不高。历史性对照试验的设计模式如图 7-5 所示。例如，要比较 ^{125}I 粒子治疗前列腺增生的疗效，可以选择满足诊断标准及纳入标准的病例，对所有的病例均给予 ^{125}I 粒子治疗，然后观察

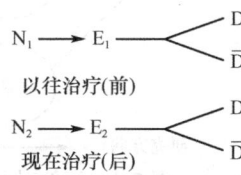

图 7-5 历史性对照研究设计模式

疗效。此时不必同时设立采用另外一种治疗的患者作为对照，而是将该医院以前用其他疗法治疗的同类患者与其进行比较，从而得出 ^{125}I 粒子是否优于传统治疗的结论。

2. 应用条件及注意问题　在历史性对照研究中，所需病例没有严格疾病类型限制，而对照资料来源主要包括不同时期患有与试验组相同疾病患者及历史上的文献资料记载。

（1）不同时期患有与试验组相同疾病的患者作为对照：以现在开始纳入的患有某种疾病的研究对象作为试验组，以之前不同时期患有同种疾病的患者作为对照组，因为疾病的诊断标准及预后措施的变化容易掌握，因此会增加可比性。

（2）以文献资料作对照：假如该病的自然史、诊断标准和治疗措施在一段时间内比较稳定或变化不大时，可采用文献资料作对照，以比较和评定目前治疗措施的疗效。但应注意两组病例在人口学特征、病情特点与预后因素等方面的可比性。

历史性对照试验是一种实用性较强的方法，但由于在研究过程中存在较大的偏倚影响，因此在应用及下结论时应该非常谨慎。在研究病种的选择上应考虑适合本方案特点，对于诊断方法和变化较大的疾病应审慎选择；在对照的选择上，尽可能选用近期的病例或者资料，并尽量多收集影响真实性的一些因素。例如，拟评价手术加放疗治疗与单纯手术治疗视网膜母细胞瘤的生存效果。对现病例均采用术后+放疗。

3. 优点与缺点　由于所有的研究对象均给予新的治疗措施，因此本方法的主要优点是患者和临床医师均易接受，试验容易实施，同时避免了伦理学问题，提高了依从性；由于仅选择了一组试验对象，因此，节省了研究经费和时间。该方法的主要缺点是在试验实施过程中存在较大的偏倚影响，试验组和对照组在疾病的特征和预后因素等方面可比性差，如疾病的诊断方法和标准、收治标准、辅助治疗等；此外，个体差异影响无法消除。

第三节　病例对照研究

一、概　　述

（一）概念及模式

病例对照研究（case-control study）又称回顾性研究（retrospective study），属于非试验性研究方法，是通过病例与对照的对比探讨某暴露因素与疾病之间是否可能存在因果关系。

经典的病例对照研究是以现在确诊的患某特定疾病的患者作为病例，以未患有该病但具有可比性的个体作为对照，通过询问调查，实验室检查等方法，搜集既往各种可能的危险因素的暴露史，测量并比较病例组与对照组中各因素的暴露率，从而判定某个或某些暴露因素与疾病间的关系，从而达到探索和检验疾病病因假说的目的。其研究模式见图 7-6。

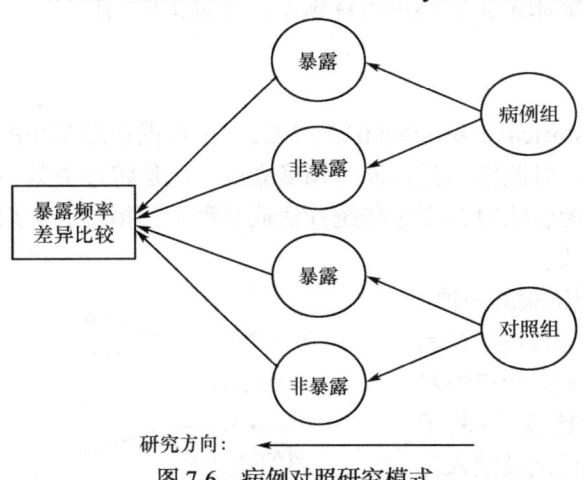

图 7-6　病例对照研究模式

在临床研究中，可选择具有某种特征（恶化或并发症等）的患者作为"病例组"，选择无此特征的患者作为"对照组"，然后比较这两组患者接受的治疗措施或药物及能影响疾病特征因素的差异。例如，在 ^{131}I 治疗 Graves 病的病例对照研究中，以治疗后有效的患者为病例组，以治疗无效的患者为对照组。调查每个患者可能与治疗效果有关的因素，包括患者的年龄、性别、患病时间、FT3、FT4、TSH 水平，甲状腺硬度等。最后比较两组上述因素的差异性，有的可能是危险因素，有的可能是保护因素。

（二）特点

病例对照研究属于观察性研究，不是试验性研究；需要设立对照组；是由"果"到"因"的研究。"果"指的是疾病或者特征，"因"指的是病因或因素，它是强调先由疾病入手，去发现可能导致疾病发生的原因；不能明确证明而只能提示疾病与暴露是否存在因果关系。

（三）类型

病例对照研究可以按研究形式和研究目的划分不同的类型。

1. 按研究目的分类

（1）探索性研究：该研究没有明显的预先假设，通过广泛地收集各种因素，进行分析，从而发现与疾病发生可能有关的一种或几种因素。

（2）验证性研究：是根据已有研究结果的提示进一步检验一个或几个病因假说。

2. 按研究设计分类

（1）成组研究（又称非配比研究）：强调病例组与对照组间的比较，一般要求对照组的数量要多于病例组。

（2）配比研究：配比是指对照在某些因素与特征方面与病例组相同，如控制年龄、性别等，其目的是控制混杂因素。配比包括群体配比和个体配比。

近年来，病例-对照研究衍生了较多新的类型，这些新的类型与传统的病例-对照研究方法相比已有一定的改进。主要包括巢式病例对照研究（nested case-control study）、病例队列研究（case-cohort study）、病例病例研究（case-case study）等，在此不作赘述。

二、设计的主要内容

（一）研究对象的选择

1. 病例的选择和来源 对病例的诊断要有明确的诊断标准，尽量采用国际通用或国内统一诊断标准；在病例的选择上最好对入选病例的特征事先有一定的规定，如年龄、性别、民族等，这样有利于对研究中的非研究因素进行控制。病例来源主要有以下两个方面：

（1）某个医院或某些医院：从医院选择病例是最常用的方法。在医院选择病例容易实施，诊断准确率高，患者容易合作，节省费用，信息准确可靠。但此类病例来源往往容易产生选择性偏倚。

（2）某人群中某病全部病例：将某时期一定人群中某病病例全部进行收集。一般可以通过疾病监测资料或普查资料获得。采用本法收集的病例代表性好，但往往不易收集完整，在实际执行时有较多困难，多用于疾病病因的研究。

选择病例时最好选择新病例。因为新病例发病时间更接近可疑因素的暴露时间，对过去的回忆比较可靠，提供的暴露信息较为准确。

2. 对照的选择和来源　选择对照的基本原则是对照与产生病例的人群来源应尽可能一致，另外对照组要有一定的暴露机会。

对照的来源主要有以下几个方面：从产生病例的同一科室与病例诊断相同者中选择，此类研究多用于药物的有效性及安全性、预后研究；从产生病例的同一所医院或多所医院诊断的其他患者中选择，此类对照一般多用于病因探讨；从社会团体人群或社区人口中选择对照，要求病例来自该人群，对照则为该人群中的非该病病例或健康者；以病例的配偶、同胞、亲戚、同学、同事或邻居作为对照。

除了以上几种形式外，在病因研究的病例对照研究中还可以在医院和社区同时选择对照，以进一步增加结果的可比性。

（二）样本含量的确定

样本量计算公式可用公式法或查表法得出所需要的病例和对照数。

成组资料样本量计算公式如下：

$$n = 2\overline{pq}(Z_\alpha + Z_\beta)^2 / (p_1 - p_0)^2 \tag{7-1}$$

Z_α 为显著性水平 α 相应的标准正态差；Z_β 为 β 相应的标准正态差。Z_α 和 Z_β 可通过查正态分布的分位数表获得。P_0 为人群中暴露于该研究因素的暴露比例；p_1 可以通过计算求得。

（三）暴露因素的确定及收集

病例对照研究的因素除了研究的因素外，还应包括其他可疑的因素及可能的混杂因素等。主要是通过制定同一种调查表进行调查或收集病例与对照的因素暴露情况。要明确调查因素的数量，根据研究目的精心考虑，仔细选择。对研究因素的暴露要有明确规定，要尽可能地采取国际或国内统一的标准。对暴露因素进行定量或分级可以探讨暴露因素与疾病之间的剂量反应关系。

（四）资料的整理与分析

对调查后的资料要进行核查、修订，以保证资料尽可能完整和可信，之后建立数据库，将所有的资料输入到计算机保存应用。资料的分析方法包括描述性统计和推断性统计。前者主要包括一般特征描述和均衡性检验：目的是比较病例组和对照组在某些基本特征方面是否相似或齐同，以保证病例组与对照组的可比性；推断性统计主要是要计算反应暴露因素与疾病间联系强度的指标是 OR 值及其可信限，并对此进行统计学检验。由于在病例对照研究中不能计算发病率（或死亡率），因此不能直接计算相对危险度（RR）。病例对照研究资料可以分为非配比资料、分级资料、配比资料、分层资料。具体分析方法可以参考有关书籍。

三、优　缺　点

病例对照研究的主要优点是特别适用于罕见病的研究，有时往往是唯一选择；可以较快得到对疾病危险因素的估计，也相对更加省钱、省力、省时间，易于组织实施；应用范围非常广泛，除了用于探索、验证病因外，还可用于疗效、预后等方面的研究。该方法的主要缺点是不适于研究人群中暴露比例很低因素的研究；存在的偏倚较大；不能判断暴露与疾病的时序关系，因此论证因果关系的能力没有队列研究强。

第四节 队列研究

一、概　　述

队列研究（cohort study）又称定群研究，在疾病预后、治疗措施效果的评价、药物的不良反应、病因等方面应用较多。在循证医学证据等级中为Ⅱ级证据，仅次于随机对照试验，是临床医疗防治措施评价的重要证据来源之一。在采用随机对照试验评价临床治疗可能面临方法学和伦理学限制的时候，有时队列研究是唯一选择。

（一）概念及模式

队列研究是在"自然状态"下，根据某暴露因素的有无将选定的研究对象分为暴露组和非暴露组，随访观察两组疾病及预后结局，如发病、治愈、药物反应、生存、死亡等的差异，以验证暴露因素与研究疾病之间有无因果联系的观察分析方法。其设计模式见图7-7。

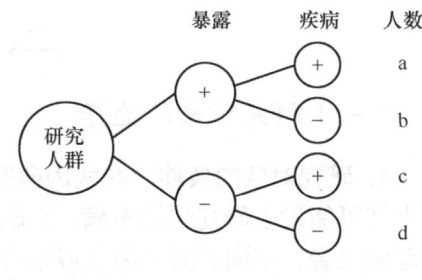

图7-7　队列研究示意图

队列研究是一种有假设、无干预的前瞻性研究设计。与试验性研究不同，暴露组和非暴露组并非经随机获得，而是在自然状态下根据因素暴露的有无自然形成，暴露因素也不是人为施加的，是在自然状态下存在的。

例如，对 ^{131}I 治疗Graves病的队列研究。将接受 ^{131}I 治疗的所有患者按照甲状腺的质地硬度分为两组，以质地硬的患者为暴露组，质地韧或者软的为非暴露组，两组其他的因素可能可比。经过随访观察，比较两组的治愈率、缓解率。最后明确甲状腺硬度对Graves病 ^{131}I 治疗效果的影响。

（二）特点

该研究属于观察性研究，而非试验性；需要设立对照组，研究对象按是否暴露于某因素进行分组，而非随机分组；可通过调查与记录，获得暴露与疾病发生的动态情况；是由因找果的研究。

（三）分类

根据研究对象构成队列的特点可以分为固定队列（fixed cohort）和动态队列（dynamic cohort），前者是研究对象在固定时期或一个短时期之内进入队列并随访至终止，不加入新成员，后者是在某时期确定队列后，可随时增加新的观察对象。前者较适合人群研究，而后者适合临床研究。

依据队列研究对象进入队列时间是过去还是即时或兼而有之，分为前瞻性队列、历史性队列和双向队列研究。

1. 前瞻性队列研究（prospective cohort study） 是指暴露组与非暴露组是根据每个观察对象现时的暴露状态确定的。研究结局需前瞻观察一段时间才能得到，即从现在追踪到将来。前瞻性队列研究的特点是偏倚小，结果可信性强；但需要定期随访，观察时间长，浪费时间、人力及物力。

2. 历史性队列研究（historical cohort study） 又称回顾性队列研究（retrospective cohort study）。该研究暴露组和非暴露组是根据过去某时期是否暴露于某因素而定，观察结局在研究开始时就可以从历史资料中获得。历史性队列研究的先决条件是每位研究对象需有完整详实的暴露记录、疾病或死亡结局记录。与前瞻性队列研究相比，此种研究节省人力、物力，但缺点是暴露与结局跨度时间长，偏倚大。

3. 双向队列研究（ambispective cohort study） 将前瞻性队列研究与回顾性队列研究结合起来进行双向队列研究，即在回顾性队列研究后，继续进行一段时间的前瞻性队列研究。

二、主要的设计内容

（一）研究对象的选择

1. 研究对象的条件 在病因研究中，要求研究对象目前未患某研究结局疾病，而在观察期间可能发生研究结局疾病；在临床研究中要求满足临床诊断标准、纳入标准并不能被排除的患者，不同暴露（因素或治疗措施）的两个队列应有较大的可比性。

2. 暴露组的选择 可以选择医院内各种患者，用于不同干预措施的比较；可以选择人群中的患者，用于防治效果研究；也可以选择医疗人寿保险人群、有组织的人群团体、特殊暴露人群、职业人群等。

3. 非暴露组的选择 可以有内对照、外对照及两者同时设立。内对照是在选定的一组研究人群内部形成对照，外对照是指在选择的人群中无法产生非暴露组，而需在该人群外寻找对照组。在有些情况下，可同时设立内、外对照，这样可以增加结果的可比性。

4. 暴露组与非暴露组的可比性 要保证两组人群的基本特征相似，如疾病严重程度、病期、病理类型、年龄、性别、文化程度、经济状况等均衡可比；两组在追踪观察过程中判定所研究疾病及其研究结局的手段和标准可比。

（二）样本含量的确定

样本量同病例对照研究，只是（P_0）是指非暴露组的发病率：一般情况下无法精确地估计非暴露组发病率，常用一般人群发病率代替非暴露组发病率。

（三）研究因素的确定

队列研究的暴露因素多已被病例对照研究、现况调查、临床经验初步验证。对暴露因素必须有明确的规定，并且常根据不同的暴露水平将暴露组分为几个亚组进行追踪观察，可以以最低剂量组作为非暴露组。有些暴露因素不易获得准确的定量资料，此时常将暴露水平分为几个级别，即可粗略分为严重暴露、中度暴露、轻度暴露和非暴露。

（四）观察结局期间的确定

观察结局指追踪观察过程中出现的预期事件，包括存活结局、死亡结局以及影像、生化等客观指标。只要按国际或国内统一标准确定执行即可。队列研究还要根据结局发生的概率和数量合理地确定追踪观察期间,以便尽量缩短观察期限,节约人力、物力、经费。

（五）资料的收集与分析

收集的内容主要是追踪暴露组与非暴露组每个观察对象发生研究结局的指标,其次还要收集因素的变动情况资料以及一些基线资料。可以从常规登记中收集结局资料,如病历、传染病报告、尸检报告或生命统计,出生死亡登记等,也可以利用定期健康检查资料。在收集结局资料时,要保证随访中确定结局的方法和标准在暴露组与非暴露组保持一致,并且最好采用盲法。

队列研究资料的分析主要是计算暴露组与非暴露组的发病（死亡）密度或者累积发病（死亡）率；评价暴露因素与疾病结局关系的主要指标是 RR、AR、AR%；累积发病率资料的显著性检验主要采用卡方检验,发病密度资料的显著性检验采用计分检验法。

三、优点与缺点

队列研究可直接得到暴露组和非暴露组的发病率或死亡率,可计算出 RR 和 AR 等指标,直接分析暴露因素与疾病之间的因果关系；偏倚相对较小,结果真实,循证医学的证据级别较高；该方法的主要缺点是研究需要较多的人力、物力；得出结果的时间长,失访偏倚大；不适用于罕见病结局的研究。

其他的方法由于篇幅所限,故在此不做叙述。

 学习要点与思考

1. 按因果联系强度分类的临床研究方案可以分为几类?
2. 某医生拟采用病例对照研究的方法研究住院的急性心梗患者死亡的影响因素,在病例及对照的选择上主要应该考虑哪些问题?
3. 为什么说随机对照试验（RCT）的研究结果具有真实性和可靠性,并具有较高的临床应用价值?
4. 举例说明何为单病例随机对照试验? 其与随机对照试验主要有何区别?
5. 队列研究可以分哪几种? 各自的特点是什么?

（时景璞）

中英文对照

随机对照试验	randomized controlled trial, RCT
治疗措施	intervention
安慰剂	placebo
随机	randomization
对照	control
盲法	blind method
单盲	single blind
双盲	double blind

三盲	triple blind
开放试验	open trial
单病例随机对照试验	N of one RCT
观察期	period
交叉对照试验	cross-over design，COD
前后对照试验	before-after trials，BAT
非随机对照试验	non-randomized controlled trial，NRCT
历史性对照试验	historical controlled trial，HCT
病例对照研究	case-control study
回顾性研究	retrospective study
巢式病例对照研究	nested case-control study
病例队列研究	case-cohort study
病例病例研究	case-case study
队列研究	cohort study
固定队列	fixed cohort
动态队列	dynamic cohort
前瞻性队列研究	prospective cohort study
历史性队列研究	historical cohort study
回顾性队列研究	retrospective cohort study
双向队列研究	ambispective cohort study

第二篇 诊 断

第八章 核医学诊断概论

设问

在看到一幅核医学显像图时，会发现它与显示机体解剖结构图像的 X 线平片、CT、MR 等有明显的不同，那你一定想知道：这是什么图像？成像原理是什么？图像上的不同颜色或黑白色灰度代表什么？病变在图像上的表现是什么样？如何进行分析并获得有价值的诊断？同样在看到核医学检查曲线或数字时也会产生很多疑问，本章的内容会解除以上疑惑。

第一节 核医学显像的基本原理

核医学显像也称为放射性核素显像（radionuclide imaging, radionuclide scintigraphy），是将放射性核素或其标记的化合物引入体内，基于核素示踪原理，采用核医学成像设备（如 γ 相机、SPECT、PET）探测机体内放射性核素的分布状态，实现组织、脏器及病变的功能代谢显像方法。用于核医学显像的放射性核素有单光子核素和正电子核素，根据所使用的放射性核素不同，将核医学显像分为单光子显像和正电子显像。

一、单光子显像原理

单光子显像使用单光子核素（如 ^{99m}Tc，^{131}I 等），显像设备采用 γ 相机或 SPECT。单光子显像的原理是根据不同疾病的特殊病理生理改变，将特定的单光子核素或其标记的化合物引入体内，通过 γ 相机或 SPECT 在体外探测单光子核素发射的 γ 射线来显示体内放射性分布状况，以图像的方式显示机体某一系统、脏器或组织的形态、功能、血流和代谢的变化，对疾病进行诊断（图 8-1）。

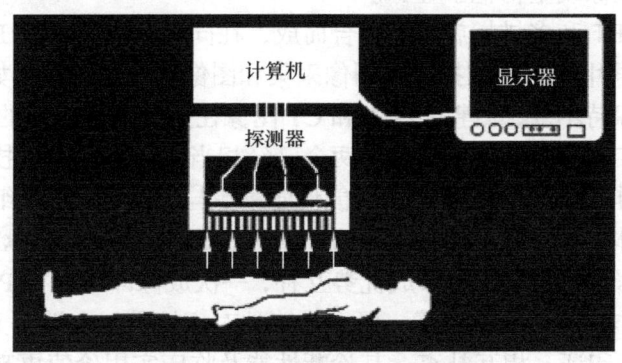

图 8-1 单光子显像原理示意图

二、正电子显像原理

正电子显像使用正电子核素（如 ^{18}F），显像设备主要采用正电子发射型计算机断层显像仪（positron emission tomography，PET），也有采用双探头 SPECT 符合线路断层显像仪（dual-head tomography with coincidence，DHTC）。

正电子发射型电子计算机断层显像（positron emission computed tomography，PET）是利用 ^{11}C、^{13}N、^{15}O、^{18}F 等正电子核素标记或合成相应的显像剂，引入机体后定位于靶器官，这些核素在衰变过程中发射正电子，这种正电子在组织中运行很短距离后，即与周围物质中的电子相互作用，发生湮没辐射，发射出方向相反、能量相等（511keV）的两个 γ 光子。PET 显像是采用一系列成对的互成 180°排列并与符合线路相连的探测器来探测湮没辐射光子，从而获得机体正电子核素的断层分布图，显示病变的位置、形态、大小、代谢和功能，对疾病进行诊断（图 8-2）。

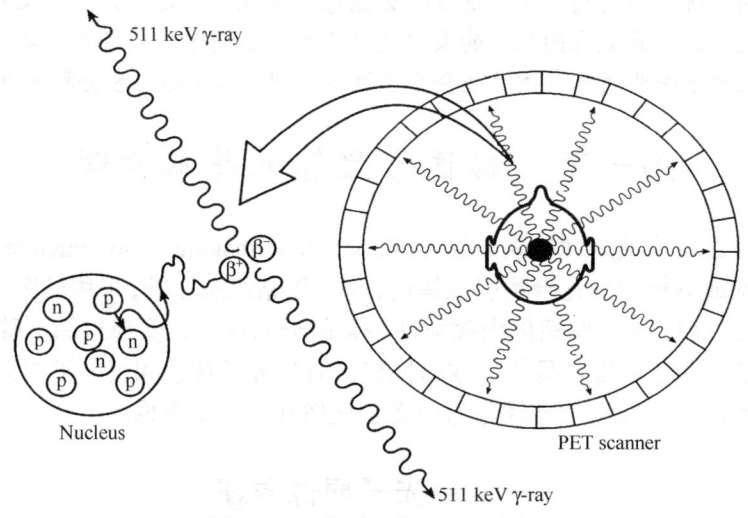

图 8-2　正电子显像原理示意图

PET 显像是利用人体正常组织结构含有的必需元素——^{11}C、^{13}N、^{15}O、^{18}F（与 H 的生物学行为相似）等正电子发射体标记的葡萄糖、氨基酸、胆碱、胸腺嘧啶、受体的配体及血流显像剂等为显像剂，以解剖图像方式、从分子水平显示机体及病灶组织细胞的代谢、功能、血流、细胞增殖和受体分布状况等，为临床提供更多的生理和病理方面的诊断信息，因此，称之为分子显像或生物化学显像。

PET/CT 是由 PET 和多排螺旋 CT 整合而成，在同一个机架内有 PET 探测器、CT 探测器和 X 线球管，共用同一个扫描床、图像采集和图像处理工作站。如果受检者在 CT 和 PET 扫描期间体位保持不变，重建的 PET 和 CT 图像在空间上是一致的。PET/CT 是将 PET 的功能代谢影像与 CT 的解剖结构影像，两个已经相当成熟的影像学技术相融合，实现了 PET 和 CT 图像的同机融合。使 PET 的功能代谢影像与螺旋 CT 的精细结构影像两种显像技术的优点融于一体，将 PET 和 CT 显示的肿瘤病灶的精确位置及病灶与周围组织结构的比邻关系融合在一张影像资料中。形成优势互补，一次成像即可获得 PET 图像、相应部位的 CT 图像及 PET 与 CT 的融合图像，既可准确地对病灶进行定性，又能准确定位，PET 和 CT 结果可以相互印证，相互补充，其诊断性能及临床实用价值更高，可最大限度满足临床各种精确治疗的需要。采用 X 线 CT 采集的数据代替棒源透射扫描对 PET 图像进行衰减校正，大大缩短了 PET 检查时间。PET/CT 的临床应用价值明显高于单独的 PET 和 CT。

三、显像剂聚集的机制

（一）细胞选择性摄取

1. 合成代谢 细胞选择性的摄取某种放射性核素或放射性核素标记的化合物，参与该细胞的合成代谢过程。如 ^{131}I 与稳定性碘（^{127}I）一样作为甲状腺激素合成的原料而被甲状腺摄取用于甲状腺显像或甲状腺功能测定；^{131}I 标记的胆固醇与天然胆固醇一样，是合成肾上腺皮质激素的特殊原料而被肾上腺皮质摄取用于肾上腺皮质显像。

2. 特价物质 有些细胞可以选择性摄取特特定化合价物质。例如心肌细胞能摄取与钾离子（K$^+$）类似的正 1 价物质，如铊-201（^{201}Tl）和放射性锝-99m（^{99m}Tc）标记的甲氧异腈类化合物的正 1 价部分可以被心肌细胞摄取，使心肌显影；^{99m}Tc 标记的脂溶性零价小分子物质六甲基丙二胺肟（^{99m}Tc-HMPAO）可通过血-脑屏障进入脑细胞使脑组织显影。

3. 代谢产物或异物 某些脏器的组织细胞可选择性摄取并排泄引入机体内的放射性核素标记的代谢产物或异物，既可显示脏器的形态，又可观察其分泌、排泄功能和排泄通道。如 ^{99m}Tc-DTPA 可通过肾小球滤过排泄，应用肾脏显像；^{99m}Tc-EHIDA 被肝细胞摄取并随胆汁排出，可用于肝胆系统显像；^{99m}Tc 标记的热变性红细胞可被脾脏所拦截而使脾脏显像；放射性胶体可被肝、脾、骨髓和和组织内的单核-吞噬细胞当成异物吞噬，使肝、脾、骨髓等显像。

（二）特异性结合

特异性结合是利用配体与受体、抗原与抗体、反义寡核苷酸与相应的 mRNA 或 DNA 链的碱基互补等特异性结合反应进行显像。采用放射性核素标记的特异性配体，引入机体后与特异性受体结合，可显示受体的分布、数量（密度）及功能等，称为放射受体显像（radioreceptor imaging，RRI），如 ^{18}F-FES 雌激素受体显像；用放射性核素标记特异性抗体为显像剂，引入机体后可与特异性抗原结合，使高表达该抗原的病变组织显像，称为放射免疫显像（radioimmunoimaging，RII），如放射性核素标记的抗癌胚抗原（CEA）抗体，静脉注射后可与结直肠癌细胞内的 CEA 相结合而使结直肠癌显像；利用放射性核素标记的反义寡核苷酸与相应的 mRNA 或 DNA 链的碱基互补结合可进行反义显像及基因显像。

（三）化学吸附和离子交换

羟基磷灰石晶体是骨骼无机盐的主要成分，可高度吸附 ^{99m}Tc 标记的膦酸盐类化合物（如 ^{99m}Tc-MDP），使骨骼显像；^{18}F-NaF 可与羟基磷灰石晶体中的 F$^-$ 进行离子交换而用于 PET 全身骨显像。

急性心肌梗死时，钙离子迅速进入梗死心肌细胞内形成羟基磷灰石晶体，^{99m}Tc-焦磷酸钠（^{99m}Tc-PYP）可以进入梗死的心肌细胞与羟基磷灰石晶体结合，使心肌梗死灶显影。

（四）微血管栓塞

静脉注射大于肺毛细血管直径（>7μm）的颗粒型放射性显像剂，如 ^{99m}Tc-MAA（直径 10~60μm）可随血流进入肺毛细血管前动脉和毛细血管床，以微栓子形式暂时滞留在肺部使肺显影。

(五)通道、灌注和生物区分布

使用不参与体内代谢过程，只是作为显像剂的放射性药物，如 ^{99m}Tc-DTPA 经过口服进入胃腔内，可显示胃内容物有无胃-食管反流，也可以观察显像剂在胃内的排空状态，进行胃动力学研究；将 ^{99m}TcO$_4^-$ 经静脉"弹丸"式注射，显像剂流经上腔静脉、右心房、右心室、肺血管床、左心房、左心室、升主动脉、主动脉弓、胸主动脉、腹主动脉等，从而使这些管腔陆续显影，称为放射性核素心血管造影（radionuclide cardiac angiography，RNA）。^{99m}Tc-RBC 随血流溢出血管流入肠管可用于肠道出血的定位和诊断。^{99m}Tc-RBC 随血流从动脉进入相应脏器的血管床，可获得该脏器的血池影像。

第二节 核医学显像的类型和主要特点

一、单光子显像和正电子显像

1. **单光子显像**（single photon imaging） 使用探测单光子的显像设备（如 γ 照相机、SPECT）对单光子显像剂（如 ^{99m}Tc 标记的放射性药物）进行显像称为单光子显像。

2. **正电子显像**（positron imaging） 使用正电子的显像设备（如 PET、复合线路双探头 SPECT）对正电子显像剂（如 ^{18}F-FDG）进行显像称为正电子显像。值得注意的是正电子的显像设备并不是直接探测正电子，而是探测正电子发生湮没辐射时，发射的两个能量均为 511keV、方向相反的一对光子。

二、静态显像和动态显像

1. **静态显像**（static imaging） 将显像剂引入体内，经一定时间，当显像剂在体内达平衡后进行图像采集的一种显像方式（图 8-3）。一般静态采集有充足的时间采集到足够信息量。

2. **动态显像**（dynamic imaging） 动态采集是在注射显像剂的同时进行的一种连续、动态的数据采集方法，获得连续、动态的图像序列，可以观察显像剂在体内的时间和空间变化，评价显像剂的体内动态分布过程（图 8-4）。动态采集每帧采集的时间短、信息量小，图像一般不适合肉眼直接观察分析，需要进一步处理，显示研究部位内显像剂随时间变化的趋势或规律。如可采用感兴趣区（region of interest，ROI）技术提取每帧影像中同一感兴趣区域内的放射性数据，生成时间-放射性曲线（time-activity curve），计算各种定量参数进行定量分析。

三、平面显像和断层显像

1. **平面显像**（planar imaging） 将核医学显像仪探头置于体表的某一投影体位进行采集和成像称为平面显像（图 8-5）。平面影像是放射线由投影方向从前到后叠加而成，对于位置深在的较小病灶或放射性分布与周围组织相差不明显的病变不易发现，多体位平面显像在一定程度上可弥补此不足。

2. **断层显像**（tomographic imaging） SPECT 和 PET 的断层显像略有不同，前者须用扫描仪探头绕体表做 180°或 360°旋转，进行多体位投影信息采集，而 PET 由于采用了多排环形探测器，探测器无需旋转而只需对探测视野内的信息进行采集即可。将 SPECT 或 PET 扫描仪采集所得的信息经计算机进行图像处理就可得断层影像，如横断层、冠状断层、矢状断层影像和三维立体影像。断层显像消除了病灶前后的放射性重叠干扰，有利于深在的较小病变检出和精确的定量分析（图 8-6）。

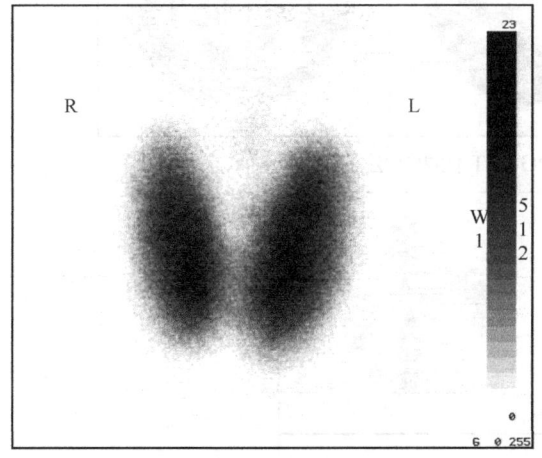

图 8-3 甲状腺静态显像　　　　图 8-4 肾动态显像

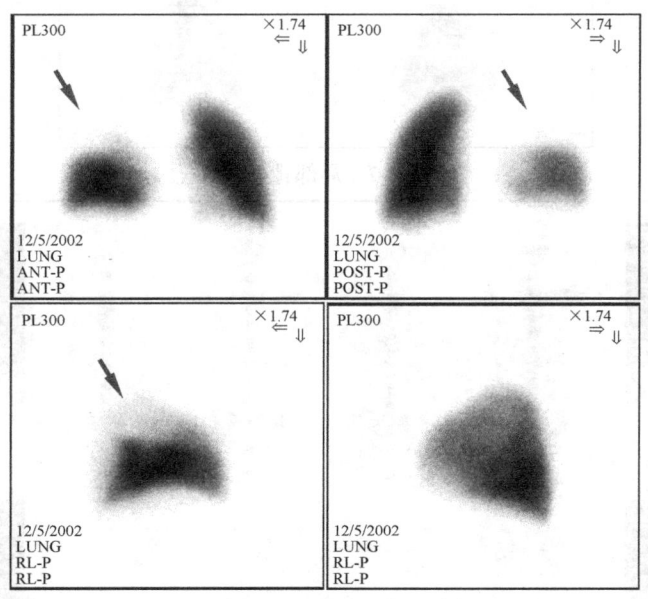

图 8-5 右上肺癌双肺灌注显像多体位平面图像

上排从左向右为前后位及后前位图像，下排从左向右为右侧位及左侧位图像。箭头所指处为肺癌所致局部肺组织血流灌注缺损

四、局部显像和全身显像

1. 局部显像（regional imaging）　显像范围仅限于身体的某一部位或某一脏器的显像称为局部显像（图 8-7）。

2. 全身显像（whole-body imaging）　显像范围包括全身，一次成像完成全身各部位放射性分布的图像采集，显示全身的放射性分布影像。如 PET/CT 全身显像、SPECT 全身骨显像（图 8-8）等，一次注射显像剂即可完成全身显像是核医学显像的优势。

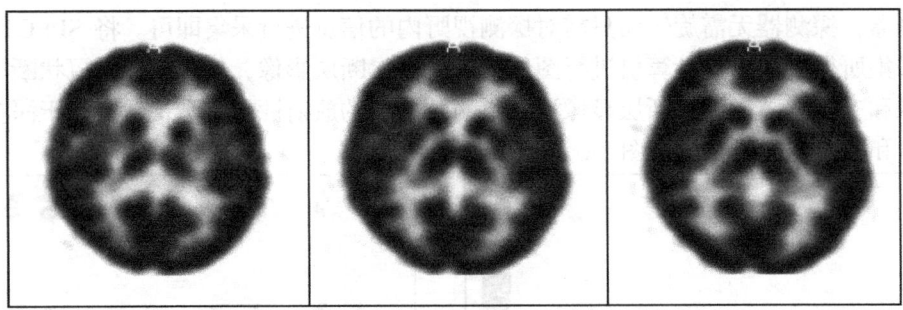

图 8-6　正常脑 ^{18}F-FDG PET 代谢断层显像

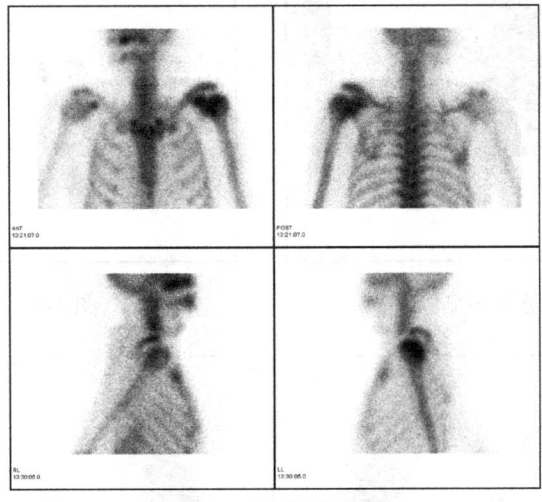

图 8-7　局部骨显像

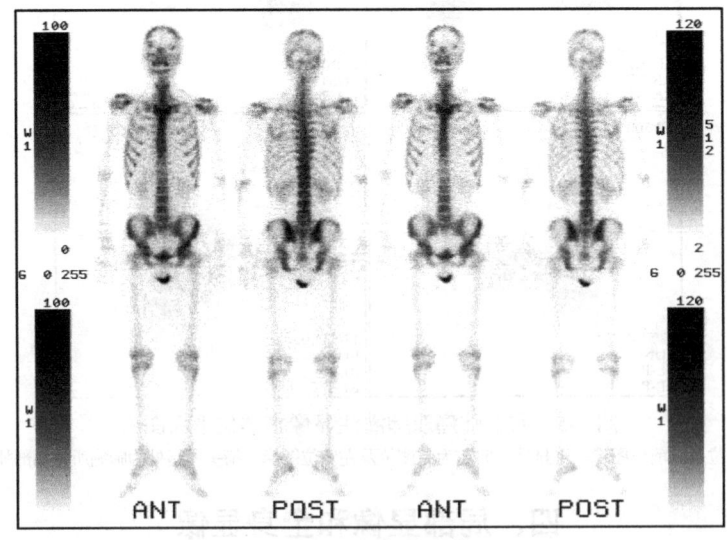

图 8-8　全身骨显像

五、早期显像和延迟显像

显像剂引入机体后,根据图像采集的时间点不同分为早期显像和延迟显像。早期显像与延迟显像相结合,称为双时相显像(dual-time point imaging)。

1. 早期显像（early imaging） 显像剂引入机体后在组织脏器摄取的 5~30min 进行的图像采集，称为早期显像。不同的显像剂，被不同的组织脏器摄取、代谢的速度不同，早期显像的时间点也不一样。

2. 延迟显像（delayed imaging） 延迟显像是相对于早期显像而言，是指在早期显像后经过一定的时间间隔进行的显像检查。使用的显像剂不同，延迟显像的时间点不同，一般选在早期显像后的 1.5~2.0hr。通过比较早期显像与延迟显像病灶内显像剂积聚量的增减，分析组织脏器及病灶对显像剂的代谢、清除速率等，为疾病的鉴别诊断提供依据。

六、阳性显像和阴性显像

1. 阳性显像（positive imaging） 病变组织对显像剂的摄取量高于周围正常组织，使病灶部位的放射性分布高于周围正常组织，这种显像方法称为阳性显像，也称为"热区"显像，如脑胶质瘤 ^{11}C-蛋氨酸 PET 脑显像（图 8-9），骨转移癌 ^{99m}Tc-MDP 全身骨显像等。

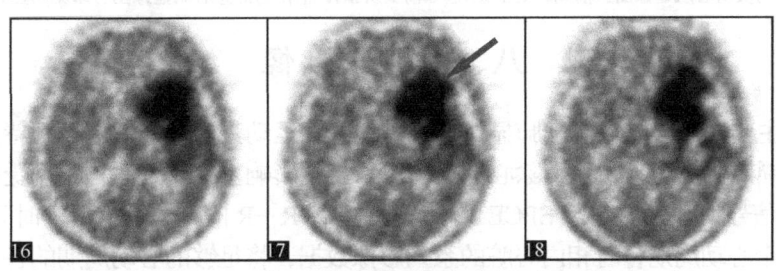

图 8-9　^{11}C-MET PET 脑胶质瘤阳性显像
箭头所指处为脑胶质瘤术后肿瘤残余病灶

2. 阴性显像（negative imaging） 病变组织对显像剂的摄取量明显低于周围正常组织，使病灶部位显示放射性分布减低或缺损的影像，这种显像方法称为阴性显像，又称"冷区"显像，如心肌血流灌注断层显像（图 8-10），肝脏胶体显像等。

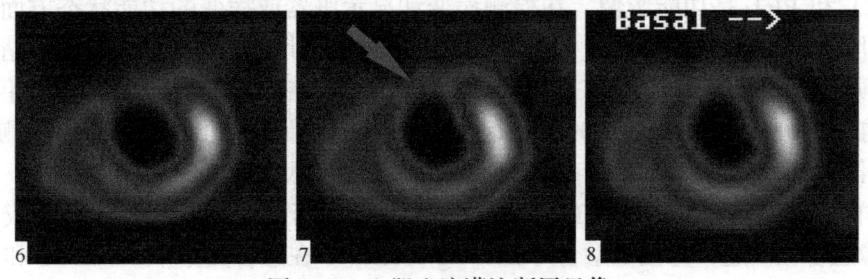

图 8-10　心肌血流灌注断层显像
箭头所指处为左室前间壁心肌梗死处

七、静息显像和负荷显像

1. 静息显像（rest imaging） 受检者处于静息状态下，引入显像剂或进行图像采集的显像方法称为静息显像（图 8-11），如静息心肌血流灌注显像等。

2. 负荷显像（stress imaging） 受检者处于负荷状态下，引入显像剂或进行图像采集的显像方法称为负荷显像（图 8-11）。负荷显像在心脏显像中最常用，如负荷心肌灌注断层显像、负荷平衡法心血池显像等。负荷试验可采用运动及药物等。负荷显像有利于发现在静息状态下不易观察到的病变，或用于评估脏器功能储备能力，有助于疾病的早期诊断。

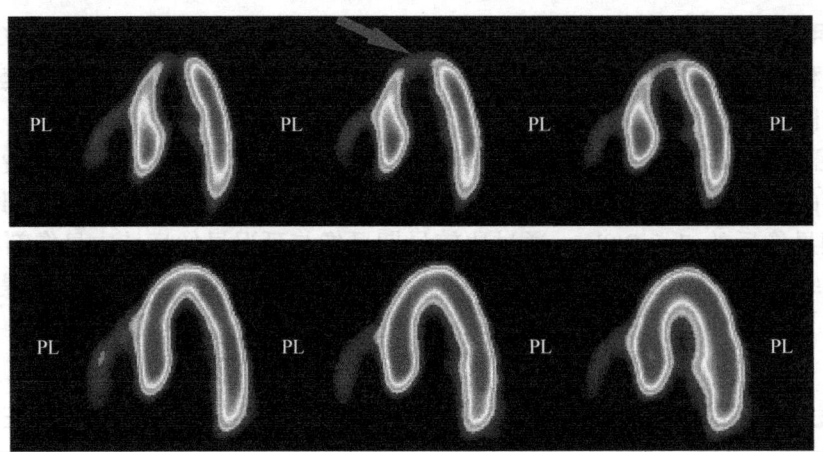

图 8-11　^{13}N-NH$_3$·H$_2$O PET 心肌血流灌注断层显像（水平长轴）

上排为负荷心肌显像图：前间壁心肌缺血（如箭头所指）；下排为静息心肌显像图：未见明显异常

八、门控显像

门控显像主要用于心脏显像和肺显像。心脏的舒缩运动具有明显的周期性特点，利用门控方法采集心动周期同步信息，以消除心脏运动对采集的影响。具体方法是利用受检者自身心电图 R 波为触发信号，启动 PET 或 SPCET 采集开关。将 R—R 间期分成若干等时间间隔，连续、等时地采集 1 个心动周期各时相内心脏的系列影像数据，将足够的心动周期的各个相同时相的数据叠加起来，即生成具有代表性的一个心动周期的系列影像。同样，门控采集通过呼吸门控用于肺显像检查，以减少呼吸运动对肺癌病灶显示的影响。呼吸门控主要用于肺癌的精确放疗。

九、图像融合

SPECT 和 PET 是功能影像，在检测病变和显示脏器或病变的功能状态方面具有独特的优势，但缺乏精细的解剖结构，因此在影像判读、病灶定位及在指导手术、精确放疗等方面存在明显的不足。SPECT/CT、PET/CT 将 SPECT、PET 扫描仪和 CT 扫描仪相整合，实现了功能学影像和形态学影像的优化组合，既能对病灶进行准确的定性和检测，也能对病变进行准确地解剖定位，是近年来医学影像技术的一大飞跃。

在同样的体位完成 SPECT 或 PET 和 CT 显像后，进行图像配准，将 SPECT 或 PET 图像与 CT 图像融合在一起，为图像融合（imaging fusion）。在融合图像中，SPECT 和 PET 的放射性分布信息一般用伪彩色显示以便更清楚地突出病灶，如图 8-12。图像融合可有同机图像融合和非同机图像融合，现多为前者。融合显像技术也适合于 PET 和 MRI 图像融合。

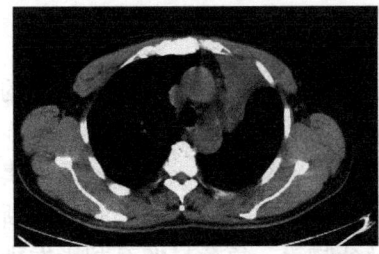 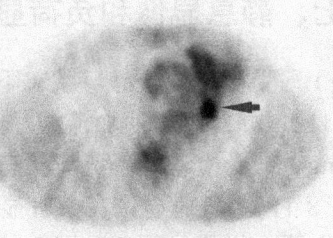 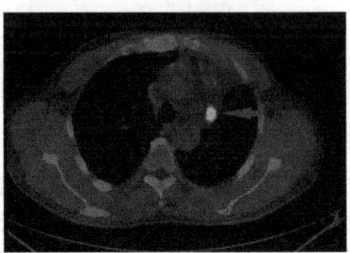

图 8-12　左上肺癌 ^{18}F-FDG PET/CT 图像

从左向右分别为纵隔窗 CT、同层面 PET 图像和同层面 PET/CT 融合图像。箭头所指处为肺癌病灶，其远端肺不张

第三节 核医学显像的影像分析

一、显像剂和显像类型

核医学显像与 X 线成像的最大区别是需要将放射性药物引入体内，采用 SPECT 或 PET 探测放射性药物在机体内的分布图像，使用的显像剂不同，图像揭示的生理病理内涵也不相同，因此在进行图像分析时，首先应当明确所使用的显像剂是什么，这样才能正确分析解读图像，为临床提供有价值的诊断依据。例如，给同一位受检者分别注射不同的显像剂 ^{13}氮-氨（^{13}N-NH$_3$）和 ^{18}F-FDG 分别进行 PET 心肌显像，两种显像剂所获得的心肌显像图看起来十分相似，然而 ^{13}N-NH$_3$ PET 显像显示的是心肌血流灌注图像，

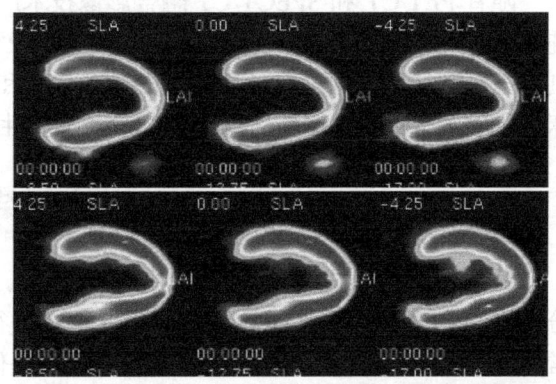

图 8-13　上排图：^{13}N-NH$_3$·H$_2$O PET 心肌血流灌注图像(垂直长轴)；下排图：^{18}F-FDG PET 心肌代谢图像（垂直长轴）
两者心肌图像相近，但内涵不同

^{18}F-FDG PET 显像显示的是心肌糖代谢图像，图像的内涵截然不同（图 8-13）。因此，明确所使用的显像剂是正确分析核医学影像的前提。

即使采用同一种显像剂，显像类型不同或机体处于不同状态下成像，获得的影像内涵也有差异。例如，同一受检者分别在负荷状态下和静息状态下进行 ^{99m}Tc-MIBI SPECT 心肌血流灌注显像，所获得的心肌显像图可能基本一致，但是两种显像方法显示的分别是负荷状态下和静息状态下的心肌血流灌注状态，负荷心肌血流灌注显像主要用于评价心肌血流灌注的储备功能。

二、识别正常图像

熟悉和掌握正常图像是判断异常图像进行诊断的前提。核医学图像显示的组织脏器的位置、形态、大小和放射性分布均与该组织脏器的解剖结构、生理功能状态有密切关系。理解各种显像剂的成像机制，结合组织脏器的解剖结构和功能识别正常图像、正常变异、生理性摄取及病变组织。如 ^{18}F-FDG PET 显像时，肠道常可出现生理性浓聚，切忌一看到放射性浓聚影，就认为是病变，应结合临床及延迟显像与肠道病变相鉴别。

三、图像分析与定量分析相结合

核医学显像的本质是显示放射性药物在体内的分布状况，观察分析核医学图像是做出诊断的基本方法。采用定量方法研究显像剂在体内的分布过程可提供更多的信息，有助于避免主观因素影响，也是核医学显像检查的优势之一。在分析图像时，应结合定量指标进行综合分析。值得注意的是，定量指标常受各种技术和人为等因素的影响，同时不同病理改变的定量结果也常有交叉，因此切忌将定量指标的临床意义绝对化，须结合临床进行综合分析。如标准化摄取值（standardized uptake value，SUV）在肺孤立性结节的定性诊断中有重

要的参考价值,肺癌病灶大多数SUV>2.5,但切忌一看到病灶SUV>2.5就认定为肺癌。

四、重视融合图像中的CT图像

随着PET/CT和SPECT/CT融合影像技术广泛应用,核医学影像诊断面临的已不仅是单纯的PET和SPECT图像,同时也获得了CT及融合图像。PET和SPECT功能显像与CT解剖形态影像从不同角度揭示病变不同病理生理和生化改变,两种影像相互补充、印证,给临床提供更多有价值的诊断信息,提高诊断准确性。勿将CT图像简单地用于定位诊断。

五、密切结合临床

核医学影像中包含了大量的功能代谢信息,大多数功能信息对诊断有帮助,但也有部分信息存在诱导错误诊断的可能。因此,在进行图像分析时要注意加以鉴别。不同的疾病常有不同的临床表现,各种临床表现常可以提供很多有价值的诊断信息,有助于对核医学影像的理解,一些临床信息,如肿瘤标志物、生化指标等有时对准确诊断具有重要意义。因此应当密切结合临床,进行综合分析。

六、图像质量的影响因素及伪影的识别

核医学显像属于功能代谢影像,图像质量可受到来自显像剂、受检者自身情况、显像设备及显像技术等多方面因素的影响。如显像剂放化纯度、显像剂注射时受检者的身体状态、显像时患者的体位移动、组织衰减、显像设备的性能、图像重建等因素都会影响图像的质量,不能准确地反映受检者真正的生理病理状况,甚至会产生伪影干扰诊断,因此在图像分析时应综合分析各种因素的影响,区分伪影和病变,获取准确客观的诊断信息。

第四节 放射性核素非显像诊断方法

一、脏器功能测定

脏器功能测定是利用放射性探测器从体表测定脏器中的放射性随时间变化而发生的动态变化,获得该脏器以时间为横坐标,放射性计数为纵坐标的时间-放射性曲线,该曲线反映了放射性核素或放射性核素标记化合物在脏器和组织中的摄取、聚集和排出过程。通过分析脏器的时间-放射性曲线判断脏器的功能状态。由于探测器是在体表根据脏器和组织的正常解剖位置进行定位,这种定位与受检者脏器和组织的实际位置不一定吻合,有时差异很大。定位不确定性会影响测量结果可靠性,是非显像检查法的主要缺点。脏器功能测定主要有甲状腺功能测定和肾脏功能测定(又称肾图)等。随着γ照相机和SPECT的广泛应用,非显像法肾功能测定(肾图)已经用得越来越少,甲状腺功能测定仍在使用。

二、γ探针引导手术

γ探针是一个小型γ探测器,可以采用合适的方法对γ探针或其外套进行消毒,并可以带

入手术室，在手术中使用。γ探针是随着前哨淋巴结研究的进展而发展起来的一种小型便携式γ探测器。通常是将淋巴结显像剂注入肿瘤内或肿瘤旁组织间隙，先采用动态显像显示前哨淋巴结的位置、大小及分布。手术中采用手持式γ射线探测器探测前哨淋巴结，外科手术医师可有的放矢的清扫前哨淋巴结。

三、体外放射配体结合分析

体外放射配体分析（radioligand bind assay *in vitro*）是一类以放射性核素标记的配体为示踪剂，以特异性结合反应为基础，在体外完成的微量生物活性物质检测技术的总和。具有灵敏度高、特异性强、准确性高以及应用广泛等特点。可检测体内各种微量生物活性物质，用于疾病的诊断和研究。

 学习要点与思考

1. 掌握放射性核素显像的基本原理。
2. 掌握放射性核素显像剂聚集机制。
3. 熟悉放射性核素显像、符合探测、动态显像、静态显像、平面显像、断层显像、局部显像、全身显像、负荷显像、静息显像、早期显像、延迟显像、阳性显像、阴性显像及图像融合等概念。
4. 熟悉放射性核素影像分析。
5. 了解放射性核素非显像诊断方法。

（王全师）

中英文对照

放射性核素显像	radionuclide imaging
放射免疫显像	radioimmunoimaging，RII
放射受体显像	radioreceptor imaging，RRI
静态显像	static imaging
动态显像	dynamic imaging
平面显像	planar imaging
断层显像	tomographic imaging
局部显像	regional imaging
全身显像	whole-body imaging
早期显像	early imaging
延迟显像	delayed imaging
双时相显像	dual-time point imaging
阴性显像	negative imaging
阳性显像	positive imaging
静息显像	rest imaging
负荷显像	stress imaging
图像融合	imaging fusion
符合探测	coincidence detection

第九章 神经系统

设问

1. 人类的大脑是最复杂的，是医学至今仍在不断探索、研究的重点内容，你知道人类的大脑都有哪些功能么？这些功能是怎么研究出来的？你知道你的大脑现在哪一部分最活跃么？你知道可以用哪些方法来证实么？老年性痴呆患者的大脑有哪些改变，你知道么？用何种检查方法才能发现它的改变呢？

2. 核医学的方法就可以，它可以神奇地再现你的大脑工作状态，可以告诉你痴呆患者的脑功能状态与其他人有何不同。看看核医学的神经系统显像在临床、科研中都有哪些应用？

将核医学基本理论和技术用于人体神经系统而形成的分支学科称神经核医学（nuclear neurology）。它具有以下特点：①主要应用于中枢神经的脑部，某些情况下用于脑池、脑室和脊髓，很少用于周围神经。②以影像核医学即核素显像为主要内容，以脑为靶器官，可被称为核素脑显像、核医学脑显像、神经核医学脑显像。③一些神经激素或生物活性物质可行体外放射分析测量，某些颅内或颅底肿瘤可采用核素组织间质治疗。④伴随近年神经科学及神经影像学发展趋势，神经核医学脑显像在临床以脑代谢显像和脑血流显像为主导，以神经递质、受体和转运蛋白显像为未来发展方向，主要从组织、细胞甚至分子水平反映脑肿瘤、脑血管病、癫痫、痴呆等脑疾病的病理生理和生物化学过程，并在脑科学研究方面占有重要地位。

在国内，目前临床常规使用的神经核医学显像方法有三种，主要特点见表 9-1。

表 9-1 常用神经核医学显像方法比较

项目名称	显像剂	显像设备	方法	显像原理	生理意义
脑葡萄糖代谢显像	^{18}F-FDG	PET/CT、PET	断层	生物分子替代	葡萄糖代谢状态
脑血流灌注显像	^{99m}Tc-ECD	SPECT/CT、SPECT	断层	脂质单纯扩散	脑血流和功能
脑脊液循环显像	^{99m}Tc-DTPA	SPECT、SPECT/CT	平面	生理腔隙分布	脑脊液循环

第一节 脑葡萄糖代谢显像和脑血流灌注显像

一、原理与方法

葡萄糖和脂肪是机体重要的能源物质。由于脑中储存糖元微少，又没有中性脂肪，因此，葡萄糖即时氧化几乎是脑的唯一能源。静息状态下，每 100 克脑组织每分钟摄取血糖约 5~6mg，并被迅速转化供能。所以，脑时刻依赖血液输送葡萄糖。

^{18}F-FDG 是葡萄糖的类似物，遵循生物替代的基本原理，^{18}F-FDG 可参与和模拟葡萄糖代谢最初过程，并被 PET 显像仪探测，获得脑葡萄糖代谢影像，还可借助一定生理数学模型进行定量计算，求出局部脑葡萄糖代谢率（regional cerebral metabolic rate of glucose，rCMRGlu）。显像前禁食 6 小时以上，检测末梢血糖浓度在正常范围。静脉注射 ^{18}F-FDG

185~370MBq（5~10mCi），等待 40min，于平衡期行静态脑断层显像，整个过程注意视听封闭。完成图像采集后，经计算机处理，获得横断面、冠状面和矢状面断层影像供视觉分析。临床上，采用感兴趣区（ROI）技术，得到左侧/右侧、脑叶/小脑或病变/正常等几种放射性计数比值作为半定量分析指标更为多用，以辅助目视分析。

脑也是血液供应丰富的器官。安静时，脑血流量每分钟 750ml，约占心输出量的 15%。脑血液供应来自颈内动脉和椎动脉，经脑底动脉环发出分支供应各脑区。脑血管具有自身调节机能，当动脉血压下降血供不足时，通过积聚舒血管物质（如二氧化碳）使血管舒张，提高局部血流量。一般只有在动脉血压低于正常值 50%时，才会出现脑血流明显减少。另外，受颅腔容积限制，脑组织、脑血管和脑脊液三者容积之和相对固定；所以，脑血管的舒缩活动范围相对较小。运动时，中枢神经强烈兴奋，但脑血流仅增加 50%，而心肌血流增加 4~5 倍，肌肉血流增加 15~20 倍。

对于 PET 脑血流灌注显像来说，^{15}O-Water（^{15}O-水）脑显像被认为是一种经典的方法；但由于需要特殊设备且操作复杂，难以在临床常规应用。^{13}N-Ammonia（^{13}N-NH$_3$·H$_2$O，^{13}N-氨水）是一种心肌血流灌注显像剂，也可用于 PET 脑血流灌注显像。它是一种小分子的中性水溶液，可以随血流自由通过血-脑屏障进入脑组织，谷氨酰胺合成酶催化 ^{13}N-NH$_3$ 与谷氨酸合成谷氨酰胺，经代谢滞留于细胞。^{13}N 半衰期为 10 min，制药方法简单，方便临床应用。静脉注射 555~740MBq（15~20mCi）^{13}N-Ammonia，等待 3~5min，进行 PET 脑血流灌注显像。

^{99m}Tc-双半胱乙酯（^{99m}Tc-ethyl cysteinate dimer，^{99m}Tc-ECD）是临床最常用的 SPECT 脑血流灌注显像剂，它具有以下特点：①为脂溶性高、电中性和分子量小的化合物。②静脉注射后，依靠单向被动扩散等途径穿透完整无损的血-脑屏障进入脑组织，其入脑量与局部脑血流灌注量呈正相关。脑摄取高峰多在注射后 1min 左右，脑摄取量一般为注射量的 4.6%~7.6%。③进入脑实质后迅速失去脂溶性和电中性，变为带电荷的亲水性化合物，不能再反方向通过血-脑屏障并较长时间停留在脑内。④对脑和全身的内照射剂量低，安全性好，主要经肝、肠道和肾脏排出体外。⑤脑细胞具有正常功能是摄取显像剂的重要基础。常规显像于给药后 5~15min 行 SPECT 脑断层，经处理获得断层影像和半定量参数；若按定量方法检查，可获得局部脑血流量（regional cerebral blood flow，rCBF）。

此外，脑血流显像负荷试验可用于检测脑血管自身调节机能即脑血管储备能力。例如，给予乙酰唑胺（acetazolamide，ACZ）后，通过抑制碳酸酐酶活性使碳酸蓄积，导致正常脑血管扩张，可使脑血流量增加 20%~30%。

从显像剂看，^{11}C-蛋氨酸（^{11}C-Methionine，^{11}C-MET）、^{11}C 或 ^{18}F-胆碱（^{11}C 或 ^{18}F-Choline）、^{18}F-FLT、^{201}TlCl、^{99m}Tc-MIBI 和 ^{99m}Tc-六甲基丙二胺肟（^{99m}Tc-HMPAO）可作为对 ^{18}F-FDG 和 ^{99m}Tc-ECD 的补充在某些情况下使用。

二、正常影像特征

1. 脑代谢和脑血流影像的匹配性 由脑的生理、生化特点可知，脑代谢与脑血流关系十分密切，表现在核素脑显像上就是脑代谢影像与脑血流影像的匹配性，即反映葡萄糖代谢水平的高低顺序和区域与反映局部脑血流灌注的规律基本一致（图 9-1~图 9-3）。

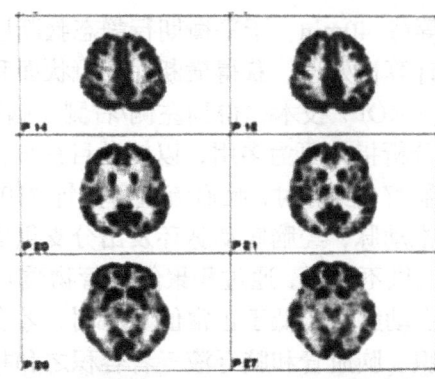

图 9-1　正常脑葡萄糖代谢 ^{18}F-FDG PET 横断层影像

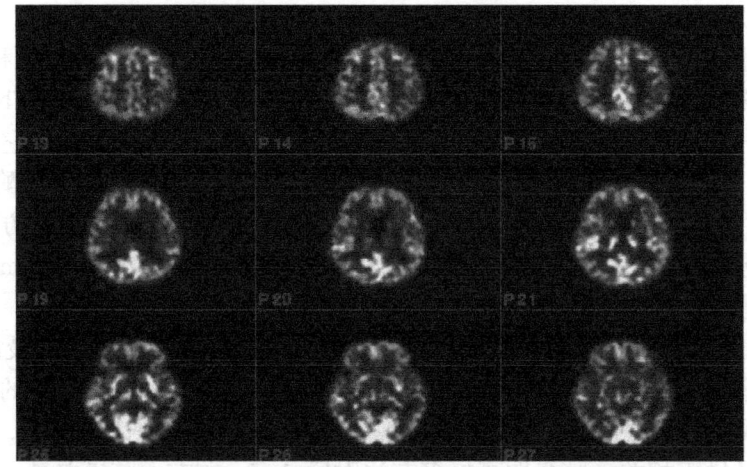

图 9-2　正常脑血流灌注 ^{13}N-Ammonia PET 横断层影像

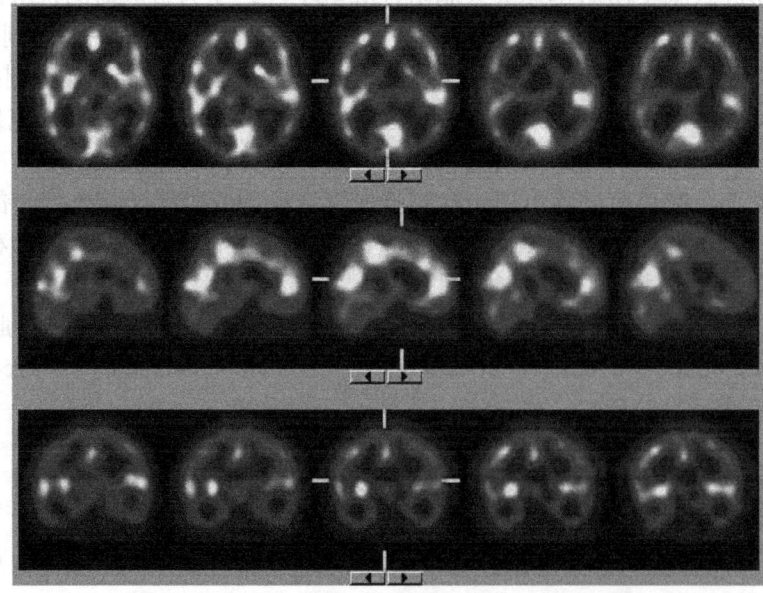

图 9-3　正常脑血流灌注 ^{99m}Tc-ECD SPECT 影像
上排：横断层，中排：矢状断层，下排：冠状断层

2. 显像剂生理性分布增高区和减低区　大脑皮质的葡萄糖代谢和血流量明显高于白质,两者相差约4倍,所以,正常影像中,显像剂生理性分布增高区主要位于脑神经元胞体集中的部位和神经核团,包括大脑皮质各叶、小脑皮质、基底神经节、丘脑和桥脑,其中大脑皮质、基底神经节和丘脑的浓聚程度高于小脑皮质和桥脑。显像剂生理性分布减低区见于脑白质、胼胝体、侧脑室、四叠体池、第四脑室和脑桥臂等。

3. 各层结构左右两侧对称性　无论脑代谢还是脑血流显像,从横断层和冠状断层观察,尽管各层显示的结构有所不同(例如,脑的上部可见额、顶叶,中部可见额、颞、枕叶和基底节、丘脑,下部可见颞叶和小脑),但其影像均具有左右两侧结构显像剂摄取和分布基本对称的特征,这对于发现单侧病变十分重要。

4. 脑代谢、脑血流半定量和定量测定的正常值　由于正常脑具有对称性特征,所以脑代谢和脑血流两侧结构的放射性比值一般为0.97~1.03,两侧相差小于6%~7%。大脑皮质各叶与小脑皮质放射性比值一般为1.1~1.2。

定量测定法所得正常值随测定方法和仪器等不同而有所差别。一般正常成年人大脑皮质rCMRGlu为5.16~6.66mg/100g/min;CBF的范围约为40~55 ml/100g/min;皮质rCBF约为50~80ml/100g/min;白质rCBF约为20~30ml/100g/min。儿童的CBF和rCBF高于成人;成年以后,随着年龄增长,正常人脑皮质、尾状核和豆状核的代谢率呈下降趋势;CBF和rCBF也逐渐下降。

三、临床应用

(一)方法选择

由于PET具有更高的空间分辨率和灵敏度,加之葡萄糖代谢变化多见于病变早期,所以在适应证相同情况下,对于具备条件者应首先选择 ^{18}F-FDG PET显像。针对脑缺血性病变,从方便临床应用的角度考虑,可首选 ^{99m}Tc-ECD SPECT显像。

(二)核医学脑显像在脑疾病临床应用中的定位

脑是人体结构和功能最复杂的器官,所罹疾病种类繁杂,既有具体疾病又有综合征。临床上,按照应用目的可将各种检查大体分为三个层次:①追求更高解剖分辨率、用于了解病理形态变化:头颅MRI、CT、经颅多普勒超声(transcranial Doppler,TCD)和数字减影血管造影(digital subtraction angiography,DSA);②了解病理生理变化:脑电图(electroencephalogram,EEG)、脑电地形图、诱发电位、肌电图、实验室检查如脑脊液化验等、TCD和SPECT;③从分子影像水平、了解病理生物化学变化:代表方法为PET,近年此领域又深入到基因、受体影像。

值得关注的是,MRI、CT技术正在从单纯解剖成像向解剖、功能、代谢综合影像发展,如CT灌注成像、Xe-CT、fMRI、磁共振波谱(magnetic resonance spectroscopy,MRS)等。另外需要考虑的因素,就是各种方法的简便性、安全性和经济成本即性能/价格比值。综合来看,核医学显像作为第二步或第三步检查,用于几种主要脑疾病的某些方面,重点是了解病理生理和病理生化改变,这些信息对于解决临床问题特别是疑难问题、提高诊断治疗整体水平发挥着不可替代的作用。

(三) 基本思路

遵循"提出临床问题→分析、归纳核医学影像特征和类型→通过影像诊断解决临床问题"的思路,其要点包括:①核医学影像诊断可分为两个层次,一是对某种疾病的具体和精确诊断;另一是对某种病理状态、疾病的某一阶段或过程、某类疾病等作出诊断。^{18}F-FDG 和 ^{99m}Tc-ECD 是反映脑葡萄糖代谢和脑血流灌注的活体示踪剂,其影像异常说明脑代谢、血流、功能异常。在此基础上,充分利用临床和其他影像综合信息,才可能获得疾病诊断。②抓住影像特征和类型是作出正确诊断的关键,包括正常和异常影像、一般和特殊影像,还要懂得影像产生的机制和原因。

(四) 异常影像基本特征

1. 脑结构形态异常 包括广泛或局限性大脑皮质或小脑萎缩、脑室扩大、脑皮质缺如或膨出、中线移位等。

2. 显像剂分布的放射性改变 是最重要的异常影像特征,可从两方面描述:①单侧或双侧病变。发生颅内单侧病变时,常见征象为两侧结构失去显像剂分布的对称性。与对侧相应正常部位比较,病变可表现为显像剂分布异常。双侧性病变可分为双侧对称性和双侧非对称性放射性分布异常两种亚型。②显像剂摄取(分布)减低或增高。脑内病变造成代谢、血流减低者,多表现为显像剂摄取减低,如脑内水肿或组织坏死、脑缺血或脑梗死、发作间期的癫痫灶、早期痴呆等。脑内病变造成代谢、血流增高者,多表现为显像剂摄取增高,如恶性肿瘤复发、发作期的癫痫灶等。临床上,上述异常表现是综合呈现的,如阿尔茨海默病(Alzheimer's disease,AD)常常表现为双侧大脑皮质对称性显像剂摄取减低;而在放射治疗后脑肿瘤复发者,则可见到单侧性显像剂摄取增高灶与减低区并存。

3. 交叉性神经机能联系失调 亦称远隔功能抑制、远隔效应(remote effect)或失联络(diaschisis)现象,是某些脑部病变(如脑梗死、脑肿瘤放疗后、癫痫等)出现的一种特殊征象,表现为脑部病变对侧或同侧出现显像剂分布改变。常见类型为交叉性小脑失联络征(crossed cerebellar diaschisis,CCD),即一侧脑皮质、基底节、丘脑病变时可见对侧小脑代谢、血流减低,其发生率在慢性脑梗死病人约为30%。其他失联络现象还可见于大脑各皮质之间,大脑皮质与对侧基底节、丘脑之间,多为对侧显像剂分布减低,但也可见到显像剂分布增高的情况。远隔效应或失联络现象表明脑内各结构之间联系纤维的功能受到损害,其发生机制有待进一步研究,但见到此征象对于解释病人神经系统症状、病变定位、病情及预后估测均有帮助。

4. 影响因素和生理变异与异常影像判断 由于脑的代谢和血流可以受环境(声音、光线等)、药物等外界因素影响而发生变化,脑的大量思维活动、剧烈情绪波动也会成为诱因,在这些情况下,可出现额、颞、枕叶单侧或双侧显像剂分布摄取增高。某些正常人颅骨形态不对称或双侧基底节位置不等,以及显像时头部位置不正,可造成显像剂分布减低或两侧不对称。以上因素在判断影像是否异常时需加以鉴别。

(五) 主要临床应用

1. 脑肿瘤

(1) 脑肿瘤放射治疗后辐射坏死与肿瘤复发的鉴别

1) 适应证:①多见情况是,脑胶质细胞瘤经手术切除并进行放射治疗后,临床出现类似肿瘤复发症状，头颅 MRI 可见异常信号影，需要鉴别辐射坏死与肿瘤复发；②少数情况下，未经手术而直接接受放疗者也需要鉴别。

2）影像特征与机制：常见 PET 影像类型有两种：Ⅰ型仅有辐射坏死及组织水肿，病变表现为中度至明显的片状显像剂摄取减低。这是由于坏死组织中缺乏有活力的细胞成分，水肿组织中脑细胞功能受到抑制，故两者葡萄糖代谢水平均很低，对显像剂摄取减少（图 9-4）。Ⅱ型为肿瘤复发与辐射坏死、组织水肿并存。典型影像表现为片状显像剂分布减低区中可见结节形、包块或不规则形、环状或半环状的轻度至明显显像剂摄取增高灶。显像剂分布增高的原因是由于残存或复发肿瘤因细胞增殖而具有异常增高的葡萄糖代谢，对显像剂摄取增加，故为肿瘤所在。采用 SPECT 血流显像也可见复发灶显像剂摄取增高，但受分辨率限制不能显示较小病灶以及影像细节。

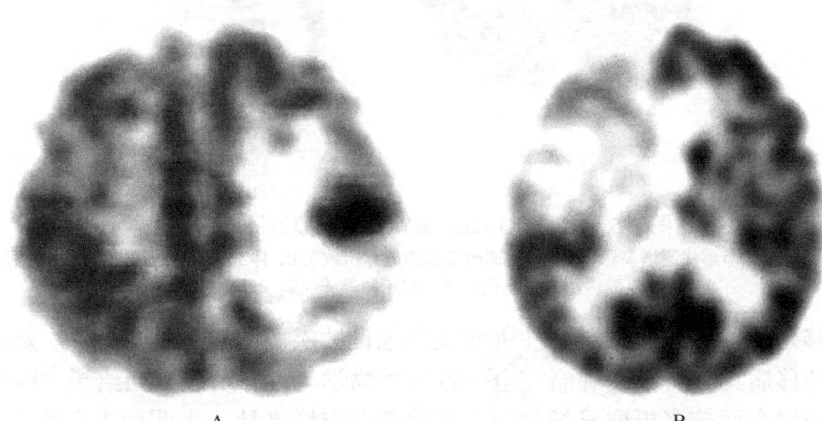

图 9-4 ^{18}F-FDG PET 放疗后辐射坏死与肿瘤复发影像

A. 女性患者，76 岁，左额顶转移瘤放疗及 X 刀治疗后 10 个月。在左额顶大片显像剂摄取减低区中心偏外侧可见类圆形放射性浓聚灶，提示肿瘤复发伴周围组织水肿坏死；B. 右额叶胶质瘤放疗后辐射坏死，呈大片显像剂摄取减低区

对影像作出判断时，应注意原发肿瘤组织学类型、分级、显像距放疗结束的时间以及临床有无癫痫发作等。脑胶质瘤有星形细胞瘤和星形母细胞瘤、多形性胶质母细胞瘤、少突胶质细胞瘤和少突胶质母细胞瘤等类型；按细胞分化程度可将星形细胞瘤、少突胶质瘤等分为Ⅰ、Ⅱ、Ⅲ、Ⅳ级。一般来说，星形细胞瘤较其他类型对 ^{18}F-FDG 摄取较多；但在星形细胞瘤中，低级别肿瘤的细胞分化程度较高，故 ^{18}F-FDG 摄取与正常脑组织相似，所以在Ⅰ~Ⅱ级肿瘤复发时并不一定见到明显放射性浓聚，应注意假阴性。另一方面，放疗后 3~6 个月内的放射性炎症、肉芽组织形成或神经胶质增生、癫痫的临床或亚临床发作等均可不同程度摄取 ^{18}F-FDG，造成假阳性。

半定量分析有助于鉴别假阴性，病灶/对侧正常区放射性计数比值大于 1.1（超过 10%）提示有代谢异常。应用其他显像剂或行 MRS、EEG 等可作为进一步检查，在 ^{18}F-FDG 后选用。

（2）寻找脑转移瘤原发灶

1）适应证：①经头颅 MRI 或 CT 检查，发现颅内转移瘤，需要加以鉴别，并对肯定者寻找肿瘤原发灶。②以原发颅内肿瘤行手术切除，术后病理为转移瘤，需要寻找原发灶。

2）影像特征与机制：采用 ^{18}F-FDG PET 脑显像及体部显像，常见典型影像类型有三种：Ⅰ型：脑转移瘤不同程度显影，体部扫描在发生肿瘤的常见部位（肺、肝、消化道等）

有异常显像剂浓聚灶（图9-5）。Ⅱ型：脑转移瘤因手术切除而呈现显像剂分布减低区，体部扫描发现异常显像剂分布浓聚灶，其部位与脑转移瘤的组织学类型相吻合。Ⅲ型：颅内占位病变未显影或显影，体部扫描未发现任何异常显像剂分布增高灶。

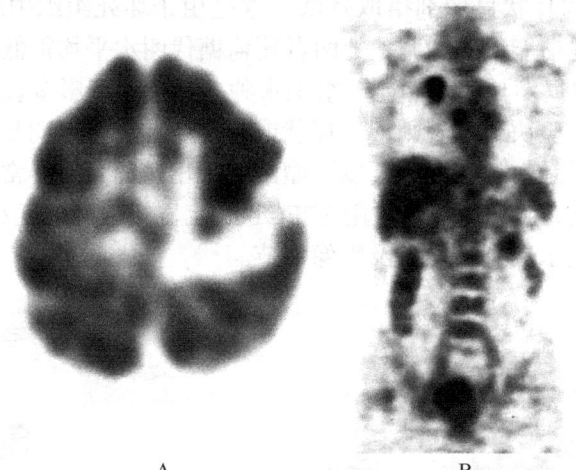

图 9-5　^{18}F-FDG PET 脑转移瘤与原发肿瘤影像

A. 左顶叶颅内转移瘤呈结节形代谢增高影（其后方代谢减低区为放疗所致）；B. 体部 PET 显像发现右肺上叶团块形高代谢灶，并可见纵隔内结节形高代谢灶，提示肺癌伴纵隔、颅内肿瘤转移

肿瘤转移是恶性肿瘤区别于良性肿瘤及其他良性疾病的显著特点之一。从生物学角度看，大多数转移瘤具有与原发肿瘤完全一致的生物学属性；所以，当给予 ^{18}F-FDG 后，两者均因糖代谢增高而较多摄取显像剂成为显像剂分布增高灶，表明两者生物学行为一样，故对Ⅰ、Ⅱ型影像多可明确判断原发肿瘤所在。对于Ⅲ型影像，无论颅内占位病变是否显影，体部扫描阴性，表明颅内病变是独立存在、具有单一生物学特征的病变，如不同等级的原发脑胶质瘤。

实际应用中，还会遇到不典型影像：①受脑水肿影响，脑转移瘤显影不明显，但体部扫描可见病灶。②脑转移瘤不同程度显影，体部扫描在常见部位未发现显像剂分布增高灶，此时应注意常见部位的微小病灶以及少见部位的病灶。③对于颅内占位未显影，体部扫描也阴性的情况，应想到某些 ^{18}F-FDG 低摄取的恶性肿瘤，如类癌、黏液癌、透明细胞癌等。若排除此点，则多为原发颅内肿瘤或良性病变。

（3）核医学脑显像在脑肿瘤临床应用中的意义与评价：放射治疗是治疗脑肿瘤的基本方法，常规 MRI、CT 不能有效鉴别放疗后辐射坏死与肿瘤复发，两者均表现为逐渐增大的不规则强化灶或混杂信号、水肿、占位效应以及局部囊性变。

采用 ^{18}F-FDG PET 显像可以从代谢水平进行鉴别，准确度在 80% 以上，具有肯定的价值。以往针对脑转移瘤寻找原发灶多采用 CT、超声等方法对胸腔、腹腔、盆腔逐一排查，此模式不仅需要较长时间，有时还未能找到原发肿瘤。采用全身 PET 显像，依靠其灵敏度高和全身一次成像的优点使此类问题得到较好解决。一般根据典型影像作出诊断的准确度可达 90% 以上，故对具备条件者应作为首选检查。

2. 缺血性脑血管病

（1）脑缺血的诊断

1）适应证：①临床有脑（颈内动脉或椎-基底动脉）缺血症状，常规头颅 MRI、CT

未见梗死灶,需要明确是否有脑缺血存在。②既往有陈旧性脑梗死、脑出血病史,临床又出现缺血症状。

2)影像特征与机制:采用 ^{99m}Tc-ECD SPECT 脑血流灌注显像,可见两种影像:①脑皮质内出现单发或多发、不同程度的显像剂分布减低区(图 9-6);范围较大或累及基底节、丘脑者可见 CCD 征象。根据显像原理可知,显像剂分布减低区的出现表示局部脑血流明显减少,已超过脑血管代偿能力,一般 rCBF 低于 23 ml/(100g·min);同时表示局部脑组织功能受损,不能正常摄取显像剂。②显像剂分布缺损区,其周围可见显像剂分布减低区,范围大于 MRI、CT 所见病灶。研究表明,当 rCBF 低于 12 ml/100g/min 时将导致不可逆性损害发生即脑细胞坏死,在影像上可见显像剂分布缺损;rCBF 在 12~25 ml/(100g·min)之间为典型的半暗区(penumbra),呈显像剂分布减低,为明显受损但尚有活力的脑组织所在,见于急性脑梗死后或陈旧性脑梗死出现新的缺血。

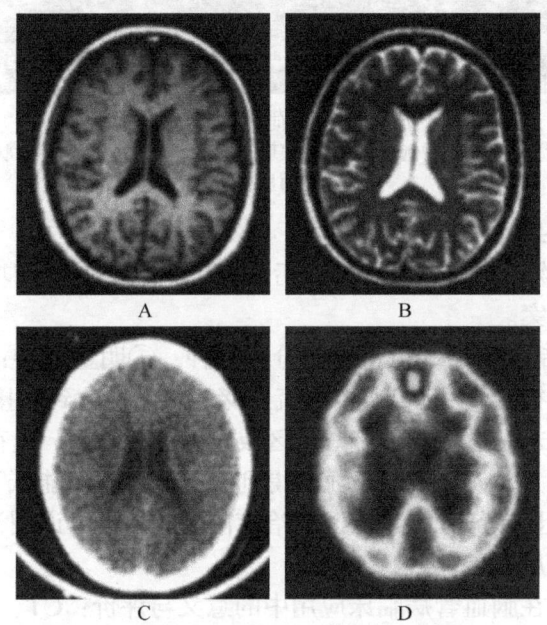

图 9-6 脑缺血 SPECT 影像

患者反复发作眩晕,MRI(A、B)、CT(C)均阴性,^{99m}Tc-ECD SPECT 脑血流灌注显像(D)发现右顶叶显像剂摄取减低区,最后诊断为右大脑中动脉狭窄导致脑缺血发作

作出脑缺血诊断时应注意:①按照传统定义,如果脑功能障碍的神经系统症状和局灶性体征超过 24 小时即为卒中,又分为梗死与出血;24 小时内消失为短暂性脑缺血发作(TIA);超过 24 小时但在 3 周内恢复为可逆性缺血性神经功能缺失(reversible ischemic neurologic deficit, RIND),也称小卒中。尽管上述类型脑血管病的病理和病理生理改变不同(例如,发生脑梗死时 rCBF 低于 12 ml/(100g·min);RIND 状态 rCBF 为 23~50 ml/(100g·min)),但在核医学脑血流显像上均表现为显像剂分布减低区。因此对脑缺血的判断需要与脑梗死、脑出血相鉴别才能获得,这就要结合临床和其他影像资料。②常规脑血流显像诊断 TIA 的灵敏度在 40%~90%,出现差别的原因与脑血管病变程度、发作频率、持续时间以及检查距发病的时间等因素有关。③受分辨率限制,不易发现皮层下白质缺血及直径小于 15mm 的病灶。④对临床有缺血症状但常规检查阴性者,可行脑血流显像负荷试验以提高检出率(图 9-7)。

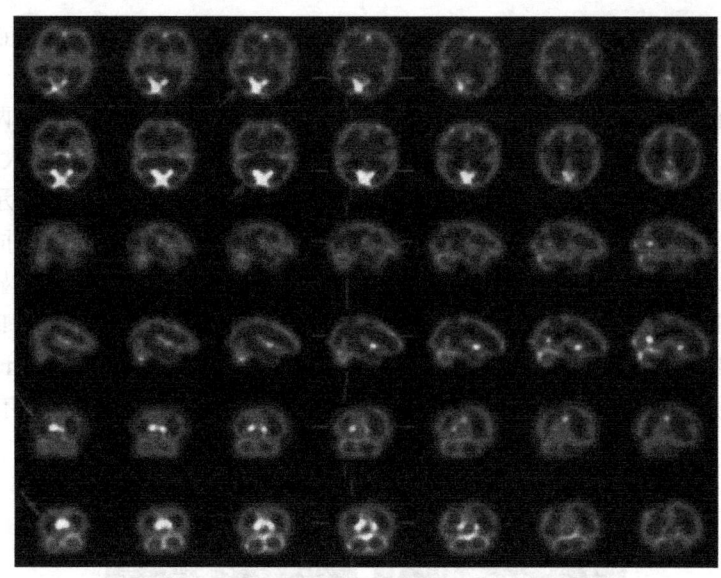

图 9-7 腺苷药物负荷试验 SPECT 脑显像

第一行图：腺苷药物负荷试验后显像，可见右侧枕叶放射性摄取明显减低。第二行图：静息状态显像，右侧枕叶放射性分布未见明显减低

（2）脑缺血治疗效果评价

1）适应证：经药物、介入、手术治疗后需要了解脑缺血和脑功能改善情况、估测预后、制定进一步治疗方案。

2）影像特征与机制：代谢、血流影像分为三种：①明显改善：静息及负荷显像均未见显像剂分布减低或缺损区，说明代谢、血流及储备功能均达到或接近正常水平，预后好；②部分改善：静息显像未见显像剂分布减低区或较治疗前缩小，负荷显像出现显像剂分布减低区或较静息显像扩大，说明代谢、血流得到改善但储备功能低下，应继续治疗；③没有改善：静息显像所见显像剂分布减低区较治疗前没有缩小，说明治疗效果不好，应调整方案继续治疗，否则预后较差。

（3）核医学脑显像在脑血管病临床应用中的意义与评价：CT、MRI 在脑血管病定位、定性和病因诊断上占有重要地位，常作为首选检查。例如，脑卒中时，首先利用 CT、MRI 鉴别是脑出血还是脑梗死，然后决定下一步治疗。TCD 通过测量血流速度反映脑动脉管腔大小及血流量，作为介入治疗的术前筛选和术中、术后监测。核医学显像提供脑组织血流灌注、功能和代谢信息，侧重于脑结构损害之前（TIA 和 RIND）的诊断与疗效评价。虽然近年来 CT、MRI 出现灌注成像等新技术，但核医学显像基础是细胞功能和代谢的正常与完整，具有更重要的生物学意义和价值。

3. **癫痫** 主要用于癫痫灶定位诊断。

（1）适应证：①顽固性、部分或局灶发作型癫痫，药物治疗效果不佳，拟手术或放射外科（γ 刀、X 刀）治疗。②经头皮脑电图、MRI、CT 检查阴性或不能准确定位。

（2）影像特征与机制：无论 PET 代谢显像还是脑血流灌注显像，癫痫灶的典型影像特征均表现为显像剂摄取和分布的双相征，即癫痫发作期病灶呈显像剂分布增高，发作间期呈显像剂分布减低（图 9-8）。

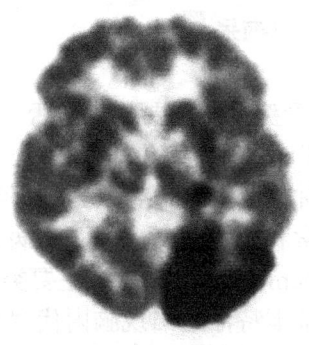
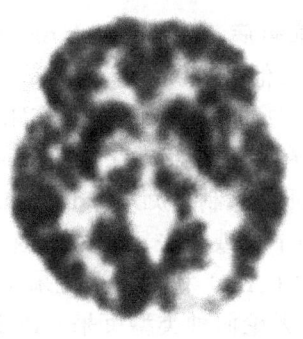

图9-8 典型癫痫的双相征

A. 癫痫发作期，左枕颞叶病灶显像剂摄取明显增高；B. 发作间期，病灶显像剂摄取明显减低

原发性癫痫的病理学观察显示，癫痫灶部位往往存在神经胶质增生、神经元变性或神经细胞发育不良。由于正常神经元数量减少，故在发作间期，癫痫灶的葡萄糖利用率和血流量低于正常脑组织，出现显像剂分布减低；发作期，脑电图可记录到癫痫样放电（棘波和尖波），致痫灶神经元过度同步放电，引起短暂性大脑功能紊乱，局部代谢和血流增加，导致显像剂浓聚增高。MRI发现的肿瘤、血管畸形、皮质发育不全、软化灶、囊肿等结构性病变可为诊断继发性癫痫提供依据。

从方法学看，PET分辨率高，但 ^{18}F-FDG 摄取较为缓慢（40分钟左右达到平衡），除一日内癫痫频繁发作多次者外，难以用它进行发作期（仅数秒至数分钟）显像，故适合于发作间期检查。^{99m}Tc-ECD 吸收迅速（1分钟达摄取高峰），制备容易，半衰期相对较长，可以等待癫痫自然发作、进行干预或药物诱发试验，故适合发作期检查。

癫痫灶的常见异常影像类型有：①单发显像剂摄取减低灶，以颞叶尤其是下颞叶最多见，其次为顶叶、额叶等；减低区范围多大于实际癫痫灶；减低率大于15%者比较明显，10%~15%之间为可疑异常。②单发显像剂摄取增高灶，可见于程度不同、表现各异但有癫痫频繁发作者。③皮质异位征，即在白质区见到有显像剂摄取的皮质灶，多为由皮质伸向白质的增宽条形影。④失联络现象，可见CCD或基底节、丘脑显像剂分布减低；有时可见显像剂分布增高，为联络增强所致。⑤单侧或双侧多发显像剂摄取减低灶，或减低灶合并增高灶。此类型可见于两种情况：一种是失联络现象；另一种是多癫痫灶，其中显像剂摄取减低较明显者为主要致痫灶。

（3）核医学脑显像在癫痫临床应用中的意义与评价：癫痫和癫痫综合征是一类复杂的发作性疾病，其分类主要从两种角度：按发作表现（部分性或局灶性、全身性及未能分类的发作）和病因情况（继发性或症状性、原发性或特发性及未能确定）。

^{18}F-FDG PET定位癫痫灶的准确度在60%~90%，说明随类型不同而有差异。就手术决策而言，当PET结果与EEG或MRI相吻合时可依此进行病灶切除，勿需皮层深部电极脑电图或称脑皮质电图（ECoG）检查；若PET不能提供明确病灶或与EEG等定位不一致，仍需用ECoG进行精确定位，此时PET可为ECoG检查提供方向。

就预测治疗效果而言，当PET所见示踪剂分布异常区为一个病灶时，手术治疗往往能够取得满意疗效；若为多个病灶则应对治疗效果进行更充分的评估。另外，有条件者可进一步行 ^{11}C-MET PET显像或受体显像，与 ^{18}F-FDG 显像结合以提高准确度。

4. 阿尔茨海默病（Alzheimer's disease，AD）与痴呆

（1）AD 与其他类型痴呆鉴别诊断

1）适应证：①经常规检查后，临床诊断或可疑痴呆，需要确定是否为 AD。②临床已经诊断为 AD，在痴呆程度或疗效评价时需要复核诊断。

2）影像特征与机制：痴呆（dementia）为一种临床综合征，是由脑部器质性病变引起的进行性记忆力下降或丧失、智力减退、行为异常和个性改变，涉及疾病有数十种，临床以阿尔茨海默病（AD）和血管性痴呆（vascular dementia，VD）为主要类型。

研究发现，无论何种类型痴呆，PET 影像的基本特征是出现脑内代谢减低区，减低区的位置和分布在一些类型的痴呆具有一定规律。AD 的典型特征是双侧或单侧顶颞叶代谢减低，伴有或不伴有额叶受累，基底节、丘脑代谢基本正常（图 9-9）。

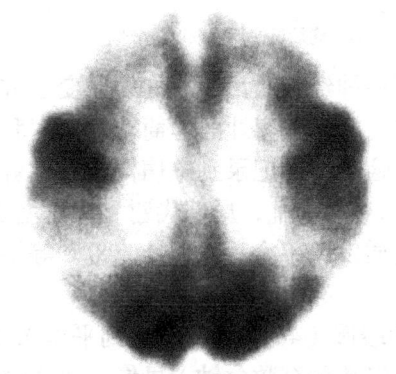

图 9-9　Alzheimer 病 ^{18}F-FDG PET 影像
重度 AD 见双侧额叶、颞叶、顶叶葡萄糖代谢明显减低

AD 出现脑皮质代谢减低的原因与病变区葡萄糖磷酸化、葡萄糖转运和氧利用均减少有关，其确切病理生理机制尚不清楚。相关假说主要有：代谢减低可能是神经元功能下降所致，因为它们与 AD 的组织病理分布一致；代谢减低可能反映了神经元纤维缠结（neurofibrillary tangle，NFT）堆积所导致的神经元功能障碍，因为代谢减低程度与 NFT 的密度相关；代谢减低与 β 类淀粉样蛋白的密度相关。

鉴别 AD 与其他类型痴呆的原则有二：首先，代谢减低区的对称性、范围和位置：①对称性减低（AD）与非对称性减低，后者如 VD 表现为多发性、非对称性代谢减低区。②弥漫性减低（AD 后期）与局限性减低，后者如慢性进行性舞蹈病（Huntington's disease，HD）者，无论早、晚期尾状核代谢始终减低。③代谢减低区在脑的前、后位置，大脑前部减低（匹克病，Pick's disease，PD）、中部减低（HD）和后部减低（AD）。

其次，观察 PET 代谢影像与脑解剖影像的匹配性，分为：①两种影像相匹配，即在代谢减低区可见结构性损害或改变，如 VD 的代谢减低区与 MRI 梗死区相一致，PD 的额叶低代谢与额叶萎缩相吻合（图 9-10）。②两种影像不匹配，即在代谢减低区未见明显的结构性损害，其典型代表为 AD。影像的匹配性对于分析是否为混合性痴呆（如 AD 合并 VD）很有帮助。不同类型痴呆 PET 与 MRI 特点比较见表 9-2。

（2）AD 痴呆程度评价

1）适应证：①已经临床诊断为 AD，为评价病情、估测预后、进行药物治疗等，需要确定痴呆程度。②通过对轻度 AD 研究，可为早期诊断奠定基础。

2）影像特征与机制：常用评价方法包括定性分析和半定量分析。定性分析采用视觉分析法，观察代谢减低区的范围和敏感脑叶受累程度。从 PET 影像看，重度 AD 可见双侧顶叶、颞叶和额叶代谢减低，受累脑叶至少在 4 个以上，轻、中度 AD 的受累脑叶数目则较少。当然，用受累脑叶数目评价痴呆程度是非常初步的，它主要将重度 AD 区分出来。此外，PET 研究发现，额叶可作为评价痴呆程度的敏感脑叶，轻度 AD 额叶多不受累，中度可能受累，重度必然受累。

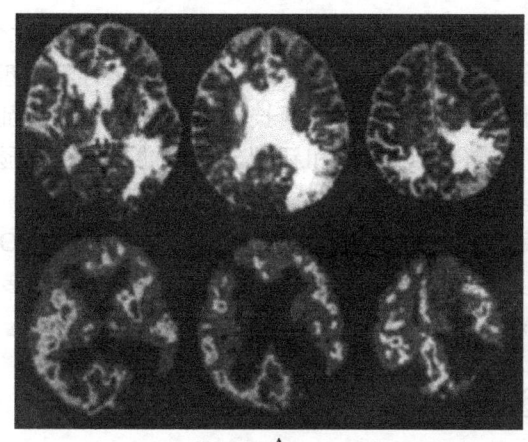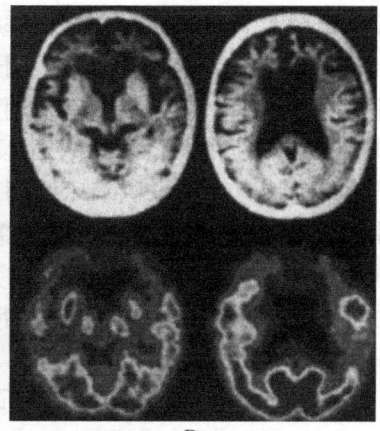

图 9-10 脑代谢影像与解剖影像相匹配的痴呆

血管性痴呆 PET 与 MRI 影像（A）和 Pick 病痴呆 PET 与 CT 影像（B）

表 9-2 有助于鉴别不同类型痴呆的 FDG PET 与 MRI 特点比较

疾病名称	主要代谢减低区所在部位	代谢减低区 MRI 表现
AD	双/单侧顶颞叶皮质	非特异性脑萎缩
（纹状体、丘脑、小脑 正常）	（经测量，海马、杏仁核萎缩）	
VD	非对称性分布于皮质区/白质区，基底节、丘脑常受累，可见交叉性神经失联络	可见梗死灶、出血灶、软化灶
PD	双额叶为主，颞叶前部可受累	双侧额叶、颞叶萎缩
HD	尾状核、壳核	纹状体萎缩
Wilson 病	豆状核	豆状核萎缩
进行性皮质下胶质增生	额叶为主	额叶下白质 T_2WI 片状高信号脑干、小脑受累
帕金森病伴痴呆	顶颞叶皮质（纹状体代谢异常）	T_2WI 纹状体信号增高
进行性核上性麻痹	额叶、基底节、丘脑	中脑和第三脑室周围区域萎缩

半定量分析采用两类指标：①针对单侧病变，采用同一层面病变脑区/正常脑区代谢比值。当比值大于 0.9（即两侧代谢水平相差小于 10%）视为正常；0.9~0.8 轻度痴呆，0.8~0.7 中度痴呆，低于 0.7 属重度痴呆；②针对双侧病变，采用脑叶/小脑代谢比值，参考指标见表 9-3。当此比值大于 1.1 时视为正常，1.0~0.9 轻度痴呆，0.9~0.8 中度痴呆，低于 0.8 属重度痴呆。

表 9-3 正常对照组与不同痴呆程度 AD 组脑叶与小脑代谢比较

组别	右额叶/小脑	左额叶/小脑	右颞叶/小脑	左颞叶/小脑	右顶叶/小脑	左顶叶/小脑
正常对照（$n=9$）	1.17 ± 0.12	1.20 ± 0.09	1.06 ± 0.09	1.04 ± 0.09	1.18 ± 0.12	1.18 ± 0.13
轻度 AD（$n=6$）	1.03 ± 0.12	1.07 ± 0.08	0.92 ± 0.10	0.94 ± 0.08	0.88 ± 0.11	0.90 ± 0.12
中度 AD（$n=7$）	0.95 ± 0.06	0.98 ± 0.07	0.83 ± 0.11	0.88 ± 0.11	0.87 ± 0.09	0.93 ± 0.11
重度 AD（$n=6$）	0.90 ± 0.10	0.94 ± 0.12	0.81 ± 0.11	0.89 ± 0.16	0.81 ± 0.09	0.84 ± 0.14

（3）核医学脑显像在 AD 临床应用中的意义与评价

AD 曾被称为老年性痴呆，是发生于 65 岁以上老年期痴呆（senile dementia）的主要类型，约占半数左右，已成为一种常见老年性疾病。

随着我国进入老龄化社会，AD 的防治不仅是个医学问题，同时也是重要的社会问题。成功防治 AD 的关键是早期诊断、早期干预，而现行模式（病史、体检、神经心理量表、常规影像检查等）和标准难以做到早期诊断，故需要采用新技术。在应用影像特征和半定量分析进行痴呆鉴别和程度评价基础上，结合定量分析和新型显像剂研发，PET 显像将成为 AD 早期诊断的有效手段供临床使用。

5. **其他脑部疾病** 脑外伤、帕金森病、理化生物因素脑损伤（如电击伤、CO 中毒、酒精中毒）和颅内感染（脑脓肿、颅内艾滋病）等也可采用代谢和血流显像，主要用于结构显像阴性时进行功能诊断以及各种治疗（如高压氧、康复疗法等）的疗效评价。

第二节 PET 脑代谢-脑血流联合显像

一、原理与方法

采用同一台 PET/CT 或 PET，首先使用 ^{13}N-Ammonia 进行脑血流灌注显像；然后使用 ^{18}F-FDG 进行脑葡萄糖代谢显像。由于 ^{13}N 的物理半衰期短（10min），故先做其显像，大约经过 40min 后，给予 ^{18}F-FDG 进行脑显像。此种检查方式的突出优点是：①一次检查即可获得脑代谢、脑血流两种影像；②两种显像的时间很接近，可反映同一时间段的脑功能状态；③使用同台设备成像，影像可比性好。

二、正常与异常影像特征

正常人脑代谢和脑血流影像表现为大脑皮质、基底神经节、丘脑和小脑的显像剂分布呈左、右完全性对称和前、后基本对称。脑代谢与脑血流影像的显像剂摄取程度呈完全匹配型影像。

脑代谢-脑血流联合显像的异常影像类型可分为五种：Ⅰ型表现为脑代谢-脑血流匹配性减少（图 9-11），减低程度基本相同。Ⅱ型表现为脑代谢不同程度减低，脑血流保持正常。Ⅲ型表现为脑血流不同程度减低，脑代谢保持正常。Ⅳ型表现为脑代谢中重度减低，脑血流轻度减低（图 9-12）。Ⅴ型表现为脑代谢不同程度减低，脑血流增高（图 9-13）。其中，第Ⅱ型~第Ⅳ型为代谢-血流不匹配型；第Ⅴ型为代谢-血流反向分布。

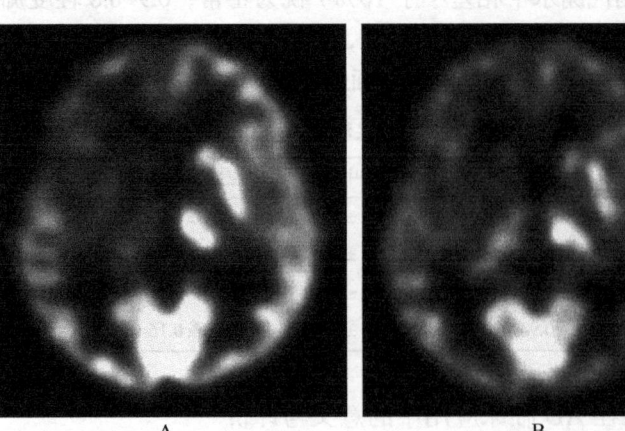

图 9-11 脑代谢-脑血流匹配性减低（Ⅰ型影像）

右基底节梗死患者，可见右基底节和右额、颞叶脑代谢（A）、脑血流（B）匹配性明显减低。右丘脑代谢明显减低、血流中度减低

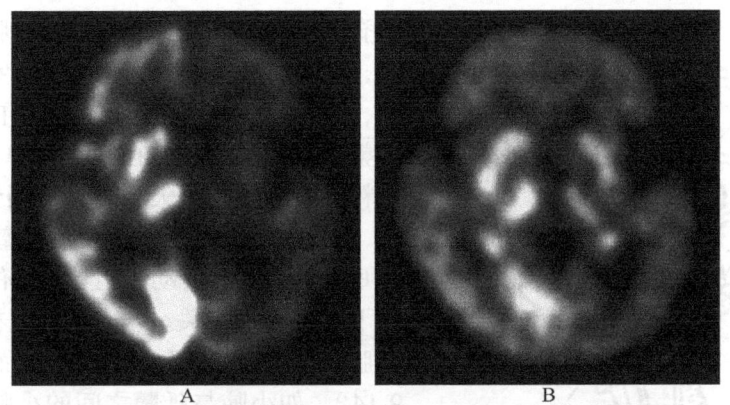

图 9-12 脑代谢重度减低,脑血流轻度减低(Ⅳ型影像)

左额、颞叶较大面积梗死,可见左基底节、左丘脑代谢(A)明显减低,但脑血流(B)轻度减低

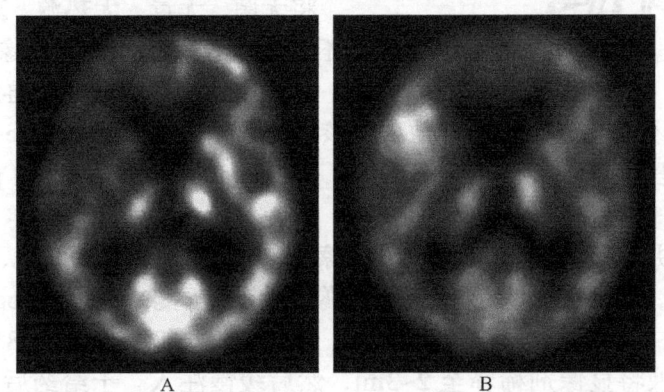

图 9-13 脑代谢明显减低,脑血流反向增高(Ⅴ型影像)

右额、颞叶脑梗死急性期,可见右额、颞叶代谢明显减低,但该区域血流反向增高

三、临床应用

PET 脑代谢-脑血流联合显像是一种新的检查模式,主要通过观察和研究脑代谢与脑血流的匹配关系对脑部疾病进行诊断、鉴别诊断、疗效预测和评价。目前,该模式主要应用于缺血性脑血管病,将来可发展应用于缺血缺氧性脑病、痴呆、癫痫等疾病。研究表明,无论 ^{18}F-FDG 显像还是 ^{13}N-Ammonia 显像,单种成像方法都不能显示全部病灶,提示需要将两种方法联合应用。另外,大约 50%左右的病灶表现为脑代谢-脑血流的不匹配性,这说明两者的损害程度在许多情况下是不一致的。此模式,对于评估脑组织代偿能力也很有价值。对于那些脑代谢明显减低,但脑血流仍然有明显保留的病灶,往往提示局部脑组织存在着代偿。同时也提示,^{13}N-Ammonia 显像的意义与 ^{99m}Tc-ECD 显像有所不同,不仅仅反映脑血流灌注,也参与了某些脑代谢环节。

第三节 脑脊液循环显像

一、原理与方法

蛛网膜下腔是蛛网膜与软脑膜和软脊膜之间的腔隙,其内充满着不断循环的脑脊液。

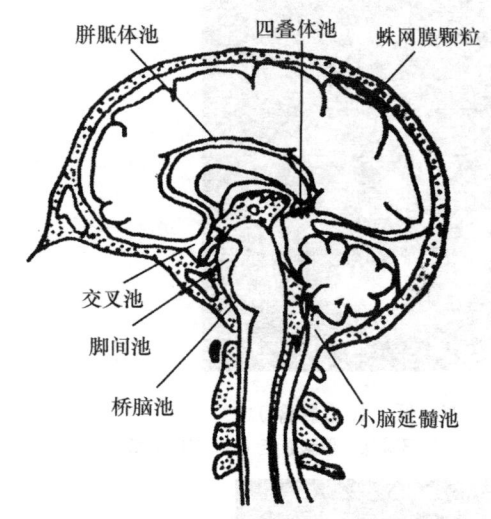

图 9-14　正常脑脊液循环示意图

脑脊液由各脑室尤其是左、右侧脑室的脉络丛产生，经正中孔和两个侧孔流出脑室进入蛛网膜下腔，可下行达马尾，也可上行流向大脑背面，而使整个脑和脊髓浸泡在脑脊液中，最后经蛛网膜颗粒吸收分泌到上矢状窦，再回到血液循环中。

脑脊液的循环动力与侧脑室具有泵功能以及呼吸、心血管搏动、比重、体位等因素对蛛网膜下腔的影响有关。蛛网膜下腔在某些部位（如大脑沟回和脑底部）腔隙较大而形成脑池（图9-14），如小脑与延髓之间的小脑延髓池，两大脑之间的脚间池，胼胝体表面的胼胝体池等。

将无菌、无毒、无热源、对脑膜无刺激，并且不易通过血-脑屏障的显像剂注入蛛网膜下腔，它可以随脑脊液循环，再用 SPECT 跟踪并加以显示，便可得到各脑池影像，称放射性核素脑池显像（radionuclide cisternography）。

常用显像剂是 ^{99m}Tc-二乙烯三胺五乙酸（^{99m}Tc-diethylenetriamine pentaacetic acid，^{99m}Tc-DTPA）。

由于脑池显像并不显示脑室，所以若想观察脑室区域脑脊液循环情况，需将 ^{99m}Tc-DTPA 经侧脑室穿刺给药，则可直接显示脑室系统影像，称脑室显像（ventriculography）。

一般选择 L_3~L_5 椎间隙行腰椎穿刺术。抽取 ^{99m}Tc-DTPA 74~185MBq，体积小于 0.5ml，再用脑脊液将显像剂稀释至 2~3ml，然后缓慢注入。于给药后 1、3、6 和 24 小时分别行前、后及左、右侧位头部显像，每帧图像采集 100~150K 计数，必要时行局部断层显像和 48~72h 延迟显像。脑室显像方法与脑池显像相似，只是给药方式为侧脑室直接给药。

二、正常影像特征

正常人于注药后 1h，显像剂到达颈段蛛网膜下腔，见小脑延髓池显影。3h 各基底池、四叠体池、胼胝体池和小脑凸面陆续显影。在前、后位影像上呈典型的向上"三叉影"，基底为基底池和四叠体池的重叠影像，中央为胼胝体池，两侧为外侧裂池，其间空白区为左右侧脑室，两侧影像基本对称（图 9-15）；侧位像可见胼胝体池显影。6h 各脑池影延长，突出更明显，并向矢状窦延伸。24h 显像剂主要浓聚于上矢状窦和大脑凸面蛛网膜下腔，呈"伞"状分布，上矢状窦内可有显像剂浓聚。侧位像可见额顶区蛛网膜颗粒部位显像剂聚集，各基底脑池显像剂分布明显减少。整个过程脑室始终不显影。

脑室显像时，注入显像剂后同侧侧脑室立即显影，并在几分钟内以较快速度经第三脑室、第四脑室、小脑延髓池到达各基底脑池，但对侧侧脑室不显影。

前、后位影像呈向上"三叉形"，基底为基底池和四叠体池的重叠影像，中央为胼胝体池，两侧为外侧裂池，其间空白区为左右侧脑室。24h 见放射性主要集中在大脑凸面，呈"伞"状分布，上矢状窦内可有显像剂浓聚。

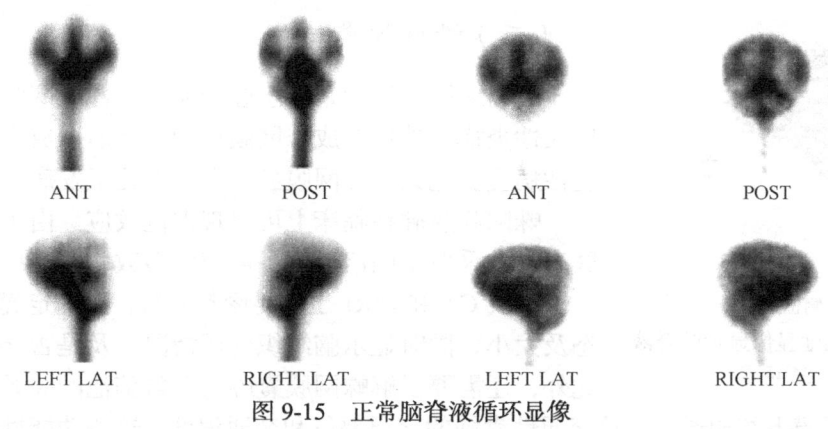

图 9-15 正常脑脊液循环显像

三、临床应用

（一）脑脊液漏

脑脊液漏（cerebrospinal fluid leak，CSFL）是指由于颅脑外伤、肿瘤侵犯、炎症或手术等原因造成脑脊液在颅内压和脑脊液循环压力下从蛛网膜下腔与脑池漏出至颅外的现象。按照病因，脑脊液漏分为外伤性和非外伤性，以前者多见，约占 70%~80%，如颅底骨折所致。按照脑脊液外溢的出口部位，脑脊液漏分为鼻漏和耳漏，临床以鼻漏多见。按照是否有肉眼可见的脑脊液流出，脑脊液漏分为显性脑脊液漏和隐性脑脊液漏。前者可见自鼻腔或耳道有清亮液体流出，多为间断性；后者自觉无鼻腔或耳道液体流出，可表现为长期头痛、反复发作性颈强直及感觉障碍。

脑脊液漏的最大危害是造成颅内逆行感染，引起细菌性脑膜炎等；若能得到正确诊断，实施外科修补手术或对症保守治疗，基本可获得治愈。

脑脊液漏的诊断首先是定性诊断，然后查找漏口位置、漏道途径和漏出速率以作出定位和定量诊断。头颅 CT、MRI 可以帮助查找脑脊液漏的原因，但对脑脊液漏本身的诊断帮助不大。CT 脑池造影可用于脑脊液漏诊断，但存在一定的副作用，如头痛、恶心、呕吐、癫痫等，而且对隐性脑脊液漏和颅底手术后漏口远离手术野者诊断困难。

核素脑池显像采用放射性示踪法，将显像剂引入蛛网膜下腔和脑池，它可以随脑脊液循环到达漏口部位并将漏口和漏道显示出来。此法不仅可对典型或明显的脑脊液漏作出诊断，而且当采用多时相显像时，一方面通过放射性随时间的增加或减低观察脑脊液漏出速率；另一方面可以发现显影较晚的较小或隐性脑脊液漏以及远离颅底手术野的漏口，还可对假性脑脊液鼻漏进行鉴别，故具有较高的临床实用价值。

通常采取多时相、多体位显像以及必要的局部断层显像。发生脑脊液漏者，在正常脑池影像以外见到条形或不规则形异常放射性浓聚区（图 9-16）。当患者采取最易发生液体外溢的体位（如鼻漏采用侧位、耳漏采用正位、蝶鞍部漏采用俯卧位等），可以见到脑脊液自脑池经漏口、漏道到达出口的完整连续影像。对于较小的或隐性脑脊液漏，需嘱患者变换体位、闭气或压迫双侧颈静脉以增加颅内压以及注意观察咽后壁有无显像剂聚集影等。近年来出现的 SPECT/CT，将核素功能影像与 CT 结构影像有机地结合在一起，可使诊断更加准确。

右侧位

图 9-16 脑池显像显示脑脊液鼻漏

（二）蛛网膜囊肿

颅内蛛网膜囊肿是由于胚胎期先天性蛛网膜发育异常或后天性炎症、外伤造成蛛网膜结构异常而形成内含脑脊液的囊性病变。先天性蛛网膜囊肿多见，儿童发病率高于成人。

蛛网膜囊肿在临床上可出现占位效应。由于其并非真正肿瘤，故采取正确治疗后，可使大多数病人治愈。

X 线 CT 和 MRI 是主要诊断方法，能确定囊肿位置、形态及大小，同时显示脑组织受压情况以及是否伴发脑积水。此外，还需要了解蛛网膜囊肿与正常脑池的关系，包括囊肿是否与蛛网膜下腔相通，以及交通性囊肿的交通部位和交通程度，这些功能性信息对于决定治疗方案有着重要意义。此时，可采用放射性核素脑池显像或脑室显像加以解决。

根据蛛网膜囊肿在脑池显像中是否显影、显影时间、显像剂摄取的高峰时间、高峰摄取率和 24 h 潴留率将蛛网膜囊肿分为三种类型：闭合型囊肿、交通良好的开放型囊肿和交通不良的开放型囊肿。

1. 闭合型囊肿者　在 CT、MRI 上可见囊肿影像，但脑池显像时囊肿不显影，说明其与正常脑池没有交通；根据囊肿位置、大小和占位效应情况选择时机进行手术治疗。

2. 交通良好的开放型囊肿（图 9-17）　可见囊肿在 2 h 内显影，高峰时间小于 3 h，高峰摄取率小于 60% 以及 24 h 潴留率小于 30%。这类囊肿不仅在 CT、MRI 上可见囊肿影像，而且脑池显像中囊肿显影早，囊肿与正常脑池间有比较通畅的交通路径，这种路径可在 SPECT 断层显像中清晰显示。囊肿内显像剂聚集量不多并清除较快，显影时相基本正常，交通特别好的囊肿可以仅表现为正常脑池的扩大或膨出。对于交通好、体积不大、占位效应不明显的蛛网膜囊肿可先采取非手术观察，定期复查 CT 或 MRI。

3. 交通不良的开放型囊肿（图 9-17）　在脑池显像中可见囊肿显影，但各项指标均大于交通良好的囊肿，其突出特点是在延迟显像中可见囊肿有明显显影。交通越是不好，囊肿显影时间越迟，有些在 24 h 显像才能见到。这种显影特征说明，囊肿与正常脑池间有比较狭小的交通路径因此囊肿可以缓慢显影；因清除延迟造成较多脑脊液潴留，故囊肿逐渐增大。由于这类囊肿对正常脑脊液循环产生不利影响，因此应积极采取手术治疗，并依据 SPECT 提示的交通路径对相应部位蛛网膜进行修补和处理。

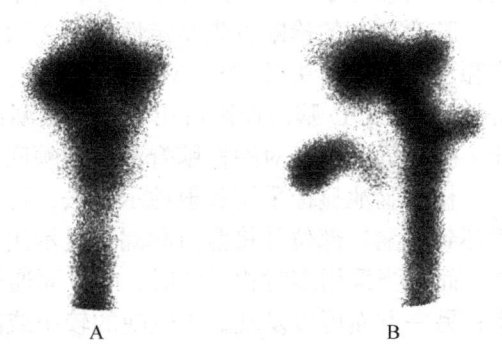

图 9-17 脑池显像显示交通良好（A）与交通不良（B）的（枕大池）蛛网膜囊肿

（三）交通性脑积水诊断和脑脊液分流术评价

脑积水是一种脑脊液循环障碍疾病，以脑脊液增多和脑室扩张为特征。若将示踪染料注入一侧侧脑室，若染料在腰部脑脊液出现称为交通性脑积水；若不出现则为非交通性脑积水。这种对脑积水的功能性分类已被广泛接受，尤其对外科分流术具有价值。

引起交通性脑积水的机制是脑脊液生成过多或脑脊液吸收减少。正常脑脊液生成速率为 0.35mL/min，大于 1.0mL/min 可出现脑积水，常见原因是脉络丛乳头状瘤。脑脊液吸收减少可见于先天性蛛网膜绒毛发育不良、慢性中耳炎或乳突炎后横窦血栓形成等造成蛛网膜颗粒受损或静脉回流障碍。

脑池显像是诊断与鉴别交通性脑积水的有效方法，可见显像剂在基底脑池显影后逆向进入侧脑室，并可潴留 24h 以上，而 24~48h 上矢状窦和大脑凸面蛛网膜下腔的显像剂分布明显减少。当采用脑室-腹腔等脑脊液分流术治疗时，脑池显像可以观察分流通道有无梗阻、阻塞部位以及手术效果。

第四节 神经递质、受体和转运蛋白显像及神经核医学研究

一、神经递质、受体和转运蛋白显像

（一）原理

从分子水平看，神经元之间的突触传递是通过神经递质和神经受体相互作用实现的。神经递质是指可以引起突触后神经元或效应器产生各种生理效应（兴奋、抑制）的特殊化学物质。受体则是位于突触后膜能够选择性地和一定递质发生特异性结合的大分子物质（蛋白质或糖蛋白）。

神经递质按化学结构分类：多巴胺（dopamine，DA）、乙酰胆碱（Ach）、5-羟色胺等（5-HT）；受体按递质归属分类：多巴胺受体、乙酰胆碱受体、5-羟色胺受体等。受体除与生理递质结合外，还可与一些药物或化学物质结合，它们称为配体。对于单胺类递质，还有相应的选择性重摄取转运蛋白将大部分失活的神经递质运回突触前膜进行再利用或进一步分解。运用核医学显像基本原理和技术可以将与突触活动密切相关的神经功能以影像方式在活体显示，主要有以下三类：

1. 神经递质显像 典型代表为 ^{18}F-多巴（^{18}F-dopa）PET 显像。采用 ^{18}F 标记多巴胺的前体多巴，通过参与神经递质合成而被突触前神经元摄取，其影像显示多巴胺能神经元功能和代谢。

2. 神经受体显像 它是研究最活跃的领域，涉及数十种显像剂，基本原理是用核素标记配体，通过配体-受体结合反应而被突触后神经元摄取，其影像显示受体分布、数量（密度）、亲和力（功能）以及对药物的反应等，并反映突触后神经元功能。

1983 年，首先以 ^{11}C-氮甲基螺环哌啶酮（^{11}C-NMSP）实现多巴胺 D_2 受体显像，以后不仅有了多种多巴胺受体显像剂，还研发了 ^{123}I-IBZM、^{11}C-QNB 及 ^{123}I-QNB、^{11}C-carfentanil 和 ^{11}C-flumazenil，分别用于乙酰胆碱受体、5-羟色胺受体、阿片受体和 γ-氨苯丁酸（GABA）受体的显像。

3. 突触前膜转运蛋白显像 近年发展十分迅速，它以 ^{11}C、^{18}F、^{99m}Tc、^{123}I 制备的标记化合物对中枢多巴胺转运蛋白（dopamine transporter，DAT）进行显像和定量测定为代表，提供 DAT 和突触前神经元的功能信息。此外，5-羟色胺转运蛋白（5-HTT）显像及去甲肾上腺素转运蛋白显像也都在研究中。

从我国情况看，上述三类显像中以多巴胺转运蛋白显像剂 ^{99m}Tc-巯胺托品（^{99m}Tc-DRODAT-1）研制最为深入和成熟，已经实现药盒化并进入临床试验，可能在近年成为常规项目得到推广应用。

（二）临床研究与应用

1. 帕金森病（Parkinson's disease，PD） 核素显像可从不同角度对 PD 进行研究并用于临床。^{18}F-dopa 显像发现，PD 病人纹状体显像剂摄取明显减少，提示多巴胺含量减少；壳核摄取变化与肢体运动异常密切相关，尾状核则与记忆损害相关。

临床上，放射性核素显像可用于准确评价 PD 进展程度。多巴胺受体 D_2 显像在 PD 早期可见壳核显像剂摄取增加或无明显改变，以后随疾病进展而呈放射性摄取减少，提示调节功能减退，此时药物替代治疗效果下降而副作用增加。

^{18}F-FPCIT 行多巴胺转运蛋白显像发现，PD 早期患肢对侧壳核后部示踪摄取减少，中后期成为两侧受损。此结果在 ^{99m}Tc-DRODAT-1 显像上有同样发现，而且由于 ^{99m}Tc 的物理特性优良，故 ^{99m}Tc-DRODAT-1 的实用价值更高，可用于 PD 早期诊断与辅助鉴别（图 9-18）、分期和疗效观察。

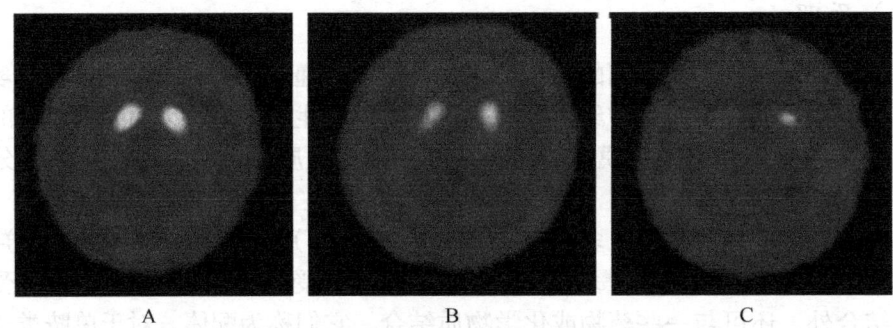

图 9-18　^{99m}Tc-DRODAT-1 SPECT 多巴胺转运蛋白显像
（复旦大学附属华山医院供图）

A. 正常人，女性，52 岁，显像见双侧壳核放射性分布均匀、对称；B. 原发性震颤患者，女性，55 岁，病程 10 年，无特殊治疗，显像特征接近正常人；C. 帕金森病患者，男性，57 岁，病程 1 年，左侧起病，用司来吉兰和金刚烷胺治疗。见双侧壳核放射性摄取减低，以右侧更明显，提示突触前神经元功能受损，右侧更严重

2. 其他疾病 癫痫的生物化学与受体研究显示，神经递质 GABA 系统受损。当采用特异性放射性配体 ^{11}C-氟马西尼（^{11}C-flumazenil）时，它可与 GABA 受体、苯二氮䓬（BZ）受体结合，通过影像观察受体密度分布（如颞叶癫痫可见病灶处受体密度降低）进行诊断。

针对精神分裂症的 PET 显像发现，纹状体多巴胺 D_2 受体密度增加或活性增高，而 5-HT 受体、GABA 受体活性下降，说明这类疾病与神经受体功能异常关系密切。

多巴胺 D_2 受体显像定量测定还可用于监测抗精神病药物（如氟哌啶醇）的临床疗效。当治疗有效时，可见纹状体放射性受到适度抑制。依同样原理，阿片受体显像和 ^{99m}Tc-DRODAT-1 显像可用于药物成瘾研究和戒毒治疗效果评价。

二、神经核医学研究

早在 20 世纪 70 年代，PET 技术就被用于脑科学研究，通过血流和糖代谢变化显示活体人脑功能活动（视觉、听觉、运动、记忆、思维等）的中枢所在；以后，又通过完成预定任务研究语言中枢和认知功能。

因此，核医学在脑功能研究、脑发育和老化、神经递质和受体相互作用、神经药物开发等方面发挥着重要作用，一些科研成果已经或逐步转为临床应用。神经核医学研究大致包括三方面：①利用已有技术进行脑科学和临床研究；②新型脑显像剂研制和应用；③影像后处理和图像融合技术研发及应用；本节仅举例讨论。

1. AD 斑块显像 AD 的病理学改变包括正常神经元和神经突触丢失导致弥漫性脑萎缩，两侧大脑半球呈对称性分布的神经元颗粒空泡变性（granulovacuolar degeneration，GD），更具特征的是出现老年斑（senile plagues，SP）和神经元纤维缠结（NFT）。

电子显微镜和免疫细胞化学研究发现，老年斑是由一类淀粉样物质作为核心，周围环绕变性的神经元突起组成的，类淀粉样物质的主要化学成分为 Aβ 淀粉样蛋白；而 NFT 则主要由过度磷酸化的 tau 蛋白构成。

从配体-受体结合反应的基本原理出发，制备成可与 SP、NFT 结合的放射性配体显像剂，就可获得其影像。FDDNP 是一种荧光染料，显微镜下可见它与脑组织切片中的 Aβ 淀粉样蛋白和 NFT 结合，并能够被 ^{18}F 标记，形成 ^{18}F-FDDNP，进行活体 AD 斑块显像。其他显像剂还有 ^{11}C-PIB、^{18}F-BF168、^{18}F-苯并噻吩衍生物、^{18}F-姜黄素衍生物、^{18}F-AV45 等。AD 斑块显像的发展进一步阐明 SP、NFT 与 AD 的关系，为临床诊断、鉴别和治疗提供更好的检查手段。

2. 定量分析——统计参数图 于 20 世纪 90 年代研发的统计参数图（statistical parametric mapping，SPM）是一种影像后处理技术，在脑科学基础与临床研究方面具有巨大潜力。它可以逐个像素单元地进行全脑搜索，然后将全部数据进行标准化和归一化，再按照设计做统计学分析，最后以图像和数据两种形式显示分析结果，所有这些过程由计算机自动完成。SPM 最早用于 PET 血流显像法脑功能激活试验研究，以后范围得到扩大。

利用 ^{18}F-FDG PET 和 SPM 研究不同痴呆程度的 AD 病人发现：①额叶代谢减低程度与临床痴呆评分具有高度相关性；②SPM 可以将脑内代谢减低区的大小、范围和部位准确地定量表达，这一功用恰好解决了在目视分析法中难以准确描述肉眼可见的代谢减低区大小的问题；③可以区分轻度、中度和重度痴呆，并在发现轻度痴呆上具有很高的灵敏度（图 9-19）。基于这些结果，SPM 辅助 PET 显像可成为 AD 个体化研究和早期诊断的有力工具。

19 例不同痴呆程度（轻度 6 例、中度 7 例、重度 6 例）AD 患者的 SPM 定量分析显示明显不同的脑内代谢减低区，total cluster K value（threshold level of p = 0.001）在轻度、中度和重度 AD 分别为 19267、29295 和 35663，且额叶低代谢范围随痴呆加重而增大。

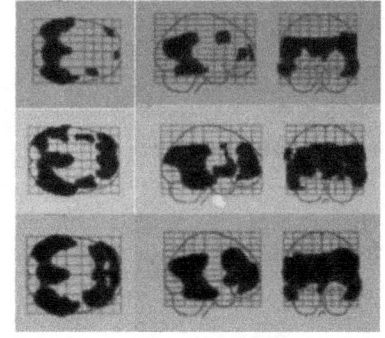

图 9-19 不同痴呆程度 Alzheimer 病 SPM 定量分析

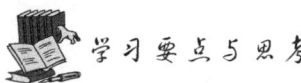

1. 掌握脑葡萄糖代谢显像和脑血流灌注显像的原理和临床应用。
2. 熟悉 PET 脑代谢-脑血流联合显像检查模式的突出优点。
3. 了解神经递质、受体和转运蛋白显像的原理和临床应用。

（马云川　陈雪红）

中英文对照

神经核医学	nuclear neurology
局部脑葡萄糖代谢率	regional cerebral metabolic rate of glucose, rCMRGlu
^{15}O-水	^{15}O-Water
^{13}N-氨水	^{13}N-Ammonia
^{99m}Tc-双半胱乙酯	^{99m}Tc-ethyl cysteinate dimer, ^{99m}Tc-ECD
局部脑血流	regional cerebral blood flow, rCBF
乙酰唑胺	acetazolamide, ACZ
^{11}C-蛋氨酸	^{11}C-Methionine, ^{11}C-MET
经颅多普勒超声	transcranial Doppler, TCD
数字减影血管造影	digital subtraction angiography, DSA
脑电图	electroencephalogram, EEG
交叉性小脑失联络征	crossed cerebellar diaschisis, CCD
阿尔茨海默病	Alzheimer's disease, AD
磁共振波谱	magnetic resonance spectroscopy, MRS
半暗区	penumbra
可逆性缺血性神经功能缺失	reversible ischemic neurologic deficit, RIND
痴呆	dementia
血管性痴呆	vascular dementia, VD
神经元纤维缠结	neurofibrillary tangle, NFT
慢性进行性舞蹈病	Huntington's disease, HD
匹克病	Pick's disease, PD
老年期痴呆	senile dementia
放射性核素脑池显像	radionuclide cisternography
^{99m}Tc-二乙烯三胺五乙酸	^{99m}Tc-diethylenetriamine pentaacetic acid, ^{99m}Tc-DTPA
脑室显像	ventriculography
脑脊液漏	cerebrospinal fluid leak, CSFL
多巴胺	dopamine, DA
多巴胺转运蛋白	dopamine transporter, DAT
帕金森病	Parkinson's disease, PD
神经元颗粒空泡变性	granulovacuolar degeneration, GD
老年斑	senile plagues, SP
统计参数图	statistical parametric mapping, SPM

第十章 心血管系统

设问

1. 在临床工作中，当患者主诉胸闷、胸痛，心电图检查正常时，你能想到用什么无创的检查方法明确患者是否有冠心病？冠状动脉造影检查是诊断冠心病的金标准，放射性核素心肌灌注显像与冠状动脉造影检查二者反映疾病的异同何在？
2. 为什么原则上应选用负荷试验心肌灌注显像检测有无心肌缺血？
3. 什么是存活心肌？其临床意义是什么？目前临床上检测存活心肌最准确的方法是什么？其显像原理是什么？
4. 核医学检测心功能的方法有几种？与其他影像学比较各自的优势在哪里？

心血管核医学也称核心脏病学（nuclear cardiology），是核医学的重要组成部分，其内容主要包括心肌灌注显像、心肌代谢显像、心脏神经受体显像和门控心血池显像等。它从心肌血流灌注、代谢、心脏功能等多方面揭示心血管疾病的病理生理变化。核心脏病学在临床工作中有着重要的作用，不仅是无创、简便诊断心血管疾病的重要方法，同时对于指导临床治疗、估测预后有重要的意义。近年来，血栓显像、乏氧心肌显像、心肌细胞凋亡显像以及基因显像等新的显像方法的出现，为分子核医学开辟了新的应用前景。

第一节 心肌灌注显像

心肌灌注显像（myocardial perfusion imaging）是临床应用最广泛的核心脏病学检查方法。早在20世纪70年代初期 ^{201}Tl 心肌灌注显像就开始应用于临床；进入20世纪90年代，^{99m}Tc 标记化合物成为主要的心肌灌注显像剂；随着核医学仪器的不断进展，显像的方法也从平面显像逐渐发展为断层显像。目前，心肌灌注显像是临床上评价心肌血流灌注最常用的无创性检查方法，其临床价值也逐渐从单纯的疾病诊断演变成对患者预后的判断、危险分层和指导治疗方案的选择。

一、原 理

心肌灌注显像剂在心肌分布取决于两个因素：局部心肌血流量和心肌活性。总体上，各种心肌灌注显像剂在心肌分布（或称摄取）均与局部心肌血流量呈正比。故缺血或坏死心肌对显像剂的摄取减低（稀疏）或不摄取（缺损），与正常心肌存在显著差别。

二、显 像 剂

目前，应用于临床的单光子心肌灌注显像剂主要有两大类，一是 ^{201}Tl，另一类是 ^{99m}Tc 标记的化合物。应用于 PET 的正电子心肌灌注显像剂，主要有 ^{82}Rb、^{13}N-NH$_3$ 和 ^{15}O-H$_2$O。

理想心肌灌注显像剂应具备如下特征：①心肌局部摄取显像剂的量与局部心肌血流量呈正比；②心肌首次通过提取率高；③在一定时间内，摄取显像剂在心肌细胞内相对稳定。

（一）^{201}Tl（^{201}铊，Thallium-201）

^{201}Tl 是最早用于临床的心肌灌注显像剂，由加速器生产，物理半衰期为 73h。由于 ^{201}Tl 半衰期较长，对人体的累积辐射较大，因此单次使用剂量受限，通常剂量为 74~148MBq（2~4mCi）。^{201}Tl 是 K^+ 的类似物，通过细胞膜上的 Na^+-K^+-ATP 酶转运至心肌细胞内。^{201}Tl 心肌灌注显像分为初始显像和再分布（redistribution）显像。

1. 初始显像 静脉注射 ^{201}Tl 后 5~10min 进行的心肌显像为初始显像。如果 ^{201}Tl 是在运动试验过程中注射，则初始显像显示的是负荷状态下的心肌血流灌注。这时心肌细胞对血液中 ^{201}Tl 的提取主要取决于冠状动脉血流量和细胞膜 Na^+-K^+-ATP 酶泵的作用，正常血供的心肌细胞摄取达到高峰，而缺血的心肌细胞摄取能力低，因此初始分布显示了负荷状态下正常和缺血心肌的血流灌注的差别。

2. 再分布显像 再分布是 ^{201}Tl 心肌灌注显像的重要特点。^{201}Tl 在心肌的分布是一个动态过程，当心肌细胞摄取 ^{201}Tl 的同时又不断地将 ^{201}Tl 洗脱（washout）出来，正常血供的心肌洗脱速度较快，而缺血心肌洗脱缓慢，一定时间后（3~4h），缺血心肌和正常心肌两者之间的 ^{201}Tl 差别缩小乃至消失，这就是 ^{201}Tl 的再分布现象。这种初始和延迟显像之间显像剂分布的差异是诊断心肌缺血的重要指征。

（二）^{99m}Tc 标记的心肌灌注显像剂

1. ^{99m}Tc-MIBI（^{99m}Tc-甲氧基异丁基异腈，^{99m}Tc-sestamibi） ^{99m}Tc-MIBI 是目前国内临床应用最广泛的心肌灌注显像剂。^{99m}Tc-MIBI 是一种亲脂性的一价阳离子化合物，静脉注射后通过被动扩散机制进入心肌细胞，再经主动转运机制进入线粒体，首次通过提取率约 60%~70%。^{99m}Tc 的物理半衰期约为 6 个小时，静脉注射剂量 740~925MBq（20~25mCi）。静脉注射后，显像剂在细胞内的结合是相对牢固的，没有明显的再分布现象，因此注射显像剂后几小时内的显像仍然反映注射当时的心肌血流分布。由于该显像剂主要通过肝胆和肾脏排泄，为了减少肝脏和胆囊对心肌显影的干扰，注射显像剂后 20min 建议进食脂肪餐，以加速肝胆排泄。^{201}Tl 与 ^{99m}Tc-MIBI 特性的比较见表 10-1。

表 10-1 ^{201}Tl 与 ^{99m}Tc-MIBI 特性比较

	^{201}Tl	^{99m}Tc-MIBI
生产方式	加速器	发生器
物理半衰期	73h	6h
能量（keV）	68~83，135~167	140
剂量	<148MBq	>740MBq
显像时间	即刻和负荷后 2~3h	1h 后
再分布	有	无
门控采集	图像较差	图像好
辐射剂量	较高	低

2. ^{99m}Tc 标记的其他类型心肌灌注显像剂 包括 ^{99m}Tc-tetrofosmin｛^{99m}Tc-1,2-双[双（2-乙氧乙基）膦基]乙烷，P53｝、^{99m}Tc-teboroxime 和 ^{99m}Tc-N-NOET｛^{99m}Tc-双[N-乙氧基，N-乙基（二硫代氨基甲酸脂）氮化铒]｝等。它们特点各不相同，目前国内应用甚少或没有应用。

(三)正电子核素标记的心肌灌注显像剂

用于 PET 的心肌血流灌注显像剂有 ^{82}Rb、^{13}N-NH$_3$ 和 ^{15}O-H$_2$O,其半衰期都很短,短时间内可重复注射进行多次显像,但均需配备加速器或发生器。

1. **^{82}Rb** 半衰期为 75s,是从 ^{82}Sr/^{82}Rb 发生器产生的,心肌的首次通过提取率为 70%,细胞摄取 ^{82}Rb 的机制与钾离子相似,依赖 Na$^+$-K$^+$-ATP 酶。

2. **^{13}N-NH$_3$** 半衰期为 10min,加速器产生,心肌的首次通过提取率 70%~80%,心肌对 ^{13}N-NH$_3$ 的摄取是通过自由扩散的方式进入心肌细胞内。

3. **^{15}O-H$_2$O** 半衰期为 2min,加速器产生,心肌的首次通过提取率超过 90%,^{15}O-H$_2$O 心肌 PET 测定的心肌血流量与微球法测定的结果相似,而微球法测定的结果近似于真实的血流量,因此用 ^{15}O-H$_2$O 显像测定的数字是最准确的。

三、心脏负荷试验

绝大多数情况下,应用心肌灌注显像进行冠心病诊断时都要与心脏负荷试验(cardiac stress test)相结合。原理如下:在静息状态下,即使存在明显的冠状动脉狭窄,由于狭窄病变远端血管代偿扩张,冠脉供血供氧量增加而不致引起心肌缺血,此时心肌灌注显像表现正常;在运动负荷或药物作用下,由于心肌需氧量增加和(或)狭窄的冠状动脉不能进一步扩张增加血流,导致供需失衡从而诱发心肌缺血。所以,一般来说,单纯的静息显像诊断心肌缺血的价值是有限的,在患者病情能够耐受的情况下都需要进行负荷试验。常用的负荷试验包括运动试验(exercise test)和药物负荷试验(pharmacological stress test)。

(一)运动试验

1. **原理** 通过运动试验增加心脏负荷,增加心肌耗氧量。此时,正常冠状动脉代偿扩张,冠脉血流量增加 2~3 倍,以适应心肌氧耗增加;而病变冠状动脉扩张受限,血流不能相应增加,导致局部心肌血流灌注不足,在心肌灌注显像上表现为局部显像剂分布稀疏、缺损。

2. **适应证** 运动试验是最常用的负荷试验方法,患者能够耐受运动负荷试验时,应首选运动试验。适应证包括:①胸痛的诊断和鉴别诊断;②检测冠心病心肌缺血、心肌梗死的部位、范围、程度;③冠心病治疗效果观察及预后估测。

3. **禁忌证** ①一周内发生的急性心肌梗死;②没有控制的不稳定性心绞痛;③严重心律失常;④严重的心功能不全;⑤严重全身性疾病或运动障碍。

4. **方法** 运动负荷试验一般有两种方法:活动平板(treadmill)和踏车试验(bicycle)(图 10-1)。两种方法运动量都是从小到大,逐步增加运动量,每一级均维持一定的时间,直至达到目标心率(190 - 年龄)。运动试验前,患者一般需停服减慢心率的β受体阻滞剂,其他抗心绞痛药物,如硝酸酯类、钙离子拮

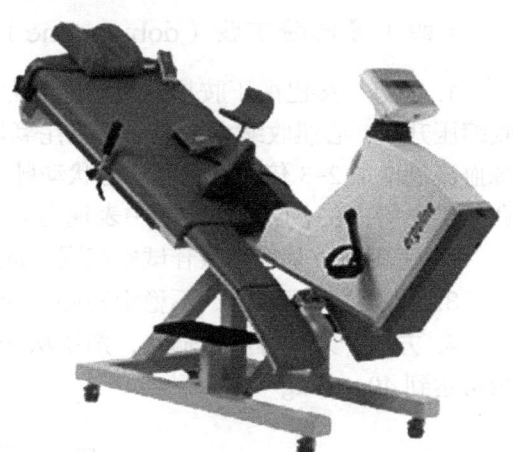

图 10-1 踏车运动试验床

剂等，如病情允许也建议停用。

5. 终止运动试验的指标 心率达到预计标准；出现典型心绞痛症状；心电图阳性结果；出现严重心律失常；血压较运动前明显降低或血压大于220/120mmHg（29.3/15.3kpa）等。

（二）腺苷（adenosine）负荷试验

1. 原理 外源性腺苷直接作用于冠状动脉血管平滑肌细胞上的腺苷 A_2 受体，使冠状动脉血管扩张，正常冠状动脉血流量增加3~5倍，而狭窄血管扩张程度小或不能扩张，血流量增加很少或不增加，从而导致正常心肌和病变血管支配心肌的血流灌注差异增大。另外，腺苷也可引起冠状动脉"窃血"现象，即腺苷扩张正常的冠状动脉使其血管内阻力降低，而病变血管的血流通过侧支循环流向正常的冠脉，因此更加重了病变心肌的缺血。

2. 适应证 特别适合于不能运动或无法获得足量运动的年老体弱以及下肢神经、肌肉、骨关节病变的患者。

3. 禁忌证 支气管哮喘、病窦综合征、Ⅱ°～Ⅲ°房室传导阻滞患者禁用。

4. 方法 采用静脉泵输注，剂量 $0.14mg·kg^{-1}·min^{-1}$，共输注6min。输注3min时静脉注射显像剂。

（三）双嘧达莫（dipyridamole，潘生丁）负荷试验

1. 原理 双嘧达莫可抑制血管内皮细胞和红细胞对腺苷的再摄取以及抑制腺苷脱氢酶对腺苷的灭活作用，因此双嘧达莫是抑制人体内源性腺苷的降解，使腺苷在组织间和血液中的含量增高，达到与上述静脉注射腺苷相近的作用，不同的是双嘧达莫半衰期为30~45min，比腺苷（数秒）长。

2. 适应证 同腺苷负荷试验。

3. 禁忌证 同腺苷负荷试验。

4. 方法 采用静脉注射，剂量 $0.14mg·kg^{-1}·min^{-1}$，共输注4分钟，输注结束后2分钟静脉注射显像剂。

（四）多巴酚丁胺（dobutamine）试验

1. 原理 多巴酚丁胺是一种正性肌力药物，主要作用于心脏 $β_1$ 受体，使心率加快，收缩压升高，心肌收缩力增强，心肌耗氧量增加，作用机制与运动试验相似。可使冠状动脉血流量增加2~3倍，而狭窄的冠状动脉血流量不能相应增加，造成病变的心肌灌注不足和氧供失衡，在心肌灌注显像中表现为显像剂分布稀疏、缺损。

2. 适应证 基本与腺苷试验相同，此外还适用于支气管哮喘的患者。

3. 禁忌证 高血压、不稳定性心绞痛及严重的心律失常。

4. 方法 采用静脉泵输注，剂量从 $5μg·kg^{-1}·min^{-1}$ 开始，每3分钟递增5μg/kg，最大量可达到 $40μg·kg^{-1}·min^{-1}$。

四、显 像 方 法

（一）显像方案

应根据使用的心肌灌注显像剂选择恰当的显像方案。

1. **^{99m}Tc-MIBI 运动-静息两日显像法** 运动高峰静脉注射 ^{99m}Tc-MIBI 740~925 MBq（20~25mCi），1~1.5h 行运动负荷显像，隔日进行静息显像。这是目前最常用的方法，如果运动负荷显像未见明显异常，还可以避免进行静息显像，从而减少患者的辐射剂量和医疗支出。

2. **^{99m}Tc-MIBI 静息-运动一日法** 静息状态下静脉注射 ^{99m}Tc-MIBI 296~333 MBq（8~9mCi），1~1.5h 行静息显像，1~4h 行运动试验再注射 814~925 MBq（22~25mCi），1~1.5h 行运动负荷显像。静息和运动显像 ^{99m}Tc-MIBI 的剂量应在 1:3 左右。

3. **^{201}Tl 运动-再分布显像法** 运动高峰时静脉注射 ^{201}Tl 92.5~111MBq（2.5~3.0mCi），5min 行运动负荷显像，2~4h 行再分布显像。

（二）显像方法

1. **平面显像（planar imaging）** 一般平面显像体位有三个：前后位、45°左前斜、左侧位。每个体位采集计数≥500K，矩阵 128×128，放大倍数 1.5~2 倍。平面显像方法简便，采集时间相对较短，主要的问题是组织结构有重叠，病变显示及定位不如断层显像。目前临床上已很少应用平面显像。

2. **断层显像（tomographic imaging）** 应用 SPECT 进行断层采集时，探头从人体右前斜 45°开始到左后斜 45°旋转 180°（体前），（3°~6°）/帧，采集 32 帧，矩阵 64×64，放大倍数 1.5~2.0。采集结束后应用心脏专门断层处理软件和合适的重建参数进行断层重建，获得左心室心肌短轴、水平长轴和垂直长轴的断层图像。与平面显像相比，断层影像没有组织重叠，对比性好，能清楚显示左室心肌的每一个节段，病变定位更准确。

3. **门控显像（gated imaging）** 应用心电图作为门控信号，以 R 波触发采集不同心动周期时段的心肌灌注图像。门控采集时，心肌 SPECT 每一帧投影均按心动周期采集 8 或 16 帧图像（将行动周期 8 或 16 等分），而非门控只采集 1 帧图像（图 10-2）。这样门控采集的信息量明显增大，这就需要增加显像剂的剂量，延长投影数据的采集时间。图像处理过程中将每个心动周期相应时段的放射性计数叠

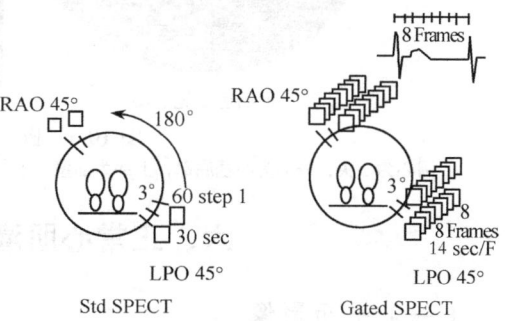

图 10-2 非门控显像与门控显像的对比

加起来，形成收缩期、舒张期不同时段的心肌灌注图像，可利用电影显示、半定量方法进行图像分析，门控心肌 SPECT 可同时观察心肌灌注、左室室壁运动，并可测量左室收缩功能。值得注意的是，如果患者有明显的心律不齐，门控采集会很困难，显像结果可能不理想。

五、图像分析方法

（一）定性分析

采用肉眼观察心肌灌注图像，描述显像剂分布情况，根据显像剂分布减低的程度不同描述可描述为分布稀疏或缺损。断层显像判断图像异常标准是：同一个心肌部位，在两个不同的断面上，≥2 个连续层面存在显像剂分布的异常。定性分析易受读片医生经验等主观因素的影响。

(二)定量分析

目前最常用的是靶心图(polar map)法。首先,选择心肌短轴断层图像,每一个短轴断面生成一个圆周剖面图,按同心圆方式从心尖部至基底部排列,圆心为心尖,外周为心基底部,上部为前壁,下部为下壁和后壁,左侧为间壁,右侧为侧壁,形成了左室展开后的全貌平面图。其次,以左心室放射性计数最高的节段为基准(100%),以不同颜色或色阶显示各个室壁的放射性计数的百分值。一般来说,还要建立正常人的数据库,确定左心室各个心肌节段上述百分值的正常范围,并依此判断特定患者的特定心肌节段是否存在异常及异常程度。进行负荷与静息显像比较时,还要对特定心肌节段在两次显像中的异常程度进行对比,判断静息显像时显像剂摄取改善(可逆性,一般为心肌缺血)或无变化(不可逆性,一般提示心肌梗死)。另外,也可对靶心图上各部位的放射性计数与正常值比较,凡低于正常值2个标准差的病变部位则用黑色表示,称为变黑图(black out)(图10-3)。

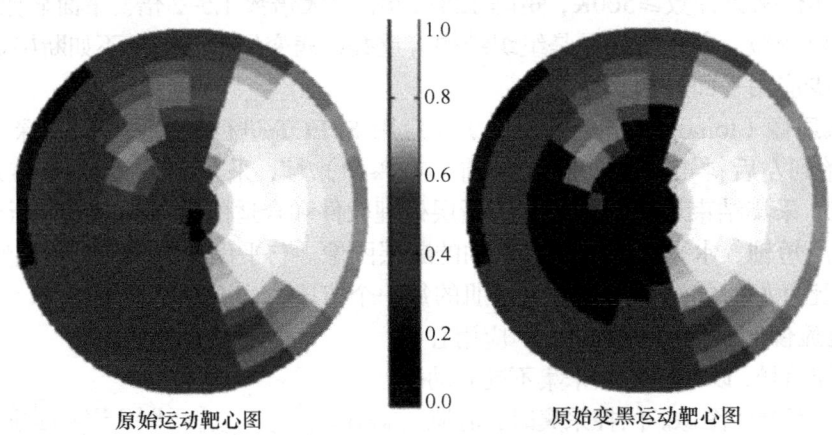

原始运动靶心图　　　　原始变黑运动靶心图

图 10-3　极坐标靶心图与变黑图

圆心为心尖,外周为心基底部,上部为前壁,下部为下壁和后壁,左侧为前、后间壁,右侧为前、后侧壁

六、正常心肌灌注显像的影像特征

(一)平面影像

心肌平面显像三个体位正常所见如图10-4所示,不同的体位可显示左心室壁的不同心肌节段。前后位显示左室前侧壁、心尖和下后壁;左前斜45°位显示间壁、下壁心尖和后侧壁;左侧位显示前壁、心尖、下壁和后侧壁。

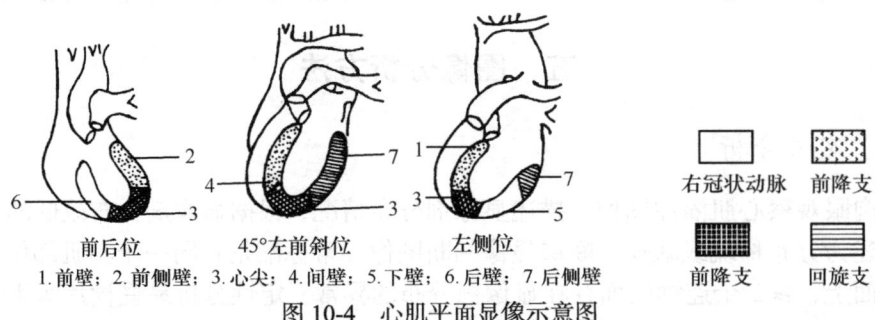

前后位　　　45°左前斜位　　　左侧位

1.前壁；2.前侧壁；3.心尖；4.间壁；5.下壁；6.后壁；7.后侧壁

图 10-4　心肌平面显像示意图

静息状态下左心室心肌显影,而右心室由于室壁比左心室薄,一般不显影。当静息心肌灌注显像见到右室心肌显影时,常提示右心室负荷增高,右室心肌肥厚。在负荷状态下由于右室心肌血流量增加,可在左室的右侧见到弧形淡影。

正常左心室心肌影像清晰,呈马蹄形或卵圆环形;心尖部由于心肌偏薄,显像剂分布可稍稀疏;下壁离探头较远且受组织衰减影响更明显,因此显像剂分布也相对稀疏;女性乳房对射线的衰减可使前壁稍稀疏;其他部位显像剂分布基本均匀。

(二)断层影像

应用心脏断层重建程序处理后获得左心室三个轴向的影像(图 10-5):左室心肌短轴(short axis)、水平长轴(horizontal long axis)和垂直长轴(vertical long axis),各个室壁心肌显像剂分布均匀,在心尖部和室间壁的膜部可见显像剂分布稍稀疏(图 10-6)。静息状态下右心室一般不显影,负荷状态下可见右室淡影。

1. 短轴断层影像 是垂直于心脏长轴的断层图像,呈环状,能显示左室前壁、侧壁、下壁、后壁和间壁。

2. 水平长轴断层影像 是平行于心脏长轴、由膈面向上或相反的断层图像,呈直立马蹄形,显示左室心尖、间壁和侧壁。

3. 垂直长轴断层影像 是平行于心脏长轴、由室间壁向外侧壁或相反的断层图像,呈横位马蹄形,显示左室前壁、心尖和下、后壁。

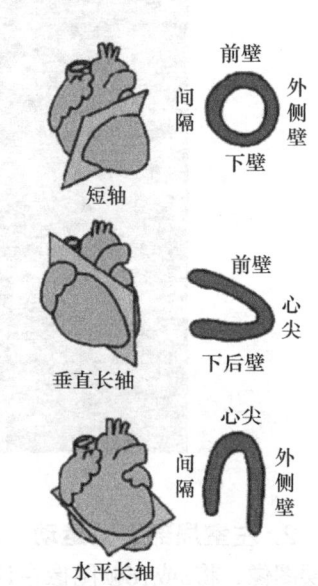

图 10-5 心肌断层显像与各室壁节段示意图

(三)门控影像

门控心肌显像除了可以提供上述心肌断层影像的所有信息外,还增加了心脏功能和室壁运动的一些定量指标。

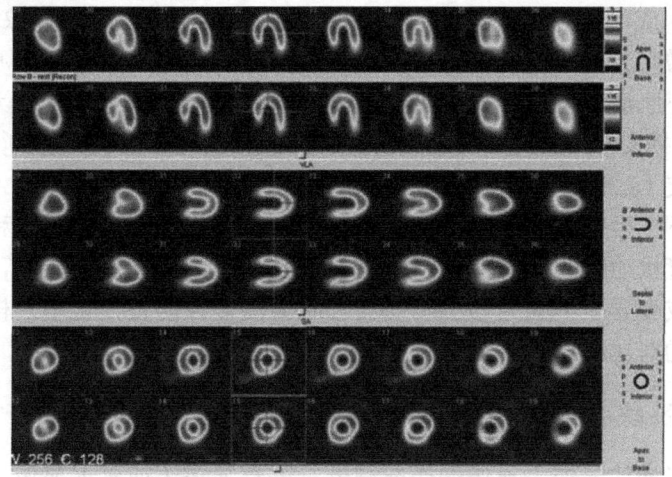

图 10-6 正常心肌灌注显像影像

1、3、5 排为运动负荷显像,2、4、6 排为静息显像依次显示水平长轴、垂直长轴、短轴三个断面。左室各个节段显像剂分布均匀,心尖部和室间壁膜部显像剂分布稍稀疏

1. **左心室功能** 在门控心肌断层图像上（图10-7），利用计算机自动勾边技术勾画左室的心腔轮廓，计算出舒张末期容积（EDV）和收缩末期容积（ESV），再计算出左室射血分数（LVEF）=（EDV-ESV）/EDV×100%。

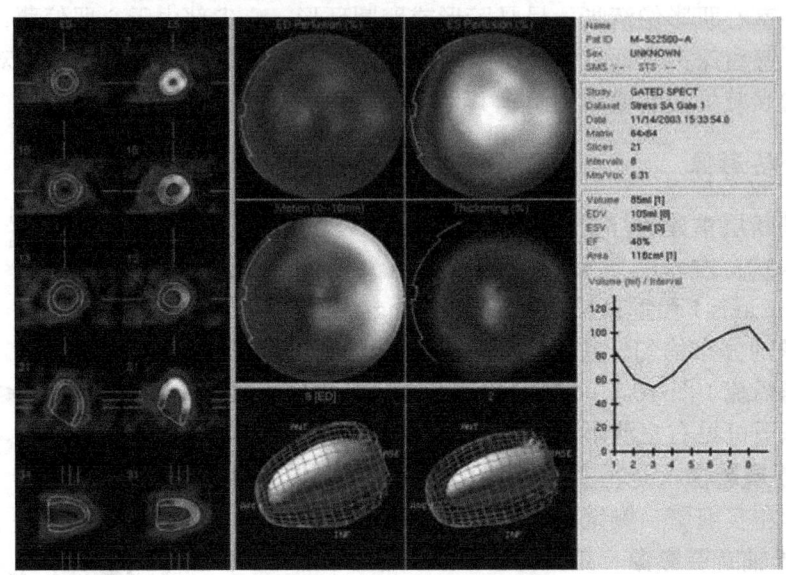

图 10-7 门控心肌断层显像

2. **左室局部室壁运动** 门控心肌断层重建处理后可获得心脏收缩舒张不同时相连续的断层图像，将8或16帧图像在计算机屏幕上以动态方式连续显示（cine），就能观察心肌各节段收缩和舒张的情况，据此将室壁运动分为运动正常、运动减低、无运动及反向运动四种。

七、异常影像表现

心肌灌注显像常见的异常表现包括：①显像剂分布稀疏或缺损，提示心肌缺血或梗死；②负荷与静息显像图像比较，显像剂分布固定性异常（即两次显像存在同等程度的显像剂分布稀疏或缺损）或可逆性异常（即静息显像的显像剂分布较运动显像增加）；③运动显像左心室一过性增大，提示冠状动脉多支病变或严重心肌缺血；④当右心室负荷过重时，静息显像右心室心肌清晰可见；⑤^{201}Tl显像时，肺摄取显像剂增加，提示心功能不全。

另外，还可根据心肌灌注显像中显像剂稀疏、缺损的范围来大致推断病变的冠状动脉。冠状动脉左前降支（LAD）主要供应左室前壁、心尖和间壁；左回旋支（LCX）主要供应左室侧壁和部分下、后壁；右冠状动脉（RCA）主要供应左室下、后壁和后间壁以及右心室。当然，由于冠状动脉的解剖变异，以及冠状动脉间侧支循环的影响，一些血管供应的部位会存在重叠或变异。不同的心肌病变其心肌灌注显像的特征也不一样，根据负荷试验显像和静息显像的对比，可有下列几种变化。

（一）可逆性缺损（reversible defect）

负荷试验心肌灌注显像上显像剂摄取减低，静息显像（或延迟显像）同一部位显像剂分布完全恢复正常，是心肌缺血的典型特征（图10-8）。

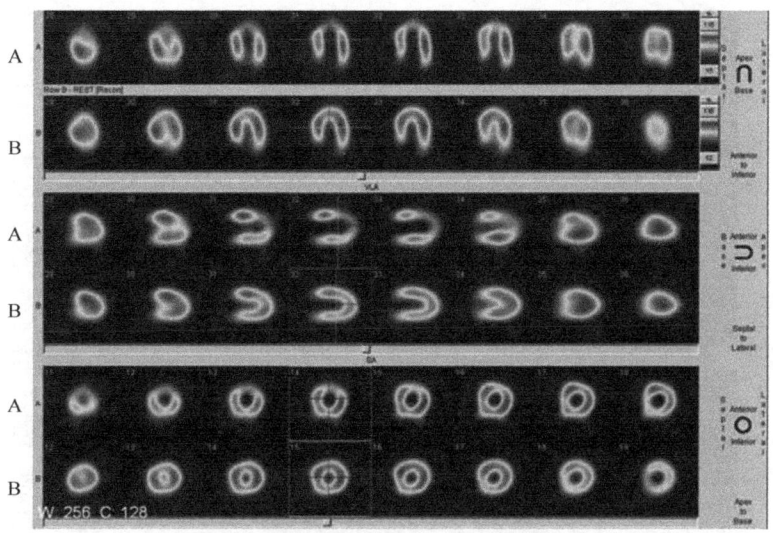

图 10-8 可逆性缺损图像

男性，68 岁，胸痛不适 1 月余，有劳累后发生，心电图正常。SPECT 显示（A 运动显像，B 静息显像）：运动试验心肌显像在心尖部、前壁近心尖部显像剂分布明显稀疏缺损，静息心肌显像在心尖部、前壁近心尖部显像剂充填，为可逆性缺损，提示心尖部、前壁近心尖部心肌缺血改变。冠状动脉造影前降支 90% 狭窄

（二）固定性缺损（fixed defect）

固定性缺损也称为不可逆性缺损（irreversible defect）。负荷试验和静息显像病变区域存在同等程度的显像剂减低，通常提示为心肌梗死（图 10-9）。

（三）部分可逆性缺损

负荷显像显像剂分布减低，静息显像（或延迟显像）时原缺损区显像剂分布增加，但仍低于正常水平，或缺损区明显缩小，提示病变区域缺血和梗死心肌混杂，或重度心肌缺血（图 10-10）。

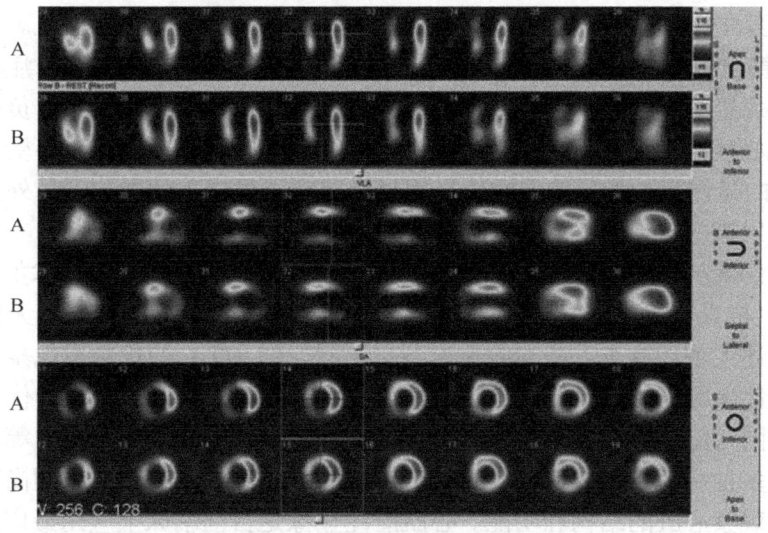

图 10-9 不可逆性缺损图像

男性，54 岁。阵发性胸痛半年，曾诊断为心肌梗死，心电图可见异常 Q 波。SPECT 显示：运动试验心肌显像心尖、前壁显像剂分布缺损，间壁、下后壁分布稀疏，静息显像无变化，为不可逆性缺损，提示心肌梗死改变。冠状动脉造影三支病变：前降支 100%，回旋支 70%，右冠状动脉 80%

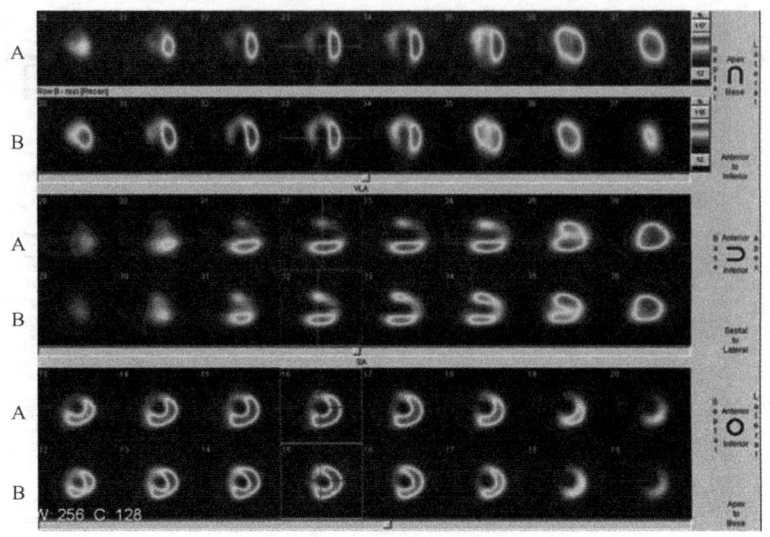

图 10-10　部分可逆性缺损图像

女性，53 岁。胸闷不适 1 年余。心电图：ST-T 改变。SPECT 显示：运动试验心肌显像心尖缺损，前壁、间壁分布稀疏，静息显像心尖缺损无变化，为不可逆性缺损，前壁、间壁少量充填，提示心肌缺血+梗死改变。冠状动脉造影：前降支 95%狭窄

八、心肌灌注显像的临床应用

（一）冠心病

1. 急性冠状动脉综合征的诊断　在美国，对于以胸痛为主诉而到急诊就医的患者有 50%的患者被留院做进一步诊断，而其中有将近一半的患者最后没有诊断心肌梗死（MI）。与此同时，被排除 CAD 而未做进一步观察的患者中却有 5%~10%的 MI 患者。临床上，对于心源性和非心源性胸痛的鉴别有时非常困难。大量研究表明，对于在急诊就医的胸痛患者，在胸痛发作时注射 ^{99m}Tc-MIBI，进行静息状态下的心肌灌注显像对于冠心病的诊断有很高的价值。其中，诊断 MI 的灵敏度在 90%以上，阴性预测值 90%以上。

2. 慢性稳定性冠心病的诊断　国内外的大量临床研究表明，在慢性、症状稳定的疑诊或确诊的冠心病患者，与冠状动脉造影比较（以管腔狭窄≥50%为标准），负荷试验心肌灌注显像诊断冠心病总的灵敏度和特异度分别为 87%和 73%，以上结果不受显像剂（^{201}Tl 或 ^{99m}Tc 标记的显像剂）和显像方法（平面显像或断层显像）的影响。另外，衰减校正、门控采集等可以进一步提高心肌灌注显像诊断冠心病的特异性。

冠心病的诊断技术可大致分为有创性和无创性两类。无创性检查技术如 CT 冠状动脉造影（CTA）、核素心肌灌注显像、心脏磁共振、超声心动图等的优势是无创、方便、低廉、易行。上述无创性检查方法的侧重点各自不同，如 CTA 的优势是观察冠脉管腔的狭窄程度、斑块性质等，虽也能评价心肌灌注但技术上尚不成熟。磁共振的优势是观察心脏结构、功能，同时能评价心肌的灌注、组织特征（纤维化、脂肪沉积等）等，实现"一站式"观察心脏多种病理生理参数。磁共振近年来的发展尤为迅速，但应用尚不广泛。超声心动图侧重于观察心脏的结构和功能。心肌灌注显像是目前临床上应用最广泛、价值最受肯定的评价心肌血流灌注的方法，能够客观评价冠状动脉粥样硬化的功能性意义，在指导治疗、评价预后等方面都有充分的循证医学证据。

冠状动脉造影属于有创性检查，它直观、准确，冠状动脉造影可显示冠状动脉是否有狭窄等形态改变，并且目前仍是诊断冠心病的"金标准"。但它不能反映心肌局部血流灌注与心肌细胞活性。当冠状动脉造影显示血管狭窄大于50%时，就认为冠状动脉造影阳性。但冠脉狭窄不等同于心肌缺血，即使患者冠状动脉造影狭窄大于50%，如心肌灌注显像正常，说明从功能上患者的心肌血流灌注还没有异常改变，也就是没有发生心肌缺血，这种可见于临界性狭窄病变，也可见于远端分支狭窄病变等不足以引起血流动力学改变的情况。此外，冠状动脉造影显示的是大血管及分支的病变，当冠状微血管功能障碍即X综合征（X syndrome）患者也可有心绞痛发生，这时冠状动脉造影正常，而心肌灌注显像可能检测出血流灌注的异常，能够提示有心肌缺血。从以上可看出，冠状动脉造影与心肌灌注显像二者分别反映了解剖形态学和血液动力学两种不同参数，二者相辅相成、紧密相关。

3. 危险分层和预后评价 对冠心病患者进行危险分层的目的在于：一方面，发现那些发生心脏事件（死亡和 MI）风险高的患者，鼓励他们接受积极的血管重建治疗；另一方面是挑选心脏事件发生率低的患者，避免接受不必要侵入性治疗。心肌灌注显像可以提供重要预后信息，以下显像结果提示预后不良：大面积灌注缺损（>左心室心肌节段的20%），多个血管支配区的灌注减低，多个心肌节段的可逆性灌注减低，多个心肌节段的固定性灌注缺损，负荷试验诱发的一过性或持续性左心室扩张，肺部摄取 ^{201}Tl 增加，门控心肌灌注显像上 LVEF<40%。心肌灌注显像最重要的预后价值在于其优异的阴性预测值，也就是说，无论患者是否有明确的冠心病（冠状动脉造影证实存在明显的冠状动脉狭窄），若心肌灌注显像正常，则患者的年心脏事件发生率<1%，与正常人没有明显差别。除此之外，心肌灌注显像还被广泛用于 MI 患者的预后评价，血管重建治疗后再狭窄的检测和心脏事件的预测等。近年来，随着其他诊断技术飞速发展，很多影像学方法可以用来探测冠状动脉的解剖性狭窄，如 CT 血管造影（CTA），甚至可以提供优于心肌灌注显像的诊断效能。但是，这些方法不能对血管狭窄的功能性意义进行评价，而并非所有的冠状动脉狭窄都会引起有病理生理意义的心肌血流改变，即冠状动脉狭窄不等同于心肌缺血。以往的大量临床研究证实，在评价冠心病患者的预后方面，心肌显像要显著优于其他诊断技术。

（二）心肌病

1. 扩张型心肌病 扩张型心肌病是临床上常见的心肌病，主要临床表现是心脏增大和心功能不全。由于与冠心病缺血性心肌病表现相似，经常需要将两个心肌病进行鉴别。通常扩张型心肌病的心肌灌注显像表现为左室扩大，心室壁变薄，显像剂分布不均匀，可见散在的稀疏，极少见大范围心肌缺损区。而缺血性心肌病由于是由冠状动脉狭窄病变造成，常见到节段性的缺损区，一般灌注异常分布呈节段性和冠状动脉供血一致。

2. 肥厚型心肌病 心肌灌注显像可见心肌室壁局限性增厚，显像剂浓聚在此部，尤以室间壁和心尖部多见，心室腔相对缩小。室间壁肥厚型心肌病易被误诊为外侧壁稀疏病变，鉴别要点是将负荷显像与静息显像对比，若是肥厚型心肌病，则运动显像和静息显像无明显改变，均可见室间壁增浓增厚；若是外侧壁缺血，则出现运动与静息显像外侧壁可逆性改变。

（三）瓣膜性心脏病

心肌灌注显像在瓣膜性心脏病的应用主要体现在检测有无合并冠心病。50岁以上的瓣膜性心脏病患者，在进行瓣膜置换手术前，必须排除冠心病。心肌灌注显像出现可逆性灌注缺损时，提示患者存在心肌缺血，需进一步行冠脉造影检查，对于合并冠心病的患者可在换瓣手术时同时完成冠状动脉搭桥手术。

第二节 心肌代谢显像

心脏做功需要大量的能量，而心肌的能量来源众多，包括脂肪酸、葡萄糖、酮体、乳酸等，其中脂肪酸和葡萄糖是最重要的两种能量代谢底物。心脏摄取何种能量底物受饮食、激素水平、运动、心肌缺血等多种生理和病理因素的影响。研究心肌的能量代谢状态对于评价各种疾病对心肌的影响极为重要；并且已经有研究表明，干预和调节心肌的能量代谢对于一些疾病的治疗也有重要的意义。核素心肌代谢显像的基本原理是将能量代谢底物用放射性核素进行标记，经静脉途径引入体内并被心肌细胞摄取，应用 PET 或 SPECT 即可进行心肌的代谢显像。目前应用于临床的主要是正电子核素标记的显像剂，这些核素包括 ^{18}F、^{11}C、^{15}O、^{13}N 等，可行心肌葡萄糖代谢、脂肪酸代谢及有氧代谢显像；另外，也有一些单光子显像剂用于 SPECT 显像，如 ^{123}I 标记的支链脂肪酸 ^{123}I-BMIPP 等。

一、心肌葡萄糖代谢显像

（一）显像原理

葡萄糖是心肌能量的重要来源，^{18}F 标记的脱氧葡萄糖（^{18}F-deoxyglucose，^{18}F-FDG）是天然葡萄糖的类似物，血液中的 ^{18}F-FDG 通过心肌细胞膜上的葡萄糖转运体进入心肌细胞，进而在己糖激酶作用下变成 6-磷酸-^{18}F-FDG。由于结构上的差异，6-磷酸-^{18}F-FDG 不能继续沿葡萄糖途径代谢而滞留在心肌细胞质内，实质上反映了心肌葡萄糖摄取和磷酸化的过程。在临床上，^{18}F-FDG 显像主要用来评价存活心肌。心肌缺血缺氧既可以造成心肌不可逆性的损伤（心肌梗死），也可以是可逆性的损伤（心肌顿抑或冬眠），后者临床上称之为存活心肌。而存活心肌的重要特征就是葡萄糖代谢的存在。

如前所述，心肌摄取葡萄糖受到多种因素的影响，因此，进行心肌葡萄糖代谢显像时，要根据不同的显像目的来调节心肌的代谢状态。对于正常心肌，空腹状态下大约 60%~70% 的能量供应来自于游离脂肪酸的有氧代谢；进餐或葡萄糖负荷后，血液中葡萄糖水平升高，并且胰岛素分泌增加，心肌则转为以葡萄糖有氧代谢为主。对于缺血缺氧的心肌，空腹状态下，脂肪酸和葡萄糖的有氧氧化降低，而葡萄糖的无氧酵解增加；进餐或葡萄糖负荷后，缺血心肌的葡萄糖代谢水平可接近于正常心肌的水平。当缺血心肌演变成梗死心肌则不再摄取任何代谢底物。综上所述，空腹状态下，缺血心肌的葡萄糖代谢水平高于正常心肌；而进餐或糖负荷后，正常心肌和缺血心肌的葡萄糖代谢水平差异不显著。因此，评价心肌缺血和梗死时，既可以进行空腹显像，也可以在葡萄糖负荷的情况下进行。但是，空腹状态下心肌整体葡萄糖代谢水平低，难以获得满意的图像（心肌轮廓常常难以完整显示、本底高、正常心肌摄取变异大等），临床上常采用葡萄糖负荷显像。但是，单独的葡萄糖负荷显像难以区分正常心肌和缺血心肌，需要结合心肌灌注显像来综合判断。

（二）方法

1. 调节血糖　目的是通过调整血浆中胰岛素、葡萄糖水平，促进心肌最大程度摄取葡萄糖。调节血糖方法有多种，以口服葡萄糖结合胰岛素注射为最常用：首先在空腹状态下测定血糖，根据血糖水平给予葡萄糖 25~75g 口服，动态监测血糖变化，对于糖尿病和糖耐量异常患者，还应根据血糖水平酌情给予胰岛素并给予适量胰岛素皮下或静脉注射，当血糖在 140~160mg/dl（7.8~8.9mmol/L）或有明显下降趋势时静脉注射 ^{18}F-FDG。

2. 显像时间　一般在注射显像剂 45min 后即可开始显像，延长时间通常会增加心肌的摄取并提高信噪比，从而提高图像质量。

3. 仪器　可采用 PET，也可采用带符合线路或超高能准直器的 SPECT 进行 ^{18}F-FDG 显像。

（三）图像分析

判断有无存活心肌需要结合心肌灌注显像，根据血流灌注与代谢的匹配情况进行综合判断。血流灌注/代谢有以下三种基本的匹配方式：

1. 正常心肌　灌注/代谢均正常，表现为心肌血流灌注和代谢分布均匀，无稀疏或缺损区。

2. 存活心肌　灌注/代谢不匹配（mismatch），表现为心肌代谢显像剂的减低程度轻于灌注显像剂（图 10-11），即心肌灌注的受损程度大于心肌代谢。

3. 心肌梗死　灌注/代谢匹配（match），表现为同等程度的灌注和代谢显像剂摄取明显减低（图 10-12）。

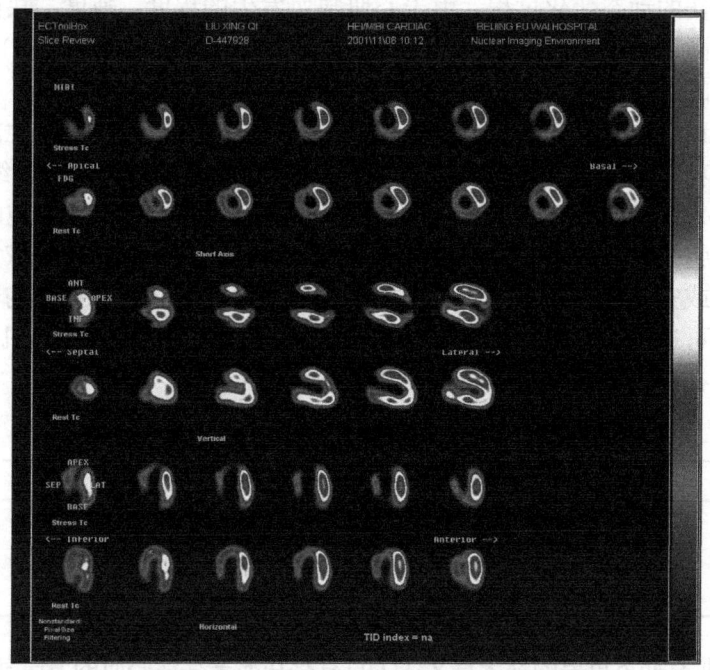

图 10-11　心肌存活：灌注/代谢不匹配

男，72 岁，心肌梗死病史 2 年。冠造：LAD100%狭窄，RCA 弥漫性狭窄。心肌灌注显像示左室心尖、前壁、间壁稀疏缺损；代谢显像改善，提示有存活心肌

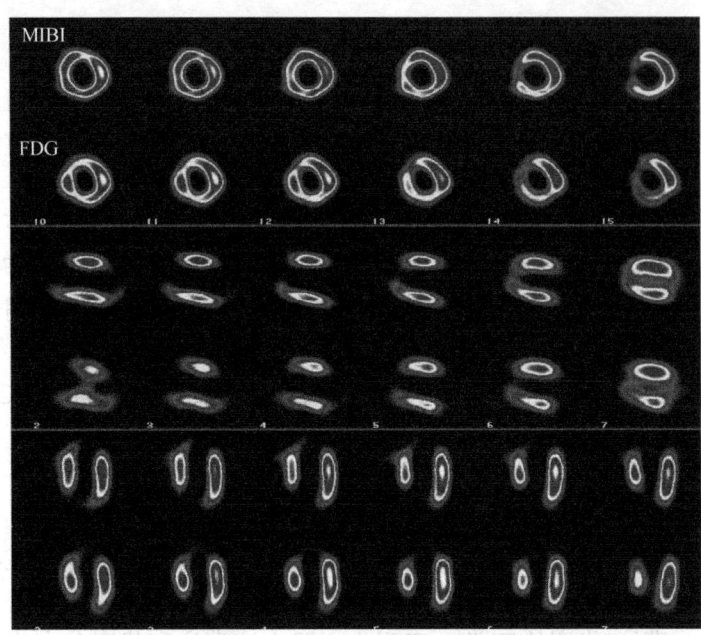

图 10-12 心肌梗死：灌注/代谢匹配

男，56岁，心肌梗死病史5年。冠造：LAD100%狭窄。心肌灌注显像左室心尖、前壁缺损；代谢显像无改善，提示心肌梗死

（四）临床应用

在冠心病患者，由于冠状动脉粥样硬化的形成和进展，会引起心肌缺血缺氧甚至梗死纤维化，表现为心肌功能的下降（室壁运动异常）。心肌缺血性的损伤是一个从可逆性损伤到不可逆性损伤的动态变化过程。由于心肌缺血发生的程度、速度、缺血持续的时间以及代偿程度的不同，可出现心肌顿抑（stunning）、心肌冬眠（hibernation）、心肌梗死。心肌顿抑是指短暂的心肌缺血后心肌收缩功能的可逆性降低，再灌注后，经一定时间的恢复，心肌功能可恢复正常。心肌冬眠是指冠状动脉血流持续减低，心脏自发性的减少做功，使下调的心脏收缩功能与降低的心肌血流灌注达到新的平衡，以维持基本的细胞代谢，即"冬眠"状态。顿抑心肌和冬眠心肌统称为存活心肌，它们的共同特征是细胞的葡萄糖代谢仍然存在，心肌细胞的损伤是可逆性或部分可逆性的，一旦心肌血供得到恢复，心脏局部和整体功能将部分或完全恢复正常。而心肌梗死是心肌灌注、功能和代谢均明显受损，心肌细胞的损伤是不可逆性的，即使血运恢复，心肌的功能也不能改善。心肌细胞血流灌注、室壁运动及代谢在不同状态的病理生理变化见表10-2。

表 10-2 心肌灌注、代谢与室壁运动在心肌细胞的病理生理变化

心肌特性	心肌灌注	心肌代谢	室壁运动
顿抑心肌	正常	保留	减低
冬眠心肌	减低	保留	减低
梗死心肌	减低	无	减低

检测存活心肌有如下重要的临床意义：①只有存在显著存活心肌的节段其功能异常才是可以逆转的；②存活心肌的数量和治疗后左心室功能改善与否及改善程度直接相关，一般来说，只有当存活心肌的数量占到左心室心肌总体的10%~15%以上时，LVEF才有可能在治疗后显著

提高；③存在明显存活心肌的患者，接受血运重建治疗的预后（如生存率的提高）要明显优于接受单独的药物治疗，而没有明显存活心肌的患者两种治疗方式的预后没有显著差异。

目前检测存活心肌的方法很多，除 ^{18}F-FDG PET 显像以外，还有小剂量多巴酚丁胺超声心动图、磁共振延迟强化显像、^{201}Tl 再注射显像和硝酸酯介入 ^{99m}Tc-MIBI 显像等。各种检查方法的原理不尽相同，其诊断价值亦存在差异。目前比较一致的看法是，^{18}F-FDG PET 显像是目前公认的检测存活心肌最准确的方法。需要指出的是，磁共振延迟强化显像是近十几年发展起来的新技术，目前的研究提示其空间分辨率高、与 ^{18}F-FDG PET 的相关性好，有很好的临床应用前景。

二、心肌脂肪酸代谢显像

（一）原理和显像剂

目前常用的心肌脂肪酸代谢（myocardial fatty acid metabolism）显像剂为 ^{11}C-棕榈酸（^{11}C-palmitic acid）、^{123}I-甲基碘苯脂十五烷酸（^{123}I-dimethyl-pentadecanoic acid，^{123}I-BMIPP）等。

生理状态下，脂肪酸是心肌的主要能量底物，将放射性核素标记的显像剂静脉注射后，能迅速被心肌细胞所摄取，参与心肌的脂肪酸代谢过程，采用 PET 或 SPECT 可进行心肌脂肪酸代谢显像。国内目前相关显像工作开展甚少或尚未开展。

（二）检查方法

禁食状态下检查。静脉注射 ^{123}I-BMIPP 111MBq，20min~3h 分别行早期和延迟显像。

（三）临床意义

正常心肌左心室摄取 ^{11}C-棕榈酸均匀，早期清除快，半清除时间为 14min 左右。当心肌缺血时，脂肪酸β氧化减少，对 ^{11}C-棕榈酸的摄取亦减少，早期清除时间延长，半清除时间延长为 30min，局部的显像剂分布呈稀疏或缺损。

正常心肌细胞 ^{123}I-BMIPP 滞留时间较长，显像剂分布均匀；心肌缺血时，对 ^{123}I-BMIPP 的摄取明显减少，坏死心肌不摄取及滞留显像剂，因此心肌脂肪酸代谢显像对心肌缺血诊断、心肌梗死范围和程度的估价等有重要意义。最近有研究表明，心肌缺血导致的脂肪酸代谢的异常会在缺血恢复后持续更长的时间，也就是说，在缺血结束血流回复正常后的一定时间内（24~48h）仍有脂肪酸代谢的减低。该现象被定义为"缺血记忆"，在 ^{18}F-FDG 显像中同样发现了这一现象。"缺血记忆"的存在为诊断发生在一定时间以前的缺血事件提供了可能，扩展了心肌缺血诊断的"窗口"期，在急性冠脉综合征患者中有潜在的应用价值，近年来颇受关注。

三、有氧代谢显像

^{11}C-乙酸（^{11}C-acetate）可用于心肌有氧代谢显像。在心肌细胞中乙酸通过合成酶被转化为乙酰辅酶 A，然后在线粒体内经三羧酸循环氧化为 ^{11}C-CO$_2$，^{11}C-CO$_2$ 的清除反映了心肌的血流和代谢状态，可直接评价心肌有氧代谢。

在静息状态下，静脉注射 ^{11}C-乙酸后血液清除曲线呈单指数型。利用心肌时间-放射性曲线的衰减特性测定的 ^{11}C-乙酸放射性清除率与心肌耗氧量密切相关，也与心率-血压乘积相关，在心肌缺血或梗死时，心肌对 ^{11}C-乙酸的摄取和清除减慢，表明局部心肌耗氧量降低，且心肌可利用的能量底物浓度变化并不影响 ^{11}C-乙酸对心肌氧耗量的评价，因此在存活心肌中的研究，可能比 ^{18}F-FDG 在伴有糖尿病的冠心病患者中更有优势，因为 ^{11}C-乙酸显像不需要进行血糖测定及胰岛素的应用。

第三节 心肌神经受体显像

一、原　理

心脏神经分布十分丰富，受交感神经和副交感神经的支配，两者都通过末梢释放神经递质作用于心肌细胞膜的受体而发挥调节心肌细胞功能的作用。

交感神经末梢释放去甲肾上腺素，作用于心肌细胞的 $β_1$-肾上腺素受体，使心率加快、心肌收缩力增强；副交感神经末梢释放乙酰胆碱，作用于心肌的胆碱能受体，使心肌收缩力减弱。用放射性核素标记的去甲肾上腺素类似物，可通过受体-配体结合，使心脏神经受体显像，心脏神经受体功能障碍与许多心脏疾患如心力衰竭、心肌梗死有密切关系。

二、显像剂

心脏神经受体显像剂种类很多，目前研究比较多的是用放射性碘标记的去甲肾上腺素的类似物间碘苄胍（metaiodobenzylguanidine，MIBG）。其中 ^{123}I 标记的 ^{123}I-MIBG 由于 γ 光子能量（159keV）和半衰期（13.2 h）均适合 SPECT 显像而备受青睐。但目前只在日本和欧洲被批准用于临床，我国还没有常规临床应用。

三、方　法

静脉注射 ^{123}I-MIBG 148~370MBq，注射后 4~20min 内进行显像，4~24h 进行延迟显像。

四、图像分析

一般采用半定量法分析图像，图像分析得到的主要指标有两个：①心脏/纵隔比（heart/mediastinum ratio，HMR），指心脏和纵隔的显像剂的比值，正常值>1.68；②显像剂洗脱率（washout rate，WR），指延迟显像显像剂较早期显像减少的比例，正常值<43%。心脏交感神经功能异常时 HMR 降低，WR 增高。

五、临床应用

(一) 心力衰竭

最近的国际前瞻性研究以及荟萃分析都证明，心肌 ^{123}I-MIBG 显像的 HMR 和 WR 的异常是心衰患者预后的独立预测因子，并且可以在目前已经证实的各项预测指标的基础上对心衰患者进行进一步的危险分层，包括左心室射血分数 LVEF、B 型尿钠肽（BNP）等。

（二）肥厚型心肌病

肥厚型心肌病患者心肌 ^{123}I-MIBG 摄取显著低于正常人，心肌中的 ^{123}I-MIBG 清除亦明显加快。

（三）急性心肌梗死

急性心肌梗死 ^{123}I-MIBG 显像缺损区大于 ^{201}Tl 灌注缺损区，提示心脏神经受损的范围大于心肌细胞受损的范围。

第四节 心肌阳性显像与乏氧显像

一、心肌阳性显像

心肌阳性显像也称为亲心肌梗死显像（infarct-avid imaging），是指急性心肌梗死患者静脉注射某种显像剂，梗死的心肌可选择性浓聚该显像剂，而正常心肌不摄取。体外应用 SPECT 进行心脏显像，显示梗死心肌的浓聚灶，故又称为心肌"热区"显像（"hot spot" imaging）。目前，临床上大致有两类心肌阳性显像剂。

（一）^{99m}Tc-PYP

1. 原理 ^{99m}Tc-PYP（^{99m}Tc-焦磷酸盐，^{99m}Tc-pyrophosphate）是一种骨显像剂，能够浓聚于梗死心肌的机制上不完全清楚。可能是因为急性心肌梗死后，钙离子进入病灶并形成羟基磷灰石晶体而沉积在坏死的心肌细胞内，注入体内的 ^{99m}Tc-PYP 通过与该晶体发生离子交换或化学吸附而沉积在心肌病灶内。

2. 方法 静脉注射 ^{99m}Tc-PYP 550~740MBq（15~20mCi），注射后 60~90min 进行平面显像或断层显像。

^{99m}Tc-PYP 显像阳性有特定的"窗口期"，最早的时间一般为心肌梗死后 12h，最高的浓聚一般在梗死后 48~72h，以后阳性率逐渐减低，1~2 周左右转阴。

3. 图像表现 ^{99m}Tc-PYP 是一种亲骨显像剂，因此胸骨、肋骨及脊柱均清晰显影。正常人心肌不显影，急性心肌梗死时，病变心肌可出现不同程度的显像剂异常浓聚。可采用半定量法测量心肌摄取显像剂的量。

4. 临床价值 急性心肌梗死的诊断，绝大多数可以根据临床病史、心肌酶测定和心电图动态演变而明确。因此 ^{99m}Tc-PYP 不是常规检查方法，只是在临床诊断比较困难，错过了酶学检查的有效时间，^{99m}Tc-PYP 才有其应用价值，包括：①心电图不能明确的心肌梗死；②合并有左束支传导阻滞怀疑心肌梗死；③心内膜下心肌梗死；④右室梗死；⑤患者症状发作已有数天，酶学高峰时间已过去；⑥陈旧性心肌梗死与急性心肌梗死鉴别。

（二）抗肌凝蛋白单克隆抗体显像

1. 原理 心肌肌凝蛋白（antimyosin McAb）是心肌结构蛋白的重要组成之一，具有两条重链和四条轻链。当心肌细胞坏死时，细胞膜失去完整性，轻链即释放入血液循环，而分子量大的重链则留在坏死心肌细胞内。应用放射性核素标记的抗肌凝蛋白重链抗体可进入坏死心肌细胞内，与肌凝蛋白重链特异性结合，从而显示坏死心肌的部位、范围及程度，形成所谓"热区"显像。

2. 方法 可采用 ^{111}In 或 ^{99m}Tc 标记的抗肌凝蛋白单抗两种核素显像剂，平面或断层显像。剂量：^{111}In-抗肌凝蛋白单抗 74~83MBq（2.0~2.2mCi），^{99m}Tc 标记的抗肌凝蛋白单抗 740~925 MBq（20~25mCi）。

3. 临床意义 从临床实用的观点，本法目前尚未得到广泛应用。原因主要有：①^{111}In-抗肌凝蛋白单抗注射后血液中的本底高，因此需要在注射显像剂后等待一段时间以使血浆中的本底降低后才能显像。虽然 ^{99m}Tc 标记的抗肌凝蛋白单抗显像时间提前到注射后 5~6h，而临床上对急性心肌梗死的诊断应该越早越好，以便及时采取治疗措施。②理论上，虽然 ^{111}In-抗肌凝蛋白单抗诊断急性心肌梗死的特异性高，但在实际工作中发现不稳定心绞痛及心肌炎患者抗肌凝蛋白单抗显像也可以为阳性，而且不少心肌梗死患者 ^{111}In-抗肌凝蛋白单抗阳性持续数周甚至数月，失去了诊断急性心肌梗死的意义。因此研制效价更高，特异性更强并能早期显像的显像剂仍是当前的一个重要课题。

二、心肌乏氧显像

乏氧显像是利用乏氧组织显像剂探测机体内缺血、缺氧但存活的组织。目前研究的乏氧显像剂主要有硝基咪唑类乏氧显像剂（^{99m}Tc-PnAO-2-硝基咪唑）和 ^{99m}Tc-HL91（^{99m}Tc-BnAO）。

硝基咪唑类化合物与乏氧组织结合的机制是：当细胞内氧丰富时，硝基咪唑在细胞内酶的作用下被还原成中间体，产生自由基阴离子，该中间体又被迅速氧化成超氧化物和硝基咪唑，然后弥散至细胞外；当细胞内缺氧时，该中间体不能产生再氧化，被进一步还原，还原产物与细胞内的组分结合，滞留在细胞内。氧为心脏做功提供最基本的能源，通过对显像剂在组织摄取和心肌内滞留，直接反映缺氧心肌的显像，因此可利用放射性核素标记的硝基咪唑滞留在乏氧心肌中进行显像。

乏氧显像仍处于实验研究阶段，可应用于冠心病心肌梗死的早期诊断，能够区分存活、缺血和梗死心肌，为诊断和治疗决策提供重要的信息。

第五节 心室功能显像

心室功能显像即门控心血池显像（gated blood-pool imaging）是无创性的心血管造影方法，可以测定心功能，其方法可靠、简便。常用的是首次通过法（first pass method）和平衡法（equilibrium method）两种方法。

一、首次通过法

（一）原理

通过肘静脉"弹丸"（小体积快速注射）式注射显像剂，利用γ相机或SPECT立即以

1~2 帧/秒的速度连续采集 20s，体外探测显像剂随血液循环依次通过上腔静脉→右心房→右心室→肺动脉→肺→左心房→左心室→主动脉的动态图像。通过这些图像可了解心脏和大血管的位置、形态及其循环通道与循环顺序是否正常，判断显像剂通过心脏各房室和大血管的时间、次序和各房室的大小、形态和位置，以此对心血管疾病做出诊断。

（二）显像剂

单纯进行首次通过法显像时可用 $^{99m}TcO_4^-$ 洗脱液。与平衡法显像相结合时，主要采用 ^{99m}Tc 标记的红细胞（^{99m}Tc-RBC），目前多采用体内法标记红细胞，即先通过静脉注射 PYP 10~20mg，15~20min 后再注射 $^{99m}TcO_4^-$ 洗脱液 740~925 MBq（20~25mCi）。在体内，通过 PYP 将红细胞与 $^{99m}TcO_4^-$ 连接。

（三）方法

患者采用仰卧位，探头对位多是前位，静脉注射显像剂即刻启动采集程序，根据需要采集一定时间和帧数，采集结束进行时间和帧数的调整，定性诊断一般将图像叠加至 2s/帧。

（四）正常图像

正常影像分析是从上腔静脉显影到腹主动脉显影，包括显像的顺序、时间和大小形态位置，见图 10-13。

1. 通过顺序 上腔静脉→右心房→右心室→肺动脉→肺→左心房→左心室→主动脉。

2. 通过时间

（1）上腔静脉和右心房影像：1~3 s。

（2）右心室和肺动脉影像：2~5 s。

（3）肺影像：4~7 s。

（4）左心房、左心室及主动脉影像：10~12 s。

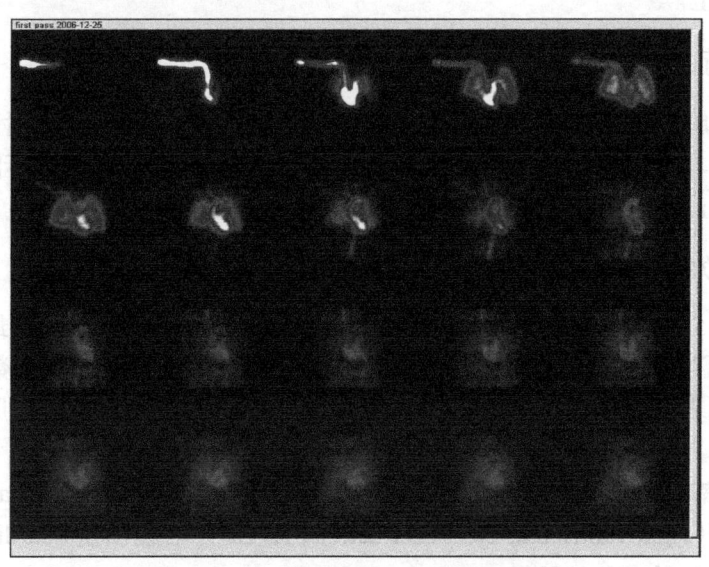

图 10-13 正常首次通过法心血池显像

（五）异常图像

1. 显影顺序异常　心脏出现右向左分流时，左心及主动脉提前显影，肺部显像稀疏；左向右分流时，右心及肺再度显影，出现"脏污肺"。

2. 显影时间延长　心脏各房室增大、心力衰竭循环时间延长都可引起显像剂通过某部位时间延长。常见的有左右心房、心室扩大，形态失常，大血管狭窄或影像中断等。

二、平衡法

（一）原理

静脉注射显像剂后，应用心电图 R 波作为门控触发信号，自动、连续的采集每个心动周期从收缩到舒张的全过程，连续采集 300~400 个心动周期。将每个心动周期平均分成 16~32 帧图像，再将所有心动周期按对应时间进行影像数据叠加，显示心动周期中不同时间的系列影像，将此系列影像进行连续显示即可以动态观察心脏运动情况。还可以采用自动或手动方法勾画左、右心室感兴趣区，得到心室的时间-放射性曲线，即心室容积曲线，利用计算机图像处理获得左、右心室的收缩期、舒张期功能指标以及振幅图、位相图和室壁运动等各项心功能参数。

（二）显像剂

^{99m}Tc-RBC，常采用体内标记法。

（三）方法

体位常规采用前后位、30°~45°左前斜位、70°左前斜位，低能平行孔通用型准直器，能峰 140 keV，窗宽 20%，矩阵 64×64，每个心动周期采集 16~32 帧，每个体位投影采集 3~5 百万计数以上。

（四）负荷试验

为了了解心脏的储备功能，提高诊断缺血性心脏病的敏感性，必要时可进行心功能负荷试验，其方法与心肌灌注显像基本相同（详见心肌灌注显像章节）。不同是达到最大负荷时即刻进行心血池采集，反映负荷状态下的心功能状态。

（五）心功能指标

采用 30°~45°左前斜位的心血池影像，在此体位上左、右心室重叠最少。用计算机感兴趣区技术可生成心室的时间-放射性曲线。由于心室内的放射线计数与心室容量呈正比，此曲线代表心室的容积曲线。通过此曲线计算机处理得到反映心脏功能的不同参数（图 10-14），主要有：

1. 心室收缩功能的参数　左心室射血分数（left ventricular ejection fraction，LVEF）、右心室射血分数（right ventricular ejection fraction，RVEF）、心输出量（cardiac output，CO）、每搏容量（stroke volume，SV）。

2. 反映心室舒张功能参数　高峰充盈率（peak filling rate，PFR）、高峰充盈率时间（time

of peak filling rate，TPFR）、1/3 充盈分数（first-third filling fraction）。

3. **反映心室容量负荷的参数** 收缩末期容积（end-systolic volume，ESV）和舒张末期容积（end-diastolic volume，EDV）。

4. **位相图（phase image）、振幅图（amplitude image）和局部室壁运动分析**

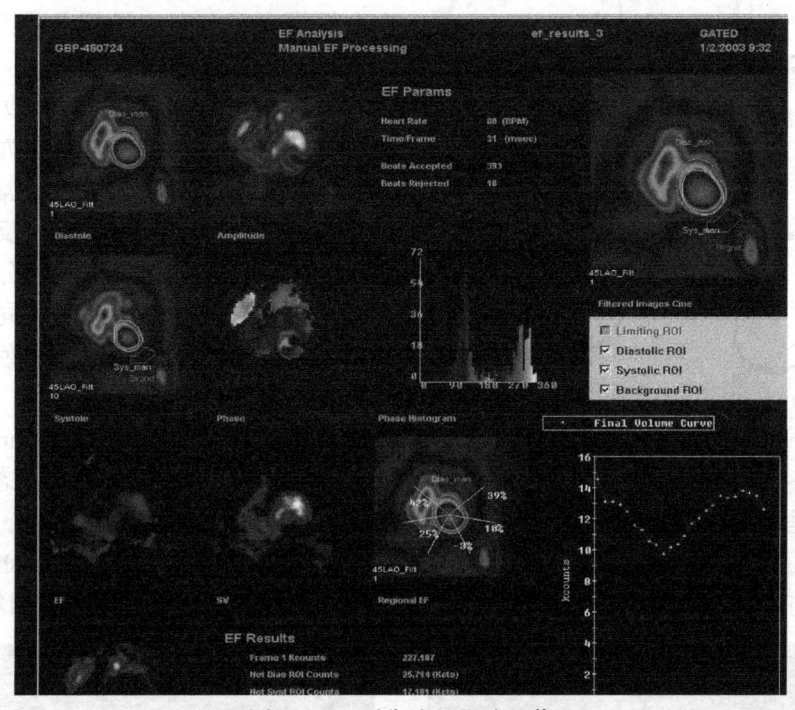

图 10-14 平衡法心血池显像
图像可见振幅图、位相图、位相直方图、局部 EF、整体 EF、舒张末期、收缩末期、心室容积曲线等

5. **心脏整体收缩功能（LVEF、RVEF）** 根据放射性计数在心室腔内的动态变化，计算心室每搏量占心室舒张末期的容积百分数。

$$左室或右室射血分数（EF）=\frac{心室舒张末期计数-收缩末期计数}{心室舒张末期计数-本底计数}\times100\%$$

通常在静息状态下，左室 EF>50%，右室 EF>40%，但各实验室不同仪器间其正常值也有一定差异。

6. **高峰充盈率** 是最常用的舒张功能指标，反映左心室舒张早期充盈速率的变化，不同仪器间正常值有一定差异。

7. **心脏局部室壁运动** 方法有电影显示、局部 EF 值测定。通过多体位的电影显示，动态观察左心室各室壁的运动情况，可分为弥漫性运动异常和局部运动异常，局部运动异常还可分为：运动降低（hypokinesis）、无运动（akinesis）、反向运动（dyskinesis）三个等级（图 10-15）。

利用计算机软件将心室分为 5~8 扇形区域，并分别计算出各个区域的局部射血分数。平衡法三个体位观察的室壁节段：前位：前壁、心尖；左前斜位：分开左右心室最佳，有利于观察间壁、侧壁；左侧位：提供下壁、后壁。

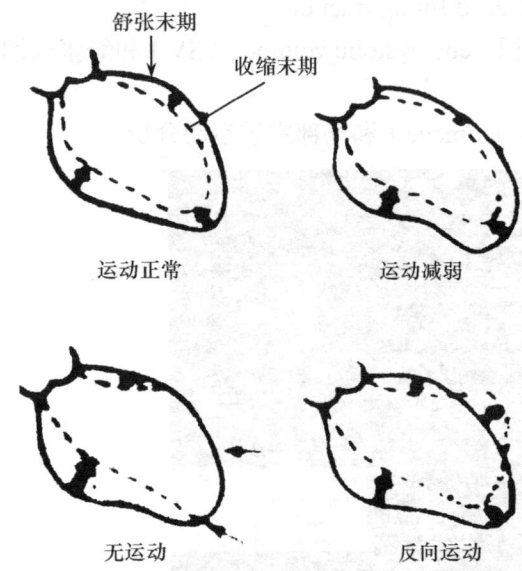

图 10-15 不同类型心脏局部室壁运动示意图

8. 振幅图 反映各室壁收缩幅度的变化，以不同的颜色表示各部位的运动幅度，颜色越深，收缩幅度越大。30°左前斜位时，正常左室的振幅呈反"C"字形（图 10-16），左室振幅大于右室，局部室壁运动障碍时则表现病变处颜色减低。

9. 位相分析 反映心脏收缩的同步性和协调性。采用颜色色阶和直方图表示。位相颜色色阶图（图 10-17）：正常心房和心室的收缩的顺序相反，其位相相反，显示为完全不同的颜色，一深色一浅色分界清楚。而正常左、右心室收缩时间基本同步，位相基本一致，显现相同的灰度或颜色，无明显的分界。

位相直方图（phase histogram）横坐标为时相角度（0~360°），纵坐标为频率。正常心室与心房的时相直方图分别呈正态分布，左、右心室位相呈一尖峰，峰越窄，反映心室收缩的同步性越好，心室峰高而窄，心房峰低而宽，心房和心室两峰的位相度数相差约 180°，心室峰底的宽度称为相角程（phase shift），反映心室最早收缩与最晚收缩时间之差，是反映心室协调性的重要指标，正常心室相角程<65°。

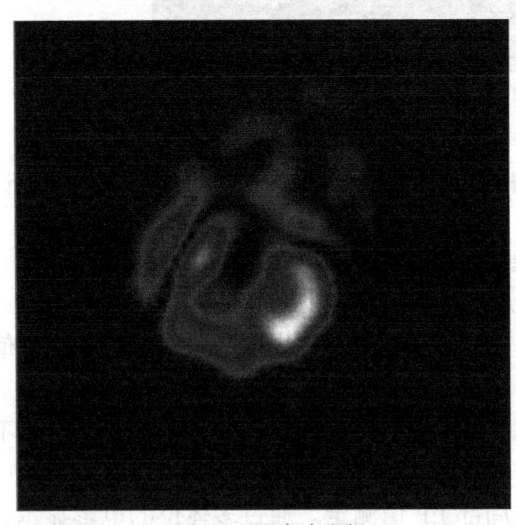

图 10-16 振幅图

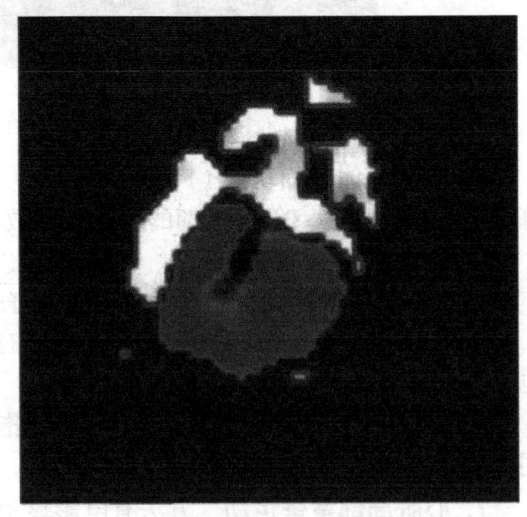

图 10-17 位相图

三、临床应用

（一）冠心病

1. 心功能测定 首次通过法和平衡法心血池显像可测定冠心病患者的心脏功能，获得一系列心功能参数，可反映心脏各房室大小、形态，局部收缩、舒张功能，测定患者的整体左、右心脏功能。应用这种方法测定的心脏功能，方法简便、无创，结果准确可靠、重复性好。核素心功能显像与其他评价心功能的诊断技术的最大区别在于，它不依赖于对心室几何形状的勾画，而只测量心室内显像剂的数量及变化，而超声、核磁等方法则需要对心室轮廓进行多层面、多角度的二维测量，然后进行三维重建。目前在临床上，超声心动图是最常用的检测心功能的方法。超声心动图的优点是经济、简便易行，可床旁进行，对心脏形态、大小、瓣膜等结构的评价有优势，但超声心动图易受操作者经验和水平的影响，所测得的心功能数值变异较大，重复性欠佳。磁共振是近些年发展非常迅速的技术，目前被认为是评价心脏形态、功能的最准确的方法，有研究表明心血池显像与磁共振也有较好的相关性。而介入法心室造影有一定的创伤性，目前只在心功能严重减低的患者应用较多。

2. 预后估测　首次通过法和平衡法心血池显像测定的心脏功能能准确反映冠心病患者的病情严重程度，估测预后。左室 EF 降低是预测未来心脏事件发生的重要指标，尤其运动负荷后放射性核素显像测定的 LVEF 降低，对冠心病患者的预后估测价值更大。有研究提出心脏性死亡的最佳预测因素是负荷后 LVEF，LVEF 降低属于高危患者，其未来心脏事件发生率较高。

从病变部位看，一般左室前壁病变对左室 EF 影响明显，范围较大的梗死多有明显的 EF 降低，当伴有较大范围的梗死和 EF 降低时，心脏性死亡的可能性大；在心肌梗死早期，LVEF<30%预示患者预后很差。

3. 诊断室壁瘤　室壁瘤患者首次通过法上可见左室通过时间延长，左室增大（图 10-18）；平衡法上可见左室增大，形态失常，室壁瘤部位可见局限性向外膨起（图 10-19）；局部射血分数明显降低（图 10-20）；振幅降低；心动电影显示有此部位有反向运动，也呈矛盾运动；位相图上可见局部位相明显延迟（图 10-21），与心房位相相近；位相直方图上可见房、室峰之间出现附加的室壁瘤峰，相角程明显增宽。本法对于室壁瘤的诊断准确性可达95%左右。

4. 在冠心病心肌缺血和心肌梗死诊断中的应用　对于多数冠心病心肌缺血患者，静息状态心功能指标多为正常，可能仅有部分患者有左室舒张功能的异常，严重的心肌缺血有可能出现心室收缩功能和室壁运动异常，特别是局部室壁运动障碍是诊断冠心病的特异指标。

在负荷试验后，大多数冠心病心肌缺血患者由于心脏储备功能降低，心脏功能参数多有不同程度的改变，表现为负荷试验后 LV 左心室 EF 不仅无升高，反而降低，节段性室壁运动异常更加明显。

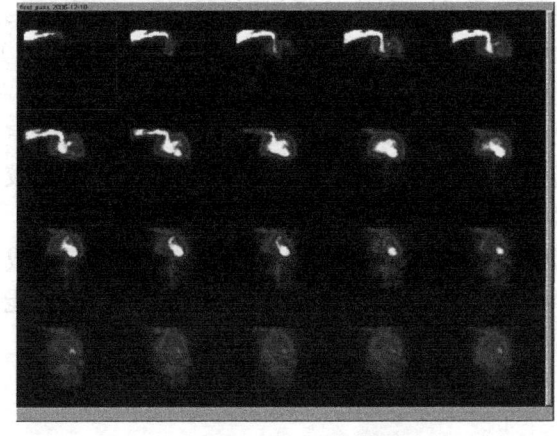

图 10-18　室壁瘤患者首次通过法图像显示左室增大，通过时间明显延长

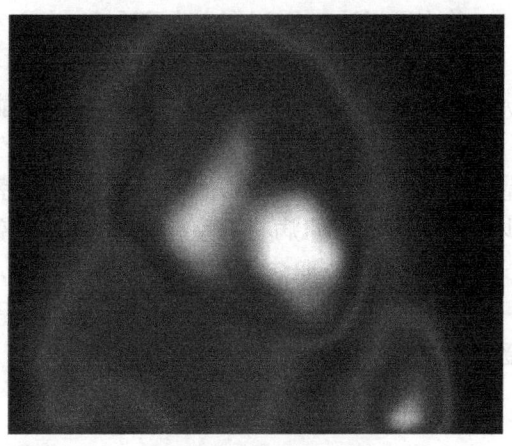

图 10-19　室壁瘤患者平衡法图像显示左室增大，心尖局部向外膨起

 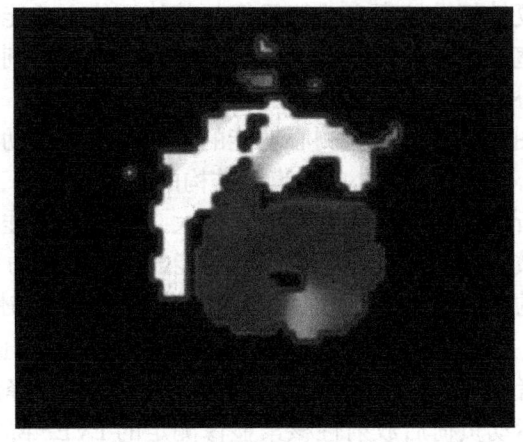

图 10-20 室壁瘤患者左室局部 EF，心尖部 EF 值明显降低　　图 10-21 室壁瘤患者位相图，心尖部位相明显延迟

在心肌梗死患者，静息状态心功能指标多有不同程度的异常，一般表现梗死的心肌呈节段性室壁运动降低，振幅图和位相图可见病灶区色阶异常变化，整体的 EF 受心肌梗死病灶部位和范围的影响，而发生不同的改变，一般前壁梗死比其他部位的梗死对左室 EF 的影响大，右室梗死或严重的三支病变也可能使右室 EF 降低。

（二）心力衰竭

高血压性心脏病、瓣膜性心脏病、各种类型的心肌病等都可能引起充血性心力衰竭。核素心血池显像可以显示心室收缩功能与舒张功能的异常，随时了解病情变化，评价心功能状态。严重的左心功能障碍进一步发展，也可继发肺动脉高压，并进一步导致右心室功能障碍。核素心血池同时显示左室、右室的心功能各项参数指标。在心衰治疗中，还可用心功能的参数变化观察治疗效果，有重要的临床价值。

（三）心肌病

1. 扩张型心肌病

首次通过法：左心通过时间延长，左心室增大，有时可见右心通过时间延长，右室增大。

平衡法：左室明显增大，形态失常，室壁运动呈广泛、弥漫性降低，收缩功能（LVEF）明显下降，振幅减低，位相增宽；右心功能（RVEF）降低者多见。

扩张型心肌病临床上常常需要与缺血性心肌病鉴别：缺血性心肌病常表现为节段性室壁运动异常，而扩张型心肌病为弥漫性的室壁运动异常；另外，缺血性心肌病右室受累较少，而扩张型心肌病右心室受累常见，右室 EF 降低明显。

2. 肥厚型心肌病　典型改变为左心室心腔变小，肥厚的心肌壁使左心室血池周围形成一圈显像剂分布的空白圈，LVEF 增高，呈高动力收缩功能，患者的舒张期快速充盈功能受损，高峰充盈率降低。

（四）肺心病

多种肺部原发或继发疾病可致肺动脉压力增高，右心负荷加重，导致肺心病。当右心功能受损时，RVEF 减低，而且随着心功能受损程度的加重，RVEF 的降低更明显。当在右心室本身无病变的情况下，RVEF 降低达 35%以下，是肺动脉高压的一个相对敏感的指标。

（五）心脏传导异常的诊断

位相分析可以显示心肌激动的起点和传导的途径，对判断传导异常有价值，在预激综合征患者可表现预激的起点和旁路部位时相提前，相角程有不同程度的增宽。通过电影显示能更直观的发现传导异常的部位、范围和程度。在束支传导阻滞患者，可表现为阻滞的心室时相延迟，色阶发生变化，相角程增宽，分左右两个心室峰的双峰改变。

第六节 大血管显像与深静脉显像

一、大动脉显影

放射性核素大动脉显像是一种可粗略了解较大动脉及其分支情况的一种无创伤性检查方法，优点是简便易行，但对于远端较小动脉显示不清。

（一）原理

放射性核素显像剂经外周静脉，以"弹丸"技术快速注入，应用显像仪器从体外动态观察其首次流经体循环的过程。由于显像剂首次通过体循环时没有本底的影响，可以比较清晰地显示肺动脉、主动脉及其分支，从而可以对其形态、走向进行观察。

（二）显像剂及方法

^{99m}Tc 标记的化合物均可应用，"弹丸"技术的要求较严格，体积控制在 0.5ml 左右，剂量 740~925MBq（20~25mCi）。一般采用肘静脉注射，根据观察部位的不同，选取不同的体位，使大血管充分暴露在采集视野，通常大动脉以 0.5~1s/帧，分支动脉以 2~3s/帧，连续采集 15~20s。

（三）正常影像表现

1. 肺动脉 肺动脉主干与右心室流出道相连，从右下指向左上，顶端分成左、右肺动脉后即与肺血管床相连。

2. 主动脉及大分支 主动脉起始部与左室相连，然后依次分成升主动脉、主动脉弓、降主动脉，之后为腹主动脉。正常显影时，动脉显影迅速，边缘整齐，形态规则，无局限性狭窄、扩张或迂曲等，分支动脉一般左右对称，显像时间、走向、管径大致相同。

（四）异常图像

常见的异常图像有局限性狭窄、闭塞或扩张，显像时间延迟；血管走向或动脉外的异常显像，两侧分支显影不对称以及局部显像剂滞留等改变。

（五）临床应用

本法主要应用于先天性心脏病动脉走行的观察，主动脉狭窄、主动脉瘤的病变部位的观察，多发性大动脉炎累及主动脉、肺动脉、腹主动脉及肾动脉导致血管狭窄或闭塞，当出现两侧不对称，局部动脉影像变淡，或灌注减低或不显影时，提示有大动脉的狭窄或闭塞。

二、下肢深静脉与深静脉血栓显像

下肢深静脉血栓（deep venous thrombosis，DVT）是较常见的血管疾病，可引起肢体的肿胀、坏死，更为严重的是易导致肺栓塞的发生，危及生命。有统计数字表明，肺栓塞的90%栓子来源于下肢，随着近些年肺栓塞的发病率和检出率均明显上升，下肢深静脉血栓越来越受到重视。目前，用于下肢深静脉检查的方法主要有下肢静脉造影、超声、核素深静脉显像等。静脉造影为标准方法，但有创，不适合常规进行；超声检查简单、无创，但在肥胖或下肢有创口的患者难以获得确切的诊断。下肢深静脉显像简单、安全无创，是上述方法的有益补充。

（一）显像剂与原理

显像剂有两大类：一类是直接与血栓结合而使血栓显像，即血栓阳显像；另一类显像剂并不能与血栓结合而显示血栓，而是随着血液通过静脉管腔，显示的是血管的影像，反映血管的变化。

1. 血管显像剂 几乎所有不与血栓发生特异结合的核素标记物均可作为血管显像剂。临床上最常用的是 ^{99m}Tc-MAA（^{99m}Tc-聚合人血清白蛋白，^{99m}Tc-macroaggregated albumin），它是一种肺栓塞显像剂（见本书第十三章，因此用它进行下肢深静脉显像可以达到一举两得的效果）。

显像时，将 ^{99m}Tc-MAA 从足背静脉以合适速度均匀连续注入，同时启动仪器进行动态采集，获得从小腿静脉、股静脉、下腔静脉、右心、肺动脉的连续影像。当静脉血栓形成时，静脉回流缓慢，显像剂通过量减低而使相应血管显影欠清晰；严重时静脉回流受阻中断，表现为病变部位近心端血管不显示，显像剂通过侧支循环回流。

2. 血栓阳性显像剂 此类显像剂多处于动物实验或临床前研究阶段，包括 ^{111}In-血小板显像、^{99m}Tc-放射免疫显像与多肽显像。这类显像剂均能与血栓某种特定成分特异性结合。

（二）方法

^{99m}Tc-MAA 显像时，患者仰卧在检查床上，双下肢弹力绷带加压包扎，以阻断浅静脉回流。将 ^{99m}Tc-MAA 148~370MBq（4~10mCi）用生理盐水稀释至 8~10ml，平均分为两份，于双足背静脉同时、等速、缓慢注入显像剂，同时启动仪器进行动态平面采集，获得静脉的连续影像。之后，部分患者因血栓病变严重血液回流缓慢，或显像剂与血栓非特异性结合而在延迟显像时发生显像剂的滞留。因此，一般在首次显像后嘱患者活动双下肢，5min后进行延迟显影。如前所述，下肢静脉显像结束后，可以进行肺灌注显像。

（三）正常影像

双侧下肢深静脉从小腿静脉到下腔静脉整个深静脉系统依次顺序显影，静脉影像清晰、通畅，两侧基本对称；浅静脉不显影，无侧支循环出现；延迟显像无放射性显影剂滞留（图10-22）。

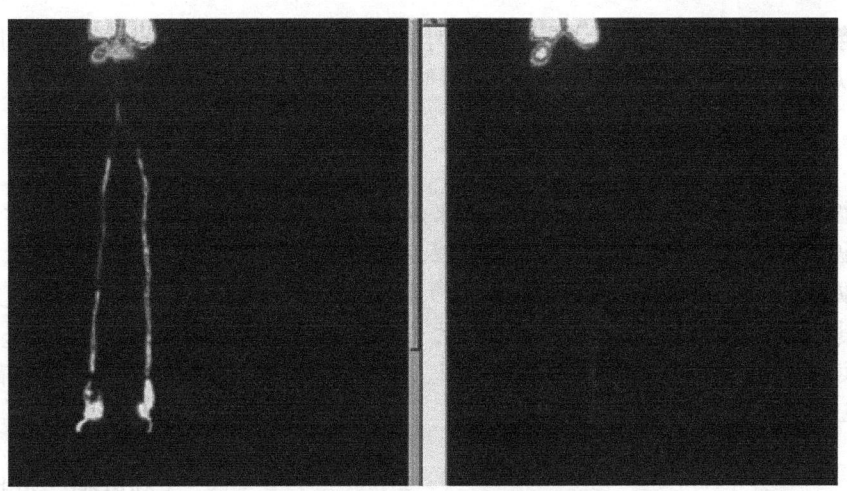

图 10-22　正常下肢深静脉显像

(四) 异常影像

在保证弹力绷带压力合适的情况下，出现以下情况为异常：一侧或双侧深静脉影像中断；侧支循环形成；浅静脉显影；延迟显影有显影剂滞留（图 10-23）。

(五) 临床应用

1. 下肢静脉深静脉阻塞诊断　下肢深静脉血管阻塞时，可见梗阻部位血管影像中断，出现侧支循环，有时还可见浅静脉显影。

2. 深静脉瓣功能不全　深静脉瓣功能不全时，血流会从深静脉逆流入浅静脉，浅静脉显影，但要排除弹力绷带压力不足未能阻断浅静脉的可能。

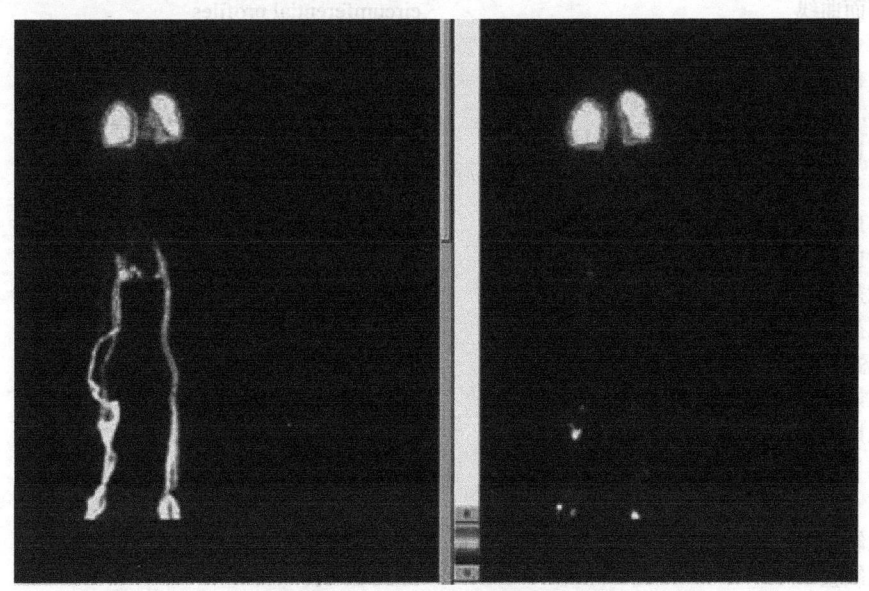

图 10-23　异常下肢深静脉显像

男性，70 岁。气短，下肢浮肿 3 个月。下肢深静脉显像：右下肢深静脉膝关节上方深静脉阻塞，周围有侧支循环形成，在盆腔静脉又有阻塞部，有侧支形成，延迟显像在阻塞部位均见到显像剂滞留

3. 深静脉血栓定位 采用 ^{111}In-自身血小板显像、^{99m}Tc-放射免疫显像与多肽显像。多肽显像可以和新鲜血栓特异性结合，而区分陈旧和新鲜血栓。

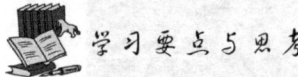学习要点与思考

1. 掌握核素心肌灌注显像的原理和临床应用，熟悉显像方法和正常、异常显像特点。
2. 掌握运动试验、药物负荷试验的原理，熟悉各种负荷试验的适应证。
3. 掌握 ^{18}F-FDG 心肌葡萄糖代谢显像的原理和临床应用。
4. 熟悉核素心血池显像的评价心功能的主要影像特征和指标，熟悉其方法。
5. 名词解释：再分布显像、可逆性缺损、不可逆性缺损、灌注/代谢匹配、灌注/代谢不匹配、LVEF。

（杨敏福　何作祥）

中英文对照

核心脏病学	nuclear cardiology
心肌灌注显像	myocardial perfusion imaging
再分布	redistribution
心脏负荷试验	cardiac stress test
运动试验	exercise test
药物负荷试验	pharmacological stress test
平面显像	planar imaging
断层显像	tomography imaging
门控显像	gated imaging
圆周剖面曲线	circumferential profiles
靶心图	polar map
心肌葡萄糖代谢	myocardial glucose metabolic imaging
门电路心血池显像	gated cardiac blood-pool imaging
首次通过法	first pass method
平衡法	equilibrium method
左室射血分数	left ventricular ejection fraction，LVEF
右室射血分数	right ventricular ejection fraction，RVEF
高峰充盈率	peak filling rate，PFR
高峰充盈率时间	time of peak filling rate，TPFR
1/3 充盈分数	first-third filling fraction
收缩末期容积	end-systolic volume，ESV
舒张末期容积	end-diastolic volume，EDV
位相图	phase image
振幅图	amplitude image
可逆性缺损	reversible defect
固定性缺损	fixed defect

第十一章 内分泌系统

设问

1. ^{127}碘是放射性核素吗？它有几个同位素？核医学临床工作中常用有哪些？哪些用来诊断疾病？哪些用来治疗疾病？
2. 甲状腺功能测定仪为什么能把甲状腺激素合成和释放的速率和量检测出来？
3. 当你看到核医学的甲状腺图像时，其图像上的颜色的变化反映的是甲状腺的功能，还是组织结构的变化？
4. 为什么放射性核素标记奥曲肽能进行生长抑素受体显像？

第一节 甲状腺功能测定

一、甲状腺摄 ^{131}I 试验（^{131}I thyroid uptake rate）

（一）原理

甲状腺具有选择性摄取和浓聚碘的功能，其摄取碘的速度和数量及由甲状腺释放的速率与甲状腺功能状态有关。^{131}碘（^{131}I）和 ^{127}碘（^{127}I，食物中的稳定碘）具有相同的生化性质，口服 ^{131}I 后，被甲状腺滤泡上皮细胞摄取，参加甲状腺激素合成、存储和释放。利用 ^{131}I 能发射 γ 光子的特点，在体外用甲状腺功能仪的探测器在不同时间测定甲状腺部位的放射性计数率，根据甲状腺摄 ^{131}I 的数量和速度及释放的速率来判定甲状腺功能状态。因此，应用"甲状腺碘-131 代谢试验"这一称呼似乎较甲状腺摄 ^{131}I 试验（^{131}I thyroid uptake rate）更为确切。

（二）方法

1. 病人准备 含碘食物及某些药物影响测定结果，测定前必须停用一定时间后方可进行此项检查，见表 11-1。

表 11-1 影响甲状腺摄 ^{131}I 率的食物、药物及停用时间

名称	影响	停用时间
含碘食物：各种海味如海带、紫菜、海蜇、海鱼、海虾、海参、干贝等	降低	2~4 周
含碘药物：维生素 U、复方碘溶液、清鱼肝油、氢碘酸糖浆、碘化锌、碘化钾、喹碘仿等	降低	2~6 周
含碘中药：海藻、昆布、香附、浙贝、木通、常山、牛蒡子、川贝、夏枯草、玄参、黄药子、连翘、丹参、白头翁等	降低	2~6 周
X 线造影剂：碘油造影剂	降低	1 年以上
胆囊造影剂	降低	3 个月
肾盂及血管造影剂	降低	1 个月
含碘硫酸钡	降低	2~4 周
含碘外用药：含碘脚癣药水、碘甘油、碘酊、含碘栓剂	降低	2~4 周
抗甲状腺药物治疗数周	降低	2~4 周

名称	影响	续表 停用时间
抗甲状腺药物治疗数月	升高	1~2 周
甲状腺激素	降低	4~6 周
其他激素：ACTH、避孕药等	降低	2~4 周
长期服用抗结核药物（PAS、异烟肼等）	升高	2~4 周
长期服用钴制剂（补血药）	升高	2~4 周

2. 检查方法 检查当日早晨空腹口服 ^{131}I-NaI 74kBq（2μCi）。服药后分别于 2、4、24 h（或 2、6、24 h）用甲功测定仪测定甲状腺部位的放射性计数，每次 60s。测量前先测定室内自然本底和标准源计数，测量时间均为 60s，并按下列公式计算出不同时间甲状腺摄 ^{131}I 率。

$$甲状腺摄\ ^{131}\text{I}\ 率（\%）=\frac{甲状腺部位计数-本底计数}{标准源计数-本底计数}\times 100\%$$

以 ^{131}I 代谢率为纵坐标，以时间为横坐标作图，绘制甲状腺 ^{131}I 代谢率曲线（图 11-1）。

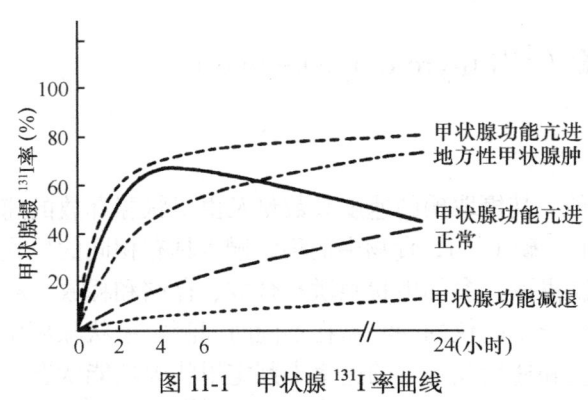

图 11-1 甲状腺 ^{131}I 率曲线

（三）结果判定

正常情况下，甲状腺摄 ^{131}I 率随时间的延长而逐渐升高，24h 达高峰。其正常值由于各地区饮食中含碘量不同以及测量设备和方法不同而有较大差异，所以各地区甚至各单位应建立自己的正常值及其诊断标准。一般 2h 的摄 ^{131}I 率为 10%~30%，4 h 为 15%~40%，24h 为 25%~60%。儿童及青少年甲状腺摄 ^{131}I 率较成人高，年龄越小越明显。女性高于男性，但无显著性差异。

（四）临床应用

1. 甲状腺功能亢进症 本法对甲亢诊断符合率为 90%以上。未经治疗的甲亢病人摄 ^{131}I 率通常高于正常值。摄 ^{131}I 率高低并不代表甲亢的病情轻重程度，故不能利用本试验结果作为治疗过程中判断病情是否好转的指标。

甲亢经手术治疗、^{131}I 治疗以及抗甲状腺药物治疗过程中或治疗后，摄 ^{131}I 功能常较临床症状和血清 T_4 等恢复慢，因此亦不能在治疗后短期内作为甲状腺功能是否恢复正常的指标。大多数轻度甲亢病人摄 ^{131}I 高峰出现时间与正常人一样，也在 24h，但典型甲亢病人摄 ^{131}I 高峰可提前出现，重症患者可在 2h 出现。用摄 ^{131}I 率测定判断甲亢的诊断标准有：①各次摄 ^{131}I 率高于正常值上限；②摄 ^{131}I 率高峰前移（即最高摄 ^{131}I 率在 24 h 前到达）；③2 h 与 24 h 摄 ^{131}I 率之比大于 80%或 4 h 与 24 h 之比大于 85%。凡符合①+②或①+③两项指标者可提示为甲亢。

2. 甲状腺功能低下症 甲低时，其各次摄 ^{131}I 率均低于正常值下限，且高峰延至 48 h 后出现。甲低时的摄 ^{131}I 率与正常范围交叉较大，故诊断准确率不如甲亢。用甲状腺摄 ^{131}I

率诊断甲低时需要参考血清 TSH 和 T_4 值等进行综合分析。

3. 其他甲状腺疾病 地方性甲状腺肿、呆小病代偿期患者,摄碘缺乏使甲状腺处于"碘饥饿"状态,各次摄 ^{131}I 率均高于正常值,但无高峰前移,呈典型的"碘饥饿"曲线。散发性甲状腺肿摄 ^{131}I 率多正常,亦可偏高。甲状腺癌、甲状腺瘤、甲状腺囊肿患者摄 ^{131}I 率一般正常,若病变范围较广时可降低。自主性功能亢进性甲状腺瘤摄 ^{131}I 率可正常或升高。硬化性甲状腺炎可正常或降低。

4. 亚急性甲状腺炎或慢性淋巴细胞性甲状腺炎的辅助诊断 亚急性甲状腺炎多低于正常;慢性甲状腺炎,特别是慢性淋巴性甲状腺炎,摄 ^{131}I 率可正常、偏低或略高。

5. 确定甲亢 ^{131}I 治疗的投药剂量

6. 非甲状腺疾病 垂体功能低下、肾上腺皮质功能低下、席汉氏综合征等疾病大部分摄 ^{131}I 率降低。女性青春期、绝经期、高血压早期及慢性肝病等也会使摄 ^{131}I 率增高。

(五)注意事项

(1) ^{131}I 可以通过胎盘屏障进入胎儿血液循环,故妊娠妇女禁用此检查。另外,^{131}I 也可以由乳汁分泌,如哺乳期妇女必须做此检查,服 ^{131}I 后应停止哺乳 48 h 以上。

(2)摄 ^{131}I 试验所用放射性活度较低,所以近期内做过放射性核素检查者不能做此项检查。

二、碘有机化障碍试验

(一)原理

过氯酸盐具有类似卤族元素的作用,能阻止甲状腺自血中摄取无机碘离子和促使已进入甲状腺但还未有机化的无机碘离子从甲状腺中释出,而已经与酪氨酸结合的碘离子则不能被过氯酸盐取代和释出。

正常情况下,进入甲状腺细胞的无机碘离子在过氧化物酶的作用下,与酪氨酸结合成为碘化酪氨酸,且酪氨酸碘化的速度大于甲状腺摄碘的速度,因而正常甲状腺内无游离碘离子存在。当甲状腺内过氧化物酶缺乏或酪氨酸碘化障碍时,被摄取的碘离子不能有机化,此时口服过氯酸盐,将被吸收随血液进入甲状腺,并迅速将甲状腺内的无机碘离子置换出来,释放入血循环中,通过测量并比较口服过氯酸盐前后两次甲状腺摄 ^{131}I 率,计算出释放率,即可判断是否存在甲状腺碘有机化障碍。因此,碘有机化障碍试验是评价甲状腺有机化障碍及碘代谢的重要方法。

(二)方法

空腹口服 ^{131}I 74 kBq(2μCi)后 2h 测定甲状腺摄 ^{131}I 率,然后口服过氯酸钾 400mg(小儿按 10mg/kg 体重计算),2 h 后再测甲状腺摄 ^{131}I 率,并按下式计算释放率:

$$释放率(\%) = \frac{第一次2h^{131}碘率 - 服药后2h^{131}碘率}{第一次2h摄^{131}碘率} \times 100\%$$

(三)结果判定

释放率<10%为甲状腺功能正常,若>10%为阳性。

(四) 临床应用

(1) 正常人因摄取的 ^{131}I 在甲状腺内迅速碘化，所以第二次摄 ^{131}I 率无明显下降，摄 ^{131}I 曲线平坦。

(2) 甲亢患者、单纯性甲状腺肿患者，本试验多为阴性。

(3) 慢性淋巴性甲状腺炎、先天性甲状腺过氧化物酶缺乏和结构缺陷及耳聋-甲状腺肿综合征、高碘性甲状腺肿患者，本试验为阳性反应。慢性淋巴性甲状腺炎的阳性率为 67%，轻度慢性淋巴性甲状腺炎患者，因试验的灵敏度不足，可有假阴性。

(4) 服用一定量碘化物、PAS、硫脲类药物或 ^{131}碘治疗的甲亢可呈假阳性反应。

第二节 甲状腺显像

一、甲状腺静态显像 (thyroid static imaging)

(一) 原理

正常甲状腺组织具有很强的选择性摄取和浓聚碘、锝等的能力。将其引入体内后，即可被有功能的甲状腺组织所摄取，在体外用显像仪（γ 相机或 SPECT）探测其所发出的 γ 射线在甲状腺组织内的分布情况，即可观察甲状腺的位置、形态、大小及功能状态。

(二) 检查方法

1. 显像剂 常用的甲状腺显像剂主要有三种（表 11-2）。

表 11-2 常用甲状腺显像剂比较

显像剂	物理半衰期	衰变方式	显像时间	γ射线能量（keV）	剂量（MBq）	甲状腺辐射剂量（rad）
^{123}I	13.2h	EC	4h	159	11~15	3~12
^{131}I	8.04d	β^-	24h	364	2~4	60~180
^{99m}TcO$_4^-$	6.02h	IT	20min	140	185~370	0.1~1.0

(1) ^{131}I：1951 年由 Cassen 首先将 ^{131}I 用于甲状腺扫描。它使用方便，供应充足，甲状腺影像清晰，适合观察甲状腺形态以及诊断异位甲状腺或甲状腺癌转移灶。因半衰期较长，射线能量较高，病人吸收剂量较大，故目前逐渐被 ^{99m}TcO$_4^-$ 所取代。

(2) ^{123}I：1966 年由 Myers 首次用 ^{123}I 用做甲状腺扫描。它只发射 γ 射线，半衰期较短，能量适中，对病人辐射剂量小，是理想的显像剂。但 ^{123}I 需要回旋加速器生产，价格昂贵，目前国内尚不能作为常规显像剂。

(3) ^{99m}TcO$_4^-$：^{99m}TcO$_4^-$ 能被甲状腺组织摄取和浓聚，只是 ^{99m}TcO$_4^-$ 进入甲状腺细胞后不能被进一步有机化。由于 ^{99m}TcO$_4^-$ 具有半衰期短、能量适中、发射单一 γ 射线等良好的物理特性，甲状腺受辐射剂量小，且容易得到（钼-锝发生器生产），价格便宜等优点，目前临床上多使用 ^{99m}TcO$_4^-$ 进行常规甲状腺显像。^{99m}TcO$_4^-$ 在唾液腺、口腔、鼻咽腔和胃黏膜上皮细胞也有明显的摄取和分泌，使这些部位也显像，所以 ^{99m}TcO$_4^-$ 显像不适用于异位甲状腺探测及寻找甲状腺癌的转移灶。

2. 显像方法 $^{99m}TcO_4^-$ 甲状腺显像时，患者无须作特殊准备；碘显像时，根据情况停用含碘食物及影响甲状腺功能的药物一周以上，检查当日空腹。

（1）甲状腺显像：平面显像时，静脉注射 $^{99m}TcO_4^-$ 74~185MBq（2~5mCi），20~30min 后进行采集，采用针孔型或低能通用平行孔准直器，常规前位采集，必要时增加斜位和侧位。断层显像时，静脉注射 $^{99m}TcO_4^-$ 296~370MBq（8~10mCi）后采用低能高分辨平行孔准直器，探头旋转 360° 共采集 64 帧。采集结束后进行图像重建，获得横断面、矢状面和冠状面影像。此外，也可采用高分辨率针孔准直器行甲状腺断层显像，该法适合于结节性甲状腺疾病，尤其是较小结节的探测。

（2）异位甲状腺显像：空腹口服 ^{131}I 1.85~3.70MBq（50~100μCi），24h 后采用高能通用型平行孔准直器分别在拟检查部位和正常甲状腺部位显像，其余条件同颈部甲状腺显像。

（3）甲状腺癌转移灶显像：空腹口服 ^{131}I 74~148MBq（2~4mCi），24~48h 后采用高能通用型准直器，进行全身显像及颈部局部显像。

（三）图像分析

1. 正常图像 正常甲状腺形态呈蝴蝶形（图 11-2）。分左右两叶，居气管两侧，两叶的下 1/3 处由峡部相连，有时峡部缺如。每叶长约 4.5cm，宽约 2.5cm，前位面积约为 20cm²，重量约 20~25g。两叶甲状腺显像剂分布均匀，边缘基本整齐光滑，峡部及两叶周边因组织较薄而放射性略稀疏。正常甲状腺两叶发育可不一致，可形成多种形态变异，少数患者可见甲状腺锥体叶变异（图 11-3）。

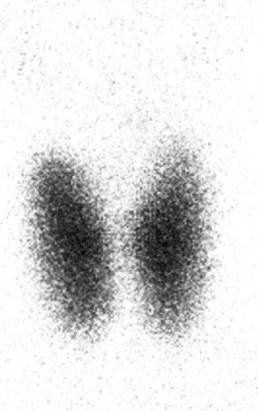 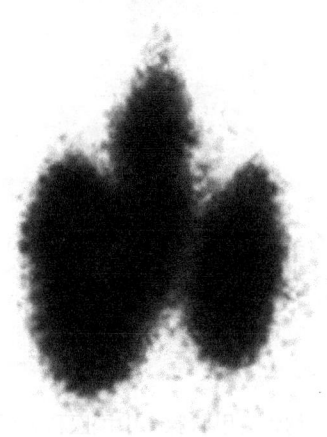

图 11-2 正常甲状腺　　　　图 11-3 甲状腺锥体叶变异（中山大学第二医院提供）

2. 异常图像 主要有甲状腺肿大、位置异常、甲状腺显像剂分布不均匀，形态失常或甲状腺不显影等。

（四）临床应用

1. 观察甲状腺大小和形态 甲状腺疾病大多表现为甲状腺大小和形态的异常。Graves

病患者的甲状腺呈弥漫性肿大，大致仍呈蝴蝶状，腺体内显像剂分布均匀。单纯性甲状腺肿（图 11-4），往往失去正常形态，而呈铁蹄形肿大。结节性甲状腺肿或慢性淋巴性甲状腺炎，腺体外形不但增大而且变形，腺体内显像剂分布不均匀，或呈虫蚀样。先天性无甲状腺或甲状腺一叶缺如者，在显像图上可表现为完全不显影或一侧叶不显影，左叶缺如者较多见。

2. 异位甲状腺诊断 本法对此有独特的价值。甲状腺由于先天发育异常，可以不位于颈前正中，而位于舌根、纵隔等部位，称为异位甲状腺。较多的异位甲状腺为胸骨后甲状腺（图 11-5）、舌根部甲状腺（图 11-6），少数人还可在卵巢区发现甲状腺组织。所以，当在颈前正中显像无阳性结果时，要注意在

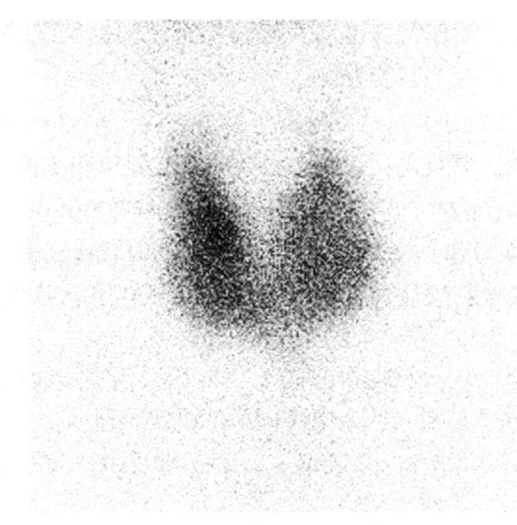

图 11-4　单纯性甲状腺肿

患者，女性，28 岁，无痛性颈前肿大三月余。FT_3、FT_4、TSH 均正常。甲状腺显像示：甲状腺位置正常，腺体明显增大，呈蹄铁形，显像剂分布大致均匀。考虑：单纯性甲状腺肿

上述区域寻找，以发现异位甲状腺。

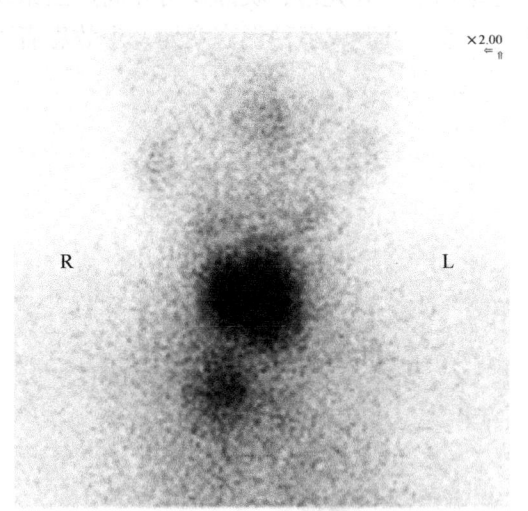

图 11-5　胸骨后甲状腺（中国医科大学附属第一医院提供）

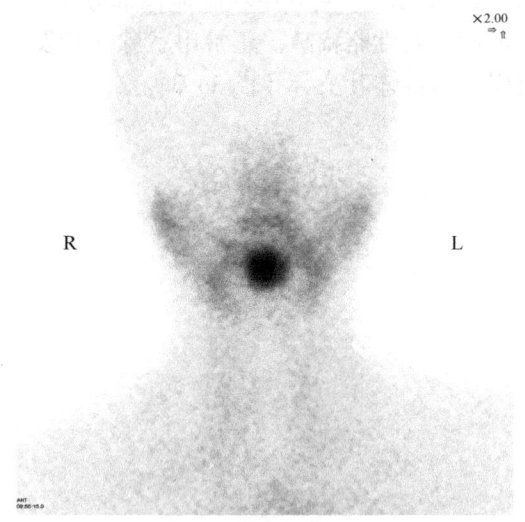

图 11-6　舌根部甲状腺（北京同仁医院提供）

3. 甲状腺结节性质的鉴别 甲状腺显像图上的显像剂分布，可以反映结节的功能状态。按照甲状腺结节摄取 ^{131}I 或 $^{99m}TcO_4^-$ 的能力，将结节分为四种类型。

（1）热结节：结节摄显像剂功能高于周围正常甲状腺组织，图像上表现为结节处的显像剂分布比周围甲状腺组织高（图 11-7）。热结节多见于甲状腺腺瘤和结节性甲状腺肿，偶尔也见于慢性淋巴性甲状腺炎。有的甲状腺癌表现为热结节，但热结节的恶性病变几率很小，平均约 1%。因此需结合临床以及其他检查手段进行鉴别诊断。

热结节分为功能自主性结节和非自主性结节。所谓功能自主结节是指其自主分泌甲状

腺激素，不受丘脑-垂体-甲状腺轴的调节机能制约。甲状腺激素抑制试验可区分热结节的性质。若服用一定量甲状腺激素后再次显像，结节部位仍有较高的显像剂分布，而周围甲状腺不显影或显影很淡，即为功能自主性热结节。非自主性热结节，受垂体 TSH 制约，在服用甲状腺激素后，由于结节部位和周围甲状腺组织同样受到抑制，摄显像剂功能降低，故再次显像时，结节部位和周围甲状腺组织都呈现显像剂分布稀疏或完全不显像。

毒性结节是在显像图上只显示单个显像剂分布的结节。毒性结节也是功能自主性热结节，由于具有高功能自主性分泌甲状腺激素的作用，使周围甲状腺组织完全受到抑制，因而周围甲状腺组织不显影。先天性甲状腺一叶缺如，其影像有时同毒性结节一样，仅表现为一侧孤立的热结节。两者可用 TSH 兴奋试验加以鉴别。若注射 TSH 后，热结节周围的甲状腺组织恢复摄显像剂功能，重复显像可见完整的甲状腺轮廓，则为毒性结节；或注射 TSH 后再次显像，仍仅有一侧显像，则为先天性甲状腺一叶缺如。

功能自主性甲状腺结节经手术后或 ^{131}I 治疗后，正常的甲状腺组织可从被抑制状态中解脱，因此甲状腺显像时，被抑制的甲状腺组织会重新显像，而结节部位可出现缺如。

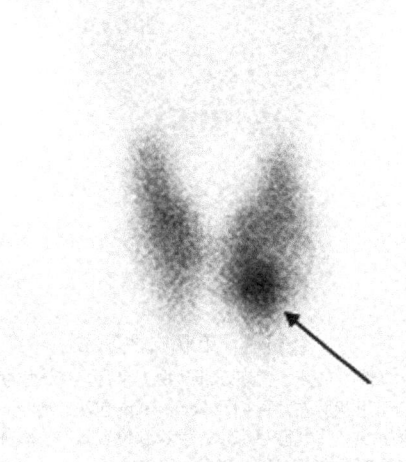

图 11-7　甲状腺热结节

患者，男，36 岁，发现颈部肿物一周。查体于甲状腺左叶下极可扪及 1cm×1cm 包块，边界尚清晰。FT$_3$、FT$_4$、TSH 均正常。甲状腺显像示：甲状腺位置、形态及大小正常，放射性分布不均匀，于甲状腺左叶下极可见一 1cm×1cm 团状放射性浓聚区（箭头所指处）。考虑：甲状腺腺瘤

（2）温结节：结节摄显像剂功能接近周围甲状腺组织，图像上表现为结节部位的显像剂分布与周围或对侧相应部位相似或相同，即临床上可摸到结节，而显像并无异常可见。温结节多见于甲状腺癌、结节性甲状腺肿、慢性淋巴性甲状腺炎、亚急性甲状腺炎恢复期，温结节的恶性病变几率平均为 5.3%。

（3）凉结节：即结节部位的摄显像剂功能低于周围甲状腺而高于本底（图 11-8）。

（4）冷结节：结节无摄显像剂功能，显像图上表现为结节部位显像剂分布接近本底水平。

冷、凉结节无本质差别，均可见于甲状腺囊肿（图 11-9）、甲状腺腺瘤囊性变或内出血、甲状腺癌、结节性甲状腺肿、亚急性甲状腺炎急性期、慢性淋巴性甲状腺炎、甲状腺结核等。地方性甲状腺肿可有冷、温结节并存。一般单个的结节，癌发生率较高，国外资料报道为 4.8%~58%，国内报道为 9.6%~54.5%，平均为 20.3%。而多发性冷结节的癌发生率为 0~18.3%。甲状腺癌的结节在显像图上往往轮廓不清，甲状腺变形。甲状腺囊肿的冷结节轮廓清晰，边界规则。

4. 颈部肿块的鉴别诊断　当肿块位于甲状腺外，且不摄取 ^{131}I 或 ^{99m}TcO$_4^-$，甲状腺形态完整时，则为甲状腺外肿块。当甲状腺形态轮廓不完整、肿块在甲状腺轮廓以内，肿块与甲状腺的显像剂浓聚（或稀疏）部位重叠，则为甲状腺内肿块。需要注意鉴别的是甲状腺外肿块压迫甲状腺、少数甲状腺内肿块向外生长等。

5. 寻找甲状腺癌的转移灶　在寻找转移灶之前需去除正常甲状腺组织，采用手术切除或采用大剂量 ^{131}I 破坏全部正常甲状腺组织，必要时还可注射 TSH 以兴奋病灶摄取 ^{131}I。甲状腺滤泡状癌和分化好的乳头状癌原发灶及转移灶均有一定的摄 ^{131}I 能力。因此当甲状

腺外出现摄 ^{131}I 的组织即可诊断为转移灶。但是，某些正常组织，如唾液腺、胃黏膜、乳腺、脉络丛也能聚集 ^{131}I，诊断时应予以鉴别。

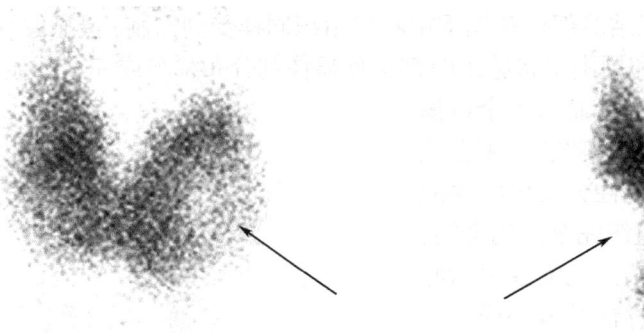

图 11-8　甲状腺凉结节

患者，女性，34 岁，发现颈部肿物 1 个月。查体甲状腺Ⅲ°肿大，于甲状腺左叶可扪及 2cm×3cm 包块。查 FT_3、FT_4、TSH 均正常。甲状腺显像示：甲状腺位置正常，腺体明显增大，显像剂分布不均匀，于甲状腺左叶见一 2cm×3cm 团状显像剂明显稀疏区（箭头所指）。考虑：甲状腺腺瘤。手术病理证实为囊腺瘤

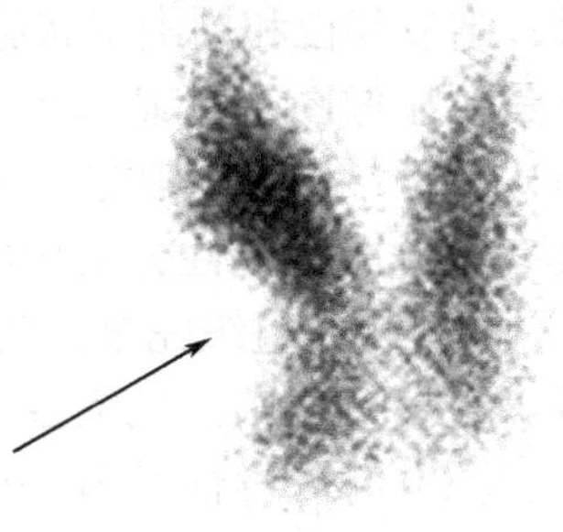

图 11-9　甲状腺冷结节

患者，女性，45 岁，发现颈部肿块 1 个月余。查体甲状腺Ⅱ°肿大，于甲状腺右叶可扪及 2cm×4cm 包块。查 FT_3、FT_4、TSH 均正常。甲状腺 B 超示甲状腺右叶包块无回声。甲状腺显像示：甲状腺位置正常，形态异常，腺体增大，显像剂分布不均匀，于甲状腺右叶外缘见一 2cm×4cm 团状显像剂缺损区（箭头所指）。考虑：甲状腺囊肿。手术病理证实为甲状腺囊肿

6. 估算甲状腺重量　用 ^{131}I 治疗甲亢时，为正确计算所需 ^{131}I 剂量，必须对甲状腺重量作出较准确估计。1952 年 Allen 首次提出用甲状腺扫描估算甲状腺重量的公式，即：

$$M = A \cdot L \cdot K$$

式中，M：甲状腺重量（g）；A：甲状腺双叶面积（cm^2）；L：甲状腺两叶平均高度（cm）；K：常数，一般为 0.23~0.32，此值与仪器的条件设置有关。

7. 甲状腺炎的诊断

（1）慢性淋巴细胞性甲状腺炎：甲状腺显像呈不规则性疏密相间的显像剂分布，即"峰"、"谷"相间，或虫蚀样分布；并可出现 ^{99m}Tc 和 ^{131}I 显像结果不一致，即 ^{99m}Tc 显像为"热结节"，而 ^{131}I 显像为"冷结节"，这主要是由于存在碘的有机化障碍所致。

（2）亚急性甲状腺炎：显像剂分布明显稀疏，或呈普遍分布不均匀的稀疏影，有时仅见一叶呈局限性冷结节，或从一叶开始发展到另一叶；恢复期甲状腺影像可逐渐恢复正常。

（3）急性甲状腺炎：显像剂分布稀疏，而血流显像见血池影像增浓。

8. 其他　甲状腺显像还可对移植的甲状腺组织、手术或 ^{131}I 治疗后甲状腺残留组织进行观察。

二、甲状腺血流显像（thyroid blood flow imaging）

（一）原理

甲状腺血流显像是将放射性核素经静脉"弹丸"式注射后，用 γ 相机对随动脉血流流经甲状腺的示踪剂的流量、流速，以及被甲状腺摄取的情况进行动态显像，从而获得甲状腺及其病灶处的血流灌注及其功能状态情况，又称甲状腺动态显像。通常与甲状腺静态显像或肿瘤阳性显像一次进行。

(二) 检查方法

(1) 病人取仰卧位，颈部尽量伸展，充分暴露甲状腺。

(2) 采用低能通用或高灵敏准直器，并尽可能贴近颈部皮肤。

(3) 以"弹丸"方式，自肘静脉注射 $^{99m}TcO_4^-$ 370~740MBq，同时启动 γ 相机进行动态采集，矩阵 64×64，放大 1.5~2.0，帧/2s，连续采集 16 帧。20min 后行前位、左前斜位、右前斜位静态显像。注射药物体积应小于 1ml，如甲状腺有结节，则自对侧肘静脉注射。

(4) 采用 ROI 技术绘制出甲状腺血流和颈部血流的时间-放射性曲线，由曲线计算出甲状腺动脉和颈动脉血流的峰时和峰值。

(三) 图像分析

1. 正常图像 "弹丸"注射显像剂后 8~12s，可见双侧颈动脉对称显影，此时甲状腺区无明显显像剂聚集，10~18s 左右，甲状腺开始显影，且随时间延长甲状腺摄取显像剂增多，影像逐渐清晰，至 22s 左右甲状腺内放射性超过颈动、静脉，放射性分布趋于均匀一致（图 11-10）。当甲状腺功能正常时，颈动脉-甲状腺通过时间平均为 2.5~7.5s。

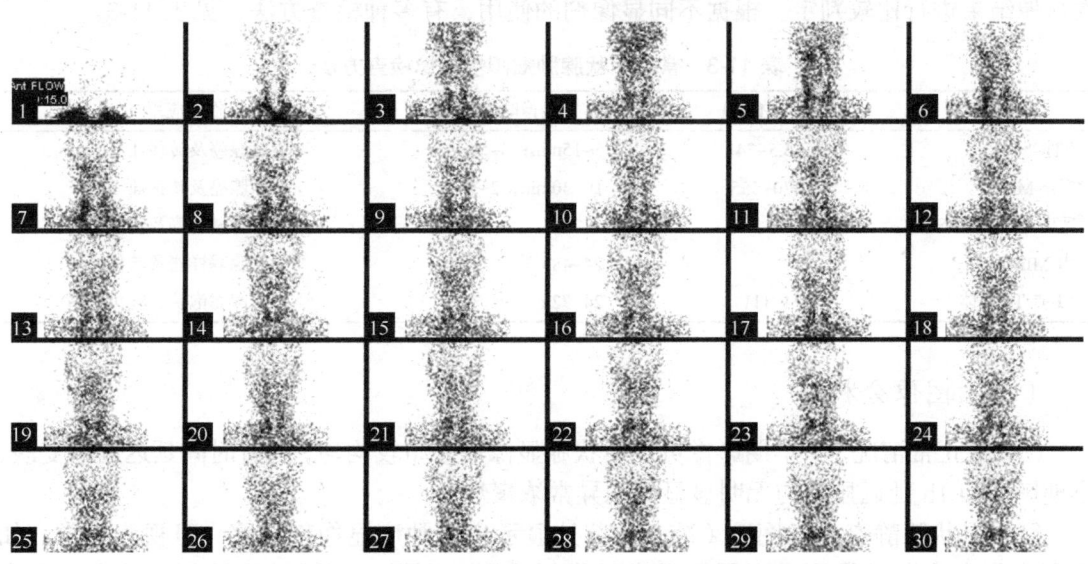

图 11-10 正常甲状腺血流显像（中山大学第二医院提供）

2. 异常图像 两侧血流灌注不一致，局部出现异常灌注浓聚等均为异常。采用计算机定量分析，如甲状腺或甲状腺结节的放射性活度高于颈动-静脉束，则为血流灌注增加。

(四) 临床应用

(1) 甲状腺提前清晰显影，颈动脉-甲状腺通过时间加快，提示甲状腺血流灌注量异常增加，甲状腺摄取功能增强，见于 Graves 病人。

(2) 甲状腺结节部位提前显影，显像剂分布较正常甲状腺增多，提示病灶部位血流灌注增强，见于功能自主性甲状腺腺瘤。

(3) 颈动脉-甲状腺通过时间延长，大于 7.5s，甚至常在 20s 内还测不出，甲状腺显影淡，静态相也显示不清晰，提示甲状腺血流灌注普遍减少，见于甲低病人。

（4）甲状腺结节部位显影较正常甲状腺组织明显减淡或不显影，静态相呈冷结节，提示甲状腺结节部位血流灌注减少，见于甲状腺囊肿出血或其他良性结节。

（5）甲状腺结节血流灌注增加，而静态显像时结节为冷结节，则甲状腺癌的可能性大，但有时局限性炎性病灶也可出现血流增加。

三、甲状腺肿瘤阳性显像（thyroid positive imaging）

（一）原理

甲状腺肿瘤阳性显像是利用某些放射性核素及其标记化合物与甲状腺癌组织具有一定的亲和力，静脉注射显像剂后可在甲状腺癌组织中浓聚，应用显像仪器可使其显影，进行甲状腺结节的定性、定位诊断。

（二）检查方法

第一次常规 ^{131}I 或 ^{99m}Tc 静态显像确定为冷结节者，做第二次甲状腺阳性显像，对两次显像结果进行比较判定。根据不同显像剂的使用，有多种检查方法，见表 11-3。

表 11-3　常见甲状腺肿瘤阳性显像检查方法

显像剂	用量（MBq）	显像时间	临床应用
^{201}TlCl	55.5~74	5~15min；3~5h	甲状腺癌及转移灶
^{99m}Tc-MIBI	370~555	10~30min；2~3h	甲状腺癌及转移灶
^{99m}Tc（V）-DMSA	370	2~3h	甲状腺髓样癌及转移灶
^{131}I-MIBG	37	24~48h	甲状腺髓样癌及转移灶
^{131}I-抗 Tg 抗体	74~111	24~72h	甲状腺滤泡状、乳头状癌

（三）图像分析

（1）在正常情况下，早期影像可见甲状腺显像剂分布较均匀，随着时间延迟逐渐变淡，早期影像和 1h 延迟显像均无明显显像剂异常浓聚灶。

（2）甲状腺静态显像图冷（凉）结节处显示出亲肿瘤显像剂浓聚，可视为异常。如早期显像和晚期显像均出现明显异常显像剂浓聚，则提示恶性肿瘤的可能性大；通常在晚期显像时，因周围正常甲状腺影逐渐消退，病灶浓聚影将更加清楚。而良性肿块在早期显像和晚期显像中均无异常显像剂浓聚；有时在早期显像时也会出现显像剂填充，通常不会超过周围正常甲状腺组织，但在晚期显像时会逐渐减淡或消退。

（3）鉴别诊断自主功能亢进性甲状腺腺瘤或单发结节：由于血中甲状腺激素水平升高，通过负反馈作用抑制垂体分泌 TSH，使自主功能亢进性甲状腺腺瘤或单发结节周围正常甲状腺组织摄 ^{131}I 或 ^{99m}TcO$_4^-$ 功能受到抑制或降低，自主功能亢进性甲状腺腺瘤或单发结节在甲状腺常规核素显像上常表现为孤立的热结节，此时须与甲状腺先天一叶缺如、气管前不分叶甲状腺相鉴别。行 ^{99m}Tc-MIBI 或 ^{201}Tl 显像可使腺瘤或结节周边功能受抑制的正常甲状腺组织显影，有助于上述情况鉴别。虽然 ^{99m}Tc-MIBI 或 ^{201}Tl 显像与 TSH 刺激试验显像原理不同，但 ^{99m}Tc-MIBI 或 ^{201}Tl 显像具有方法简便、无过敏反应，完全达到了 TSH 刺激试验的诊断效果，可作为 TSH 刺激试验替代方法而常规应用。

（四）临床应用

冷结节的鉴别诊断：冷结节恶性肿瘤发生率较高，因此，鉴别冷结节系良性病变或恶性病变具有重要临床意义。为了鉴别冷（凉）结节的良恶性，可应用亲肿瘤的放射性核素或标记化合物，如 ^{201}Tl、^{99m}Tc-MIBI 和 ^{99m}Tc-（V）DMSA 等进行甲状腺肿瘤阳性显像，如果常规显像的冷（凉）结节在亲肿瘤阳性显像时出现显像剂浓聚区，则恶性的可能性大（图 11-11）；反之，如原缺损或稀疏区仍无放射性浓聚者，则良性病变的可能性大。此外，应用甲状腺动脉灌注显像了解结节部位血流灌注的丰富程度也有助于鉴别结节的良、恶性，恶性病变其结节部位血流多较丰富。一般甲状腺显像表现为单发的冷（凉）结节且年龄超过 40 岁者，临床上主张以手术切除为好。

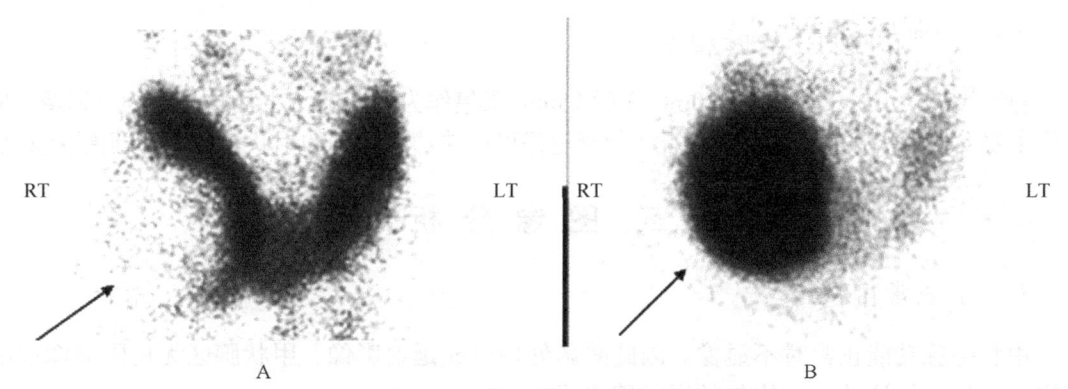

图 11-11　亲肿瘤阳性显像（北京同仁医院提供）

患者，男性，56 岁，发现颈前肿物 1 个月余。甲状腺 B 超示甲状腺右叶巨大肿物呈低回声。甲状腺显像（A）示：甲状腺位置正常，形态失常，腺体增大，显像剂分布不均匀，于甲状腺右叶外缘可见一 3cm×5cm 团状显像剂分布缺损区（箭头所指）。甲状腺 ^{99m}Tc-MIBI 亲肿瘤阳性显像（B）示：于甲状腺肿物处可见明显显像剂浓聚箭头所指）。考虑：甲状腺右叶肿物为恶性病变可能性大。手术病理证实为甲状腺癌

第三节　甲状旁腺显像

一、原　理

^{201}Tl 或 ^{99m}Tc-MIBI 能聚集于功能亢进的甲状旁腺组织，其机制可能与病变部位局部血流增加有关，同时也被正常甲状腺组织摄取。^{99m}TcO$_4^-$ 只能被甲状腺组织摄取，甲状旁腺不显影。通过应用计算机图像处理的减影技术，将 ^{201}Tl 或 ^{99m}Tc-MIBI 的影像扣除 ^{99m}TcO$_4^-$ 影像，即可获得甲状旁腺影像（parathyroid gland imaging）。

此外，^{99m}Tc-MIBI 能同时被正常的甲状腺组织和功能亢进的甲状旁腺组织摄取，但由于 ^{99m}Tc-MIBI 在正常甲状腺组织中清除较快，而功能亢进的甲状旁腺组织则清除较慢，所以，进行早期影像和延迟影像的比较，也可诊断功能亢进的甲状旁腺病灶。

二、检 查 方 法

（一）^{201}Tl/^{99m}TcO$_4^-$ 双核素减影法

应用 ^{201}Tl 显像法时，最好先作 ^{201}Tl 显像，然后再作 ^{99m}TcO$_4^-$ 显像，因为 ^{99m}Tc 的康普顿

散射可以进入到 ^{201}Tl 的窗范围内，影响 ^{201}Tl 显像的质量。病人取仰卧位，固定头部，于肘静脉注射 ^{201}Tl 74MBq（2mCi）后 5~15min，应用低能高分辨或低能通用平行孔准直器进行前位甲状腺与甲状旁腺影像采集（视野包括颈部和纵隔）。体位不动，静脉注射 ^{99m}TcO$_4^-$ 185MBq（5mCi）后 10min 采集甲状腺影像，从 ^{201}Tl 影像减去 ^{99m}TcO$_4^-$ 影像，即为甲状旁腺影像。

（二）^{99m}Tc-MIBI/^{99m}TcO$_4^-$ 减影法

其方法与 ^{201}Tl/^{99m}TcO$_4^-$ 法基本相同，病人体位及准直器同前，静脉注射 ^{99m}Tc-MIBI 370MBq（10mCi）15min 行甲状腺显像，然后再注射 ^{99m}TcO$_4^-$ 重复显像，前者减去后者，即可获得甲状旁腺影像。

（三）^{99m}Tc-MIBI 双时相法

静注 ^{99m}Tc-MIBI 370MBq（10mCi）后 15min 采集作为早期像，2h 后再采集为延迟像，早期像主要反映甲状腺组织的摄取情况，而延迟像可反映功能亢进的甲状旁腺组织的摄取情况。

三、图像分析

（一）正常图像

甲状旁腺功能正常时不显像。因此减影处理后或延迟影像，甲状腺区无局限显像剂浓聚影，或仅有较淡的大致均匀的甲状腺影像。

（二）异常图像

甲状旁腺腺瘤、增生、癌等原因所致甲状旁腺功能亢进，均可在病变部位显像，呈圆形、椭圆形、管形或不规则形。位置在甲状腺内，亦可在胸腺上极、纵隔等甲状腺之外。甲状旁腺增生表现为一个以上的显像剂浓聚区，腺瘤则多为单个显像剂浓聚区。诊断异位甲状旁腺时，纵隔区等部位出现的局限性显像剂浓聚区应与肺部恶性肿瘤及其转移灶鉴别。

四、临床应用

甲状旁腺功能正常时不显影，因此甲状旁腺显像主要用于甲状旁腺功能亢进症的诊断和甲状旁腺腺瘤术前定位。

在临床上，甲状旁腺功能亢进是以甲状旁腺激素（PTH）分泌过多，伴有血钙浓度增高为其特征。约有 90%的患者是由甲状旁腺实质性良性腺瘤（图 11-12）引起，极少数系由甲状旁腺增生（图 11-13）引起，或者继发于慢性肾功能衰竭、软骨症和甲状旁腺癌（图 11-14）。甲状旁腺腺瘤重量可达 100mg 至 20g 以上。

甲状旁腺显像诊断的阳性率取决于瘤体大小，大于 1.5g 者阳性率可达 100%，并可诊断异位甲状旁腺瘤，特别是位于纵隔的甲状旁腺瘤（图 11-15），但对于较小的腺瘤容易漏诊。对于增生，显像的阳性率较低。

目前，手术治疗是甲状旁腺腺瘤的有效治疗手段，手术前应用甲状旁腺显像不仅可以提供腺瘤的位置、大小，还可以了解其功能状态，对于指导手术有重要意义，尤其是疑有甲状旁腺异位的患者更为重要。

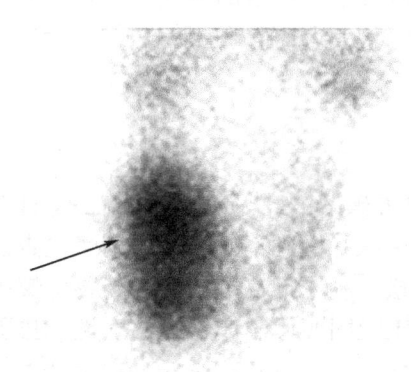 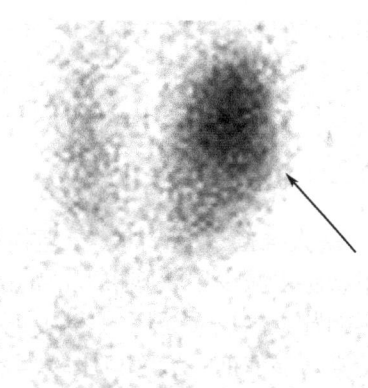

图 11-12　甲状旁腺腺瘤（北京协和医院提供）
女，39 岁。^{99m}Tc-MIBI 甲状旁腺显像：相当于右叶甲状腺水平显像剂分布增高区（箭头所指处）。病理：甲状旁腺腺瘤

图 11-13　甲状旁腺增生（北京协和医院提供）
女，54 岁。^{99m}Tc-MIBI 甲状旁腺显像：相当于甲状腺左叶中上极水平显像剂增高区（箭头所指处）；下肢棕色瘤。病理：甲状旁腺增生

CT、MRI 和超声显像也是诊断甲状旁腺腺瘤的非创伤性检查手段，其灵敏度和特异性与核素显像相似，对于观察甲状旁腺的位置、大小及解剖学形态优于核素显像，但不能提供功能状态的资料，对异位腺瘤的定位诊断准确性较差。

另外，甲状旁腺显像可用于各种原因（如慢性肾功能衰竭、佝偻病、骨软化症、吸收不良综合征等）引起的继发性甲状旁腺功能亢进的辅助诊断，灵敏度达 30%~80%。

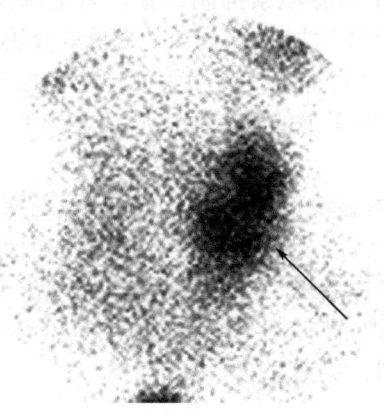 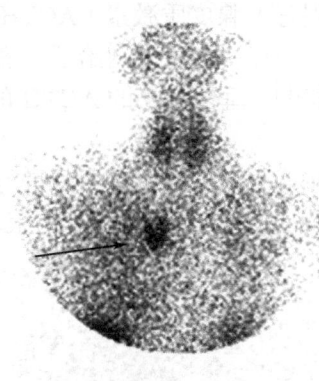

图 11-14　甲状旁腺癌（北京协和医院提供）
男，67 岁。^{99m}Tc-MIBI 甲状旁腺显像：相当于左侧甲状腺上极水平显像剂增高区（箭头所指处）。病理：甲状旁腺癌

图 11-15　纵隔甲状旁腺瘤（北京协和医院提供）
女，54 岁。^{99m}Tc-MIBI 甲状旁腺显像：胸骨后前上纵隔显像剂增高区（箭头所指处）。病理：甲状旁腺腺瘤

第四节　肾上腺显像

一、肾上腺皮质显像（adrenocortical imaging）

（一）原理

胆固醇是肾上腺合成皮质激素的原料，能被肾上腺皮质细胞摄取。将放射性核素标记

的胆固醇类似物引入体内后，同样被肾上腺皮质摄取并参与激素的合成，摄取的数量和速度与皮质的功能状态有关，因此，通过肾上腺皮质显像可以了解肾上腺皮质的位置、形态、大小及其功能状态，有助于诊断某些肾上腺疾病。

（二）检查方法

1. **病人准备** 检查前3天至检查结束，口服复方碘溶液，每次5~10滴，每日3次，封闭甲状腺以减少甲状腺摄取游离放射性碘，以防甲状腺受到不必要的照射。检查前两周停用影响肾上腺皮质显像的药物如ACTH、地塞米松、利尿剂、抗皮质醇药物、螺内酯和避孕药等。显像前一天晚口服缓泻剂，清除肠内 ^{131}I-胆固醇代谢产物的放射性，排除对图像分析的干扰。

2. **显像剂** 目前临床常用的有 ^{131}I-6-碘甲基-19-去甲基胆固醇（NP-59）、^{131}I-19-碘化胆固醇（NM-145）和 ^{131}I-6-碘代胆固醇（^{131}I-6-IC）等。

3. **给药方式** 缓慢静脉注射显像剂 74~111MBq，并注意观察病人有无不良反应，少数人可出现短暂的面部潮红、胸闷、心悸等反应，可自行消失，无需特殊处理。

4. **显像技术**

（1）显像方法：注射显像剂后分别于第3、5、7及9天，应用高能通用平行孔准直器的γ照相机或SPECT进行显像，探头尽量靠近患者背部肾区，必要时可行左、右侧位及前位显像。矩阵128×128，能峰364keV，窗宽15%，每帧采集计数200~300K左右或采集300 s。正常肾上腺3天可见其轮廓，5~9天影像清晰。

（2）地塞米松抑制试验（DST）：其原理类似于甲状腺激素抑制试验。肾上腺皮质激素的分泌受促肾上腺皮质激素（ACTH）的调节，ACTH增加，肾上腺皮质激素分泌增多，反之则减少。当在一定时间内给予患者一定量的外源性肾上腺皮质激素如地塞米松后，通过反馈调节机制，垂体分泌的ACTH的量减少，从而使正常的肾上腺皮质功能减低，摄取显像剂减少。

方法是在第一次显像后一个月进行。在第二次注射显像剂前2天，开始口服地塞米松，每次2mg，每6h一次，直至检查结束。其显像时间和方法与第一次肾上腺皮质显像相同。比较两次显像结果，正常和增生的肾上腺皮质在第二次显像时被抑制不显影，而肾上腺皮质腺瘤则不被抑制，仍然显影。

（三）图像分析

1. **正常图像** 大部分正常人双侧肾上腺皮质显影（图11-16），右侧稍高于左侧，左侧呈卵圆形，右侧为圆形或锥形，左侧长宽分别为（3.8±0.58）cm和（2.8±0.52）cm，右侧长宽分别为（3.8±0.54）cm和（3.2±0.47）cm。正常肾上腺皮质摄取率为0.2%~0.5%，显像剂均匀分布，一般右侧高于左侧70%~90%，左/右肾上腺摄取比值为0.56~1.0，这是右侧腺体与肝重叠及俯卧位距体表较近的缘故。胆囊有时显影，应注意与

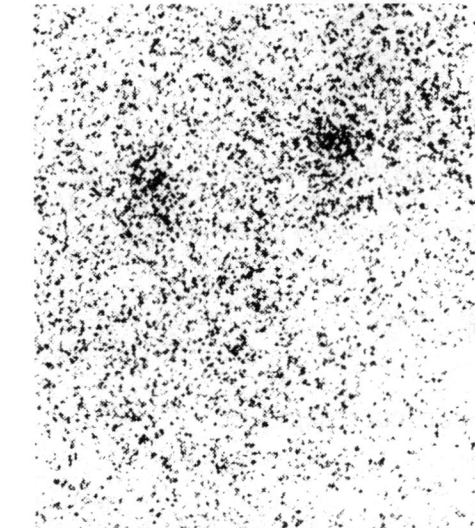

图11-16 正常人肾上腺皮质显像

右肾上腺相鉴别。方法有三，一是解剖位置，卧位胆囊位于肝右叶下方，肾上腺位于肝左叶下方，胆囊离脊柱较肾上腺远（但高位胆囊离脊柱较近）；二是右侧位显像胆囊影偏前，肾上腺影偏后；三是脂肪餐法鉴别。

2. 异常图像

（1）双侧肾上腺显影：①双侧早期显像，影像大，显像剂分布增强，提示双侧皮质增生性病变（图11-17），地塞米松抑制显像可进一步证实。②双侧不对称显影，地塞米松抑制显像示原高侧不变，原低被抑制，显像剂分布更低或完全不显影。提示不受抑制侧为肾上腺皮质腺瘤。

（2）双侧不显影：少数正常人，服用影响显像剂摄取的药物或患肾上腺皮质癌。

（3）单侧显影：①显影侧不被抑制，提示为腺瘤（图11-18）；②不显影侧为癌，显影侧受抑制为正常肾上腺；③显影侧增大受抑制，不显影侧为先天性缺如、手术切除或意外损伤。

（4）异位显影：提示异位肾上腺或皮质癌转移。

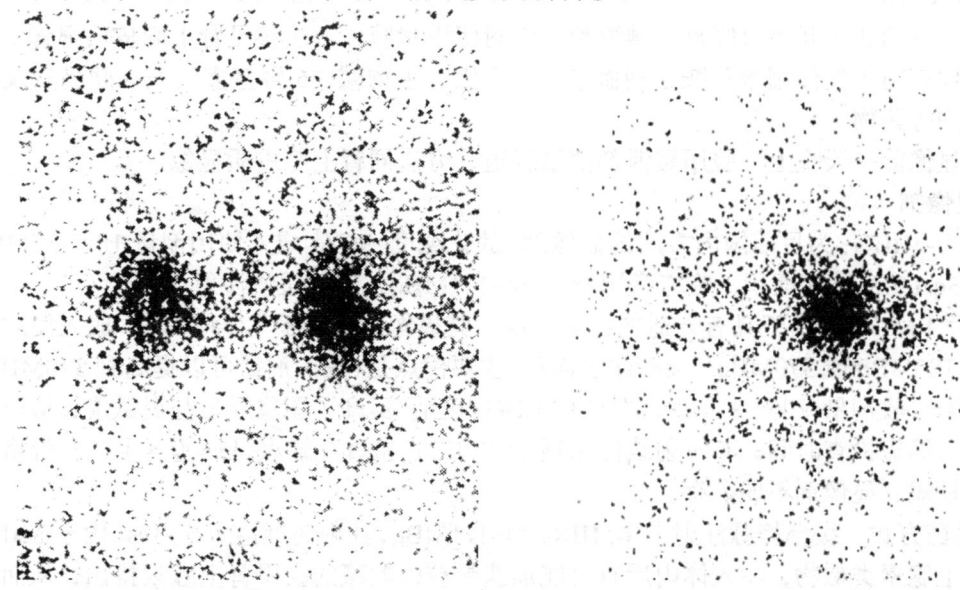

图11-17　双侧肾上腺皮质增生　　　　　　图11-18　右侧肾上腺腺瘤

（四）临床应用

（1）肾上腺皮质功能亢进性疾病的诊断：肾上腺皮质腺瘤和增生均可引起皮质功能亢进或增强，根据病理学类型不同，临床上可导致肾上腺皮质醇增多症、原发性醛固酮增多症等疾病。显像表现为肾上腺影增大，显像剂浓聚增加或提前显影。应用地塞米松抑制试验可鉴别两种情况，皮质腺瘤一般不受抑制，影像仍显示清晰，而肾上腺增生均可受地塞米松的抑制，服用地塞米松后，肾上腺不显影。故该法不仅有助于鉴别皮质功能亢进的病理学类型，且能作出定位诊断，对于决定治疗方案和预后有特殊价值，准确率达95%。

（2）皮质醇增多症术后残留组织功能判定和复发灶的检出。

（3）异位肾上腺的定位诊断。

（4）肾上腺皮质癌及转移灶的辅助诊断：有肾上腺肿块的患者，如果肾上腺显像表现为患侧肾上腺皮质不显影，而健侧轻度显影或不显影，提示皮质癌的可能性较大。

（5）肾上腺移植术后的监测。

二、肾上腺髓质显像（adrenal medullary imaging）

（一）原理

碘代苄胍类化合物分子结构类似去甲肾上腺素，可被肾上腺髓质细胞摄取，其中以间位碘代苄胍对肾上腺髓质的趋向能力最强。因此，用 ^{131}I 或 ^{123}I 标记的间位碘代苄胍（^{131}I-MIBG）为肾上腺髓质显像药物，静脉注射后能够被肾上腺髓质及富含肾上腺素能神经的组织摄取并与肾上腺素能受体结合使其显影，从而了解肾上腺髓质功能及形态。

（二）检查方法

1. 病人准备

（1）检查前3天开始口服复方碘溶液，以封闭甲状腺，方法参见肾上腺皮质显像。

（2）检查前1周停用苯苄胺、利血平、可卡因、生物碱、6-羟基多巴胺、胰岛素及三环抗抑郁剂等药物。

（3）显像前一天晚上，服用缓泄剂清洁肠道，方法同肾上腺皮质显像。

2. 显像剂

（1）^{131}I-MIBG：为目前国内常用的显像剂，放化纯度>90%，成人使用剂量 18.5~37MBq 或 18.5MBq/1.7m² 体表面积，临床常用量为 74~111MBq，静脉缓慢注射。

（2）^{123}I-MIBG：由于具有合适的物理特性，其显像质量优于 ^{131}I-MIBG。成人使用剂量一般为 185MBq 或 370MBq/1.7m² 体表面积。主要优点是：成人剂量可以提高到 370MBq，而组织辐射吸收剂量仅与 18.5MBq 的 ^{131}I-MIBG 相当；提高了图像质量与灵敏度；摄取速度较快，可缩短检查时间；其 γ 射线能量适合 SPECT 检查。缺点是加速器生产，价格较贵，半衰期短，显像剂不便贮存。

3. 给药方式　缓慢静脉注射 ^{131}I-MIBG 74~111MBq，注射时间应大于 30s，由于 MIBG 为去甲肾上腺素类似物，注入体内后有可能加速颗粒内贮藏的去甲肾上腺素排出，从而引起高血压危象，因此，在注射显像剂时必须密切观察病人反应。

4. 显像技术

（1）^{131}I-MIBG 显像：静脉注射显像剂后，分别于 24、48 和 72h 采用配备高能平行孔准直器的 γ 照相机或 SPECT 进行前位和后位肾上腺显像，显像范围应包括头部、胸、腹及盆腔，矩阵 64×64 或 128×128，每帧采集 100~200K 计数。显像前嘱病人排空膀胱。

（2）^{123}I-MIBG 显像：静脉注射 ^{123}I-MIBG 185MBq 后分别于 24h 和 48h 行前位和后位肾上腺平面显像，应用低能通用平行孔准直器，能峰 159keV，窗宽 20%，每个投影采集时间 24h 为 10min，48h 采集 15min，对于疑为异位嗜铬细胞瘤、恶性嗜铬细胞瘤转移灶或神经母细胞瘤的诊断应进行从头颅至膝部的前后位全身显像。断层显像于注射显像剂后 24h 进行，采用 SPECT，低能高分辨准直器，64×64 矩阵，探头旋转 360°，采集 64 帧图像，每帧 20s，断层显像对于探测深部病灶的灵敏度优于平面显像，并可通过计算肾上腺（或嗜铬细胞瘤）/本底比值进行半定量分析。

（3）脏器联合显像：为了更好确定病变的准确位置及其与邻近器官的关系或提高对转移病灶探测敏感性，临床上常需进行脏器联合显像。如 ^{131}I-MIBG 显像最后一次采集结束后，发现有局限性放射性浓聚影时，再给病人静脉注射 ^{99m}Tc-DMSA 或 ^{99m}Tc-DTPA 185~370 MBq 行肾显像或应用双核素采集方式，进行肾上腺与肾联合显像，有利于嗜铬细胞瘤的定位，以了解其与肾的解剖学关系；恶性嗜铬细胞瘤或神经母细胞瘤患者，显像结束时同时作全身骨显像或肝等器官显像，有利于发现和确定转移病灶。在骨转移病灶中，骨显像与 ^{131}I-MIBG 显像检查有很好的一致性。

（三）图像分析

1. 正常图像 正常肾上腺髓质一般不显像，24h 显影者占 10%，48~96h 显影者占 20%。影像小而淡，两侧大致对称（图 11-19）。如应用 ^{123}I-MIBG，则显像的几率较多，常于注射后 24h 可见髓质影像。

正常情况下，肝脾、心肌和唾液腺可显像。24h 肝摄取量最大，72h 已下降至很低，有嗜铬细胞瘤者下降速率更快。15%~20% 病例结肠腔显影，可酷似或掩盖肿瘤的放射性。心肌和唾液腺显影程度与循环中去甲肾上腺的水平成反比，以致嗜铬细胞瘤的摄取减少，甚至缺如。

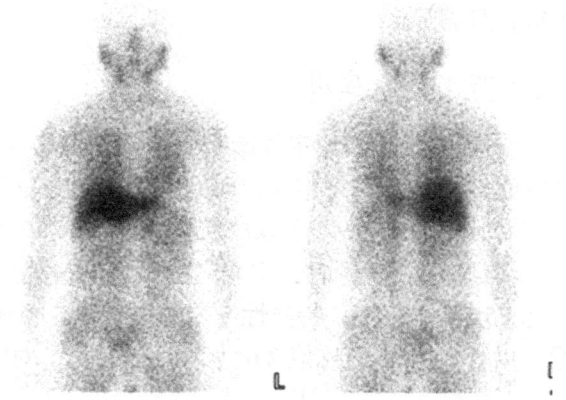

图 11-19 正常肾上腺髓质显像。正常肾上腺髓质影像小而淡，两侧大致对称，肝脾和唾液腺可见显像

2. 异常图像

（1）双侧肾上腺清晰显像：注射 ^{131}I-MIBG 后双侧肾上腺提前（24h）清晰显影，或 48~72h 显影明显增强，提示双侧肾上腺髓质增生（图 11-20）。

（2）单侧肾上腺清晰显像：注射 ^{131}I-MIBG 后单侧肾上腺提前（24h）清晰显影，或 48~72h 显影明显增强，提示为嗜铬细胞瘤（图 11-21），不显影侧为正常肾上腺髓质。

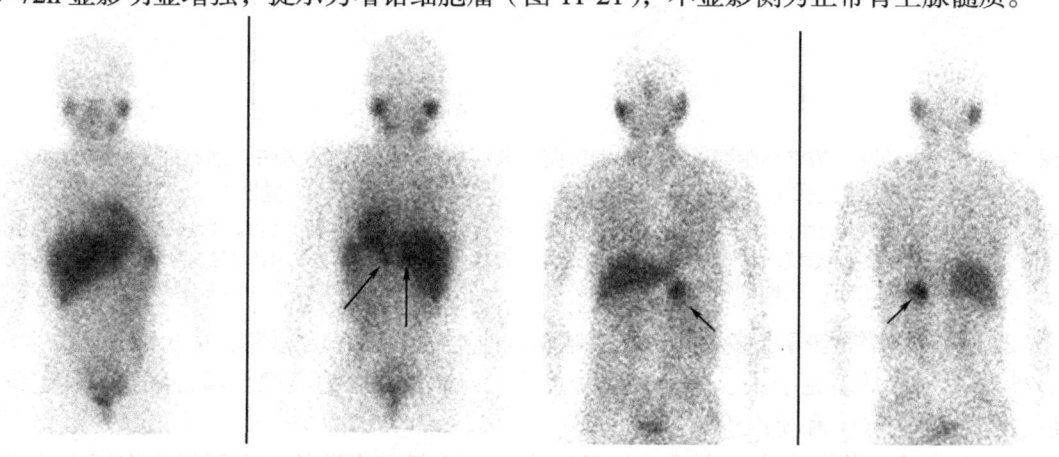

图 11-20 双侧肾上腺髓质增生
女，63 岁，发作性头痛、头晕伴恶心 6 年。24 小时尿 CA 正常。CT：正常。^{131}I-MIBG 显像：双侧肾上腺髓质显影（箭头所指处）。诊断：特发性醛固酮增多症。病理：肾上腺髓质增生

图 11-21 嗜铬细胞瘤
男，64 岁，阵发性高血压、头痛、大汗。CT：左肾上腺占位。^{131}I-MIBG 显像：左肾上腺团状显像剂浓聚（箭头所指处），考虑嗜铬细胞瘤。病理：（左）肾上腺嗜铬细胞瘤

（3）体内异常放射性浓聚区：对于临床上怀疑为嗜铬细胞瘤的患者，肾上腺髓质显像时，在肾上腺以外的头、胸、腹部、膀胱区以及骨骼部位发现异常的放射性浓聚区，并能

排除该部位各种干扰因素的影响者,其浓聚部位可诊断为异位嗜铬细胞瘤或恶性嗜铬细胞瘤转移灶。若同时伴有一侧肾上腺明显显影特别是影像较大时,而肾上腺以外出现多个浓聚区,应考虑为恶性嗜铬细胞瘤多发性转移可能。

对小儿患者,如腹壁或骨骼处有异常显影,应高度怀疑为神经母细胞瘤。

为了便于判断和比较其显影程度,根据肾上腺髓质或病灶区的显像剂分布情况,可将显像图分为五级:0级,不显影;Ⅰ级,稀疏显影;Ⅱ级,较清晰显影;Ⅲ级,清晰显影;Ⅳ级,显著显影。

(四)临床应用

1. 嗜铬细胞瘤的定位诊断 嗜铬细胞瘤在高血压患者中约占 0.1%,40~50 岁多见。大约有 80% 的嗜铬细胞瘤位于肾上腺,20% 位于肾上腺以外,如腹主动脉旁(图 11-22)、胸主动脉旁(图 11-23)或膀胱内(图 11-24)等处。

^{131}I-MIBG 显像时,病变区可出现明显放射性浓聚,多数在 24h 即可显影,其灵敏度可达 85.5%~88.9%,特异性 97.1%~100%,准确性>95%。有资料显示,应用 ^{123}I-MIBG 显像,以肾上腺/本底比值 2.6 为判断标准时,对嗜铬细胞瘤的诊断有极好的准确性(99%)。

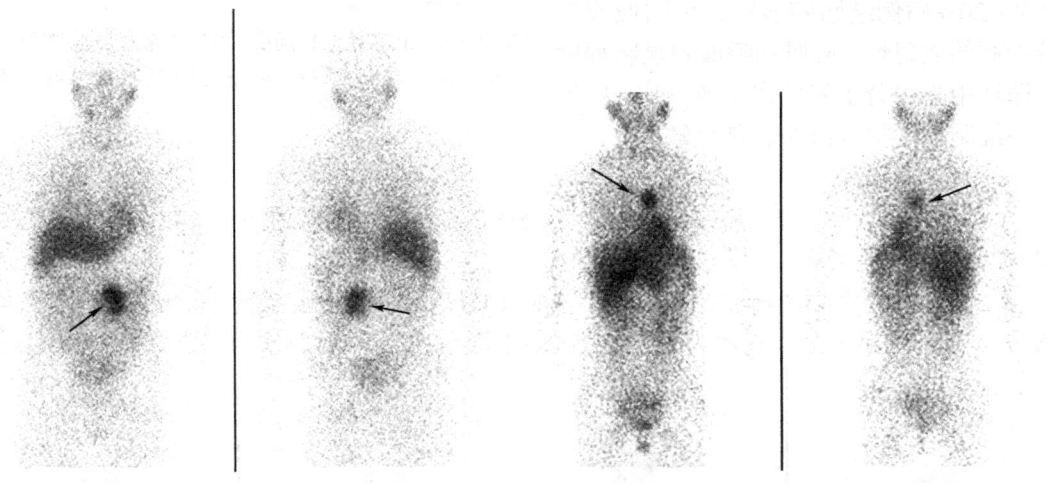

图 11-22 腹主动脉旁嗜铬细胞瘤(北京协和医院提供)

男,62 岁,发作性头痛 17 年。MRI:腹主动脉旁占位。^{131}I-MIBG 显像:腹主动脉旁可见一团状显像剂浓聚区(箭头所指处),考虑嗜铬细胞瘤。病理:生长活跃的嗜铬细胞瘤

图 11-23 胸主动脉旁嗜铬细胞瘤(北京协和医院提供)

女,40 岁,阵发性高血压。CT:胸、腹主动脉旁占位。^{131}I-MIBG 显像:胸主动脉旁可见一团状显像剂浓聚区(箭头所指处),考虑嗜铬细胞瘤。病理:(胸主动脉旁)嗜铬细胞瘤

2. 恶性嗜铬细胞瘤转移灶的诊断 嗜铬细胞瘤的约 10% 为恶性,可出现全身转移(图 11-25)。其转移灶多见于头、胸、腹及膀胱等处,显像表现为显像剂异常浓聚,其定位诊断的敏感性优于 CT 和超声诊断。

3. 交感神经节细胞瘤和交感神经母细胞瘤的诊断 这类肿瘤也同样含有肾上腺素能受体,并与 MIBG 结合而显影,不仅用于原发灶的诊断,而且有助于寻找转移病灶。

4. 作用 由于恶性嗜铬细胞瘤和其他神经瘤具有选择摄取 ^{131}I-MIBG 的作用,利用 ^{131}I 发射的 β 放射线可以达到有效的内照射治疗的目的,并可进行治疗后随访观察。

5. 嗜铬细胞瘤术后残留病灶或复发病灶探测

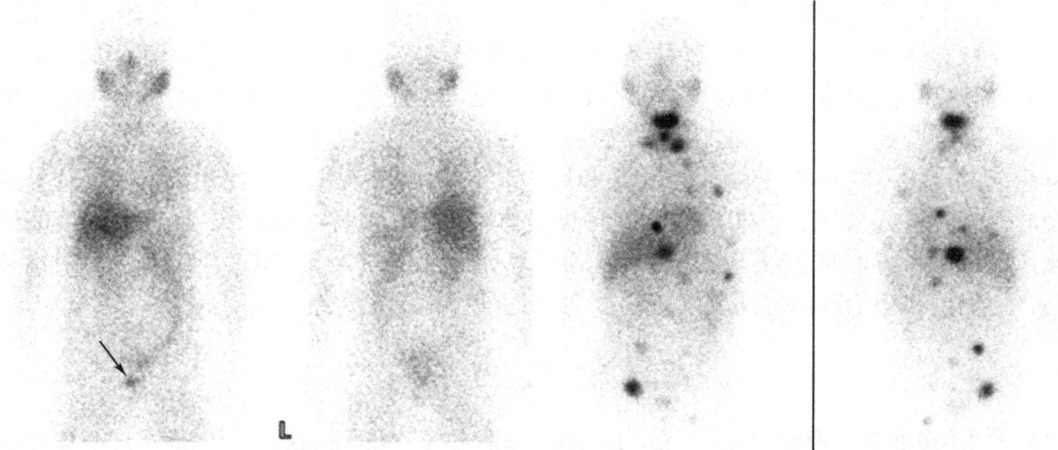

图 11-24 膀胱内嗜铬细胞瘤（北京协和医院提供）
女，63 岁，间断排尿后剧烈头痛、心慌。CT：膀胱前壁结节影。^{131}I-MIBG 显像：膀胱前壁可见一团状显像剂浓聚区（箭头所指处），考虑嗜铬细胞瘤。病理：膀胱副神经节瘤

图 11-25 嗜铬细胞瘤全身转移（北京协和医院提供）
男，62 岁，右肾上腺嗜铬细胞瘤切除术后 2 年多，目前全身多发转移。^{131}I-MIBG 显像：多发嗜铬细胞瘤转移

（五）注意事项

少数嗜铬细胞瘤因摄取显像剂较少，可以不显影，导致假阴性结果；此外，病人服用某些影响肾上腺髓质摄取的药物或瘤体较小也影响显像的阳性率。肾上腺以外出现异常浓集灶时，应注意排除心脏、肝、脾以及肠道放射性聚集导致的假阳性结果，检查前一天晚上应服用缓泻剂。

第五节　生长抑素受体显像

神经内分泌源性及一些非神经内分泌源性的肿瘤细胞表面有生长抑素受体（somatotatin receptor，SSTR）高表达，利用放射性核素标记的生长抑素类似物（somatotatin analog，SSA）与 SSTR 特异性结合可使肿瘤显像。生长抑素是一种神经递质，可以抑制生长激素、胰岛素、胰高血糖素、胃泌素、复合胺类化合物及降钙素等肿瘤异位激素的释放。SSTR 是细胞膜的一种糖蛋白，目前为止，SSTR 共发现 5 种亚型，SSA 奥曲肽（octreotide）可以抑制生长抑素和受体结合，主要是与 SSTR2 结合，少部分与 SSTR3、SSTR5 结合，与 SSTR1、SSTR4 亲和力很低。SSTR2 能够在体外用 ^{125}I-奥曲肽放射性自显影技术及放射性核素标记奥曲肽体内显像技术清晰显示。

SSTR 广泛分布于人的中枢神经系统及外周组织，多种肿瘤组织也表达 SSTR。神经内分泌瘤如垂体瘤、胰腺内分泌瘤、甲状腺髓样癌、胃泌素瘤、嗜铬细胞瘤、小细胞肺癌等均有高亲和力和高密度 SSTR 表达。与正常组织比，肿瘤组织中 SSTR 数量多，密度高，对生长抑素及其类似物亲和力大，可通过放射性核素标记 SSA 的方法在体内或体外探测。

一、原　　理

在病理情况下，生长抑素受体（SSTR）见于多种神经内分泌肿瘤（NETs），如胰腺神经内分泌肿瘤（胃泌素瘤、胰岛素瘤）、类癌、垂体腺瘤、嗜铬细胞瘤、副神经节瘤、甲状腺髓样癌、磷酸盐尿性间叶组织肿瘤等，某些其他类型肿瘤也可表达这种受体，如脑膜瘤、

淋巴瘤等。不同类型肿瘤可能表达不同亚型 SSTR。奥曲肽对生长抑素 2 型受体（SSTR2）亲和力及特异性非常高，而大多数神经内分泌肿瘤更多表达 SSTR2（文献报道有 90% 的神经内分泌肿瘤常高表达 SSTR2）。早期放射性核素与三胺五乙酸（DTPA）螯合再标记奥曲肽，因稳定性差，后与 1，4，7，10-四氮杂环十二烷-1，4，7，10-四乙酸（DOTA）螯合再标记奥曲肽，它对 SSTR2 表现高亲和性，对 SSTR5 表现中亲和性和亲水性。这种肽螯合的化合物进入人体后，通过靶细胞特异受体（SSTR）进入细胞内，经细胞内溶酶体内化作用将肽降解，使之离开靶细胞进入血循环，而与 DTPA 或 DOTA 结合的放射性金属螯合物仍留在靶细胞内，使靶细胞内放射性远高于周围正常组织。

二、检 查 方 法

1. **^{111}In-奥曲肽**　显像剂为 ^{111}In- DTPA -奥曲肽（^{111}In-喷曲肽）、^{111}In-DOTA-奥曲肽（DOTA-Tyr^3-octreotide，DOTATOC）和 ^{111}In-DOTA-奥曲肽酸（DOTA-Tyr^3-Tyr^8- octreotide，DOTATATE）。

^{111}In-奥曲肽静脉注射 200-222MBq，注射后 4~5h 行全身显像，采集速度为 3cm/min，24h 后再次行全身显像，采集速度为 4cm/min，必要时加做局部 SPECT 断层显像。由于 ^{111}In 半衰期较长（$T_{1/2}$=2.8 天），24h 图像腹部有显像剂积聚者，推荐 48h 再显像。

2. **^{99m}Tc-奥曲肽**　显像剂为 ^{99m}Tc-联肼尼克酰胺-TOC（^{99m}Tc-HYNIC-TOC）和 ^{99m}Tc-HYNIC-TATE。

^{99m}Tc-奥曲肽静脉注射 740~1110 MBq，注射后 3-4h 行全身显像，采集速度为 8cm/min，必要时加做局部 SPECT 断层显像。

3. **^{68}Ga-奥曲肽**　显像剂为 ^{68}Ga- DOTA-TATE。

静脉注射 ^{68}Ga- DOTA-TATE 111~148 MBq，注射后 30~45min 行全身 PET/CT 显像。

三、图 像 分 析

1. **正常图像及伪影**　正常人肝、脾、肾为摄取量最大的器官，偶尔可以看到甲状腺的轻度摄取。奥曲肽主要通过肾脏排泄，有一部分通过肝胆系统，最后通过肠道排泄，因此肝、肾、膀胱的影像明显。有些患者肠道可见少许显影。

SSTR 显像结果有假阳性，如胆囊、甲状腺疾病、副脾显影均可出现。有报道脑血管意外、手术部位、放疗后胸部摄取、女性乳房的弥漫性摄取等可造成假阳性。SSTR 显像前注入未标记的奥曲肽可明显降低肝脏和脾脏的摄取，神经内分泌肿瘤化疗中患者，检查前应用长效生长抑素性质药物（如善龙、善宁等），会产生抑制出现假阴性。

2. **异常图像**　由于神经内分泌肿瘤中 SSTR 高表达，^{111}In 或 ^{99m}Tc 标记奥曲肽 NETs 显像用于头部、胸部、腹部和盆腔肿瘤定位时，若组织显像剂摄取高于正常肝组织即阳性，反之阴性。^{68}Ga 标记奥曲肽 PET/CT 显像，以 SUV 值超过 2.5 判断为阳性。

四、临 床 应 用

1. **胃肠胰神经内分泌肿瘤**　许多胃肠胰神经内分泌肿瘤有高密度的 SSTR 分布于肿瘤细胞中，其中大部分能够通过 SSTR 显像发现，对该类肿瘤有良好的定位诊断价值，特别是对传统影像学检查不能发现病灶但有症状的患者。文献报道 ^{111}In 和 ^{99m}Tc 标记奥曲肽显像的灵敏度、特异性和准确率分别为79.5%、83.3%和80%，^{68}Ga标记奥曲肽PET/CT显像的灵敏度、特异性和准确率分别为97%、92%和96%。

Gibril等研究了80例卓-艾综合征，SSTR显像与其他影像学比较，SSTR显像是最灵敏的检查，由于SSTR显像具有较高的灵敏度，并且检查费用较低，已成为胃肠胰神经内分泌肿瘤的一线检查手段。Lebrahi对160例胃肠胰神经内分泌肿瘤行SSTR显像，25%的患者改变了肿瘤分期和治疗方案。Termanini等对122例胃泌素瘤患者研究结果显示，SSTR显像改变了47%患者的治疗方案。

2. **小细胞肺癌** 小细胞肺癌（SCLC）起源于胺前体摄取脱羧化细胞，其细胞膜高水平表达SSTR。对原发性SCLC，SSTR显像能发现原发病变。文献报道，SSTR显像对原发性肿瘤的阳性率是70%，纵隔肿瘤的阳性率是87%，胸外肿瘤的阳性率仅为26%。Bohuslavizki报道SSTR显像可以检出<2cm的病灶，对于早期诊断SCLC获得手术机会有很大意义。另有2组研究表明，SSTR显像能够早期发现脑及其他部位转移，改变SCLC的分期，进而改变了治疗方案。

3. **甲状腺髓样癌及其他类型甲状腺肿瘤** 在甲状腺髓样癌的患者中SSTR显像的灵敏度为50%~70%，SSTR显像能探测分化较好的甲状腺髓样癌，而且肿瘤越大、肿瘤标志物越高，SSTR显像探测效果越好，对微小病灶，SSTR不是最适合的检查。

甲状腺乳头状癌、滤泡癌、未分化癌等不属于神经内分泌肿瘤，大多数患者肿瘤部位有显像剂摄取，在SSTR显像前无需停服左旋甲状腺素片，不摄取碘的分化好的甲状腺癌有明显的显像剂摄取。在有些患者中，这给甲状腺癌提供了一种新的治疗方法，如果有明显的显像剂摄取可以考虑生长抑素介导的内照射治疗。

4. **类癌** 文献报道82%~88%的类癌细胞表达SSTR，SSTR显像诊断阳性率明显高于CT（96% vs 82%），其中约16%的患者是以前其他检查所未发现的。在类癌患者中，SSTR显像阳性者可用^{90}Y或^{177}Lu标记奥曲肽进行治疗。

5. **垂体肿瘤** 所有能分泌生长激素的垂体腺瘤均有SSTR表达，大部分SSTR显像阳性，另外一些垂体肿瘤（如神经内分泌肿瘤的垂体转移性病变、脑膜瘤、淋巴瘤或垂体的肉芽肿）SSTR显像也可阳性，故SSTR显像在垂体肿瘤诊断受到一定限制。

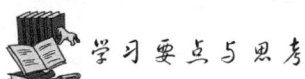 学习要点与思考

1. 掌握甲状腺摄^{131}I试验和甲状腺显像的原理和临床应用，熟悉它们的检测方法。
2. 熟悉甲状腺激素抑制试验和过氯酸钾释放试验；了解促甲状腺激素兴奋试验和促甲状腺激素释放激素兴奋试验。
3. 熟悉甲状腺肿瘤阳性显像和甲状旁腺显像的原理和临床应用；了解肾上腺显像的原理和临床应用。
4. 掌握生长抑素受体显像的原理和临床应用，熟悉其显像方法。
5. 通过本章节的学习，请列出5个与本章节内容密切相关的关键词：_____，_____，_____，_____，_____。
6. 通过关键词，在网上检索五篇与本章节内容密切相关科研论文、综述、病例报告等。列出检索到的网页地址：①_____；②_____。

（王 铁）

中英文对照

甲状腺碘-131 代谢试验　　　　　　^{131}I thyroid metabolic test
甲状腺肿瘤阳性显像　　　　　　　　thyroid positive imaging
肾上腺皮质显像　　　　　　　　　　adrenocortical imaging
肾上腺髓质显像　　　　　　　　　　adrenal medullary imaging
甲状旁腺显像　　　　　　　　　　　parathyroid gland imaging
甲状腺显像　　　　　　　　　　　　thyroid gland imaging
生长抑素受体显像　　　　　　　　　somatotatin receptor imaging

第十二章 消化系统显像

设问

1. 如果怀疑自己肝脏长有肿瘤，你最早能想到的检查手段是什么？是肝脏的 B 超、CT 或者 MRI 检查吗？检查结果如果不能确定良、恶性，就你目前所了解的医学知识，在影像学方面你知道还有其他鉴别肝脏占位性病变的检查方法吗？

2. 有一位患者胆囊切除术后三天，伴腹痛，临床怀疑胆汁漏，你知道如何检测胆汁漏？根据你所学的核医学知识，你能想出检测该患者胆汁漏的方法吗？

3. 你知道哪些无创检查方法可了解肝胆系统功能方面的信息？比如肝胆系统合成和排泌胆汁的能力如何？胆道系统通畅情况？核医学显像方法是如何鉴别黄疸的类型的？

4. 最适合人体生理状态的胃动力功能检查方法是什么？该方法为什么被公认为目前最理想的胃动力学检查方法？

第一节 肝胆动态显像

一、肝胆动态显像原理和方法

（一）显像原理

静脉注入肝胆动态显影剂后，这些显像剂在肝内被肝细胞摄取，随后通过主动转运机制分泌到肝内胆管，并随胆红素经肝胆管、胆囊、胆总管入十二指肠，最后排入肠道。显像剂在胆道系统内的流动与胆汁一样，主要取决于胆管的开放程度，胆管内的压力以及奥狄括约肌的张力情况。肝胆系统摄取、分泌和排出显像剂的过程可以应用 SPECT 或 γ 相机进行动态拍摄，通过对拍摄到的各帧图像的分析就可以了解肝胆系统的形态、功能及胆道通畅与否等信息，为临床诊断和治疗肝胆疾病提供依据。

（二）显像方法

1. 常用显像剂

（1）^{99m}Tc 标记的亚氨基乙酰乙酸衍生物类药物，以 ^{99m}Tc-EHIDA 为代表，可以迅速被肝细胞摄取和排出，是比较理想的肝胆动态显像剂。

（2）^{99m}Tc 标记的吡哆醛氨基酸类化合物，^{99m}Tc-PMT（吡哆醛-5-甲基色氨酸）具有良好的拮抗胆红素的能力，适用于高血清胆红素血症患者，特别是高于 30mg/dl 患者。

2. 检查方法

（1）患者准备：检查前禁食 4 小时，因为含脂肪和蛋白质的食物可刺激十二指肠黏膜分泌内源性促胆囊收缩素（cholecystokinin，CCK），促使胆囊收缩，阻止显像剂进入胆囊，使胆囊不显影，影响对胆囊收缩及排出功能的判断，且这一过程一直持续到食物从胃及上段小肠排空为止。若禁食超过 24 小时可致胆汁在胆囊中的浓缩和淤滞，也可阻止显像剂进入胆囊。故对于这类患者可于检查前静脉注射 CCK 以刺激胆囊收缩，避免误诊。

（2）患者仰卧于检查床上，探头对准受检者右上腹，视野包括全部肝脏，部分心脏及肠道。128×128 矩阵，平行孔低能高分辨准直器。静脉注射显像剂 370~555MBq（10~15mCi），儿童7.4MBq（0.2mCi）/kg体重，即刻启动 SPECT 或 γ 相机采集血流灌注图像，1帧/s，共60帧，然后每隔5分钟采集1帧，每帧计数500~1000k，连续采集至60分钟。如腹部仍未见放射性显示，可2~4小时进行延迟显像。必要时24小时显像或增加其他体位显像，有时为鉴别诊断需进行介入试验。常用方法：①脂肪餐（油煎鸡蛋）或胆囊收缩素试验：当胆囊显影最浓时，口服脂肪餐促进胆囊的收缩和胆汁的排泌，或静脉注射胆囊收缩素，临床使用的是 Sincalide，为人工合成的胆囊收缩素八肽，作用与 CCK 相同，注射剂量 0.02μg/kg，可使胆囊收缩，用以鉴别功能性或机械性胆囊梗阻，同时也可测出胆囊收缩功能参数（胆囊排胆分数）。②吗啡试验：胆囊若45分钟未见显示，可静脉注入吗啡 0.04mg/kg 体重，如胆道通畅，注射后 20~30 分钟内胆囊显影，该试验可缩短诊断急性胆囊炎的时间。③苯巴比妥试验：检查前5天口服苯巴比妥 2.5mg/kg 体重，每日2次，连续5天，然后常规进行肝胆显像。因为苯巴比妥可以增加肝脏酶的分泌，加快胆红素及 ^{99m}Tc-EHIDA 自肝脏分泌至微胆管。故怀疑婴儿先天性胆道闭锁所致黄疸时可进行该项实验。

3. 图像分析

（1）肝胆血流灌注图像同肝动脉血流灌注显像部分。

（2）正常人注入显像剂后5分钟时评价肝脏功能，这时肝影最清晰，心血池影消退；10分钟时可见肝内胆管开始显影；30分钟时可见胆囊显影，此时肝内显像剂分布减低，影像变淡，近端肠道开始显影，至50~60分钟时肠道中可见大量显像剂显示，此时肝影减淡（图12-1）；如果60分钟时胆囊、肠道未见显像剂显示，应视为异常情况。

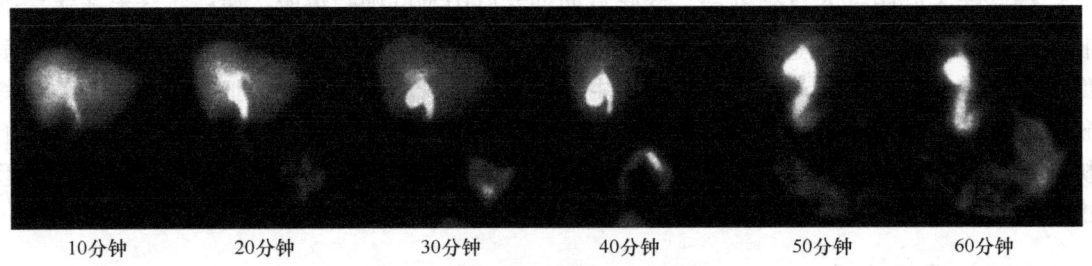

图 12-1　正常人肝胆动态显像图

10分钟肝影显示清晰，肝内胆管开始显影；20分钟胆管清晰显示，肠道内可见少量显像剂出现；30分钟可见胆囊显影，肠内显像剂显示增多；40分钟时胆囊显示更清晰，肝影开始减淡；50分钟十二指肠显影；60分钟肝影消失，肠道内显像剂增多，下腹部肠内出现肠袢影

二、肝胆动态显像临床应用

（一）急性胆囊炎

患者大部分表现为胆囊持续不显影，延迟至4小时，胆囊仍不显影，即可确诊。绝大多数胆囊持续不显影是因为胆囊管机械性（局部炎症、水肿、胆石及黏液阻塞）或功能性（运动功能障碍）梗阻所致。为避免假阳性的发生，可行吗啡试验以鉴别。

（二）黄疸的鉴别诊断

肝细胞性黄疸是由于受损害的肝细胞摄取能力减低，肝脏显影不清晰，而心血池、肾显像剂增浓（图 12-2）；而肝内胆汁淤滞性黄疸，肝脏显影清晰，肝内胆管、胆总管、胆囊及肠道显影延迟，或者持续不显影；如果是胆道梗阻性黄疸多数表现为肠道显像剂出现延缓或不显影，肝影及梗阻处上段胆道系统显示清晰，若 24 小时肠道仍无显像剂显示，可考虑为完全梗阻；若梗阻处上段胆管出现扩张、显影延迟或肠道显像剂延迟显影，考虑为不完全性梗阻。

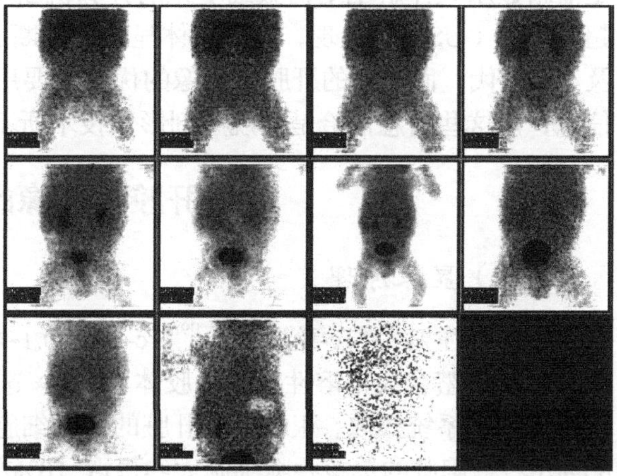

图 12-2　肝细胞性黄疸

患儿男，45d，自出生后全身黄染，逐渐加重，肝胆动态显像：即刻肝影显示不清晰，随后 5、10、15、20、30、40、50、60min，延迟至 3、24h 各帧影像均未见肝影显示，肠道内未见显像剂显影，双肾影增浓，影像诊断：肝细胞性黄疸

（三）新生儿胆道闭锁

肝脏显影良好，延迟显像至 24 小时，若肠道仍未见显像剂出现，可考虑为先天性胆道闭锁（图 12-3）；如果肝脏显影不良或不显影，24 小时肠道未见显像剂显示，可使用苯巴比妥试验，若肠道出现显像剂显示，可考虑为新生儿肝炎综合征。

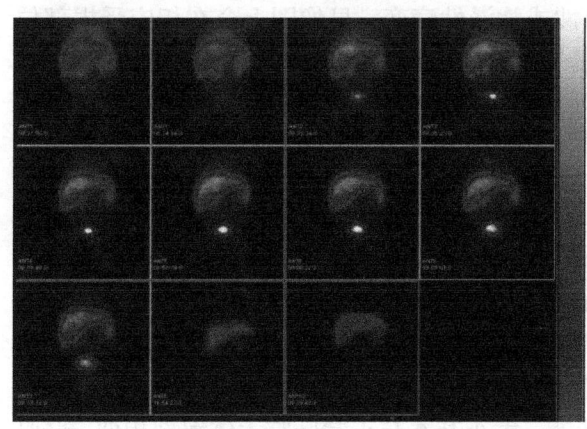

图 12-3　新生儿胆道闭锁

患儿女，50 天，出生后全身黄染，逐渐加重来就诊，肝胆动态显像：可见肝影显示清晰，肝内显像剂分布均匀，肝内胆管、胆囊、胆总管及腹部的肠道至 24h 各帧影像均未见显像剂显影，影像诊断：新生儿胆道闭锁（手术证实）

（四）术后随访

胆管手术后可出现各种并发症，肝胆动态显像可检查术后胆总管是否通畅，吻合口是否有胆汁漏，是否有吻合口梗阻等情况，为临床提供有价值术后肝胆功能方面的信息。

（五）肝移植的监测

肝胆动态显像可以全面了解移植肝脏是否存活及存活肝脏的功能情况，是否存在胆道系统的梗阻及胆汁的排泄情况。

第二节 肝胶体显像

核医学领域中的肝胶体显像已经有将近 30 年的历史，在肝脏占位性病变的诊断及鉴别诊断中曾经作为最重要的诊断方法而应用于临床。但随着现代影像学技术的发展，特别是清晰显示人体解剖结构微细变化的计算机断层扫描技术（CT）、磁共振技术（MRI）及超声技术（US）的出现，使肝胶体显像在判断肝脏解剖结构方面的优势逐渐被 CT、MRI 及 US 替代，而现在的肝胶体显像的优势主要用于提供肝脏功能方面和病理生理学方面的信息，而这些信息恰恰是常规解剖影像技术所不能做到的。

一、肝胶体显像的原理和方法

（一）显像原理

经静脉注射 ^{99m}Tc-硫胶体（^{99m}Tc-SC，0.1~0.5μm）或 ^{99m}Tc-植酸钠（^{99m}Tc-PHA 与血中的钙离子螯合成不溶性植酸钙胶体颗粒），这些胶体颗粒进入人体后很快被人体内的网状内皮细胞系统摄取，正常人体肝脏的枯否细胞（Kupffer cells）大约摄取这些胶体颗粒的 85% 左右，脾脏的单核吞噬细胞大约摄取 10% 左右，骨髓单核吞噬细胞大约摄取 5%。故正常人肝胶体显像时，脾脏也显影，一般情况下看不到骨髓显影。由于肝脏的 Kupffer cells 与肝细胞平行排列，并均匀分布在肝实质中（图 12-4），并且这些被吞噬到肝脏枯否细胞内的胶体颗粒可以在细胞中停留一段时间，血液中的半清除时间为 2~3 分钟，这时利用 γ 照相机或 SPECT 可以在体外探测到肝脏的枯否细胞内的胶体颗粒分布图，也即代表了肝实质影像图（图 12-5）。由于大多数肝脏疾病时肝细胞受到损害的同时也影响到周边的枯否细胞，故肝胶体显像可用来显示肝脏局灶性或弥漫性病变，显像图上会在相应受损部位出现局灶性或弥漫性显像剂稀疏或缺损表现，也可根据进入脾脏和骨髓显像剂胶体颗粒的增多来间接判断肝脏或脾脏的功能状态，脾脏和骨髓的显像剂胶体颗粒增加，代表肝脏摄取胶体颗粒能力降低，间接证明肝脏出现了弥漫性功能损伤，或出现了脾功能亢进。

（二）显像方法

1. **常用显像剂**　^{99m}Tc-硫胶体（^{99m}Tc-SC）和 ^{99m}Tc-植酸钠（^{99m}Tc-PHA）。

2. **检查方法**　受检者无需特殊准备，静脉注入 ^{99m}Tc-SC（148~222MBq）或 ^{99m}Tc-PHA（74~111MBq），15~20 分钟后开始显像，常规取前后位、后前位、右侧位，必要时增加左、右前斜位或后斜位，也可做 SPECT 断层显像。

3. **图像分析**　正常肝脏影像的位置、形态、大小基本与正常肝脏大体解剖相似，肝脏摄取胶体颗粒分布基本均匀，但由于肝脏右叶肝组织较厚，左叶较薄，所以平面显像图可见右叶显像剂分布较高，左叶分布低于右叶，另外，肝门及右叶下缘处因大血管及胆囊存在，显像剂分布也相对较低。

前位影像：肝脏多呈三角形，左叶上缘有一凹陷，称为心脏压迹，右叶下缘胆囊位置出现的向内凹陷，称为胆囊切迹。肝脏的正常变异较多，有呈垂直形、水平形或帽形肝等都属于正常生理变异；后位影像：肝左叶部分被脊柱遮盖，显像剂分布呈一典型的稀疏区，右叶肝影较明显，显像剂分布均匀，呈逗点型；右侧位：肝脏多呈卵圆形或者菱形，前下方、向后的凹陷为胆囊窝（图 12-5），应与肝占位性病变相鉴别。

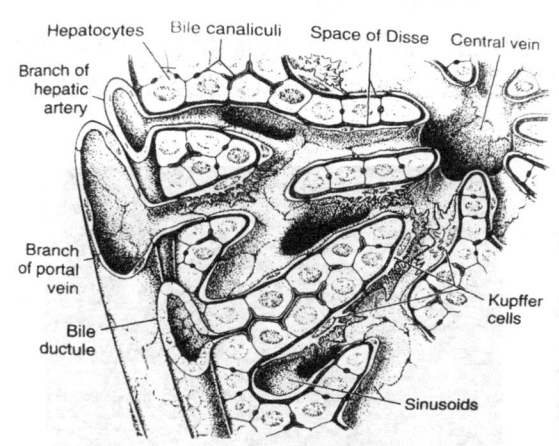

图 12-4　肝小叶解剖模拟图
图中可见到肝小叶间动脉、静脉，肝板，肝血窦及窦腔内与
肝细胞平行排列的枯否细胞

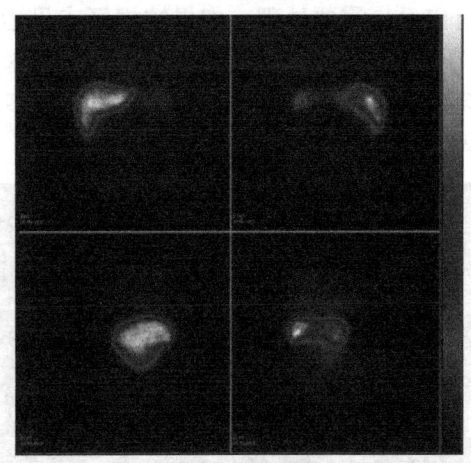

图 12-5　正常人肝胶体显像图
左上：前位，右上：后位，左下：右侧位，右下：左侧位

二、肝胶体显像的临床应用

（一）肝内占位性病变

1. 肝脏肿瘤的诊断和鉴别诊断　肝脏患恶性肿瘤时，肿瘤病灶内不含Kupffer Cells，肝实质显像显示病灶区显像剂分布稀疏、缺损。该诊断方法缺乏特异性，因其他良性病变也可以出现同样的影像特征（肝囊肿、肝脓肿、肝血管瘤及肝腺瘤等）。另外，SPECT 受空间分辨率的影响，对大于 1.5cm 病变才能很好的显示，故该方法现在已经较少应用，只是在配合其他核医学显像方法时使用，如配合肝血池显像鉴别肝脏肿块的性质。

肝局灶性结节增生（FNH）与肝腺瘤的鉴别诊断，肝局灶性结节增生为良性病变，病灶内含有 Kupffer 细胞，肝胶体显像病灶处与正常肝组织影像相似，而肝腺瘤内无 Kupffer 细胞，因此呈显像剂分布稀疏、缺损。

肝硬化时肝功能失代偿期的影像学诊断（呈典型的蝙蝠形肝影显示）。

2. 肝脓肿、肝囊肿的诊断　因肝脓肿或肝囊肿病灶内均无枯否细胞，所以肝胶体显像均显示为放射性稀疏缺损表现。

（二）脾显像

由于肝胶体显像时，大约 10%的胶体颗粒进入脾脏，使脾脏显影。因此，在做肝胶体显像同时也可显示脾脏的形态、大小及脾内胶体颗粒的分布情况，正常情况下，脾脏较肝脏显影较淡，但当有肝功能损伤或脾功能亢进时，脾脏显影增强。脾显像也可以用体外标记热变红细胞做显像剂进行脾显像，其主要临床应用如下：

1. 诊断脾功能亢进　影像显示脾影明显增大，摄取显像剂增多，根据其功能亢进程度，脾脏的显像剂分布也可以明显高于肝脏（图 12-6）。

2. 移植脾的监测　脾脏外伤后为提高机体免疫力，可将自身脾移植，核素显像在术后一周内即可判断移植脾存活情况。如果在移植脾区见到显像剂分布，证实移植脾存活，如果未见显像剂分布证实移植术未成功。

3. 脾破裂及出血情况的监测　如果脾区出现逐渐增大的显像剂分布缺损，说明脾破裂仍有出血，需要处理，如果缺损区未见增大，说明出血已经停止。

4. 副脾显像　由于各种原因引起的脾功能亢进症，需要进行脾切除治疗，手术后如果临床症状不改善，或改善后又复发，大多由副脾引起，做脾显像可以鉴别复发原因及寻找副脾位置，以指导二次手术（图12-7）。

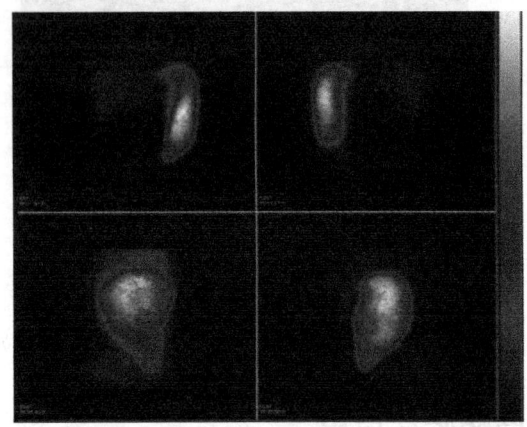 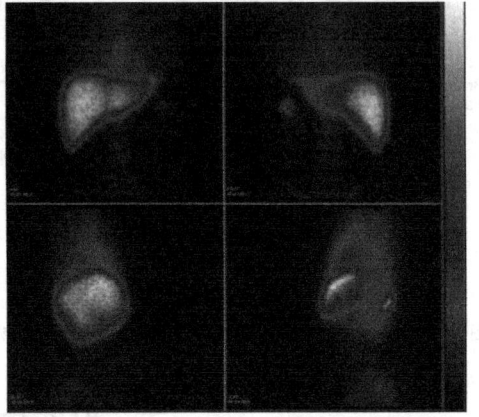

图12-6　患者男，34岁，临床诊断血小板减少性紫癜，脾显像可见脾脏Ⅱ度增大已至盆腔水平，肝影较淡，脾影强度超过肝影，影像诊断：脾脏增大，脾功能亢进。左上：前位显像，右上：后位像，左下：右侧位，右下：左侧位

图12-7　患儿男，7岁，2年前因脾功能亢进伴出血，行脾切除，术后症状明显好转，3个月前出现全身紫斑，贫血，临床怀疑副脾所致，但B超、CT均不能明确诊断，热变红细胞脾显像在脾区位置靠近后腹膜处可见一圆形显像剂浓聚灶，左侧位像强度与肝影相同，影像诊断：左上腹、脾区处显像剂浓聚灶为副脾

5. 布加综合征　早期肝静脉回流受阻，显像图表现为肝脏影像增大，弥漫性显像剂分布减低；数月后随着尾叶静脉引流改善，该部位血流灌注高于周边的肝组织，使该区进入显像剂增多，形成"热区"影像。

6. 腔静脉梗阻的诊断　上腔静脉梗阻是肝局部显像剂分布增高的常见原因，主要由肺癌引起。由于侧支循环，使肝方叶枯否细胞吞噬胶体颗粒增多，形成"热区"影像。

第三节　肝动脉血流灌注显像和肝血池显像

一、肝动脉血流灌注显像和肝血池显像原理和方法

（一）显像原理

肝动脉血流灌注显像和肝血池显像使用同一种显像剂，早期动态采集的图像是反映肝动脉血流灌注的影像，为动脉期时相。此时，肝影往往不显示或显影较淡，而后所采集的图像为肝脏的静脉血流影像，我们称为肝血池影像。

正常肝脏有两套供血系统，约75%来自门静脉系统供血，25%来自肝动脉供血。当静脉"弹丸"注射显影剂后，早期因肝动脉血流较少，肝脏显示不清或不显示，而此时在探头视野内的心血池、腹主动脉、脾脏和肾脏均显影，6~8s后大量显影剂通过门静脉进入肝脏，此时，肝脏区域内的显像剂分布逐渐高于邻近的组织而清晰显示。

肝脏是一个血液非常丰富的器官，总含血量250~300ml，肝脏发生占位性病变时，若是

恶性肿瘤（恶性肿瘤血供丰富，主要为肝动脉供血），在肝动脉血流灌注期，肿瘤部位显像剂分布明显高于正常肝组织，呈早期过度充盈图像，随后当显影剂进入肝血循环达平衡时，正常肝脏组织开始显影，显像剂分布逐渐与恶性肿瘤部位分布相等，以此诊断肝脏恶性肿瘤。

如果在肝血循环达到平衡时，肝内占位性病变部位的显像剂分布明显高于周围正常肝组织，此影像特征为过度充填，是诊断肝内血管瘤的特征性诊断依据，诊断准确性及特异性非常高，特别适用于大于 1.5cm 的肝内血管瘤的诊断。如果肝内占位性病变部位出现不充填，表明该部位是非血管性病变，肝囊肿或肝脓肿的几率大大增加。

（二）显像方法

1. 显影剂 常用显影剂为 ^{99m}Tc-RBC（红细胞），可采用体内标记或体外标记法。

2. 检查方法

（1）平面显像：受检者无需特殊准备，仰卧于 γ 相机或 SPECT 探头下的检查床上，经肘静脉"弹丸式"注射 ^{99m}Tc-RBC 555~740MBq（15~20mCi），即刻启动 γ 相机或 SPECT，以每 2s/帧的速度进行动态采集，共 30 帧，此为早期肝动脉血流灌注时相；30 分钟后进行多体位静态显像，包括：前位、后位、双侧斜位及双侧位（以肝胶体显像发现的肝内占位性病变最清晰的部位而定），必要时延迟至 1~1.5 小时显像。

（2）SPECT 断层显像：方法同肝胶体显像，适用于小于 2cm 的肝内占位性病变的诊断。

3. 正常图像

（1）静脉"弹丸式"注射 ^{99m}Tc-RBC 后即刻心脏显影，2~4s 腹主动脉、脾脏及肾脏显影，此时肝区无显像剂分布显示（肝动脉血流灌注时相）；12s 后肝脏影像逐渐显示清晰，位置、形态、大小基本与人体大体解剖图像相似（图 12-8）。

（2）30 分钟后，^{99m}Tc-RBC 在血循环中已充分混匀达到平衡状态，此时心脏、大血管、肝脏、脾脏及肾脏均显影，肝区显像剂分布均匀一致，强度低于心脏、脾脏。

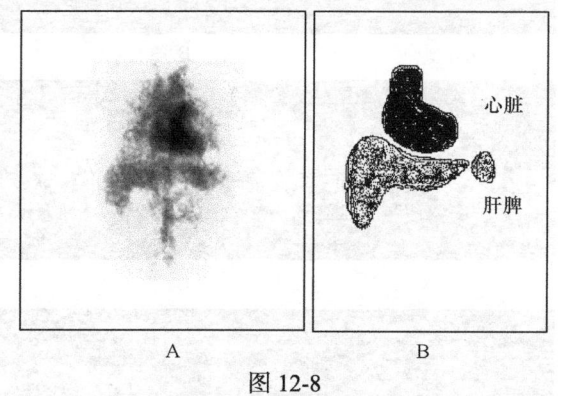

图 12-8
A. 正常肝动脉血流灌注图；B. 模拟图

4. 异常图像

（1）肝动脉血流灌注显像：由于肝脏恶性肿瘤主要由肝动脉供血，在肝动脉血流灌注期肝肿瘤部位出现显像剂明显增高影像特征，而此时肝影较淡或者不显示。

（2）肝血池显像：在原肝胶体显像表现为稀疏缺损部位（肝动脉血流灌注显像表现为显像剂明显增高部位），出现显像剂分布，其强度与正常肝组织相等，支持肝恶性肿瘤诊断；如果该部位显像剂分布高于正常肝组织，支持肝内血管瘤诊断；若无显像剂分布，支持肝脓肿或肝囊肿诊断。

二、肝动脉血流灌注显像和肝血池显像的临床应用

（一）肝血管瘤的诊断

肝血管瘤是肝脏最常见的良性肿瘤，通常临床上无任何症状，而正常体检时被 CT 或

B超发现,但因缺乏特异性而行肝动脉血流灌注及血池显像,因该诊断方法对肝血管瘤的诊断特异性高,其阳性预测值几乎接近100%。

肝血管瘤病理改变是血管内壁不同程度的异常扩张,并以纤维组织相间隔,所以大部分患者在动脉血流灌注期,不出现早期灌注,静脉期低于正常肝组织,而肝血流循环平衡期表现为病灶处过度显像剂充填影像特征;还有另一种特殊情况就是肝内巨大血管瘤,由于显影剂需要一定的时间才能与血管瘤中心部位的血窦中的红细胞混匀,所以需要做延迟显像(1~1.5小时)才能正确诊断。对于肝血管瘤的诊断平面显像可以探测到2cm以上的血管瘤,而SPECT断层显像可以探测到1.5cm左右的血管瘤(图12-9)。

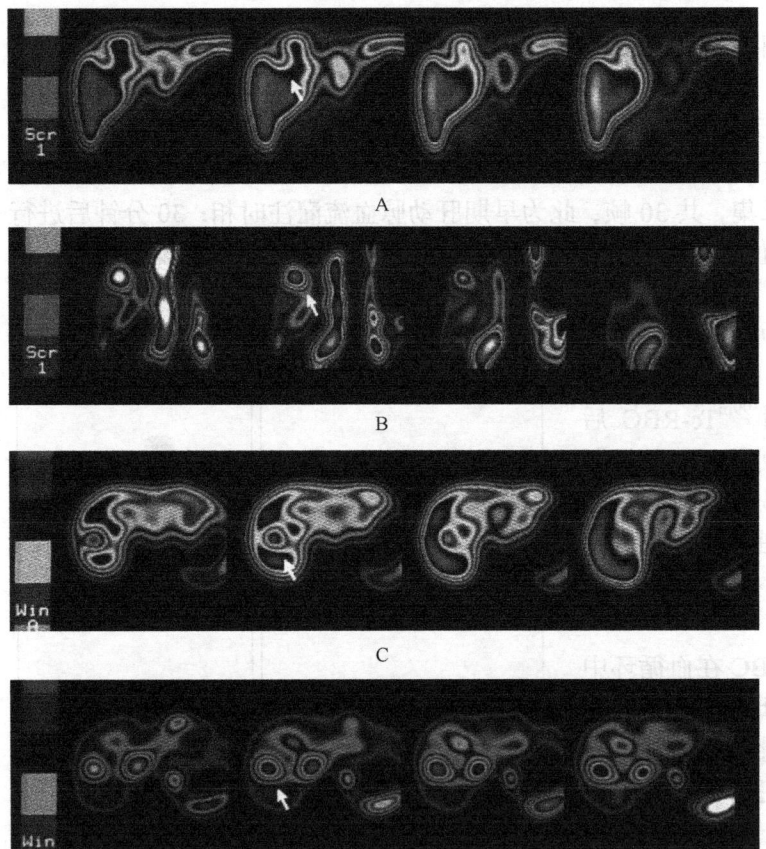

图12-9 患者男,45岁,体检时CT发现肝内占位性病变,性质不确定。申请肝血池充填显像。SPECT肝胶体断层显像发现肝右叶上近膈肌处可见一显像剂分布缺损区,肝血池断层显像:肝胶体显像原缺损区出现显像剂浓聚影,呈完全充填影像特征,诊断为肝内血管瘤,随访8年,患者无任何异常症状
SPECT肝胶体、血池充填断层显像:A.肝胶体断层(冠状位);B.肝血池断层(冠状位);C.肝胶体断层(横断位);D.肝血池断层(横断位)

如果血管瘤较大,中心有坏死、栓塞等情况也可在显像剂过度充填的血管瘤内出现局部低灌注区,表现为局部显像剂分布的稀疏缺损。

CT和B超对肝血管瘤诊断有一定帮助,特异性不及肝血池充填显像。MRI对肝血管瘤诊断较CT和B超准确性高,特别是较小或靠近大血管处血管瘤较肝血池显像诊断准确性高。

(二)原发性肝癌的诊断

由于肝脏的血供75%来自门静脉,25%来自肝动脉,而肝恶性肿瘤的血供也来自肝动脉,并且恶性肿瘤血供丰富,在肝动脉血流灌注显像时肝恶性肿瘤早于正常肝组织提前显影;肝血池显像在肿瘤部位出现显像剂分布强度与正常肝组织摄取强度大致相同,呈现充填影像表现。但如果肿瘤病灶巨大,可能出现中心坏死,而坏死区不出现提前灌注,肝血

池显像在病灶中心部位也不出现充填影像表现，而表现为肿瘤周边呈充填影像，中心坏死区出现显像剂缺损表现，临床上需要与肝脓肿或肝囊肿鉴别。

（三）其他肝内占位性病变的诊断

肝囊肿多数表现为单发病灶，肝动脉血流灌注及肝血池显像均表现为显像剂分布缺损。如肝内出现多处显像剂分布稀疏缺损应考虑多囊肝；肝脓肿（脓疡）的影像表现与肝囊肿相似，但临床常常出现全身及局部炎症表现以鉴别。

第四节 唾液腺显像

一、唾液腺显像原理和方法

（一）显像原理

静脉注射 $^{99m}TcO_4^-$ 后，被唾液腺小叶内导管上皮细胞从血液中摄取，并分泌 $^{99m}TcO_4^-$ 至口腔。利用这一特性可以进行唾液腺静态显像或动态显像，并在体外使用 SPECT 或 γ 相机对这一过程进行连续动态拍摄，通过分析图像可以观察唾液腺的位置、形态、大小，同时也可以了解到其摄取、分泌及通过唾液腺导管排入口腔的情况。

（二）显像方法

1. 显像剂 $^{99m}TcO_4^-$，成人剂量为 185MBq（5mCi）。

2. 检查方法

（1）静态显像：检查前 30 分钟皮下注射硫酸阿托品 0.5mg，用来抑制唾液腺分泌，减少口腔内显像剂干扰。如果患者近期做过 X 线腮腺造影，需要间隔一定时间再做此检查（2 周左右）。分别采集前位、双侧位的平面显像。

（2）动态显像：静脉注射 $^{99m}TcO_4^-$ 185MBq（5mCi）后即刻启动采集系统，以 1 帧/30~60s 速度进行连续动态采集至 30~60 分钟，其中大约 20~25 分钟时观察到唾液腺部位显像剂分布强度达到高峰时，嘱患者舌下口含维生素 C 片 300~500mg，此时采集系统继续采集，采集结束后利用 ROI 技术生成时间-放射性曲线，对唾液腺的功能进行半定量分析。

3. 图像分析

（1）静态图像：双侧腮腺、颌下腺显示清晰，两侧对称，显像剂分布强度两侧基本一致，腺内显像剂分布均匀（图 12-10）。如静态图像唾液腺内出现显像剂分布减低或缺损区，

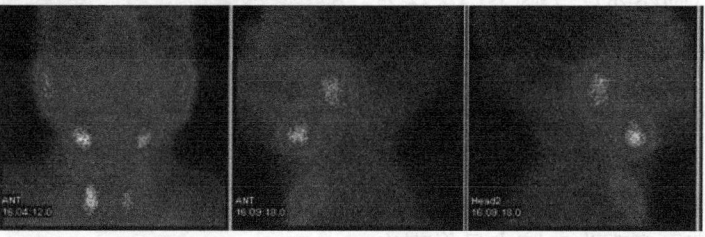

图 12-10 正常唾液腺静态显像图。双侧腮腺、颌下腺清晰显示，（下部为甲状腺显影）腺内显像剂分布均匀一致，未见显像剂分布稀疏、缺损"冷区"及分布增高"热区"显示

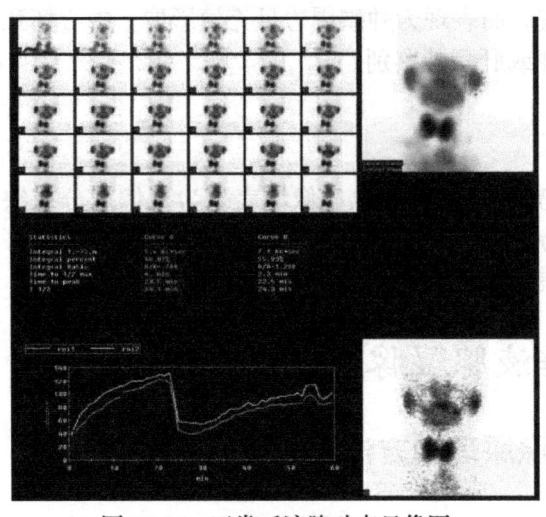

图 12-11 正常唾液腺动态显像图

常常提示腮腺内占位性病变（囊肿、肿瘤或脓肿等）；若腺内出现显像剂浓聚增高区常见于淋巴乳头状囊腺瘤（Warthin 瘤）；若病变部位的显像剂分布与周围正常腮腺组织分布一致，多考虑腮腺混合瘤或单纯腺瘤；若单侧或双侧的唾液腺炎可表现为单侧或双侧发炎的唾液腺不显影或显影较淡。

（2）动态图像：除去和静态显像同样的异常情况外，动态影像可观察到唾液腺摄取和酸刺激后分泌至口腔的情况，利用 ROI 技术生成时间-放射性计数曲线，分析动态图像唾液腺摄取显像剂增浓及消退情况，结合摄取分泌曲线判断唾液腺的摄取功能、分泌功能和腮腺导管的通畅情况。图 12-11 为正常唾液腺动态显像图。

二、唾液腺显像的临床应用

（一）唾液腺肿块的诊断

唾液腺肿块显示为局部显像剂分布增高"热区"显像，常见于淋巴乳头状囊腺瘤（Warthin 瘤）；肿块部位表现为显像剂分布稀疏或缺损"冷区"显像，常见于占位性病变（囊肿、脓肿或肿瘤）；肿块部位的显像剂分布与周围正常唾液腺组织一致，常见于腮腺的混合瘤。

（二）唾液腺摄取功能减退

表现为单侧或双侧的唾液腺图像呈弥漫性显像剂分布稀疏或不显影，动态显像可见时间-放射性曲线幅度偏低，且遇酸刺激后未见迅速下降，而呈持续延长线或曲线稍下降，或下降缓慢，表明唾液腺功能障碍。若为双侧受累多见于干燥综合征（Sjogren 综合征，即口眼干燥、关节炎综合征），但该病早期时间-放射性曲线显示可正常，或轻度异常，需结合临床综合考虑（图 12-12）。

（三）诊断唾液腺导管阻塞

唾液腺摄取 $^{99m}TcO_4^-$ 后，遇酸刺激未见口腔出现显像剂分布浓聚增高表现，而在导管阻塞处呈现小圆形核素增高点（图 12-13），不全阻塞可表现为口腔内显像剂出现延迟。

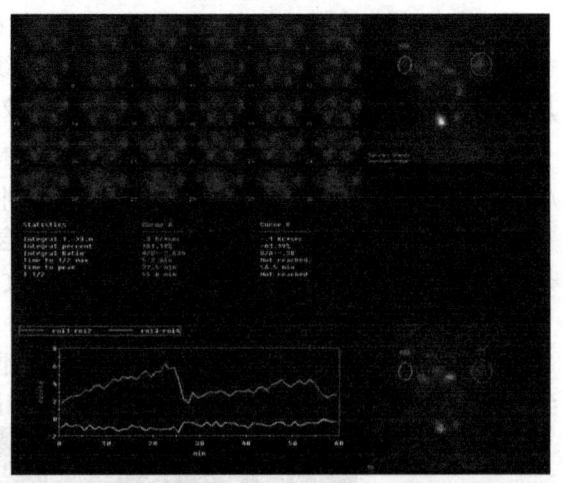

图 12-12 患者女，47 岁，发现口干，眼干无泪半年，临床诊断：干燥综合征，唾液腺动态显像示：右侧腮腺、颌下腺部位显像剂分布明显减低（下部为甲状腺显像），唾液腺分泌曲线呈低水平延长线，遇酸刺激后无下降；左侧动态显像及分泌曲线未见异常。影像诊断：右侧唾液腺功能障碍，支持干燥综合征诊断

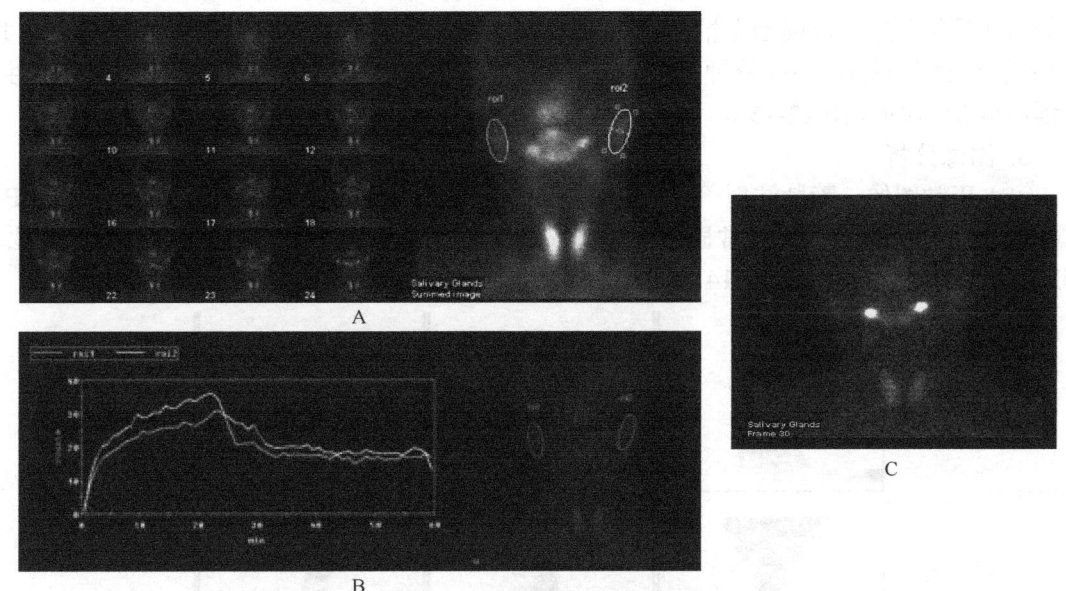

图 12-13 患者女，35 岁，发现口干 2 个月，临床诊断干燥综合征

唾液腺动态显像示：A. 腮腺部位显像剂分布尚可；B. 唾液腺分泌曲线遇酸刺激后下降缓慢；C. 双侧腮腺导管出口处呈现圆形显像剂浓聚增高点，口腔无显像剂显示。影像诊断：腮腺导管阻塞

第五节 胃肠道出血显像

一、胃肠道出血显像原理和方法

（一）显像原理

急性胃肠道出血的准确定位诊断目前尚无理想方法，临床表现和病史往往会导致人们对出血部位的错误判断，内窥镜及选择性动脉造影对大多数消化道出血病人可提供准确诊断，但在小肠、结肠、直肠等部位的出血有时诊断很困难，尤其是下消化道出血常常呈间歇性出血，间歇期很难检查到出血灶。

正常情况下，人体胃肠道组织含血量较低，静脉注射显像剂后并不显影，但如果胃肠道有出血，显像剂可从出血处随血液渗入胃肠腔内，形成显像剂浓聚影，如果出血量很大时也可显示出"肠型"影像，利用 SPECT 或 γ 相机体外可以拍摄到人体投射的出血的部位和范围，为临床诊断及手术切口的选择提供有价值的信息。

（二）显像方法

1. 显像剂 常用的有 ^{99m}Tc-RBC、^{99m}Tc-SC。^{99m}Tc-RBC 的标记方法方法有两种，体外标记法和体内标记法。

2. 检查方法 受检者无需特殊准备，检查前 1 小时可口服过氯酸钾 400mg，以减少胃黏膜摄取和分泌 ^{99m}TcO$_4^-$。若怀疑小肠出血，可显像前注射胰高血糖素（glucagon），减少肠蠕动，利于显像剂在小肠出血处积聚，提高活动性出血诊断阳性率，另外，如正在用止血药物，在检查前应停用。检查时患者仰卧于 SPECT 或 γ 相机探头下，视野包括全腹部。

静脉"弹丸"式注射 ^{99m}Tc-RBC 555~740MBq（15~20mCi）或 ^{99m}Tc-SC 370MBq（10mCi），

立刻启动采集程序,连续动态拍摄。以 1 帧/2s 采集 60s 为血流相,然后 1 帧/5 分钟,共 12 帧为动态相,采集至 60 分钟。如果结果阴性,可 2~8 小时内做延迟显像,如仍为阴性,可延迟至 24 小时(图 12-15)。

3. 图像分析

(1)正常图像:静脉注射 ^{99m}Tc-RBC 555~740MBq(15~20mCi)或 ^{99m}Tc-SC 370MBq(10mCi)后,全腹部未见异常显像剂分布浓聚灶显示,显像剂只分布在大血管、心血池、脾脏等含血丰富器官(图 12-14)。

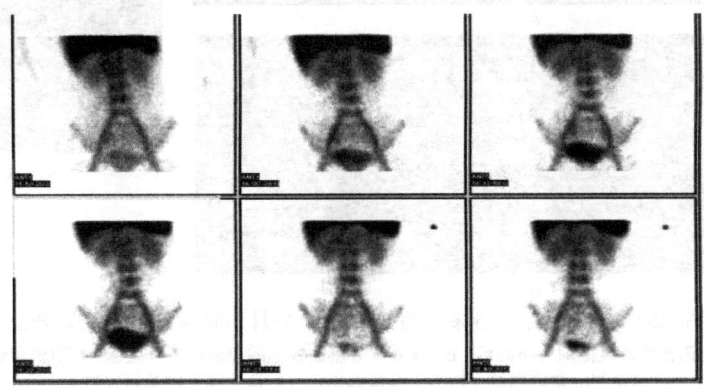

图 12-14　正常人 ^{99m}Tc-RBC 腹部显像图

(2)异常图像:急性胃肠道出血时,静脉注入的 ^{99m}Tc-SC 或 ^{99m}Tc-RBC 在出血部位聚集,腹部出现显像剂分布异常增高影,可呈点状、条形或片状,随时间增加而逐渐增高;当出血量大时,显像剂随肠蠕动下移,可见肠型;慢性间歇性出血时,应考虑采用连续、多次、延迟显像采集,以增加捕捉间歇性出血的机会(图 12-15)。

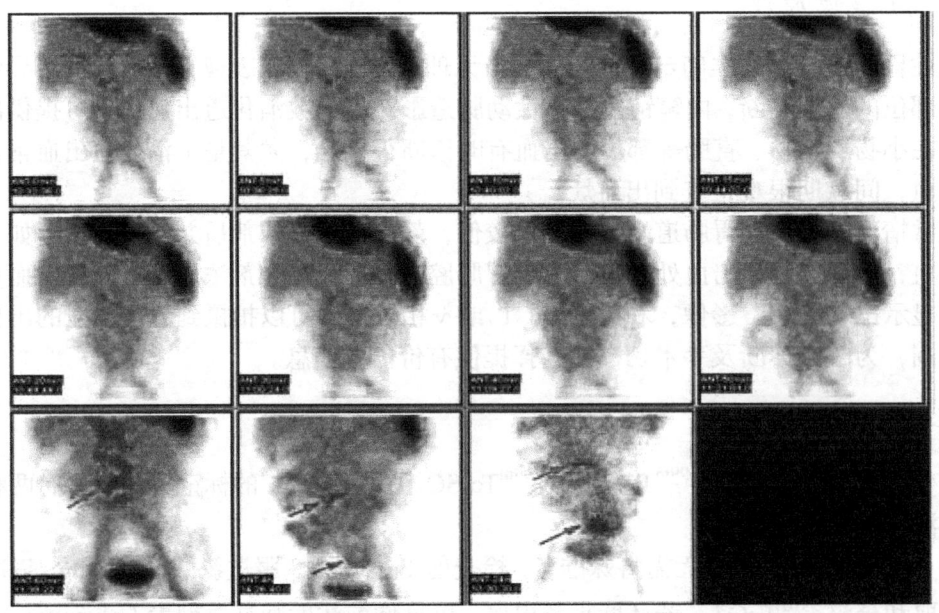

图 12-15　患者女,53 岁,1 年前因腹部肿瘤手术切除,半年前发现腹膜后血肿做手术切除,随后出现胃肠道出血,为血样便,^{99m}Tc-RBC 显像示:0~60min 腹部未见显像剂浓聚增高影,延迟至 4h 发现腹膜后血肿处(中腹)及下腹部(膀胱上方)出现不规则条状及圆形显像剂浓聚影,24h 2 处出血灶显示更加清晰,影像诊断:腹膜后血肿仍有少量出血,膀胱左上部位肠道出血(箭头所示)

二、胃肠道出血显像的临床应用

急性胃肠道出血准确的定位诊断非常重要，特别是对于多次、反复出血而使用临床常规检查方法不能确定出血部位的患者尤为重要。

上消化道出血可以用纤维胃镜进行定位诊断和治疗，但下消化道出血一般确定出血部位比较困难，内镜及钡剂造影的诊断价值有限。

^{99m}Tc-SC 或 ^{99m}Tc-RBC 显像诊断胃肠道出血的灵敏度可达 85%~90%。可以探测到出血量仅为 2~3ml 的出血部位。临床上究竟使用哪一种显像剂更适合诊断活动性出血存在不同看法。一般认为 ^{99m}Tc-SC 更适合正在出血和病情不稳定的重症患者，而 ^{99m}Tc-RBC 的最大优势就是能够在足够长的时间内多次、反复显像，常用于间歇性胃肠道出血患者。

第六节 异位胃黏膜显像

一、异位胃黏膜显像原理和方法

（一）显像原理

异位胃黏膜最常见于美克尔憩室（Meckel's diverticulum），其次是 barrett 食管和肠重复畸形。异位胃黏膜与正常胃黏膜一样具有分泌胃酸和胃蛋白酶的功能，邻近肠管和食管的黏膜可以被胃酸侵蚀而发生溃疡和出血。异位胃黏膜和正常胃黏膜一样可以摄取和分泌 ^{99m}TcO$_4^-$，采用能被胃黏膜摄取和分泌的 ^{99m}TcO$_4^-$ 作为显像剂，可以对异位胃黏膜进行显像诊断。

（二）显像方法

1. 显像剂 ^{99m}TcO$_4^-$，儿童剂量为 7.4~11.1MBq（200~300μCi）/kg 体重，成人 370~555MBq（10~15mCi）。

2. 检查方法 受检者检查前需要禁食、水 4~6 小时，禁用过氯酸钾、水合氯醛及阿托品类药物。检查前 3~4 天内禁止做钡剂造影检查。患者取仰卧位于 SPECT 或 γ 相机探头下，视野包括全腹部，若做 barrett 食管显像视野包括整个食管和胃，静脉注射显像剂后立刻启动采集程序，以 1 帧/5 分钟进行动态显像直至 60 分钟，如无阳性发现，延迟至 120 分钟显像，每帧计数采集 500~1000k。

如果平面显像信息量较少，影像模糊不清，诊断困难，或者对平面显像结果有怀疑时，在完成动态显像后，加做 SPECT/CT 断层显像，断层显像较平面显像信息量大大增加，采集到的影像经过滤波重建后，影像更加清晰，同时利用 CT 的定位优势还能精确确定异位胃黏膜部位，为手术提供最佳切口部位（图 12-16）。

3. 图像分析 正常影像仅可见胃、膀胱显影（图 12-17），十二指肠也可因胃黏膜分泌显像剂向下移行和而一过性显影。异常图像常常可在右下腹或中腹与胃显影同时出现一个显像剂异常浓聚灶，并且不随时间延长而发生位置变化。

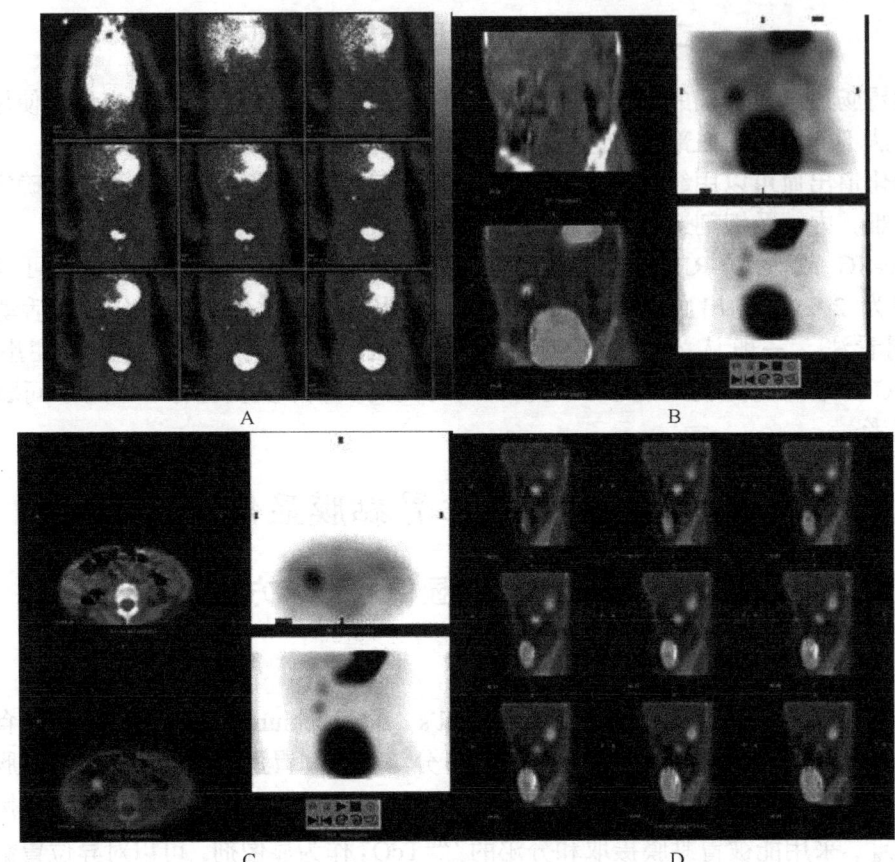

图 12-16　患儿男，7 岁，间断黑便、血便 3 年，曾 2 次做美克尔憩室显像均阴性，腹部 SPECT/CT 显像证实右中腹有一圆形显像剂浓聚影。影像诊断：右中腹部美克尔憩室（手术证实）
A. 平面显像；B. SPECT/CT 冠状位显像图；C. 横断面显像图；D. 矢状位显像图

二、异位胃黏膜显像的临床应用

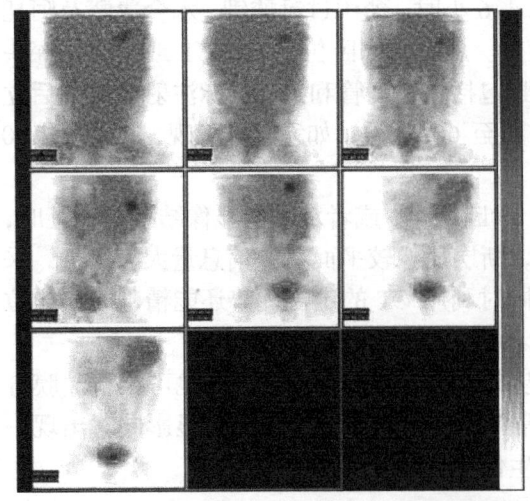

图 12-17　正常异位胃黏膜显像图（胃、膀胱生理性浓聚）

（一）美克尔憩室（Meckel's diverticulum）诊断

美克尔憩室（Meckel's diverticulum）是小儿胃肠道出血最常见的原因之一，属于先天性消化道发育异常，多发生于回肠的肠系膜对侧肠壁，在人群中的发病率为 1%~3%，2 岁以下患儿临床表现主要为消化道出血，3/4 的患儿常伴有其他症状，如炎症、梗阻、肠套叠或肠穿孔等，成人主要表现为肠套叠、梗阻、感染等并发症。图像特征为与胃影同时出现的圆形或点状显像剂浓聚灶，随时间延长逐渐增浓，位置不变，多数显示部位在右下腹。有时炎症和泌尿道梗阻可出现假阳性结果,注意鉴别。核素异位胃黏膜显像是一种既能定位,又能定性诊断的显像方法(图12-18)。

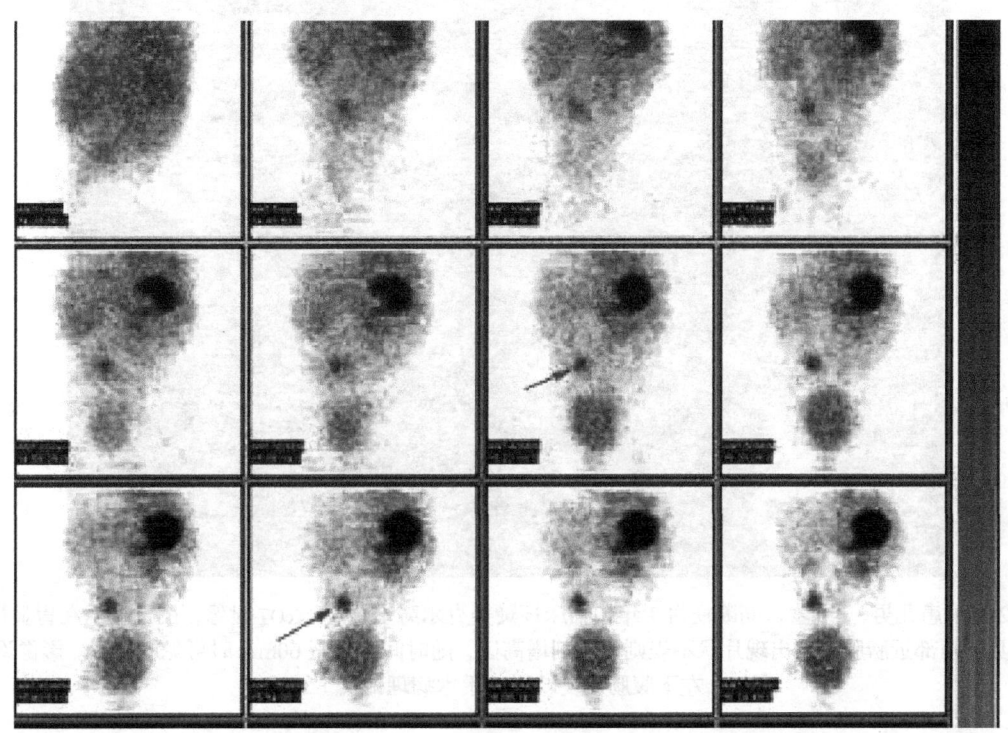

图 12-18　患儿女,5 岁,间断黑便 3 年,怀疑美克尔憩室,异位胃黏膜显像:发现右下腹有一与胃影同时出现的圆形显像剂浓聚灶,随时间延长显示更清晰,位置不变,影像诊断:美克尔憩室(手术证实)

(二)barrett 食管

barrett 食管是由于慢性胃食管反流引起食管下段上皮化生,由柱状上皮替代鳞状上皮而发生溃疡、狭窄等并发症。

barrett 食管核素显像可在胃显影的同时,其上方的食管下段出现异常显像剂浓聚灶,随时间延长而增浓,饮水后影像无明显变化而确诊。另外,也可以做内镜检查并取黏膜活检的方法确诊。

(三)胃肠道重复畸形诊断

胃肠道重复畸形也是消化道出血的原因之一,是先天性囊性或管性病变,其中小肠重复畸形约占消化道畸形的 50%~60%,大约有 25%~30% 含有异位胃黏膜。

病变部位的影像特征为在胃显影的同时出现局部异常显像剂分布浓聚区,形状不规则,可为肠袢状、条状、片状,一般病灶的影像较美克尔憩室大(图 12-19)。

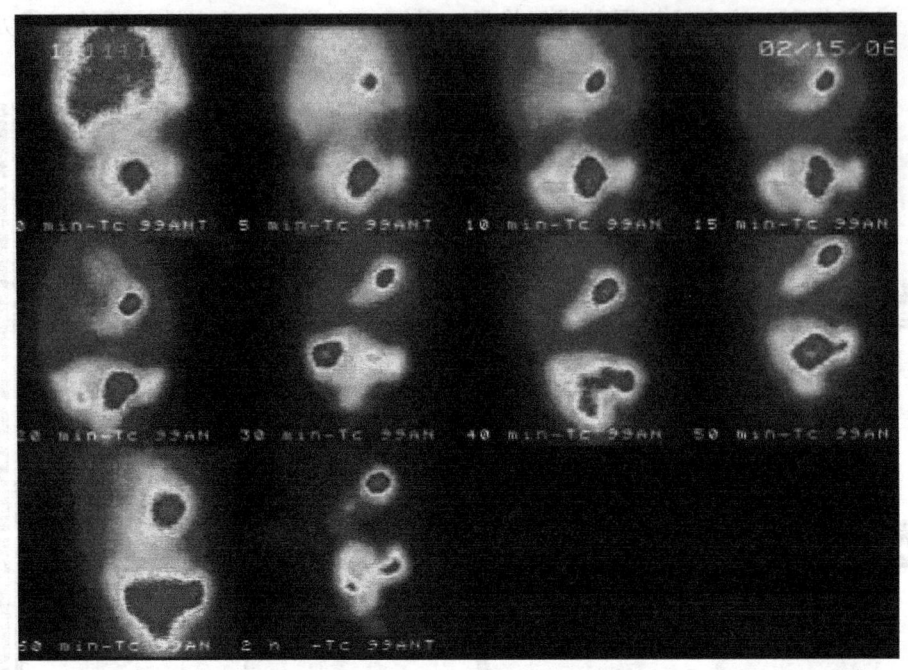

图 12-19 患儿男，4.5 岁，间断便血 1 年，临床怀疑美克尔憩室做 $^{99m}TcO_4^-$ 显像，图像显示在胃显影同时可见下腹部近膀胱部位出现片状不规则显像剂增高区，随时间延长至 60min 时可见肠袢影。影像诊断：左下腹肠重复畸形（手术病理证实）

第七节 胃食管反流显像和胃排空功能测定

一、胃-食管反流显像原理和方法

（一）显像原理

胃-食管反流是由于食管下段括约肌功能障碍，不恰当弛缓或经常处于松弛状态，导致胃内酸性内容物反流入食管，引起食管炎、食管出血、食管狭窄等并发症。

显像检查时患者口服不被食管及胃黏膜吸收的含有放射性核素、且含一定量酸性饮料的显像剂，随后启动采集程序，连续拍摄包括胃及全部食管部位的动态影像，观察显像剂进入胃使全胃显影后，食管入口处至贲门上方之间是否出现显像剂浓聚影，确定是否存在胃-食管反流，并且可利用 ROI 技术定量测定反流量大小。

（二）显像方法

1. 显像剂 成人患者取显像剂 ^{99m}Tc-硫胶体或 ^{99m}Tc-DTPA 37~74MBq（1~2mCi），将其加入 150ml 酸性饮料（如橘汁）中，再加入 150ml 0.1mol/L HCL 溶液，将两者混匀。婴儿或儿童取 5~10MBq（135~270μCi）^{99m}Tc-硫胶体加入牛奶或者果汁中混匀。

2. 检查方法 成人受检者应隔夜禁食或禁食 8 小时以上，至少在 48 小时内禁止服用影响胃肠道运动类药物。显像剂在 5 分钟内喝完，再服 30ml 清水去除残留在食管的显像剂。15 分钟后开始显像。

于检查前腹部缚以充气腹带,患者取仰卧位,SPECT 或 γ 相机探头对准胃及食管部位,腹部逐渐加压,在 0、2、4、6、8、10、12、13.3kPa 压力下进行显像,获得每个不同压力下的食管和胃的静态影像共 8 帧,利用 ROI 技术分别勾画出不同压力下胃贲门处、食管胃部的轮廓,生成时间-放射性曲线;计算不同压力下胃食管反流指数(gastroesophageal reflux index, GERI)。婴幼儿检查时不用腹带,禁食 2 小时以上即可。

$$胃食管反流指数(\%) = \frac{不同腹压下食管的显像剂计数 - 食管周围本底计数}{全胃内显像剂计数} \times 100\%$$

3. 图像分析

(1)正常人食管内无显像剂分布,但在腹带压力达到 13.3kPa 时,可以测量出微量显像剂存在,GERI 为 2.7% ± 0.3%,胃贲门处的时间-放射性曲线无尖峰,或仅有 2~3 个小尖峰,如果出现 4 个以上则提示有胃食管反流。

(2)贲门上方的食管内出现显像剂分布,如果高于本底水平为弱阳性;明显高于本底但低于胃影为阳性,等于胃影的显像剂强度为强阳性。

(3)正常成人的 GERI<3%,3%~4% 为可疑,4% 以上则提示有胃食管反流。

(4)在腹部未加压的情况下食管处出现显像剂显示者,称为自发性反流,加压后的反流为诱发性反流见图 12-20。

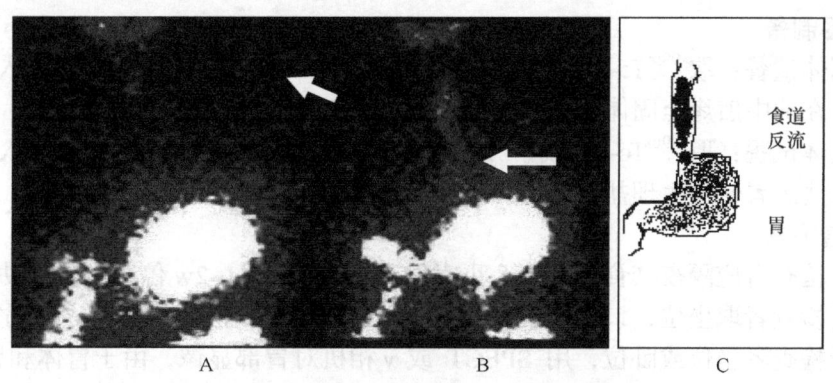

图 12-20 胃食管反流图像,为诱发性反流
A. 正常图像;B. 胃食管反流显像;C. 胃食管反流模拟图

二、胃食管反流显像的临床应用

(一)反流性食管炎的诊断

显像图上可见食管下段出现显像剂分布,随腹压增加其显像剂分布强度更加明显,GERI 大于 4%。

(二)胃大部切除术后并发症的观察

胃大部切除术后易发生胃-食管或肠-胃反流,特别是食管下段括约肌切除后,更容易发生胃-食管反流,应用此检查可以较早期发现。

(三)小儿吸入性肺炎和肺部慢性炎症原因的判断

胃-食管反流在小儿中常见,严重者并发吸入性肺炎。胃-食管反流显像表现在贲门上方食管区出现异常显像剂浓聚。小儿可在临睡前口服显像剂，次日晨进行胸部显像，如肺部有显像剂分布，证实为吸入性肺炎诊断。

三、胃排空功能测定原理和方法

（一）显像原理

放射性核素方法测定胃排空功能是基于计数率与容量一致的原理而设计。由于将放射性核素标记的显像剂与标准食物均匀混合后食入，它在胃内的运动过程与普通食物的运动过程完全一致，因此从体外利用 SPECT 或 γ 相机可以测得胃内的放射性计数率变化情况，可以真实地反映胃内正常或异常运动功能，该项检查被国际公认为测定胃运动功能的金标准。固体食物与液体食物在胃内的排空机制不同，固体食物排空与胃窦部研磨、收缩、排出有关，液体食物排空与胃底及十二指肠部压力梯度有关，为了适合不同类型食物检测的需要，检查方法可分为固体、液体或液体-固体混合食物胃排空测定。

（二）显像方法

1. 显像剂　^{99m}Tc-硫胶体（^{99m}Tc-SC）和 ^{99m}Tc-DTPA。

2. 试餐制备

（1）固体试餐：取 ^{99m}Tc-SC 或 ^{99m}Tc-DTPA 18.5~37MBq（0.5~1mCi）加入到 120g 鸡蛋中混匀，在油中煎烤至固体状，加入两片面包中备用。

（2）液体试餐：取 ^{99m}Tc-SC 或 ^{99m}Tc-DTPA 18.5~37MBq（0.5~1mCi）加入 5%葡萄糖溶液（糖尿病患者使用生理盐水）300ml 中混匀备用。

3. 检查方法

（1）受检查者应隔夜禁食（至少 8 小时以上）。检查前 1~2w 停服影响胃动力药物。

（2）受检查者取坐位，口服试餐，要求 5 分钟内吃完，液体食物应尽快喝完。

（3）受检查者坐位或卧位，用 SPECT 或 γ 相机对胃部显像，由于胃体和胃窦部位置靠前，胃底偏后，每个时间点均应进行前位和后位显像，取两个体位平均显像剂计数进行计算。

从进食开始计时，然后每隔 15 分钟采集 1 帧图像，直至 2 小时，若 2 小时内胃内计数未下降一半，继续延长时间采集。液体食物采集应每隔 5 分钟采集 1 帧，连续 60~90 分钟采集。

4. 图像处理　用 ROI 技术勾画出不同时间全胃的轮廓，计算出全胃内显像剂计数，绘出时间-放射性曲线，求出胃内食物排出 50%所需的时间，即半排空时间（$T_{1/2}$），同时计算出各时相的胃排空率，计算公式如下：

$$胃排空率(\%) = \frac{全胃最大计数率 - t\,时间胃内计数率（经过时间衰变校正）}{全胃最大计数率} \times 100\%$$

5. 图像分析

（1）正常情况下，胃内容物排入十二指肠的时间大约是 2~6 小时，且受多种因素影响，如食物的种类、检查时的体位、患者的性别（男性快于绝经期的女性）、当时的身体状况等，因此各实验室必须建立适合本实验室的正常参考值。正常胃排空显像图见图 12-21。

（2）液体食物胃排空时间：平均为 40 分钟（12~65 分钟）；固体食物胃排空时间：平均为 90 分钟（45~110 分钟）。

（3）各种原因引起的胃运动功能障碍患者的胃半排时间（$T_{1/2}$）延长，超过正常参考值；胃排空率降低。

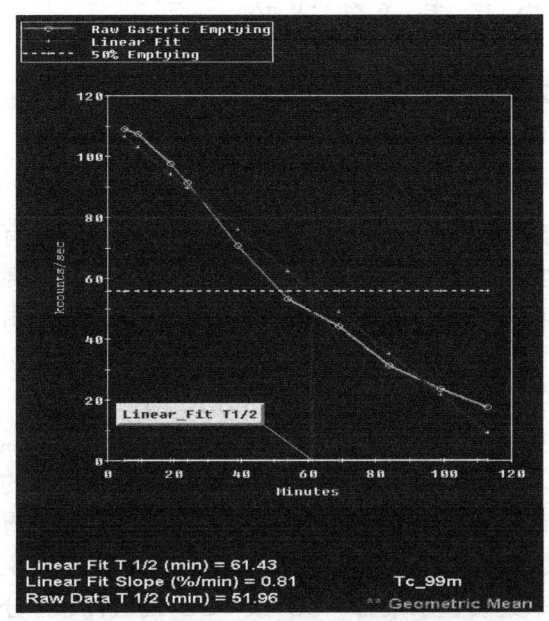

图12-21 正常固体胃排空显像图、胃排空曲线及经过计算机衰减计算的$T_{1/2}$时间=61.43min

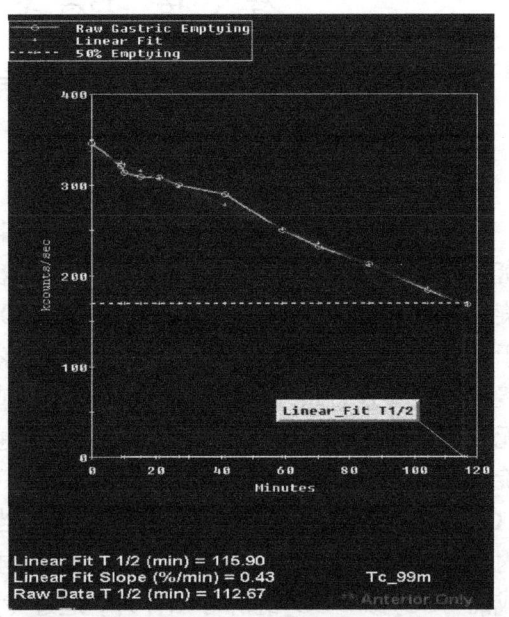

图12-22 患者女，57岁，患糖尿病20余年，近段时间出现腹部不适感，腹胀，食欲不振。固体胃排空测定示：胃排空时间延长，$T_{1/2}$=115.90min

四、胃排空功能测定临床应用

（一）胃排空延迟

胃排空时间延长可以是机械性或者功能性梗阻所致，机械性梗阻大部分都是由于解剖学异常，如幽门肌肉肥厚、溃疡病所致瘢痕、胃下垂或肿瘤等使固体食物排空时间延长，液体食物的排空可以是正常的；功能性梗阻与胃运动异常有关，如活动性胃溃疡、非溃疡性消化不良、胃次全切除术后、反流性胃炎、糖尿病胃轻瘫、结缔组织病、甲状腺功能减退症、电解质紊乱等，由于不能产生足够的腔内压力，胃的搅拌和收缩功能均较差，固体和液体食物排空均较正常延迟，尤其是固体更为明显（胃排空延迟见图12-22）。

（二）胃排空加快

可由手术并发症引起，如：幽门成形术后、胃大部切除术后；也可由甲状腺功能亢进症、胃泌素瘤等疾病引起。

（三）固、液体胃排空方法比较

通常固体食物胃排空检查方法能够满足大多数临床诊断的需要，液体食物胃排空法的敏感性不如固体食物胃排空法，因此，固体食物胃排空正常，不必做液体食物胃排空检查。如果只选择一种食物胃排空检查，应首选固体食物胃排空检查，而液体食物胃排空法只是在无法忍受固体食物的患者使用。该方法简便、安全、准确性高，符合人体生理状况，是目前最理想的判断胃运动功能障碍的可靠方法。

第八节 ^{13}C 或 ^{14}C-尿素呼气试验

一、尿素呼气试验原理和方法

（一）显像原理

幽门螺杆菌（Helicobacter pylori）感染与胃炎、胃溃疡、十二指肠溃疡、甚至胃癌有密切关系，将幽门螺旋杆菌根除，可以有效地改变上述疾病的自然史，诊断和治疗幽门螺旋杆菌是近代医学史的一大突破，为此2005年Robin Warren和Barry Marshall两位医师由于在这方面的贡献被授予诺贝尔医学奖，然而诊断幽门螺杆菌感染方法传统上是依赖于侵袭式内镜检查，很多人不愿接受，而 ^{13}C 或 ^{14}C-尿素呼气试验是一种无创、简便、安全、无痛苦和准确性非常高的检查方法，其敏感性与特异性均大于95%。其原理是基于幽门螺旋杆菌可以产生活性很强的尿素酶，此酶可以分解尿素产生氨和 CO_2，这种水解产生的 CO_2 可以进入血液，然后经肺排出体外。当口服一定量的 ^{13}C 或 ^{14}C 尿素胶囊后，如果胃内存在幽门螺旋杆菌，标有 ^{13}C 或 ^{14}C 的尿素被幽门螺旋杆菌产生的尿素酶分解，其中生成的 $^{13}CO_2$ 或 $^{14}CO_2$ 经肺呼出体外，通过专用采集装置采集含 $^{13}CO_2$ 或 $^{14}CO_2$ 的气体，并分析其含量，从而确定胃内有无幽门螺旋杆菌感染。

（二）检查方法

（1）受检查者禁食4~12小时，并停用抗生素、铋剂及硫酸铝30天以上。检查前用0.1mol/L 柠檬酸漱口，采集未服用尿素示踪剂前呼出的气体作为本底计数，口服 $^{13}CO_2$ 或 $^{14}CO_2$ 尿素制剂胶囊，剂量为37kBq（1μCi）伴150ml橘子水服下，静坐20分钟，再次收集呼出气体，利用特制的液体闪烁计数仪（^{14}C）或者质谱仪或红外线分析仪（^{13}C）测呼气样本中的放射性计数。

（2）结果分析：当试验后呼气计数与试验前呼气计数比较，^{14}C 大于试验前3~5倍时为阳性，^{13}C 质谱测定值的均值+3个标准差作为阳性的临界判定值。

二、尿素呼气试验临床应用

（一）慢性胃炎、胃溃疡的病因诊断

应用该试验可准确判断患者感染幽门螺杆菌的状态，为进一步根除提供诊断依据。

（二）消化性溃疡病治疗过程中疗效观察及预后判断

幽门螺杆菌感染与上消化道疾病（如消化道溃疡、慢性胃炎、胃MALT淋巴瘤、胃癌等）关系密切，对这些疾病常规检测并根除幽门螺杆菌感染是综合治疗这些病变和防止复发的有力措施之一，治疗过程中是否彻底根除或复发都可以使用 ^{13}C 或 ^{14}C-尿素呼气试验方法进行准确判断。

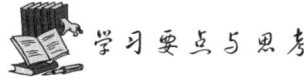 学习要点与思考

1. 掌握肝胆动态显像原理和临床应用。
2. 熟悉肝血池显像临床适应证及图像分析特点。
3. 了解异位胃黏膜显像原理和临床应用。
4. 通过本章节的学习，请列出 5~10 个与本章节内容密切相关的关键词：
_____，_____，_____，_____，_____。
_____，_____。_____。_____。_____。
5. 通过关键词，在网上检索出五篇与本章内容密切相关的论文、综述、病例报告等。列出检索到的相关网址：
_____；_____；
_____；_____。

（冯 珏）

中英文对照

肝胶体显像	liver colloid imaging
枯否细胞	kupffer cells
肝动脉血流灌注显像	hepatic artery perfusion imaging
肝血池显像	hepatic blood pool imaging
肝胆动态显像	hepatobiliary imaging
胆囊排胆分数	gallbladder emptying fraction
促胆囊收缩素	cholecystokinin，CCK
苯巴比妥试验	phenobarbital test
新生儿胆道闭锁	neonatal biliary atresia
新生儿肝炎综合征	neonatal hepatitis syndrome
唾液腺显像	salivary gland imaging
干燥综合征	sjogren syndrome
异位胃黏膜显像	ectopic gastromucosa imaging
美克尔憩室	meckel's diverticulum
胃肠道出血显像	gastrointestinal bleeding imaging
barrett 食管	barrett esophago
胃肠道重复畸形	duplication of alimentary tract
胃食管反流指数	gastroesophageal reflux index，GERI
胃食管反流	gastroesophageal reflux
液体试餐	liquid test meal
固体试餐	solid test meal
胃排空功能测定	gastric emptying function examination
固体胃排空	solid gastric emptying
液体胃排空	liquid gastric emptying
胃排空率	gastric emptying rate
^{13}C 或 ^{14}C-尿素呼气试验	^{13}C & ^{14}C Urea breath test
幽门螺旋杆菌	helicobacter pylori

第十三章 呼吸系统

设问

1. 你知道"气溶胶"的定义吗？生活中你一定听说过空气 PM2.5 颗粒含量，你还知道在医学中，利用气体中的"微粒"可以检查疾病吗？

2. 当患者肺血流、气道、气血屏障发生异常时，你能想到用哪些医学检查方法将这些疾病的变化揭示出来？各种检查方法有哪些优点和不足？

在学习中，你可能通过光学显微镜观察过红细胞的大小，你也可以将肺灌注显像剂点片，观测一下该显像剂（大颗粒聚合人血清白蛋白）颗粒的大小。

呼吸道和肺是呼吸系统的重要组成部分。在成人，静息状态下，每天约有 1 万升的气体通过呼吸道，在 3 亿个以上的肺泡与毛细血管之间进行气体交换。肺泡上皮细胞间嵌有大量直径为 8μm 的毛细血管。气体交换时，气体需穿过厚度不到 1μm 的被称为呼吸膜的肺泡-肺毛细血管膜（alveolar capillary membrane）。

肺组织具有双重血液供应。肺动脉按气管分支形式逐级分布至全肺，肺动脉收缩压为 17~25（mmHg），约为体循环收缩压的五分之一。肺脏血流的生理分布有受体位影响的特点，在坐位或立位时肺上部三分之一的血流与肺下部三分之一的血流比为 0.54 ± 0.10，当影响肺部血流动力学的疾病发生时，这种分布会出现特征性改变，血流比可升高为 1.0 以上。除肺动脉外，肺脏还有支气管动脉供血，是肺脏的营养血管。

由于呼吸系统本身独特的解剖和生理特点，即通过气道直接与外界相通，肺循环压低、低阻、高血容量，易于受到外来物质和病原微生物的损害和侵袭，所以是血栓栓塞、肿瘤、转移瘤、急慢性炎症等疾病的高发器官。核医学肺灌注显像（pulmonary perfusion imaging）、肺通气/吸入显像（pulmonary ventilation/inhalation imaging）可通过反映肺整体和局部血流、呼吸道通气状态，对肺部多种疾病的诊断、鉴别诊断、病因的判明提供有力依据，目前已成为临床较广泛采用的手段。

第一节 肺灌注显像和肺吸入显像的原理和方法

一、肺灌注显像的原理和方法

（一）显像原理

经静脉注射粒径大小为 10~60μm 的显像剂，可随肺动脉血流均匀地暂时嵌顿于肺毛细血管床内，其在肺毛细血管内的分布可反映肺内动脉血流灌注状况。通过平面或断层显像，可观察肺叶、肺段、亚肺段等的血流分布。当肺动脉血流减少或中断时，显像剂在该区域的分布则相应减少或缺如，肺影像的相应区域出现显像剂分布减低或缺损。应用感兴趣区技术进行定量分析，可对肺局部及分肺血流进行评估，并可预测肺功能变化。

常规显像的显像剂颗粒数约 $2 \times 10^5 \sim 7 \times 10^5$ 个，栓塞嵌顿 0.1% 的肺毛细血管床。显像剂在肺内的有效半衰期为 3~5h。

(二)显像方法

1. 显像剂 常用的肺血流灌注显像剂为 ^{99m}Tc 标记的大颗粒聚合人血清白蛋白（macro-aggregated albumin，MAA）或人血清白蛋白微球（human albumin microspheres，HAM），以前者最为常用。

2. 检查方法 检查前病人无需特殊准备，但要向病人讲清整个检查过程，以取得病人的配合。通常采用仰卧位注射。疑有肺动脉高压等可引起肺内血流重新分布的疾病时，可采用坐位或直立位。成人注射剂量为 37~185 MBq，儿童为 0.5~2.0 MBq/kg。静脉注射前再次轻轻混匀注射器内的 ^{99m}Tc-MAA 悬液。静脉注射时避免回血，缓慢推注，同时嘱病人深呼吸。注药后 5~10min 开始显像。有严重急性胸痛、肺心病和临床疑有右向左分流的病人，应相应减少显像剂用量，颗粒数控制在 10 万~20 万为宜。

显像时体位以坐位或立位为宜，以避免腹部结构对肺的挤压。平面显像常规取前后位（ANT）、后前位（POST）、左侧位（L-LAT）、右侧位（R-LAT）、左后斜位（LPO）、右后斜位（RPO），必要时加做左前斜位（LAO）、右前斜位（LAO）。选用配备低能平行孔高分辨准直器的大视野 γ 照相机，矩阵 128×128，能峰 140 keV，窗宽 20%，预置计数 500K/帧。SPECT 断层显像时嘱患者平卧于断层床上，双手上举抱头，探头尽量接近胸部，围绕胸部做 360° 旋转采集，每 5.6°/帧，20~30s/帧，共采集 64 帧。

二、肺气溶胶吸入显像的原理和方法

(一)显像原理

根据呼吸道显像部位的要求，经雾化装置将显像剂雾化成粒径大小不一的气溶胶（aerosol）微粒。经吸入（inhalation）后，依微粒直径的不同，分别沉降在咽喉、气管、支气管、细支气管和肺泡。当气溶胶微粒大于 10μm 时，主要沉积于细支气管以上部位，粒径愈大愈靠近大气道；气溶胶微粒为 5~10μm 时沉积于细支气管；1~3μm 时主要沉积于肺泡内。采用 SPECT 仪行气道及肺显像。当呼吸道某部位发生狭窄或完全阻塞时，雾化颗粒则不能通过阻塞部位，可在阻塞部位形成沉积，在阻塞远端出现显像剂分布稀疏或缺损区。

当气溶胶微粒粒径为 1~3μm 时，放射性气溶胶微粒可经肺泡壁"气血屏障"入血，经肾排泄。定量测定肺内放射性清除的快慢，可反映肺泡上皮的通透能力及受损情况。

(二)显像方法

常用气溶胶吸入显像剂见表 13-1。

表 13-1 气溶胶吸入显像显像剂

显像剂	物理半衰期	射线能量（keV）	使用剂量（MBq）	在灌注显像前或后进行	显像方式	体位
^{99m}Tc-DTPA	6.02h	140	1295~1665	前	吸入	多个
Technegas	6.02h	140	500	前	吸入	多个

1. ^{99m}Tc-DTPA 气溶胶吸入显像方法

（1）病人准备：检查前病人需预适应通气雾化装置的呼吸状态，取得病人的配合。检查时，取仰卧位，接通雾化器，以 8~10（L/min）流速的氧气，将 740~1480MBq ^{99m}Tc-DTPA

溶液（体积 3~4ml）充分雾化，患者反复呼吸气溶胶，吸入时间应不少于 5~7min，以使 ^{99m}Tc-DTPA 在肺内的分布达到 25.9~37MBq（130 000~180 000 cpm）。雾化结束后，病人漱口，清除滞留在口腔内的显像剂。

（2）采集方法：显像仪配备低能平行孔准直器。能峰 140keV，窗宽 20%。行多体位静态显像（常规包括前后位、后前位、左侧位、右侧位、左后斜位和右后斜位），或灌注显像稀疏、缺损显示最明显的体位图像，采集计数 200~300K。行气血屏障通透性检查时，患者取仰卧位，显像仪探头正对背部，连续动态采集 40min（1 帧/min），矩阵 128×128。结束后，可分别计算左、右肺及上、中、下肺野的 ^{99m}Tc-DTPA 半廓清时间（$T_{1/2}$）。

2. 锝气体（Technegas）**显像方法**

（1）病人准备：病人取坐位或仰卧位，接通雾化器各管口。将高比度（>370MBq/0.1ml）的 ^{99m}TcO$_4^-$ 锝气体注入发生器的石墨坩埚内，在充满氩气的密闭装置内通电加温，在 2500℃的条件下 ^{99m}TcO$_4^-$ 蒸发成锝气体。嘱患者通过连接管及口罩吸入 3~5 口锝气体。雾化结束后，病人漱口，清除口腔内的显像剂。

（2）采集方法：显像仪配备低能平行孔准直器。能峰 140keV，窗宽 20%。常规采集前位、后位、左侧位、右侧位、左后斜位和右后斜位 6 个体位或灌注显像稀疏、缺损显示最明显的体位图像，采集计数 200~300K。

三、影 像 分 析

（一）肺灌注平面影像

1. 前后位 双肺轮廓主要由左肺上叶、右肺上叶和中叶构成。右肺影像大于左肺。双肺中间空白区为纵隔及心脏影，左肺下野大部被左心占据，呈与左心形状一致的显像剂分布减低区，肺底与膈肌水平一致，受呼吸运动影响而欠整齐。除肺尖、周边和肋膈角处略显稀疏外，双肺内显像剂分布均匀。分肺血流定量分析示左肺为 45%，右肺为 55%。

2. 后前位 此体位双肺影像显示最为完整，是观察双肺下野和下界首选体位。中间空白区由脊柱及脊柱旁组织所构成。双肺放射性分布均匀，肺上部及周边略稀疏。

3. 侧位 双肺影边缘和形状与胸廓和膈肌一致。左肺前下缘受心脏影响略向内凹陷，中部由于受肺门的影响，显像剂分布略显稀疏。侧位像有助于前基底段、右肺中叶和左肺舌段间的区分。分析左、右侧位显像时，要注意来自对侧肺放射性的干扰。

4. 斜位 对下叶背段、舌段和右肺中叶的观察有益，有助于病灶的定位。

肺各叶解剖定位示意图、多体位肺灌注和吸入平面显像正常图像见图 13-1 和图 13-2。

尽管临床采用多体位显像，但由于肺段间的结构重叠和正常肺组织的放射性对邻近放射性分布减低区影像的干扰，临床上约 50% 的病例不能完整显示病变肺段形态，观察图像时要结合解剖定位图和 X 线检查等综合判断。

（二）肺灌注断层影像

肺断层影像是以人体纵轴为长轴，分为横断、冠状断和矢状断三个断面。通过断层显像，可有效克服肺段间结构的重叠及放射性的干扰，提高显像诊断的灵敏度和准确性。

（三）气溶胶吸入影像

^{99m}Tc-DTPA 雾化颗粒在肺内清除缓慢，可进行多体位显像，影像与肺灌注像相似，但

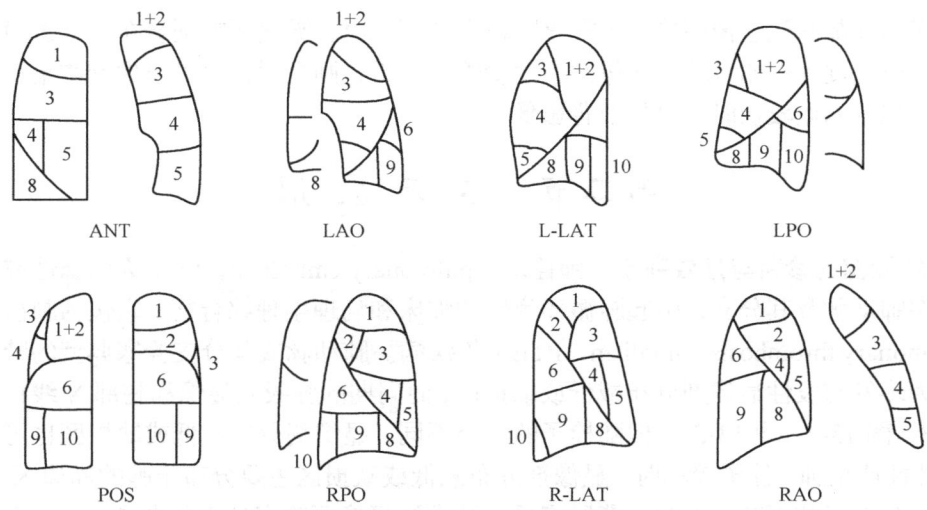

图 13-1 肺段解剖定位示意图

右肺：1. 尖段，2. 后段，3. 前段，4. 内侧段，5. 外侧段，6. 背段（7. 内底段），8. 前底段，9. 外底段；10. 后底段。左肺：1+2 尖后段，3. 前段，4. 上舌段，5. 下舌段，6. 背段，8. 前内底段，9. 外底段，10. 后底段

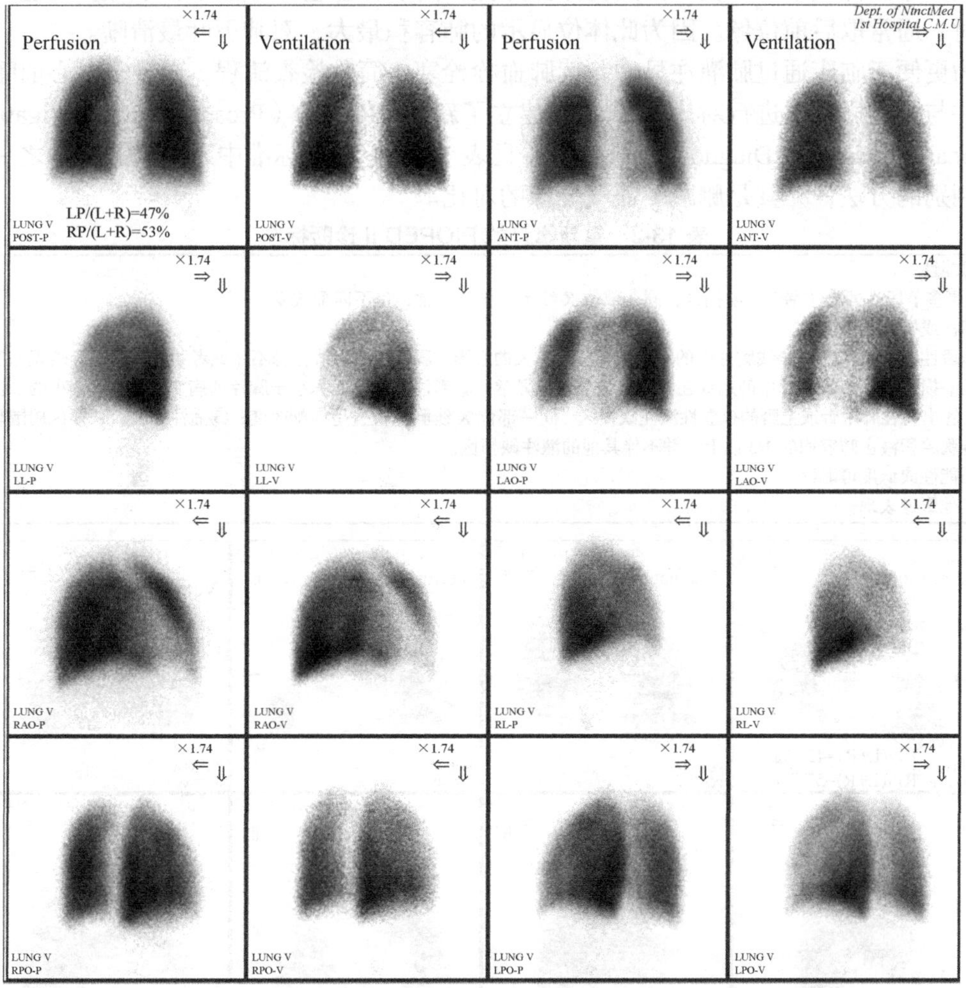

图 13-2 肺灌注、肺气溶胶吸入多体位显像正常图像

第 1、3 列为肺灌注显像图。第 2、4 列为肺吸入显像图

解剖界限不如肺灌注显像明确。当雾化颗粒直径不一时，雾化颗粒则会在大气道内沉积使其显影；通气过程中如口腔内显像剂通过食管进入胃，则在胃区可见显像剂浓集；当雾化颗粒经肺泡壁入血较快时，可见双肾影像。

第二节 临床应用

1. 肺栓塞的诊断与疗效判断 肺栓塞（pulmonary embolism，PE）为内源性或外源性栓子堵塞肺动脉及其分支，引起肺循环障碍的临床和病理生理综合征。它包括肺血栓栓塞症（pulmonary thrombosis embolism，PTE）等疾病。肺动脉或其分支栓塞典型的肺灌注显像表现为多发肺段性显像剂分布减低或缺损区，而同期的肺吸入显像和胸部 X 线检查正常（图 13-3，图 13-4，图 13-5）。但随栓子的大小不同，显像剂分布减低或缺损区也可为亚肺段性、叶性或全肺。栓子较小时，显像剂分布减低或缺损区主要分布于肺的周边区。约 2/3 的肺栓塞分布于肺下叶，右肺、背段多见。肺灌注显像可观察到直径在 1mm 以上的血管发生栓塞产生的显像剂分布改变。因许多其他肺实质病变也可导致肺灌注显像出现局限性显像剂分布减低或缺损改变，使其特异性降低。由于肺栓塞灶多位于肺下叶，当进行通气显像时，通常取后前位像。因为此体位显示的肺容积最大，双肺下叶最清晰。

为更便于临床通过肺灌注显像判读肺血栓栓塞，简化检查流程，通过多中心前瞻性研究，并与多种影像学进行对比，2006 年建立了新的 PIOPED（Prospective Investigation of Pulmonary Embolism Diagnosis）Ⅱ标准（见表 13-2）。在新标准中，突出的特点之一是简化了判别的方法，尤其是删减了通气显像的对比。

表 13-2 重新修订的 PIOPED Ⅱ 诊断标准

高度可能性
2 个或更多节段性的灌注稀疏、缺损区，同一部位 X 线胸片检查正常，呈不匹配改变。
正常灌注或极低度可能性
①非节段性的病变，例如 X 线胸片中的增大的肺门、扩大的心影、膈肌抬高、线性肺不张或者肋膈角积液等表现为灌注显像中的缺损改变；X 线胸片中的病灶在灌注显像上未见异常；②灌注缺损的面积小于胸片的病变；③1~3 个小的节段性缺损区；④出现在肺中野或上野的孤立性灌注缺损区，同一部位 X 线胸片检查呈匹配改变；⑤灌注稀疏、缺损区周围呈条索状；⑥胸腔积液占肺容积的 1/3 以上，并不伴其他的灌注缺损区。
中度可能性或低度可能性
所有其他影像表现。

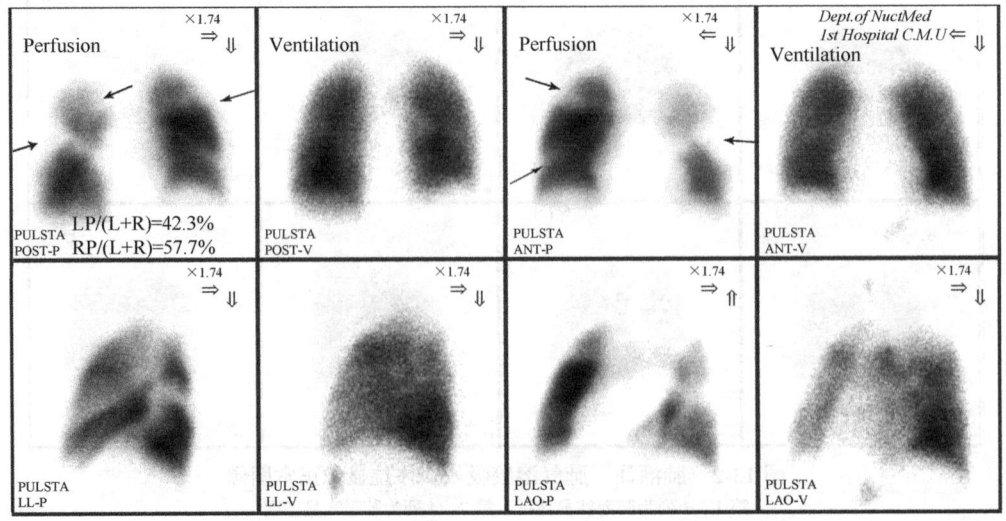

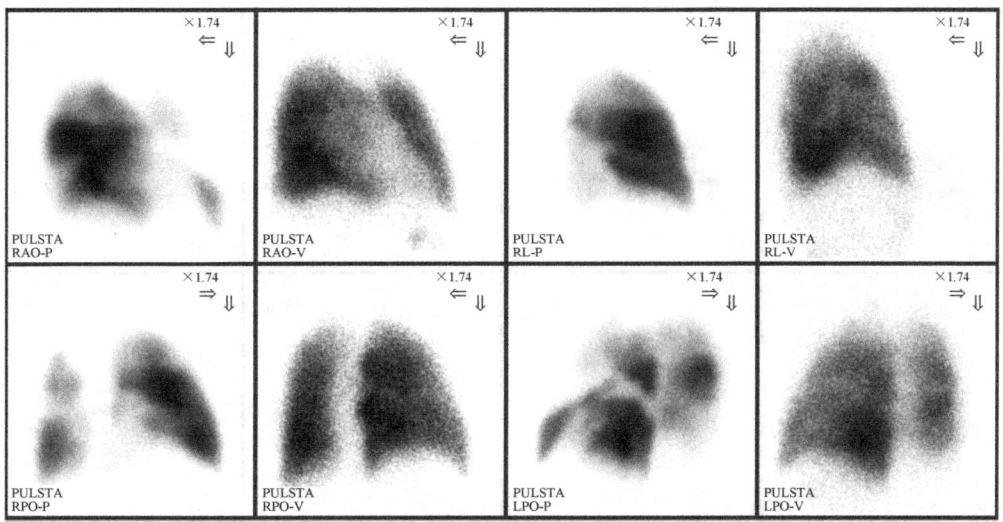

图 13-3 男，34 岁，无诱因出现右小腿不适伴疼痛和肿胀 7 个月，咳嗽 2 月，气促胸闷 2 个月，胸痛 24 小时。CTA 示右肺下叶 PTE。肺灌注显像（第 1、3 列）示双肺多发肺段性显像剂分布稀疏缺损区；肺气溶胶吸入显像（第 2、4 列）示双肺显像剂分布均匀，二者呈"不匹配"改变

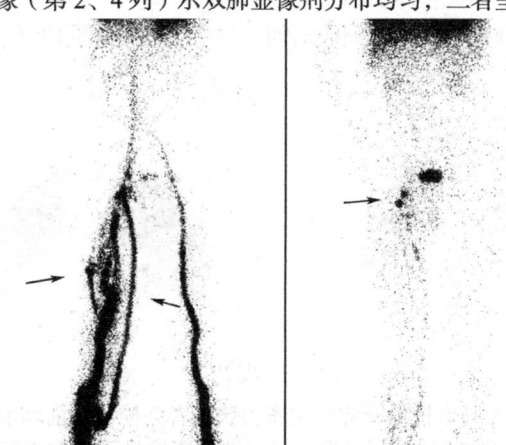

图 13-4 图 13-3 患者双下肢深静脉显像图像示：右下肢深静脉侧支循环形成明显。延迟显像右股静脉有显像剂滞留形成"热点"

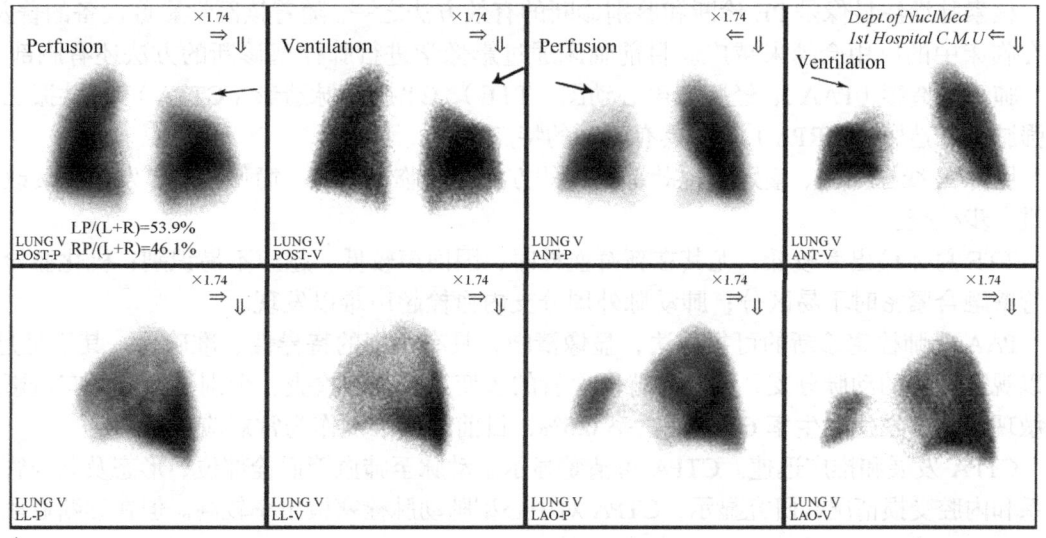

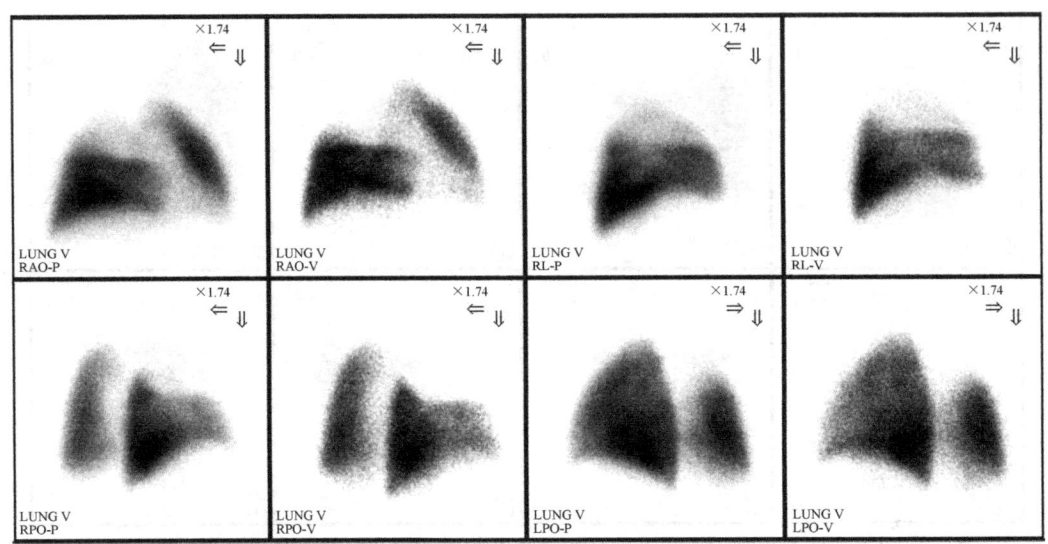

图 13-5　男，55 岁。临床诊断右肺上叶肺占位病变。肺灌注显像（第 1、3 列）示右肺上叶显像剂分布缺损区；肺气溶胶吸入显像（第 2、4 列）示相同部位显像剂分布缺损，二者呈"匹配"改变

肺灌注显像也可为评价疗效提供简便无创、客观准确的手段（图 13-6）。

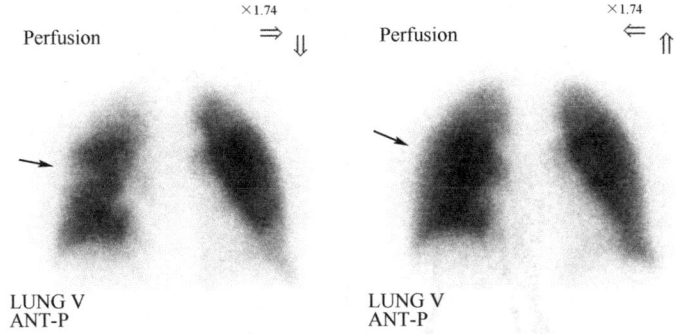

图 13-6　男，51 岁。临床诊断为肺血栓栓塞症。左图为该患者溶栓治疗前肺灌注显像图。图像示右肺多发显像剂分布减低区。右图为经溶栓治疗后肺灌注显像图。图像显示原血流灌注减低区血流供应经溶栓治疗后有明显改善

核素肺灌注显像是 PE 诊断和鉴别诊断的有效方法之一。随着核医学影像设备的普及，其在临床中的应用会越来越广。目前临床通过影像学进行肺栓塞诊断的方法还有胸部 X 线、肺动脉造影（PAA）、经胸超声心动图（TTE）、CT 肺动脉造影（CTPA）、磁共振三维增强肺动脉造影（MRPA）等，具有不同的特点。

胸部 X 线在筛查、鉴别其他肺部病变的方面具有临床意义，简便易行，发现可疑改变需进一步检查。

TTE 总体检出率较低，尤其在新鲜血栓时，因回声较低，超声不易识别；机化血栓与血管壁融合紧密时不易区分；肺动脉外周分支内血栓超声难以发现。

PAA 是肺栓塞诊断的可靠方法，显像清晰，具有很高的特异性、准确性。其不足是，难以观察较小的动脉分支，尤其是背段血管的改变，属有创检查，个别受检者可有造影剂过敏现象，并发症发生率 6%，死亡率 0.5%，目前临床难以作为常规应用。

CTPA 发展和推广迅速。CTPA 可清楚显示主动脉至肺血管血栓部位、形态及其与管壁关系和内腔受损情况，研究显示，CTPA 对中心型肺动脉栓塞检出率较高。但在诊断亚段或

更小分支的肺动脉栓塞效果欠佳。CTPA 使患者承受放射性剂量有所增加,国际放射防护委员会（ICRP）测定成人 CTA 辐射吸收剂量为 2~6mSv,明显高于其他相关影像学检查。

MRPA 不需要造影剂,但其诊断的灵敏度及特异度均不高,且耗时较长,价格昂贵。

核医学肺灌注/气溶胶吸入显像是诊断 PE 的有效方法之一。具有安全、无创、灵敏、可局部和整体反映病变等优点,在 PE 早期诊断与疗效评价中起着重要作用。目前,因相关显像检查设备的普及率在我国还不高,在一定程度上限制了它在临床的广泛应用。

2. 肺动脉高压症的评价 原发性及继发肺动脉高压时均可导致肺血管阻力升高,动脉管壁内的平滑肌增生,管腔变窄,血流灌注降低。正常情况下,肺下部动脉壁内的平滑肌分布较上部丰富,故肺下部动脉管腔狭窄更加明显。坐位注射显像剂时,尽管存在重力影响,但显像剂分布仍可呈上部高于底部的"翻转"改变。因此,肺灌注显像有助于肺动脉高压的诊断。

3. 肺肿瘤手术适应证的选择和肺功能预测 肺肿瘤切除术前评估手术的危险性或可行性,识别肺部手术高危患者,术前预测术后残余肺功能对于手术疗效、采取相应预防措施降低呼吸系统并发症发生率、预测预后等具有重要意义。对此,肺灌注（Q）和（或）吸入（I）显像均可提供简便准确的信息。术后肺功能 1 秒钟用力呼气量（FEV_1）预测值计算方法为：肺叶切除术后预测 FEV_1=术前 FEV_1× [1-（切除肺叶段数/患侧肺段总数）×患侧肺 Q%或 I%]；一侧肺切除后预测 FEV_1=术前 FEV_1×（1-患侧肺 Q%或 I%）。当预测 FEV_1 值小于 800ml 时,病人术后发生呼吸障碍的可能性明显增加。有研究表明,对预测术后 FEV_1 率≥40%的患者行肺切除是可行的。肺灌注显像还可用于评价分肺血流比（图 13-7）。其临床意义在于在术前可估测病变侵及肺动脉血管的程度,为术前制定手术方案提供依据。正常情况下,左肺分肺血流为 45%,右肺分肺血流为 55%。

4. 慢性阻塞性肺部疾病（chronic obstructive pulmonary disease,COPD）**的诊断** 慢性阻塞性肺部疾病的病理生理改变主要表现为持续的呼气功能障碍。气溶胶吸入显像时,吸入的气溶胶颗粒随吸入气体通过受狭窄气道时涡流形成的影响,气道狭窄处显像剂沉积增多,图像上形成"热点",其远端肺实质内放射性分布减少或缺损,呈弥漫性减低区或缺损区（图 13-8）。慢性阻塞性肺疾病肺灌注显像可呈多发、大小不等、非肺段分布的灌注缺损区,肺通气显像呈放射性缺损区,非肺段分布,部位常与灌注缺损区"匹配",或范围大于灌注缺损区,形成"反向不匹配"。患者往往有长期慢性呼吸道感染史,辅以病史、体格检查等。但要注意 COPD 合并 PTE 的诊断,尤其在 COPD 患者肺灌注显像出现肺段性缺损区时,应加以鉴别诊断。

5. 支气管阻塞 肿瘤、异物、黏液堵塞等使气道狭窄或阻塞时,吸入显像可表现出不同程度的异常。与慢性阻塞性肺部疾病弥漫性气道阻塞不同的是,显像多呈某一肺叶或肺段性（图 13-9）显像剂分布异常。

6. 评估治疗前后的局部通气功能 肺癌病人进行放射治疗时如发生放射性肺炎、肺纤维化,肺通气障碍要较血供障碍更加明显,行肺吸入显像有利于早期发现继发改变。

7. 间质性肺疾病肺上皮细胞通透性的评价 间质性肺疾病是以肺泡壁受损为主要病变的一组疾病。正常生理情况下,肺泡上皮和肺泡毛细血管内皮是肺内气体交换的主要结构,其中肺泡上皮是气体交换的限速环节。当间质性肺疾病肺泡上皮广泛受损时,肺泡上皮通透性将异常增高。研究表明,间质病病人双肺显像剂半廓清时间（左肺 45.8±11.9 min,右肺 44.1±10.5min）显著快于正常人（左肺 63.6±17.6min,右肺 59.5±15.6min）,肺吸入显像诊断活动性间质性肺疾病的敏感性为 90%,特异性为 60%,结合同期 X 线显像结果,诊断敏感性为 100%,特异性为 90%。因此,气溶胶吸入显像可对肺泡上皮通透性的受损(图 13-10)情况进行整体和局部的定量评价,结合有关检查可为临床对间质性肺疾病的诊断、药物疗效观察、病情追踪提供简便无创、客观有效的有力手段。

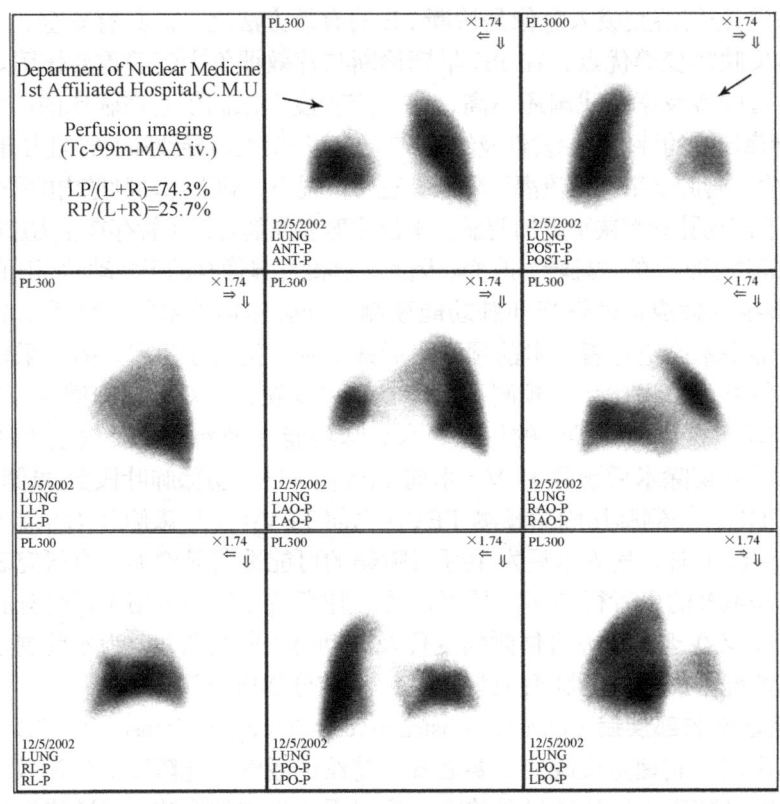

图 13-7 女,53 岁。就诊时咳嗽、咳痰、痰中带血一年。临床诊断为右肺上叶肺癌。术前行肺灌注显像以评价分肺血流。经计算,左肺分肺血流为 74.3%,右肺分肺血流为 25.7%

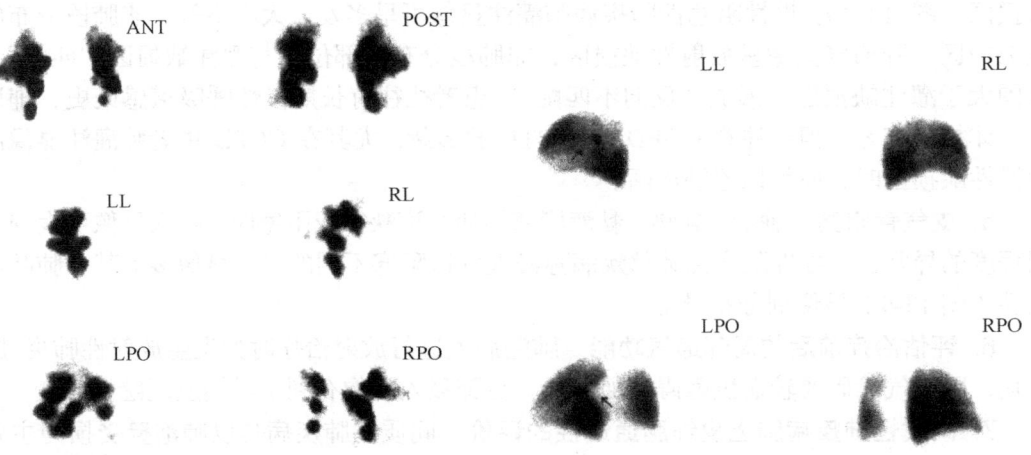

图 13-8 男,78 岁。临床诊断为慢性阻塞性肺气肿。气溶胶吸入显像示双肺大气道多处显像剂沉积增多,在图像上形成"热点",其远端肺实质内显像剂分布减少,呈弥漫性减低或缺损区

图 13-9 男,50 岁。临床诊断为左肺上叶支气管壁病变,管腔狭窄。术前行肺通气显像。图像显示支气管病变处显像剂分布增多,远端肺组织显像剂分布缺损

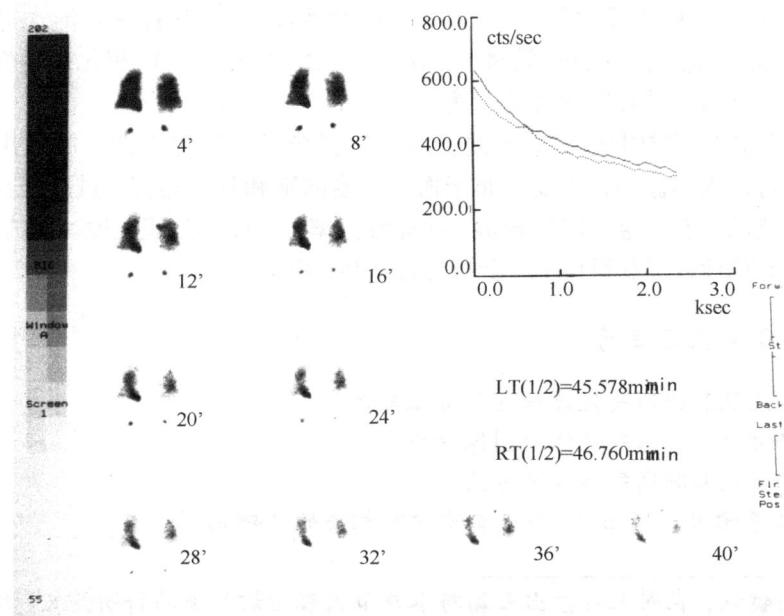

图 13-10　男，66 岁。临床诊断为间质性肺疾病。行肺吸入显像评价肺上皮细胞通透性。定量分析半廓清时间结果显示：左肺为 45.6min，右肺为 46.8min。图像上早期即可见到双肾影像

8. 疑大动脉炎综合征等疾病累及肺血管者　大动脉炎综合征可先于其他大动脉或与其他大动脉同时累及肺动脉，除严重的病变外，X 线检查往往难于诊断，此时行肺灌注显像有助于该病的诊断，肺灌注显像呈显像剂分布缺损改变。

大动脉炎累及肺动脉的肺 V/Q 显像可呈肺段分布的多发性"不匹配"放射性缺损区，甚至肺灌注显像一侧不显影，影像表现与 PTE 相似。需要通过病史和体格检查等鉴别。鉴别要点：虽然大动脉炎累及肺动脉的灌注缺损也呈肺段分布，但下肢深静脉显像多数正常，且有明确的大动脉炎病史。

9. ARDS、COPD 患者肺血管受损程度与疗效观察　肺血管阻塞是 ARDS 患者 X 线血管造影和病理学检查的主要表现之一。X 线血管造影仅能观察部分血管床，肺灌注显像可克服这一不足，采用多体位显像提供肺部血流改变的总体情况。典型肺灌注显像改变为主要分布于肺周边区和体位相对低垂区的多发、非节段性显像剂分布缺损区。COPD 肺灌注显像也表现为多发非节段性显像剂分布缺损区，但缺损区主要分布于肺下野。由于肺灌注显像简便易行，可用于上述疾病的病情评估和疗效观察。

10. 慢性阻塞性肺病肺减容术（lung volume reduction surgery）**术前评价**　肺减容术是 COPD，如肺气肿改善肺功能的有效治疗手段。通过手术切除过度膨胀的组织可以减少换气死腔，改善通气/血流比。慢性阻塞性肺疾病肺灌注、通气/吸入显像显示肺内局灶性显像剂分布稀疏缺损，部分病例表现为通气/吸入显像局部显像剂分布"浓聚"而灌注显像为稀疏缺损。核医学显像能准确显示病变的部位、范围和病情程度；由于术后显像改善与 $FEV_1\%$ 改善一致，对比术前、术后的通气/吸入、血流灌注显像，可准确评价治疗效果。

11. 肺移植排斥反应的预测　单侧肺移植已成为晚期肺疾病的有效治疗手段，而慢性排斥反应是单侧肺移植术后重要并发症之一。术后早期预测慢性排斥反应的发生已成为临床亟待解决的问题。当进行单侧肺移植时，术后早期进行肺灌注显像，应用定量肺灌注显

像获得分肺血流比（移植肺放射性计数/全肺放射性计数），又称相对灌注分数（relative perfusion fraction），此灌注分数降低时（有研究显示低于53%时），提示出现慢性排斥反应的可能性较大，其敏感性和特异性分别为83%和88%。

12. 心脏及肺内右向左分流患者的诊断和定量分析 当先天性心脏病出现右向左分流时，显像剂可进入体循环，主要分布于血供丰富的脑和肾等器官，进行全身显像有助于判断右向左分流的存在。通过定量分析，计算分流率，可评估分流程度。评估计算公式为：分流率=[（全身总计数-双肺计数）/全身总计数]×100%。

学习要点与思考

1. 掌握肺灌注和肺通气显像原理和临床应用。
2. 熟悉肺灌注和肺通气显像的图像分析。
3. 了解肺灌注和肺通气显像的方法。
4. 通过本章学习，列出5个与本章内容相关的关键词：_____，_____，_____，_____，_____。
5. 通过关键词，在网上检索出五篇与本章节内容密切相关的科研论文、综述、病例报告等。列出检索到的相关网页地址：
    ①_____；②_____。

（李亚明　李雪娜）

中英文对照

大颗粒聚合人血清白蛋白	macroaggregated albumin，MAA
锝气体	Technegas
肺	lung
肺栓塞	pulmonary embolism，PE
肺泡	alveoli
肺泡-肺毛细血管膜	alveolar capillary membrane
肺灌注显像	pulmonary perfusion imaging
肺通气/吸入显像	pulmonary ventilation/inhalation imaging
肺血栓栓塞症	pulmonary thromboembolism，PTE
肺减容术	lung volume reduction surgery
呼吸	respiration
急性呼吸窘迫综合征	acute respiratory distress syndrome，ARDS
慢性阻塞性肺部疾病	chronic obstructive pulmonary diseases，COPD
气溶胶	aerosol
人血清白蛋白微球	human albumin microspheres，HAM
相对灌注分数	relative perfusion fraction

第十四章 骨骼与关节系统

设问

1. 当一个以全身骨痛为主诉的患者就诊时,你将考虑到哪些疾病?核素骨显像会从哪些方面帮助解释骨痛的原因?
2. 一肺癌患者确立治疗方案前需了解有无骨转移发生,这时你会首选哪种影像学检查法?如果该患者的 X 线平片或 CT 检查未见异常是否可排除骨转移?
3. 你知道骨显像对哪些代谢性骨病的诊断有帮助吗?
4. 你知道骨显像在其他骨骼病变的诊断与治疗中有哪些作用吗?

核素骨显像(bone scintigraphy)是临床使用频度最高的一种核医学显像技术,约占核医学日常显像总量的 40%,甚至更多。骨显像的临床应用始于 20 世纪 60 年代初,尽管 X-ray、CT、MR 等影像技术在骨骼疾病的诊断发挥着重要的作用,但核素骨显像仍以其固有的优势被广泛应用,其主要优点为:①一次性全身大视野成像能够显示全身各部位骨骼,通过观察病灶为单发或多发,以及其对显像剂的摄取特征,有助于疾病的诊断与鉴别诊断;②对骨骼病变(尤其是成骨性病变)的探测具有很高的灵敏度,与常规 X-ray 或 CT 比较,可更早、更多地发现病灶;③无绝对禁忌证;④价格相对低廉。近年来,随着 PET/CT、SPECT/CT 的推广应用,弥补了核素显像缺乏精确解剖结构信息的不足,使诊断准确性进一步提高,其临床应用前景更加广泛。

第一节 骨显像的原理、方法与影像分析

一、显像剂及显像原理

骨骼是一种坚硬的结缔组织,为人体的重要器官提供支持和保护。从组织类型上骨骼分为密质骨和松质骨,松质骨为人体的造血部位。骨组织由有机物和无机物构成,有机物(约占 35%)包括细胞、细胞间质和胶原纤维等,其中的细胞成分又包含了产生骨胶纤维的成骨细胞、产生无机质的骨细胞和促进骨吸收的破骨细胞;无机物(约占 65%)为矿物质,主要由钙和磷组成,以羟基磷灰石晶体$[Ca_{10}(PO_4)_6(OH)_2]$形式存在。骨骼中的羟基磷灰石晶体表面积巨大,犹如一个大的离子交换柱,可通过离子交换和化学吸附作用从体液中获得磷酸盐和其他元素来完成骨的代谢更新。

目前临床进行骨骼显像多使用单光子显像剂,最常用 ^{99m}Tc 标记的膦酸盐,如 ^{99m}Tc-亚甲基二膦酸盐(^{99m}Tc-MDP)。^{99m}Tc-MDP 静脉注入人体后,一方面可通过与骨骼中的羟基磷灰石晶体发生离子交换和化学吸附作用而沉积于入骨组织中,另一方面还可通过有机结合方式与骨胶原结合而聚集于骨组织,利用 γ 相机或 SPECT 成像设备进行探测成像就可显示全身骨骼。此外,近年来正电子显像剂 ^{18}氟化钠(^{18}F-Na)亦被用于骨骼显像,$^{18}F^-$与羟基磷灰石晶体中的 OH^- 化学性质类似,可与之进行离子交换,由于其亲骨性好且血液清除快,对骨骼显示更为清晰,但需使用 PET 进行成像,检查费用高,临床应用受到一定

的限制。

局部骨骼对显像剂摄取的多少与该处的血流量、骨代谢活跃程度以及交感神经功能状态等因素有关：当局部骨组织的骨代谢旺盛、血供增加、成骨细胞功能活跃时，可较正常骨骼聚集更多的显像剂而表现为"热区"；相反，当局部骨组织的骨质破坏增加（破骨细胞功能增强）或血供减少时，骨显像剂的聚集就会减少而表现为"冷区"；但由于多数情况下骨质破坏的周边也会伴有成骨增强，所以大多数的骨破坏病灶可看到边缘部分显像剂摄取的"热区"。当交感神经兴奋时，会出现局部血管收缩，造成显像剂的分布减少；而各种原因引起交感神经损伤或破坏时，会出现局部血管扩张，使显像剂的分布增加。

二、显像方法

骨显像的显像方式有多种，包括全身显像、局部显像、断层显像及三时相显像等，实际临床操作中需根据具体状况选择合理的显像方式。图像采集条件依采集方式而设立，SPECT常规图像采集方案可参照表14-1，但可根据诊断需要进行修改，以保证图像质量满足诊断需要。

表14-1　骨显像常规图像采集方案

◇剂量 555~925MBq（20~25mCi）^{99m}Tc-MDP
◇能峰 140keV，窗宽 20%
◇血流和血池显像
　低能通用型准直器
　血流显像：采用"弹丸"式注射，矩阵 128×128，1秒/帧，连续60帧
　血池显像：注射后5分钟内采集单帧或连续多帧图像，矩阵 256×256
　局部和全身骨显像
　低能高分辨准直器，局部细小骨骼病变观察可用针孔准直器
　注射后3~4小时采集
　局部骨显像：矩阵 256×256，依不同部位计数 150~1000K
　全身骨显像：矩阵 256×1024，扫描速度 10~20cm/min
◇断层显像
　低能高分辨准直器
　矩阵 128×128，探头旋转360°采集，5.6°~6.0°/帧，10~30s/帧

1. 全身显像（whole body scan）　为骨显像的常规显像方式。静脉注射显像剂后，嘱咐患者在2h内多饮水，排尿时应避免污染体表和衣物，3~4h后患者取仰卧位，使用γ相机或SPECT从头到足采集全身前、后位平面像。注意显像前嘱患者排尿，并去除身上的金属异物及饰品。

2. 局部显像（regional imaging）　适用于对局部骨骼病变的观察或全身显像后某些局部病灶观察不满意的情况。局部显像中体位的变换有助于对病变判断，如侧胸壁肋骨的病变侧位像可更好地显示病变分布范围；椎旁病变斜位像有助于观察其与椎体及肋骨的关系；双臂上举可将肩胛骨下角与重叠的肋骨分开；患者取坐位、将探头置于盆腔下方的TOD（tail on detector）位可解决膀胱与耻骨重叠的问题等。此外，使用针孔准直器进行局部骨显像，有助于小病变的观察。

3. 断层显像（tomography）　断层显像可避免平面像中结构重叠的现象，改善图像对比度和分辨率，适用于对局部骨病变的详细观察。若条件允许可行SPECT/CT显像，不仅

可对断层像检出的病灶做出精确的解剖定位,还可借助 CT 提供的形态信息对病变的病理改变进行客观分析,进一步提高诊断的准确性。

4. 三时相显像（three-phase bone scan） 亦称骨动态显像（dynamic imaging）。指一次性静脉注射骨显像剂后分别于不同时间进行成像,获得局部骨骼早期的血流灌注相、血池相影像以及延迟相的骨骼影像。此方法适用于原发性骨肿瘤及骨骼炎性病变等情况,加做血流、血池像的目的主要是观察骨病变周围软组织的血供变化。为便于对照分析,成像野应包括对侧相应部位。

5. PET 显像 使用 ^{18}F-Na 行骨骼显像时,在静脉注射显像剂后 1h 以 PET 或 PET/CT 进行全身成像,图像采集使用 2D 或 3D 模式,能峰设置为 511keV,窗宽为 30%,Zoom 为 1.0。

三、影像分析

（一）正常骨骼影像

1. 动态显像中的血流与血池分布 血流相（blood flow phase）在显像剂注射 8~12s 可见局部大血管显影,随之软组织轮廓逐渐显示;血池相（blood pool phase）软组织显示更为清晰,但仍可见大血管影像。血流血或血池影像中显像剂均应呈对称、均匀性分布。

2. 骨骼影像 成人正常 ^{99m}Tc-MDP 全身骨骼影像如图 14-1 所示,骨骼显像时软组织内的放射性明显减淡,全身骨骼显影清晰,呈对称性显像剂聚集。由于各部位骨骼结构、代谢活跃程度及血供情况不一,其显像剂的分布有所差异,富含松质骨的区域（如椎骨、髂骨、肋骨、颅骨以及长骨的骨骺端等）可摄取更多的显像剂,而长骨骨干密质骨多,摄取显像剂较少。由于显像剂经由肾脏排泄,骨显像中可见双肾和膀胱显影。此外,处于生长发育期的儿童骨骺生长中心处可见显像剂聚集较正常成人明显增浓（图 14-2）。

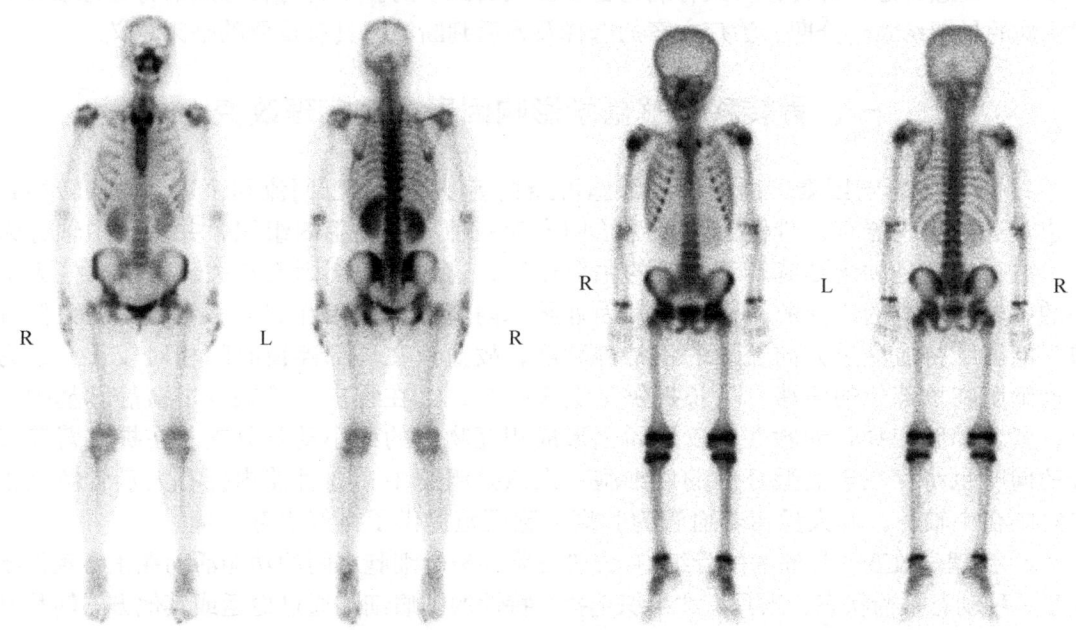

图 14-1 成人正常全身骨显像　　　　　图 14-2 儿童正常全身骨显像

（二）生理性摄取及变异

骨显像中常会看到一些由于生理性摄取或变异所造成的显像剂浓聚现象，阅片中应加以识别：甲状腺摄取游离 $^{99m}TcO_4^-$ 时可见显影；甲状软骨钙化、肋软骨钙化可造成相应部位的显像剂浓聚；双侧乳腺可轻度摄取显像剂；骨骼肌腱附着部位可见显像剂摄取增高；脊柱侧弯造成的负重改变可导致骶髂关节放射性分布不对称；颅骨放射性分布不均匀、胸骨显影呈现多样性、"叉状肋"等可由于骨骼形态变异所致。此外，阅片中还要注意排除金属异物、造影剂及尿液污染等所造成的伪影。

（三）异常骨骼影像

除生理性摄取及变异外，骨骼对显像剂摄取的异常增高或减低均被认为是病变。骨骼病变分为成骨性和溶骨性两种，以成骨性改变为主的病变表现为局部显像剂的异常浓聚，以溶骨性改变为主的病变则表现对显像剂的摄取减低。此外，一些骨骼以外的病变也可摄取骨显像剂，如软组织钙化、急性心梗、泌尿系结石、肿瘤或炎症等，阅片中应注意判断。

第二节 骨转移癌

骨显像可用于多种骨骼疾病的诊断，但其最主要临床应用为骨转移癌（metastatic tumor of bone）诊断。由于骨显像较 X 线检查提前 3~6 个月发现病灶，且可显示 X-ray、CT、MR 等检查范围以外的病灶，因此被认为是检出骨转移癌最有效的技术手段。各种原发性恶性肿瘤均可发生骨转移，其中以肺癌、乳腺癌、前列腺癌、胃癌、甲状腺癌、结直肠癌等多见，尤其是肺癌、乳腺癌和前列腺，往往在其他部位转移之前首先发生骨转移，甚至临床上有些患者是以骨转移所致骨痛为首发症状而就诊的。了解骨转移癌的骨显像表现，对疾病的早期诊断、分期、治疗方案的选择及预后判断等都具有重要的临床意义。

一、骨转移的解剖学影响因素及其病理改变

1. 解剖学影响因素 恶性肿瘤细胞可经直接侵犯、淋巴回流和血运等途径转移到周边及远处组织器官，骨骼因其特殊结构成为一种易受侵犯的组织，并多以中轴骨为主。血行播散是肿瘤细胞转移至骨的主要途径，这与其解剖因素有关：①以脊柱为中心的中轴骨形成的广泛的椎静脉丛，因静脉丛内薄壁静脉相互交通，管腔内压力低且缺乏能够维持血液单方向流动的正常静脉瓣，故血液在局部停留时间相对较长，这为肿瘤细胞在该部位的停滞、生长提供了更多机会；②在骨皮质等缺少丰富静脉丛的部位，营养动脉和穿骨动脉在骨皮质周围形成相互吻合的细小动脉分支，在提供营养成分的同时也将存在于血循环中的癌细胞带入该处组织中；③骨骼内拥有大量骨髓且主要集中在中轴骨，其大量营养血管为肿瘤细胞繁殖提供了良好生存环境。

2. 病理学改变 骨骼内的骨细胞、成骨细胞和破骨细胞之间的功能活动在正常条件下处于一种动态平衡状态，当具有"组织选择"特性的肿瘤细胞通过血运或其他方式转移到骨骼时，会释放一些破坏因子，打破细胞之间的动态平衡而发生病理变化。骨转移瘤的病

理改变包括骨吸收和成骨反应：骨吸收主要由破骨细胞、肿瘤细胞、肿瘤细胞分泌物、单核细胞和巨噬细胞的作用所致；成骨反应可发生于纤维间质组织生长旺盛的骨转移瘤内（如前列腺癌骨转移等），亦可为骨破坏后成骨细胞被激活所产生的修复作用。由于骨破坏和修复程度的不同，全身骨显像会看到不同的显像剂摄取异常表现：骨破坏为主的病灶表现显像剂分布稀疏或缺损；成骨反应为主的病灶表现显像剂异常浓聚；骨破坏同时伴有骨修复的病灶则表现稀疏与浓聚并存。

二、骨转移癌的影像表现

1. 典型表现 骨转移癌可发生于全身任何骨骼部位，骨显像的典型表现为：全身见多发、散在分布、大小不等、形态各异的显像剂聚集灶，以中轴骨如脊柱、肋骨和骨盆最为常见，而肢体远端骨少见（图14-3）。

2. 非典型表现 常见以下几种情况。

骨转移早期可表现为单发病灶，且以脊柱发生率最高，容易与常见的骨关节良性病变相混淆。此时加做局部断层或 SPECT/CT 显像可提高对病灶的识别能力：断层像中椎体转移表现为病

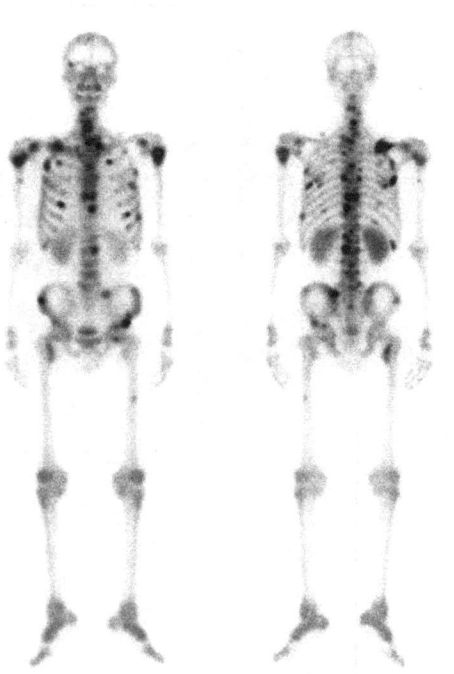

图14-3 骨转移癌

变累及整个椎体并向椎弓根侵及，相应部位 CT 可见骨质破坏或正常；若显像剂浓聚位于椎体边缘或椎小关节处，相应部位 CT 于见骨质增生性改变，则提示为骨关节退行性改变（图14-4）。

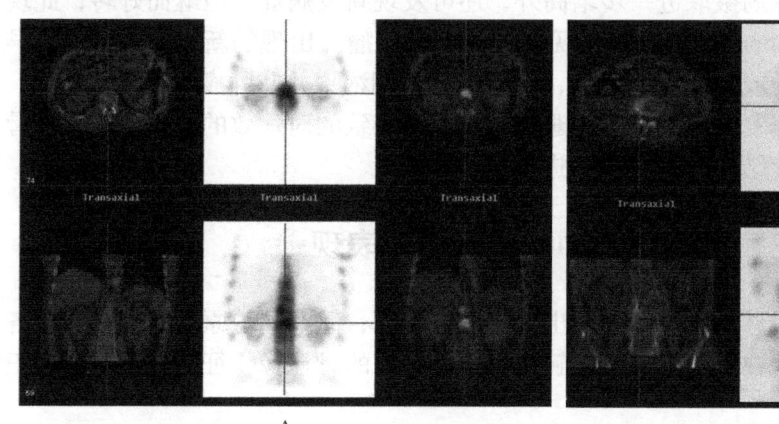

图14-4 椎体 SPECT/CT

侵袭性肿瘤骨转移多表现为冷区病变，当骨破坏范围较大或周边伴有成骨反应时病变可显示，但当病灶体积小，尤其是骨破坏周围缺少成骨反应时，容易被漏诊，此种情况多见于多发性骨髓瘤和肾癌，也可见于乳腺癌、肺癌、溶骨性骨肉瘤、淋巴瘤等。此时加做SPECT/CT 可明显提高对病灶的检出力。当转移病灶分布范围广泛时可表现出超级影像

（superscan）征，即全身骨骼广泛浓聚显像剂，并以中轴骨和四肢骨近段为著，同时见双肾影像浅淡或不显影。值得注意的是，若中轴骨内含有大量肿瘤细胞，引起显像剂摄取普遍弥漫性增高时，可能会因考虑到对比度因素而被误认为正常（图14-5）。

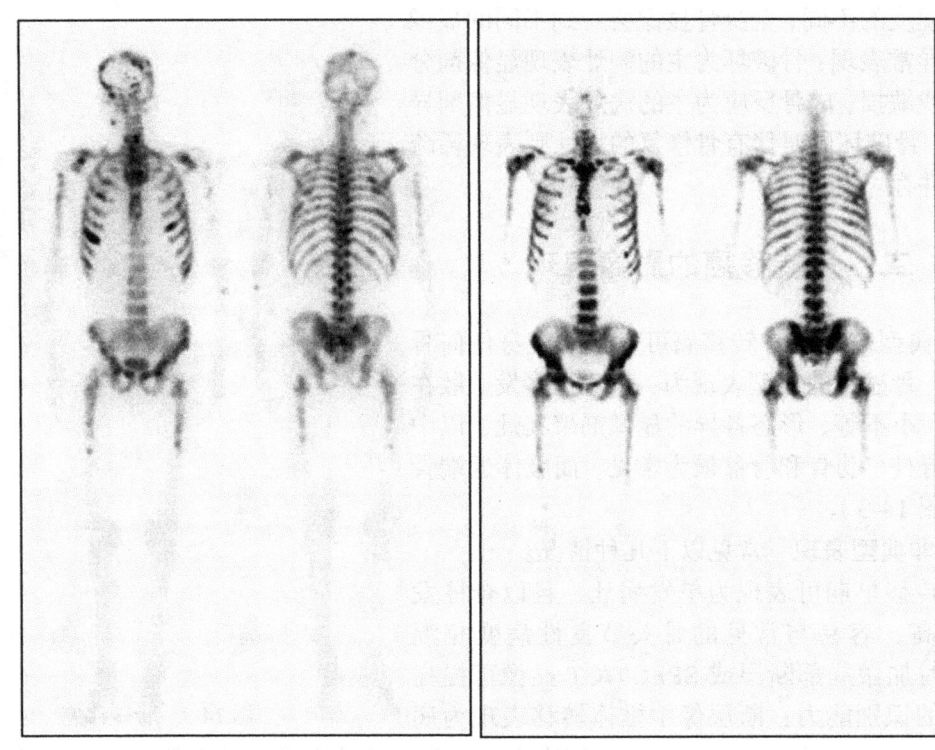

图14-5　两例超级影像

骨转移患者经有效的化疗或内分泌治疗后，可能会在骨显像中表现一过性"病情恶化"的表现，即除原有病灶显像剂摄取进一步增高外，还可发现新发病灶，但继而好转，此现象称之为闪烁现象（flare phenomenon），可见于多种恶性肿瘤。出现的新发病灶可能为早期骨显像未发现的微小病灶或小的冷区病灶，此时的显像剂浓聚并非肿瘤继续增长所致，而是反映了病灶周围的骨修复功能活跃。为避免闪烁现象导致的对疗效的错误判断，以骨显像评价治疗效果应在治疗结束3个月以后进行。

三、常见恶性肿瘤的骨显像表现

各种恶性肿瘤发生骨转移后，均可表现出上述影像特征，但不同的原发肿瘤又有其各自的生物学习性，亦可反映在骨显像中，了解常见恶性肿瘤的骨显像特征，有助于临床正确地分析判断。

1. 肺癌　肺癌（pulmonary carcinoma）骨骼转移的主要途径为血行播散，但周围型肺癌也可通过对局部胸壁的直接侵犯累及肋骨和胸膜，并造成胸腔积液。当癌细胞由肺静脉进入体循环后，可向全身播散，转移部位主要是红骨髓丰富的中轴骨，但由于肿瘤栓子可随血循环到达肢体远端形成种植性转移，故肺癌患者中四肢骨及远端骨（如掌、指骨及跖、趾骨等处）的转移较为多见。肺癌患者的骨显像中还经常能见到一些良性改变所造成的显像剂摄取：如肥大性肺性骨关节病，表现沿双侧长管状骨骨皮质平行分布的显像剂浓聚，呈"双轨征"（double strips sign）（图 14-6）；手术对肋骨的创伤造成局部显像剂摄取增高；放疗后照射野内的胸椎、肋骨或胸骨早期由于炎性反应可出现显像剂摄取增高，而 4~6 个月后由于发生局部骨质疏松或纤维化改变表现显像剂摄取减低。

2. 乳腺癌 乳腺癌（breast cancer）骨转移病灶多表现为溶骨与成骨性病变混合存在。乳腺癌除经血行播散造成转移外，还容易通过局部侵犯至肋骨，或经内乳淋巴引流转移至胸骨，若骨显像中发现胸骨病变并非靠近胸骨柄，且呈不规则、偏心性分布时，应考虑胸骨转移。一些情况下乳腺肿瘤组织可表现对显像剂的摄取。乳腺癌术后患者的骨显像中亦可见到一些术后改变：如术区软组织衰减作用减低造成相应区域肋骨显示较对侧增浓；淋巴回流受阻造成患侧上肢肿胀伴显像剂摄取增高；局部放射治疗后放疗野内骨骼可出现早期像剂摄取增高，后期显像剂摄取减低现象等。

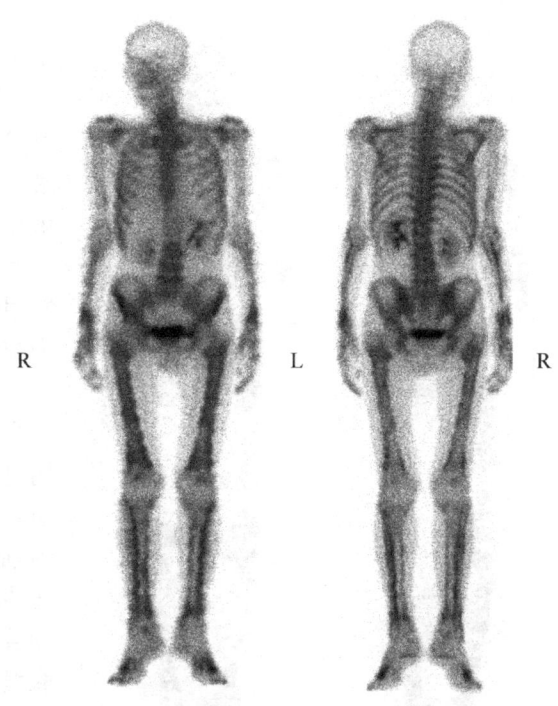

图 14-6 肥大性肺性骨关节病骨显像

3. 前列腺癌 前列腺癌（prostate carcinoma）可经淋巴引流转移至周围淋巴结，经血行转移至骨。前列腺癌骨转移病灶多为成骨性改变，全身多发为主，其中以骨盆、腰椎和股骨的转移最为常见，但也可见到局部耻骨或坐骨的单发病灶。前列腺癌患者中"superscan"相对常见，并可见"flare phenomenon"。骨显像不仅可用于临床分期诊断，对预后判断及治疗疗效观察也很有帮助，一些化疗后病情缓解者骨显像变化十分明显。前列腺癌患者发生骨转移多与血清前列腺特异性抗原（prostate specific antigen，PSA）水平相关，因此在患者治疗后的临床随访中，若发现血清 PSA 升高，应及时行骨显像检查，若骨显像阴性，则应考虑到软组织转移的可能。

第三节 代谢性骨病

尽管代谢性骨病（metabolic bone disease）很常见，但凭临床表现和 X 检查往往诊断困难。骨显像在代谢性骨病早期通常仅表现骨骼对显像剂的弥漫性摄取增高，鉴别诊断上存在一定的困难，但随着疾病的发展，骨显像可显示出一些特征性表现，其临床应用价值也随之而显现。认识各种骨代谢性疾病的骨显像特征，在很多情况下可对临床疾病的诊断与鉴别诊断提供有效的帮助。

一、甲状旁腺机能亢进症

甲状旁腺机能亢进症（hyperparathyroidism）（简称甲旁亢）是指由于甲状旁腺激素（parathyroid hormone，PTH）分泌过多引起钙、磷代谢紊乱所产生的一系列症候群，临床

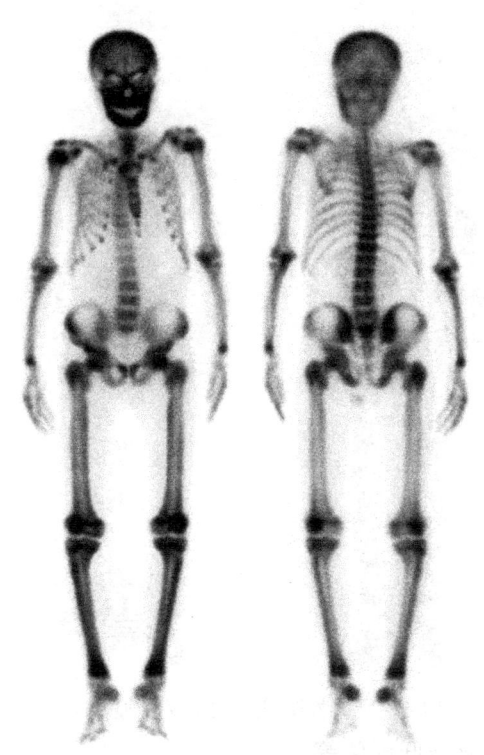

图 14-7 甲状旁腺机能亢进症代谢性骨病

上分为原发性、继发性和三发性。原发性甲旁亢是由于甲状旁腺本身发生病变导致 PTH 分泌过多，包括腺瘤（89%）、增生（10%）和腺癌（1%）；继发性甲旁亢则是由于各种原因所致的低血钙刺激甲状旁腺增生肥大，进而分泌 PTH 增加所致，多见于维生素 D 缺乏、慢性肾功能不全、骨软化症和小肠吸收不良等；三发性甲旁亢则指在继发性甲旁亢基础上部分甲旁腺组织自主性增生转变为腺瘤，此型临床少见。

各种类型的甲旁亢均由于 PTH 分泌过多，使骨吸收增加并伴有成骨活性的增高，在骨显像中均可看到全身骨骼对显像剂的摄取普遍增高，骨与软组织对比增强，尤其是颅骨、下颌骨、胸骨、中轴骨和四肢长骨对称性显像剂摄取增加，肾影浅淡或不显影，呈现"superscan"（图 14-7）。当颅骨显像剂摄取增高时可见"黑颅"征；胸骨摄取增高可见"领带"征；肋软骨联接处摄取增高可见"串珠样"改变；若并发纤维囊性骨炎（又称棕色瘤）或严重骨质疏松导致骨折发生时，可出现局灶性显像剂摄取增高；而当发生肺、胃黏膜和软组织异位钙化时，相应部位亦可表现出对显像剂的异常摄取。甲旁亢患者当手术切除病变甲状旁腺腺体以后，随着血清 PTH 水平的下降，骨显像可恢复正常。因此，骨显像对甲旁亢代谢性骨病的诊断及治疗效果的观察均具有重要的临床意义。

二、肾性骨病

肾性骨病（renal osteodystrophy）是一种与慢性肾功能衰竭相关的代谢性骨病，也是肾功能不全的常见并发症。由于有功能的肾单位减少，维生素 D 代谢受阻，造成磷排泄障碍，导致高磷酸血症，高磷酸血症又引起血钙减低，继而刺激甲状旁腺增生，出现继发性甲旁亢。同时由于肾组织是 25-羟维生素 D_3 的活化部位，肾衰导致其活化形式生成减少，使消化道对钙的吸收减少，也引起低钙血症。该病的主要骨骼改变包括纤维囊性骨炎、维生素 D 缺乏症、骨软化症、骨硬化和骨外钙化。X 线检查可见骨骼畸形、骨皮质增厚、骨小梁不规则增粗、骨坏死、骨外钙化和棕色瘤。骨显像中可见骨骼弥漫性摄取增高，显像剂分布可以是均匀或不均匀的，骨与肾脏的摄取比增高，同时可见到一种或多种上述甲旁亢所致代谢性骨病的征象，但纤维囊性骨炎和骨外摄取相对多见。

三、骨质疏松症

骨质疏松症（osteoporosis）是最常见的代谢性骨病，常发生于绝经后妇女、有激素治疗史及免疫系统疾病者，其特征是骨矿物质含量减低和骨小梁结构的破坏，导致骨骼脆性增加，在轻微外伤或无外伤情况下容易发生骨折。临床上通过骨密度（BMD）测量可诊断骨质疏松症，并预测骨折发生的风险，但 BMD 并不能用于诊断骨折。当骨折发生时，通常只有位于髋、腕等部位症状明显的骨折能得到及时诊断，并认为这些部位是骨质疏松性骨折的好发部位，但事实上有许多发生于对运动功能损伤不明显部位（如骨盆、脊柱、肋骨等）的骨折，特别是不全性骨折或微小骨折，由于发病隐匿，临床症状不典型，往往被患者忽视或被临床漏诊或错诊，而这些骨折在骨显像中却很容易被显示。随着社会老龄化问题的日益突出，骨质疏松症对人类健康的影响越来越受到重视，针对骨质疏松性骨折的预防、诊断与治疗的相关研究也受到普遍关注，而骨显像在该领域有着广泛的应用前景。

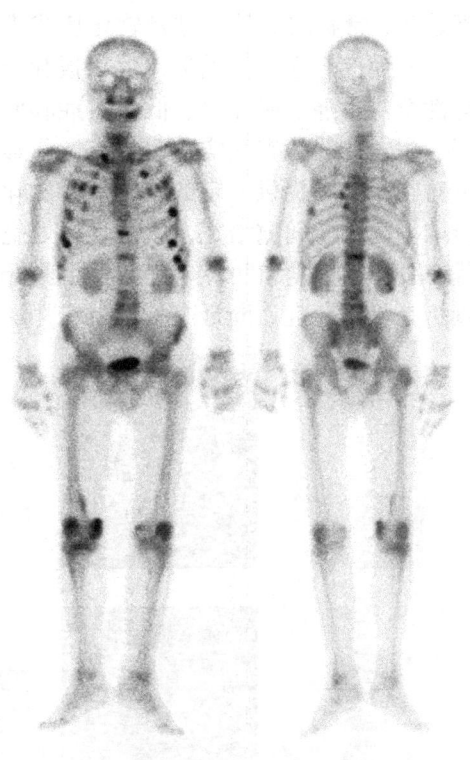

骨质疏松症患者的骨显像多表现全身骨骼摄取显像剂普遍较低，骨与软组织对比度较差，当发生骨折发生时，骨折病灶表现为单发或多发的放射性浓聚灶，并以多发病灶为常见；病灶多位于肋骨和脊柱，也可见于耻骨、坐骨、肱骨、胫骨、股骨颈等部位（图 14-8）。值得注意的是，骨显像所显示的病灶通常为近期骨折病灶，而一些陈旧性骨折可能不被显示。

图 14-8　骨质疏松性骨折的骨显像

由于骨质疏松性骨折缺乏特异性临床表现，临床上往往为了除外骨骼恶性病而行骨显像检查，而当骨显像检查结果阳性时，尤其是表现为全身多发病变时，首先就面临着与骨转移瘤进行鉴别的问题，因为骨转移瘤也可表现为骨骼单发或多发的放射性浓聚灶，若将多发性骨质疏松性骨折误诊为骨转移性肿瘤，将会给随后的临床诊疗决策带来不良影响，或给患者带来不必要的经济负担和心理负担；反之若将骨转移病灶错诊为骨折，则会带来贻误患者治疗的不良后果，因此两者的鉴别诊断具有重要的临床意义。骨转移瘤通常表现为全身多发、大小不等、形态各异的放射性浓聚灶，病灶有沿骨骼走行分布、或呈膨胀性生长的特性，部分病灶可表现为放射性稀疏缺损区，椎体的病灶通常表现为弥漫性的椎体放射性浓聚，并向椎弓根入侵。而骨质疏松性骨折具有以下不同于骨转移瘤的特征性表现：椎体病灶呈"一"字形浓聚；骶骨病灶表现"H"形或蝶形浓聚；肋骨或其他部位病灶呈点状或与骨骼走行相垂直的短线状浓聚；病灶均无膨胀性生长或沿骨骼走形分布的特征（图 14-9）。在此基础上，若患者的病史、血清学检查及其他影像资料无恶性肿瘤证据，而 BMD 测定又证实患者存在骨质疏松症（通常多部位测定均显示严重的骨质疏松），基本可正确诊断骨质疏松性骨折。

四、骨软化症和维生素 D 缺乏症

骨软化症（osteomalacia）是新形成的骨基质不能以正常形式进行矿化的一种代谢性骨病，主要由于维生素 D 缺乏，引起继发于钙、磷缺乏的骨密度减低。不同于骨质疏松症的是，骨软化症者的骨基质含量（骨形成）是正常的，就是说骨软化症的骨组织含量正常，但由于缺钙而变软，骨质疏松症则是总的骨量减少。若在生长板闭合之前生长中的骨骼出现软化，常称之为幼年型骨软化症或维生素 D 缺乏症（vitamin D deficiency）。骨骼由于矿化障碍而变软会产生畸形，生长板和干骺端的结构也会发生改变。骨软化症临床表现为进行性全身骨痛、肌无力、低钙血症和假性骨折，晚期出现蹒跚步态。目前临床诊断主要依据病史、X 线检查和实验室检查，骨显像通过观察全身骨骼形态和发现骨折及假性骨折，可对临床诊断提供一定的帮助。骨软化症患者的骨显像中可见椎体多发"一"字型显像剂摄取增高，椎间隙增宽，假性骨折处呈现局限性显像剂异常浓聚，并常对称性分布于肩胛骨、股骨颈骨盆和肋骨。由于假性骨折通常在 X 线检查中表现阴性，所以骨显像发现假性骨折是骨软化症诊断最有价值的应用。

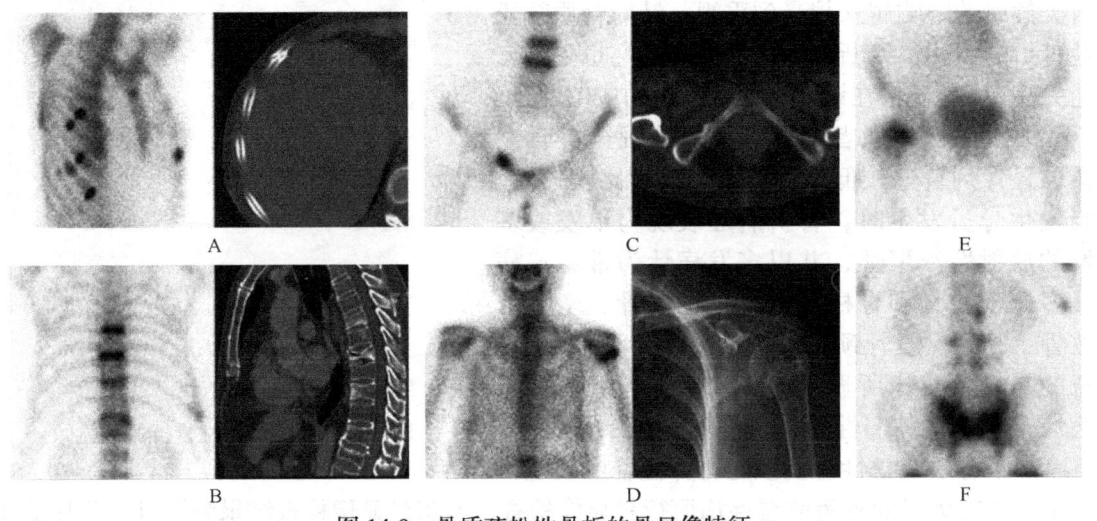

图 14-9　骨质疏松性骨折的骨显像特征

五、Paget 病

Paget 病（Paget's disease）是一种原因不明的慢性局灶性骨代谢异常疾病，欧美国家发病率较高，国内相对少见。Paget 病的骨骼中骨吸收和骨形成的速度都加快，疾病早期破骨细胞的骨吸收作用强烈，随后出现骨形成增加，两者的共同作用形成了过量、致密、但结构存在缺陷的骨组织，使得骨骼畸形及骨折的风险增加。疾病早期多为单骨病变，随病程发展可累及多骨，以骨盆最为多见，其次为脊柱、颅骨、股骨、肩胛骨、胫骨、肱骨等，多为非对称性改变。临床上许多患者可无症状，有症状者则表现慢性疼痛，夜间及负重时加重，血清 ALP 水平可增高（反映疾病处于活动期）。X 线检查对本病诊断有较大帮助，但在疾病的不同时期表现不同：早期溶骨作用明显时多为散在低密度区；而成骨性愈合期多为溶骨和成骨性反应共存，有新骨形成和骨质硬化改变，可见不均匀的密度增高和减低区。

Paget 病的骨质异常改变在骨显像中的变化要早于 X 线检查，早期的溶骨期和随后的成骨期中骨显像均可见显像剂的异常聚集，而早期病变还可在局部血流灌像和血池像中表现出显像剂的摄取增高，且其变化要早于延迟骨显像。Paget 病在骨显像中的特征性表现为：长骨受累较弥漫，通常表现从一侧骨骺端沿骨干向另一侧延伸，多伴有骨骼膨胀变形；

病变累及椎体和两侧椎小关节时可见"鼠面征"（Mickey Mouse sign）（图14-10）。目前临床上可将降钙素和新型二磷酸盐用于Paget病的治疗，而骨显像对于显示病变累及范围、观察疾病活动状态和治疗反应具有独特的优势。

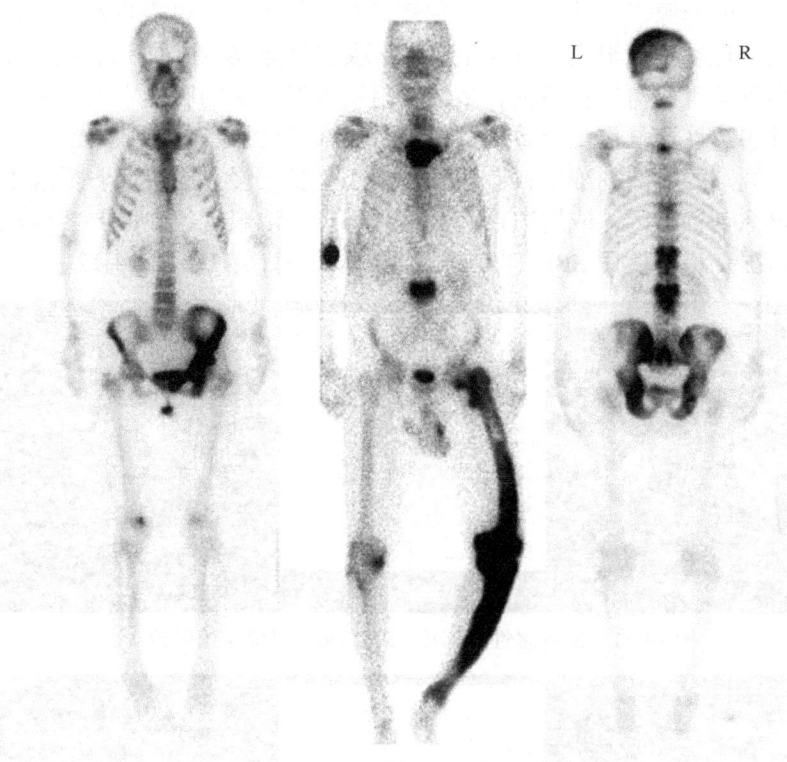

图14-10 三例Paget病骨显像

第四节 原发性骨肿瘤

一、分类与影像诊断

原发性骨肿瘤（primary bone tumor）60%起源于骨的基本组织（包括骨、软骨和骨膜），40%来自骨的附属组织（包括血管、神经、脂肪及骨髓网状内皮系统），种类繁多，分类方法也有多种，但目前世界卫生组织（WHO）提出的分类方法仍是临床的主要参考依据。多种骨肿瘤的发生率、好发部位及好发年龄在不同的国家、地区和种族之间存有明显差异，我国骨肿瘤中发病率最高的良性肿瘤是骨软骨瘤，其次为骨巨细胞瘤和软骨瘤；恶性骨肿瘤发生率最高的是骨肉瘤，其他较常见恶性骨肿瘤为软骨肉瘤、尤文肉瘤、骨髓瘤、恶性骨巨细胞瘤等。值得注意的是，由于骨肿瘤的临床、病理和影像表现均十分复杂多变，一直是临床诊断的难点，骨肿瘤的诊断历来强调临床、病理、影像三结合的原则。尽管组织病理学诊断一般是病变的最后诊断，但单凭组织学表现仍存在鉴别诊断困难的问题，常需要结合临床和影像表现才能获得正确诊断，反之亦然。

骨肿瘤的影像诊断中X线片一直起着重要的作用，CT对确定肿瘤边界、明确肿瘤与软骨及关节腔的关系很有帮助，MR则在观察病变髓内及软组织浸润方面具有优势。通常认为骨显像对原发肿瘤术前诊断的价值是有限的，不是必需的检查手段，它的主要作用是用于与骨转移性肿瘤进行鉴别诊断、了解原发骨肿瘤有无其他部位转移、观察放疗疗效以及进行治疗后的长期随访。但临床应用发现，肿瘤对显像剂的摄取状况也可为早期诊断提供一定的参考：一般起源于骨基本组织的肿瘤具有成骨特性，可表现对骨显像剂的摄取，其中恶性肿瘤摄取程度一般很高，而良性肿瘤摄取相对低或不摄取，骨显像比较 X 线检查更易观察肿瘤内骨的生成与矿化特征；多数骨附属组织来源的肿瘤本身并不摄显像剂，但恶性肿瘤由于其渗透性溶骨作用导致周边的成骨反应或骨膜新骨形成，常可见肿瘤周边骨出现偏侧性、不规则的显像剂浓聚；良性肿瘤由于生长缓慢，周边成骨反应不明显，多表现边界清晰的显像剂稀疏区，或周边伴有轻度"环形"浓聚现象，但要客观地评价肿瘤对显像剂的摄取状况，最好使用 SPECT/CT 显像技术（图 14-11、图 14-12）。

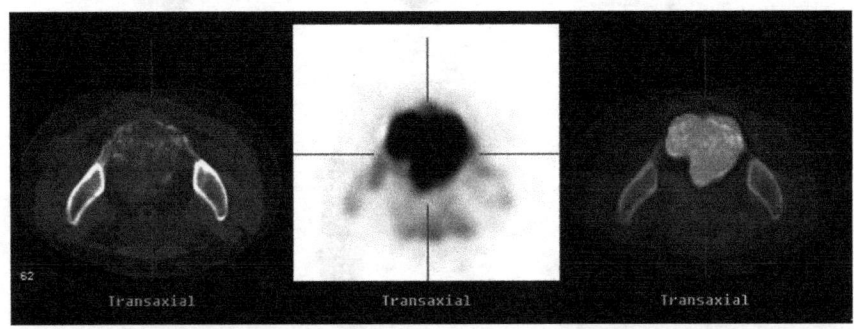

图 14-11　骶骨恶性骨肉瘤 SPECT/CT 显像（俯卧位）

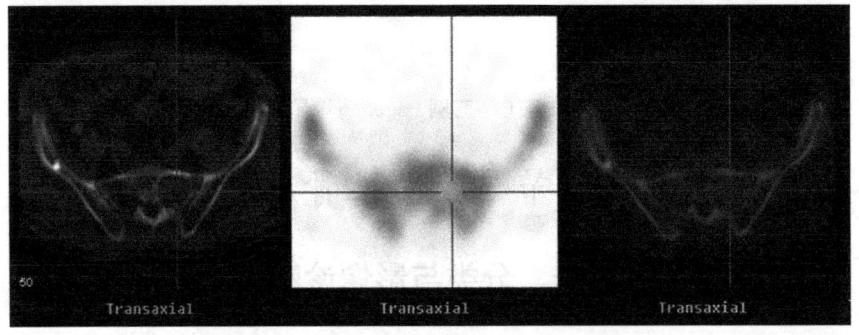

图 14-12　骶骨神经纤维瘤 SPECT/CT 显像

二、骨软骨瘤

骨软骨瘤（osteochondroma）是骨发育异常所形成的软骨赘生物，来源于软骨化骨的骺板外周部分，是临床最常见的良性骨肿瘤，占良性骨肿瘤的 40%~50%，占所有骨肿瘤的 12%~25%。通常在青少年发现，男性居多，可发生于任何软骨化骨的部位，以四肢长骨干骺端、骨盆骨和肩胛骨多见，病变可单发，亦可多发，多发者有家族性。一般无症状，除非肿瘤压迫了附近的肌肉、神经和血管时会引发相应症状。

骨软骨瘤典型的 X 线表现为长管状骨表面骨性突起，皮质与受累骨相连，髓腔相通，外形呈结节状或菜花样，带有蒂或较宽广基底，可见不规则钙化斑，CT 检查可观察到肿块有一较薄的软骨帽，有助于与软骨肉瘤相鉴别。骨显像中骨软骨瘤可表现对显像剂的不均匀性摄取（图 14-13），显像剂摄取程度与软骨的骨化程度有关，软骨帽也可摄取显像剂。

一般骨成熟以后肿物停止生长，若患者年龄超过 30 岁，而肿物表现持续性显像剂高摄取，则是肿瘤恶变的一个重要征象。

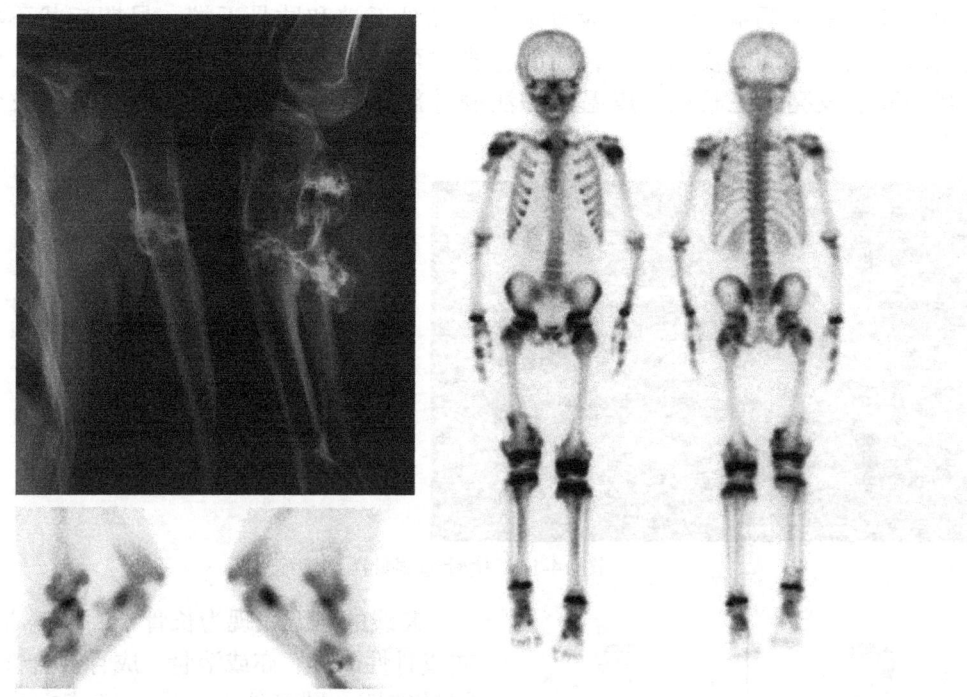

图 14-13　多发性骨软骨瘤患者的 X 线片及骨显像

三、骨巨细胞瘤

骨巨细胞瘤（giant cell tumor of bone）大部分为良性肿瘤，部分生长活跃，极少数一开始就是恶性。肿瘤由成片的卵圆形或纺锤形单核基质细胞均匀分布于多核巨细胞之间组成，具有局部侵袭性，镜下根据单核细胞和多核巨细胞的组织学特点分为三级：Ⅰ级为良性，Ⅱ级为过渡类型，Ⅲ级为恶性。骨巨细胞瘤在我国的发病率高于西方国家，占所有原发性骨肿瘤的 20%。好发年龄为 20~40 岁，性别上无明显差异。病灶一般表现为单发，可发生于全身骨各处，多见于股骨远端、胫骨近端、桡骨远端、肱骨近端和骶骨等。患者早期可无症状或仅有间歇性轻微疼痛，随肿瘤生长疼痛逐渐加重并呈持续性，当病变穿透骨皮质形成软组织肿物时则肿胀明显并可触及肿块，局部皮温升高，静脉显露，长骨骨端肿瘤可造成关节功能障碍，脊柱肿瘤可压迫神经或脊髓出现相应的神经放射痛或截瘫。骨巨细胞瘤一般生长缓慢，但当突然生长迅速，由隐痛、钝痛变为持续性疼痛或伴有贫血、消瘦等情况时，多提示恶变。

X 线检查可见病变呈偏心膨胀性溶骨性破坏，一般边界清楚，病灶周围可有一反应性薄层骨壳，壳内壁可有骨嵴突出于病灶内，形成所谓的"皂泡样"改变，而此特征在骨显像中也可观察到（图 14-14）。

四、骨　肉　瘤

骨肉瘤（osteosarcoma）由肉瘤性成骨细胞、瘤性骨样组织和肿瘤骨构成，是最常见的原发恶性骨肿瘤，国内报道占骨原发恶性肿瘤的 41.6%，所有原发骨肿瘤的 19.1%。

骨肉瘤好发于骨骼迅速生长的青春期，最多见于 10~20 岁，男性多于女性。目前发病原因不明，但认为 Paget 病和放疗病史可能是增加骨肉瘤发生率的因素。病变最多见于四肢长骨的干骺端，尤其是股骨远端、胫骨近端和肱骨近端，早期症状不典型，晚期出现持续性疼痛，夜间为著，局部肿胀并可触及质地中等或坚硬的肿块，皮肤可出现张力高、发亮、色暗红、皮温高和浅静脉怒张，局部骨质破坏严重时可发生病理性骨折。

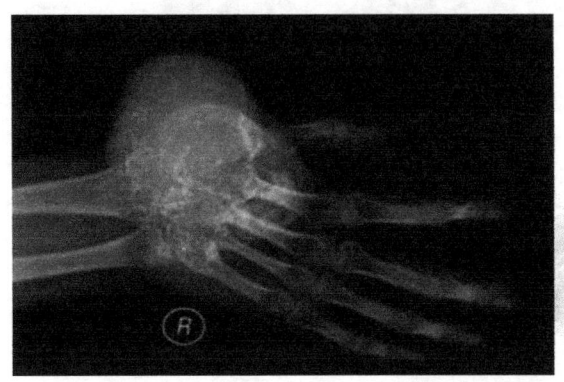

图 14-14 桡骨远端骨巨细胞瘤

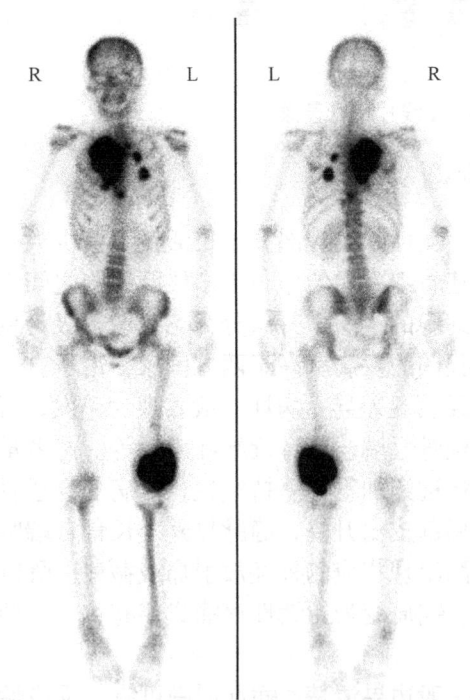

图 14-15 左股骨下端骨肉瘤伴双侧肺内转移

X 线的典型表现为长骨干骺端偏心性溶骨性或成骨性改变，亦或溶骨、成骨混合性边界不清的骨破坏，同时伴有不同程度或方式的骨膜反应，肿瘤可突出于骨骼外形成软组织肿块，其内有不同程度的钙化。少数情况下肿瘤可在骨内非连续性生长或跨越临近关节，形成跳跃性病灶。由于骨肉瘤肿瘤细胞产生数量不等的新生骨样组织且血供丰富，骨显像中原发病灶和转移病灶均表现对显像剂的高度摄取（图 14-15），因此，骨显像对转移病灶的检出具有很高的特异性。骨肉瘤发生肺转移很常见，且与预后相关，但在肺转移诊断中要注意：一些平面显像中与肋骨重叠的病灶可能被错认为肋骨转移；而一些可被 CT 检出的无明显矿化的病灶或小病灶可能在骨显像中被漏诊，所以骨显像阴性不能作为除外肺转移的依据。临床上还可通过骨显像来评价肿瘤对化疗的敏感性，通常术前化疗敏感者术后继续实行化疗可取得更好的治疗效果。

五、软 骨 肉 瘤

软骨肉瘤（chondrosarcoma）是源于软骨细胞的原发性恶性肿瘤，发生率仅次于骨肉瘤。国内软骨肉瘤占原发恶骨肿瘤的 19.7%，占原发骨肿瘤的 9%。主要发生在 30~60 岁人群，儿童少见。据国外统计病变易发生于扁骨，而国内以股骨多见。软骨肉瘤分为中央型（髓内型）和周围型（表面型），中央型多为原发，而起自原先存在的良性病变（如骨软骨瘤）则为继发性。本病临床表现不一，有些生长缓慢，有些高度恶性，发现时已伴有转移，主要症状为疼痛和软组织肿块。

髓内型软骨肉瘤 X 线表现为：髓腔膨胀伴骨皮质增厚及不同形状的钙化斑，骨破坏形式多样，可有骨皮质受侵、软组织肿块。周围型软骨肉瘤通常发生于骨软骨瘤的恶变，而区分骨软骨瘤是否恶变，需依靠多种影像的综合判断，软骨帽变大、其下不规则点状钙化、骨软骨瘤内部的透光区、软组织肿物和邻近骨的破坏等都是骨软骨瘤恶变特征。肿瘤组织钙化特性可表现对骨显像剂的摄取，因此骨显像可用于确定肿瘤边界和发现转移病灶。通常软骨肉瘤对显像剂的摄取高于骨软骨瘤，与骨肉瘤相近。对骨软骨瘤来说，骨显像如果没有显像剂浓聚表现，实际上可以除外骨软骨瘤的恶性转化的可能性。

六、尤 文 肉 瘤

尤文肉瘤（Ewing sarcoma）是一种高度恶性、非成骨性原发骨肿瘤，组织学上由小圆细胞构成，没有骨样基质的产生。常发生在扁骨和长管状骨的骨干，青少年为发病高峰人群，放射治疗敏感。同其他恶性肿瘤一样，疼痛和肿胀是大多数患者的首发临床表现，但有相当一部分患者可出全身症状，如出现间断性低热、白细胞升高、血沉加快、贫血等。

X 线检查常见边界不清的侵润性或虫蚀样骨破坏，伴有层状骨膜新骨形成，呈现葱皮状骨膜或放射状骨针，同时可见巨大的软组织肿块。骨显像中可见肿瘤累及部位显像剂浓聚现象，但若采用分辨率较高的局部平面显像或断层显像会发现，显像剂异常浓聚主要出现于肿瘤周边的骨膜反应部位，而肿瘤实体部分一般不摄取显像剂。

七、多发性骨髓瘤和浆细胞瘤

多发性骨髓瘤（multiple myeloma，MM）是浆细胞异常增生的恶性肿瘤，骨髓内有大量异常浆细胞产生，引起骨骼疼痛和破坏。其发病年龄范围较宽，大部分集中在 50~70 岁。脊柱、骨盆、胸部等的疼痛是主要临床症状，随疼痛而来的是多部位的肿块、畸形、神经压迫症状及病理性骨折，同时会发现全身骨质疏松、贫血、高钙血症、低蛋白血症和肾功能损害。实验室检查在诊断中具有极其重要的意义，血沉增快、C 反应蛋白增高、血清球蛋白比例失衡、球蛋白（尤其是单链球蛋白）升高均有助于与转移性骨肿瘤相鉴别，而尿中本周蛋白的出现有诊断意义。

骨髓瘤的骨骼病理过程呈现为一个纯粹的溶骨表现，即病变表现为单纯的溶骨性破坏，病变可弥漫性累及全身各骨，最常侵犯的是中轴骨和四肢骨近端，X 线检查可见片状或细小的骨破坏，颅骨受侵时表现多发、边缘较清楚的圆形穿凿样改变，脊柱常见弥漫性骨质疏松和多发性压缩性骨折。临床上通常将骨显像用于观察全身骨受累情况，但值得注意的是，多发性骨髓瘤在骨显像中可有不同表现形式：最常见的表现是全身散在或弥漫分

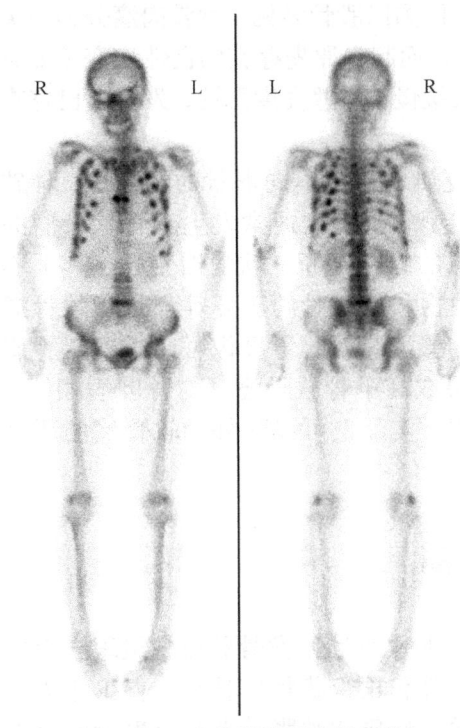

图 14-16 多发性骨髓瘤骨显像

布的多发点状显像剂异常浓聚灶,以肋骨最多见,同时伴有脊柱一字形浓聚(图 14-16),这可能与骨髓瘤小病灶破坏区外皮质形成膨胀变薄的包壳以及严重骨质疏松所致的骨折有关;然而同样的弥漫性细小骨破坏,骨显像有时仅显示出其中的少数病灶,甚至出现假阴性,这与骨髓瘤以骨质破坏为主要病理过程而无明显成骨活性有关,此时若使用亲肿瘤显像可能有助于病灶的检出;只有当较大的溶骨性病灶出现时,骨显像才可见到显像剂稀疏、缺损区。

与多发性骨髓瘤相对应的是只有单发性病灶出现,被称之为孤立性浆细胞瘤,此种情况相对较少见。一般认为孤立性浆细胞瘤是多发性骨髓瘤的早期阶段,但也有人认为单发性病灶是以独立类型存在,极少发生播散,手术切除和放疗有治愈的可能。孤立性浆细胞瘤在骨显像中一般表现为显像剂分布稀疏、缺损区,常伴有周边不规则显像剂异常浓聚。

第五节 其他骨骼良性骨病变

一、假体松动与感染

随着人工关节置换术(arthroplasty)的普及,术后并发症的问题越来越受到临床重视,其中假体的松动与感染是最常见的术后并发症。发生假体无菌性松动的主要原因是假体和植入材料在界面上的磨损产生碎屑,其次是假体固定后的应力遮挡,它们共同的结果是造成骨吸收、溶解,最终导致假体部件的松动。关节置换术后的假体周围感染则是由致病菌引起,早期感染多与手术有关,晚期感染则大部分由其他部位的感染经血行播散所致。二者临床表现均为关节疼痛和活动障碍,但后续治疗却大不相同,对于假体松动,行一期假体再植术即可使症状缓解、功能恢复;对于感染的假体则需先以抗生素或手术治疗控制感染后,再行二期假体再植术,故正确判断假体周围是否存在感染对治疗方案制定至关重要。X 线片检查可依据骨与骨水泥界面放射性透光区的程度与范围判断是否存在松动,但不能判断是否存在感染,且发生感染的假体通常都伴有松动。由于金属假体植入限制了 CT、MRI 的应用,故核素显像对假体置换术后感染与松动的鉴别诊断起着重要的作用。

尽管 ^{111}In 或 ^{99m}Tc 标记的白细胞及 ^{67}Ga 等炎症显像对假体松动与感染的鉴别具有较高的价值,但其国内临床应用受到一定的限制,目前临床上更多使用的是 ^{99m}Tc-MDP 骨显像。以往认为假体松动在骨显像中表现假体两端出现点状放射性浓聚,而当出现沿骨皮质分布的放射性浓聚时则提示感染,但事实上以此判断假体感染的准确性并不高,因为许多正常置换后假体可见到假体两端的点状浓聚,而一些沿骨皮质分布的放射性浓聚现象也可见于假体及填充物磨损产生的碎屑作用于周围骨所产生的非特异性炎症反应。由于非特异性炎症反应一般不会累到周围软组织,而感染所产生的炎症反应会更明显地反映在假体周围的滑膜及软组织,甚至形成脓肿和窦道,这种现象可反映在血流灌注改变上,故鉴别假体感染与松动应采用三时相显像。假体感染的典型征象为早期的血流、血池相显像可见假体周围软组织出现异常显像剂浓聚,延迟相显像可见假体周围骨骼显像剂摄取增高(图14-17),其中血流、血池相更具诊断价值。临床研究表明,三时相骨显像用于假体感染与松动的鉴别诊断时,其诊断准确性并不逊于炎症显像。

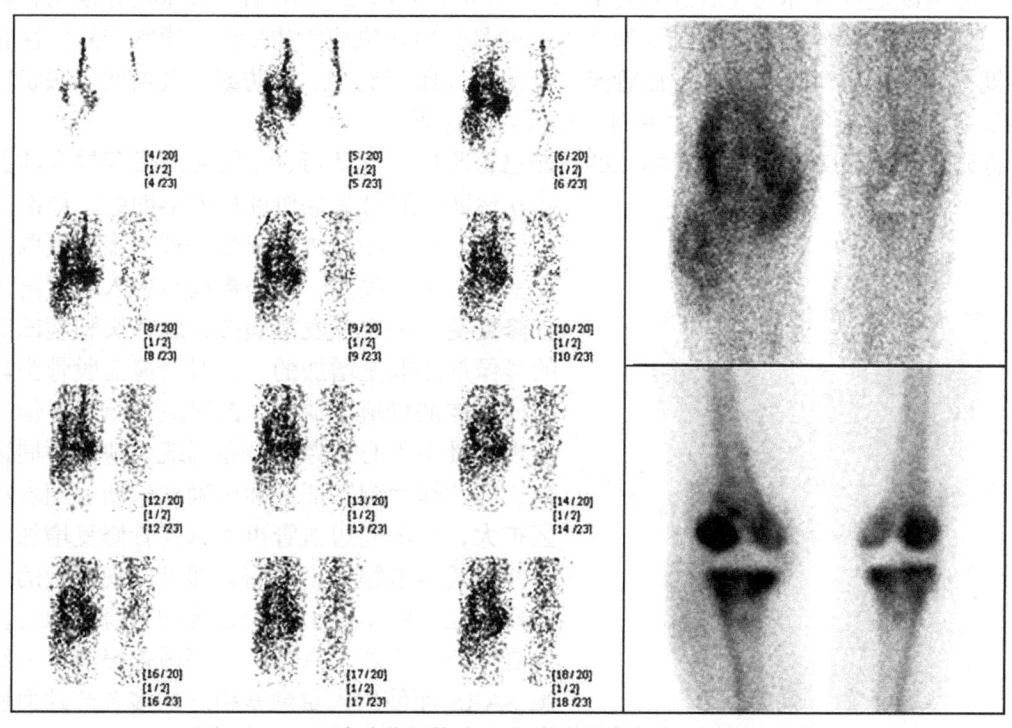

图14-17 双膝关节置换术后右膝关节感染的三时相骨显像

二、骨 创 伤

骨创伤(bone trauma)的影像学检查法目前仍首选X线检查,但当X线检查结果阴性或可疑时,三时相骨显像对骨折的检出具有重要价值。骨折发生后骨显像的特征性改变是反映在血流、血池相中的局部血流灌注增加和反映在延迟骨相中的骨血运、代谢的增高。通过骨显像可帮助了解创伤部位骨结构和血管分布状态的改变,同时可监测骨折修复和愈合的全过程。一般骨折发生后血流相阳性可持续至骨折后4周,血池相阳性可持续8周,而骨显像阳性可持续至4~24个月。

明显的外伤性骨折发生时,常规X线光片就能够确诊和发现绝大多数骨折部位,通常无需骨显像检查。但对于一些X线片难以发现的肋骨的骨折、手或足等部位的微小骨折,以及发生于运动员或舞蹈演员的因局部重复应力所致的应力性骨折等,骨显像对诊断和治疗都具有非常重要的作用,同时还可用于监测骨骼修复和愈合情况。骨显像对近期和陈旧性骨损伤亦可进行鉴别,一般骨近期损伤多表现显像剂聚集且较明显,而陈旧性骨损伤一般显像剂摄取无明显增高,但有时陈旧性损伤摄取显像剂增高亦可持续若干年。此外,当发生股骨颈骨折后,骨显像可用于观察股骨头血供变化情况,若患侧股骨头表现显像剂分布减低,说明骨折过程中已损伤其供血血管,即便将股骨头复位固定,随后也会因缺血而出现骨坏死,故此种情况下应考虑行股骨头假体置换术,但若股骨头部位摄取显像剂正常,则可行单纯的复位固定术。

三、缺血性骨坏死

股骨头缺血性骨坏死（avascular necrosis of femur head,ANFH）临床较为常见,其发病原因是股骨头营养血管中断或闭塞而引起股骨头血液供应障碍所致,通常与外伤性骨折或长期服用类固醇激素、酗酒、血管炎、糖尿病性血管病变、脂肪或空气栓塞、镰状红细胞性贫血等因素有关。发病可为单侧,亦可双侧受累。

骨显像用于股骨头缺血性骨坏死的诊断已被临床广泛认可,可在 X 线发现异常前数月

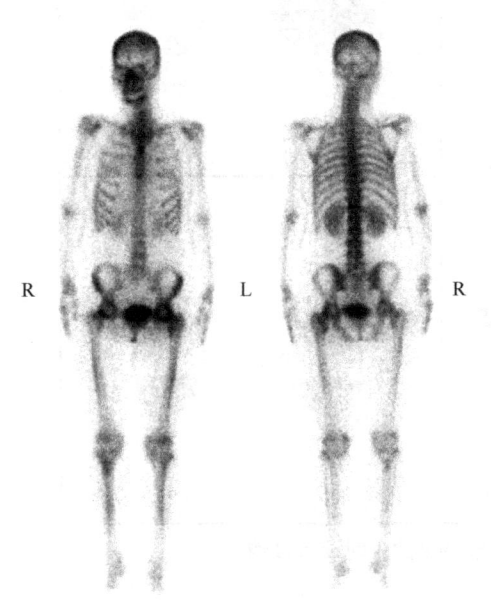

图 14-18　股骨头缺血性骨坏死骨显像

确立诊断。股骨头缺血性坏死早期由于局部血供减少,发病 48 小时内骨显像表现显像剂摄取减少而呈"冷区"改变,发病数周后进入血管再生和骨修复期,加之并发滑膜炎,股骨头和髋臼部位的显像剂摄取是增加的,有时会掩盖股骨头坏死区的显像剂稀疏、缺损,此时应行断层显像,若发现股骨头中心显像剂分布稀疏、缺损而周边浓聚,即"炸面圈"征,即可确立诊断。随着坏死区扩大,伴随周边血管再生以及骨修复增加以及合并的关节滑膜炎,平面像即可出现典型的"炸面圈"征（图 14-18）。骨显像的全身显像对多发性骨坏死的诊断很有帮助,国内曾报道过一组因患 SARS 而使用大量激素引起的多关节缺血性骨坏死的病例,在这组病例中,除髋关节以外,膝关节、踝关节、肩关节等都可发生缺血性骨坏死,对早期病灶的检出,骨显像的灵敏度与 MR 相同,但全身成像对多部位病变的检出显示出优势。

四、急性骨髓炎

急性骨髓炎（acute osteomyelitis）是常见的骨科感染性疾病,多见于小儿,成人较少见。由于长骨的干骺端血流丰富,最易遭受血源性细菌的侵犯,急性骨髓炎发生后可造成局部水肿和髓腔内的压力增大,致使局部血流量减少,导致骨髓组织坏死。若感染进一步侵犯到骨皮质和骨膜便会引起骨炎和骨膜炎和（或）骨膜下脓肿,此时若得不到及时有效的治疗,骨感染会进一步加重,引起骨皮质坏死,纤维增生和新骨生成,或转换为慢性骨髓炎。由于该病的发病初期全身症状可呈急性败血症表现,局部有疼痛、肿胀,临床表现可与软组织感染相似,故应注意鉴别诊断,因为二者治疗方案有所不同。目前在急性骨髓炎的早期诊断中,MR 的临床应用最为广泛,其良好的软组织分辨率易于显示髓腔内的早期病理改变,对骨髓炎与软组织感染的鉴别也具有很高的特异性；CT 主要用于观察骨皮质破坏程度、是否有坏死骨形成、骨间是否有气体等；核素骨显像对急性骨髓炎的早期诊

断也具有很高的价值,在发病后的 24 小时内即可发现骨血运、代谢的异常,而 X 线检查在感染后 1~2 周内无法及时地发现感染部位的骨质破坏和新骨形成。骨显像特别适用于对小儿需进行全身观察的情况,由于新生儿的免疫功能尚未发育成熟,一旦出现骨骼感染,病原菌容易突破干骺端而扩散,所以新生儿骨髓炎多为全身骨骼多发性病灶,因此新生儿骨显像时应采集全身骨骼图像。

急性骨髓炎诊断时要采用三时相显像,其特征性影像表现为:受感染部位区域在血流相和血池相中表现局部显像剂摄取增高,延迟相见骨骼局灶性显像剂异常摄取更加明显。但有时也可见到显像剂分布呈明显稀疏或缺损性表现,这主要是由于被感染部位的骨髓内压力增大或局部骨皮质血流中断,造成局部骨骼的缺血性变化所致。此外,在病变骨同侧的一些其他骨骼的近关节部位(如股骨头、骶髂关节等)有时也可见显像剂摄取增高表现,这可能与患侧肢体整体血运状况的改变有关(图 14-19)。与之相比较,软组织感染则表现为血流相和血池相见病变区显像剂摄取明显增强,但随时间的延长而逐渐减低,延迟骨显像中仍可见显像剂弥散分布在软组织内,而相应区域骨骼无明显局灶性异常摄取。

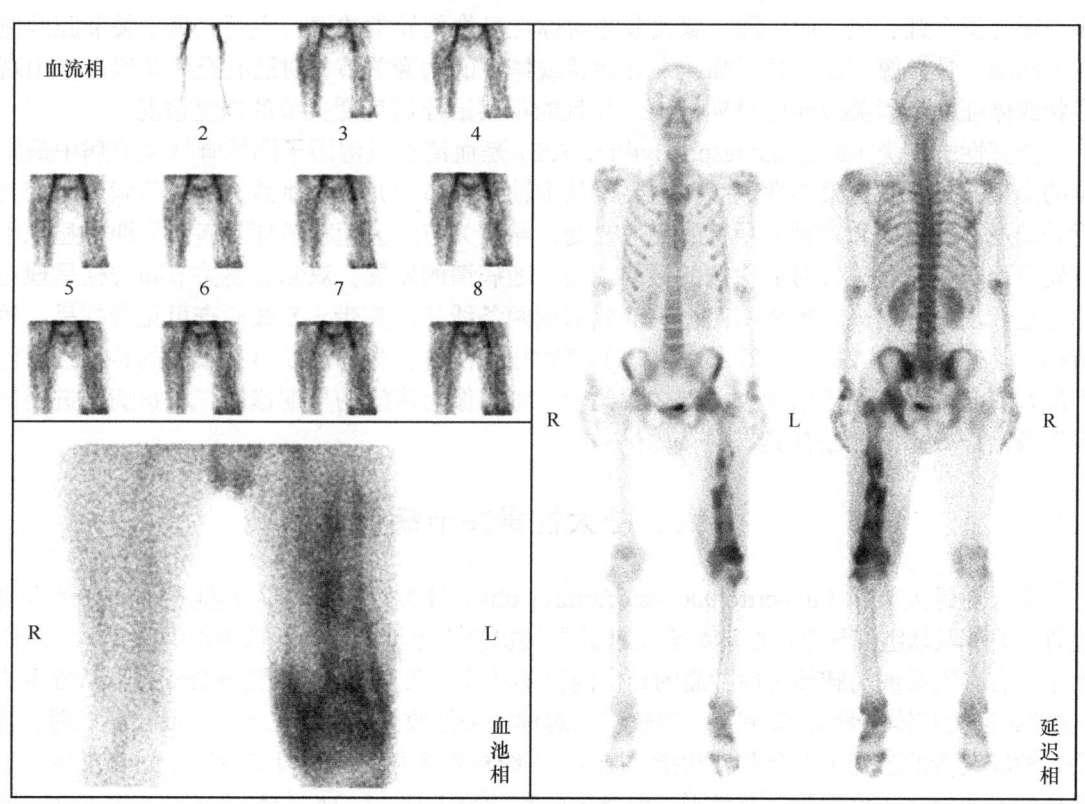

图 14-19　急性骨髓炎骨显像

五、骨关节疾病

骨关节疾病的类型较多,不同类型之间有明显的重叠,目前尚无统一的分类方法,但大致可归为两大类——炎性和非炎性,前者又可进一步分为感染性和非感染性。关节疾病的临床表现多为关节疼痛及运动障碍,多关节受累时有可能表现为定位不明的骨痛。对于观察关节结构的改变,X 线及 MR 起着重要的作用,而骨显像在临床中的主要作用为:观察病变累及的部位和范围（主要病变累及大关节还是小关节？分布是否两侧对称？）以辅助临床确立诊断；定位疼痛部位；评价疾病活动状态即观察治疗效果；与骨的恶性疾病（如骨转移瘤等）进行鉴别诊断。

骨关节炎（osteoarthritis）是一种关节内软骨退行性改变和反应性骨质增生性疾病，在中老年人群中普遍存在。病变可累及四肢骨关节、骶髂关节、脊柱等，基本呈对称性分布。骨显像在骨关节炎的表现并不确定，显像剂的摄取多少与新骨的形成时间有着直接联系，新骨形成过程中显像剂摄取明显增高；当新骨停止生长时显像剂摄取可轻度增高或正常。临床骨显像中有时需将发生于椎体的骨关节炎与骨转移相鉴别，此时SPECT/CT具有重要的价值，若显像剂浓聚位于椎体边缘，同时相应部位CT于见骨质增生性改变则提示为骨关节炎；若显像剂浓聚于椎体内，并有向椎弓根侵及倾向，即便CT未见到骨质破坏，但无骨质增生证据，亦可诊断为骨转移。

类风湿关节炎（rheumatoid arthritis，RA）是一种自身免疫性疾病，致残率较高，该病的早期诊断、早期治疗和抑制疾病进程是避免患者发生伤残的关键。类风湿关节炎骨显像多表现为指、趾、腕、肘、踝、膝关节的对称性显像剂异常浓聚，主要聚集于关节腔两侧骨干骺端。骨显像不仅可显示临床上有症状或体征的病变关节，对已有炎症及但尚未出现症状或体征的受累关节亦能早期检出，并且能观察治疗后病变关节的恢复情况。

强直性脊柱炎（ankylosingspondylitis，AS）是血清类风湿因子阴性脊柱关节病中最常见的类型，具有家族聚集性。病变主要累及中轴骨关节，尤其是骶髂关节。其病理改变为附着端炎，滑膜炎和软骨下骨板的炎性改变，导致关节的大面积破坏。病变早期骨显像中首先可见双侧骶髂关节对显像剂的摄取增高，随病情的发展，双侧骶髂关节和脊柱呈现对称性显像剂摄取增高，椎体两侧小关节处形成两条线样增高带。X线检查可见脊柱呈"竹节样"改变（图14-20）。尽管X线或CT仅对强直性脊柱炎的诊断具有较高的特异性，但不能判断病变是否处于活动期，与之相比较，骨显像对疾病的早期诊断、观察病情进展情况以及治疗效果的判断都具有独特的优势。

六、肥大性骨关节病

肥大性骨关节病（hypertrophic osteoarthropathy，HOA）是一种因其他疾病而导致全身性骨、关节及软组织异常的临床综合征。其发病机制尚不清楚，通常认为组织感染、缺氧所产生的有毒物质或与肺部恶性肿瘤的异位内分泌功能有关。其病理改变包括骨膜下新骨生成（主要是远端肢体长骨）、关节及周围软组织对称性炎性改变（主要见于踝、膝、腕、肘）及手足神经血管的改变（常合并杵状指、趾）。X线检查可见四肢长骨有骨膜下新骨增生，呈葱皮状或花边状，可累及全部骨干，但骨皮质和髓腔正常。HOA分为原发性和继发性。原发性HOA即厚皮性骨膜病（pachydermoperiostosis）占3%~5%，是一种罕见的先天性家族常染色体显性基因遗传疾病，好发于男性青春期，有自限性；继发性HOA亦称肥大性肺性骨关节病（hypertrophic pulmonary osteoarthropathy，HPO），可伴发于多种肺内或肺外疾病，主要与胸部恶性肿瘤和肺部炎症性疾病有关，并多发生于分化程度较低的周围型肺癌。

肥大性骨关节在骨显像中具有特征性影像表现：四肢长骨骨皮质显像剂摄取对称性增浓，呈"double strips sign"（参见图14-6），且以远端骨为著，四肢骨关节周围（如膝关节、踝关节）亦可见对称性显像剂浓集现象。临床骨显像中出现上述影像表现常见于肺癌患者，由于肺癌患者出现骨痛时既可由骨转移引起,也可以是 HPO 所致,所以骨显像可为鉴别诊断提供帮助,但有时也可见骨转移病灶和 HPO 并存的情况。HPO 可随肺部疾病好转而消失,若临床随访中发现 HPO 消失后又再次出现,常提示肺部疾病可能有复发。

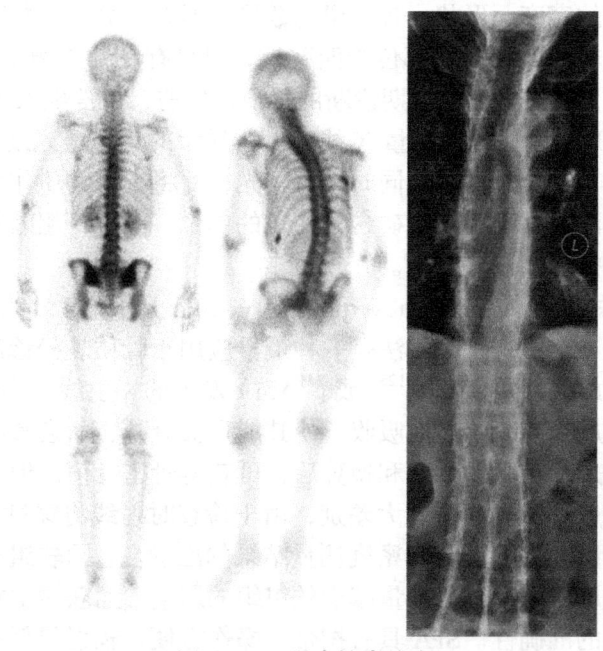

图 14-20　强直性脊柱炎

七、反射性交感神经营养不良

反射性交感神经营养不良(reflex sympathetic dystrophia,RSD)是一类因各种原因所致的神经损伤性综合征,其发病原因不明。在受损神经支配区域,局部组织的反应会诱发各种活性物质的释放,引起受损神经的广泛性自我调节。而异常的神经自主调节可使其支配的局部组织血管出现广泛的收缩或舒张。最常见此类疾病为祖德克萎缩(Sudeck's atrophy),即创伤性急性骨萎缩和手肩综合征(shoulder-hand syndrome)。临床表现为病变区域有疼痛、皮肤皱缩、水肿、肌肉萎缩等症状和体征。三相骨显像可用于本病的诊断和疗效评价。其血流相和血池相分别显示局部血流灌注轻度增加和弥漫性显像剂分布增高,关节部位更加明显;延迟相示病变区显像剂分布弥漫性增高,而关节处有异常的显像剂浓聚。

第六节　骨密度测定

骨量是骨有机质和骨矿物质含量的总和。人类骨量随年龄增长在不断地变化着,通常分为三个主要时期:骨发育成熟期(骨量达到骨峰值)、中年骨量维持期和老年骨量丢失期。骨量的丢失会引起各种骨关节疾病,如骨脆性增加、骨折等,故对骨量变化的准确测定,可为早期诊断疾病、制订治疗方案、疗效观察以及评价治疗效果提供积极有效的参考信息。目前,临床上常规将骨矿物质含量即 BMD 测量来替代骨量测定。骨密度(bone mineral density,BMD)测定是诊断骨质疏松症的基本检查法。随着人民生活水平提高以及社会对老年性疾病重视度提升,BMD 已被临床普遍用于骨质疏松症的诊断。

一、原理和方法

1. X 线吸收法（radiograph absorptiometry，RA） 这种方法应用较早，即从普通 X 线骨骼片观察患者骨骼的密度、形状，骨小梁的数量、形态及分布，判断是否有骨矿物质的丢失和骨质疏松的存在，常用检测部位为四肢骨。但只有在骨矿物质丢失到 30%~50% 时才能发现异常。因此，也就失去了早期诊断的价值。目前，在常规 X 线骨骼检查中加用了计算机技术，可应用光密度原理来测量 X 线片上所显示的骨骼透光度；同时应用一已知厚度的参考对照物质，与受检骨骼部位同时进行曝光，并将参照物质作为定量比较，可增加诊断的准确性。该方法适用于尚无骨矿含量测定的单位，能进行粗略的骨矿含量估算，但不适用于科研、药物疗效判断等方面。

2. 单光子吸收法（single photon absorptiometry，SPA）**和单能 X 线吸收法**（single X-ray absorptiometry，SXA） 单光子吸收法是一种最早应用于骨质疏松诊断，且具有定量数据的方法。其原理是当放射性核素源（^{125}I 或 ^{241}Am）发出的 γ 射线（28keV 或 59.3 keV）穿透骨骼组织时，由于局部骨矿物质的吸收，使其能量被衰减，而衰减程度与骨矿物质的含量成一定比例，在经过计算机的处理和换算后，可获得骨密度值。但 γ 射线被吸收的量将随局部组织性质和厚度的不同而有较大差别，由于检查时射线将穿过骨骼和周围软组织，而软组织对射线的衰减会直接影响骨密度测量结果的准确性。因软组织和水对 γ 射线的吸收量相接近，故可利用水浴的方法尽量减少软组织的影响，而获得更加准确的骨组织吸收量，增加骨密度测定的准确性。SPA 具有携带、操作方便，辐射量低等优点，适于进行大范围的人群普查，其测定精确性和准确性较好，但仅能测量四肢皮质骨，不能分辨松质骨和密质骨。常用测量部位为尺桡骨中远段 1/3 交界处骨干。单能 X 线吸收法的原理与单光子吸收法相同，仅放射源不同，为单一能量的 40 keV 的 X 线。

3. 双光子吸收法（dual photon absorptiometry，DPA） DPA 的基本原理与 SPA 相类似，只是用释放两种不同能量 γ 射线的放射性核素替代了单一 γ 射线的放射性核素。常用放射源为 ^{153}Gd（^{153}钆，gadolinium 153），能释放两种不同能量的光子，分别为 44 keV 和 100 keV。两种射线在通过被测部位时会有不同程度的衰减，可将骨骼和软组织对射线的吸收量进行校正后，计算得出骨骼吸收量。常用测量部位为腰椎、髋骨、股骨近端和其他躯干骨。DPA 测定骨密度的精确性和准确性较高，能测量松质骨和密质骨，可消除骨髓和软组织对测量结果的影响。但其空间分辨率低，受测者接受的辐射剂量大，价格昂贵且费时，目前已被双能 X 线骨密度仪所取代。

4. 双能 X 线吸收法（dual energy X-ray absorptiometry，DEXA） DEXA 是由 X 线射线源发出两种不同能量的 X 射线，在其穿透人体组织时，局部骨骼对这两种不同能量的 X 射线有不同的吸收能力，经过计算机处理和分析两衰减值的差别就可获得骨矿物质的密度，而其结果能直接反映骨强度的程度。目前用于产生双能 X 线的球管有两种：能量转换 X 线球管和具有稀土滤过器的恒定潜势 X 线球管。DEXA 可测定全身任何部位，但常用测量部位为腰椎、股骨近端和前臂。由于测量中可获得两个线性衰减值，区分骨骼和周围软组织，从而能消除脂肪和其他软组织的影响，提高测量的准确性。DEXA 辐射剂量小，检测时间短，空间分辨率高，图像更加清晰，但其设备昂贵，检查费用高。目前，DEXA 已广泛用于骨密度的测定。

二、临床应用

1. 骨矿物质含量分析

（1）骨矿物质含量（bone mineral content，BMC）表示法：①骨量（bone mass）：是指骨骼组织的体积量，即骨的总体积减去相应的骨髓腔和哈氏管等腔隙体积后的数值。因骨基质中含有丰富且相对稳定的矿物质，在经相关设备的检测后，可得到骨矿物质含量（bone mineral content，BMC，g）或骨矿物质密度（bone mineral density，BMD，g/cm^2）等值，而 BMC 和 BMD 与骨组织的体积量有高度相关性，因此，临床经常用 BMC 或 BMD 表示骨量；②峰值骨量（peak adult bone mass）：采用流行病学方法分别对正常男性和女性人群进行骨密度测定，并计算各个年龄组（通常按照 10 年差距进行分组）的均值和标准差，最高平均骨密度值即为同性别人群的骨峰值。骨峰值一般在 25~35 岁；③骨折危险阈（fracture threshold value）：对正常老年人和近期发生过骨质疏松性骨折的老年患者进行骨矿物质含量的测定，并将结果用 Logistic 回归进行分析，获得骨矿物质含量与骨折危险性的相关性。当骨折危险性大于 20% 时，对应的骨密度值被称为骨折危险阈。在骨密度测量报告中，常用一条红线表示骨折危险阈，而位于该线以下的骨密度测定值说明此部位骨骼存有较大骨折危险性；④T 值和 Z 值：T 值表示受检者骨密度与同性别骨峰值的差别；Z 值表示受检者骨密度与同性别同年龄组平均值的差别，以此可以了解受检者在同性别同龄人骨密度中的状况，是判定骨矿含量的参考指标。

（2）骨矿物质含量影响因素：个体遗传基因对其骨骼的潜在强度发挥了较大作用，而生活方式也对骨皮质内钙盐的沉积有着一定的影响。其他影响因素还有：①年龄：人类在不同的生长发育阶段，其骨密度有较大差别。30~35 岁以前，人体骨密度会随着年龄的增长而增加，骨骼处于代谢旺盛阶段。进入 30~35 岁时，骨密度达到骨峰值。此后，骨骼中矿物质开始缓慢流失，但总体骨量保持相对稳定。当女性进入绝经期和男性 65 岁以后，骨转换率（turnover）明显加快，骨盐开始大量丢失。这些生理性变化会导致骨骼变得越来越不致密，出现骨质疏松；②性别：无论何种人群，女性的 BMC 均低于男性。45 岁后，女性体内的雌激素分泌明显减少，加速了骨质的流失。在其停经后，骨矿物质流失迅速加快。女性一生中将丢失骨总量的 50%，男性丢失 30%；③体重：体重越小，骨骼整体骨矿含量也就越少，反之亦然；④生活习惯：抽烟、酗酒、缺少运动、营养不良、咖啡因过量、蛋白质摄入不足或过量，维生素 D 不足或低钙高盐饮食等因素均会影响骨密度；⑤其他因素：长期服用皮质醇类药物、抗惊厥药和甲状腺激素等，以及卵巢切除，过早停经，曾有骨折等情况均可使骨矿物质含量减低。

（3）骨矿物质含量正常参考值：由于影响骨矿含量测定的因素很多，且不同地区、不同医院所用仪器、方法和测定的骨骼部位也有很大差别。因此，不同的骨密度测量室均有自己的正常参考标准。

2. 骨质疏松症（osteoporosis）的诊断 骨质疏松症是以骨量减少、骨组织微观结构退化为特征，导致骨脆性增加和易发生骨折的一种全身性骨骼疾病。

（1）骨质疏松症的诊断标准根据世界卫生组织（WHO）推荐的标准，以双能量 X 线吸收测量仪获得的 *T* 值（以骨密度测量值与同性别、同种族健康成人的骨峰值的平均值比较之标准差表示）为诊断参数，将测量结果分为以下几种：

1）正常：*T* 值≥−1SD。

2）骨量减少：−2.5SD<*T* 值<1−SD。

3）骨质疏松：*T* 值≤−2.5SD。

4）严重骨质疏松：T值≤-2.5SD，并有一处或多处脆性骨折。

我国老年学学会骨质疏松委员会诊断标准学科组提出以峰值骨量（M）为依据作为诊断标准：

1）正常：$M \geq -1SD$。
2）骨量减少：$-2SD < M < -1SD$。
3）骨质疏松：$M \leq -2SD$。
4）严重骨质疏松：$M \leq -2SD$，并有一处或多处脆性骨折。

该标准是依据双能量X线吸收测量仪所获结果而制定，用于成年女性，男性可做参考。目前，对骨质疏松症的诊断还有一种倾向，认为以骨密度仪所测量的骨密度值为主要依据，当其骨密度值与当地同性别的峰值骨量相比，减少1%~12%为基本正常，减少13%~24%为骨量减少，减少25%以上为骨质疏松，超过37%为严重骨质疏松。

（2）骨质疏松的分类：骨质疏松分为原发性骨质疏松症（primary osteoporosis）：Ⅰ型：绝经后骨质疏松症；Ⅱ型：老年性骨质疏松症；继发性骨质疏松症（secondary osteoporosis）：继发于各种疾病，如内分泌系统疾病、骨髓与造血系统疾病、药物的使用、营养障碍、慢性和先天性疾病以及废用性因素等；特发性骨质疏松症（idiopathico-steoporosis）：青少年骨质疏松症、青壮年成人骨质疏松症、妇女妊娠、哺乳期骨质疏松症。

不论是哪一种骨质疏松症，其病理改变均为骨矿物质含量的减少，引起骨皮质变薄、骨小梁变细、变小、数目减少，最终导致骨折。

目前，骨质疏松症已成为严重的社会和公共健康问题。随着全球人口老龄化程度的迅速加快，原发性骨质疏松症已成为老年人，尤其绝经后女性的一种常见病、多发病，且易并发骨折，造成严重的后果，这些都严重威胁着他们的身心健康，给社会和家庭带来了沉重的经济和生活压力。我国老年人口的绝对数占世界首位，并随着生活水平的不断提高和人口寿命的延长，老龄化问题日见突出，因此，骨质疏松症的早期预防和诊治也就显得更加紧迫和重要。而骨密度的测量将有助于骨质疏松症的诊断和骨折危险性的预测，达到早期预防、早期诊断和治疗的目的。

（3）骨质疏松性骨折的预测 骨折是骨质疏松的严重并发症。在正常情况下，骨骼组织的强度有75%~85%与骨密度（BMD）有关。因此，BMD降低是导致骨折的最重要因素之一，且BMD的降低程度与骨折危险性相平行。

一般认为，与正常值相比较，BMD每降低1SD，骨折的危险性可增加2~3倍。而且，低骨量伴有一个或多个骨折部位时，该患者再次发生骨折的危险性可增加25倍。研究显示，60岁以上人口的骨质疏松发生率为56%，而并发骨折者可达12%。

骨质疏松的常见骨折部位分别为前臂远端骨折（Colles骨折）、胸椎和腰椎的压缩性骨折以及股骨近端骨折（多为股骨颈骨折）。而股骨近端骨折患者的1年死亡率高达15%~20%，终生致残率为50%。

3. 各种内分泌及代谢性疾病的骨量测定 骨密度测定在内分泌和代谢性骨病上的应用较为广泛。许多内分泌和代谢性骨病都可影响钙磷的代谢和骨基质的形成，并通过多途径使骨量丢失和减少，引起继发性的骨质疏松症。其中，Cushing综合征易累及骨小梁，对小梁骨进行BMD测定更有临床价值；而肾性骨营养不良患者，以末端骨的骨量减少更为明显，椎体却呈正常或高值。

其他许多内分泌和代谢性骨病，如糖尿病、甲亢、甲状旁腺机能亢进症、药物治疗等也能引起全身骨骼内骨量的大量丢失和骨结构的改变。因此，在对内分泌及代谢性骨病患者进行 BMD 测量时，应有针对性进行多部位的 BMC 测量，对已确诊的骨质疏松患者，更有必要作 BMC 测定，其结果将有助于临床医师对治疗方案的制定和调整。

4. 评价儿童和青少年骨盐代谢状况　对儿童和青少年进行骨密度测量可判断骨龄和预测其成年后的身高参考值，并了解他们的生长发育状况，及时发现影响其生长发育的一些相关疾病。同时，也有助于对影响小儿正常骨化疾病的疗效评价。

5. 指导治疗及监测治疗效果　骨密度的测量可对骨质疏松症患者的治疗具有一定的指导意义。依据骨密度结果对骨质疏松症进行分度诊断，准确了解患者的骨质疏松症程度，并据此制定早期预防或治疗方案，以改善骨质疏松状况。

而许多妇女在绝经早期就已开始雌激素的补充治疗，能大大缓解女性的骨骼老化过程，并减少约 50% 的骨质疏松性骨折的发生。由于长时间的雌激素补充治疗可引发心血管事件的发生和增加乳腺癌的几率。因此，仅对骨量减少或有较高骨折危险性的患者使用雌激素治疗将会更为适宜。通过对服药者的骨密度监测，可以获得雌激素治疗的最佳剂量。

 学习要点与思考

1. 重点掌握骨骼显像原理及临床应所涉及的内容；常见恶性肿瘤骨转移的骨显像特征；常见代谢性骨病的骨显像表现。

2. 熟悉原发性骨肿瘤、骨感染性疾病、骨无菌性炎性疾病和人工置换关节术后评价；骨密度测定的基本原理与诊断标准。

3. 了解核素骨显像中常用图像采集方法。

（李思进　王　茜）

中英文对照

骨急性感染性疾病	acute infectious disease in bone
强直性脊柱炎	ankylosingspondylitis，AS
股骨头缺血性骨坏死	avascular necrosis of femur head，ANFH
工关节置换术	arthroplasty
良性原发骨肿瘤	benign primary bone tumor
血流相	blood flow phase
血池相	blood pool phase
骨密度	bone densitometry
骨量	bone mass
骨矿物质含量	bone mineral content
骨密度	bone mineral density
骨坏死	bone necrosis
核素骨显像	bone scintigraphy
骨创伤	bone trauma
乳腺癌	breast carcinoma
软骨肉瘤	chondrosarcoma
骨骼延迟相	delayed phase
炸面圈样表现	doughnut appearance

双能 X 线吸收法	dual energy X-ray absorptiometry
双光子吸收法	dual photon absorptiometry
尤文肉瘤	Ewing sarcoma
劳累性骨折	fatigue fracture
闪烁现象	flare phenomenon
骨折危险阈	fracture threshold value
融合图像	fusion imaging
骨巨细胞瘤	giant cell tumor of bone
甲状旁腺机能亢进症	hyperparathyroidism
肥大性肺性骨关节病	hypertrophic pulmonary osteoarthropathy，HPO
肥大性骨关节病	hypertrophic osteoarthropathy，HOA
特发性股骨头坏死症	idiopathic femoral head necrosis
特发性骨质疏松症	idiopathic osteoporosis
肺癌	lung carcinoma
恶性骨转移瘤	malignant metastatic bone disease
恶性原发骨肿瘤	maglinant primary bone tumor
骨转移瘤	metastatic tumor of bone
代谢性骨病	metabolic bone disease
鼠面征	Mickey Mouse sign
多发性骨髓瘤	multiple myeloma，MM
新生儿和儿童骨髓炎	neonatal and childhood osteomyelitis
畸形性骨炎	osteitis deformans
骨关节炎	osteoarthritis
骨软骨瘤	osteochondroma
骨软化症	osteomalacia
骨质疏松症	osteoporosis
骨肉瘤	osteosarcoma
Paget 病	Paget's disease
峰值骨量	peak adult bone mass
血流相	perfusion phase
绝经后骨质疏松症	postmenopausal osteoporosis
原发性骨肿瘤	primary bone tumor
前列腺癌	prostatic carcinoma
X 线吸收法	radiographabsorptiometry
反射性交感神经营养不良	reflex sympathetic dystrophia，RSD
局部显像	regional imaging
肾性骨病	renal osteodystrophy
类风湿关节炎	rheumatoid arthritis，RA
单光子吸收法	single photon absorptiometry，SPA
单能 X 线吸收法	single X-ray absorptiometry，SXA
应力性骨折	stress fracture
超级影像	superscan
截石位	tail on detector，TOD
三相骨显像	three-phase bone scan
断层显像	tomography
骨转换率	turnover of bone
全身骨骼显像	whole body bone scan

第十五章 骨髓淋巴显像

设问

临床上为明确血液病诊断，常需做骨髓穿刺活检，但当遇到病理结果与临床表现不符时，你知道还有什么方法可观察全身骨髓功能以助诊断吗？

那么它们是通过什么原理把疾病特征反映出来的？主要应用在哪些疾病诊断和鉴别诊断上？又有何优点和不足？本章节将引导大家学习和掌握这方面知识。

第一节 骨髓显像

骨髓显像（bone marrow imaging）以可显示全身功能性骨髓的分布、造血组织的总容量和各部位骨髓的功能状态为优势，成为诊治造血系统疾病的重要辅助手段。

一、原理和方法

（一）基本原理

骨髓显像的原理依其显像剂的不同而不同。一是基于网状内皮系统的骨髓显像。采用放射性胶体作为显像剂，其原理是骨髓间质中的单核/巨噬细胞能吞噬和清除放射性胶体物质而使骨髓显像。在正常情况和大多数病理情况下，单核吞噬细胞的分布和功能与骨髓造血细胞的分布和活性基本一致，通过单核/巨噬细胞显像可间接反映红骨髓的分布和造血功能。二是基于红细胞生成的骨髓显像。铁是红细胞生成过程中合成血红蛋白的主要元素。采用放射性铁作为显像剂，由于有相似的生物学活性，在红细胞生成过程中可以掺入红细胞，使骨髓显像，从而反映红细胞生成细胞的功能及分布。三是基于粒细胞的骨髓显像。骨髓中的粒细胞分散在红骨髓间质内，而且数量远高于外周血粒细胞（高达 50~100 : 1），利用粒细胞生成细胞骨髓显像（^{99m}Tc-粒细胞抗体、^{99m}Tc-白细胞等显像）既可显示骨髓粒细胞系的功能及分布，也可间接反映红细胞系的功能及分布。

（二）显像剂

1. 胶体类 ^{99m}Tc-硫化锑胶体、^{99m}Tc-硫胶体、^{99m}Tc-植酸钠（静脉注射后即与血中 Ca^{2+} 螯合成胶体，再被网状内皮细胞所摄取）。它们是临床最常用的骨髓显像剂，其中 ^{99m}Tc-硫化锑胶体颗粒更小，图像质量好。不足之处是这类显像剂可使肝脾明显显影，影响上段腰椎和下段胸椎骨髓显示。

2. 铁类 ^{59}Fe 或 ^{52}Fe-枸橼酸。它们是理想的骨髓显像剂，但 ^{59}Fe 发射高能 γ 射线，不适合显像要求；^{52}Fe 发射正电子，由加速器生产，需用 PET 仪器测量，因此 ^{59}Fe、^{52}Fe 临床应用受限。

3. 显示粒细胞生成的显像剂 这类显像剂主要包括 ^{99m}Tc-HMPAO-白细胞和 ^{99m}Tc-粒细胞单克隆抗体。其主要特点为肝脾摄取较胶体类显像剂明显减少，骨髓显影十分清晰。但由于技术相对复杂，目前尚未广泛应用。因此骨髓显像仍以放射性胶体应用最为广泛。

（三）显像方法

静脉注射显像剂后常规进行前、后位全身显像。对感兴趣部位可行多体位局部显像。常用显像剂剂量和显像时间见表 15-1。

表 15-1 常用骨髓显像剂及注射剂量

显像剂	注射剂量	显像时间
^{99m}Tc-硫胶体、^{99m}Tc-硫化锑 ^{99m}Tc-植酸钠	444~740 MBq（12~20mCi）	20~120min
^{59}Fe-枸橼酸铁	0.37~1.48 MBq（10~40μCi）	10~24h
^{52}Fe-枸橼酸铁	3.7~7.4 MBq（100~200μCi）	10~24h

（四）图像分析

1. 正常图像 正常成人主要见中心性骨髓（颅骨、脊椎、胸骨、肋骨、骨盆骨髓）显影，外周骨髓中仅肱骨和股骨近端 1/4~1/3 显影，显像剂分布左右基本对称。婴幼儿、儿童期四肢长骨骨髓和骨骺端因均有活性造血组织而显影，11 岁后四肢骨髓逐渐向心性萎缩，为黄髓替代；13 岁以后骨骺端残留少量活性骨髓显影，外周骨髓影与正常成人相同。由于胶体主要聚集在肝脾，使之部分肋骨和下胸椎影像与其相叠而难以区分。

2. 异常图像

（1）中心骨髓和外周骨髓皆显影不良，甚至不显影。提示全身骨髓造血功能受抑制。

（2）中心骨髓显影不良伴肱骨及股骨骨髓向远心端扩张显影（称外周骨髓扩张）。提示中心骨髓功能受抑制，外周骨髓代偿增生。

（3）骨髓局部显像剂减少、缺损或增高。提示局部骨髓功能减低、受抑或增高。

（4）骨髓显影不良，骨髓以外的脏器如肝、脾出现整体或局灶性显像剂增加。提示髓外造血，是一种代偿现象。

二、临床应用

（一）协助选择骨髓穿刺和活检部位

在一些非均一性骨髓疾病中，局部骨髓穿刺或活检往往导致病理结果与临床表现不完全一致。核素骨髓显像可显示全身骨髓分布及造血功能，提供最有代表性的活检部位，以提高骨髓穿刺检查的可靠性，它也是血液系统等疾病诊断与鉴别诊断的重要手段。

（二）血液病

1. 再生障碍性贫血 再生障碍性贫血（简称再障，aplastic anemia）是以全身造血组织显著减少、功能衰竭并在受抑制的骨髓组织中可有散在岛状增生灶为特征表现的血液病。骨髓显像表现为多样性，对判断骨髓功能受损程度、估计预后、确定代表性穿刺部位具有实用价值。

（1）荒芜型：全身骨髓不显影（图 15-1）。多见于重度再障，患者发病急，病程短，预后极差。

（2）抑制型：全身骨髓弥漫性或不均匀性活性减低。多见于部分重度再障及轻度再障，临床往往多次、多部位骨髓穿刺或活检失败，患者常规治疗效果较差。

（3）灶Ⅰ型：全身骨髓活性减低，但在中心或外周骨髓中出现界限清晰的岛状活性增高区，此为代偿表现。多见于慢性再障，患者经常规治疗预后多较好。

（4）灶Ⅱ型：中心骨髓活性不同程度减低，外周骨髓节段性、灶状活性增高，常见于胫骨或股骨骨干中段，左右对称，呈界限明显的孤立"热区"，提示灶内存在功能性骨髓。多见于青年人，预后取决于中心骨髓功能，轻度抑制预后较好。

（5）正常型：全身骨髓显影接近正常。临床为轻度再障，预后良好。

2. 白血病 白血病（leukemia）是造血细胞起源的恶性肿瘤。骨髓显像可因其病理类型、病程长短、严重程度、化疗与否及其所处临床状态不同而呈多样性影像：

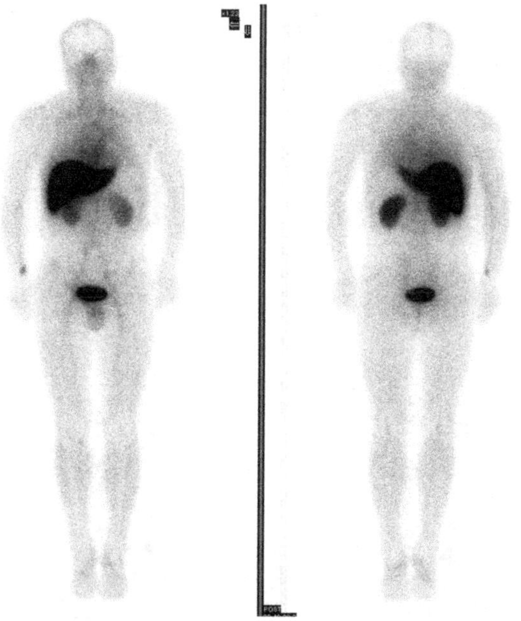

图15-1 患者男，36岁，全身无力、食欲不振、消瘦、头晕16天，查体：重度贫血面容，肝、脾肋下未触及。血常规：全血细胞显著减少，网织红细胞减少。全身骨髓显像示：中心和外周骨髓基本未显影，全身骨髓造血功能严重抑制。临床诊断：重度再障

（1）急性白血病：骨髓影像常表现为中心骨髓广泛抑制，外周骨髓扩张。中心骨髓受抑制程度与病情平行，其机制可能是由于白血病细胞机械挤压和体液因素，抑制了骨髓单核吞噬细胞系统对放射性胶体的摄取能力。治疗后临床病情好转时，骨髓内白血病细胞比例下降，中心骨髓受抑程度减轻，但恢复至正常多滞后于末梢血相的变化。外周骨髓扩张多见于膝、踝关节、股骨和胫骨等部位，组织学检查证明，为原来无造血功能的黄骨髓重新活化并转化为白血病性骨髓的结果。这些病灶对化疗敏感性低，治疗难度大。骨髓显像是发现外周骨髓是否残留白血病病灶的惟一有效方法，有助于预测治疗反应和判断预后。

（2）慢性白血病：骨髓影像与急性白血病相似，其中晚期伴发中心骨髓纤维化时，外周骨髓扩张更明显。部分患者可出现脾肿大，治疗过程中观察脾脏大小及变化，可作为判断疗效的指标之一。白血病骨髓改变在CT、B超、MRI和X线片上无特异表现，但CT、B超等在揭示肝、脾肿大，脾内病变浸润方面有一定参考价值。^{99m}Tc标记胶体的骨髓显像，可反映骨髓细胞活跃程度而用于血液病诊断，但它仅能提供正常骨髓细胞的活性，而无法准确显示恶性血液病细胞增殖情况，也不能用于诊断骨髓外肿瘤的侵犯。^{18}F-FDG和^{18}F-FLT PET/CT显像在恶性血液病诊断及疗效评价方面具有重要临床价值。

3. 骨髓增生性疾病 骨髓增生性疾病（myeloproliferative diseases）是指骨髓组织持续增殖而引起的一组疾病，主要包括真性红细胞增多症、原发性血小板增多症和骨髓纤维化。早期骨髓显像可正常或中心骨髓活性增强，随病情进展可伴有外周骨髓扩张和脾肿大，晚期发生骨髓纤维化时，则中心性骨髓活性减低或消失（图15-2）。骨髓增生异常综合征是造血干细胞增殖分化异常所致的造血功能障碍。骨髓影像与骨髓增生性疾病相似，但有助于与再障相鉴别。

4. 骨髓纤维化 骨髓纤维化是纤维结缔组织取代正常骨髓造血组织所致的疾病，常伴有髓外造血，主要在脾脏，其次在肝、淋巴结等。疾病早期，胶体骨髓显像大多正常，但多伴有肝脾大。随着病情的进展，中心骨髓抑制程度加重，外周骨髓扩张。

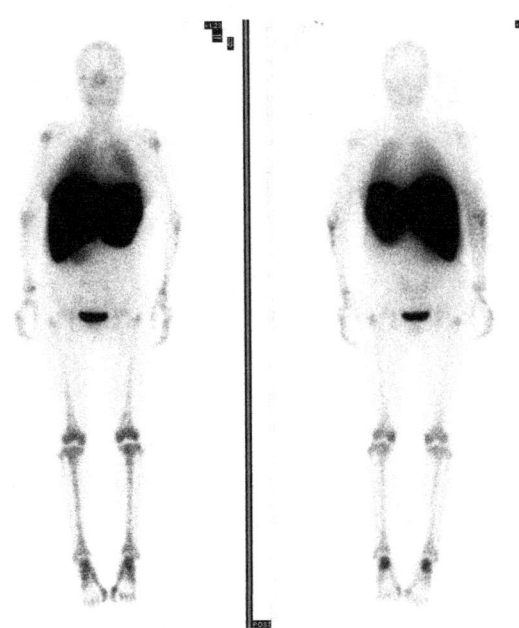

图 15-2 患者女，53 岁，四肢无力、纳差、头晕 20 余天，低热 1 周。查体：重度贫血面容，巩膜轻度黄染，肝肋下 3 指、剑突下 4 指可及，脾肋下 3 指可及。血常规：WBC 9.0×10^9 /L，Hb43g/L，Plt34×10^9 /L。肝功能：转氨酶正常，总胆红素 49.5nmol/L。全身骨髓显像示：中心性骨髓未显影，四肢长骨骨髓远段重度扩张，显影异常清晰，肝、脾明显增大，提示骨髓纤维化，肝、脾髓外造血。骨髓活检：镜下钙化及红染之结构物。临床诊断：骨髓纤维化

5. **骨髓栓塞** 骨髓栓塞（bone marrow throbosis）常表现为局部骨或关节疼痛、肿胀，多见于镰状红细胞性贫血。急性期 X 线摄片多无异常发现，骨髓显像可见局部显像剂分布缺损区，其周围有放射性增高的典型征象，偶有外周骨髓扩张，属代偿性变化。该方法对较小的骨髓梗塞灶难以发现。

6. **多发性骨髓瘤** 多发性骨髓瘤（multiplemyeloma）是骨髓内浆细胞异常增生性恶性肿瘤。约有 40%以上的患者在发病早期中心骨髓可显示多个显像剂缺损区，大多数病人伴有不同程度外周骨髓扩张。

7. **髓外造血** 多种血液疾病（如遗传性球形红细胞增多症、真性红细胞增多症后期的髓样化生、珠蛋白生成障碍性贫血等）可导致髓外造血。骨髓显像可显示各部位骨髓的功能状态，是探查髓外造血的有效手段。尤其是放射性铁和 ^{99m}Tc 标记的抗粒细胞抗体骨髓显像时，脾脏摄取明显增加，反映髓外造血的情况。

（三）肿瘤骨髓转移

恶性肿瘤骨转移早期可仅影响骨髓。据报道，约 5%骨转移患者在骨显像未出现异常前就表现出骨髓显像的多发缺损，同时约 75.6% 的骨髓转移患者伴有外周骨髓扩张。此时需结合其他临床资料，特别是骨 X 线片与多发性骨髓瘤区别。骨显像出现"超级影像"时，除可见于广泛骨转移外，也可见于代谢性骨病，骨髓显像可见前者多为广泛性骨髓活性降低，后者则骨髓分布、活性正常。骨髓显像也可应用于放疗后对照射区内骨髓损害范围、程度及其恢复过程的检测。

第二节 淋巴显像

淋巴显像（lymphoscintigraphy）可在生理条件下动态显示淋巴引流途径及其回流功能，与 X 线淋巴造影术相比，具有无损伤、适用范围广，几乎可用于全身甚至包括心包、眼球结膜等部位在内的淋巴功能检测，无副作用和并发症，可反复检查的优点，不足的是对淋巴系统解剖结构的显示不如 X 线淋巴造影清晰。

一、原理和方法

（一）原理

淋巴系统具有吞噬和引流胶体、大分子颗粒的功能，以此类物质构成的显像剂经皮下

或组织间隙注射后，可借助淋巴管壁的通透性和内皮细胞的饮液作用进入毛细淋巴管，引流至淋巴结，一部分被淋巴结窦内皮细胞吞噬留滞，一部分继续向心性引流。借助淋巴显像可以观察到显像剂在淋巴结内的分布和在淋巴管内的流通情况。当淋巴结有病变或淋巴管不通畅时，就会阻止其引流，淋巴结显像剂分布减少或缺损。

（二）显像剂

常用淋巴显像显像剂有三类：胶体类，如 ^{198}Au-胶体、^{99m}Tc-硫胶体、^{99m}Tc-硫化锑胶体等；蛋白质类，如 ^{99m}Tc-HAS，^{131}I-抗瘤 McAB；高分子化合物，如 ^{99m}Tc-脂质体、^{99m}Tc-右旋糖酐（^{99m}Tc-DX）等。其中 ^{99m}Tc-硫化锑胶体颗粒大小适宜、均匀（直径 3~12nm），在机体内比较稳定，较其他放射性胶体更能有效地被淋巴摄取，是目前常用的淋巴显像剂。^{99m}Tc-DX 在淋巴系统内摄取移行较快，适合作动态显像。

（三）显像方法

1. **淋巴显像** 可用动态、延迟或全身显像方式。

由于人体淋巴引流是单一、向心的，所以为显示特定的淋巴结（链），必须选择该淋巴结（链）引流区域远心端的皮下或组织间隙注射显像剂（表 15-2）。

表 15-2 常用的淋巴显影区域及相应注射部位

注射部位	显示范围	适应证
拇指食指间	腋窝，锁骨下淋巴结	乳腺癌
肋缘下腹直肌后鞘	胸骨旁、乳内淋巴结	乳腺癌
足1、2趾间	腹股沟，髂外，髂总，腹主动脉旁淋巴结	盆腔肿瘤转移及恶性淋巴瘤
肛周	直肠旁、闭孔、骶前、髂内、髂总及腹主动脉旁淋巴结	盆腔恶性肿瘤
下唇黏膜	颌下淋巴结	头面部肿瘤
食管黏膜下	纵隔淋巴结	乳腺癌
肿瘤周围或肿瘤内	病变上行淋巴	前哨淋巴结活检

一般两侧对称注射，每个注射点 ^{99m}Tc-硫化锑胶体或 ^{99m}Tc-DX 剂量 37~74MBq，体积 0.1~0.2ml。注射后嘱患者活动或按摩注射肢体，以利显像剂回流。

如用 ^{99m}Tc-硫化锑胶体，注射 2h 后进行静态局部或全身显像；如用 ^{99m}Tc-DX，则应于给药后立即以 1 帧/30~60s 的速度动态采集 20~30min，然后进行局部或全身显像，如不显影，1、3、5h 再行延迟显像或加侧位显像。

2. **前哨淋巴结显像及探测** 前哨淋巴结（sentinel lymph node，SLN）是指最先接受原发肿瘤淋巴引流的第一站区域淋巴结。其临床意义在于如果 SLN 未被癌侵犯，整个区域淋巴结转移的可能性极小，患者可避免盲目淋巴清扫带来的手术创伤、术后功能障碍等并发症，只需行局部肿块切除术；如果 SLN 有转移，可指示确定最佳手术方案，准确切除转移淋巴结。此外，由于只对可能发生转移的 1~2 个 SLN 进行病理检查，可连续切片重点观察，甚至可结合进行免疫组化或聚合酶链反应等更精细的分析，可检出微转移癌，降低漏检率，提高对肿瘤分期及预后估计的准确性。其方法如下：

术前肿瘤周围皮下或肿瘤内多点注射淋巴显像剂如 ^{99m}Tc-DX 等，局部动态显像，首先显影的淋巴结即为 SLN，做体表标记，术中使用 γ 探测器对体表标记有 SLN 位置的区域进行探测，显像剂计数最高者（常为本底计数的 10 倍以上）即确定为前哨淋巴结（图 15-3），将该淋巴结切除送病理检查。

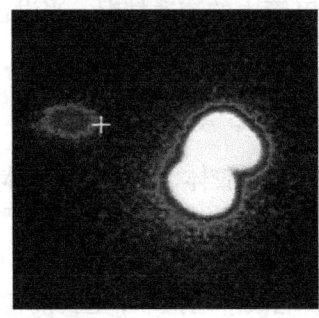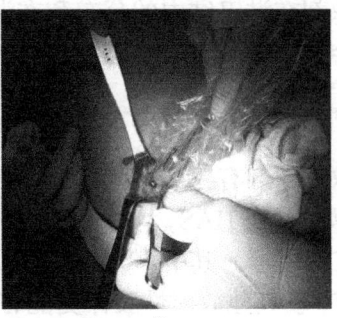

图 15-3　A. 乳腺肿块注射显像剂部位外上方见前哨淋巴结显影；B. 术中使用 r 探测器对蓝染之淋巴结进行探测

（四）图像分析

1. 正常影像　正常淋巴显像的变异较大，但具有以下共同特点：

（1）淋巴链影像清晰，左右两侧基本对称。

（2）淋巴结内显像剂的分布量随与注射点距离的增加而减少。

（3）淋巴链影像连贯，无固定的中断。

（4）淋巴结多呈圆形或卵圆形，其内显像剂分布均匀。淋巴管显影细淡。

2. 异常影像

（1）淋巴结影像明显增大，显像剂分布减低，多属恶性淋巴瘤。

（2）淋巴结影像缺失或显像剂明显减低，或显影延迟（尤其在浅表已触及肿大淋巴结时），提示该处淋巴结有癌转移。

（3）淋巴管扩张迂曲或有显像剂向皮肤反流或向软组织内或皮下弥散，出现无明确界限的显像剂浓聚；淋巴结长时间不显影，或淋巴链中断（blockage of lymphatic flow），或出现侧支循环（collateral pathways），即正常情况下不显影的淋巴管或淋巴结显影，如锁骨上淋巴结、肋间淋巴结等；2~4 小时后肝脏仍不显影，均提示淋巴系统严重梗阻。

（4）胸腔、腹盆腔、肾和膀胱等不应有乳糜的区域出现显像剂明显增高，提示乳糜症。

二、临床应用

（一）肢体淋巴水肿

淋巴水肿（lymphoedema）是由于淋巴管阻塞，淋巴回流障碍，大量淋巴液在皮下积聚而成。原发性为先天或遗传所致的淋巴系统缺陷；继发性可发生于外伤、手术、感染（寄生虫、细菌）肿瘤、放疗等情况之后。超声和下肢静脉造影是观察静脉形态学和功能改变的十分有效的方法，但两者无法显示小血管异常，鉴别诊断血管性或淋巴性水肿的可靠性不高，更无法对淋巴水肿及其分类做出诊断。

淋巴显像可揭示一些淋巴水肿的特征性改变，在鉴别静脉性和淋巴性肢体水肿，反映淋巴水肿类型、范围、程度等方面具有明显优势。

一般来讲，如果淋巴显像正常，肢体水肿多为非淋巴因素造成。原发性淋巴水肿多伴有淋巴管的形态改变或不显影；继发性者可见淋巴梗阻的部位，其上游淋巴管常扩张和侧支循环建立。此外，淋巴显像还可提供治疗所需的信息。部分淋巴水肿可以通过显微手术吻合淋巴和血管得到治疗，目前只有淋巴显像可证实病变部位是否有淋巴管存在，为手术成功提供必要前提。

（二）乳糜症

乳糜症（chyliform）临床表现有乳糜尿、乳糜胸、乳糜腹、乳糜心包、乳糜阴囊等（图15-4）。淋巴显像可直接显示乳糜症及淋巴回流阻塞部位，明确诊断，为手术及术后疗效判断提供依据。

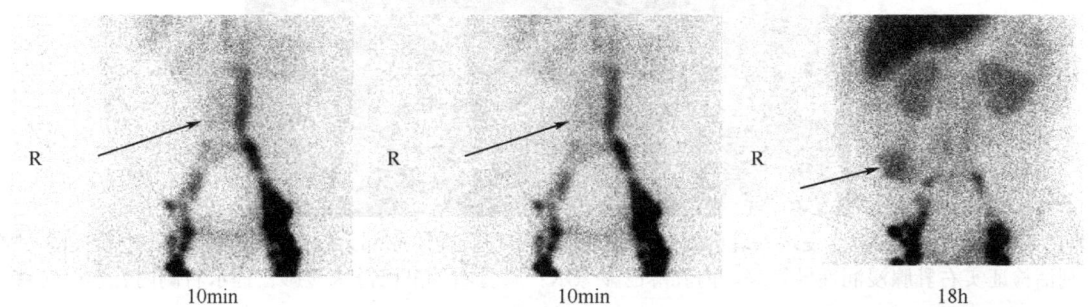

图 15-4　患者男，42 岁，纳差、腹胀、乏力伴双下肢水肿 3 月。查体：有肝掌，腹水，腹水乳糜试验阳性，尿乳糜试验阴性。CT 示：肝硬化，腹水。临床初步诊断：1. 肝硬化；2. 淋巴性腹水原因待查。双下肢淋巴显像示：右腰干淋巴链中断，局部腹腔异常显像剂浓集，随时间延长逐渐增浓。提示：乳糜腹由右腰干淋巴乳糜漏所致

（三）前哨淋巴结

目前定位 SLN 方法主要除核素法外，尚有蓝染法及核素法与蓝染法的联用。核素法可精确定位 SLN，手术野及创伤较小，尤其是可根据局部放射性降低至本底水平，监测 SLN 切除，这是其他方法无法做到的。蓝染法是术中应用生物活性蓝染料（美蓝，专利蓝等）使淋巴管和淋巴结着色的方法。简单，显像直观，医患无须接触放射性同位素，医疗成本低，但因不明 SLN 位置，操作具一定盲目性，有时损伤大，手术费时。生物染料与放射性胶体识别相结合的联合法，能够大大提高检测的灵敏度和准确性。文献报道，对乳腺癌 SLN 的探测，核素法检出率 69%~99%，染色法 66%~94%，二者联用 98%~99%，术前诊断准确率达 95%~98%。另外有报道在生物染料中加入纳米级的活性碳颗粒，术后病理切片上可以显示活性碳颗粒的淋巴结为前哨淋巴结，这样能够通过术后病理来证实 SLN，同时也有助于病理专家来发现淋巴结中的转移灶。

目前，前哨淋巴结活检（SLNB）已相继应用于广泛应用于乳腺癌、黑色素瘤、宫颈癌、阴茎癌、头颈肿瘤，大肠癌、胃癌、结直肠癌及头颈部恶性肿瘤等几乎所有实体肿瘤的临床分期、微创外科术式及个体化治疗的选择和预后预测。

（四）淋巴瘤

由于显像剂缺乏特异性，淋巴显像诊断淋巴瘤（lymphoma）的特异性较低，如配合 ^{67}Ga、或 ^{18}F-FDG 亲肿瘤阳性显像，多部位观察受累淋巴结数目及显像剂分布减低的程度，可提高诊断和分型分期的灵敏度、特异性；结合 CT、MRI 等其他影像检查，或利用 SPECT/CT

图像融合技术，在 CT 肿大的淋巴结位置证实无显像剂分布也有利于提高诊断准确性。

（五）恶性肿瘤淋巴转移

淋巴显像可了解肿瘤的淋巴引流途径、淋巴结受累情况（图 15-5），但诊断特异性不高。现多用 ^{67}Ga、^{201}Tl、^{18}F-FDG 等肿瘤阳性显像剂，以直接显示转移的淋巴结及转移灶，在肿瘤分期、鉴别诊断、治疗方案（包括放射治疗布野）选择和预后判断方面更有特异性和实用价值。

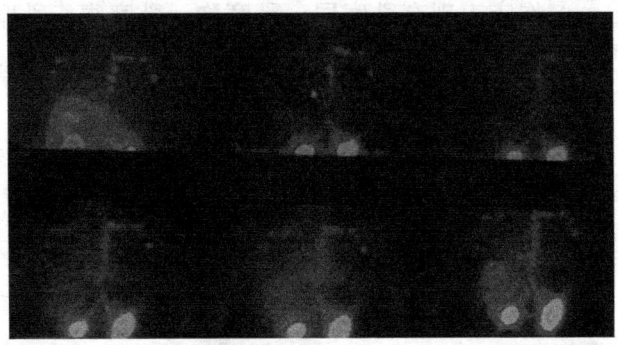

图 15-5　患者女，36 岁，发现右乳内侧肿块逐渐增大 1 月。查体局部无触痛，位置固定，边界欠清。穿刺活检证实右乳腺浸润性导管癌。内乳淋巴显像示：胸骨右侧淋巴链未显影，提示右侧内乳淋巴转移

 学习要点与思考

1. 掌握骨髓和淋巴显像的原理和临床应用。
2. 熟悉骨髓和淋巴显像的图像分析。
3. 了解骨髓和淋巴显像的常用方法。
4. 简述前哨淋巴结的概念、核素探测方法和临床意义。
5. 简述骨髓显像在血液病中的应用价值。

（关晏星）

中英文对照

骨髓显像	bone marrow imaging
再生障碍性贫血	aplastic anemia
白血病	leukemia
骨髓增生性疾病	myeloproliferative diseases
骨髓栓塞	bone marrow throbosis
多发性骨髓瘤	multiplemyeloma
淋巴显像	lymphoscintigraphy
淋巴链中断	blockage of lymphatic flow
侧支循环	collateral pathways
淋巴水肿	lymphoedema
前哨淋巴结	sentinel lymph node
淋巴瘤	lymphoma

第十六章 泌尿系统

设问

1. 血肌苷、尿素氮检测是临床评价肾功能的常用方法，它可否早期发现肾功能受损？能否评价分肾（一侧肾）的功能？哪种检查方法可以早期发现、评价分肾功能？

2. 核素肾动态显像和静态显像能反映组织器官的血流、功能和代谢，它能为临床提供哪些肾脏的生理和病理生理信息？

泌尿系统（urinary system）由肾脏、输尿管、膀胱和尿道组成，以尿液形式排泄代谢废物，维持机体水、电解质及酸碱平衡，分泌激素，调节机体内环境的平衡。核医学在泌尿系统有哪些检查方法，在临床中有哪些应用？根据核医学的示踪原理，其功能测定和显像是怎样检测泌尿系统的血流和功能，并获得相关定量参数，为临床提供哪些信息？与临床其他影像和检测方法比较，核医学检查具有哪些优点和不足？本章对此介绍如下。

第一节 肾图检查

一、原　理

静脉注射由肾小球滤过（glomerular filtration）或肾小管上皮细胞分泌（renal tubular epithelial cell secretion）而不被再吸收的放射性示踪剂（radioactive tracer），在体外应用肾图仪连续记录肾脏灌注、聚集和排泄的过程，形成时间—放射性活度曲线（time radioactivity curve），称之为肾图（renogram）。它可以分别反映两侧肾脏功能、血流灌注和上尿路通畅情况等多方面的信息。放射性肾图可通过使用肾图仪记录显像剂在肾内聚集和排出的过程而获得；也可使用 γ 照相机或 SPECT 仪连续采集，得到显像剂随肾血流逐渐浓聚于肾实质，然后随尿流经肾盏、肾盂和输尿管流入膀胱的系列影像而获得。本节主要讲述肾图仪获得肾图的方法，使用 γ 照相机或 SPECT 仪获得系列影像和肾图的方法在肾动态显像一节中讨论。

二、显　像　剂

常用的显像剂有肾小球滤过型和肾小管分泌型两类。

1. 肾小球滤过型显像剂　^{99m}Tc-二乙三胺五乙酸（^{99m}Tc-喷替酸，^{99m}Tc-DTPA）。^{99m}Tc-DTPA 的血浆结合率小于 2%，100% 从肾小球滤过，随尿液排出。

2. 肾小管分泌型显像剂　主要有 ^{99m}Tc-双半胱氨酸（^{99m}Tc-EC），^{99m}Tc-巯基乙酰基三甘氨酸（^{99m}Tc-MAG$_3$），^{131}I-邻碘马尿酸（^{131}I-OIH）等。

经典的应用肾图仪所作肾图检查用 ^{131}I-OIH。^{131}I-OIH 由肾小管上皮细胞从血浆吸收。其血浆蛋白结合率为 60%~70%，其中 20% 由肾小球滤过，80% 由肾小管分泌，随尿排出。由于 ^{99m}Tc 的物理性能优于 ^{131}I，并且来源方便，故目前多使用 ^{99m}Tc 标记的放射性药物。

三、方　　法

（一）患者准备

一般无须特殊准备，受检者可正常进食和饮水。
（1）患者检查前 30 分钟饮水 300~500ml，检查前排空膀胱。
（2）检查前两天禁用利尿剂。

（二）检查方法

1. 常规肾图　患者取坐位或者仰卧位，肾图仪的两个探头分别在后部对位于两侧肾脏。

2. 移植肾的检测　患者取仰卧位，前位测定，探头对位于移植肾区。

自静脉"弹丸"注射示踪剂（常用 ^{131}I-OIH，185~555kBq，或用 ^{99m}Tc-EC 和 ^{99m}Tc-MAG$_3$，370~740MBq），同时启动肾图仪，记录双肾区放射性计数 15~20 分钟，或根据需要适量延长时间，经过计算机处理后获得双肾区的放射性计数曲线。

（三）注意事项

（1）饮水量及水化时间要适度，患者脱水可引起肾清除率减低而出现假阳性。
（2）"弹丸"注射须高质量。
（3）测定时探头须准确地定位于双肾的部位。静脉注射示踪剂后，肾脏摄取高峰到达之前应及时调整对位，使探头对准肾脏中心。
（4）检查过程中，患者须保持体位不动。

对近期做过静脉肾盂造影者，应适当推迟检查时间，因为静脉肾盂造影的造影剂可影响肾显像结果，造成肾图 b、c 段延长。

四、图型分析

（一）正常肾图曲线

正常肾图由陡然上升的示踪剂出现段（a 段）、示踪剂聚集段（b 段）和排泄段（c 段）组成（图 16-1），左、右两侧肾图的形态和高度基本相似（图 16-2）。

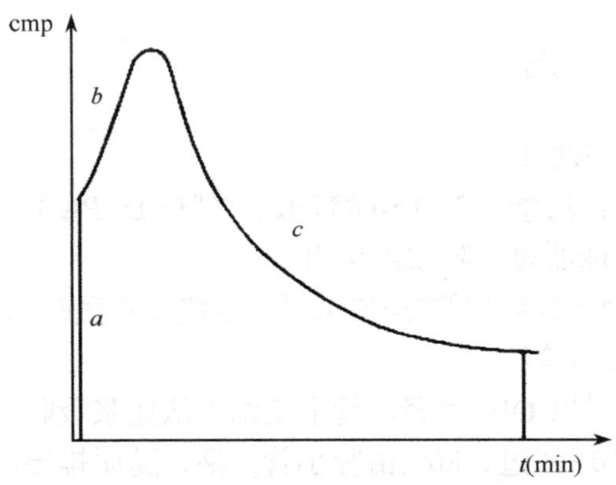

a 段：静脉注射示踪剂后 10s 左右，肾图曲线出现急剧上升段。此段放射性主要（60%）来自肾外血管床，少量（10%）来自肾内血管，部分（30%）来自肾小管上皮细胞的摄取，其高度在一定程度上反应肾血流灌注量。

b 段：a 段之后的斜行上升段。3~5 分钟达高峰，其上升斜率和高度与肾血流量、肾小球滤过功能和肾小管上皮细胞摄取、分泌功能有关，主要与肾有效血浆流量和肾小管功能有关。

图 16-1　正常人肾图示意图

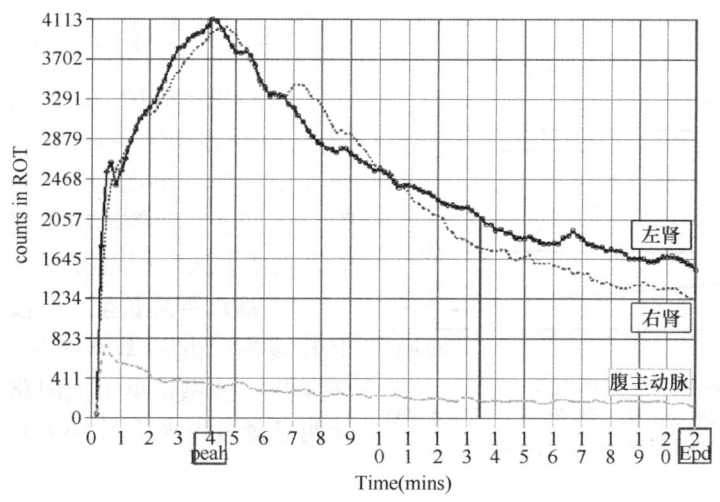

图 16-2 正常人肾图
男性，21 岁。肾移植供体

c 段：上升段之后的下降段。一般曲线初始下降较快，后部曲线较缓慢。其起始段下降斜率与 b 段上升的斜率相近，下降至峰值一半的时间<8 分钟，为示踪剂经肾集合系统排入膀胱的过程，主要与上尿路通畅程度和尿流量多少有关（图 16-3）。

（二）肾图定量分析指标

为客观地判断和分析肾图，需对肾图进行定量分析，有助于客观判断肾图曲线是否正常并进行比较，并了解肾脏有效血浆流量的改变、肾小管的功能和尿路通畅情况。肾图曲线的定

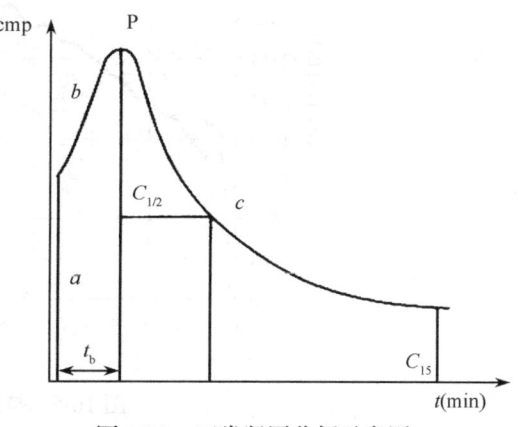

图 16-3 正常肾图分析示意图

量分析指标很多，要根据不同情况而选用，常用的参数和正常值见表 16-1。一般认为在尿路通畅情况下，肾脏指数（renal index，RI）是反映肾功能的较好指标。正常人 RI>45%，30%~45% 为肾功能轻度受损，20%~30% 为中度受损，<20% 为严重受损；分浓缩率是尿路梗阻时判断肾功能的参考指标。正常老年人的肾功能有自然衰退的现象，应用定量分析的指标时要适量放宽。

表 16-1 肾图定量分析指标及正常参考值

指标	计算方法	正常值	意义
高峰时间（t_b）	从注射药物到肾内放射性计数最高时间	<5min（平均 2~4min）	尿路通畅时反映肾功能
半排时间（$C_{1/2}$）	从高峰下降到峰值一半的时间	<8min（平均 4min）	
15min 残留率	$(C_{15}/b) \times 100\%$	<50%（平均 30%）	
肾脏指数（RI）	$\{[(b-a)^2 + (b-C_{15})^2]/b^2\} \times 100\%$	>45%（平均 60%）	
分浓缩率（MCR）	$[(b-a)/(a \times t_b)] \times 100\%$	>6%（平均 18%）	尿路不畅时评价肾功能
肾脏指数	$\|RI_左 - RI_右\|/RI \times 100\%$	<25%	
高峰比值	$(\|b_左 - b_右\|/b) \times 100\%$	<30%	观察两侧肾功能之差
峰时差	$tb_左 - tb_右$	<1min	

注：a 为肾血流灌注峰的计数率，b 为峰的计数率，C_{15} 为 15 分钟的计数率

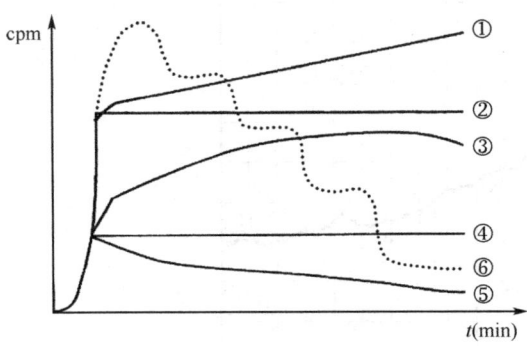

图 16-4　异常肾图类型
①持续上升型；②高水平延长型；③抛物线型；④低水平延长型；⑤低水平递降型；⑥阶梯状递降型

（三）异常肾图及其临床意义

1. 持续上升型　a 段基本正常，b 段持续上升，至检查结束时也不见下降的 c 段（图16-4①）。单侧出现时，多见于急性上尿路梗阻（图16-5），双侧同时出现多见于急性肾功能衰竭或下尿路梗阻所致上尿路引流受阻。

2. 高水平延长型　a 段基本正常，b 段上升缓慢，此后基本维持在同一水平（图16-4②）。该型常见于上尿路不全梗阻或梗阻伴明显肾盂积水（图16-6）。

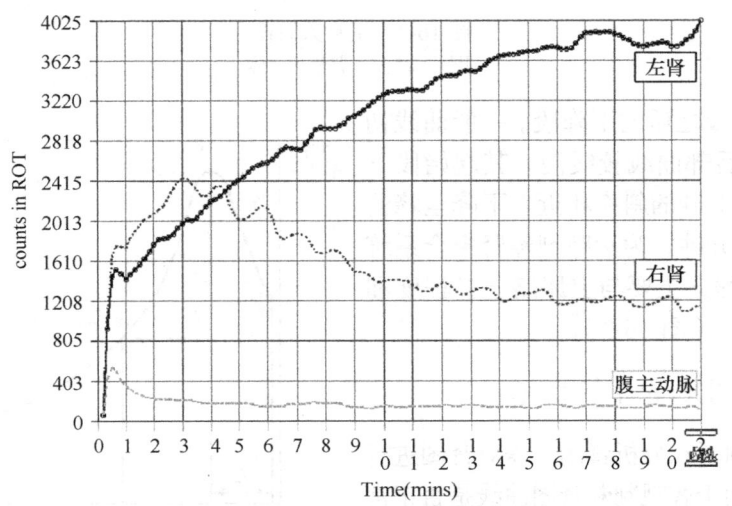

图 16-5　持续上升型（左肾）
男性，68岁。左肾结石病史 9 年余

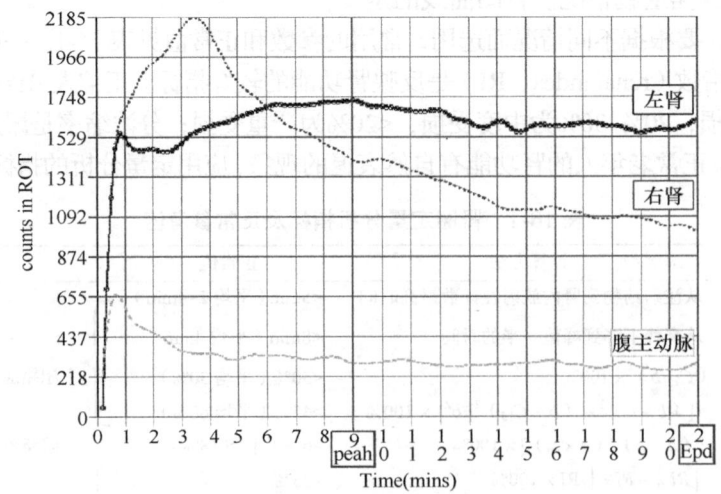

图 16-6　高水平延长型（左肾）
女性，50岁。体检发现左肾盂占位 1 周后行术前检查。肾动态显像后 6 天行左肾切除术，病理示：IgG4 相关硬化性疾病

3. 抛物线型 a 段正常或稍低，b 段上升不明显，基本维持在同一水平，峰时后延，c 段下降缓慢，峰型圆钝，呈抛物线型（图 16-4③）。常见于严重脱水、肾缺血、肾功能受损和上尿路引流不畅伴轻、中度肾盂积水（图 16-7）。

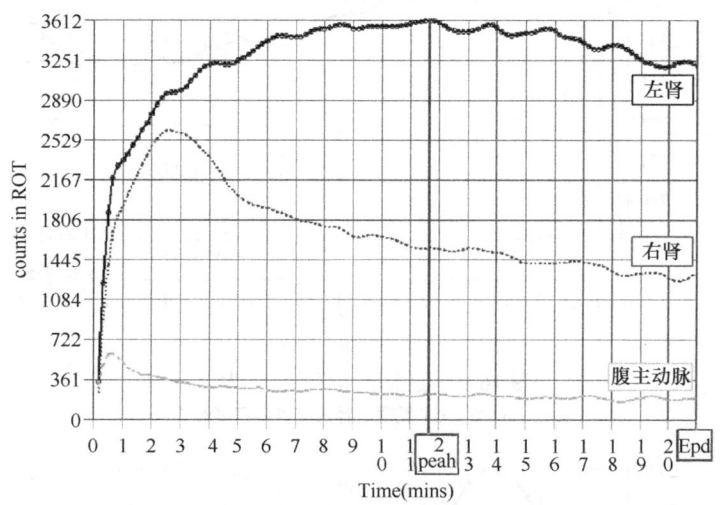

图 16-7 抛物线型（左肾）

女性，36 岁。左侧输尿管狭窄术后 6 年

4. 低水平延长型 a 段低，b 段上升不明显，基本维持在同一水平（图 16-4④）。该型常见于肾功能严重受损和急性肾前性肾功能衰竭；也可见于慢性上尿路严重梗阻；偶见于急性上尿路梗阻，当梗阻原因解除，肾图很快恢复正常（图 16-8）。

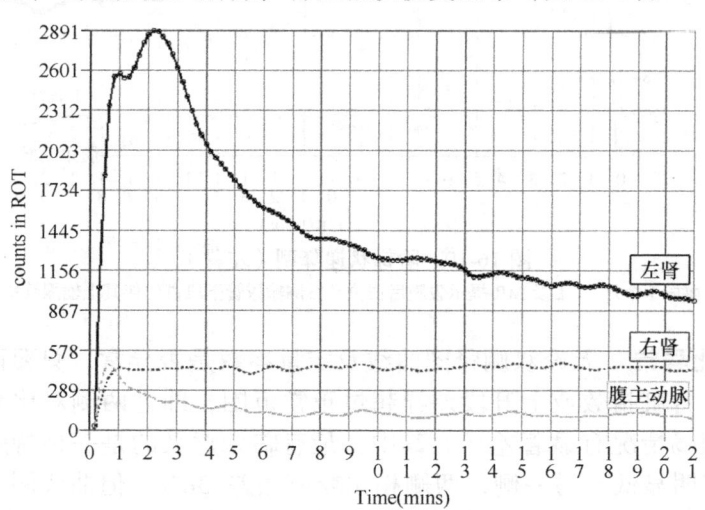

图 16-8 低水平延长型（右肾）

男性，46 岁。发现右肾结石伴右肾积水 4 年余

5. 低水平递降型 a 段低，无 b 段，放射性计数递减，且较健侧同一时间的计数低（图 16-4⑤）。常见于肾脏无功能、肾功能极差、肾缺如或肾切除（图 16-9）。

6. 阶梯状递降型 a、b 段曲线基本正常，c 段曲线呈规则的或不规则的阶梯状下降（图 16-4⑥）。常见于输尿管尿返流，以及因疼痛、精神紧张、尿路感染、少尿或体位（如卧位）等所致尿路不稳定性功能性痉挛（图 16-10）。

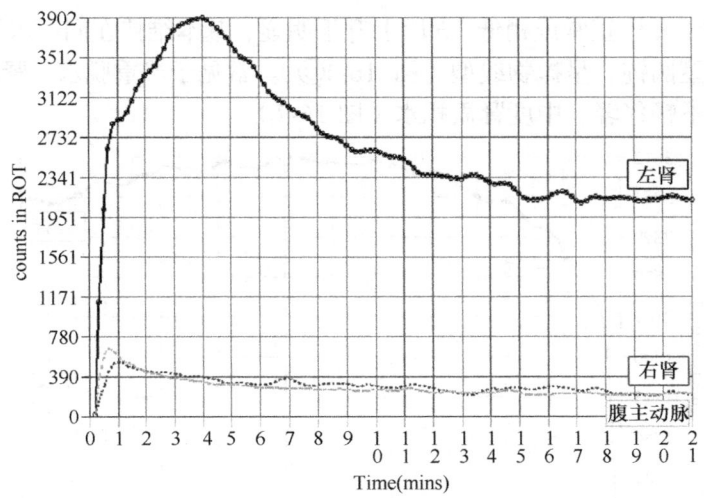

图 16-9 低水平递降型（右肾）

女性，62 岁。CT 发现右肾内充满高密度影 5 天

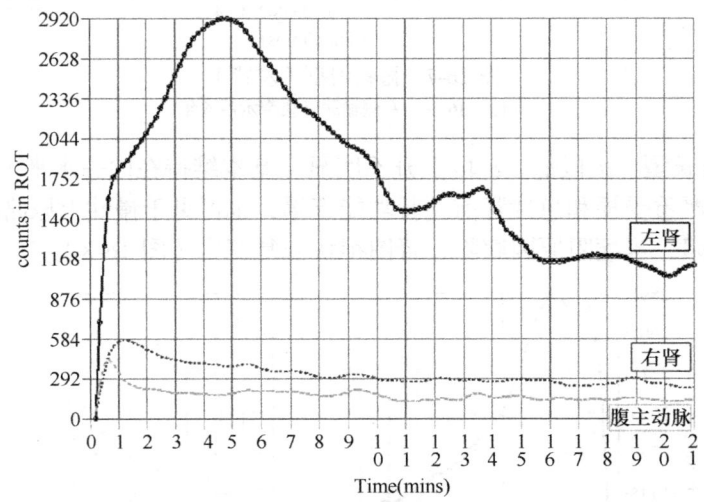

图 16-10 阶梯状递降型（左肾）

男性，72 岁。血尿 1 个月。CT 及 MR 提示腹膜后占位及右侧输尿管下段占位伴其上输尿管扩张、肾盂积水

7. 双侧对比异常 无论双侧肾图曲线及定量参数是否异常，只要两侧肾图曲线的形态差别显著，肾脏指数或上升段差异超过正常范围，即为两侧对比异常，表明两侧肾功能或尿路通畅情况有显著差异。其中，最有临床意义的是一种特殊的肾图，其一侧曲线上升幅度明显低于另一侧，两侧相比峰值相差 30%，但曲线图形保持正常，称为小肾图（图 16-11）。小肾图多见于一侧肾动脉狭窄或先天性肾发育不良。对判断单侧肾动脉狭窄有特殊价值。

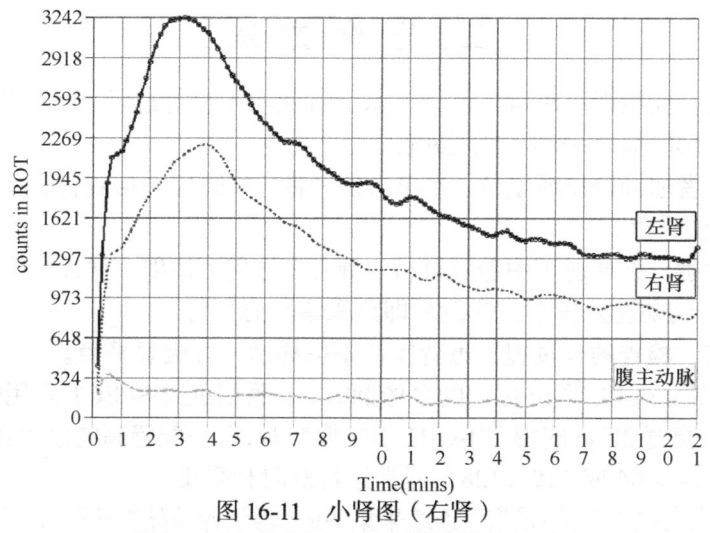

图 16-11　小肾图（右肾）

男性，15 岁。发现高血压、右侧肾动脉狭窄 5 个月

第二节　肾动态显像

一、原　理

肾动态显像（renal dynamic imaging）的原理是静脉注射可快速由肾小球滤过或肾小管上皮细胞摄取、分泌，而不被再吸收的滤过型或分泌型显像剂后，即刻用 γ 照相机或 SPECT 连续动态采集，可见显像剂依次通过腹主动脉、肾动脉、肾血管床在肾实质内浓缩，逐步流经肾盏、输尿管、膀胱的一系列动态影像。通过计算机处理后获得肾脏的时间—放射性曲线（肾图），通过分析系列影像及肾图，可以获得双肾血流灌注状况、肾脏形态和功能、上尿路通畅情况以及排尿过程中尿路功能等多方面的信息，也可通过计算机软件获得总的和分肾有效肾血浆流量（ERPF）和肾小球滤过率（GFR）。

二、显　像　剂

常用的肾动态显像剂有肾小球滤过型和肾小管分泌型两类。

1. 肾小球滤过型显像剂　^{99m}Tc-二乙三胺五醋酸（^{99m}Tc-喷替酸，^{99m}Tc-DTPA）。成人剂量为 111~296MBq/ml（3~8mCi/ml）；儿童剂量为 7.4MBq/kg（0.2mCi/kg），最小剂量为 74MBq（2mCi），最大剂量为 370MBq（10mCi）。^{99m}Tc-DTPA 在体内十分稳定，可用于测定 GFR，肾血流灌注以及肾摄取、通过和排泄功能。肾血流灌注显像可反映肾血供及局部血流情况。

2. 肾小管分泌型显像剂　主要有 ^{99m}Tc-双半胱氨酸（^{99m}Tc-EC），^{99m}Tc-巯基乙酰基三甘氨酸（^{99m}Tc-MAG$_3$），^{131}I-邻碘马尿酸（^{131}I-OIH）等。

^{131}I-邻碘马尿酸（^{131}I-OIH）为经典的分泌型显像剂。^{131}I 辐射剂量大，物理特性不理想，用药剂量受到限制，图像质量差。^{99m}Tc-EC、^{99m}Tc-MAG$_3$ 在人体内生物学行为与 ^{131}I-OIH 相似。^{99m}Tc-MAG$_3$ 血浆蛋白结合率为 90%，98% 由肾小管分泌。而 ^{99m}Tc-EC 则 100% 由肾小管分泌。目前已逐步取代 ^{131}I-OIH 用作肾动态显像剂。

^{99m}Tc-EC 和 ^{99m}Tc-MAG$_3$ 成人使用剂量为 296~370MBq（8~10mCi）；儿童剂量为 3.7MBq/kg（0.1mCi/kg），最小剂量为 37MBq（1mCi），最大剂量为 185MBq（5mCi）。

三、显 像 方 法

1. 患者准备 受检者可正常进食、饮水。近期内未进行过肾盂造影检查。检查前 30 分钟需饮水 300~500ml。检查前排空膀胱。

2. 体位 患者取仰卧位或坐位、采集后位影像。视野应包括双肾、膀胱。移植肾的监测取仰卧位,前位采集。

3. 显像剂注射 选择肘正中静脉进行"弹丸"注射。注射"弹丸"质量要高,体积尽可能小（<1ml）,切勿注入皮下,注射后即刻采集动态影像。

4. 动态采集 检查的全过程,患者体位不得移动,呼吸要平稳。

（1）采集条件：使用 ^{99m}Tc 标记的显像剂时,γ 照相机或 SPECT 采用低能通用型准直器,能峰 140keV,窗宽 20%；使用 ^{131}I-OIH 作显像剂时,探头配置高能准直器；能峰 360keV,窗宽 20%。矩阵 64×64 或 128×128。通常进行双时相采集。

（2）灌注相采集以 1~2s/帧采集,连续采集 60s。得到肾动脉灌注影像,随后功能相采集。

（3）功能相采集以 30~60s/帧,采集 20~30 分钟得到肾功能动态系列图像。

5. 图像处理 显像结束后,利用计算机 ROI 技术分别勾画出双肾轮廓、肾外本底、腹主动脉区,通过计算机软件生成肾血流灌注曲线,及肾功能动态曲线（肾图）及有关定量参数,求出分肾功能、高峰时间、半排时间等肾功能参数。还可以根据需要测定 GFR 和 ERPF。

勾画 ROI 时要求勾画准确,否则会导致结果偏差。处理过程中要进行深度校正,对准确反映肾功能,尤其是分肾功能非常重要。

四、正 常 影 像

（一）血流灌注影像

腹主动脉上段显影后 2s 左右双肾同时开始显影并逐渐变得清晰,至 4~6s 肾影轮廓清晰显示。当腹主动脉影像逐渐消失,肾内小动脉和毛细血管床显影,两肾大小及显像剂分布相似,两侧影像出现的时间差和峰时差均小于 1~2s,峰值差小于 25%。后位采集的正常肾动脉灌注显像见图 16-12。

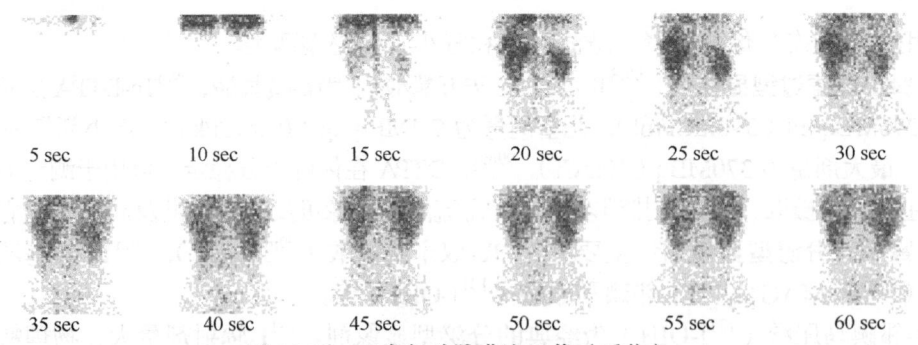

图 16-12 正常肾动脉灌注显像（后位）

（二）肾功能影像

肾脏血流灌注后,双肾不断摄取显像剂,显像剂注入 2~4 分钟时肾实质内显像剂达到高峰,双肾影最浓,肾脏影像形态完整,呈蚕豆形,放射性分布均匀。随着显像剂逐渐进入肾盏、肾盂等集合单位,肾影从周边起逐渐开始淡化。肾盂处显像剂逐渐增浓。膀胱影像逐渐增强。至15~20分钟，两侧肾影明显减淡，膀胱内放射性明显增高，有时可见输尿管影像。后位采集的正常肾动脉功能显像见图16-13。

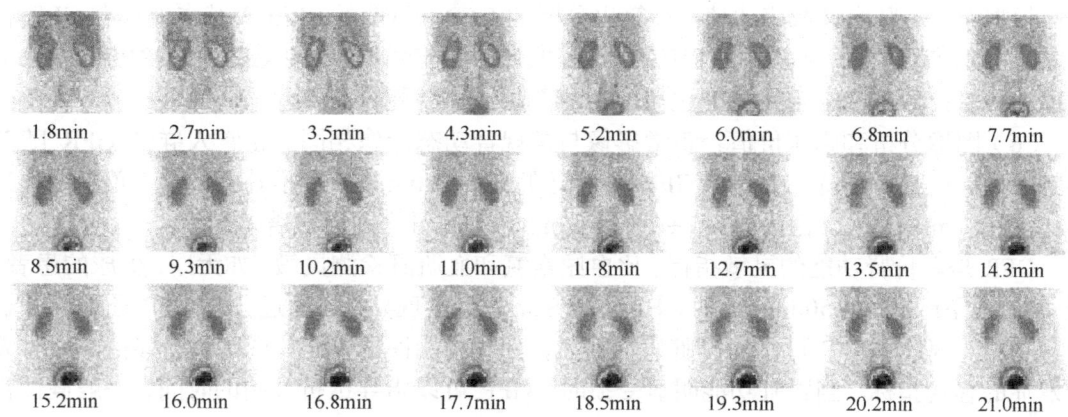

图16-13 正常肾动态功能显像（后位）

（三）肾小球滤过率和肾有效血浆流量的测定

肾脏在单位时间内（每分钟）完全清除某种物质的血浆毫升数就称为该物质的肾清除率。肾清除率（ml/min）=（尿中某物质的浓度×每分钟尿量）/血浆中某物质的浓度。以下介绍测定肾清除率的两种方法：肾小球滤过率（glomerular filtration rate，GFR）及肾有效血浆流量（effective renal plasma flow，ERPF）。

1. 肾小球滤过率测定

（1）原理：肾小球滤过率指单位时间内从肾小球滤过的血浆容量（ml/min），是判断总肾和分肾功能的重要指标之一。^{99m}Tc-DTPA的摄取率与肾小球滤过率成正比，因此，可以利用^{99m}Tc-DTPA的肾摄取率计算肾小球滤过率。

（2）检查前准备：停服利尿药物3天，不得进行静脉肾盂造影检查。受检者检查前30分钟饮水300~500ml，检查前排尿。采集并详细记录病史资料，包括患者身高、体重。

（3）显像剂：目前测定GFR的首选药物为^{99m}Tc-DTPA，用量185~370 MBq（5~10mCi），体积<1ml。

（4）采集程序：显像前，首先测量静脉注射前^{99m}Tc-DTPA放射性总计数率。方法是将γ照相机探头面朝上，将盛有^{99m}Tc-DTPA的注射器（满针筒）放置于探头中央高30cm处（可使用注射器测定架，以保证静脉注射前后两次测定的几何条件保持一致），测定1分钟内总计数。按肾动态显像采集方法动态采集，受检者体位首选坐位亦可仰卧位。探头紧贴受检者背部，双肾和膀胱应全部包括在探头视野内。"弹丸"注射显像剂后，立即进行动态采集15分钟。采集结束后按测定满针筒计数率的方法测定注射器空针筒计数率。

（5）GFR的计算：通常采用Gates公式计算肾小球滤过率（GFR）。肾动态显像结束后，计算注入到体内的总计数率（显像前满针筒^{99m}Tc-DTPA放射性总计数率-注射后空针筒残留计数率）。对获取的肾动态显像图，勾画左、右肾脏感兴趣区，并在双肾下缘勾画本底区，用计算机技术测定注药后2~3分钟双肾计数率，减去本底后获得双肾的净计数率，经对^{99m}Tc在组织内的衰减进行校正后，与注入显像剂的总计数率相除，即得双肾摄取率。

Gates法计算GFR如下：双肾摄取率=（左肾净计数率/$e^{-\mu \cdot YL}$+右肾净计数率$e^{-\mu \cdot YR}$）/注入总计数率。式中μ=0.153，为^{99m}Tc在组织内衰减系数；YL和YR分别为左、右肾脏深度,按 Tønnesen 公式计算;YL = 13.2 × W/H + 0.7;YR = 13.3 × W/H + 0.7;W 为体重(kg),H 为身高(cm);总 GFR(ml/min) = 9.813 × 双肾摄取率 − 6.825。

根据左、右肾净计数率比值,计算出分肾的 GFR。目前的 SPECT 基本上都有 GFR 和 ERPF 自动计算软件,只需按照程序要求操作,即可自动计数获得 GFR 和 ERPF,避免了繁琐的人工计数。GFR 和 ERPF 也可应用肾图仪或多功能仪测定。

(6)图像分析和临床价值:正常影像与常规肾动态影像相同。正常人群中 GFR 随着年龄的增加而有所下降,中青年 GFR 参考值在 100ml/min 左右,推荐正常参考值:男性为(125 ± 15)ml/min,女性为(115 ± 15)ml/min,左右肾之间无显著差异。

GFR 是评价肾功能的灵敏指标,比血尿素氮和血肌酐检测灵敏。如无尿,少尿的患者,当其 GFR 下降到 40~50ml/min 时,BUN 和 SCr 才会出现异常。通过分肾 GFR 还可以了解分肾功能。因此,GFR 可作为肾脏病情判断,分肾功能评估,疗效观察及肾移植术后有无并发症的客观指标。当肾脏功能明显受损时,GFR 可以指导透析开始的时间,一般慢性肾衰患者,GFR 减低到近 10ml/min 时,应开始透析治疗。

2. 肾有效血浆流量测定

(1)原理:肾有效血浆流量是测定肾脏功能的重要指标。肾小管分泌型示踪剂 ^{131}I-OIH 或 ^{99m}Tc-EC 及 ^{99m}Tc-MAG$_3$ 随血流流经肾脏时,几乎全部被肾小管上皮细胞摄取并分泌到肾小管管腔中,随尿液排出体外。因此肾脏在单位时间内对血浆中上述显像剂的清除率相当于肾有效血浆流量。由于流经肾单位以外的血流又不会清除上述物质,所以上述显像剂测得到的肾血浆流量称为肾有效血浆流量,其单位也是以 ml/min 表示。

(2)方法:测定方法与 GFR 相同,ERPF 计算采用 Schlegel 公式计算。双肾摄取率 =(左肾净计数率 × Y_L^2 + 右肾净计数率 × Y_R^2)/注入总计数率。总 ERPF(ml/min)= 5.029 ×(0.370 × 双肾摄取率 − 2.315 × 10^{-4} × 双肾摄取率^2),根据两肾净计数率比值,可以计算出分肾 ERPF 值。

(3)图像分析与临床价值:正常影像与常规肾动态影像相同。ERPF 正常参考值为 600~750 ml/min。ERPF 正常值可因年龄、仪器与实验条件不同而有较大差异,各实验室应建立自己的正常值。

ERPF 反映肾脏的血液动力学状态,是评价肾功能的灵敏指标之一。ERPF 的正常值与年龄有关,正常人与肾功能不全患者之间有显著差异。正常情况下 GFR 与 ERPF 二者之间存在正相关,ERPF 值大约是 GFR 的 5 倍,正常只做一种检查即可提供各种肾脏疾病的肾功能情况及观察疗效、病变部位的诊断信息。

五、肾图及肾动态显像的临床应用

(一)肾血管病的诊断

肾血流灌注相可清楚显示动脉栓塞血管的损伤范围,表现为腹主动脉显像后,一侧肾脏不显影,或延迟显影,或部分肾显影,也可表现为双侧性。肾动态显像及肾图测定是诊断单侧肾血管性高血压(renovascular hypertension)的常用筛查方法。其影像的特点为患侧肾动脉血流灌注时间延迟,肾影内显像剂分布降低,摄取和消退延迟。有时后期患侧肾影较健侧大而浓,出现时相上的颠倒,即倒相(phase inversion)。肾图曲线常表现为小肾图型,随着狭窄时间的延长患侧肾功能会有不同程度的损害。

（二）分肾功能评价

肾图和肾动态显像可以灵敏地评价分肾肾实质功能，具有简便、无创的优点，而且还可以进行定量和半定量分析。肾动态显像通过肾小球滤过或肾小管上皮细胞摄取、分泌显像剂判定肾脏功能，在评价肾功能方面具有优势。对判断患肾功能能否恢复，决定是否保留患肾以及治疗后观察肾功能的恢复情况均很有意义。肾功能严重受损时，静脉肾盂造影往往不显影，但肾动态显像仍可见不同程度的肾脏显影。因此在肾脏残余功能的判断及先天性肾缺如和肾萎缩的鉴别中，肾动态显像明显优于静脉肾盂造影。

（三）尿路梗阻的诊断

肾图和肾动态显像可显示上尿路梗阻的程度、部位及肾功能的状态。

急性肾外上尿路梗阻时，血流灌注相可见肾实质显影清晰，随时间逐渐消退，肾盏、肾盂及梗阻上段输尿管扩张，显像剂浓聚，肾图只见持续上升的b段曲线，无下降的c段，呈持续上升型肾图。某些急性上尿路梗阻，可引起肾小球出球动脉反射性痉挛，肾实质影像显示极差，表现为无功能或低水平延长肾图曲线，须密切结合临床判断。肾内梗阻时，肾显影迟缓、肾影淡且排泄明显延迟，呈持续上升型肾图曲线。

慢性尿路梗阻时可伴有肾功能严重受损，则肾脏血流灌注及功能显像均呈异常，甚至可出现无功能影像。当肾影持续不消退或消退迟缓，而集合系统不出现显像剂滞留，提示肾皮质功能受损。

鉴别单纯肾盂扩张积水和机械梗阻，可进行利尿试验。在尿流量足够时，正确率达90%以上。

（四）肾移植术后监测

肾移植术后移植肾可能出现许多并发症。如血管吻合口狭窄、肾动脉血栓形成、输尿管吻合口狭窄或输尿管漏尿、肾小管坏死和程度不同的排异反应。

肾动态显像被广泛用于移植肾并发症的诊断和鉴别诊断。移植成功且没有排斥反应的移植肾，其血流灌注、显像剂摄取、排泄等表现与正常肾脏相似。在20分钟时膀胱内显像剂计数超过移植肾内的计数（B/K）值>1（图16-14）。

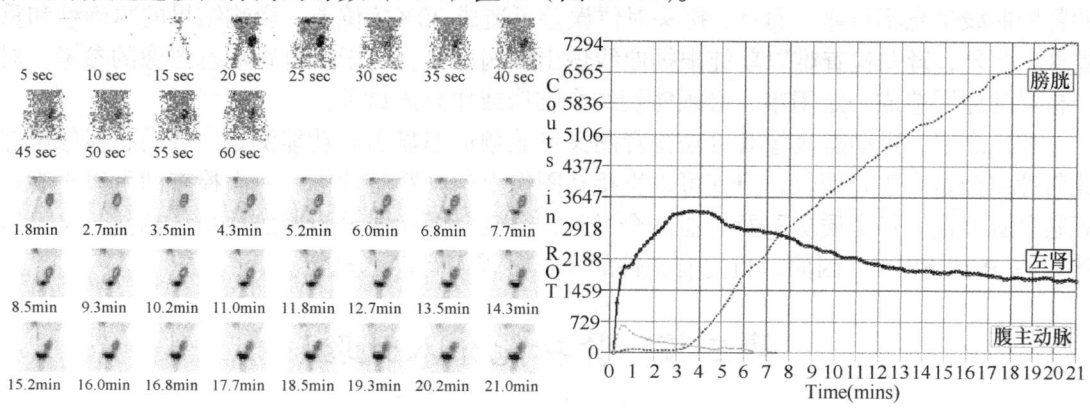

图16-14 移植肾功能正常
男性，17岁。因双侧肾动脉狭窄行自体肾移植术后1个月

急性肾小管坏死（acute tubular necrosis，ATN）绝大多数发生在移植后24h内。肾动

态显像表现为肾动脉灌注仅轻度减少，而肾实质摄取明显低下，呈肾动脉灌注影浓于肾实质影的典型影像，且膀胱内长期无显像剂出现。

超急排异多发生在术后几小时内，肾动态显像表现为血流灌注和肾实质均不显影，该时段肾图呈低水平抛物线型；急性排异反应多发生在术后5天至3个月内，肾动态显像示移植肾影增大，血流灌注明显减少，肾实质摄取显像剂量少而且延缓，清除延迟，肾图表现为c段下降延缓的肾功能受损图形；慢性排异反应一般发生在术后几个月至数年，肾动态显像示肾血流灌注和肾实质摄取均减少，显影延迟，肾影缩小，肾图可呈不同程度功能受损图形（图16-15）。

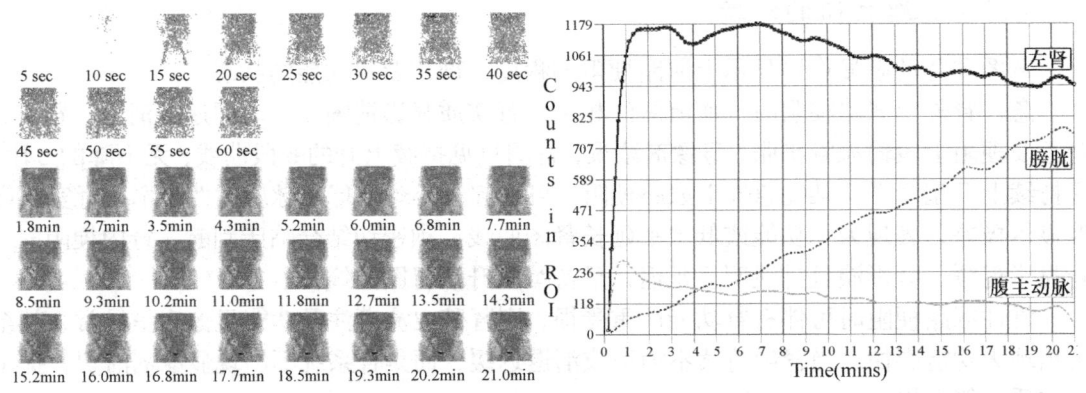

图16-15 移植肾慢性排异伴急性血管排异

女性，48岁。肾移植术后19年，血肌酐升高1年。肾动态显像后3天行移植肾穿刺，病理示：慢性排异伴急性血管排异

六、肾图及肾动态显像的主要优缺点

使用肾图仪获得肾图的优点是操作简便、价格低廉，而且放射性用药剂量小，主要缺点是不能显示肾脏形态、大小和位置等情况。其定位是根据肾脏解剖位置，原位肾脏通常在平第12胸椎或第1腰椎水平、椎旁5cm定位，移植肾通常在右侧髂窝定位。然而当先天性肾脏异位、腹膜后肿瘤压迫等原因导致肾脏移位时，根本无法定位；即使肾脏位置正常，但由于肾积水、肾囊肿、肾肿瘤等原因导致肾脏体积增大，超过探测器范围时，测定的肾图曲线信息不可靠。而且，探头对位误差可造成20%的偏差，影响结果的精确性和重复性。此外，肾图检查难以单纯根据曲线做出疾病诊断，由于没有肾动态图像的参考，对分析异常原因造成一定困难，必须密切结合临床或作介入试验。

相比之下，肾动态显像既可获得肾图又可兼顾形态显示和功能测定。肾动态显像虽然放射性用药量高于肾图仪，但其可以直接从图像上勾画肾脏轮廓，一次检查即可以直观地观察肾脏血供、肾实质摄取及排泄的全过程，得到肾图曲线分析肾脏血供、功能，又可以计算GFR或ERPF。因而，目前有条件的单位多采用肾动态显像。

第三节 肾功能介入试验

肾功能介入试验（kidney function intervention test）是利用药物或其他负荷方式，改变肾脏的正常或病理生理过程，获得更多的肾功能信息，达到诊断或鉴别诊断某些疾病的目的。核医学在肾功能测定方面的介入试验主要有利尿试验（diuresis test）和巯甲丙脯酸试验（captopril test）两种。

一、利尿试验

（一）原理

机械性尿路梗阻（obstructive hydronephrosis）与非梗阻性尿路扩张（nonobstructive dilatation）的常规肾图和肾动态显像上均可表现为"梗阻"征象。应用利尿剂（uragogue）通过利尿作用，肾图或肾动态显像可产生不同的改变，从而鉴别机械性尿路梗阻和非梗阻性尿路扩张。

膀胱输尿管松弛、尿路感染、先天性畸形时肾盂扩张（pyelectasis），张力降低，尿流流速减慢尿液聚集，使上尿路出现假性梗阻征象。应用利尿剂后，短时间内尿量明显增加，加速排出淤积在单纯扩张的上尿路内的示踪剂，肾内显像剂下降，肾图出现下降的 c 段或原有 c 段下降增快。而机械性梗阻时尿液增加、梗阻未解除不能加速示踪剂的排出，肾图曲线和动态影像没有改善，仍表现为梗阻型曲线，肾盂影增浓扩大。

（二）方法

利尿试验使用的利尿剂通常为速尿（furosemide），剂量为 0.5~0.8mg/kg 或 20mg/次，最大量为 40mg/次。利尿试验可采用一次法或二次法进行。

一次法是在常规肾图或肾动态显像发现梗阻曲线或肾盂影像增浓扩大即发现梗阻时，保持原有体位 15 分钟后静脉注射利尿剂继续采集 10~20 分钟，观察曲线或影像的变化。

二次法是先做一次常规肾图或肾动态显像，表现为梗阻征象时，待示踪剂排出后，再饮水 300ml，30 分钟后排尿，先注入利尿剂 2~3 分钟后注入示踪剂，再做利尿肾图或利尿肾动态显像采集。

（三）结果分析

（1）利尿后肾盂影和肾图曲线无显著变化者，提示有明显的机械性梗阻存在。

（2）注入利尿剂后 2~3 分钟肾区示踪剂迅速降低，肾图 c 段曲线迅速下降，可排除明显的机械性梗阻。若利尿肾图有改善，提示有不完全性梗阻性肾盂扩张。

（四）临床应用

介入试验的临床应用主要是用于梗阻性肾盂积水和非梗阻性肾盂积水的鉴别。利尿试验有助于鉴别明显的机械性梗阻和单纯肾盂扩张，鉴别肾盂输尿管连接部是否存在机械性梗阻。但需注意尿路梗阻程度较轻者，对利尿剂反应与尿路单纯扩张者近似，故对轻度不全梗阻者结果较难解释。此外，个体间对利尿剂的反应存在差异，肾功能状态对利尿剂的利尿效果有明显影响。肾功能明显受损时，原尿生成少，注射速尿可以不发生明显的利尿作用，直接影响利尿介入显像的结果。故肾功能明显受损时，不宜进行此检查。

二、巯甲丙脯酸试验

（一）原理

肾动脉轻度狭窄时，入球小动脉血流减低，但因肾脏存在代偿作用，肾素释放增多，血管紧张素Ⅱ生成增多，作用于出球小动脉使其收缩，维持肾小球毛细血管滤过压，保持GFR正常。常规肾图和肾动态显像可以正常。

巯甲丙脯酸（Captopril）是血管紧张素转化酶抑制剂，可以抑制血管紧张素Ⅰ转化为血管紧张素Ⅱ，使出球小动脉舒张，降低肾小球毛细血管滤过压，使GFR降低，此时患肾肾图和肾动态显像出现异常。而健肾不会发生上述变化，肾图和肾动态显像在服用Captopril前后无明显变化。

（二）方法

常规肾图和肾动态显像检查后次日或肾区示踪剂基本排完时，口服Captopril 50~60mg，并饮水300ml，1h后进行第2次肾动态显像或肾图检查，即Captopril试验。

检查前停用利尿剂5天，停用所有的降压药48h；严密监测受试者服用Captopril前后血压和脉搏（每20分钟检测一次），以防血压突然降低，必要时对症处理。介入前后的检查条件应一致。

（三）结果分析

正常肾脏口服利尿剂前后，肾动态影像和肾图均无明显变化。若患者肾脏影像出现和消退均延缓，肾影小且显像剂分布减低，左右两侧肾脏对比差异增大，患侧肾图高峰值降低，峰时后延和c段下降缓慢，GFR降低等为巯甲丙脯酸试验阳性，提示为单侧肾动脉狭窄。若无明显变化，则单侧肾动脉狭窄的可能性很小。

（四）临床意义

1. 肾动脉狭窄的诊断和鉴别诊断 Captopril试验一直是诊断肾性高血压很有价值的非侵入性诊断方法。健侧肾和患侧肾试验前后GFR差别增大可诊断肾动脉狭窄。其灵敏性在80%左右，特异性95%以上。当临床疑有肾血管性高血压，而肾动脉显像和肾图不典型的患者应用本试验，可提高诊断的敏感性和准确性。但也会有假阳性出现，对诊断双侧肾动脉狭窄的有效性还有争论。严重肾动脉狭窄者，肾动脉狭窄超过90%以上对Captopril已不会有明显反应，可出现假阴性结果。

2. 术前Captopril试验用于肾动脉狭窄手术预后的判断 阳性往往预示手术治疗有效，阴性则提示疗效差。

3. 指导血管紧张素转化酶抑制剂应用 Captopril试验阳性者应禁用血管紧张素抑制剂。而阴性者，提示Captopril在降血压同时不会影响肾脏血流，同时起到保护肾脏作用。

总之，Captopril试验可提高检出单侧肾动脉狭窄的灵敏度和特异性。但严重肾动脉狭窄者，由于肾功能严重受损，对Captopril不敏感，可出现假阴性。

（石洪成）

第四节 肾静态显像

一、原　　理

肾静态显像（renal cortical scintigraphy）：慢速通过型肾脏显像剂流经肾脏时，被有功能的肾小管上皮细胞选择性摄取且能较长时间滞留于其中,从而使肾皮质清晰显影。可反映肾脏位置、大小、形态和功能等信息。

二、适应证

适应证包括:①急性肾盂肾炎肾皮质损伤;②慢性肾盂肾炎肾脏瘢痕(尤其适用于儿童);③肾脏占位性病变;④孤立肾、异位肾、重复肾或马蹄肾等先天性肾脏畸形;⑤对碘造影剂过敏者。

三、显像剂

(一)^{99m}Tc-二巯基丁乙酸(dimercaptosuccinic acid,^{99m}Tc-DMSA)

主要被肾近曲小管上皮细胞重吸收到细胞质而滞留于肾皮质。静脉注射 2 小时后 40%~65% ^{99m}Tc-DMSA 聚集于肾皮质,且 6 小时内肾皮质显像剂保持相对稳定,余部分随尿排出体外。^{99m}Tc-DMSA 推荐使用量为 18.5~185MBq(0.5~5 mCi),儿童按 1.85 MBq(0.05 mCi)/kg 体重给药。注药后 1~2 小时显像,肾功能较差时可行 2~4 小时以及 24 小时延迟显像。

(二)^{99m}Tc-葡庚糖酸钙(calcium glucoheptonate,^{99m}Tc-GH)

大部分经肾小球滤过,也可被肾小管重吸收。静脉注射 1 小时后 40%^{99m}Tc-GH 经肾小球滤过进入肾脏集尿系统,有 10%~20%为肾近曲小管重吸收而滞留于肾皮质中。在注射后的 2~4 小时内,肾皮质可持续显影。^{99m}Tc-GH 可排入胆道,肾功能不全时常见胆囊显影。^{99m}Tc-GH 推荐使用剂量为 18.5~370 MBq (0.5~10mCi),注药后 1~2 小时显像。

在推荐使用的剂量范围之内,以上两种肾静态显像剂对肾皮质的辐射暴露量相当,但 ^{99m}Tc-DMSA 对性腺及膀胱的辐射量较少,婴儿推荐选择 ^{99m}Tc-DMSA。

四、检查方法

病人无需特殊准备。不合作者(如儿童、意识障碍者)可给予适量的镇静剂。显像前排空膀胱。

取仰卧位或坐位。探头配置平行孔低能通用型或高分辨率准直器,能峰 140keV,窗宽 20%,矩阵 128×128 或 256×256,分别行后位(POST),左后斜位(LPO)、右后斜位(RPO)平面显像,采集计数 3×10^5~5×10^5。若配置针孔准直器,采集计数为 1.5×10^5。如疑有马蹄肾、游走肾或腹部包块等应加做前位(ANT)显像。断层显像:矩阵 64×64 或 128×128,窗宽20%,6°/帧,20~40 秒/帧,共采集 360°。断层影像经重建获得横断位、矢状位及冠状位图像。

五、图像分析

(一)正常影像

双肾呈蚕豆状,轮廓清晰,边缘整齐,双肾纵轴呈"八"字形,位于腰椎两侧,第12

胸椎与第三腰椎之间，中心平第 1~2 腰椎。右肾多略低于左肾，且较左肾宽而短。肾脏大小约 11cm×6cm，两侧肾脏纵径差小于 1.5cm，横径差小于 1cm。肾影的外带显像剂较浓。中心和肾门区较淡，两肾显像剂分布无明显差异。

（二）异常影像

（1）肾脏位置异常：坐位时肾影中心下降>3cm，示肾下垂；坐位时肾影明显下降，而卧位时位置正常者提示游走肾。

（2）肾形态、数目异常：如马蹄肾、重复肾、孤立肾、异位肾、多囊肾等先天性畸形。

（3）局限性稀疏或缺损：见于肿瘤、囊肿、炎症性改变、肾瘢痕形成等。

（4）肾局部显像剂增浓：可见先天性变异，局部引流不畅等。

（5）肾脏不显影：肾功能丧失或先天性单肾等。

六、临床应用

（一）肾脏位置、形态及数目异常

坐位时肾影中心下降>3cm，示肾下垂；坐位时肾影明显下降，而卧位时位置正常者提示游走肾。异位肾时，常可见正常肾区仅有一侧肾脏，而在腹、盆腔或胸腔有另一发育欠佳的异位肾影。先天性肾脏发育畸形可能引起马蹄肾、单肾、重复肾等。马蹄肾表现为双肾下极相连，跨越脊柱，形似马蹄状（倒"八"字形），前位明显。重复肾可见于单侧或双侧，是指肾脏分为上下两部分，融为一体，有独立的肾盂，输尿管可以部分融合或独立构成双输尿管。单肾或先天性一肾缺如表现为一侧肾脏不显影，对侧肾脏代偿性增大，需注意与单侧肾功能丧失或肾切除鉴别。

（二）肾脏炎症性病变

肾静态显像可灵敏地显示肾萎缩、肾盂扩张伴皮质变薄、瘢痕征等肾实质受累的表现。影像特点为肾内局限性显像剂分布缺损。肾静态显像对肾盂肾炎、肾脏瘢痕的诊断阳性率分别是超声、IVP 的 2 倍和 4 倍。急性肾盂肾炎可见单侧或双侧肾脏单发或多发的显像剂缺损区，也可见弥漫性显像剂稀疏改变。结合临床资料可早期确诊肾脏炎症性病变，了解病变范围和程度。急性肾盂肾炎造成的肾皮质稀疏缺损部分是可逆性的，具体与感染严重程度有关，一般建议治疗后 6~9 个月随访复查。肾静态显像瘢痕征表现为卵圆形或楔形显像剂稀疏缺损，多发生在肾上、下极近边缘处。慢性肾盂肾炎显示肾脏皮质变薄、肾影变小，形成瘢痕处放射性摄取减低，分布稀疏不均。结合 GFR 和 ERPF 测定可提供受损程度等信息。已较广泛应用于儿科领域。

（三）肾内占位性病变

可表现为单侧或双侧肾脏内单发或多发局限性显像剂分布稀疏或缺损，多见于肿瘤、囊肿、缺血性病变或血管瘤等病变；肾静态显像诊断占位性病变性质的灵敏性较低，需结合临床及其他影像学方法确诊。

(四)功能性肾假瘤

肾假瘤是一种分叶畸形,是类似于肾肿瘤的解剖变异,是由正常肾脏实质形成的肾内肿块,多称为贝坦氏柱(肾柱)(column of Bertin)肥大,一般无临床症状。肾静态显像显示肿块为正常摄取显像剂的功能性肾组织,从而与其他实质性肾脏肿瘤鉴别。

第五节 膀胱反流显像

一、原 理

膀胱输尿管反流(vesicoureteral reflux)是指患者排尿过程中尿液反流至输尿管和(或)肾区,可引起反复泌尿系统感染,多见于儿童。膀胱反流显像(countercurrent cystography)是将放射性核素显像剂引入膀胱,待膀胱充盈后,用显像仪器动态采集膀胱区加压或患者用力排尿的过程,通过观察肾脏、输尿管、膀胱内显像剂的变化以判断有无膀胱输尿管反流及其程度。

二、适 应 证

适应证包括:①判断反复泌尿系感染患者是否有膀胱-输尿管反流及其反流程度;②判断下尿路梗阻和神经源性膀胱患者是否有尿反流及其反流程度;③评价膀胱尿反流的治疗效果。

三、显 像 剂

$^{99m}TcO_4^-$、^{99m}Tc-DTPA 或 ^{99m}Tc-硫胶体,剂量:直接法 18.5~37 MBq(0.5~1.0 mCi),间接法:参照肾动态显像。

四、检 查 方 法

膀胱反流显像有直接显像法和间接显像法两种方法。

(一)直接显像法

经导尿管将显像剂注入膀胱,然后缓慢注入生理盐水,在膀胱不断充盈继而排尿的过程中观察输尿管和(或)肾内有无异常放射性出现,有则提示膀胱反流存在。

(1)患者准备:按无菌操作行尿道插管,导管末端接输液管和尿管,排空膀胱后夹闭尿管。

(2)受检者仰卧,视野包括膀胱、双侧输尿管和双肾,前后位动态采集。探头配置低能通用型准直器,能峰140keV,窗宽20%,矩阵128×128。①膀胱充盈期:向输液管内先后注入显像剂和 10ml 生理盐水,随后以 60 滴/分滴入相当于膀胱容量(膀胱容量=[年龄 y+2]×30ml)体积的生理盐水,同时开始5s/帧动态采集,观察膀胱充盈情况。②排尿期:排尿前先采集一帧 30 秒静态图像。松开夹闭的导尿管以 5 秒/帧的速度开始连续动态采集,第7~8 帧嘱受检者用力排尿,同时腹部适当持续加压采集至排尿结束。排尿后再采集一帧

30 秒静态图像。

本法优点是较 X 线膀胱造影灵敏且辐射剂量小（仅为 X 线的 1%），结果不受肾功能影响。缺点是需经尿道插管，存在引起尿路感染的风险；对膀胱细微结构分辨率较低。

（二）间接显像法

静脉注入 ^{99m}Tc-DTPA 后常规行肾动态显像，待膀胱明显显影而肾脏和输尿管影像基本消退后，嘱受检者用力憋尿，随后腹部适当加压用力排尿，通过显像仪器连续动态观察该过程中输尿管和肾内有无异常放射性增高。

（1）患者准备：显像前 30min 内饮水 300ml，不排尿。

（2）检查前半部分同常规肾动态显像。待大部分显像剂排至膀胱而肾脏及输尿管影基本消退，受检者憋尿至无法耐受时以 5 秒/帧的速度开始连续动态采集，嘱受检者用力排尿，同时腹部适当持续加压采集至排尿结束。

间接法的优点是不用插导尿管，更符合生理情况，并同时提供肾动态影像。缺点是需要长时间憋尿，儿童和尿失禁患者难以接受，检查结果受肾功能的影响。

五、图像分析

（一）视觉分析

1. 正常影像 各期影像中仅见膀胱显影，双侧输尿管和肾脏区域不显影。

2. 异常影像 在各期影像中，除膀胱显影外，还可见双侧输尿管和（或）肾脏区域出现异常的显像剂分布或显像剂分布明显增高，提示存在膀胱尿反流，可根据异常放射性出现的部位将尿反流的程度分为轻、中、重度。

（1）轻度：尿反流局限于输尿管。

（2）中度：少量放射性达肾盂。

3. 重度 大量放射性出现在肾盂并伴有肾盂肾盏扩张或存在输尿管迂曲扩张。

（二）时间-放射性曲线分析

（1）用 ROI 技术勾画双肾、双侧输尿管（全程或某段）和膀胱轮廓，获得各自的时间-放射性曲线，观察曲线是否出现上升段。如果曲线有上升段则提示存在膀胱尿反流，可根据放射性增高的程度和部位了解尿反流的程度。

（2）膀胱残留尿量的计算 利用计算机 ROI 技术测量排尿前、后膀胱区影像放射性，记录排尿量，可计算出膀胱残留尿量和尿反流量。计算方法如下：

$$膀胱残余尿量(ml) = \frac{排尿量(ml) \times 排尿后膀胱计数}{排尿前膀胱计数率 - 排尿后膀胱计数率}$$

$$尿反流率\% = \frac{尿反流部位影像的计数率}{同一时间的膀胱计数率} \times 100\%$$

六、临床应用

膀胱反流显像主要用于判断有无膀胱输尿管反流及其程度，指导临床制定合理的治疗方案。与 X 线膀胱造影比较，膀胱尿反流显像吸收辐射剂量小，仅为 X 线的百分之一，因此尤其适用于反复泌尿系感染疑存在膀胱输尿管反流的幼儿。本法还可用于抗感染或抗反流术后疗效的评价。

临床应用时应予注意的是膀胱尿量不足时轻度尿反流可能不显现，因此阴性结果不能排除轻度尿反流存在；同时直接法插导尿管不顺利可引起尿道、膀胱激惹而出现轻度尿反流，可造成假阳性。

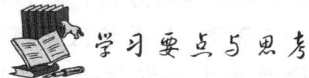学习要点与思考

1. 重点掌握肾图、肾动态显像及其介入试验的原理和临床应用。
2. 熟悉膀胱输尿管反流显像、肾静态显像在儿科的临床应用。
3. 了解肾图、肾动态显像及其介入试验和膀胱输尿管反流显像常用显像剂、显像方法及图像分析、定量分析指标。
4. 请归纳一下核医学肾功能评价与临床其他方法间有何不同？各自有何优、缺点？

（朱小华）

中英文对照

肾小球滤过	Glomerular filtration
肾小管上皮细胞分泌	renal tubular epithelial cell secretion
时间-放射性活度曲线	time radioactivity curve
肾图	renogram
肾脏指数	renal index，RI
肾动态显像	renal dynamic imaging
肾小球滤过率	glomerular filtration rate，GFR
肾有效血浆流量	effective renal plasma flow，ERPF
肾血管性高血压	renovascular hypertension
倒相	phase inversion
急性肾小管坏死	acute tubular necrosis，ATN
肾功能介入试验	kidney function intervention test
利尿试验	diuresis test
巯甲丙脯酸试验	Captopril test
机械性尿路梗阻	obstructive hydronephrosis
非梗阻性尿路扩张	nonobstructive dilatation
利尿剂	uragogue
肾盂扩张	pyelectasis
速尿	furosemide
巯甲丙脯酸	Captopril
肾静态显像	renal cortical scintigraphy
^{99m}Tc-二巯基丁乙酸	dimercaptosuccinic acid，^{99m}Tc-DMSA
^{99m}Tc-葡庚糖酸钙	calcium glucoheptonate，^{99m}Tc-GH
膀胱输尿管反流	vesicoureteral reflux
膀胱反流显像	countercurrent cystography

第十七章 肿瘤显像

设问

肿瘤是威胁人类健康的三大疾病之一，目前在临床有哪些检测肿瘤的方法？核医学有哪些检测方法？分子影像的发展对于恶性肿瘤诊断带来了哪些新希望。目前核医学用于恶性肿瘤分子影像的方法有哪些类型？PET/CT 在恶性肿瘤诊疗中主要发挥哪些作用？PET/CT 诊断肿瘤可取代其他检测方法吗？PET/CT 与常规形态学影像方法相比，在恶性肿瘤诊断方面具有哪些优势和不足？PET/CT 适用于所有肿瘤吗？炎症的影像学检测方法有哪些？核医学有什么方法可检测炎症？

恶性肿瘤是严重威胁人类健康的重大疾病。据资料显示，全国每年新发肿瘤病例约 312 万例，平均每天 8550 人，全国每分钟有 6 人被诊断为恶性肿瘤。我国居民一生罹患癌症的概率为 22%，估计每年因癌症死亡病例达 270 万例，我国居民因癌症死亡的几率是 13%。全国恶性肿瘤发病第一位的是肺癌，也是死亡率的第一位，其次为胃癌、结直肠癌、肝癌和食管癌。因此，恶性肿瘤的早期诊断、分期、复发与疗效监测成为当前临床医学的重要任务。目前对于恶性肿瘤的诊断方法较多，其中影像学检查，包括放射学影像、MR、超声和核医学影像等占有十分重要地位。此外，肿瘤标志物测定对于肿瘤的初查有一定作用，但是恶性肿瘤的最后确诊需要细胞学或病理学证实。

核医学在肿瘤疾病的诊断与治疗中具有重要作用，特别是 PET/CT 的应用促进了肿瘤核医学的迅速发展。肿瘤核医学诊断包含的内容非常广泛，根据所使用的显像仪器类型不同，目前肿瘤疾病的核素显像诊断大致可分 PET/CT 显像和 SPECT 显像；而根据使用的显像剂不同，也可分为特异性显像和非特异性显像等；而根据显像剂被肿瘤细胞摄取的原理不同也可分为代谢显像、受体显像、放射免疫显像、基因显像、新生血管显像、凋亡显像、乏氧显像以及其他亲肿瘤阳性显像等。

第一节 肿瘤 PET/CT 显像

PET/CT 代谢显像是当前肿瘤核医学最重要的手段，目前最常用的代谢显像剂为 ^{18}F-氟脱氧葡萄糖（^{18}F-2-fluro-D-deoxy-glucose，^{18}F-FDG），^{18}F-FDG PET/CT 显像可反映肿瘤葡萄糖代谢水平，在恶性肿瘤的早期诊断、分期、复发与疗效监测中具有重要作用。目前除了反映葡萄糖代谢的 ^{18}F-FDG 显像外，其他的代谢显像剂如 ^{11}C-胆碱（^{11}C-choline）、^{11}C-醋酸盐（^{11}C-acetate）、^{11}C-蛋氨酸（^{11}C-MET）、^{18}F-酪氨酸（^{18}F-FET）等也已进入临床试用阶段，从而反映肿瘤的不同代谢状态和生物学行为。此外，也有用 ^{18}F-FMISO 反映肿瘤的乏氧情况，应用 ^{18}F-ER 反映雌激素受体的表达等。但迄今为止，^{18}F-FDG 仍然是应用最广、最成熟的肿瘤代谢显像剂。

一、显像剂及原理

肿瘤组织细胞与正常细胞之间的主要区别是无限制的增殖，DNA 合成增多，氨基酸、葡萄糖等代谢物质消耗增加，肿瘤病灶出现乏氧和某些受体高表达等。肿瘤 PET/CT 显像就是利用放射性核素（如 ^{11}C、^{18}F、^{13}N、^{15}O 等）标记不同的代谢底物或类似物等为显像剂，引入体内后能参与细胞各种代谢活动，并蓄积在恶性病灶的组织内，通过 PET/CT 探测其显像剂发射的 γ 光子，并进行定位、定量分析，直观地显示代谢过程，精确、动态反映肿瘤组织与机体正常组织细胞代谢的差异，并将功能与代谢图像与高分辨率的 CT 解剖形态学影像进行融合，达到对肿瘤进行早期诊断、分期、治疗及疗效监测的目的。

（一）常用显像剂

目前用于肿瘤 PET 显像的显像剂主要有以下几类（表 17-1）。

表 17-1 常用的肿瘤 PET 显像剂

类型	显像剂	特　点	主要用途
葡萄糖代谢	^{18}F-FDG	反映糖代谢	用于肺癌、结肠癌、淋巴瘤、黑色素瘤、乳腺癌、脑肿瘤等
核苷酸代谢	^{11}C-TdR	参与核酸合成	反映肿瘤细胞增殖，鉴别良恶性
	^{18}F-FLT	参与核酸合成	反映肿瘤细胞增殖，鉴别良恶性
氨基酸代谢	^{11}C-MET	反映氨基酸转运、代谢和蛋白质合成速度	脑肿瘤、头颈部肿瘤、淋巴瘤和肺癌等
	^{18}F-FET	反映氨基酸的需求	恶性肿瘤诊断，肿瘤与炎症鉴别
	^{11}C-choline	参与磷酸化反应，反映肿瘤细胞膜合成速度	脑肿瘤和前列腺癌诊断特异性高
氧化代谢	^{11}C-乙酸盐	参与三羧酸循环，与血流和各种代谢有关	鼻咽癌、肾细胞癌、肝细胞癌、前列腺癌及盆腔肿瘤等
肿瘤乏氧	^{18}F-FMISO	反映细胞乏氧状态	肿瘤诊断与疗效预测
肿瘤受体	^{18}F-FES	雌激素受体高表达肿瘤	乳腺癌等
	^{18}F-奥曲肽	受体高表达肿瘤	神经内分泌肿瘤诊断
新生血管	^{18}F-RGD	肿瘤新生血管形成	恶性肿瘤诊断与评价疗效

（二）显像原理

不同代谢显像剂其细胞摄取原理不同，现将几种常用显像剂摄取原理简述如下：

1. 葡萄糖代谢显像 ^{18}F-FDG 是目前临床最常用的糖代谢显像剂。^{18}F-FDG 在结构上以及生物学行为上与普通的葡萄糖分子很相似，只是其中一个羟基基团被一个 F 原子所替代。静脉注入后进入细胞外液，并被细胞膜上葡萄糖转运蛋白（glucose transporter，Glut）跨膜转运到细胞胞质内，然后在己糖激酶（hexokinase）的作用下被磷酸化，形成 6-磷酸-^{18}FDG（6-P-^{18}FDG），但不能像普通的葡萄糖一样参与进一步的代谢，而是滞留在细胞内，如图 17-1 所示，利用 PET 或其他高能正电子成像系统即可显示细胞的糖代谢水平。恶性肿瘤细胞的代谢特点之一是葡萄糖代谢率增高，故能聚集更多的 ^{18}F-FDG，在图像上显示为热区，其 ^{18}F-FDG 的摄取量与葡萄糖代谢率成正比，体内糖代谢率越高的器官、组织，摄取聚集 ^{18}F-FDG 也越多，而且其摄取高低与肿瘤的恶性程度及分化程度密切相关。肿瘤细胞摄取 ^{18}F-FDG 的机制可能与下列因素有关：肿瘤细胞膜上葡萄糖转运蛋白表达增加，如 Glut-1，Glut-2，Glut-3 等；肿瘤细胞内己糖激酶活性增高；葡萄糖-6-磷酸酶活性减低（该酶可使 6-P-^{18}FDG 去磷酸化而释出细胞外）等。

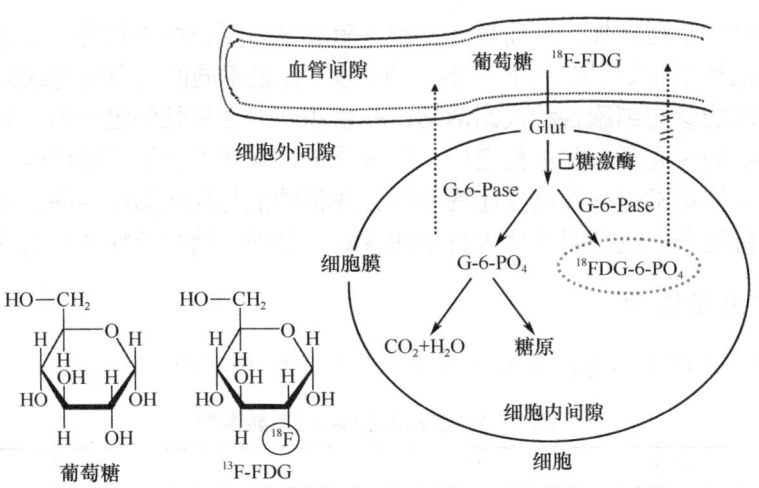

图 17-1　葡萄糖与 ^{18}F-FDG 分子结构及细胞内代谢的比较

2. 核苷酸代谢显像　^{11}C-胸腺嘧啶（^{11}C-TdR）和 ^{18}F-氟胸腺嘧啶（^{18}F-FLT）与胸腺嘧啶一样能够进入细胞内，并被细胞质内的人胸腺激酶-1（thymidine kinase-1，TK-1）磷酸化，但由于 3'端被氟原子置换，其磷酸化后的代谢产物不能进一步参与 DNA 的合成，也不能通过细胞膜返回到组织液而滞留在细胞内。肿瘤细胞在增殖的过程中，DNA 的合成需要 TK-1 上调，加快核苷类底物的合成利用，因而处于 S 期的细胞 TK-1 活性增强，^{18}F-FLT 等摄取增加，PET 显像可反映 TK-1 的活性而间接反映肿瘤细胞的增殖状况，用于肿瘤的诊断与良、恶性鉴别等。

3. 氨基酸类代谢显像　氨基酸参与蛋白质的合成、转运和调控，恶性肿瘤细胞的氨基酸转运增强。因此，放射性核素标记的氨基酸类似物（如 ^{11}C-MET、^{18}F-FET、^{11}C-胆碱）同样也参与氨基酸的代谢过程，尤其是 ^{11}C-胆碱（^{11}C-choline）已成为临床有用的显像剂。通过显像可以反映肿瘤细胞对氨基酸的需求，包括氨基酸的转运、代谢和蛋白质的合成、肿瘤细胞磷脂代谢与增殖、细胞膜合成速度等。临床用于脑胶质瘤、恶性淋巴瘤、脑转移瘤、肺癌和乳腺癌等肿瘤的诊断与研究。

二、显 像 方 法

肿瘤代谢显像的方法众多，但目前临床最常用的为 ^{18}F-FDG 显像，本节主要以 ^{18}F-FDG PET 显像为例，介绍其肿瘤代谢的基本方法。另外一些反映肿瘤核苷酸代谢的显像剂如 ^{11}C-胸腺嘧啶、^{18}F-FLT，反映氨基酸代谢的显像剂如 ^{11}C-酪氨酸、^{11}C-蛋氨酸、^{11}C-胆碱以及 ^{11}C-乙酸盐等，部分也已经用于临床诊断和疗效监测。

代谢显像的仪器主要是 PET/CT，也可以应用配备高能准直器的 SPECT 或双探头符合线路的 SPECT 显像，但 PET 的敏感性和分辨率明显优于 SPECT，尤其是应用 PET/CT 以及 SPECT/CT 系统不仅可以获得优质的 PET 代谢图像，还可同时获得高分辨率的 CT 图像，利用 CT 对 PET 图像进行衰减校正和同机图像融合，有助于提高 PET 图像质量和病灶的精确定位，弥补单独 PET 或 SPECT 图像分辨率低、解剖定位困难的不足。本节仅以 ^{18}F-FDG PET/CT 显像为例简述其显像方法（图 17-2）。

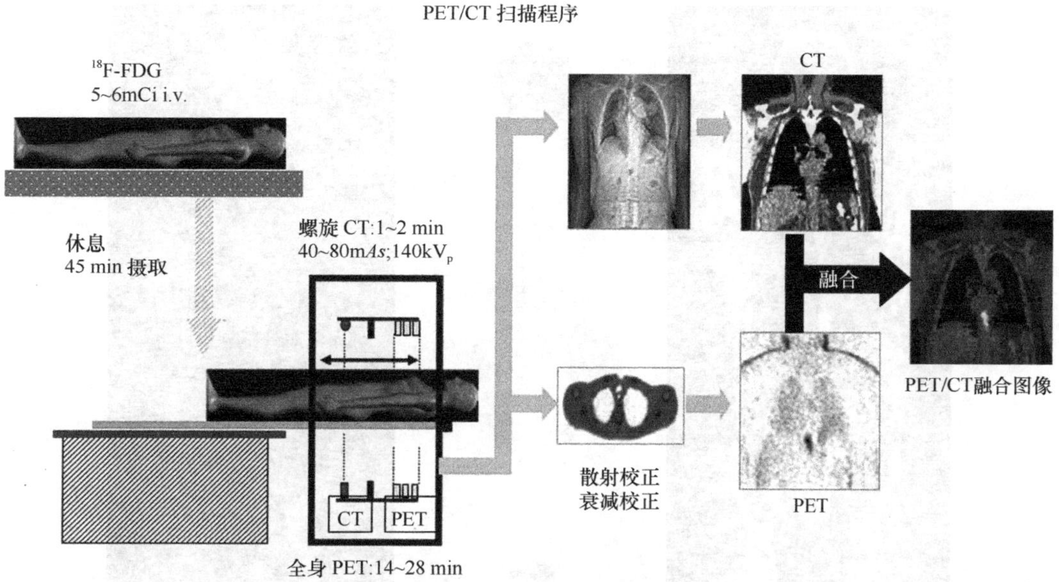

图 17-2 ^{18}F-FDG PET/CT 显像程序示意图

（1）患者准备：患者检查前应至少禁食 4~6h，降低血中葡萄糖水平，增加肿瘤病灶对 ^{18}F-FDG 的摄取，同时降低胰岛素水平，使正常组织摄取 ^{18}F-FDG 降低。注射 ^{18}F-FDG 前常规测定患者血糖水平，血糖增高者需控制血糖。测定身高、体重用于定量或半定量估算肿瘤的代谢率。

（2）安静状态下静脉注射 ^{18}F-FDG 185~370 MBq（5~10 mCi），注药后至检查前病人需保持安静状态。显像前排空尿液。

（3）注射显像剂后 40~50min 分别进行全身或局部透射和发射断层扫描。图像采集后应用专用软件进行图像重建、衰减校正、图像融合和定量分析等处理。

目前最常用的定量指标是计算肿瘤/非肿瘤组织（T/NT）的摄取比值和计算标准摄取值（standardized uptake value，SUV），尤以 SUV 值更为常用，包括肿瘤组织最大 SUV 值（SUV_{max}）和平均 SUV 值（SUV_{mean}），并作为诊断肿瘤和鉴别良、恶性病变的重要参考指标。SUV 计算公式如下：

$$SUV = \frac{局部感兴趣区平均放射性活度(MBq/ml)}{注入放射性活度(MBq)/体重(g)}$$

三、正常 ^{18}F-FDG 图像

^{18}F-FDG PET 显像是反映全身葡萄糖代谢的状态，因此在正常人禁食状态下，注射显像剂 40min 后脑部放射性聚集明显，肝脾可见轻度显影，肾、膀胱及输尿管因显像剂的排泄而显影，多数人禁食状态心肌不显影，但少数仍可见心肌影像。肌肉可见较均匀的轻度浓聚，多数人肠道有不同程度显影。此外，许多因素可以影响 ^{18}F-FDG 的分布，如注射显像剂后肌肉运动可致肌肉摄取，发热、应用某些细胞刺激因子等均可导致骨髓、肌肉等组织摄取增加。了解 ^{18}F-FDG 的生物学分布规律对正确认识和理解代谢图像有帮助（图 17-3）。

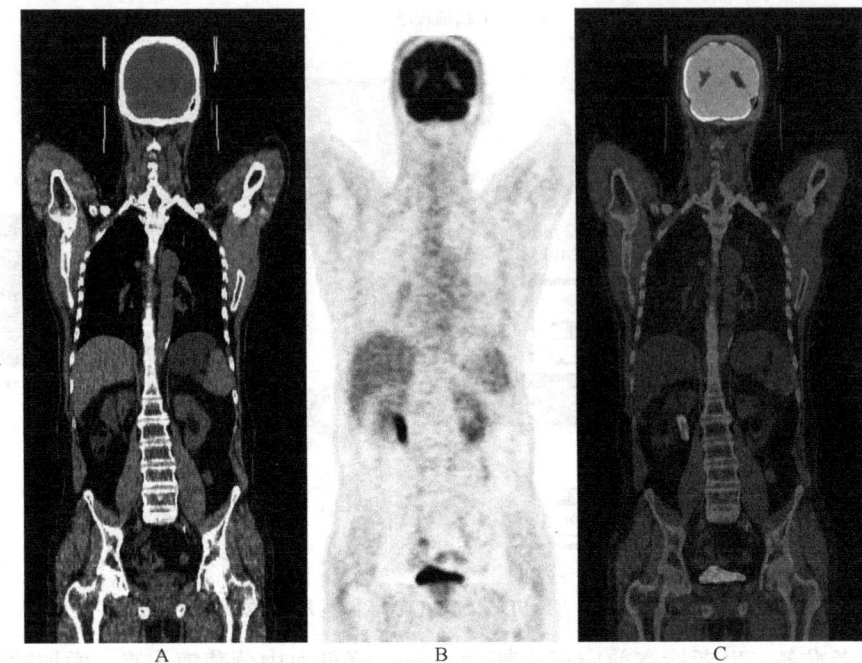

图 17-3　正常人 ^{18}F-FDG 全身显像
A~C.分别为冠状断层的 CT、PET 和融合图像

四、临床应用

^{18}F-FDG PET 显像在肿瘤诊疗中的应用约占整个 PET 应用的 90% 以上，是目前恶性肿瘤诊断与分期、残留与复发监测以及疗效评价的重要手段。

（一）PET/CT 在肿瘤诊断与分期的应用

临床上，绝大多数恶性肿瘤均伴有葡萄糖代谢增高，^{18}F-FDG 摄取增加，可用 PET/CT 显像进行诊断和分期，特别是多数肺癌、乳腺癌、淋巴瘤、肠道、胆道肿瘤等。但也有部分恶性肿瘤不摄取 ^{18}F-FDG，PET/CT 呈假阴性，如高分化肺腺癌、肾透明细胞癌、印戒细胞癌、黏液腺癌等。

1. 肺癌　肺癌是我国最常见的恶性肿瘤之一，其发病率和死亡率有逐年上升趋势，在 PET/CT 检查的患者中占有较大比例。目前肺癌的治疗效果及预后取决于早期诊断和早期分期。尽管 X 线胸片、CT、MRI 的发展对于早期发现肺部病变提供了有利条件，但要鉴别病变的性质有时却仍较困难（图 17-4），许多病例为了进一步明确诊断往往需要通过多次定期复查，观察其病灶发展情况来协助定性，但有时一旦获得确诊已失去了最佳治疗时机。而有创伤性的检查或如经皮细针穿刺活检、纵隔或胸腔镜甚至开胸探查，虽然能够及时明确诊断，但也增加了并发症机会，且给患者带来不必要的花费和痛苦。因此 ^{18}F-FDG 肿瘤代谢显像在肺部结节的早期定性诊断中发挥了重要作用。

（1）肺部结节鉴别诊断：孤立性肺结节（solitary pulmonary nodule，SPN）是临床常见的肺部病变。临床上通常是根据 CT 等常规影像的病变大小、形态来判断良恶性，如直径大于 3cm、边缘不规则、呈分叶状、有短小毛刺、缺乏钙化等征象常被认为是恶性的。但事实上，多数患者的肺结节 CT 表现并非典型。据多中心研究结果，^{18}F-FDG PET/CT 对肺癌诊断的敏感性 96%，特异性 90%、准确性 92%，大约 85%~90%的 SPN 可经 ^{18}F-FDG PET/CT 作出正确诊断，可以避免约 20%~40%不必要的开胸手术。PET/CT 显像的准确性优于单独 PET 和单独的 CT。

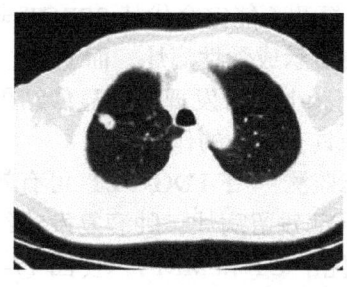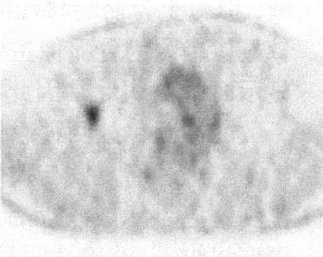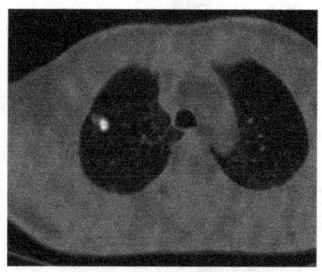

图 17-4 PET 肺部结节显像
左肺孤立性肺结节半年，临床诊断为结核，PET 显像示代谢增高，术后病理为肺泡癌

但是，^{18}F-FDG PET/CT 检查对于肺结节的判断也有一定的假阳性和假阴性。假阳性主要见于一些感染或炎性病灶表现为 ^{18}F-FDG 的异常高摄取，如结核球，隐球菌病，炎性肉芽肿，结节病等，SUV 也可明显增高，从而形成假阳性；另外，^{18}F-FDGPET/CT 也有假阴性，主要见于原发性肺类癌和支气管肺泡癌。类癌生长缓慢，有丝分裂不活跃；支气管肺泡癌的倍增时间较长，增殖活力相对较低，其摄取 ^{18}F-FDG 较低或不摄取，其诊断价值有限。因此，需要密切结合临床病史、薄层 CT 影像等进行综合判断（图 17-5）。

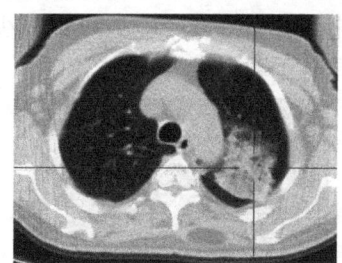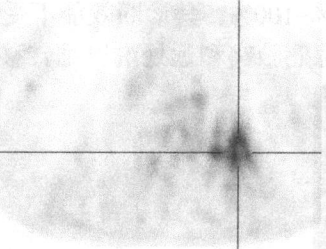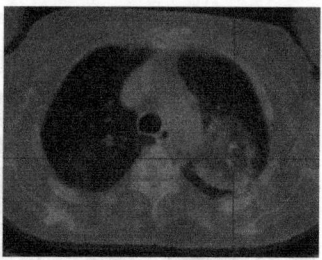

图 17-5 左肺上叶结片影，^{18}F-FDG PET 显像轻度散在摄取，术后病理示肺腺癌

（2）转移灶探查和肿瘤分期：肺癌的准确分期以及准确判断纵隔淋巴结或胸外远处转移对于治疗决策的制定及预后估计非常重要。例如非小细胞肺癌（NSCLC）患者转移至同侧纵隔和/或隆突下淋巴结（N2）的肺癌患者一般均可以选择手术治疗；而转移至对侧纵隔、对侧肺门淋巴结，同侧或对侧斜角肌或锁骨上淋巴结（N3）的患者一般不主张手术治疗。而 NSCLC 患者 CT 根据淋巴结大小判断纵隔淋巴结转移有一定局限性，其敏感性 58%~67%，转异性 70%~80%。与此相比，PET/CT 的敏感性（83%~92%）、特异性（94%~100%）明显优于单独的 CT。^{18}F-FDG PET/CT 融合图像能更清楚显示病灶大小及周围组织侵犯情况，对术前准确判断 T 分期、评估手术切除范围及手术难度有很大帮助。非小细胞肺癌最容易远处转移至肝脏、肾脏、肾上腺、骨和脑（图 17-6）。^{18}F-FDG PET/CT 全身显像的优势是可同时探测胸外及远处软组织和骨骼的转移灶，对于探测除脑转移之外的其他转移灶具有 CT 和 MRI 不可比拟的优势，其灵敏度、特异性和准确度分别可达 94%、97%和 96%。PET/CT 的应用可使 20%~30%的患者临床分期得到更正，20%以上的患者因 PET 检查结果改变了原来的治疗方案。^{18}F-FDG PET/CT 显像对于肺癌患者的预后评估也能提供很有价值的信息，因为 ^{18}F-FDG 的摄取量反映了肿瘤的代谢特征，恶性程度越高，增殖

越快，^{18}F-FDG 的摄取量也越高，摄取高的肿瘤对治疗敏感，但复发率也高，临床预后差。

尽管 ^{18}F-FDG PET/CT 对于肺癌转移灶的探测非常灵敏，但对于骨骼转移灶的探测不能完全代替 SPECT 全身骨显像，因为骨显像主要显示成骨性病灶，而 PET 主要显示溶骨性病灶，因此临床上经常发现两种显像结果不一致的情况，故两种影像具有互补的作用。

（3）肿瘤复发与残留监测：^{18}F-FDG PET 可有效地鉴别肺癌手术或放疗后局部残留病灶、肿瘤复发或纤维瘢痕组织，其准确性明显优于 CT 和 MRI 检查（图 17-7）。由于其观察范围大，可以很方便地了解全身的情况。

2. 乳腺癌 乳腺癌是妇女中最常见的恶性肿瘤之一，早期发现是提高乳腺癌治愈率的重要手段。对于乳腺肿块的检查，X 线钼靶乳腺摄片敏感性高，但特异性低，对于致密乳腺组织和乳腺结构异常的乳房易致漏诊或误诊。MRI 敏感性高，特异性低。针吸活检特异性高，可以提供乳腺肿块性质的直接证据，但敏感性不佳。^{18}F-FDG PET 对原发乳腺癌具有较好的诊断价值，敏感性为 82%~100%，特异性为 68%~100%，其诊断效能不受乳腺组织密度影响，可以减少不必要的乳腺手术，对于探测乳腺癌腋窝和远处淋巴结转移具有重要价值（图 17-8）。

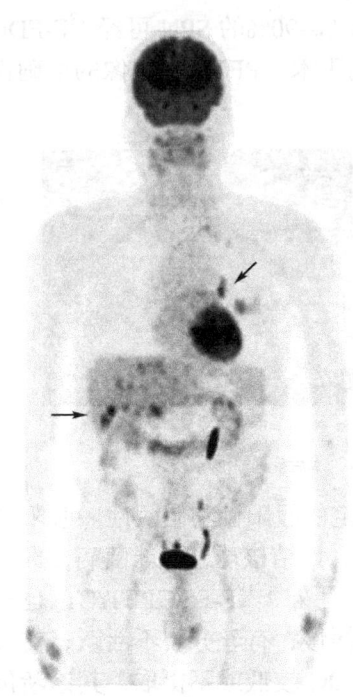

图 17-6 左侧肺癌伴多发性肝脏转移

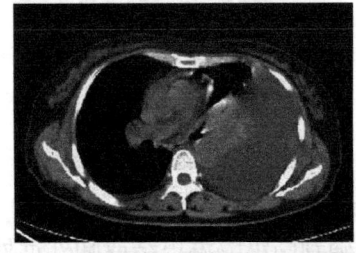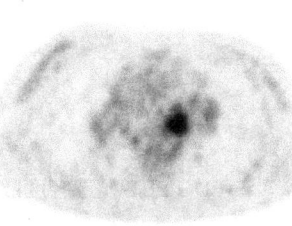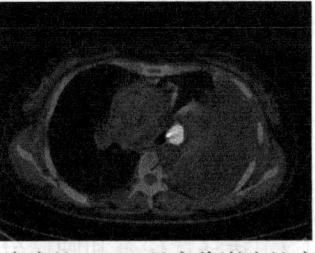

图 17-7 左侧肺癌术后复发，CT 可见大量胸水，但不能确定其中的肿瘤病灶，PET 见高代谢病灶瘤病灶

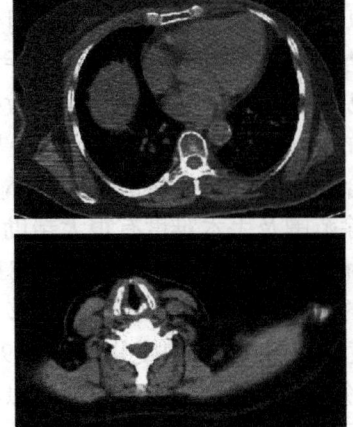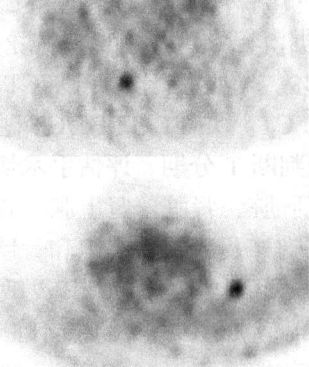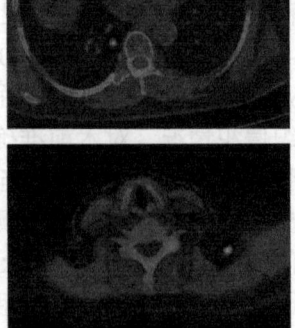

图 17-8 乳腺癌术后并发右肺及左颈部淋巴结转移

Adler 等对 28 例患者共 35 个乳房肿块进行研究，发现 PET 可准确从良性乳腺肿块中区别出恶性肿块，其敏感性为 96%，特异性为 100%。Crippa 对 72 例确诊为乳腺癌的患者进行全身 ^{18}F-FDG PET 显像，评价腋窝淋巴结转移，通过图像肉眼分析和 SUV 分析，并与手术后病理结果比较，发现诊断腋窝淋巴结转移的敏感性、特异性和准确性分别为 85%、91% 和 89%。Greco 等对 167 例乳腺肿块小于 50 mm（平均 21 mm）的乳腺癌患者术前进行了全身 PET 显像，并与手术切除后的病理结果相比较，发现 ^{18}F-FDG PET/CT 探测腋窝淋巴结转移的敏感性、特异性和准确性分别为 94.4%、86.3% 和 89.8%，阳性预测值和阴性预测值分别为 84% 和 95.3%。对于乳腺癌术后残余和复发的探测也具有较高的准确性。^{18}F-FDG PET 探测纵隔淋巴转移的敏感性、特异性和准确性分别为 85%，90% 和 88%，而 CT 为分别为 54%，85% 和 73%。^{18}F-FDG PET/CT 的应用有利于乳腺癌患者的正确分期，使部分患者避免腋窝淋巴结清扫手术。

3. 消化系统肿瘤 消化道肿瘤是我国最常见恶性肿瘤之一。随着气钡双重对比造影和内窥镜技术的发展，消化道肿瘤早期发现率有了明显提高。特别是超声、CT 和 MRI 的应用，为术前评估肝脏、盆腔以及淋巴结的转移提供了帮助。但是 CT 对于不同部位和类型肿瘤灵敏度差异很大，特异性为 60%~70%，特别是复发肿瘤与较小的肝脏转移灶仍容易漏诊。目前研究表明 PET/CT 在多种肿瘤的探测和分期上要优于单独的 CT 或 MRI。

（1）结（直）肠癌：据统计，结肠癌在临床确诊时，90% 以上已有局部淋巴结或远处转移，而无转移者手术后 5 年生存率大于 90%，一旦发生局部淋巴结和远处转移者，手术后 5 年生存率分别降为 60% 和 6%，术后 5 年复发率达 25%~30%，且大多在术后两年内复发。因此，结肠癌的早期诊断，转移灶的探查以及肿瘤复发的鉴别诊断尤为重要。^{18}F-FDG PET 对结肠癌原发病灶探测的敏感性非常高，但特异性较低，尤其是对肝脏及肝外转移灶的探测以及肿瘤复发与瘢痕的鉴别准确性较高，其中探测结肠癌肝转移的准确性为 92%（图 17-9），而常规 CT 为 78%，CT 门脉造影术为 80%。肝外转移 PET 检出率为 92%，CT 为 71%，约有 37% 的患者因 PET 结果而改变治疗方案。Conti 等回顾了 1989~1996 年报道的 192 例局部结直肠癌复发的病例，发现 ^{18}F-FDG PET 对结直肠癌复发诊断的敏感度为 95%，特异度为 98%，准确性为 96%。临床上，血清 CEA 升高是监测结肠癌复发的常用指标，其敏感性（60% 左右）低于特异性（85%）。因此，对于 CEA 阴性、临床怀疑复发者以及 CEA 升高而常规影像学检查阴性的患者，有必要进行 PET 检查。

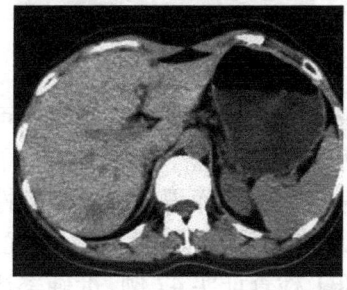
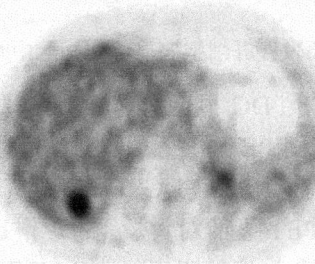
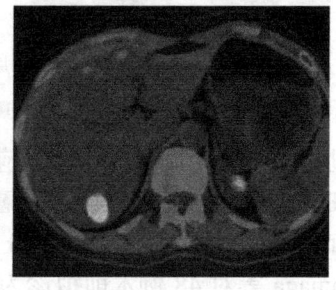

图 17-9 结肠癌术后肝转移

（2）胰腺肿瘤：胰腺癌的早期诊断较为困难，通常诊断明确时已为 Ⅲ~Ⅳ 期，且多伴有淋巴结或远处转移，其预后较差。超声、CT 及 MR 等检查能提示胰腺肿块、胰管扩张、血管移位等征象，特别是 CT 和 MR 对于胰腺癌的分期和评估大血管及周围组织是否受浸润有价值，但对于胰腺病灶的定性仍然较困难。此外，胰腺癌和胰腺炎的鉴别仍有困难，CT 引导下的穿刺活检有局限性和创伤，小于 1cm 的淋巴结 CT 和超声容易漏诊。PET 显像可以作为胰腺癌诊断的重要补充（图 17-10）。据 Friess 等对 80 例拟行胰腺手术的患者做了 ^{18}F-FDG PET，发现 42 例术后证实胰腺癌的患者中 41 例 ^{18}F-FDG 摄取增高，而 32 例慢性胰腺炎患者中有 28 例无 ^{18}F-FDG 浓聚，其敏感度和特异度达 94% 和 88%，而且胰腺癌患者的摄取明显高于慢性胰腺炎组，但也有少数胰腺癌患者摄取仅轻度增高。此外，也可应用 ^{11}C 标记的氨基酸进行胰腺显像，如 ^{11}C-蛋氨酸等，与 ^{18}F-FDG 不同，^{11}C-蛋氨酸显像胰腺癌病灶表现为缺损。

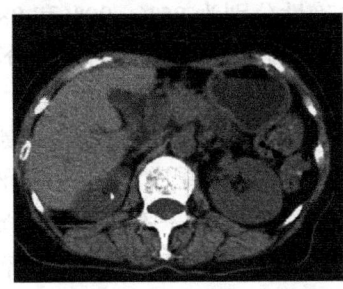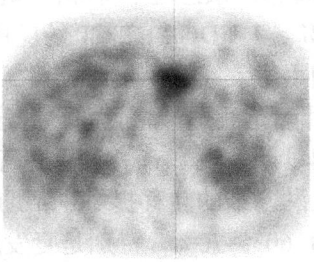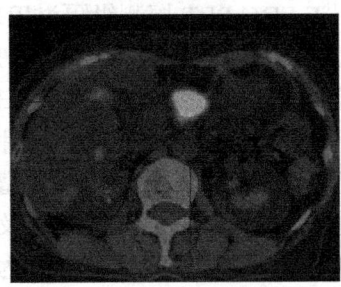

图 17-10 胰头癌 PET/CT 显像

（3）肝脏和胆管肿瘤：在原发性肝细胞癌患者，由于其细胞的分化程度差别较大，^{18}F-FDG PET 显像的敏感性低于肺癌等其他肿瘤，大约 60% 的患者表现为局部高代谢（图 17-11），但也有部分患者的肝癌细胞分化较好，可以迅速将摄入细胞内的 ^{18}F-FDG 清除出去，故 PET 显像呈低代谢改变。据报道，应用 ^{11}C-乙酸盐 PET 显像可以弥补这一不足，其敏感性可达 87.3%，如与 ^{18}F-FDG 联合应用其阳性率可达 100%，并可用于疗效评价。^{18}F-FDG 对于胆管癌和肝外肿瘤肝内转移病灶探测的阳性率较高，特别是对结肠癌肝转移的诊断有重要价值，其特异性高，有助于疗效评价与复发监测图。

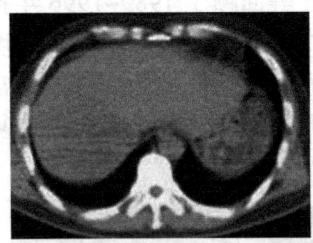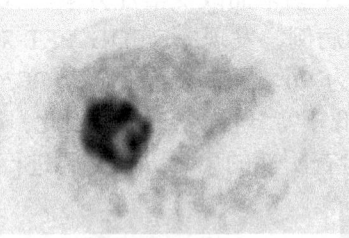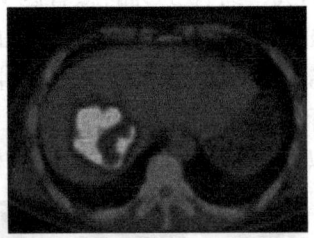

图 17-11 肝右叶原发性肝细胞癌显像，病灶中间有坏死呈代谢减低

（4）胃和食管肿瘤：尽管 ^{18}F-FDG 显像具有较高的敏感性，但大多数食管及胃癌可以经过食管或胃镜确诊，不需要应用 PET 检查。而且部分胃癌如胃黏液癌、印戒细胞癌、透明细胞癌、类癌以及中分化腺癌摄取 ^{18}F-FDG 减低，常产生假阴性。而胃黏膜的生理性摄取有时干扰图像分析。^{18}F-FDG PET 显像对胃、食管癌淋巴结转移和复发监测有一定优势。Fukunaga 等对 48 例术前拟诊为食管癌的患者行 ^{18}F-FDG PET 检查证实 47 例，准确率达到 98.3%，尤其对食管癌复发和远处转移灶诊断的敏感性（95%）显著优于常规 CT、经食管超声和内镜检查。有时食管炎症也可摄取显像剂，需密切结合临床及 CT 形态学改变等进行鉴别。图 17-12 和图 17-13 分别为胃癌和食管癌患者的 ^{18}F-FDG PET 显像。

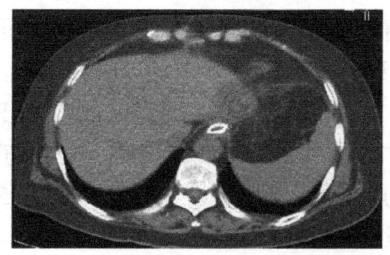
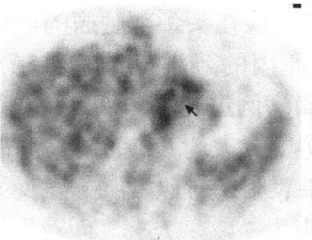
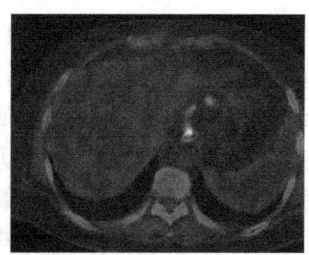

图 17-12　胃癌术后局部复发

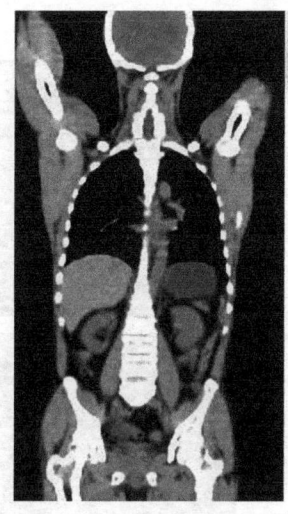
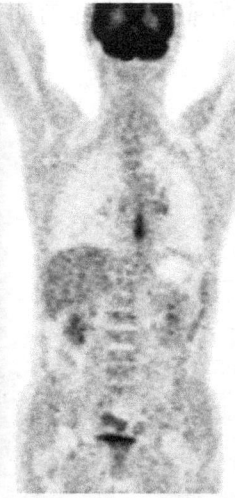
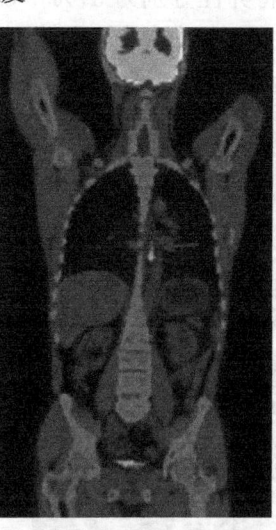

图 17-13　食管癌（术后病理结果为癌前病变）

4. 淋巴瘤　淋巴瘤（lymphoma）是原发于淋巴结或淋巴结外组织或器官的恶性肿瘤。根据病理特点可分为霍奇金淋巴瘤（Hodgkin's lymphoma，HL）和非霍奇金淋巴瘤（non-Hodgkin's lymphoma，NHL）两大类。常规 CT 是淋巴瘤诊断最常用的影像手段，其判断标准主要以淋巴结短径的大小为基础，特异性低；由于 ^{18}F-FDG PET/CT 可提供附加代谢信息，可明显提高对侵犯淋巴结的鉴别能力。大部分淋巴瘤浸润病灶均表现为 ^{18}F-FDG 高摄取（图 17-14）。其中多数的 HL、弥漫性大 B 细胞性 NHL、T 细胞淋巴瘤、滤泡性淋巴瘤摄取 ^{18}F-FDG 增高，诊断的敏感性也比较高，而部分边缘区淋巴瘤、小淋巴细胞性淋巴瘤及黏膜相关淋巴组织淋巴瘤可表现为 ^{18}F-FDG 低摄取甚至不摄取而出现假阴性。

由于淋巴结结核、结节病和巨大淋巴结增生等良性疾病也可表现为淋巴结肿大伴有 ^{18}F-FDG 高摄取，影像学上与淋巴瘤鉴别比较困难，需要借助于细胞学检查或随访等最后确诊。而 PET/CT 显像能为临床指示高代谢的淋巴结穿刺活检以及取淋巴结病检，可提高细胞学检查的准确性。

^{18}F-FDG 显像用于淋巴瘤评价的最大优势在于淋巴瘤分期和治疗反应的监测，特别在鉴别病灶残留、复发与治疗后瘢痕组织方面优于 CT。^{18}F-FDG PET 显像能灵敏地显示全身淋巴结受侵犯范围，包括小于 1cm 的淋巴结，并可准确显示淋巴瘤骨髓浸润情况。故已建议作为恶性淋巴瘤的初始分期、再分期及疗效随访的标准影像技术。资料显示，^{18}F-FDG PET/CT 对恶性淋巴瘤分期的准确性较 CT 可增加 10%~20%，改变 10%~20% 的治疗计划。

5. 头颈部肿瘤　原发于鼻咽部、口腔、喉部及唾液腺等部位的肿瘤通常称为头颈部肿瘤。大多数头颈部肿瘤为鳞状细胞癌，起源于消化道上皮，少数为腺癌。在头颈部肿瘤中，鼻咽癌是最常见的肿瘤。PET 显像在头颈部肿瘤的早期诊断、分期和治疗后的评价方面具有重要价值，特别是在不明原因的颈淋巴结转移癌患者寻找原发灶具有重要意义。Di Martino 等对 50 例头颈部肿瘤病例进行了预期性评价，所有患者都进行超声、CT 和 PET 检查，在平均约为 1 年的随访中，大约 2/3 的病人都进行了手术。显像结果与病理检查、上消化道内镜进行比较。结果表明，对原发肿瘤发现的灵敏度与特异性 PET 分别为 95%、92%，CT 为 68%、69%，超声为 74%、75%。而对再发肿瘤，PET 的准确性为 100%，CT 的灵敏性与特异性分别为 67%和 80%，超声为 67%和 100%。从统计学上讲，PET 明显优于 CT 显像，PET 对转移灶和第二原发瘤的诊断也有明显的优势。

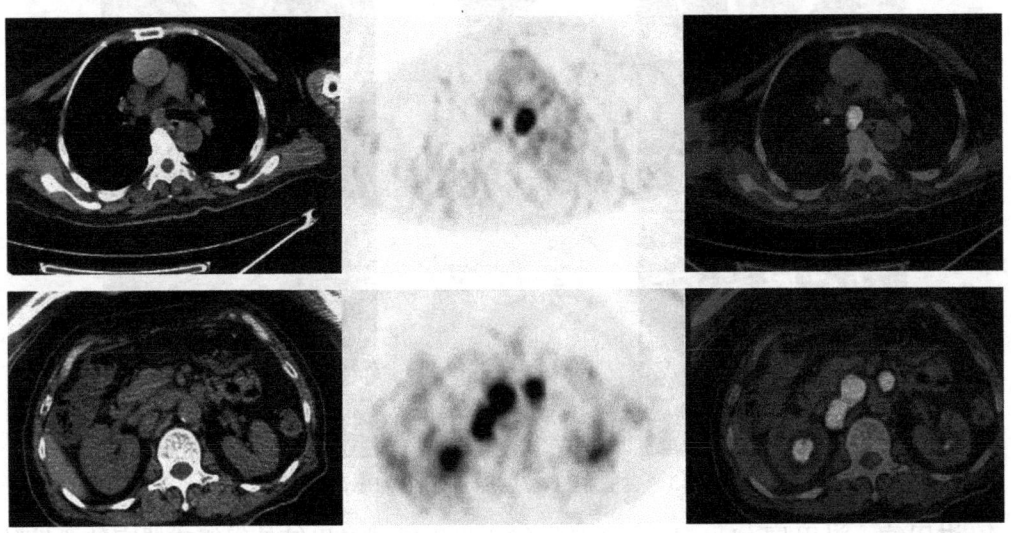

图 17-14　NHL 患者纵隔（上）和腹膜后淋巴结（下）浸润，淋巴结肿大融合，^{18}F-FDG 摄取异常增高

PET 在头颈部肿瘤治疗疗效评价及治疗后复发诊断中有独到之处，特别在鉴别手术、放疗后所致组织结构扭曲和瘢痕形成（尤其在喉、舌根及口咽部）与肿瘤残留与复发方面优于常规影像（图 17-15），具有较高敏感性和特异性，是探测鼻咽癌复发与残余最佳工具。

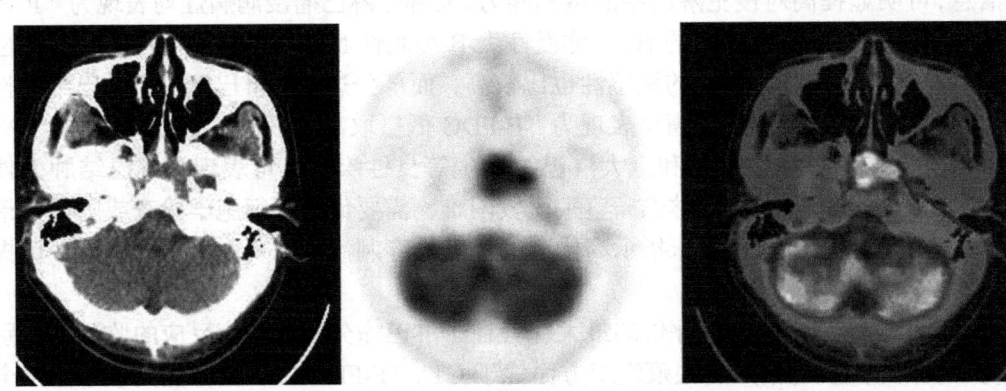

图 17-15　鼻咽癌放疗后局部复发

6. 脑肿瘤　脑肿瘤分原发性颅内肿瘤和由全身其他部位恶性肿瘤转移至颅内的转移性颅内肿瘤两类。原发性脑肿瘤中，胶质瘤约占一半，尤以星形细胞瘤最常见，其次为胶质母细胞瘤、髓母细胞瘤等。此外，脑膜瘤、垂体瘤、神经鞘瘤等也是较常见脑肿瘤。

（1）脑胶质瘤：PET/CT 显像主要用于脑肿瘤的诊断、良恶性鉴别、肿瘤的术前分级和分期、鉴别脑肿瘤的复发与放疗后坏死（radionecrosis）及治疗后随访。^{18}F-FDG 的摄取率与胶质瘤的组织分级及恶性程度有密切关系，故可无创性提供肿瘤的分级和预后信息，鉴别 CT、MRI 不能区分的肿瘤复发与放疗引起的坏死及术后改变。但是，^{18}F-FDG PET 显像在脑肿瘤良、恶性的鉴别诊断的价值有限，Ⅰ~Ⅱ级星形胶质细胞瘤常表现为 ^{18}F-FDG 无摄取或低摄取，呈假阴性表现（图 17-16）；Ⅲ~Ⅳ级星形胶质细胞瘤可表现为高摄取（图 17-17）。常常脑组织 ^{18}F-FDG 高摄取灶也难以与肉芽肿（如脑结核）、脑脓肿等良性病变区别。因此，^{18}F-FDG PET 一般用于 CT 或 MRI 等常规影像学检查完成后仍然难以定性时，提供病灶代谢信息进一步辅助确诊。

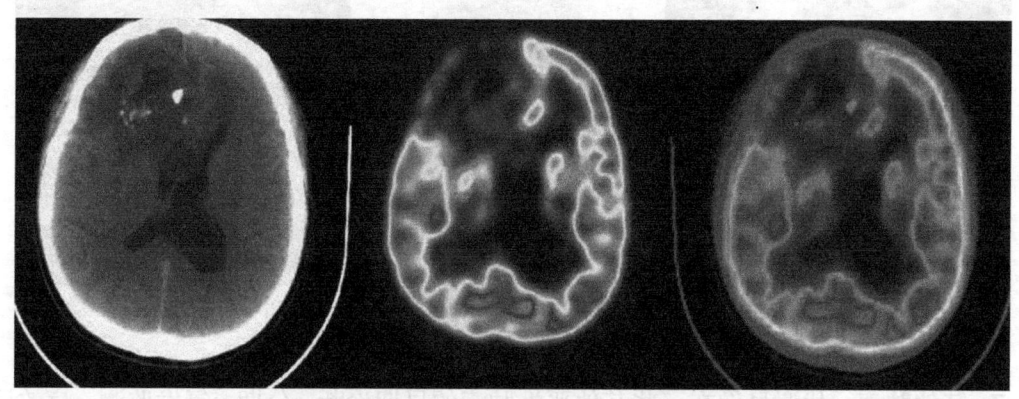

图 17-16　低级别神经胶质瘤（右侧额叶）

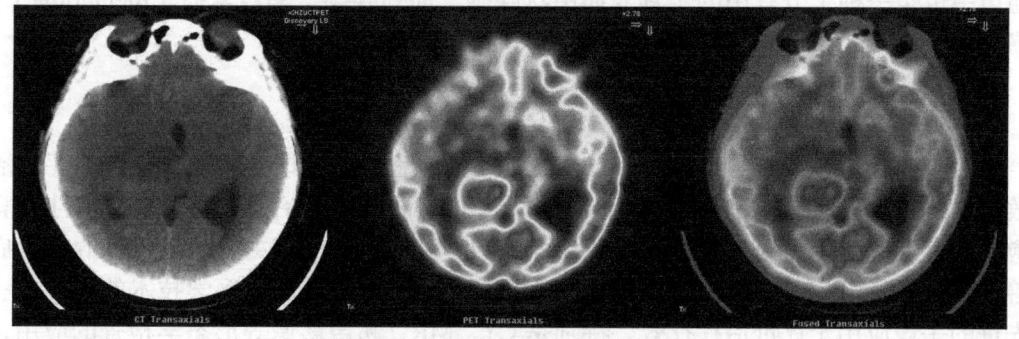

图 17-17　高级别神经胶质瘤（右侧）

近年来研究表明，^{11}C-胆碱 PET/CT 显像在脑肿瘤诊断、复发监测及放疗后残留与坏死的鉴别方面明显优于 ^{18}F-FDG 和常规影像学检查。此外，^{11}C-MET 在正常脑组织的摄取低，与脑肿瘤有很好的对比度，较 ^{18}F-FDG 更具有优势。复发性脑肿瘤或肿瘤残余组织表现为 ^{11}C-MET 异常浓聚灶，而肿瘤放射性坏死组织 ^{11}C-MET 摄取与正常脑皮质相似，且不受炎症反应的干扰。因此，^{11}C-MET 对复发性脑肿瘤的诊断要优于 ^{18}F-FDG。^{11}C-MET、^{11}C-胆碱和 ^{18}F-FDG 都用于脑肿瘤放疗前生物靶区的确定，为肿瘤的生物调强放疗提供重要依据，尤其是前者更有优势。

（2）脑转移瘤：脑转移瘤约占脑肿瘤的 20% 左右，大多数脑转移瘤在 ^{18}F-FDG 显像均表现为高代谢灶，有助于与良性病变鉴别（图 17-18）。而脑内出血、坏死、蛛网膜囊肿等良性病灶呈放射性分布缺损。对于 CT、MRI 等检查发现有颅内转移瘤的患者，进行 PET 全身显像还有助于寻找肿瘤的原发灶。^{18}F-FDG PET 显像对脑转移瘤放、化疗效果的判断、检测手术后残余病灶等也有重要价值。

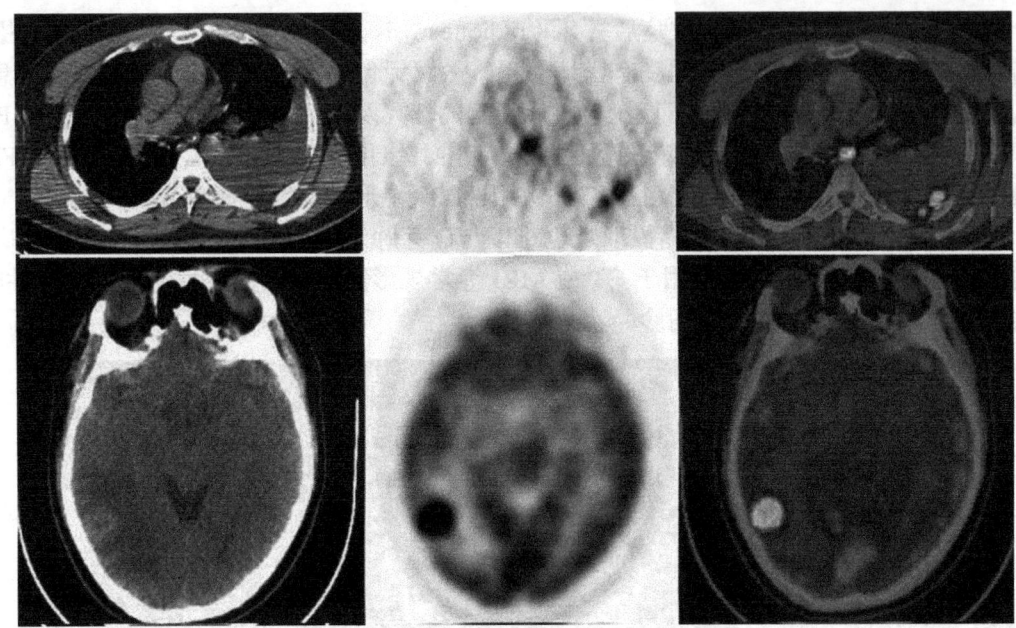

图 17-18　肺癌伴右侧脑转移
上排：左侧肺癌伴纵隔转移、胸水，下排：脑转移

7. 其他肿瘤　代谢显像在一些其他恶性肿瘤的早期诊断、分期、复发监测、疗效评价及随访中也是一种十分有用的工具，如甲状腺癌、前列腺癌、黑色素瘤（melanoma）、卵巢癌（ovarian carcinoma）以及骨骼肌肉的肿瘤等。

（二）^{18}F-FDG PET/CT 肿瘤疗效评价

恶性肿瘤化疗、放疗、生物治疗以及其他治疗过程中，早期、灵敏、准确的评价治疗疗效或对化疗的反应，及时调整治疗方案，避免不必要的有害治疗，对于提高恶性肿瘤的治愈率和存活率非常重要。评价肿瘤治疗疗效的方法较多，早期主要通过患者的客观症状改善评价，或者治疗前后血清肿瘤标志物变化预测疗效。随着现代医学技术的发展，一些更先进的手段应用于评价治疗疗效，特别是 CT、MR、超声影像等形态学检查的应用，通过测量肿瘤大小的变化等评价疗效，已成为临床常用的基本手段。

在肿瘤治疗反应的评价中，尽管评价的方法有不同，但是普遍采用了完全反应（CR）、部分反应（PR）、疾病稳定（SD）和疾病进展（PD）的评价标准。

1. 常规影像技术评价肿瘤治疗反应　随着肿瘤治疗学的不断发展，在肿瘤临床实践中认识水平的提高以及经验的积累，肿瘤治疗反应的评价标准也在不断更新和完善。

（1）治疗反应评价标准的发展和演变：1975 年，WHO 发布了实体肿瘤疗效评价标准，该标准以形态学影像测定的肿瘤大小为基础，采用二维双径测量，以最大长径（a）及最大垂直径（b）乘积代表肿瘤面积，作为疗效评价的标准得到临床认同和广泛应用。

2000 年，欧洲癌症研究治疗协会（EORTC）联合美国国家癌症研究所（NCI）等重新对 WHO 标准进行了评价，并提出了实体瘤治疗疗效评价标准（Response Evaluation Criteria in Solid Tumors，RECIST），即 RECIST 1.0 版，新标准对可测量病灶与不可测量病灶、靶病灶与非靶病灶进行定义，并将 WHO 的二维测量改为一维测量法，以肿瘤最长径总和作为测量标准,但与 WHO 标准一样,仍是以 CT、MR 等形态学影像评估肿瘤治疗后大小变化为基础。2009 年,该组织又对 RECIST 1.0 标准进行了修订,并以 RECIST1.1 版发表,新标准虽仍采用肿瘤负荷的解剖成像作为疗效评价的依据,但引入了循证医学的证据,并对病灶数目、测量肿瘤大小方法及其相关定义又做了修订。此外,RECIST 1.1 版引入了 PET 功能影像的信息,特别是将 PET 发现新肿瘤病灶作为疾病进展的指标,是目前广泛认同并使用的标准。

(2)现有评价标准的局限性:恶性肿瘤病灶经过有效的治疗后,其肿瘤体积缩小预示着治疗有效,预后也比较好。然而,根据肿瘤大小的变化预测疗效与预后存在某些局限性:一是肿瘤体积缩小的程度和患者的生存状况之间缺乏紧密联系,而且通过形态学影像对肿瘤的治疗反应进行评估准确性不高,这可能源自于肿瘤尺寸测量时的误差、可测量靶区选择的误差和不同观测者所带来的误差等;二是形态学影像难以鉴别残存的肿瘤组织和治疗后的纤维化和瘢痕组织;三是放疗或化疗等治疗后肿瘤大小的变化出现比较晚,通常需要 4~6 周以上,因此不能早期评价肿瘤的治疗反应,及时调整治疗方案。放化疗后早期,肿瘤在 CT 影像上无明显变化,并不能说明肿瘤组织学无反应。

2. ^{18}F-FDG PET 在肿瘤疗效评估的临床应用 由于上述以形态学影像改变为主的肿瘤疗效评价标准存在的某些局限性,近些年来人们一直在探讨新的评价方法,特别是分子功能影像的应用受到人们的关注,其中包括动态增强 MRI、磁共振波谱、增强超声和核医学分子功能影像等。在众多的监测治疗反应的分子影像方法中,以 ^{18}F-FDG PET 或 PET/CT 显像为代表的方法是目前临床上最成熟、同时也是最具优势的分子成像技术(图 17-19),包括一些新的 PET 显像剂的应用。

(1)从 RECIST 标准到 PERCIST 标准的发展:随着 PET/CT 在临床上广泛使用,以及 EORTC 在临床使用经验的积累,2009 年 Wahl 在回顾 WHO、RECIST 实体瘤治疗疗效评价标准基础上,结合 ^{18}F-FDG PET 和 PET/CT 在肿瘤治疗效果预测和评价研究的大量数据后,提出实体瘤疗效 PET 评估标准草案,该指南称为 PET 实体瘤疗效评价标准(positron emission tomography response criteria in solid tumors,PERCIST),并发表在美国核医学杂志上。这一指南需在进一步临床实践中不断修改和改进,以便适应更多不同的肿瘤和不同的治疗方法,这一标准被定义为 PERCIST 1.0 版。PERCIST 1.0 标准是建立在用 PET 于不同时间点动态监测肿瘤治疗后对 ^{18}F-FDG 摄取变化的基础上,以去脂体重校正的肿瘤标准化摄取值(SUL)作为定量测定参数,消除脂肪对常规测量 SUV 的影响,并对肿瘤治疗的各种不同状态进行定义,这也是首次将分子功能影像作为肿瘤疗效评价标准用于临床。

与 CT 等形态学测量相比,^{18}F-FDG PET 能更准确的区分残存的肿瘤组织和治疗后坏死和纤维化组织,尤其是当 CT 显示肿瘤团块无明显变化时,^{18}F-FDG PET 依然能够将有良好治疗反应的肿瘤鉴别出来。而且,^{18}F-FDG PET 可以更早期地监测治疗反应,使患者在仅接受 1~2 个周期化疗后即可评价疗效和预测最终的结局,PET/CT 的应用极大地影响临床中对患者的治疗决策,有利于肿瘤个体化治疗的实施。经过大量的临床资料证实,恶性肿瘤治疗后的 PET 反应与患者的最终结局及预后情况具有很好的相关性。

据一组应用 ^{18}F-FDG PET 对 40 例贲门腺癌患者的研究资料,化疗过程中 ^{18}F-FDG 摄取减少,其预测治疗反应的灵敏性与特异性分别为 93% 和 95%,其结果优于组织病理学的预测的灵敏性(89%)和特异性(75%)。

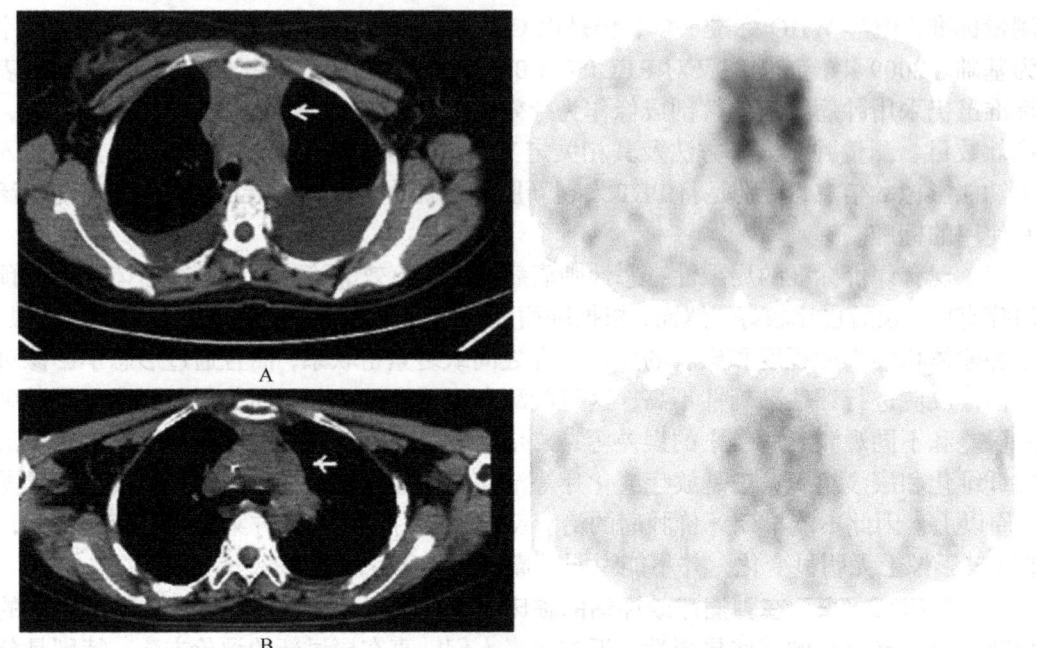

图 17-19 非霍奇金淋巴瘤（T 细胞型）治疗前后比较

上排：治疗前纵隔多个淋巴结肿大，代谢增高，伴双侧胸水；下排：经 10 个月放、化疗后复查，淋巴结缩小，胸水消失，代谢减低

在临床上，PET/CT 对恶性肿瘤疗效评估已广泛应用于具有高 ^{18}F-FDG 摄取的淋巴瘤、乳腺癌、非小细胞肺癌、食管癌、结（直）肠癌及头颈部等肿瘤的疗效评价。

（2）PET/CT 分子影像评价疗效的局限性及注意事项：虽然 ^{18}F-FDG PET 显像在评价肿瘤治疗反应方面优于常规形态学影像方法，且已应用于多种实体肿瘤疗效评估中，但并不是所有恶性肿瘤都适合用 ^{18}F-FDG PET 评价疗效，且不同的肿瘤、不同的测量方法及不同仪器之间也可能存在差异。通常应用 PET 评价疗效时，需在治疗开始前进行一次基础的 PET 显像，只有当肿瘤病灶摄取显像剂增高时才适合用 PET 评价疗效，并将治疗前的结果作为参考基线值。对于某些不摄取 ^{18}F-FDG 的肿瘤，还可选择正电子核素标记的乙酸盐、胆碱、乏氧、核苷酸及新生血管形成的显像剂等进行评价。此外，还需针对不同肿瘤、不同显像剂制订规范的 PET 评价疗效的判断标准，规范的操作程序等。

（三）PET 代谢显像与肿瘤生物调强和适形放疗

放射治疗、手术治疗和化学药物治疗是目前恶性肿瘤治疗的三大常用手段。据国内外资料统计，60%~75% 的肿瘤患者在治疗过程中采用过放疗，其中约有 18% 的恶性肿瘤可被放疗治愈。然而，肿瘤的立体形态是不规则的，且与周围正常组织互相交错。因此，如何使高辐射剂量区的立体形状与肿瘤的形态一致，从而使恶性病灶尽可能受到高辐射剂量的致命杀伤，而正常组织又得以最大限度保护，免受高剂量照射，是近年来肿瘤放射学家追求的目标。1959 年，日本学者 Takahashi 首次提出了适形放疗（conformal radiotherapy，CRT）的基本概念。20 世纪 70 年代，Ewski 等又提出调强适形放疗（intensity modulated radiotherapy，IMRT），并证明三维适形放射治疗（three dimensional conformal radiotherapy，3DCRT）可以提高肿瘤辐射剂量，减少正常组织剂量，改善肿瘤的局控率。

然而，3DCRT 主要是强调肿瘤的形态，仍没有解决肿瘤组织的生物活性差异问题。目前 3DCRT 和 IMRT 技术所使用的大体肿瘤靶区（gross tumor volume，GTV）、临床靶区（clinical target volume，CTV）和计划靶区（planning target volume，PTV）的边界主要通过 CT 和 MRI 显像提供。而这些解剖学影像并不能充分显示癌组织与正常组织的密度差异，而且在靶体积内癌细胞的分布也是不均匀的，不同的癌细胞核团其放射敏感性也有较大差异等，如果对整个靶体积以均匀剂量照射，势必有部分癌细胞因剂量不足而存活下来，成为复发和转移的根源，如果整个靶区剂量过高，会导致周围敏感组织严重损伤。随着功能分子影像技术的发展，提出了生物靶区体积（biological target volume，BTV）的概念。生物靶区是根据肿瘤的生物学因素来决定治疗靶区内的放射敏感性，其因素包括：肿瘤组织的代谢、乏氧、血供、增殖、凋亡、新生血管形成、癌基因变化、浸润及转移特性等。在确定这些因素中，PET 代谢显像发挥着重要作用，尤其是 ^{11}C-MET、^{18}F-FLT、^{18}F-FDG、^{18}F-FMISO 等在生物调强放疗方面已有较多研究。此外，功能性 MRI、MRI 波谱分析、SPECT 等提供的生理和功能信息，也是肿瘤生物靶区认定的重要参数。2000 年，美国学者在 3DCRT 和 IMRT 的基础上提出了多维适形放疗（multi dimensional conformal radiation therapy，MD-CRT）的概念，并认为由物理适形和生物适形紧密结合的多维适形治疗将成为肿瘤放射治疗的发展方向，也必将改善肿瘤放疗的效果。

（四）PET 肿瘤代谢显像与临床决策

临床医生如何根据肿瘤患者的病情和经济状况制定最佳治疗方案，选择最有效、经济的治疗措施同正确诊断一个肿瘤一样重要，人们称为临床决策。为获得科学的临床决策，必须获得决策所需的各种参数，其中肿瘤的正确分期是决策最重要的参数之一。随着 PET 临床应用的不断深入，PET 在肿瘤治疗决策的研究日益增多。随着 PET/CT 结果对肿瘤分期的修正，也使得原来的治疗方案发生改变。包括某些拟行手术治疗的患者，而改用其他治疗方法或改变手术方式与范围，或改变放疗的计划与放疗野等。不同的肿瘤其改变治疗方案的比例也不同，资料显示，20%~30%的肺癌，37%的结肠癌的治疗方案因 PET/CT 结果而改变。正确的治疗决策不仅是提高肿瘤治疗效果、改善生存率、降低医疗费用、提高肿瘤治疗费效比的有效手段，也是当今卫生经济学研究的重要内容。

治疗方案的确定主要取决于正确肿瘤分期，而 PET 由于其对区域性转移淋巴结及远处转移探测的优势，在肿瘤临床分期中的价值愈来愈重要。研究证实，PET/CT 对于肿瘤分期正确率明显高于 CT、MRI，尤其是诊断区域淋巴结转移的正确率达 93%，优于常规影像学检查。

五、PET 肿瘤代谢显像的主要缺点

尽管 PET 及 PET/CT 在肿瘤的早期诊断、分期、残留与复发判断、疗效及预后评价以及治疗方案制定方面都显示出独特的优势，但同时也逐步暴露出 PET 代谢显像的许多不足。其主要缺点包括以下几个方面：

1. 缺乏特异性 目前最常用的糖代谢显像剂 ^{18}F-FDG 除了被大多数恶性肿瘤病灶摄取外，许多良性肿瘤、炎性病灶、结核灶、隐球菌病、结节病等也可摄取显像剂，形成假

阳性，为鉴别肿块的良、恶性带来一定困难，尽管一些新的显像剂可以起到一定的互补作用，但要完全解决这一难题还有较大差距，且需要重复检查。

2. 敏感性的限制　虽然大多数恶性肿瘤都表现为高代谢，但也有一部分恶性肿瘤组织代谢水平并不高，不能被 PET 显像所发现。尤其是部分原发性肝细胞癌、少数边缘性和惰性的淋巴瘤、胰腺癌、以成骨为主的转移性骨肿瘤、原发性肺类癌及部分支气管肺泡癌患者，其肿瘤生长速度缓慢，有丝分裂不活跃，细胞增殖活性相对较低或细胞分化较好等原因，导致 ^{18}F-FDG PET 显像呈假阴性。此外，对于小于 0.5cm 的病灶也难以发现，而应用 SPECT 的敏感性更低。

3. 检查费用较高　目前的肿瘤代谢显像普遍存在检查成本高，仪器设备价格高、维护费用贵、显像剂生产费用高等缺点，影响多数肿瘤患者的应用和普及。

第二节　肿瘤 SPECT 显像

肿瘤 SPECT 显像方法较多，包括非特异性肿瘤显像（nonspecific tumor imaging）、特异性肿瘤显像（specific tumor imaging）两类。第一节中介绍的 ^{18}F-FDG PET 显像其本质也是非特异性的肿瘤显像，鉴于该显像在临床上的重要地位，已在第一节单独叙述。

一、非特异性肿瘤阳性显像

非特异性肿瘤显像，也称为肿瘤阳性显像（tumor positive imaging）或亲肿瘤显像。在临床上，用于肿瘤非特异性显像的方法较多，这类方法虽然特异性不强，但其方法简便、显像剂来源方便，价格便宜，因此应用较为普遍。非特异性肿瘤显像剂除了恶性肿瘤组织能选择性摄取外，有些良性病灶如炎症组织等也可摄取这类显像剂。较早用于肿瘤非特异性显像的显像剂为 ^{67}Ga，后来又相继发现了心肌显像剂 ^{201}Tl、^{99m}Tc-MIBI（^{99m}Tc-sestamibi）、^{99m}Tc-tetrofosmin、^{99m}Tc-HL91 以及亲肿瘤的 ^{99m}Tc-V-DMSA 等（表 17-2）。实际上，PET/CT 广泛使用的 ^{18}F-FDG、^{18}F-FMISO 等显像剂也属于非特异性肿瘤显像剂。

表 17-2　常用的非特异性肿瘤显像剂

显像剂	肿瘤摄取机制与特点	用途
^{67}Ga-枸橼酸盐	血流和血管通透性	淋巴瘤、肝癌、肺癌、黑色素瘤
^{99m}Tc-MIBI、^{99m}Tc-tetrofosmin	血流量和细胞代谢活性	乳腺癌、甲状腺癌、肺癌等
^{201}Tl	细胞膜跨膜电势有关	乳腺癌、甲状腺癌、肺癌等
^{99m}Tc-V-DMSA	参与肿瘤细胞代谢	甲状腺髓样癌、软组织肿瘤
^{99m}Tc-HL91	细胞乏氧	各种恶性肿瘤
^{99m}Tc-Annexin V	细胞凋亡	各种恶性肿瘤疗效早期评价

（一）^{67}Ga 肿瘤显像

^{67}Ga 早期是作为骨显像剂，1969 年首次被用于霍奇金病的临床诊断，后来发现许多种肿瘤细胞也具有选择性摄取 ^{67}Ga 的作用，尤其是诊断霍奇金病和非霍奇金淋巴瘤的灵敏方法，是较早用于肿瘤显像的非特异性显像剂。^{67}Ga 显像不仅有助于肿瘤的早期诊断，而且也是肿瘤治疗前分期、肿瘤复发和转移监测以及评价肿瘤放、化疗效果的有效方法。主要

用于恶性淋巴瘤、肺癌、黑色素瘤、肝细胞癌、软组织肉瘤及其转移灶的诊断等。但 ^{67}Ga 不仅能选择性浓聚于肿瘤，炎症病灶也浓聚 ^{67}Ga，这是使用中应特别注意鉴别的问题。

^{67}Ga 在肿瘤的摄取与适当的血流供应以及肿瘤血管通透性增加密切相关，^{67}Ga 的摄取也反映组织代谢水平和肿瘤细胞的活力。静脉注入 ^{67}Ga 后，^{67}Ga 主要与血浆中的转铁蛋白、乳铁蛋白、含铁蛋白及含铁细胞等铁蛋白相结合，主要是与输铁蛋白结合形成复合物，再与肿瘤细胞表面的特异性转铁蛋白受体结合进入细胞内，沉积于胞浆溶酶体中。正在分裂的细胞比静止细胞摄取 ^{67}Ga 增多，肿瘤分化程度、血液供应、细胞渗透性及肿瘤组织的 pH 等均影响肿瘤对 ^{67}Ga 的吸收。肿瘤组织的血供通常高于周围组织，毛细血管的通透性增高，这也是肿瘤能浓聚 ^{67}Ga 的重要原因。据推测，^{67}Ga 可能与肿瘤细胞表面的转铁蛋白受体结合而浓聚于肿瘤组织内，或通过内吞作用进入细胞与溶酶体结合。也有实验发现，在没有转铁蛋白存在的情况下，肿瘤细胞仍能摄取 ^{67}Ga，说明肿瘤细胞浓聚 ^{67}Ga 可能还存在其他途径。

（二）^{201}Tl 和 ^{99m}Tc-MIBI、^{99m}Tc-tetrofosmin 肿瘤显像

在临床上，多数常用的心肌灌注显像剂都可作为肿瘤阳性显像剂，如 ^{201}Tl、^{99m}Tc-MIBI、^{99m}Tc-tetrofosmin 等。1975 年就有报道 ^{201}Tl 能被肿瘤浓聚，并用于亲肿瘤显像，对于鉴别治疗后残存的活性肿瘤组织、局部复发与坏死方面有一定价值，临床上主要用于甲状腺癌、乳腺癌、肺部肿瘤、头颈部肿瘤的诊断与鉴别诊断。^{99m}Tc-MIBI 是另一种更常用的心肌灌注显像的药物，临床上也作为亲肿瘤显像剂广泛应用。

^{201}Tl 的生物学特性与钾相似，肿瘤细胞摄取的机制除了与肿瘤组织生长快、局部血供丰富因素促使其摄取增加外，还可能与细胞膜的跨膜电势和膜上 Na$^+$-K$^+$-ATP 酶泵有关，通过该泵主动运转，使肿瘤细胞组织摄取增加。肿瘤组织摄取 ^{99m}Tc-MIBI 的机制尚未完全明了，普遍认为可能与肿瘤组织的血流量和细胞代谢活性有关。^{99m}Tc-MIBI 能通过肿瘤细胞膜进入细胞质并与线粒体结合，而进入细胞的量与细胞膜及线粒体膜两侧的跨膜电位差及其动力学有关。恶性肿瘤细胞生长及代谢旺盛、血运丰富，细胞膜及线粒体膜维持了较高的电位差，使 ^{99m}Tc-MIBI 更容易进入肿瘤细胞而呈现较高浓度，应用核医学显像仪器可使其显影，用于肿瘤的诊断和鉴别诊断。肿瘤组织摄取 ^{99m}Tc-tetrofosmin 的机制与 ^{99m}Tc-MIBI 可能相似，而且两种显像剂都是 P 糖蛋白（P-glycoprotein，Pgp）的底物，能够通过与化疗耐药相同的途径将其从肿瘤细胞内转运至细胞外，因此肿瘤细胞的摄取、潴留与肿瘤细胞多药耐药基因（mutidrug resistance，MDR）表达水平密切相关，故该显像也被用作 MDR 指示剂以及预测肿瘤化疗疗效的重要依据。此外，Na$^+$-K$^+$-ATP 酶泵也部分参与了 ^{99m}Tc-tetrofosmin 在肿瘤细胞内的摄取作用，这是与 ^{99m}Tc-MIBI 不同之所在。

正常情况下，注射显像剂 1h 后心肌显像清晰，肝脏、胆道及肠道有不同程度显影，肺、脑、甲状腺、骨骼等组织仅见轻度均匀性放射性分布，在非生理性摄取组织出现局限性异常显像剂浓聚者提示阳性。

^{201}Tl 和 ^{99m}Tc-MIBI 对甲状腺结节的定性诊断具有一定价值（图 17-20），对甲状腺癌原发灶诊断的阳性率可达 90% 以上，并能发现其淋巴结转移病灶，总特异性和准确性达 93% 和 91% 左右。尤其是延迟像的 T/N 比值是鉴别甲状腺肿瘤良、恶性的重要参数。但由于本法为非特异性显像，某些炎性病灶也可有较高摄取，应用时需注意。

在头颈部其他恶性肿瘤诊断和鉴别诊断中也是一种经济、鉴别的显像方法（图 17-21）。

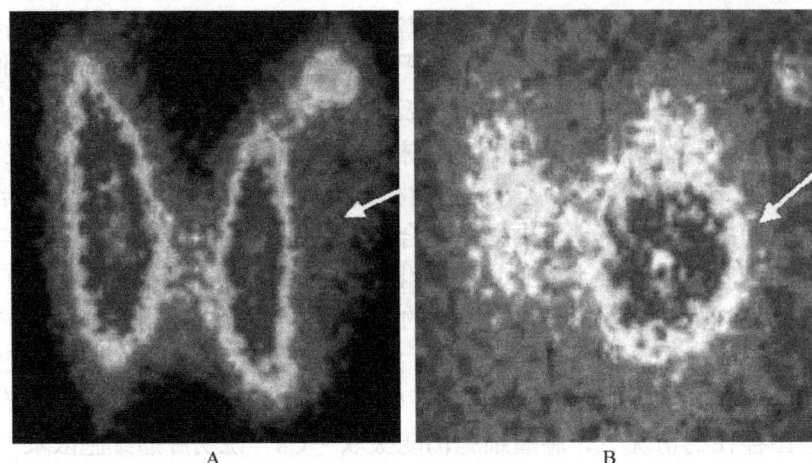

图 17-20　甲状腺乳头状癌患者 $^{99m}TcO_4^-$（A）与 ^{99m}Tc-MIBI（B）显像

在左叶甲状腺"冷结节"处，^{99m}Tc-MIBI 2h 显像热区（阳性）

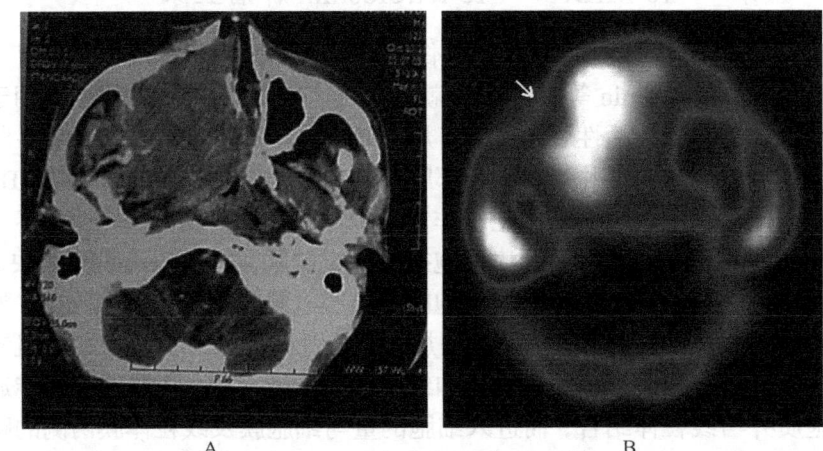

图 17-21　一例鼻腔、鼻咽部非霍奇金淋巴瘤患者

A.CT 平扫轴位相，鼻腔、右上颌窦软组织影；B.同一患者 ^{99m}Tc-MIBI 阳性显像见该部位呈异常显像剂浓聚，其范围较广

（三）^{99m}Tc（V）-DMSA 肿瘤显像

^{99m}Tc（V）-二巯基丁二酸钠[^{99m}Tc（V）-DMSA]是在碱性环境下制备的一种五价锝标记化合物，为一种新型的肿瘤显像剂。^{99m}Tc（V）-DMSA 被肿瘤摄取的确切机制尚不清楚，可能与该化合物中某种异构体参与肿瘤的细胞代谢有关。也有认为 ^{99m}Tc（V）-DMSA 到达肿瘤细胞后发生水解反应，产生磷酸根样的锝酸根参与细胞磷酸代谢。

该显像剂静脉注射后主要通过肾脏排泄，故肾脏、膀胱放射性浓聚较高。早期显像可见全身各组织、器官血池影像清楚；2h 后影像除肾脏及膀胱外，血管及血池影逐渐变淡，全身各组织、器官可有较均匀地显像剂分布，尤以骨、关节更明显，女性乳腺可明显显影，脑实质不显影。各组织、器官无局限性异常浓聚灶。

在肿块部位或全身其他部位出现异常的局限性浓聚灶，其病灶区显像剂分布明显高于周围正常组织或对侧相应部位者，或骨骼放射性分布有灶性降低者，提示为阳性。临床上主要应用头颈部鳞状细胞癌、软组织恶性肿瘤、甲状腺髓样癌的诊断和鉴别，有较高的敏感性。特别是对甲状腺髓样癌（MTC）的诊断特异性较高，病灶部位呈显像剂异常浓聚。

如同时伴有血清降钙素明显升高、脸色潮红、大便次数增多可确诊。^{99m}Tc（V）-DMSA 显像诊断 MTC 的灵敏度在 80% 以上，特异性 100%，对肿瘤复发与转移的判断有重要价值。

（四）肿瘤乏氧显像（tumor hypoxic imaging）

乏氧是恶性肿瘤细胞一种重要生物学特征，直径>1cm 的实体瘤多存在大量乏氧细胞，从而对射线和某些化疗药物产生抵抗，成为肿瘤复发、再生长的重要根源。乏氧细胞的特性是处于低氧状态，而氧浓度降低有利于机体组织维持乏氧细胞的克隆源性，从而使放疗时受到保护，为肿瘤继续生长提供条件。故肿瘤乏氧细胞的存在不仅使肿瘤对放、化疗耐受性增强，严重影响治疗效果，且使肿瘤更具侵袭性，易导致远处转移。测定肿瘤乏氧状态有助于肿瘤患者实施个体化医疗，在实施放化疗前，无创性准确估计肿瘤的乏氧状态对于制订合理的治疗方案、提高治疗有效率具有重要意义。

乏氧显像是利用核素标记的乏氧显像剂进入肿瘤组织后因缺氧而导致显像剂滞留在细胞内，通过显像仪器显示其乏氧的细胞。在肿瘤组织细胞乏氧时，被硝基还原酶还原后的基团不能被再氧化，导致还原物质与细胞内物质不可逆结合，滞留在组织中。而在氧含量正常细胞中，核素标记的硝基咪唑类化合物进入细胞后，在硝基还原酶作用下，被还原的硝基咪唑衍生物立即被氧化，并排出细胞而不显影。主要乏氧显像剂有以下几种：

1. 硝基咪唑类乏氧组织显像剂 硝基咪唑类化合物具有在乏氧组织中浓聚的特性，甲硝唑是应用于临床的第一代硝基咪唑类增敏剂。具有电子亲和力的硝基咪唑类化合物主动扩散透过细胞膜，在细胞内硝基还原酶作用下，硝基被还原，与大分子物质不可逆性结合，滞留于乏氧的肿瘤细胞内。这类显像剂包括卤素标记的硝基咪唑类衍生物，如 ^{82}Br-MISO、^{18}F-MISO 及放射性碘标记的 MISO 衍生物（^{123}I-IAZR，^{123}I-IAZA，^{123}I-IAZP，^{131}I-VIM 等），还有 ^{99m}Tc 标记的硝基咪唑类衍生物等。

2. 非硝基咪唑类乏氧组织显像剂 常用的有 ^{99m}Tc-HL91 和 Cu-BTS 衍生物，如 ^{64}Cu-BTS（Cu-bisthiosemicarbazone）的衍生物，需应用 PET 进行显像。

（五）肿瘤凋亡显像（apoptosis imaging）

细胞凋亡又称为程序性细胞死亡（programmed cell death）。凋亡可以由于细胞核受到严重损伤，如γ或 X 射线照射或线粒体内受到各种病毒侵袭等诱导产生，此外，也可通过外部的信号诱导，如 fas 配体与 fas 受体之间的相互作用诱导。过去对细胞凋亡的监测主要是通过流式细胞仪在体外进行，故只能用于离体样品的监测。而近几年发展起来的凋亡显像，则可对活体组织的凋亡细胞情况进行无创性的显示，目前比较成熟的方法为放射性核素显像和荧光成像。凋亡显像对于肿瘤疾病治疗药物的设计与研究、治疗效果的早期监测是非常有用的，核素显像多采用 ^{99m}Tc-annexin V 为显像剂。细胞膜上磷脂酰丝氨酸（phosphatidylserine）的异常表达是用于凋亡监测的靶点，而 35 kD 的生理蛋白－磷脂蛋白（annexin V，又称膜联蛋白）对细胞膜上的磷脂酰丝氨酸微分子具有很高的亲和力。在具有完整细胞膜的正常细胞，注入体内的 ^{99m}Tc-annexin V 不能进入细胞膜与磷脂酰丝氨酸结合，因此不显影；而当细胞发生凋亡时，细胞膜受到破坏，^{99m}Tc-annexin V 则通过与暴露于细胞膜外的磷脂酰丝氨酸结合而显影。

凋亡显像最主要用于评估肿瘤的治疗疗效。早期估计肿瘤治疗反应对于癌症患者优化个体化治疗方案非常重要，而诱导凋亡是抗癌治疗一种重要策略。^{99m}Tc-annexin V SPECT

凋亡显像能早期、灵敏、准确的了解肿瘤细胞对化疗药物的反应，当治疗有效时，随着肿瘤细胞的凋亡，放射性核素凋亡显像时肿瘤组织有明显显像剂浓聚（图17-22）。

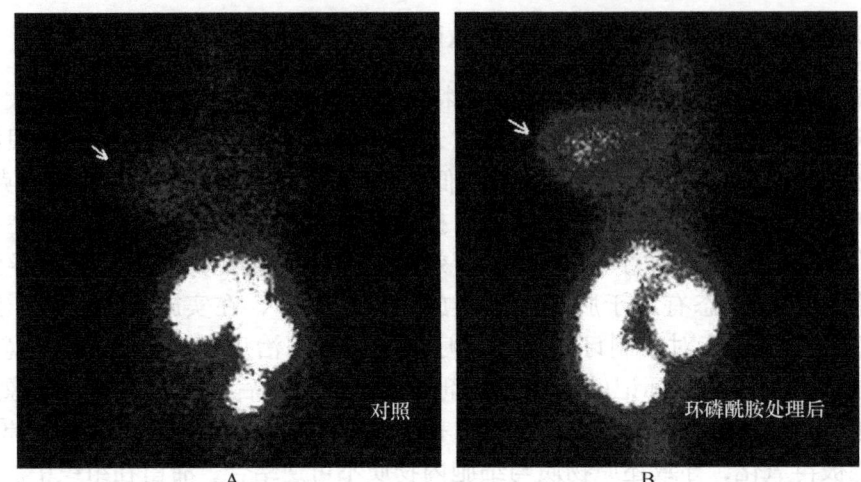

图17-22 昆明鼠肿瘤模型环磷酰胺治疗后 ^{99m}Tc-annexin V 凋亡显像
A. 生理盐水对照组，肿瘤部位示少量显像剂浓聚；B. 环磷酰胺处理组，肿瘤部位见明细的显像剂浓聚，提示化疗药物处理后肿瘤细胞发生凋亡

（六）与相关影像学比较

与CT、MR及超声显像相比，非特异性肿瘤显像优点是观察范围大，便于发现不明原发灶的肿瘤，而且还有助于病灶的定位与定性，尤其是定性诊断的效果优于CT、MR及超声显像。本法缺点是有一定假阳性和假阴性，某些良性病变特别是炎症病灶亦可呈阳性；而且显像的阳性率及定性诊断的效能受仪器分辨率影响较大，小于1cm肿瘤及其转移灶难被SPECT发现和定性，故与其他影像结合应用无疑会提供显像的敏感性与特异性。

二、特异性肿瘤显像

特异性肿瘤显像是指该类显像技术主要显示恶性肿瘤病灶组织，而其他如炎症、良性病灶则不摄取或很少摄取这类显像剂。实际上，目前尚没有一种肿瘤显像剂能够完全符合特异性肿瘤显像的要求，所谓特异也只是相对而言。这不仅是由于方法本身缺陷的原因，也因为肿瘤本身的生物学特性所决定的。例如，某些表示肿瘤特征的癌基因、抗原标志物以及受体等不仅存在于恶性肿瘤组织内，而且也存在于某些正常组织中，只是其存在的量可能有所不同，从而导致了特异性显像而并非完全特异的情况。

（一）放射免疫显像

在20世纪50年代，动物实验证明 ^{131}I 标记的抗鼠骨肉瘤抗体能在骨肉瘤组织内高度浓聚，开创了放射免疫显像（radioimmunometric imaging，RII）诊断肿瘤的研究，但直到1975年单克隆抗体（monoclonnal antibody，McAb）制备技术的出现，才使这一技术有了进一步发展，并相继用于原发性肝癌、结肠癌、肺癌、卵巢癌等多种肿瘤诊断（表17-3）。

表 17-3　几种商品提供的单克隆抗体放射免疫显像药盒

商品名及上市时间	单克隆抗体种类	核素	适用肿瘤
OncoScint 1994	B72.3 抗高分子量肿瘤相关糖蛋白（TAG-72）鼠源性 IgG 单抗	^{111}In	结（直）肠癌，卵巢癌
CEA-SCAN 1996	CEA 抗体 IMMU-4 Fab'片段	^{99m}Tc	结（直）肠癌
ProstaScint 1996	7E11-C5.3（CYT356）单抗-GYK-DTA 和 ^{111}In 的结合体	^{111}In	前列腺癌
Verluma 1996	鼠源性抗 40kd 糖蛋白 IgG2b 单抗 NR-LU-10 的 Fab'片段	^{99m}Tc	SCLC、NSCLC、乳腺癌、卵巢癌、结肠癌和前列腺癌

1. 原理与方法　RII 是将针对某种相关抗原的特异性抗体用放射性核素进行标记，静脉注入体内后随血流到达相应靶组织，并与相关抗原结合，使肿瘤局部放射性浓聚增高。一般使用适合于显像的放射性核素标记肿瘤相关抗原的特异性抗体，以抗体作为核素的靶向载体，与肿瘤相应抗原结合，通过体外显像获得肿瘤中显像剂分布影像，用于恶性肿瘤定位、诊断，评价对治疗的反应和鉴别肿瘤复发与炎症或纤维组织。

用于标记抗体的放射性核素主要有 ^{131}I、^{123}I、^{99m}Tc 和 ^{111}In，放射性碘是最早和最常用于 RII 的核素，优点是易于标记，标记物稳定，标记方法成熟。^{131}I 价格低廉易于取得，是临床上广泛应用的核素，而且 ^{131}I 发生的 β 射线还可用于肿瘤的放射免疫治疗（radioimmunometric therapy，RIT）。但 ^{131}I 的 γ 射线能量偏高，影响图像质量。^{123}I 的物理半衰期 13 h，γ 射线能量适于显像，允许使用较大剂量，图像质量优于 ^{131}I，但 ^{123}I 为加速器生产，价格昂贵，目前国内应用尚不普遍。^{99m}Tc 是比较理想的显像用放射性核素，来源方便，注射 ^{99m}Tc-McAb 后 6~24 h 内均可显像，注射后 12 h 肿瘤摄取量可达 75%，此时即可进行显像。使用 ^{99m}Tc-McAb 进行 RII，不需要封闭甲状腺。静脉注射后 10 min，6 h 和 22 h 显像。^{111}In 的物理性能较理想，适合于显像，但 ^{111}In 由回旋加速器生产，来源不便。RII 所使用的抗体很多，不同肿瘤的诊断需选择不同的抗体，一般选择单克隆抗体（McAb）或抗体片断。近年来，随着生物工程的进展，一些小分子的抗体的研究显示出良好的前景，如单链抗体、微型抗体等。

2. 临床价值　在美国，FDA 已批准了四种放射性核素标记的单克隆抗体（OncoScint、CEA-SCAN、ProstaScint 和 Verluma）用于肿瘤显像诊断，包括结肠癌、卵巢癌、前列腺癌和小细胞性肺癌显像等。迄今为止，国内还没有提供商品的 RII 药物。

（1）结肠癌：结肠癌是最常见的肿瘤之一，一旦发生转移，5 年生存率不到 7%。CEA 起源于消化系统的上皮内胚层，大约有 95% 以上的肠癌其细胞表面都表达 CEA，血清 CEA 水平已作为一种肿瘤术后残留、早期复发及化疗疗效评价的标志物，然而约有 1/3 的复发患者血清 CEA 水平并不高，而且也不能对复发病灶进行定位。绝大多数复发和转移都发生在腹部和盆腔。结肠镜和钡剂造影检查对于确定病灶位置的效率较低，除非是因为肠腔内病变的局部复发。CT 和 MR 在评价肝外的腹部病灶、评估正常大小淋巴结的肿瘤以及鉴别肿瘤术后与放疗后改变其敏感性有限。^{111}In-OncoScint 对于结肠癌的敏感性约为 70% 左右，特异性 76%，阳性预测值 97%，阴性预测值较低（19%）。对于盆腔和腹部病灶的探测敏感性优于 CT，对肝脏病变低于 CT，与 CT 结合分析敏感性可提高到 88%。^{99m}Tc-CEA-SCAN 对于盆腔和腹部结肠癌病灶的敏感性也高于 CT，对肝脏病灶两种显像的敏感性相似。^{99m}Tc-CEA-SCAN 的性能优于 ^{111}In-OncoScint。

（2）卵巢癌：是导致妇女死亡的最常见肿瘤之一，5 年生存率约为 39%。由于常规 CT

难以发现小于 2cm 的腹膜种植性转移肿瘤，而且也不能探测到正常大小淋巴结肿瘤和弥漫性栗粒样病灶，故给卵巢癌的诊断和分期带来一定困难。血清肿瘤标志物 CA-125 分析有较高的假阴性率，而且不能预测病灶的部位和范围，剖腹探查术虽是最好的手术分期方法，但不能发现腹部以外的肿瘤，且其费用高，有创伤，约 20% 的患者发生并发症，假阴性率也可达 20%~50%。^{111}In-OncoScint 显像能提示卵巢癌病变部位、确定肝外转移范围及其隐匿性病灶，包括原发灶、栗粒样播散，指导卵巢癌手术方式的选择。^{111}In-OncoScint 对卵巢癌原发和复发病灶的敏感性为 60%~70% 左右，特异性 55%~60%，阳性预测值 83%。对于卵巢癌复发和扩散患者，^{111}In-OncoScint 优于 CT（60% versus 30%）。

（3）前列腺癌：前列腺癌是男性常见的恶性肿瘤之一，在美国是男性的第二大杀手，其发病率有增高趋势，5 年生存率大约 50%。尽管很多患者都有症状去就医，但对于 50 岁以上的老年男性患者，其诊断往往是基于前列腺特异性抗原（PSA）水平筛查基础上的怀疑。超声引导下针刺活检对于获得可疑结节的组织学资料是很有用的。前列腺癌的分期是根据物理检查、组织学 Gleason's 评分（Gleason's score）和血清 PSA 水平。对于血清 PSA 大于 10~20ng/ml 时或 Gleason's 评分较高的患者，骨显像也有助于本病的分期。淋巴结侵犯是转移扩散最常见的征象，通常其发生是从前列腺周围或闭孔淋巴结逐级向髂内和髂外淋巴结，然后向髂总动脉和主动脉旁淋巴结扩散。远距离转移最常见的部位是骨骼、肝脏和肺。CYT35 是一种完全的鼠抗前列腺特异性膜抗原（PMSA）的免疫球蛋白，在 95% 以上的前列腺癌有这种糖蛋白的高表达。在确定淋巴结转移的敏感性为 62%（CT 为 4%，MRI 为 15%），特异性为 72%。

（4）肺癌：根据肿瘤的生物学和对化疗的反应，肺癌可以分为小细胞型肺癌（LCSC）和非小细胞型肺癌（NLCSC）两类不同的疾病，前者约占 25%，其生存期较差，范围较局限的病变 5 年生存率为 18%，而有远处转移者仅为 2%，2/3 的 LCSC 的患者在确诊时已有广泛转移。NLCSC 是首选手术治疗的疾病，通常都选择局部切除治疗，因此准确的分期对于决定是否还有治愈机会非常重要。常规的诊断性影像分期法为 CT，纵隔镜淋巴结活检有助于评估肿大或可疑的淋巴结。CT 在判断淋巴结大小与转移病灶的关系上一直是很困惑的，即使是正常大小的淋巴结也可能含有微小的肿瘤，故 CT 敏感性较低而且过低估计了肺癌范围，患者也可能接受不必要的手术。此外，肿大的淋巴结也可能是反应性增生、感染或假阳性结果，尽管纵隔镜可以改善其准确性，但属于侵入性检查，费用较高。^{99m}Tc 标记显像剂 Verluma 是一种鼠源性抗 40kd 糖蛋白 IgG2b 单抗 NR-LU-10 的 Fab' 片段，在不同肿瘤，包括 SCLC、NSCLC、乳腺癌、卵巢癌、结肠癌和前列腺癌都有表达。在 SCLC 患者，^{99m}Tc-Verluma 在肿瘤分期方面的准确性为 82%，确定病灶范围的阳性预测值为 94%，探测肿瘤的敏感性为 77%，在临床分期方面准确性优于其他任何单项诊断试验。

（5）其他应用：①RII 可与常规方法起到互补作用，有时可发现一些其他检查难以发现的小病灶；②用于肿瘤的分期；③与肿瘤标志物测定联合使用，提高肿瘤早期诊断的敏感性，并对肿瘤进行定位；④肿瘤患者治疗后随访。

3. 存在问题及对策 目前临床使用的单克隆抗体大多是通过免疫鼠产生的动物副产品，而免疫系统可识别这些鼠蛋白作为异物可能产生其免疫反应。这种人抗鼠抗体（HAMA）反应轻者有发热、皮疹，重者出现呼吸急促和血压下降，甚至出现致命性过敏反应，使用时须注意。此外，靶/非靶比值不高，仪器分辨率低也是影响 RII 效果的主要因素。为降低 McAb 的免疫源性，提高结合特异性和亲和力，采用细胞和基因工程技术对

McAb 结构进行改造，制备人源性抗体、微型抗体等将有可能解决 RII 存在的一系列问题。

（二）肿瘤受体显像

受体是指细胞膜或细胞内的一些能首先与生物活性物质（例如药物、神经递质、激素和抗体等）相互作用的生物大分子。而肿瘤受体显像（receptor imaging）是利用放射性核素标记的某些配体或配体类似物，静脉注射后能与体内某些高度表达相应受体的肿瘤组织呈特异性结合，通过显像仪器无创伤性显示肿瘤组织中受体表达的空间分布、密度与亲和力，达到特异性诊断肿瘤的显像技术，也是分子影像研究的重要内容。尽管肿瘤细胞从表面上看是代谢和生长失控，但事实上却受内源性肽（endogenously peptides）的调节，包括许多激素、生长因子与肿瘤表面的受体之间相互作用。这些肽主要有生长抑素（somatostatin，SMS）、血管活性肠肽（vasoactive intestinal peptide，VIP）、肿瘤坏死因子（tumor necrosis factor，TNF）和血管生成因子（angiogenesis factor）等。目前用于肿瘤受体显像研究较多的有生长抑素受体、表皮生长因子受体、叶酸受体、雌激素受体、类固醇受体、胰岛素受体、HCG 受体、肾上腺素能受体等。目前除了 ^{131}I（^{123}I）-MIBG 肾上腺素能受体显像和 ^{111}In-octreotide 生长抑素受体显像外，大多处于研究阶段。肿瘤受体显像的进一步成熟和完善将促进受体介导的靶向核素治疗的发展。目前用于临床研究的主要肿瘤受体显像剂见表 17-4。

表 17-4　几种主要的肿瘤受体显像剂

显像剂	受体肿瘤	用途
^{123}I（^{131}I）-MIBG（间碘苄胍）	肾上腺素受体	嗜铬细胞瘤、神经母细胞瘤和甲状腺髓样癌等
^{11}C-羟基麻黄素	肾上腺素受体	心脏功能、充血性心力衰竭诊断，心肌存活性，肾上腺素瘤诊断和鉴别诊断
^{111}In（^{99m}Tc）-octreotide（奥曲肽）	生长抑素（SMS）受体	神经内分泌肿瘤（胃肠、胰、脑神经内分泌肿瘤、小细胞型肺癌、嗜铬细胞瘤和副神经瘤、甲状腺髓样癌、类癌等）
^{18}F-FES（16 a-^{18}F-17 b-estradiol）	雌激素受体	乳腺癌诊断
^{18}F-FDHT	雄激素受体	前列腺癌诊断
^{68}Ga-BZH3（蛙皮素类似物）	胃泌素释放肽受体（GRP）	胰腺癌、前列腺、乳腺、胃肠、小细胞型肺癌
^{11}C-PD153035	表皮生长因子受体（EGFR）	与新生血管生成、肿瘤侵袭与转移、化疗效果及预后有关
^{123}I-VIP	血管活性肠肽（VIP）受体	乳腺、前列腺、胰腺、肺、结肠、胃、肝和膀胱恶性肿瘤，也见于淋巴瘤、脑膜瘤等
^{99m}Tc-RGD	与整合素 αvβ3 受体结合	肿瘤新生血管等

1. 生长抑素受体显像　生长抑素（SMS）是由 14 个氨基酸组成的环状神经肽（somatostatin 14）激素，由下丘脑、垂体腺、脑干、胃肠道和胰腺中产生。SMS 作为一种神经递质的主要作用是抑制肽形成和从神经内分泌细胞分泌。其在中枢神经系统以外的激素活性包括抑制生长激素、胰岛素、胰高血糖素（glucagon）、胃泌素（gastrin）、五羟色胺（serotonin）和降钙素（calcitonin）的释放，它也具有抗肿瘤增殖（antiproliferative）作用，调节免疫活性。已有证据显示，生长抑素受体存在于许多不同的神经内分泌源性的细胞和肿瘤组织内。由于天然的 SMS 在体内易被酶迅速降解，生物活性期短，不易用放射性核素标记，故目前均使用人工合成的生长抑素类似物 octreotide（奥曲肽）进行 SMS 受体显像，在国外已获得 FDA 批准。奥曲肽与 SMS 具有一致的生物学特性，可用 ^{111}In、^{99m}Tc、

^{123}I 或 ^{186}Re 进行标记，核素标记的 octreotide 衍生物，也同样具有受体介导结合特性，能被 SMS 受体阳性的肿瘤所摄取，故可用于 SMS 受体显像。一般于静脉注射后 24 h 显像，此时本底低，腹部显像不受肝胆影响。在国外，自 20 世纪 80 年代以来，^{111}In-octreotide 受体显像就广泛用于多种肿瘤的诊断，尤其是神经内分泌肿瘤。

生长抑素受体存在于不同细胞和神经内分泌源性肿瘤。神经内分泌细胞起源于神经嵴（neural crest），且通常能够通过其前体合成胺和生产出起激素和神经递质作用的肽。表达生长抑素受体的肿瘤大致可分成三类：一是神经内分泌肿瘤或 APUDomas（amine precursor uptake decarboxylation），如垂体腺瘤、胃内分泌肿瘤（类癌、胃泌素瘤、胰岛素瘤）、嗜铬细胞瘤、甲状腺髓样癌和小细胞性肺癌；二是中枢神经系统肿瘤（星形细胞瘤、脑膜瘤和神经母细胞瘤）；三是其他肿瘤，包括淋巴瘤、乳腺癌、肺癌和肾细胞癌。因此，这些肿瘤应用 ^{111}In-octreotide 显像均具有较高阳性率，尤其是对于小细胞性肺癌、嗜铬细胞瘤、胃泌素瘤阳性率都在 95% 以上（图 17-23），对于类癌、副神经节瘤、垂体腺瘤、舒血管肠肽瘤的阳性率也在 80% 以上。所有产生生长激素（GH）的垂体肿瘤均含有 SMS 受体，临床上无论是否有分泌 GH 功能的垂体肿瘤，^{111}In-octreotide 显像均能显示其病灶，而且还可用于分泌促甲状腺素（TSH）的垂体肿瘤，在定位诊断原发灶和转移灶上有重要的临床价值。

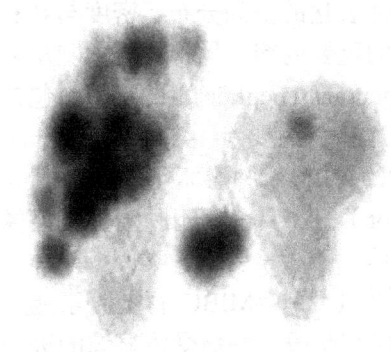

^{111}In-DTPA-octreotide

图 17-23　胃泌素瘤 ^{111}In-octreotide 显像
肝脏及腹部见阳性病灶

2. 肾上腺素能受体显像　间碘苄胍（MIBG）是一种去甲肾上腺素的功能结构类似物，能利用胺前体摄取机制进入胞质中的小囊泡或神经分泌颗粒。^{123}I 或 ^{131}I 标记的 MIBG 是目前用于临床的肾上腺素能受体显像剂。通常成人静脉注射 ^{131}I-MIBG 74~111MBq（2~3mCi）后 24、48、72 h 分别进行肾上腺区及全身显像。也可静脉注射 ^{123}I-MIBG 185~370MBq 后 24h、48h 进行全身或局部断层显像。^{123}I 或 ^{131}I 标记的 MIBG 已广泛用于嗜铬细胞瘤及副神经节瘤的定位诊断（图 17-24），是目前最灵敏又特异的方法，其阳性率可达 85.5%~88.9%，特异性 97.1%~100%，准确性 >95%。应用 ^{123}I 显像的对嗜铬细胞瘤的诊断优于 ^{131}I-MIBG。^{111}In-octreotide 也是诊断神经母细胞瘤的常用方法，阳性率达 90% 以上，且 SMS 受体阳性患者，其生存期较阴性者长。约 85% 嗜铬细胞瘤 ^{111}In-octreotide 显像为阳性。

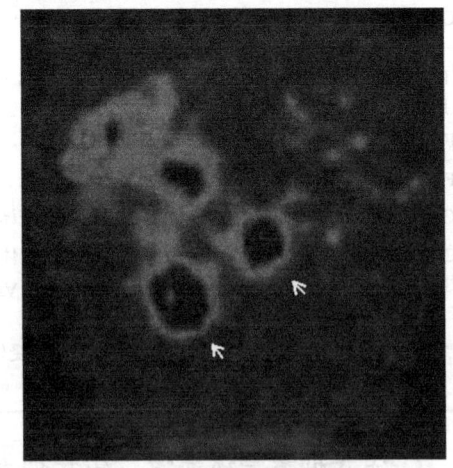

^{131}I-MIBG(后位)

图 17-24　恶性嗜铬细胞瘤术后复发 ^{131}I-MIBG 肾上腺髓质显像（24h 影像）

3. 血管活性肠肽受体显像（VIPRS）　血管活性肠肽（VIP）是一种由 28 个氨基酸组成的肽，包括有 VIP Ⅰ 型受体（VPAC1）和 VIP Ⅱ 型受体两种亚型。VIP 受体表达于大多数常见的人类肿瘤，包括乳腺、前列腺、胰腺、肺、结肠、胃、肝和膀胱癌，也见于淋巴瘤和脑脊膜瘤。平滑肌瘤主要表达 VPAC2 受体，但神经胶质瘤、垂体腺瘤、神经母细胞瘤、副神经节瘤、嗜铬细胞瘤和子宫内膜癌主要表达 PAC1 受体。临床上，^{123}I-VIP 主要用于胃肠道的神经内分泌肿瘤的诊断。

4. 雌激素受体显像 ^{18}F-FES（16 a-^{18}F-17 b-estradiol，^{18}F-FES）是近来成功研制的雌激素受体 PET 显像剂，系一种雌激素的类似物，能与雌激素受体特异结合，对乳腺癌的诊断显示出良好的应用前景，其特异性优于 ^{18}F-FDG。由于雌激素受体是一种特异性强、亲合力高的受体蛋白，其在正常组织中含量较少，故用于乳腺癌诊断的特异性较高，对于指导乳腺癌患者的激素治疗、估计预后有重要价值。

5. 雄激素受体显像 应用常规的 ^{18}F-FDG 显像对于前列腺癌的诊断效果不甚理想，其特异性和敏感性均较差。^{18}F-FDHT（16beta-[^{18}F]fluoro-5alpha-dihydro-testosterone）能够与雄激素受体特异性结合，用于前列腺癌的早期特异性诊断，效果优于常规的 ^{18}F-FDG 显像，^{18}F-FDHT PET 阳性的患者，血清 PSA 水平明显高于 ^{18}F-FDHT PET 阴性者，而且经过雄激素治疗后重复 ^{18}F-FDHT 显像的 SUV 值和肿瘤/肌肉比值（T/M）显著减低。

6. 胃泌素释放肽受体（GRP）显像 Schuhmacher 等应用 ^{68}Ga 标记蛙皮素类似物 BZH3 进行裸鼠胰腺癌移植模型胃泌素释放肽受体（GRP）PET 显像。蛙皮素（BN）是一种 14 个氨基酸的肽，在前列腺、乳腺、胃肠以及小细胞型肺癌也有高表达。因此可以作为 GRP 阳性的肿瘤诊断和靶向治疗的特异性药物。

（三）肿瘤基因显像

随着人类生物医学技术研究的进展，人们逐步认识到许多疾病的发生、发展是从基因的突变开始的，然后再进一步发生生理、生化改变、功能结构改变，最后出现临床症状。如病毒癌基因使正常细胞转化为癌细胞，正常基因突变成癌基因，最终才能形成恶性肿瘤，而目前常规的诊断技术都是建立在形态结构改变和临床症状基础之上的，因此，一旦发现疾病已并非疾病早期。现代基因工程技术的迅速发展，不仅可以无创性监测体内基因变化过程，而且还有可能对缺失的基因进行修补治疗。基因治疗成功的关键是能够有效地将基因转运到靶细胞并控制基因的有效表达，避免在非靶组织中表达，而报告基因显像则是监测转染基因治疗的重要手段。基因显像主要包括两方面的内容，一是用放射性核素标记反义寡核苷酸显示体内异常高表达的癌基因，称为反义显像；二是应用放射性核素标记某些报告探针显像监测治疗基因在体内的表达情况。

1. 反义显像（antisense imaging） 是根据反义碱基互补的原理，应用放射性核素标记人工合成的反义寡核苷酸（antisense oligonucleotide，ASON），引入体内后，通过体内核酸分子杂交而与相应的靶基因结合，应用显像仪器便可观察其与病变组织中过度表达的目标 DNA 或 mRNA 发生特异性结合过程，显示特异性癌基因过度表达的癌组织，达到对特异靶基因进行定位与定量，从而在基因水平早期、定性诊断疾病目的。研究较多的致癌基因有 c-myc 等，也可对抑癌基因如 p53 进行显像。这种以显示癌基因为基础的反义显像，使肿瘤显像进入了基因水平。研究较多的显像剂是应用 ^{99m}Tc 进行标记（图 17-25），也有用 ^{18}F 标记反义寡核苷酸进行 PET 显像，通过 N-(4-[(18)F]氟苯甲基)-2-溴乙酰胺进行可靠的标记。而另一方面，利用聚集于靶基因局部的放射性核素发射的射线，破坏相应的致病基因，引起 DNA 链的断裂和损伤，还可能达到靶向基因放射治疗目的。

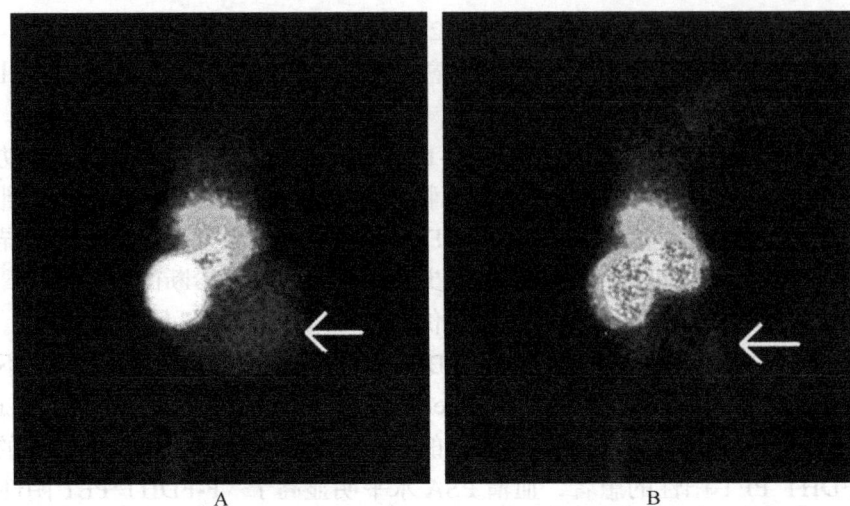

图 17-25　脂质体包裹 ^{99m}Tc-Survivin 反义寡核苷酸鼠肿瘤模型显像
A. 为反义显像，肿瘤区呈异常浓聚；B. 为非标记反义寡核苷酸抑制后对照影像

2. 报告基因显像　报告基因显像是监测基因治疗成败的有效手段。其方法学原理是利用基因融合、双顺反子、双启动子及双向转录等重组技术，在重组治疗基因的同时构建表达报告基因的腺病毒载体，通过局部或静脉给予导入靶细胞或组织内，然后注射能与报告基因偶合的放射性核素标记探针，进行特异性的 PET 或 SPECT 显像，从而达到无创伤、重复显示报告基因表达的部位、数量和持续时间的目的。目前较常用的报告基因系统主要有三种类型，一是酶报告基因系统，如 HSV1-tk（单纯疱疹病毒胸腺嘧啶核苷激酶基因）及其突变型 HSV1-sr39tk，其相应的报告探针有碘、氟等放射性核素标记的尿嘧啶、鸟嘌呤的衍生物；二是受体报告基因系统，如生长抑素 2 型受体基因（SSTR2）和生长抑素类似物等；三是转运体报告基因系统，如钠碘转运体（NIS）报告基因等。

（1）酶报告基因显像是目前研究较多的报告基因显像类型。通常是在重组治疗基因的病毒 DNA 上同时插入一段报道基因（report gene），治疗基因与报道基因共表达，只要能探测到报道基因在病人体内出现，就能推论治疗基因的成功植入与表达。目前应用最广泛的酶报告基因系统为 HSV1-tk。使用 ^{18}F 或 ^{124}I 标记的核苷类似物作为 HSV1-tk 显像底物，这些底物可被 HSV1-tk 编码产物胸苷激酶（TK）磷酸化，磷酸化产物不能再次穿过细胞膜而"陷入"在被转染细胞中。因而，细胞内放射性活性反映了 HSV1-tk 基因的表达。目前用于 HSV1-tk 报告基因显像的报告探针主要有嘌呤核苷衍生物如 ^{124}I-FIAU、^{18}F-FHBG 和无环鸟苷衍生物（如 FACV）等。

（2）受体报告基因显像：受体报告基因显像的基本原理是将某些受体蛋白基因与治疗基因克隆在同一启动子下，受体基因与治疗基因共转染，然后利用放射性核素标记相应的配体进行显像，观察受体基因的表达情况，从而定量间接评价治疗基因的导入部位、表达水平和持续时间。当受体基因的 DNA 与治疗基因结合，随着治疗基因表达，受体基因开始刺激相应的酶生成，而受体探针能与该酶特异性结合，最后通过核素报告基因显像显示治疗基因的表达水平。目前主要有两种形式，一种受体基因所编码的蛋白质是位于细胞内的酶，显像用的受体探针必须穿过细胞膜再与酶结合；另一种受体基因所编码的蛋白质位于细胞膜表面，显像用的受体探针无须穿过细胞膜，直接与细胞表面的蛋白质或受体结合。

目前受体报告基因显像系统主要有两类：①多巴胺 D_2 受体（D_2R）报告基因系统。使用的报告探针（配体）有 3-2'-^{18}F-氟乙基-螺旋哌啶酮（^{18}F-FESP）、^{123}I-碘苯酰胺（IBZM）和 ^{11}C-raclopride 等。②人生长抑素受体 2 亚型（hSSTr2）报告基因系统。生长抑素受体分为 5 个亚型，广泛分布于脑、胃肠道、胰腺、神经内分泌肿瘤等组织。显像用报告探针主要有 ^{111}In-奥曲肽（octreotide）、^{99m}Tc-P829、^{99m}Tc-P2045、^{68}Ga-DOTAC 等。由于生长抑素及相关类似物与受体结合后能产生抑制信号，在癌细胞中有抗细胞增殖效应。因此应用 ^{90}Y-SMT487、^{188}Re-P2045、^{188}Re-P829 及 ^{131}I、^{153}Sm、^{177}La 标记的配体对肿瘤细胞同时具有治疗作用。动物模型试验结果证明核素报告基因显像是完全可行的（图 17-26）。

（3）其他报告基因显像系统

1）转运体报告基因显像：报告基因还可编码一种转运蛋白，可以特异性将显像剂转运入细胞内，从而使信号扩增，检测低水平基因转染。目前成功应用的报告基因为钠/碘转运体（sodium/iodide symporter, NIS），NIS 是一种糖化膜蛋白，是甲状腺组织及非甲状腺组织摄取碘的分子基础，也用来作为报告基因，而报告探针则可使用 ^{131}I、^{123}I、^{99m}TcO$_4^-$ 等。NIS 基因自身可作为治疗基因转入各种细胞内，诱导肿瘤细胞产生摄取碘的能力，可达到应用放射性碘治疗的目的。另外去甲肾上腺素转运体也可用于报告基因显像。异位表达 NIS 蛋白的细胞并不能使碘有机化，但转染细胞中可聚集足够的显像剂可通过 SPECT 甚至 PET 探测到。

2）抗原/抗体报告基因显像：是以抗原或抗原表位作为报告基因，以特定抗体或抗体片段作为报告探针，来监测治疗基因的表达。这种报告基因显像具有灵敏度高、特异性强的特点，但抗原与抗体结合可产生免疫反应使其应用受到了一定的限制。

尽管目前大多数基因治疗和基因显像技术还处于试验阶段，但随着人类基因治疗技术研究的快速发展，基因显像也必将取得长足进步。

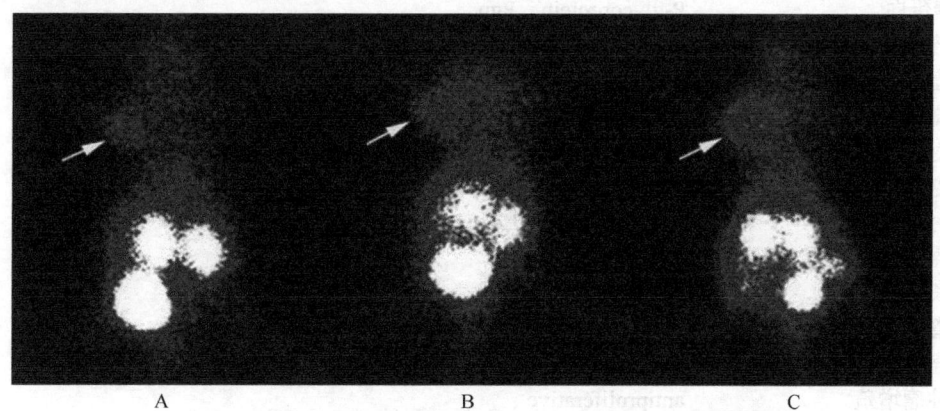

图 17-26　荷瘤裸鼠感染不同量病毒后 SSTR 报告基因显像

A、B、C 示随着感染病毒量的增加显像剂浓聚亦逐渐增高，安锐教授提供图片

学习要点与思考

1. 掌握 PET、PET/CT 在肿瘤早期诊断、分期、疗效及复发监测、治疗中的优势。
2. 掌握常用的肿瘤非特异性显像的基本原理和主要临床意义。
3. 了解放射免疫显像、受体显像的基本原理及其临床应用价值。
4. PET 与 CT、MR 比较有什么不同？存在的主要不足有哪些？

（张永学）

中英文对照

中文	英文
^{18}F-氟脱氧葡萄糖	^{18}F-2-fluro-D-deoxy-glucose, ^{18}F-FDG
葡萄糖转运蛋白	glucose transporter, Glut
己糖激酶	hexokinase
6-磷酸-^{18}FDG	6-P-^{18}FDG
人胸腺激酶-1	thymidine kinase-1, TK-1
孤立性肺结节	solitary pulmonary nodule, SPN
霍奇金淋巴瘤	Hodgkin's lymphoma, HL
非霍奇金淋巴瘤	non-Hodgkin's lymphoma, NHL
放疗后坏死	radionecrosis
实体瘤治疗疗效评价标准	Response Evaluation Criteria in Solid Tumors, RECIST
PET实体瘤疗效评价标准	positron emission tomography response criteria in solid tumors, PERCIST
适形放疗	conformal radiotherapy, CRT
调强适形放疗	intensity modulated radiotherapy, IMRT
三维适形放射治疗	three dimensional conformal radiotherapy, 3DCRT
大体肿瘤靶区	gross tumor volume, GTV
临床靶区	clinical target volume, CTV
计划靶区	planning target volume, PTV
生物靶区体积	biological target volume, BTV
多维适形放疗	multi dimensional conformal radiation therapy, MD-CRT
非特异性肿瘤显像	nonspecific tumor imaging
特异性肿瘤显像	specific tumor imaging
肿瘤阳性显像	tumor positive imaging
P糖蛋白	P-glycoprotein, Pgp
多药耐药基因	mutidrug resistance, MDR
肿瘤乏氧显像	tumor hypoxic imaging
肿瘤凋亡显像	apoptosis imaging
放射免疫显像	radioimmunometric imaging, RII
单克隆抗体	monoclonnal antibody, McAb
放射免疫治疗	radioimmunometric therapy, RIT
肿瘤受体显像	receptor imaging
生长抑素	somatostatin, SMS
血管活性肠肽	vasoactive intestinal peptide, VIP
肿瘤坏死因子	tumor necrosis factor, TNF
抗肿瘤增殖	antiproliferative
反义显像	antisense imaging
反义寡核苷酸	antisense oligonucleotide, ASON
报道基因	report gene
钠/碘转运体	sodium/iodide symporter, NIS

第十八章 炎症显像

设问

各种炎症虽然是临床最常见的病变，但常常造成诊断和鉴别诊断的困难。那么，怎样灵敏而特异地用成像的方法探测体内的炎性病灶呢？放射性核素炎症显像就大有用武之地了。

炎症（inflammation）是具有血管系统的活体组织对损伤因子的防御性反应，是十分常见而又重要的基本病理过程。炎症的基本病理变化包括变质（alteration）、渗出（exudation）和增生（proliferation）。炎症的病因可以是感染引起的感染性炎症，也可以不是由于感染引起的非感染性炎症。发病过程可以是急性也可以为慢性。炎性疾病虽是临床最为常见之病症，但因其病因和类型繁多，发病过程和临床表现更是复杂多变，常常造成临床诊治之疑难。

放射性核素炎症显像基于炎症的病理过程利用各种显像剂聚集于炎症病灶成像，具有发现病变早和全身扫描的优点，是探测感染或炎症病灶的有力手段。较早用于临床炎症显像的放射性药物为 ^{67}Ga，其后有核素标记白细胞。近年来不断有许多新的炎症显像剂在研究应用之中，如：核素标记的抗粒细胞抗体（AGAB）、非特异性人免疫球蛋白 IgG、抗 E-选择素（E-selectin）抗体、脂质体（liposomes）、促吞噬素（tuftsin）、白介素-1（interleukin-1）、白介素-2、白介素-8、血小板因子4（platelet factor 4）、抗生素（如 ciprofloxacin）、抗微生物多肽、纳米胶体（nanocolloid）等。^{18}F-FDG PET/CT 在炎性疾病的应用近年来受到越来越多的关注。^{18}F-FDG PET 可灵敏地探测各种类型炎性病灶，PET 图像空间分辨率高，结合 CT 图像更有利于定位和定性诊断，加之 ^{18}F-FDG 已是临床常规应用的放射性药物，可以预见 ^{18}F-FDG PET/CT 用于炎性疾病诊断将在临床上得到更为有效的运用。

现将炎症显像剂的标记化合物种类及其显像原理归纳于表 18-1。

表 18-1 炎症显像标记化合物及其显像原理

炎症生理学特点	显像机制	标记化合物
血管通透性增加	非特异性摄取	^{67}Ga 枸橼酸盐
		非特异性人免疫球蛋白 IgG
代谢增高	葡萄糖摄取增加	FDG
粒细胞浸润聚集	粒细胞浸润聚集	标记白细胞
	抗原-抗体结合	Anti-NCA-95 IgG：BW 250/183
		Anti-SSEA-1 IgM：LeuTech
		Anti-NCA-90 Fab'：sulesomab, LeukoScan
	受体结合	白介素-8（IL-8）
单核细胞浸润	受体结合	白介素-2（IL-2）
内皮细胞活化	抗原-抗体结合	F(ab')$_2$-anti-E-selectin
病原微生物感染	亲和病原微生物	环丙沙星（Ciprofloxacin）

第一节 ^{18}F-FDG 炎症显像

一、原　理

FDG（2-氟-2-脱氧-D-葡萄糖）与葡萄糖结构类似，可在细胞膜葡萄糖转运蛋白的作用下摄入细胞内，故葡萄糖代谢率高的组织细胞对于 FDG 呈高摄取。进入细胞内的 FDG 经磷酸化后不能继续进行类似葡萄糖的分解代谢过程而滞留在细胞内，故以 ^{18}F-FDG PET 可以对于具有高葡萄糖代谢的病灶进行探测。这种葡萄糖代谢增高并非恶性肿瘤所特有，活化的白细胞（如粒细胞、单核巨噬细胞、淋巴细胞等）亦具有葡萄糖代谢水平升高的特性。在各种炎性病灶中，活化的白细胞即为炎症细胞主要成分，故炎性病灶 ^{18}F-FDG PET 图像上呈现为放射性浓聚表现。在感染性炎症动物模型中观察到，炎症病灶 FDG 的摄取高于 ^{67}Ga、核素标记的胸嘧啶、蛋氨酸和人血清白蛋白。

二、临床应用

1. **不明原因发热和深部感染灶探测**　不明原因发热（fever of unknown origin, FUO 指持续发热 2~3 周而原因不明，临床常见。感染是 FUO 的三大主要病因之一，另两大病因为肿瘤和自身免疫性疾病。深部隐匿的感染灶常常给临床诊断造成困难。研究表明，FUO 患者通过 ^{18}F-FDG PET 检查，36% 的病例获得了有助于诊断的结果，阳性预测值 70%~92%，阴性预测值 75%~100%，诊断价值高于 ^{67}Ga 扫描。与 ^{67}Ga 和标记白细胞扫描相比，^{18}F-FDG PET 具有快速、简便、图像分辨率高的优势，应用 PET/CT 扫描，更是可以获得丰富的诊断信息。由于 ^{18}F-FDG PET/CT 具有很高的阴性预测值，对于 FUO 患者阴性显像结果往往提示局灶性感染病灶的可能性较小。对于恶性肿瘤的鉴别而言，^{18}F-FDG PET 因不能区分炎症而视为不足。不过，^{18}F-FDG 对于肿瘤的非特异性对于 FUO 查找病因而言似乎并非短处反而有利，因为 ^{18}F-FDG PET/CT 对于 FUO 三大主要病因中的两大病因（肿瘤和感染）具有较高的灵敏性。有作者认为，在条件允许的情况下，^{18}F-FDG PET/CT 可作为 FUO 病因筛查的常规检查（图 18-1）。

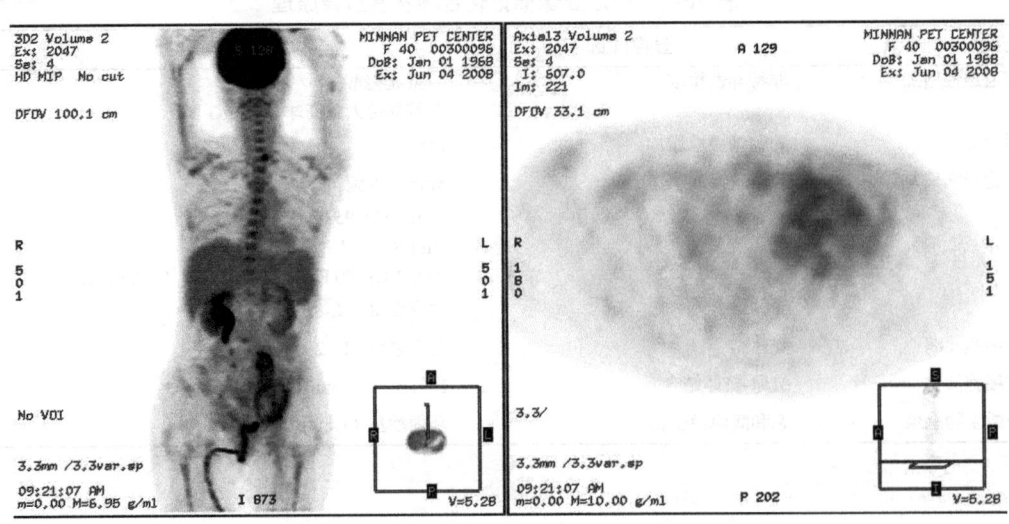

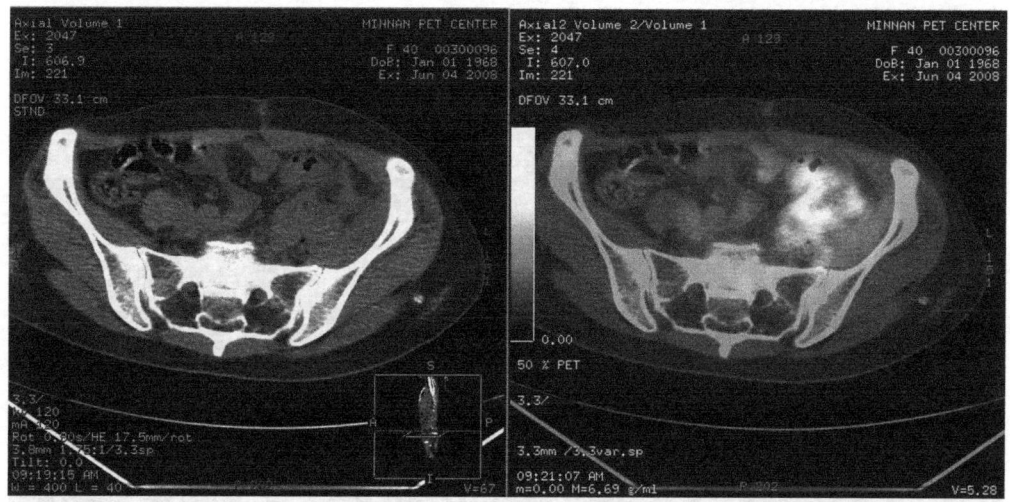

图 18-1　盆腔脓肿

女，40 岁。子宫颈癌术后两月，持续发热 1 个月。^{18}F-FDG PET/CT 显示左侧盆腔感染性病灶，手术证实为脓肿

2. 结核病（tuberculosis）　结核病在我国仍为常见病。在病理上结核病是由结核分枝杆菌引起的肉芽肿性炎性病变。典型的结核性肉芽肿（tuberculous granuloma）中央为干酪样坏死，周围伴有增生的上皮样细胞和朗汉氏巨细胞，并伴有淋巴细胞和成纤维细胞围绕。结核灶中炎症细胞葡萄糖代谢高而导致对 FDG 高摄取。^{18}F-FDG PET/CT 对于肺外结核灶的探测具有优势，如结核性心包炎、腹膜结核（图 18-2）、深部脓肿、脊柱结核等。肺结核在 FDG PET 图像上呈多样性，结核病灶多表现为斑片状，边界较模糊，病灶内放射性分布欠均一，结合好发部位和相关临床资料有助于判断。但肺部球形结核灶呈均匀高放射性摄取并不少见，与肿瘤鉴别困难。有认为陈旧性结核与稳定期结核病灶一般不摄取或很少摄取 FDG，显像阳性的结核病灶往往是活动期病灶。

3. 骨髓炎（osteomyelitis）　对于急性骨髓炎，^{18}F-FDG PET/CT 虽然能够准确诊断，但相比于临床体检、实验室检查、核素三相骨扫描和 MR，^{18}F-FDG PET 并不增加更多的诊断效益。而慢性骨髓炎的诊断往往更加复杂，^{18}F-FDG PET/CT 则显示了很好的诊断价值，其诊断的准确性与抗粒细胞抗体核素扫描和 ^{111}In-白细胞扫描相当，对于中轴骨的病灶 ^{18}F-FDG PET/CT 具有更高的准确性。

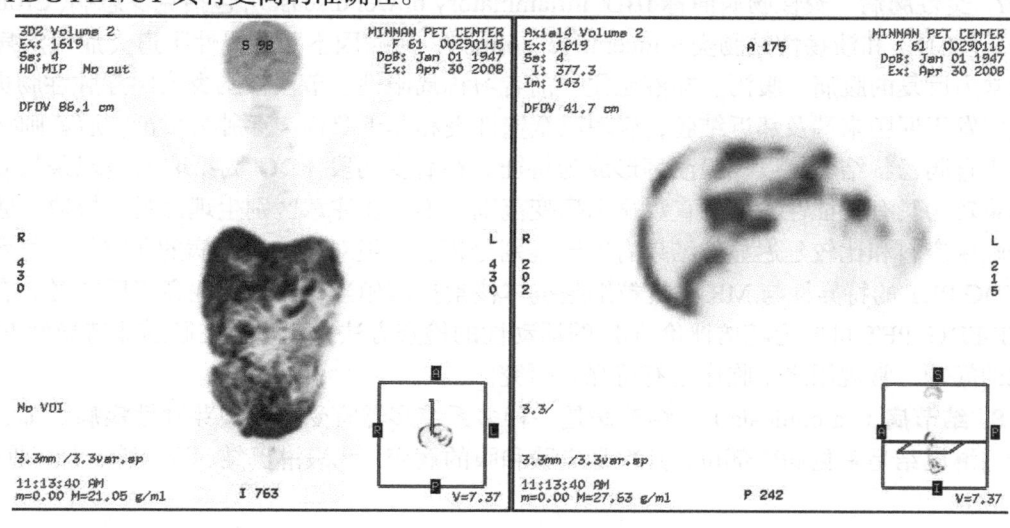

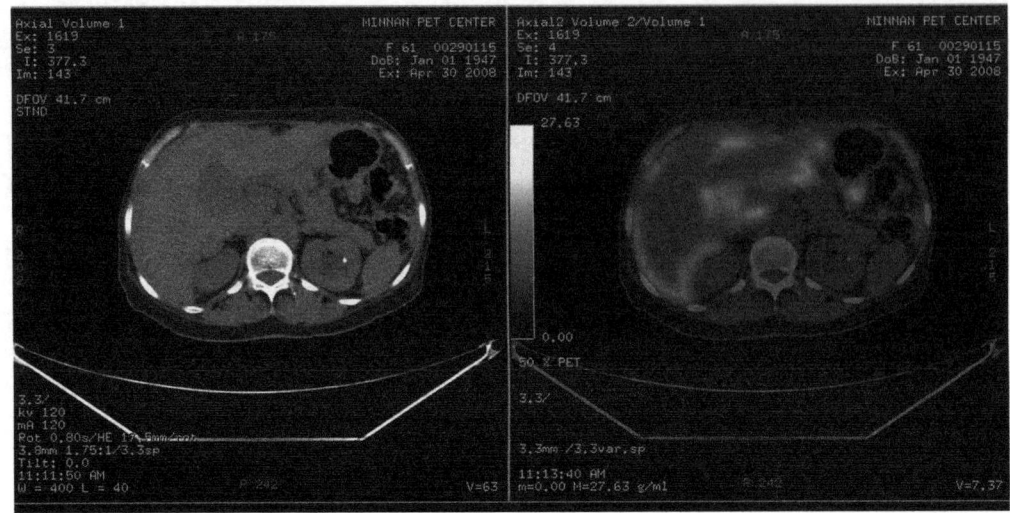

图 18-2　结核性腹膜炎

女，61岁。上腹闷胀不适5月，腹部体检无明显阳性体征。^{18}F-FDG PET/CT 显示腹膜及部分肠系膜弥漫性均匀增厚，代谢显著增高。活检病理证实为结核性腹膜炎

4. 人工关节感染　人工关节感染的诊断往往较为困难，放射影像检查和核素三相骨扫描常难以鉴别感染与人工关节松动。人工关节感染在 FDG PET 较为特征的表现是沿着人工假体和骨骼的接触面呈放射性高摄取。^{18}F-FDG PET 诊断人工关节感染虽具有很高的灵敏性，但特异性不佳，文献报告的特异性 50%~95% 不等。

5. 血管感染　移植血管感染表现为移植部位的 FDG 高摄取。^{18}F-FDG PET/CT 对于移植血管感染的诊断及常规影像检查具有更高的灵敏性和特异性。^{18}F-FDG PET/CT 亦可诊断其他的血管内感染，如感染性血栓静脉炎或感染性动脉炎等。有报告单纯的急性或慢性血栓形成不会出现 FDG 摄取增加。

6. 非感染性血管炎性疾病　FDG 高摄取还见于大动脉炎（Takayasu arteritis）（图 18-3）、巨细胞性动脉炎、Wegener 肉芽肿、结节性多动脉炎等。对于此类疾病，^{18}F-FDG PET/CT 能够更加全面地显示病变范围，且有利于治疗随访评价。此外，动脉粥样硬化斑块亦可称 FDG 高摄取。

7. 炎性肠病　炎性肠病简称 IBD（inflammatory bowel disease），包括克罗恩病（Crohn's disease，CD）和溃疡性结肠炎（ulcerative colitis），为病因不明的慢性肠道炎症性疾病，症状常为反复的腹痛、腹泻、黏液血便。前者习称局限性、节段性肠炎或肉芽肿性肠炎，病变好发于回肠末端及邻近结肠，病理以全壁性炎和非干酪样肉芽肿为特征；后者则病变好发于直肠乙状结肠，以黏膜溃疡形成为特征。在病变肠段 FDG 高摄取而呈现条状放射性浓聚较为具有特征性，且能直观显示病变范围。不过要注意区别生理性肠道摄取，通过结合临床资料和比较延迟显像结果有助于鉴别分析。一组对于 Crohn 病的研究结果显示，^{18}F-FDG PET 的特异性与 MR 和抗粒细胞抗体核素扫描相当，而灵敏性高于后二者。有人为 ^{18}F-FDG PET 可成为随访评价 IBD 的活动性的检查方法，不过存在肠道非特异性 FDG 摄取的问题，常规用之于临床还有待深入研究。

8. 结节病（sarcoidosis）　结节病是一种多系统多器官受累的肉芽肿性疾病。肺、双侧肺门淋巴结是常见病变部位，其次是皮肤和眼的病变，浅表淋巴结、肝、脾、肾、骨髓、

神经系统、心脏等几乎全身每个器官均可受累。^{18}F-FDG PET/CT 显示为双侧肺门及纵隔淋巴结对称肿大和 FDG 高摄取，伴或不伴有肺内结节状或片状病灶。FDG PET 在初诊并不具有特异性，需结合其他临床资料和检查结果分析；但 FDG 价值在于描述病变范围且能反映病变的活动性，有助于治疗随访评价。

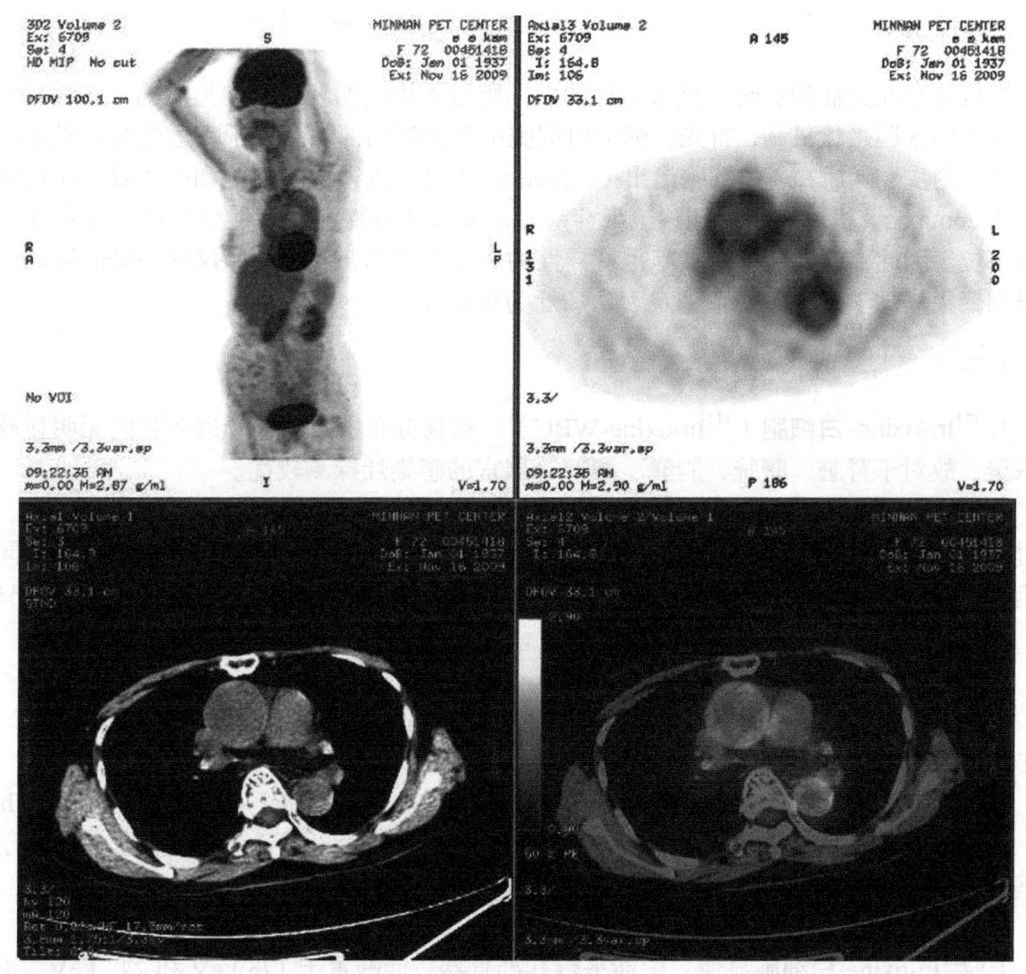

图 18-3　大动脉炎

女，72 岁。发现血压升高且药物控制不良一年，伴体重明显下降。^{18}F-FDG PET/CT 显示主动脉扩张、管壁环形增厚、代谢增高。临床最后诊断为大动脉炎

9. 免疫缺陷感染　对于探测免疫缺陷患者出现的感染灶 ^{18}F-FDG PET/CT 具有较高的敏感性。Mahfouz et al 回顾分析了 248 例多发性骨髓瘤患者，^{18}F-FDG PET 在严重粒细胞缺乏患者中检出 165 个感染灶，其中有 46 例患者先经过其他检查没有检出感染灶。^{18}F-FDG PET/CT 还有助于早期发现和鉴别艾滋病并发颅内感染。

10. 其他　^{18}F-FDG PET/CT 可准确诊断椎间盘炎且能与退行性改变相鉴别。对于包虫病患者，^{18}F-FDG PET/CT 可发现活动性病灶并有助于监测评价治疗反应。

第二节 其他炎症显像

一、放射性核素标记白细胞显像

(一) 原理

当机体存在炎症病灶时,核素标记的白细胞进入体内循环后即向炎症病灶迁移聚集。如同体内白细胞趋化机制,首先,标记白细胞由于炎症局部黏附分子表达增高的机制而黏附于血管内皮;随后,通过细胞渗出(diapedesis)过程透过内皮细胞和基底膜,在化学趋向(chemotaxis)机制作用下迁移至炎症病灶。通过体外探测放射性分布即可显示炎症病灶的部位。因此,核素标记白细胞是特异性的炎症示踪剂,但其显像仅反映局部病灶白细胞浸润聚集病理学变化,而不一定表示病灶为感染性。

(二) 显像剂

1. ^{111}In-oxine-白细胞(^{111}In-oxine-WBC) 药物分布特点:胃肠道和肾内无明显放射性浓聚,故对于肾脏、膀胱、胆囊、腹部等器官的感染灶探测较优。

2. ^{99m}Tc-HMPAO-白细胞(^{99m}Tc-HMPAO-WBC) 特点为易得价廉、辐射剂量低、显像过程短、图像质量好,但 ^{99m}Tc-HMPAO-白细胞由于进入体内后部分 ^{99m}Tc-HMPAO 同白细胞解离形成水溶性化合物,经由肝胆系统和肾脏排泄,肠道放射性通常可于3~4h出现。

(三) 显像方法

(1) 采受检者血液30~50ml,分离白细胞,标记制备 ^{111}In-oxine-WBC 或 ^{99m}Tc-HMPAO-WBC。

(2) 静脉注射 ^{111}In-Oxine-白细胞悬液18.5~37MBq(0.5~1mci)后,分别于4、24h显像;或静脉注射 ^{99m}Tc-HMPAO-白细胞370MBq(10mCi)后;于1、4、24h显像,对于腹部病灶或肠道炎性病变等,早期显像更为重要。

(3) 图像采集

1) ^{111}In-oxine-白细胞显像:中能平行孔准直器,能峰置于173 keV 和247 keV,窗宽20%。采集全身各部位前、后位图像。每部位采集最少计数200K或采集20min。

2) ^{99m}Tc-HMPAO-白细胞显像:低能通用平行孔准直器或低能通用高分辨率准直器,能峰140keV,窗宽20%。

(四) 正常影像

两种显像剂的正常分布相似,放射性主要分布于肝、脾、骨髓,早期影像上可见肺部放射性摄取,延迟显像肺部放射性减少。^{111}In-oxine-白细胞在胃肠道和肾内无明显放射性浓聚。^{99m}Tc-HMPAO-白细胞由于进入体内后部分 ^{99m}Tc-HMPAO 同白细胞解离形成水溶性化合物,经由肝胆系统和肾脏排泄。肾脏和膀胱可早至1 h显影,1 h显像有4%病人胆囊显影,24 h显像10%病人胆囊显影。肠道放射性通常可于3~4 h出现并随时间增强(图18-4)。

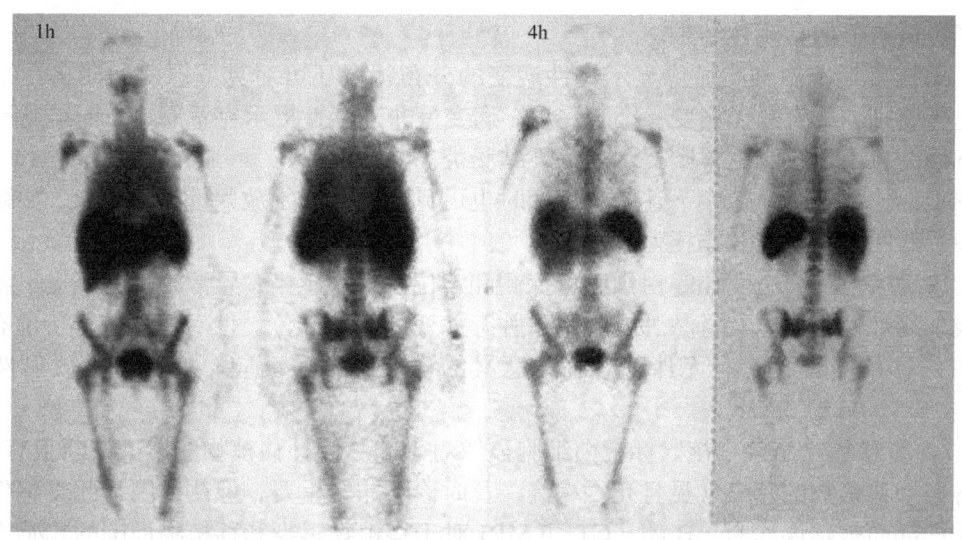

图 18-4　^{99m}Tc-HMPAO-WBC 显像正常图像

（五）异常影像和临床价值

1. 探测炎性病灶　上述正常放射性分布之外的局灶性浓聚即为异常。核素标记白细胞对于感染性炎性病灶可作准确诊断，敏感性超过 95%，对于急性或慢性感染灶同样敏感。对于结核病灶或真菌感染，敏感性较低些，^{67}Ga 显像则可能更敏感。

目前对于大多数适应证，^{99m}Tc-HMPAO-白细胞因其较 ^{111}In-oxine-白细胞易得价廉、辐射剂量低、显像过程短、图像质量好而取代 ^{111}In-oxine-白细胞，但对于肾脏、膀胱、胆囊等器官的感染灶探测，仍以后者较好。核素标记白细胞显像的显像剂制备复杂和检查过程费时使其临床受到局限。

2. 骨髓炎　骨髓炎在 X 线平片上的典型表现常要待发病 10~14 天出现。MR 虽具有良好的诊断价值，但任何引起骨髓被取代或组织含水量增加的病变均可对鉴别造成困难，如骨折修复、肿瘤等。如为人工植入关节则更是无法用 MR 进行诊断。核素标记白细胞则对于这些常规影像学鉴别困难的情况具有优势。在伴有其他基础骨质病变、人工植入物或其他易干扰骨髓炎诊断情况病例中，核素标记白细胞显像确定或排除骨髓炎的准确性大于 90%。对于含骨髓骨骼部位（如髋部和膝部）疑诊骨髓炎，核素标记白细胞显像与胶体骨髓显像联合检查可提高诊断准确性，受累骨髓在骨髓显像上表现为放射性缺损区而在核素标记白细胞显像上则呈放射性摄取增加，二者联合诊断的准确性可达 95%。

3. 腹部感染　因腹部感染具有高发病率和高死亡率，快速诊断甚为重要。^{67}Ga 因有肠道清除和显像时间延迟因而不是最佳选择。^{111}In-oxine-白细胞不经肠道清除，故具优势。几项大宗病例研究显示其诊断腹部感染总敏感性为 90%。

^{99m}Tc-HMPAO-白细胞早时被认为因有肠道清除而不作为最佳选择。但事实上，如果在肠道排泄放射性之前早期显像，可获良好的诊断准确率。而缩短诊断时间也是其优点所在。据报告在 30 min 显像和 2 h 显像探测腹部感染和炎性病变的敏感性分别为 80% 和 95%。

4. 炎症性肠道病变　核素标记白细胞显像结果与钡剂放射学和结肠内窥镜结果有很好的一致性。核素显像不仅用于检测上述疾病急性加重阶段，可以探查内窥镜难以查及的部位，还可以用来监测评价疗效。活动性肠炎表现为呈肠型分布的异常浓聚灶。非活动性的结肠炎核素显像呈阴性结果。

利用核素标记白细胞显像显示炎性病变的分布特点还可对克罗恩病和溃疡性结肠炎二者进行鉴别。如直肠无病变、小肠受累，病变呈非连续性提示克罗恩病；而结肠至直肠连续性病变且不伴小肠受累则提示溃疡性结肠炎。

核素标记白细胞显像在下述肠道病变时也可见到腹部异常放射性摄取征象，如缺血性结肠炎、假膜性结肠炎和肠梗死等。

5. **肾脏病变**　^{111}In-oxine-白细胞可探测和定位泌尿系感染，异常放射性聚集于急性肾盂肾炎、局灶性肾炎以及肾脓肿或肾周脓肿等病变的相应部位。但对于移植肾价值有限，因所有的移植器官无论有无伴随有临床意义的病变或排斥反应，均会显示放射性摄取增加。

6. **血管移植物感染**　核素标记白细胞显像对于动脉修补移植物的感染诊断很有帮助。大动脉修补移植物的感染常见且死亡率高，及时诊断非常重要，但往往因为此类感染隐匿且位于深部而被延误诊断。B超、CT和MRI对于移植物感染和移植物周围的非感染积液难以鉴别。核素标记白细胞对亚急性感染性心内膜炎的诊断帮助不大，瓣膜的赘生物中白细胞数量相对较少。

7. **肺部感染**　核素标记白细胞显像的肺部表现应谨慎解释。轻度弥漫性摄取增加可因许多非感染性疾病引起，如肺不张、充血性心衰、成人呼吸窘迫综合征等。局灶性浓聚则多为感染征象。

二、标记人非特异性免疫球蛋白（IgG）显像

人非特异免疫球蛋白在炎症病灶聚集的机制，主要与炎症部位血管通透性增加、循环中的IgG漏出至细胞外间隙有关。目前用来标记人非特异IgG的核素主要有^{111}In和^{99m}Tc两种。静脉注入放射性核素标记IgG后，体内血容量丰富的器官均可有不同程度的放射性聚集。IgG血清除慢，肝、脾、肾等脏器始终有较多的生理性放射性积聚，而肠道和骨髓无明显放射性浓集。放射性核素标记IgG可用于骨/关节炎症、腹部感染、肺部感染（尤其在免疫缺陷患者）、炎性肠道疾病等的诊断，准确性与标记白细胞相当。由于血池中放射性持续较高，用于诊断心内膜炎和血管感染病灶，灵敏性不高。需注意的是标记人非特异IgG显像并非感染性炎症所特异，慢性炎症由于血管通透性可能趋于正常而降低人非特异IgG显像的灵敏性。

三、标记抗人粒细胞抗体显像

^{99m}Tc标记抗人粒细胞抗体（anti-granulocyte antibody，AGAB）通过与粒细胞表面表达的受体结合而聚集于炎症部位。已经应用于临床者如anti-NCA-95 IgG（BW250/183），还有LeukoScan（anti-NCA-90 Fab'）、LeuTech（抗-CD15或抗-SSEA-1 IgM）等。放射性核素标记抗人粒细胞抗体由静脉注入后，主要浓聚在骨髓、肝脏和炎症病灶。

放射性核素标记抗人粒细胞抗体显像诊断炎症/感染病灶作用类似于标记白细胞显像，但避免了核素标记白细胞制备复杂的不足。缺点是采用标记完整的单克隆抗体进行显像可产生人抗鼠抗体（human antimouse antibody，HAMA），反复注射后，可引起过敏反应，

并可使标记的单克隆抗体在体内的分布发生变化。若以单抗片段替代完整抗体,则可以克服此缺点,且血清除快,可更快速完成显像检查。

四、标记抗生素显像

以核素标记抗生素靶向结合病原细菌来显示感染病灶是炎症显像新的策略。目前以 ^{99m}Tc-环丙沙星(^{99m}Tc-Ciprofloxacin,^{99m}Tc-Infection)研究应用较多。Ciprofloxacin 是喹诺酮类广谱抗生素,可与细菌 DAN 促旋酶(DNA gyrase)结合。由于环丙沙星可与存活细菌结合,故理论上 ^{99m}Tc-Ciprofloxacin 可区别细菌感染与非细菌感染炎症。^{99m}Tc-Ciprofloxacin 在动物模型中显示出仅有细菌感染病灶呈高摄取,而在无菌性炎症或细菌已被灭活的感染灶无明显摄取。

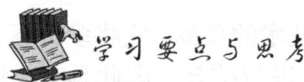 学习要点与思考

1. 熟悉各类炎症显像剂及其显像原理。
2. 熟悉 ^{18}F-FDG 炎症显像的临床意义。
3. 了解其他炎症显像方法的特点。

(吴 华)

中英文对照

炎症	inflammation
不明原因发热	fever of unknown origin,FUO
结核病	tuberculosis
结核性肉芽肿	tuberculous granuloma
骨髓炎	osteomyelitis
大动脉炎	takayasu arteritis
炎性肠病简称 IBD	inflammatory bowel disease
克罗恩病	Crohn's disease,CD
溃疡性结肠炎	ulcerative colitis
结节病	sarcoidosis
^{111}In-oxine-白细胞	^{111}In-oxine-WBC
^{99m}Tc-HMPAO-白细胞	^{99m}Tc-HMPAO-WBC
人粒细胞抗体	anti-granulocyte antibody,AGAB
人抗鼠抗体	human antimouse antibody,HAMA
^{99m}Tc-环丙沙星	^{99m}Tc-Ciprofloxacin

第十九章 体外标记免疫分析

设问
1. 你知道创立放射免疫分析方法的学者获得了诺贝尔奖吗？你知道这种方法首次发明是用于检测何种微量物质吗？
2. 放射免疫分析方法的原理是什么？免疫放射分析方法与它有什么区别？
3. 时间分辨荧光免疫分析、酶标记免疫分析及化学发光标记免疫分析等方法与核医学有什么关系？

体外标记免疫分析是一类超微量生物活性物质体外分析技术的总称，它将多种标记示踪技术的高度灵敏性和抗原抗体免疫结合反应的高度特异性进行结合，因此具有灵敏度高、特异性强、重复性好、准确度高、操作简便、应用范围广等优点。

体外标记免疫分析创立于 60 年代初期，开始以 Yalow 和 Berson 首先创立的放射免疫分析（radioimmunoassay, RIA）为代表，以后相继派生出许多其他标记免疫分析方法。随着基础医学和相关技术的发展，特别是近年来新理论、新方法、新材料、新工艺、新产品的不断开发，标记免疫分析正向纵深发展，目前已经形成由多种标记、多种反应模式的综合性标记免疫分析体系，并广泛应用于医学科学的诸多领域，有力推动了医学科学发展。

第一节 体外标记免疫分析的基本原理

一、竞争性体外标记免疫分析的基本原理

放射免疫分析是竞争性体外标记免疫分析中创建最早、最具有代表性的一种。因此，本节将以此作为代表进行介绍，并依次推及其他。

放射免疫分析的基本原理是竞争性抑制的结合反应。在反应体系中：

（1）特异性抗体（Ab）的数量必须是有限的，即抗体分子的数量要少于标记抗原（$^*Ag$）和非标记抗原（标准抗原或待测抗原，Ag）的分子数量之和。

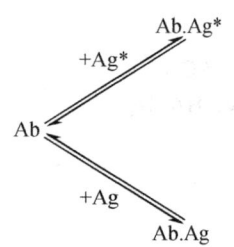

（2）$^*Ag$ 和 Ag 具有相同的免疫活性，与 Ab 具有相同的结合能力，当两者同时与限量的抗体进行免疫结合反应时，就会出现相互竞争，彼此抑制。反应式如下：

（3）$^*Ag$ 和 Ag 与 Ab 的竞争性结合是可逆的动态过程，其反应遵循质量作用定律。在反应达到动态平衡时，$^*Ag$ 和 Ag 与 Ab 的结合率取决于两者的原始浓度比例。当 $^*Ag$ 和 Ab 为恒量时，$^*Ag$ 的结合率随着 Ag 量的增加而减少，呈反比非线性函数关系。而未能与 Ab 结合的游离型 $^*Ag$ 量则与 Ag 量呈正比非线性函数关系。这种数量关系是放射免疫分析测定的理论基础。

（4）分离和测量技术：设法把结合型 B（$^*Ag \cdot Ab$ 与 $Ag \cdot Ab$）和游离型 F（$^*Ag$ 与 Ag）分离开，分别测定 B 和 F 的放射性，是依据上述数量关系实现间接推算未标记抗原

（待测物）数量的必要技术。

（5）标准曲线的绘制：将一系列已知浓度的标准品（标准抗原）分别加入各个试管中，再在各个试管内加入固定量的 *Ag 和 Ab，反应平衡后进行分离和测量。然后计算出 B%［B/T（B+F）×100%；称结合率］或 B/B$_0$%（B$_0$ 表示不含非标记 Ag 管的最大结合放射性），并以 B%或 B/B$_0$%为纵坐标，标准品的浓度为横坐标，绘制出 B%或 B/B$_0$%随 Ag 量变化的曲线——标准曲线。

（6）待测抗原浓度的确定：依同法测得未知浓度样品的 B%或 B/B$_0$%，即可从标准曲线上查出样品中待测抗原的浓度（图 19-1）。必须指出的是所得测定值为有免疫活性的抗原的量。

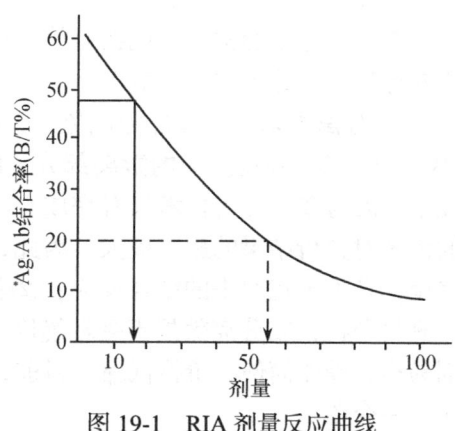

图 19-1　RIA 剂量反应曲线

二、非竞争性体外标记免疫分析的基本原理

免疫放射分析（immunoradiometric assay，IRMA）是典型的非竞争性体外标记免疫分析。它的反应原理仍然是抗原与相应的特异性抗体间的免疫反应，检测对象也是抗原，但在方法学的设计上与 RIA 明显不同。IRMA 是应用标记抗体作为示踪剂，在反应系统中加入过量的标记抗体，待测物或标准品和标记抗体进行全量反应，是一种非竞争性的反应。通过一定的方法将多余的标记抗体除去，测定复合物的放射性，其活度与待测抗原的量呈正相关。绘制标准曲线和确定待测抗原浓度的方法和过程均与 RIA 基本相同。

第二节　体外标记免疫分析的基本试剂和基本技术

根据基本原理，建立体外标记免疫分析方法必须具备的基本试剂和基本技术是：标准抗原、特异性抗体、标记品、分离技术、测量技术以及数据处理（标准曲线的拟合方法）等。本节仅对标准抗原、特异性抗体、标记品和分离技术进行简要介绍。

1. 标准抗原　也称为标准品，是体外标记免疫分析中定量的依据。对标准抗原的质量要求是：与被测物结构完全相同，纯度要高，含量要准。如果所用标准品的标定含量与真实含量有差距，则测定值可出现偏高或偏低的系统误差，严重影响准确度。若各批分析的标准品含量不一致，则批间变异增大，使前后数值无法相互比较，所以保证标准品含量的准确十分重要。

2. 特异性抗体　特异性抗体的质量直接影响体外标记免疫分析的灵敏度和准确性。因此，制备高质量的特异性抗体是建立标记免疫分析最重要的关键。对特异性抗体的质量要求是：滴度高、特异性强、亲和力大。尤其是抗体的特异性将决定测定结果的准确性、抗体的亲和力将决定测定方法的灵敏性，两者尤为重要。

3. 标记品　也称示踪剂，是体外标记免疫分析中可测量信号的来源。标记品可以是标记抗原，也可以是标记抗体，其基本要求是：①比活度要高；②纯度要高；③保持原有的免疫活性；④稳定性要好。

制备标记品的常用标记物有放射性核素、酶蛋白分子、化学发光剂、镧系元素等（见体外标记免疫分析类型一节）。

4. **分离技术**　在体外标记免疫分析的反应系统中，把标记品参与免疫反应的结合部分（B）和未参与免疫反应的游离部分（F）进行有效分离，是体外标记免疫分析中的最关键技术。因为多数分析技术只有完成有效的分离，才能实现灵敏的测量分析。鉴于分离效果的优劣对分析结果的影响极大，因此，分离方法通常需要满足下列条件：①B和F的分离完全，且不干扰原来的结合反应；②非特异性结合率低，应<5%；③分离所得的成分便于作测量分析；④分离效果不受环境因素如温度、时间、pH等影响，或影响极小；⑤分离剂易得、操作简便、价格低廉。目前，可以使用的分离方法繁多，且各有优缺点，在此不作一一介绍。

第三节　体外标记免疫分析的类型

体外标记免疫分析包括一系列技术，按照示踪标记物及标记技术可以将目前常用的标记免疫分析分为放射性核素标记、酶标记、荧光标记和化学发光四大类。

一、放射性核素标记免疫分析

使用放射性核素标记技术和放射性测量技术的标记免疫分析主要是第一节中提到的放射免疫分析（radioimmunoassay，RIA）和免疫放射分析（immunoradiometric assay，IRMA）。

（一）放射免疫分析

RIA是20世纪60年代初创立的第一个体外标记免疫分析技术，从而开辟了体外超微量分析的新纪元。它以抗原与相应特异性抗体的免疫反应为基础，方法学设计原理是竞争性抑制，即标记抗原与待测抗原与限量抗体发生竞争性的免疫反应，待反应达到动态平衡时，借助合适的分离技术，将B和F分离，经测量、数据处理、画标准曲线，最后求出待测物含量。近年来，在方法学上又取得了如下进展：①以试管固相取代液相，因为试管固相法在抗原抗体免疫反应完成后，不必加分离剂，不必离心，只须测量管的放射性，便可得出待测物的浓度。操作简便快速，适合大量临床样品的检测。尤其是以洗涤代替分离和离心，降低了非特异性结合，提高了方法的精密度和准确性；②多肽类双抗体夹心法，利用肽类分子片段抗体建立试管固相双抗体夹心法，是多肽RIA技术的一大进展。提高了方法的灵敏度和特异性。更重要的是适合于分子上无可供^{125}I标记的基团的一类物质；③多肽或小分子蛋白片段抗体的应用。利用多肽或小分子蛋白质的片段与牛甲状腺球蛋白结合制备的片段抗体，可以和完整的多肽或小分子蛋白质产生特异性结合反应。并且和^{125}I标记的片段呈现竞争性结合反应。这一发现为应用片段抗体建立RIA测定生物样品中活性物质提供了理论依据。

临床应用方面的趋势有：①新的超微量免疫分子的测定：如细胞因子，可溶性黏附分子；②超微量激素、神经递质的测定；③样本量较少的临床标本的常规检测。

（二）免疫放射分析

1968年，Miles和Hales建立了IRMA，同时也在理论上确立了体外标记免疫分析的非竞争性模式。由于IRMA需要大量的特异性抗体（标记抗体和固相抗体），直至1975年单克隆抗体制备技术出现之后才得以更广泛的推广和应用。

最典型的IRMA是双抗夹心法，即先将待测抗原的一种单克隆抗体包被在固相载体上，制成固相抗体，加入待测抗原后生成固相抗体-抗原复合物，然后再加入标记抗体（待测抗原的另一种单克隆抗体），则生成固相抗体-抗原-标记抗体复合物，洗去未结合的剩余标记抗体，测定固相载体的放射性即为复合物的放射性。这种方法的优势：①因为是标记抗体，不改变抗原的免疫活性；②抗体是大分子蛋白，含有多个酪氨酸，碘化标记容易且稳定；③使用了针对不同抗原决定簇的两种单克隆抗体，避免了交叉反应，特异性和灵敏度大大提高，精密度也优于RIA；④使用过量抗体可以加快反应速度，应用固相技术易于分离、操作简便。

IRMA的特点：①用标记抗体作为示踪剂；②反应速度比RIA快；③灵敏度明显高于RIA；④标准曲线工作范围宽；⑤特异性比RIA好；⑥稳健性好。

IRMA的不足：因为需要具有两个决定簇的抗原，其应用主要限于肽类和蛋白质，不能用于短肽或其他小分子半抗原活性物质的测定。而RIA则可适合一切小分子半抗原及大分子化合物。

RIA和IRMA自建立以来取得了举世瞩目的进展和广泛应用，但近年来，由于非放射性标记免疫分析技术（酶标记、荧光标记和化学发光标记）的飞速发展，放射性标记免疫分析正面临着严峻的挑战。其缺陷主要表现在：①放射性物质的使用限制。虽然放射性标记免疫分析所使用的放射性很弱小，但仍然存在个人防护和环境污染的问题；②实现全自动化操作困难。原因有：①半衰期短，限制了药盒使用寿命；②由于标记品的不断变化（脱碘/变性），带来药盒批间、批内的差异较大，标准曲线必须同批有效，不能长期保存备用；③反应时间过长（数小时至过夜），不能迅速报告结果；④放射性计数有自身涨落，结果测量需要时间累计。因此，放射性标记免疫分析的临床应用总量呈减少趋势，但应用品种不断增多，检测水平不断提高。另外，放射性标记免疫分析在科研和特殊超微量分析项目中的应用依然是主角。放射性标记免疫分析将长期与其他分析技术并存。

二、酶标记免疫分析

酶标记免疫分析（enzyme immunoassay，EIA）是用酶分子代替放射性核素标记抗原或抗体分子，进行竞争性或非竞争性免疫分析。酶是具有特异催化功能的蛋白质，对底物具有高度的专一性，所催化的化学反应具有放大效应。酶标记抗原或抗体后，即不会影响抗原抗体免疫反应的特异性，也不会影响酶本身的催化活性。在EIA系统中，当酶标记抗体或抗原与检测样本中相应的抗原或抗体特异性结合后，再加入酶的相应底物，标记在抗体或抗原分子上的酶可以催化底物产生呈色反应（或荧光反应，化学发光反应等），转化为可检测的信号，以此分析测定待测物的含量。EIA可分为均相EIA和非均相EIA。

均相EIA或称非固相EIA，如酶增强免疫分析（enzyme multiplied immunoassay technique，EMIT）。与ELISA不同之处是在实验操作过程中不需要固相载体，免疫酶反应直接在液相中进行,其检测过程也不需要进行相的分离。基本原理是根据抗原或半抗原(如某些药物,激素或代谢产物)与酶交联时,或酶标抗原(或半抗原)与相应的抗体结合时,改变酶的活性,从而改变信号产物的生成量,以此测定待测的含量。EMIT 主要用于测定血清中的药物和半抗原激素。该系统不需要分离结合的与游离部分,操作简单,适于大量样品的检测,但是酶的价格昂贵,灵敏度不够高,因此应用较少。

非均相 EIA 或称固相 EIA,是将待测抗原或抗体首先固定于固相载体表面,再用酶标记的抗体或抗原与已被固定的抗原或抗体作用,然后通过相应底物与标记酶的显色反应程度,确定被测抗原或抗体的含量,例如酶联免疫吸附分析法(enzyme-linked immunosorbent assay, ELISA)。从实验方法设计上,经典的 ELISA 又可分为：双抗体夹心法、间接法、间接混合夹心法、抗原竞争法等。比如双抗体夹心法：固相包被抗体→待测抗原→酶标记抗体→底物→显色→测定。与均相 EIA 相比有较高的灵敏度,更宽的动力学范围,应用范围更加广泛。

20 世纪 80 年代末 成功地建立了 EIA 荧光测量法,主要是应用了高活性的碱性磷酸酶或 β 半乳糖苷酶标记抗原或抗体,高活性的酶催化荧光产物,经特制的微型荧光酶标仪测量,灵敏度较常规的 EIA 提高 10~100 倍。

三、时间分辨荧光免疫分析

时间分辨荧光免疫分析(time-resolved fluorescent immunoassay,TrFIA)是 20 世纪 80 年代发展起来的一种新型非放射性标记免疫分析技术。TrFIA 是以镧系元素代替放射性核素标记抗原或抗体,利用紫外光或激光使其激发而发射荧光,同时采用波长和时间两种分辨检测技术进行分析,具有超灵敏、动态范围宽、稳定性好、易于自动化等突出优点。

镧系元素共有 15 种,被应用于 TrFIA 的元素有铕(Eu)、铽(Tb)、钐(Sm)、镝(Dy)四种之多。镧系元素本身对能量吸收较低,发出荧光也较弱。当在离子价态时(与某些螯合剂结合后),经紫外光或激光激发,才能有效地吸收激发能量并发出特征性荧光,其激发光谱的波长和发射荧光的强度因不同离子而有差异。这种荧光的衰减时间比普通荧光素所发荧光为长,可采用延时读取技术以排除自然本底荧光的干扰,获得最佳的灵敏度和特异性。TrFIA 的原理就是基于镧系元素的上述特性。

TrFIA 的基本流程与放射性标记、酶标记免疫分析法近似。目前已建立了双位点夹心法、固相抗原竞争法、固相抗体竞争法、均相法等测定方法。

TrFIA 标记物易制备,灵敏度高,专一性强,稳定性好,有效期长、无放射性,同时还有适用范围宽,样品用量少,分析速度快,样品荧光能重现,自动化程度高等优点,在微量物质的标记免疫分析方面具有很好的发展前景。

四、发光标记免疫分析

发光标记免疫分析是将发光分析和免疫反应相结合而建立的一种新型标记免疫分析技术。这种方法兼有发光分析的高灵敏性和抗原抗体反应的高度特异性。目前常用的发光标记免疫分析主要可分为三种类型。第一种是以发光剂直接标记抗体或抗原,通过发光反应检测标本中抗原或抗体的含量。第二种是以发光剂作为酶免疫测定的底物,通过发光反应增强测定的敏感性；第三种是电化学发光与免疫反应相结合的电化学发光免疫测定。

（一）化学发光标记免疫分析

化学发光标记免疫分析（chemiluminescence immunoassay，CLIA），是用化学发光剂直接标记抗原或抗体的一类标记免疫分析方法。化学发光是利用化学发光物质经催化剂的催化和氧化剂的氧化形成一个激发态的中间体，当激发态的中间体回到稳定的基态时，同时发射出光子，其测得的光子产额可用以定量被测物数量。用作标记的化学发光剂应符合以下几个条件：①能参与化学发光反应；②与抗原或抗体偶联后能形成稳定的结合物试剂；③偶联后仍保留高的量子效应和反应动力；④应不改变或极少改变被标记物的理化特性，特别是免疫活性。鲁米诺类和吖啶酯类发光剂均是常用的标记发光剂。

CLIA 的特点：灵敏度高，极限可达 10^{-19}~10^{-17}M/L；特异性强，重复性好，CV<5%；测定范围宽，可达 7 个数量级；测定时间短；试剂稳定性好，有效期可达 6~12 个月。

（二）化学发光酶免疫分析

化学发光酶免疫分析（chemiluminescence enzyme immunoassay，CLEIA）是酶标记免疫分析技术和化学发光分析技术相结合的一种标记免疫分析方法。其标记物是碱性磷酸酶，以金刚烷作为发光物质。金刚烷分子结构中有两个重要部分。一个是联接苯环和金刚烷的二氧四节环，它可以断裂并发射光子；另一个是磷酸根基团，它维持着整个分子结构的稳定。通常情况下，金刚烷的性质很稳定，但如果有碱性磷酸酶存在，金刚烷作为酶的底物在酶的催化下脱去磷酸根基团，形成不稳定的中间体，这个中间体随即自行分解（二氧四节环断裂）同时发射光子。因此利用其反应原理，应用固相技术将碱性磷酸酶结合在包被珠上，碱性磷酸酶的结合量与样本中待测物质成正比，清洗包被珠后，试管中只有结合的碱性磷酸酶，然后加入金刚烷开始发光反应，继续温育 10 分钟，发光趋于稳定，发光强度与结合的碱性磷酸酶数量成正比，可以计算出待测物质的浓度。因为使用了碱性磷酸酶作标记物，只要发光底物足够，就可以将发光继续进行下去，一般可持续发光 20 分钟。从整体上看，碱性磷酸酶起到了放大发光信号的作用，所以又被称为酶放大化学发光免疫分析，这是一种间接化学发光标记免疫分析。

（三）电化学发光免疫分析

电化学发光免疫分析（electrochemiluminescence immunoassay，ECLIA）是电化学发光和免疫分析相结合的产物。标记物的发光原理与一般的化学发光不同，它是一种在电极表面由电化学引发的特异性化学发光反应，实际上包括了电化学和化学发光两个过程。发光底物为三联吡啶钌[Ru（bpy）$_3^{2+}$]，另一反应物为三丙胺（TPA）。在阳电极表面，以上两化学物质可同时失去电子发生氧化反应。二价的 Ru（bpy）$_3^{2+}$被氧化成三价 Ru（bpy）$_3^{3+}$，TPA 被氧化成阳离子自由基 TPA^{+*}，后者失去一个质子（H$^+$），成为自由基 TPA*，这是一个强还原剂，可将一个电子递给三价 Ru（bpy）$_3^{3+}$使其成为激发态的二价 Ru（bpy）$_3^{2+*}$，而 TPA 自身被氧化成 TPA 氧化产物。激发态的 Ru(bpy)$_3^{2+*}$在衰减时发射一个波长为 620nm 的光子，重新生成基态的 Ru（bpy）$_3^{2+}$。这一个过程在电极表面周而复始地进行，产生许多光子，使光信号得以加强。

[Ru(bpy)$_3^{2+}$] 是电化学发光的标记分子，但只有与抗原、抗体结合成复合物后，才能经电化学激发发光反应具有特异性。故在标记抗体之前[Ru(bpy)$_3^{2+}$]需经过化学修饰形成

活化的[$Ru(bpy)_3^{2+}$]的衍生物。目前所使用的活化衍生物是[$Ru(bpy)_3^{2+}$] N 羟基琥珀酰胺（NHS），分子量很小，与抗体结合的分子比超过 20 仍不会影响抗体的可溶性和免疫活性。

ECLIA 具有以下优点：标记物再循环利用，使发光时间更长、强度更高、易于测定；敏感度高，可达 pg/ml 或 pmol 水平；线性范围宽，>10^4；反应时间短，20min 以内可完成测定；试剂稳定性好，可保持一年以上。

第四节 体外标记免疫分析的质量控制

体外标记免疫分析可以定量测定数百种体内超微量生物活性物质，在疾病诊治的临床应用中属于实验诊断学范畴。为了保证医疗质量和医疗安全，标记免疫实验室必须按照国家法律、法规要求的质量控制标准做好检测技术的质量控制，为临床提供及时、准确和可靠的诊疗信息。因此，本节将对体外标记免疫分析技术产生检查误差的原因、质量控制方法和指标作一简明介绍。

一、分 析 误 差

分析误差是指分析技术所给出的测定值与样品真值之间的差距。体外标记免疫分析是一种高灵敏度的超微量分析技术，影响因素很多，整个分析过程的任何环节均可造成误差，就其误差性质来说，可分为系统误差（systematic error）和随机误差（random error）两类。

系统误差是由于试剂、仪器或操作方法上一个固定的缺陷而造成整批样品的测定值偏向一侧，影响了结果的正确性。这种误差是可以避免的，应查明原因并加以纠正，评价它的指标是偏差（bias），可以用偏离真值的百分数来表示，bias=（真值-测定值）/真值×100%。

随机误差是由于各个偶然因素造成同一样品多次测定的结果不一，这种误差没有固定的倾向。尽管原因一般也容易查明，但往往难以控制而无法避免。只能通过严格操作规程，加强操作训练和增加测定次数以控制误差的程度。评价随机误差的指标是精密度（percsion），下面将专门介绍。

二、体外标记免疫分析的质量控制评价指标

1. 精密度（precision） 指在一定条件下，同一测定方法对检测样品进行多次重复测定时，所得测定结果之间的一致性，又称重复性。通常表示测量结果中随机误差的大小。精密度是评价测定方法或药盒的基本参数，常用变异系数（coefficient of variation，CV）值表示。对同一样品做多份或多次测定，求平均值和标准差（s）后，CV 计算公式如下：

$$CV = s/\bar{x} \times 100\%$$

精密度又可分为批内精密度和批间精密度两种。批内精密度称为批内变异系数，是指同一批实验所测数据的变异程度，一般要求批内变异系数应小于 15%~20%。批间精密度也称为批间变异系数，是反映一批实验与另一批实验所测数据的变异程度，批间变异系数应小于 25%~30%。显然，批间变异系数包含了批内变异系数在内。

2. 准确度（accuracy） 是指测量结果与被测量真值之间的一致程度。偏离真值的误

差是由系统误差和随机误差叠加造成的,也就是说准确度不仅取决于偏离度,也取决于精密度。在实际应用中,常用测定回收率和健全性来表示某一方法的准确度。

(1) 回收率测定:回收试验是在测定样品中加入一定量的纯化标准品后进行测定,比较已知值和测定值的相符情况,以百分率来表示。回收率的希望值为 90%~110%。在进行回收率测定时应该在该药盒的检测范围内同时观察低值、正常值和高值等三个不同浓度以上的回收率。

(2) 健全性(又称可靠性)测定:药盒的参考标准和被测物质必须具有相同的免疫化学性质,这样才能通过参考标准的剂量反应曲线准确地检测被测物质的含量,因而用参考标准所制备的剂量反应曲线和用不同含量的被测样品所制备的剂量反应曲线应当具有平行的性质,故亦称之为平行性试验。健全性测定可用被测物高浓度血清作不同稀释度的被测样品来观察其测定值的线性关系。其测定结果在一直线上,说明健全性良好。

3. 灵敏度(sensitivity) 是指测定方法的最小检测量,即在待测样品中能够检出靶物质的最小浓度。影响灵敏度的主要因素有抗体的亲和常数及特异性、标记品的比活度、抗原的免疫活性,以及采用的反应方式和温育条件等。一般来说,抗体的亲和常数高,特异性强;标记品的比活度高,采用非平衡反应等均能提高灵敏度。

4. 特异性(specificity) 反映分析方法中所用抗体对被测物质的专一性。常用交叉反应来表示,交叉反应越小,特异性越强。

5. 稳定性(stability) 分析方法或分析药盒的上述指标,最终必须反映在测定结果的稳定性上,以保证测定结果具有连续性和可比性。由于一个药盒通常使用 1~2 个月的时间,因此必须保持药盒的各个组分在使用期内的性质稳定。在日常工作中,实验室可以从标准曲线的稳定性加以检验。

三、体外标记免疫分析的质量控制评价系统

按照卫生部颁布的《医疗机构临床实验室管理办法》要求,体外标记免疫分析的质量控制评价系统应该包括:实验室内部质量控制(internal quality assessment,IQC)和实验室室间质量控制,也称外部质量控制(external quality assessment,EQC):

1. IQC IQC 是由实验室的工作人员采用一系列统计学的方法,连续地评价本实验室测定工作的可靠程度,判断检验报告是否可发出的过程。IQC 的目的是检测、控制本实验室测定工作的精密度,并检测其准确度的改变,提高常规测定工作的批间、批内标本检测结果的一致性。IQC 的主要措施:①制定并严格执行临床检验项目标准操作规程和检验仪器的标准操作、维护规程;②实验室使用的仪器、试剂和耗材应当符合国家有关规定;③保证检测系统的完整性和有效性,对需要校准的检验仪器和辅助设备定期进行校准;④对开展的临床检验项目进行室内质量控制,绘制质量控制图。出现质量失控现象时,应当及时查找原因,采取纠正措施,并详细记录;⑤质量控制计划主要包括质控品的选择,质控品的数量,质控频度,质控方法,失控的判断规则,失控时原因分析及处理措施,质控数据管理要求等。

2. EQC EQC 应由第三方机构(卫生部认定的室间质量评价机构)组织实施。方法是把多个标本周期性地发送到实验室进行分析和(或)鉴定,将每一实验室的结果与同组的其他实验室的结果或指定值进行比较,并将比较的结果报告给参与的实验室。这种评价

可以客观地评价各实验室的试验结果，并发现实验室本身不易发现的不准确性，了解各实验室之间结果的差异，帮助其校正，使其结果具有可比性。

显然，EQC 是建立在 IQC 基础上的。对于一个实验室来说，主要是内部质量控制，尤其是要控制批间误差，使得测定结果具有连续性和可比性。

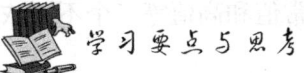 学习要点与思考

1. 掌握放射免疫分析方法的原理，熟悉免疫放射分析方法的原理；
2. 熟悉体外标记免疫分析的类型；
3. 了解体外标记免疫分析的质量控制；
4. 通过本章节的学习，请列出 5 个与本章节内容密切相关的关键词：_____，_____，_____，_____，_____。
5. 通过关键词，在网上检索出五篇与本章节内容密切相关的科研论文、综述、病例报告等。列出检索到的相关网页地址：①_____；②_____。

（韩建奎）

中英文对照

放射免疫分析	radioimmunoassay，RIA
免疫放射分析	immunoradiometric assay，IRMA
酶标记免疫分析	enzyme immunoassay，EIA
酶增强免疫分析	enzyme multiplied immunoassay technique，EMIT
酶联免疫吸附分析法	enzyme-linked immunosorbent assay，ELISA
时间分辨荧光免疫分析	time-resolved fluorescent imnumassay，TrFIA
化学发光标记免疫分析	chemiluminescentimmunoassay，CLIA
化学发光酶免疫分析	chemiluminescentenzymeimmunoasssay，CLEIA
电化学发光免疫分析	Electrochemiluminescence immunoassay，ECLIA
系统误差	systematic error
随机误差	random error
变异系数	coefficient of variation，CV
精密度	precision
准确度	accuracy
灵敏度	sensitivity
特异性	specificity
稳定性	stability
内部质量控制	internal quality assessment，IQC
外部质量控制	external quality assessment，EQC

第二十章 儿科核医学

设问

儿科核医学诊断治疗安全吗？儿科核医学诊断治疗有何特点？哪些儿科疾病可行核医学诊断治疗？

核医学诊断治疗具有安全、简便、无创伤、灵敏度高等特点，广泛用于多种儿科疾病的诊断、随访、预后评价与治疗，成为多种儿科疾病常规的规范化诊断与治疗方法。近年来 SPECT/CT、PET/CT 及新的放射性药物的应用，儿科核医学已经成为儿科临床的重要诊治手段，在儿科临床诊治和科研领域均发挥着越来越大的作用。

第一节 儿科核医学特点

儿科与成人不同，儿科核医学检查和治疗用的放射性药物剂量、操作规范、正常影像、异常表现等有其自身特点。

一、儿科核医学发展简介

儿科核医学的临床应用与成人核医学同步发展。1946 年到 1948 年美国 21 个单位对 1000 例儿童青少年进行了甲状腺 ^{131}I 研究。20 世纪 60 年代伽玛相机的发明和 ^{99m}Tc 的应用加速了儿科核医学发展。1974 年 SNM 年会上首次组织了 SNM 儿科核医学会议。1991 年成立了 SNM 儿科委员会。儿科核医学逐渐成为了核医学临床实践的重要项目。欧美国家相继制定了儿科核医学诊断和治疗指南。过去 30 年核医学药物和显像仪器的发展，儿科核医学的诊疗人次、应用范围、开展项目在明显增加。与欧美国家相比，我国儿科核医学诊断治疗和研究相对滞后，普及程度相对较低，但近年有明显增长，将会有很大的发展空间。

二、儿科学与成人医学的不同点

整个小儿阶段一直是处在不断生长发育的过程中，年龄愈小与成人的差别愈大。小儿时期机体随着年龄的增长而不断变化。儿童解剖、生理、免疫、代谢、病理与成人不同。

小儿疾病的种类与成人有很大的不同，如婴幼儿先天性、遗传性疾病和感染性疾病较成人多见；小儿肿瘤疾病中多见急性淋巴细胞性白血病、神经母细胞瘤等，而成人则以其他肿瘤为主。小儿疾病临床表现与成人也不同，如小儿患急性感染性疾病时往往起病急、来势凶，病情容易反复波动，变化多端。小儿患病虽然起病急、来势凶、变化多，但如果诊治及时，恢复也较快。

三、儿科核医学诊断与治疗准备

儿科核医学医师、技师、护士、导医等各个环节中医务人员应该熟悉儿科不同阶段行为特点、疾病特点。学会同儿童、父母交流的艺术,让患儿顺利完成核医学诊断与治疗。

儿科核医学诊断项目的目的是短时间、低剂量获得高质量的诊断信息。为了获得高质量的诊断信息,儿科核医学检查前准备到检查结束(即检查前、检查期间的配合)常常比成人检查需要更多的时间和耐心。有时也需要家属、2个或者以上核医学技师、麻醉科医师、临床医护人员的协助才能获得理想诊断信息。

儿科核医学专业知识培训、熟练掌握规范化操作流程很重要。掌握儿科核医学诊疗项目的适应证与禁忌证。同临床医师沟通,选择合适的核医学诊断与治疗。

检查前应交待是否需要镇静、麻醉、饮食等特殊注意事项。询问女病人是否怀孕。检查前根据不同检查项目,做好检查前相应的准备工作。避免检查伪影出现。尿布、衣物、皮肤等沾染放射性药物应该在检查前更换。

技师应及时进行图像处理,医师确定是否需要进行延迟、不同体位或者断层检查。

儿科核医学门诊或者住院治疗,需要儿童、父母的共同参与和密切配合,满足核医学治疗注意事项的要求,达到理想的治疗效果与防护要求。

四、儿科放射性药物应用

儿科核医学所用放射性药物非常微量,对人体无害、无毒副作用、无过敏反应,也不会引起血流动力学和渗透压改变。至今尚无儿科核医学诊断用放射性药物副作用的报道。

新生儿、婴儿生长发育期间的药代动力学与大龄儿童和成人不同。与成人相比新生儿、婴儿的肾小球滤过率更低、气体通过肺更快、血液循环更快。

儿科核医学检查用放射性药物剂量,应满足检查所需的最小化剂量。儿科核医学检查治疗放射性药物的应用,需要考虑体重、体表面积、检查类型、显像剂类型、检查时间等因素。儿科核医学剂量应用指南和推荐剂量见表20-1。

表 20-1 儿童体表面积表

体重(kg)	BSA(m²)	成人剂量分数	体重(kg)	BSA(m²)	成人剂量分数
2	0.15	0.08	14	0.58	0.32
3	0.20	0.11	15	0.61	0.34
4	0.24	0.13	20	0.74	0.42
5	0.28	0.16	25	0.87	0.49
6	0.32	0.18	30	0.98	0.55
7	0.35	0.20	35	1.10	0.62
8	0.39	0.22	40	1.20	0.68
9	0.42	0.24	45	1.31	0.73
10	0.46	0.26	50	1.41	0.79
11	0.49	0.27	55	1.50	0.84
12	0.52	0.29	60	1.60	0.90
13	0.55	0.31	65	1.69	0.95

注:参照标准成人体重为70kg,体表面积为1.78m²

由于儿童特殊的生理特点。实际工作中通常采用的是韦伯斯特公式[Webster公式:儿童给药剂量=(儿童年龄+1)×成人给药剂量/(儿童年龄+7)],或者体表面积计算公式(BSA

公式：儿童给药剂量=儿童体表面积×成人给药剂量/1.78)，这其中又以后者最为常用。

儿科核医学检查放射性药物应用途径包括静脉注射、口服、吸入、皮下、皮内、灌注和鞘内用药等途径。其中显像剂静脉注射是最常用的给药途径。

建立可靠的静脉通道是儿科核医学影像静脉注射给药的关键。建立静脉留置针，三通阀注射，可以保障注射成功率，保证"弹丸"注射质量。

第二节 儿科核医学临床应用

一、消化系统

1. **美克耳憩室**（Meckel 憩室） 约 50%的美克耳憩室内含有胃黏膜组织，常导致下消化道出血。$^{99m}TcO_4^-$ 显像可浓聚于憩室部位的胃黏膜，获得出血部位的定位诊断。最常见在右下腹出现位置相对固定的灶状浓聚影，与胃同步显影，随着时间延长，影像渐浓。

2. **新生儿肝炎和先天性胆道闭锁** 两者具有相同的临床症状和体征。^{99m}Tc-EHIDA 胆道显像时，24h 后肠道内仍无显像剂分布出现，诊断为胆道闭锁。肠道内出现显像剂分布，即可诊断为新生儿肝炎。

3. **急性胆囊炎** ^{99m}Tc-EHIDA 肝胆显像具有正常的肝脏影像、肝胆管显影、肠道排泄相正常，而胆囊持续不显影，可证实急性胆囊炎的临床诊断。相反，胆囊显影则可排除急性胆囊炎。

4. **胆总管囊肿或胆总管先天性扩张** ^{99m}Tc-EHIDA 胆道显像显示囊肿或扩张部位有示踪剂淤积和浓聚，构成椭圆形或梭形浓聚影，可在肝影、胆囊影消退甚至进餐后仍残存。

5. **胆漏** 肝胆显像能很容易诊断胆漏，在行肝胆显像时可见显像剂漏入到腹腔。

6. **胃食管反流** ^{99m}Tc-硫胶体胃食管反流显像诊断胃食管反流的灵敏度为 90%以上，在分析反流图像时应联合观察延迟图像，只要食管内出现显像剂分布则提示有反流。^{99m}Tc-硫胶体胃食管反流显像也可用于治疗随访。

7. **吸入性肺炎** ^{99m}Tc-硫胶体放射性核素唾液显像见气管、支气管、肺等的异常显像剂分布，可以诊断"肺吸入"。^{99m}Tc-硫胶体放射性核素唾液显像也可用于治疗随访。

二、泌尿系统

核医学在儿童肾功能测定、肾显像、膀胱输尿管显像等方面的临床应用安全、有效。

1. **小儿分肾功能状态评价** 多种原因引起的肾实质病变或肾血流灌注障碍，都将导致肾脏功能损伤。肾动态显像 GFR 测定可获得总肾与分肾功能。

2. **儿童肾积水及上尿路梗阻评价** 肾动态显像在儿童中应用最广泛的就是肾积水诊断。肾动态显像初期可见肾积水区域无显像剂摄取，显像剂分布在周围有功能的肾实质，随时间延长，显像剂逐渐进入肾盂肾盏并滞留其中，影像上可见肾盂肾盏显像剂浓聚且排泄时间延长。肾图可见 C 段延长或持续上升。

3. **肾盂肾炎** 急性肾盂肾炎早期，由于肾实质内局灶性缺血，肾静态显像表现为肾内局限性显像剂分布稀疏或缺损，可单发也可多发。如果此时进行及时有效治疗，病灶处水肿消退，肾小管缺血得到改善，局部显像剂分布稀疏缺损区消失，此时，病变组织可恢复正常功能。慢性肾盂肾炎表现为肾影缩小，整个肾显像剂分布不均匀，瘢痕处为缺损区。

4. Wilms'瘤 又称肾母细胞瘤或肾胚胎瘤。肾显像可见有一个或多个放射性缺损区，延迟肾静态图像上常为圆形显像剂分布缺损区。Wilms'瘤代谢活性高，^{18}F-FDG 摄取增高。^{18}F-FDG PET 在儿科 Wilms'瘤活检定位、分期、复发的诊断、疗效的监测方面有价值。

5. 移植肾的监测 肾移植术后进行肾图检查了解移植肾成活与否。移植肾功能正常者，其肾图曲线正常或基本正常，30 min 时膀胱与移植肾区放射性计数比值（B/K）≥4。若曲线峰时（t_b）延迟，排泄段下降缓慢，移植后肾图曲线显示为低水平延长线，B/K<1，表明移植肾严重功能不全。

6. 膀胱——输尿管反流 放射性核素膀胱显像可准确判断反流的方式、部位及程度，也可用于治疗随访。

三、骨骼系统

儿童骨显像和成人骨显像的影像有比较明显的区别，骨骼部位骨显像剂的分布量明显高于成人。特别是儿童骨骺的骨生长区会摄取更多的显像剂。

1. 骨样骨瘤 骨样骨瘤是一种以骨组织大量异常增生为特征的良性骨肿瘤。骨显像在病变早期即可发现肿瘤部位显像剂分布异常增高，而此时 X 线检查则无异常发现。

2. 原发恶性骨肿瘤 最常见的是成骨肉瘤和尤文（Ewing's）瘤。骨显像在评价成骨肉瘤上，不能做出早期诊断，仅限于显示原发灶的范围和诊断骨与软组织的转移。尤文氏瘤以溶骨性破坏和骨膜凸出为特征，骨显像呈局部异常浓聚。在确定尤文氏瘤的范围和早期诊断转移灶方面，骨显像优于 X 线。

3. 急性骨髓炎 骨髓炎较多见于小儿，常发生于血流丰富的干骺端。三时相骨显像却能在骨髓炎发病后的 24 小时内显示出异常。典型征象是在病变部位血流灌注增加、血容量丰富，延迟相上出现显像剂异常浓聚。骨扫描对早期诊断骨髓炎非常敏感，而且它是一种有效地、性价比很高的诊断骨髓炎的方法。

4. 骨折 骨显像主要用于细小骨折和部位比较隐蔽的骨折以及隐匿性、应力性和功能不全性的骨折。特别是应力性骨折，骨显像是主要的诊断方法，可比 X 线早数周发现病变；骨显像不仅能灵敏地探查应力性骨折，还可了解损伤的程度和转归，为治疗方案提供重要信息，尤其是对运动损伤意义更大。同时骨显像还可用于骨折部位愈合和修复的判断。

5. 腰椎峡部裂 腰椎峡部裂患者多为青少年，女性发病率为男性 4 倍。多数患者无症状，少数出现下腰部进行性疼痛，可伴发一侧或双下肢放射性痛。峡部裂部位可见显像剂摄取异常增高。

四、神经系统

1. 脑积水 核素脑脊液显像可检测 CSF 漏，确定脑脊液梗阻部位和异常流向，显示蛛网膜下腔状况，显示脑脊液引流旁路是否通畅，有助于脑积水诊断、分型及随访观察。

2. 癫痫 核医学的脑血流灌注显像诊断癫痫要比 X-CT 更灵敏。当癫痫病人急性发作时，脑的病灶区呈高血流、高代谢状态，摄取显像剂比正常脑组织多，显示病灶区放射性浓聚；发作间期，病灶呈缺血、低代谢状态，摄取显像剂比正常脑组织少，病灶区显示放射性稀疏或缺损。

3. **颅内肿瘤** 在小儿恶性肿瘤中，颅内神经胶质瘤发病率较高。脑血流显像、PET显像检查对脑肿瘤的良恶性的鉴别、恶性胶质瘤边界的界定、肿瘤治疗后放射性坏死与复发的鉴别、肿瘤活检部位的选择等方面，具有重要参考价值。

4. **脑死亡** ^{99m}Tc-ECD、^{99m}Tc-HMPAO、^{123}I-IMP SPECT脑血流灌注显像简便、安全、无创，是评估脑死亡的一种重要辅助方法。典型脑死亡血流相颈内动脉、大脑前、中动脉始终不显影；脑静态平面显像、脑SPECT显像脑组织无显像剂摄取。

五、心血管系统

1. **先天性心脏病** 包括室间隔缺损、房室间隔缺损、动脉导管未闭、法洛四联症等，均可用核素心血管造影来加以显示，可测得分流的途径及比值。

2. **心功能测定** 核素心血管造影、门电路心血池显像和门控心肌显像，均可测定心功能。核素心功能测定是目前最准确的测定方法之一，可广泛用于各种疾病的患儿心功能的评估与监测。

3. **川崎病** 川崎病是一种急性自限性血管性疾病，主要影响婴幼儿，以亚洲地区发病率最高。^{99m}Tc-MIBI心肌灌注显像通常用于评价川崎病冠状动脉炎。负荷显像可见多部位显像剂减低区，静息显像未见显像剂异常，提示可逆性多血管性心肌缺血。

六、呼吸系统

1. **肺囊性纤维化** 肺囊性纤维化是一种常染色体隐性遗传性疾病。发病早期，^{133}Xe肺通气/灌注显像可基本正常，仅^{133}Xe洗出轻度异常；随着病情加重，肺显像呈显像剂分布不规则，肝脏分布增加。治疗产生效果时，上述的异常改变将会得到改善。

2. **肺动-静脉畸形** 利用放射性核素肺血管造影，可以确定病变及其部位。影像表现为右心显影后肺内立即有显像剂出现。

3. **肺栓塞** 肺栓塞是指肺外栓子经静脉系统回流到右心，在肺动脉中阻塞而引起的以肺循环障碍为基础的一系列临床病理生理综合征。肺通气灌注显像是诊断肺栓塞简便、安全、敏感性和准确性较高的一种方法。通气与灌注的不匹配是发生肺栓塞早期诊断和鉴别诊断的重要依据。急性肺栓塞时，局部灌注不良，显像剂分布缺损区呈肺叶、肺段、亚肺段分布，与解剖结构一致；由于相同部位的气道没有阻塞，通气显像未见显像剂异常分布。

七、内分泌系统

1. **异位甲状腺的定位诊断** 异位甲状腺可行甲状腺^{123}I、^{131}I、^{99m}TcO$_4^-$显像。异位甲状腺可能在颈部区域有正常甲状腺组织，也可在颈部区域无正常甲状腺组织。异位甲状腺可以单发，也可以见双异位甲状腺。异位甲状腺的甲状腺组织可摄取显像剂而显影。

2. **甲状腺结节功能诊断** 儿童时期出现的甲状腺结节50%为恶性，根据结节显像剂分布是高于、相近或低于周围正常甲状腺组织，将结节分为热结节、温结节、凉结节和冷结节。

3. 甲状腺功能诊断 甲状腺激素检查、甲状腺抗体检测、甲状腺摄碘率测定、甲状腺显像等检查可以了解甲状腺功能状态。

4. 性腺方面疾病的诊断 可以通过核医学体外检测性腺激素（FSH、LH、PRL、T、E_2、E_3）诊断性腺方面的有关疾病，如真性/假性性早熟等。

八、核 素 治 疗

1. 弥漫性毒性甲状腺肿 ^{131}I 治疗 1942 年 Hertz 等首次报告用 ^{131}I 治疗甲亢，临床应用已有 70 多年的历史。国内外大量临床应用证明，^{131}I 治疗甲亢具有疗效确切、简便安全、复发率低等优点。^{131}I 治疗不会导致发生肿瘤和白血病的危险性升高，甲状腺恶性肿瘤的发生率也无增加，对生育力和后代发育无不良影响。

^{131}I 治疗作为儿童甲亢的主要治疗方法。对 ATD 过敏、或 ATD 疗效差、或用抗 ATD 治疗后复发、或甲状腺肿大明显的儿童 Graves 病患儿适合行 ^{131}I 治疗。

2. 皮肤毛细血管瘤、瘢痕、慢性湿疹敷贴治疗 皮肤毛细血管瘤是婴幼儿常见疾病。^{90}Sr 或 ^{32}P 敷贴治疗效果良好。该核素所发射出的 β^- 射线在组织中的有效射程仅为 1~5mm，故可能治疗浅表的皮肤毛细血管瘤。瘢痕行 ^{90}Sr 或 ^{32}P 敷贴治疗，能取得较好治疗效果。

小儿慢性湿疹由于其阵发性瘙痒，经久不愈，容易复发。采用 ^{90}Sr 或 ^{32}P 敷贴治疗有效，瘙痒及皮损减轻。

3. 分化型甲状腺癌（DTC）术后残留甲状腺组织 ^{131}I 清除和 DTC 复发及转移病灶 ^{131}I 治疗 DTC 患者术后残留甲状腺组织摄 ^{131}I 率大于 1%，甲状腺显像甲状腺床有残留甲状腺组织显影，应使用 ^{131}I 去除残留甲状腺组织。残留甲状腺组织已被完全清除的 DTC 患儿，复发灶或转移灶不能手术切除，且病灶摄取 ^{131}I 者行 ^{131}I 治疗。

4. 肾上腺素能肿瘤 ^{131}I-MIBG 治疗 肾上腺素能肿瘤（adrenergic tumors）是起源于交感神经胚细胞的一类肿瘤，包括神经母细胞瘤、嗜铬细胞瘤、交感神经母细胞瘤及神经节瘤等。^{131}I-MIBG 用于恶性神经母细胞瘤、不能手术切除的嗜铬细胞瘤、手术后残余肿瘤病灶及术后预防性治疗、转移性嗜铬细胞瘤的治疗。常规 ^{131}I-MIBG 治疗前行 ^{123}I-MIBG 诊断显像，治疗后 ^{123}I-MIBG 显像评价疗效。

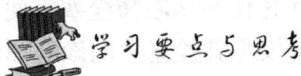
学习要点与思考

1. 儿科核医学诊断治疗有何特点？
2. 儿科核医学检查治疗安全吗？
3. 哪些儿科疾病可行核医学诊断及治疗？

（陈　跃）

中英文对照

肾上腺素能肿瘤　　　　　　　　　　　　adrenergic tumors

第三篇 核素治疗

第二十一章 放射性药物治疗概论

设问
1. 为什么放射性药物能进行疾病的治疗？其原理是什么？
2. 治疗用放射性药物有哪些特点？

1936 年，用回旋加速器生产的放射性 ^{24}Na 用于治疗白血病，这是人工生产放射性药物治疗疾病的开始。1942 年 Hertz 和 Roberts 以及 Hauilton 和 Lawrence J H 在同一时间首次报道用放射性碘治疗甲亢，1976 年，^{89}Sr 用于缓解骨癌疼痛的治疗，随后，^{153}Sm、^{188}Re 和 ^{186}Re 标记的化合物也被用于治疗骨癌和其他恶性肿瘤。70 多年以来，经大量的临床研究与实践，放射性核素内放射治疗方法已逐渐被临床接受，为许多临床常规治疗效果不佳或难以治疗的疾病提供了一种有效的治疗方法。

放射性药物治疗学发展迅速，因方法简便、无创、疗效可靠、作用持久，实用价值高，目前已经成为临床治疗甲状腺疾病、血液疾病和肿瘤等多种疾病的重要方法和有效手段。

第一节 放射性药物治疗疾病的基本原理

放射性药物治疗疾病的基本原理是利用载体或通过介入措施，将放射性核素靶向输送到病变组织或细胞，或由病变组织与细胞主动摄取放射性药物，使放射性核素与病变细胞紧密结合，辐射剂量主要集中在病灶内，产生辐射生物效应达到治疗作用而对邻近正常组织无损伤或很少损伤。

放射性药物的治疗作用是通过放射性核素发挥的。放射性核素衰变发出射线，射线粒子在组织中运动伴随着电离作用和能量传递。一方面，直接作用于生物大分子，如核酸和蛋白质类物质，使其化学键断裂，造成分子结构和功能改变，起到抑制或杀伤细胞的作用。DNA 是对射线最敏感的物质，DNA 的断裂和合成障碍可造成细胞死亡；射线的作用还可引起水分子的电离和激发，产生各种活泼的自由基如 $H^{\cdot}$、$OH^{\cdot}$、H_2O_2、e^-aq 等，水自由基的细胞毒性作用是内照射治疗的机制之一；由于辐射作用引起的病灶局部的神经体液失调、生物膜和血管壁通透性改变、某些物质氧化形成的过氧化物是有细胞毒性的活性物质。这些物理、化学和生物学综合反应最终抑制或破坏病变组织而达到治疗目的，邻近正常组织由于治疗所用射线射程短、辐射吸收剂量低而损伤很小。

辐射引起的生物学效应是物理、化学和生物学综合反应的复杂过程，但其作用机制至今还未完全阐明。

放射性药物治疗与化学药物治疗和射线束外照射治疗比较有明显优势：

（1）放射性药物引入体内后利用射线的辐射作用不进入病变细胞也可对细胞产生致死或杀伤作用，而化疗药物必须进入细胞内才能发挥作用。

（2）由于放射性药物的选择性靶向作用，在体内可达到高的靶/非靶比值。例如，^{89}Sr 在骨转移肿瘤中的摄取为正常骨组织的 36 倍，较之射线束的外照射治疗和化疗可减少对正常组织的损伤，副作用小。因为外照射放射治疗射线束要穿透正常组织才能到达肿瘤，化疗则是全身反应。

（3）对于范围不同的病变组织，可选用射线能量不同的放射性核素标记，达到大小不同的照射范围。例如，体积较大的肿瘤，需要较大范围的照射，则选用能量较大的核素。能进入细胞内的放射性药物或治疗血液恶性肿瘤（白血病等）最好用发射超短射程（仅 10nm）俄歇电子的电子俘获放射性核素；也可用发射 β 射线的放射性核素，如 ^{125}I-间碘苄基胍（^{125}I-meta-iodobenzylguanidine，^{125}I-MIBG）可用于治疗嗜铬细胞瘤、神经母细胞瘤等。

（4）近年来，对射线束外照射的生物效应的研究表明，超分割治疗（每天两次或两次以上放射治疗）比常规分割治疗（每天一次放射治疗）对大部分肿瘤可得到更大的生物效应，并减轻正常组织的损伤。放射性药物持续照射释放超分割的剂量，可以更有效地杀伤肿瘤和减少正常组织的损伤。

第二节　治疗用放射性药物的特点

体内治疗用放射性药物通常包括两部分：一是标记药物部分，其生物化学性质决定了该药物在靶器官内的选择性聚集；另一部分就是放射性核素，它随药物进入靶器官，利用其在衰变过程中发射出的射线进行脏器显像、功能测定和破坏组织细胞达到治疗目的。治疗用放射性药物由于其目的是对靶组织的杀伤作用而不是显像，因此在其选择标准方面不同于诊断用放射性药物，特别是放射性核素的核物理性能方面。

一、适合内照射治疗的放射性核素

1. 高传能线密度（linear energy transfer，LET）和高放射性毒性　这是治疗用放射性核素最重要的要求。LET 定义是射线粒子在单位距离内释放的能量，常用单位为 keV·μm^{-1}。

LET 取决于两个因素：粒子所载能量的高低和粒子射程的长短。高 LET，射线的电离损伤幅度大，能有效杀伤病变细胞，同时对周围正常组织损伤小。α 粒子和俄歇电子都是高 LET 射线，分别为 100~200keV·μm^{-1} 和 10~25keV·μm^{-1}；β 粒子是低 LET 射线（<1keV·μm^{-1}）。仅 1~2 个 α 粒子穿过细胞核，就可致死细胞；如用 β 射线，则需 2000~3000 个 β 粒子穿过细胞核才能致死细胞。

目前常用的治疗用放射性核素仍以发射 β 射线为主，如 ^{32}P，^{131}I，^{90}Y，^{89}Sr 等。高 LET 核素治疗是现在的研究热点和发展方向。在考虑高 LET 核素的靶向性电离辐射优势的同时，必须注意这只是从物理角度看，而在实际应用的过程中，还要考虑生物靶向程度和"污染"的严重问题。如放射性核素或标记物的靶向特异性不高、引入途径的"污染"、操作过程中的不慎"污染"，都将使不应受到高电离辐射的组织受到严重损伤。故使用高 LET 核素治疗时，要更加严格要求放射性药物的靶向特异性高和格外小心操作避免污染。

2. 根据肿瘤大小和发展阶段选择核素　对 22 种发射 β 射线的核素进行研究发现，由于β粒子的能量和射程不同,要获最佳疗效,应根据肿瘤的大小和发展阶段选择适当的核素。例如,1cm 大小的病灶可选 ^{199}Au 或 ^{32}P 等;数厘米的病灶可选 ^{90}Y 或 ^{188}Re 等。

根据转移瘤发展的不同时期选择不同的核素,可达到最佳疗效。①转移中的瘤细胞都是 G_0 期细胞,对化疗和放疗均不敏感,必须选择高 LET、短射程的 α 射线或俄歇电子的核素。②血管生成前病灶,肿瘤细胞转移到一定部位并不断生长,病灶直径可达 1~2mm,其分泌的生长因子还不足以刺激毛细血管的生成。选择发射 α 射线或俄歇电子的核素作用血管生成前转移病灶,能达到有效控制和治疗的目的。③亚临床病灶,直径 3~5mm,无症状,应选择发射 α 或 β 射线的核素。④当病灶有明显临床症状,能用各种诊断手段观察到的实体瘤中央可能有部分坏死,存在乏氧细胞,宜用手术或外放射治疗,如采用内照射治疗应选择发射 β 射线的核素,以达到姑息治疗的目的。

3. **物理半衰期**($T_{1/2}$) 放射药物的半衰期过短,就可能需要加大剂量才能达到足够的生物效应。放射性药物半衰期必须足够长,便于药物的分析、合成和运输,同时在体内的有效半衰期必须足够长,使病灶能浓聚足够的放射性药物,也使尽可能多的发射性核素在特定靶部位衰变。如果半衰期超长也不利,甚至会带来医疗废弃物处理的一个难题。

4. **同时发射合适能量和丰度的 γ 射线** 这有利于通过显像监测放射性药物的在体内的分布和病灶内的分布,对评价药物的靶向性和估算各部位的内照射辐射吸收剂量有重要价值。理想的放射性药物同时伴发约 150keV 能量和丰度约 10% 的 γ 射线可用于显像监测,而同时发射高能量的 γ 射线不可取。尽管 ^{131}I 伴随有高能量的 γ 射线,其治疗甲亢、甲癌和甲癌转移灶目前尚无其他核素取代,用 β 射线韧致辐射也可进行显像,但显像质量较差。

二、常用的治疗用放射性核素

根据衰变时发射的射线不同,可将放射性核素分为三类。

1. **第一类是 α 粒子发射体** α 粒子能量约为 1~10MeV,射程 50~90μm,约为 10 个细胞直径的距离,平均 LET 为 100~200keV·μm^{-1}。α 粒子的质量是 β 粒子的 8000 多倍,其携带的巨大能量在仅几个细胞的短距离内全部释放,可形成强大的杀伤力。仅需 6~7 个进入细胞的发射 α 射线的原子,或 25 个附着在细胞表面的发射 α 射线的原子,就可杀死细胞;仅需 1~2 个 α 粒子直接作用于细胞核就可杀死细胞。α 粒子的高 LET 导致杀伤细胞的不可修复性。肿瘤乏氧细胞对射线的敏感性减低,及处于不同细胞周期的肿瘤细胞对射线的敏感性不一致问题,使用 α 射线核素可以解决。常用的发射 α 射线核素包括 ^{211}At、^{212}Bi、^{223}Ra、^{225}Ac 等。

2. **第二类核素是可用于治疗的发射 β 射线的核素** 根据射线组织内的射程可分为:短射程(<200μm)、中射程(200μm~1mm)、长射程(>1mm)。短射程核素包括 ^{177}Lu、^{169}Eu 等;中射程包括 ^{131}I、^{153}Sm、^{186}Re、^{67}Cu、^{160}Ho 等;长射程包括 ^{32}P、^{188}Re、^{90}Y 等。其中一些已经被广泛用于临床。

3. **第三类核素通过电子俘获或内转换发射俄歇电子或内转换电子** LET 为 10~25 keV·μm^{-1},射程多为 10nm,只有当衰变位置靠近 DNA 时,才产生治疗作用。如 ^{125}I 衰变位置在 DNA 附近比在细胞膜上杀死细胞的效率要高 300 倍。放射性药物在细胞内的定位,是决定治疗效果的关键因素。研究表明,^{125}I-IUdR(碘脱氧尿苷)能掺入 S 期细胞的 DNA,^{125}I 通过衰变发射出的俄歇电子打断 DNA 链,破坏细胞的遗传物质,致细胞死亡。^{123}I 发射俄歇电子和一个能量为 125~155keV 的内转换电子,在约一个细胞直径范围内产生

与 ^{131}I 相似的辐射剂量。若用 ^{123}I 标记 IUdR，杀死细胞的作用肯定。如生产和价格问题解决，^{123}I 的使用可克服 ^{131}I 的毒性问题。

三、化合物和标记化合物的靶向定位机制

在核素的内照射治疗中，放射性药物被病变组织的摄取有多种机制，不同的药物其机制也不同，但共同特点是利用病变的组织或细胞具有选择性浓聚某些放射性核素或标记化合物的作用，将治疗用放射性核素载入病变组织，利用其发射出来的射线达到治疗目的。放射性药物浓聚的生物学机制有以下几种。

1. 利用器官组织的生理功能主动摄取 例如治疗甲状腺功能亢进症、真性红细胞增多症、淋巴瘤等，主要依赖靶组织代谢旺盛，选择性浓聚放射性核素的生理功能增强，从而达到高靶/非靶比值。

以 ^{131}I 治疗甲状腺功能亢进症为代表，甲状腺的功能是以无机碘和酪氨酸为原料合成甲状腺激素。甲状腺功能亢进时，甲状腺摄取和浓聚碘的能力增强。因此 ^{131}I 之所以能治疗甲亢，除了利用甲状腺摄取无机碘的正常生理功能外，也利用甲状腺在病理状态下，功能亢进的甲状腺对无机碘的异常增高的需求。临床上，某些分化较好的甲状腺滤泡状癌、乳头状癌及其转移灶也具有摄取碘的功能，利用大剂量集中的辐射效应对转移病灶、手术残留灶以及复发病灶进行有效清除治疗，使之失去活性形成纤维化和钙化，达到治疗目的。

2. 利用病变细胞或组织的某些病理性摄取 骨转移肿瘤组织骨质代谢很活跃，因此能聚集于骨的放射性药物 ^{89}Sr、^{153}Sm-EDTMP 等可用于治疗转移性骨肿瘤及其骨痛。

目前研究的一些靶向性药物则是利用病变细胞的病理生理特点将放射性药物载入靶组织。如放射免疫靶向治疗是利用了肿瘤细胞上的某些抗原物质，将放射性核素标记该抗原的特异性抗体，进入体内后能与相应的肿瘤抗原特异性结合为基础，达到杀伤肿瘤细胞的作用；放射性核素受体和基因介导的靶向治疗利用了某些病变细胞上某些受体或基因的高表达，将放射性核素标记某些受体的配体或反义寡核苷酸，进入体内后与相应的受体或 mRNA 产生特异性结合，将射线载入病变细胞内达到治疗目的。

利用病变组织的某些病理生理特性与标记的放射性药物之间的亲和关系建立起来的靶向治疗，具有特异性强、减少损害正常组织的优势，将是核素治疗的发展方向，也是分子核医学研究的重要内容之一。

3. 介入治疗法 核医学介入治疗是人为干预的方法，如穿刺、植入或插管经过血管、体腔、囊腔、组织介质以及淋巴液集中区，用载体将放射性药物引入病灶区，直接对病灶进行近距离照射治疗。如动脉栓塞介入、腔内（胸、腹腔及关节腔）和组织间质介入治疗等。目前，应用较多的放射性粒子植入法，就是直接将放射性粒子植入癌变组织，达到集中近距离照射治疗目的。

4. 影响放射性药物摄取的组织因素 无论利用何种机制，放射性药物在病灶中的浓聚，特别是在肿瘤组织中的浓聚还取决于其他因素：如血流灌注、血管外间隙的增加、静水压和毛细血管通透性改变。

恶性肿瘤的血供来自组织血管。由于肿瘤的快速增长，使作用于血管的压力增加，进而造成血供减少。随着肿瘤的增大，血流供应呈指数下降。血管被压迫形成血栓阻塞血管，使肿瘤细胞的氧和营养供给下降，导致肿瘤细胞的死亡，局部坏死，这些变化可发生于直径仅

几毫米的肿瘤。血流减低可从三方面影响放射性核素的治疗作用：降低病变细胞放射性药物的摄取；肿瘤细胞功能受损，对代谢底物的需要量下降；乏氧细胞对射线的敏感性下降。

四、核素治疗的内照射的辐射剂量学

内放射治疗进行毒副作用和量-效关系的研究是开展放射性核素治疗的基础。对全身给药进行放射性核素治疗学的评价是很困难的，以下将讨论剂量学评价的方法。

1. 剂量限制器官　治疗使用的剂量决定于正常组织耐受的最大剂量。不同的放射性药物和不同的给药途径具有不同的剂量限制器官。全身给药，骨髓常是剂量限制器官。假如骨髓可能被损伤，可在治疗前收集骨髓细胞，必要时再种植回去；如鞘内给药，脊髓是剂量限制器官；由于膀胱易受尿中射线损伤，病人应常排空尿液，减少辐射损伤；如肝摄取高，可能导致放射性肝炎和肝功能损害。详细的体内器官辐射剂量评估和毒性研究对每一种新的治疗用放射性药物是非常必要的。

2. 剂量计算　由于许多内在的不确定因素，准确计算开放性放射源体内辐射剂量是很困难的，所以临床上很少对病人进行个体的剂量计算。常使用在治疗过程中取得的数据进行回顾性计算，而非前瞻性研究。但随着显像技术和计算机技术的发展，体内吸收剂量评价的应用必将更加普及。

MIRD 方案是美国核医学学会推荐的计算体内吸收剂量的常用方法。首先要分清所有的源器官和靶器官。肿瘤治疗中最好肿瘤病灶就是源器官，但其他的器官也可能成为源器官。靶器官为肿瘤和剂量限制器官。对于每一对源器官和靶器官，可用以下公式计算治疗吸收剂量。

$$D_{t \leftarrow s} = \tilde{A} s \left[\frac{1}{m_t} \sum \Delta i \phi i \right]$$

$D_{t \leftarrow s}$ (Gy)，源器官对靶器官的辐射量；$\tilde{A} s$ (Bq)，源器官的累计活性；m_t(kg)靶器官质量；Δt，射线 i 的平均吸收剂量常数，或每次衰变的平均能量；ϕi，吸收分数，被定义为从源器官发射的射线 i 被靶器官吸收的部分。

在各种不同的临床治疗项目中，对辐射剂量的计算有不同的要求和相对具体的计算方法，其主要目的是使用合理剂量而达到最佳治疗效果。如放射性碘治疗甲亢时，可以选择固定剂量法、半固定剂量法及个体剂量计算法等。

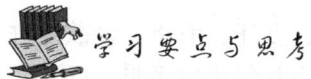

1. 掌握放射性药物治疗疾病的基本原理。
2. 熟悉临床常用治疗用放射性药物及其特点。

（蒋宁一）

中英文对照

高传能线密度　　　　　　　　　linear energy transfer，LET
^{125}I-间碘苄基胍　　　　　　　　^{125}I-meta-iodobenzylguanidine，^{125}I-MIBG

第二十二章 甲状腺疾病的 ^{131}I 治疗

设问

1. 何谓甲状腺功能亢进症？甲状腺功能亢进症的病因及诊断标准？
2. 甲状腺功能亢进症有哪些治疗方法？这些方法各有何优缺点？怎样根据患者的病情和意愿及医疗条件选择治疗甲状腺功能亢进症的方法？
3. ^{131}I 治疗甲状腺功能亢进症的治疗目标？适应证和禁忌证？
4. 分化型甲状腺癌术后用 ^{131}I 清甲的适应证是什么？
5. 清甲有何临床意义？清甲成功的标准？
6. 分化型甲状腺癌临床治愈的标准？怎样诊断分化型甲状腺癌的复发和转移？

第一节 ^{131}I 治疗甲状腺功能亢进症

一、甲状腺功能亢进症概述

1. 甲状腺功能亢进症 甲状腺毒症（thyrotoxicosis）是各种原因导致血循环中甲状腺激素水平增高，导致神经、循环、消化等系统兴奋性增高和代谢亢进为主要表现的一组临床综合征。由于甲状腺本身功能亢进，合成和分泌甲状腺激素增加所致的甲状腺毒症为甲状腺功能亢进症（hyperthyroidism，简称甲亢）；由于甲状腺滤泡被炎症病变破坏，使滤泡内的甲状腺激素过量进入循环导致的甲状腺毒症为破坏性甲状腺毒症（destructive thyrotoxicosis），该症的甲状腺功能并不亢进。

2. 病因 引起甲亢的疾病主要包括：Graves 病（Graves'disease，GD）、毒性多结节性甲状腺肿（toxic multinodular goiter，TMNG）、甲状腺毒性腺瘤（toxic adenoma，TA）、碘甲亢、垂体性甲亢、绒毛膜促性腺激素（HCG）相关性甲亢。甲亢在美国的患病率为 1.2%，其中临床甲亢为 0.5%，亚临床甲亢为 0.7%。我国甲亢的患病率为 3%，女性为 4.1%，男性为 1.6%。GD 占所有甲亢的 85% 左右，可发生于任何年龄，但多见于青年和中年女性。

3. 临床表现

（1）临床症状：易激动、烦躁失眠、心悸、乏力、怕热、多汗、消瘦、食欲亢进、大便次数增多或腹泻、女性月经稀少。可伴发周期性麻痹，以青壮年男性多见。GD 患者有 1% 伴发重症肌无力。部分老年甲亢患者高代谢的症状不典型，相反可表现为乏力、心悸、厌食、抑郁、嗜睡、体重明显减轻，为"淡漠型甲亢"（apathetic hyperthyroidism）。

（2）体征：大多数 GD 患者有不同程度的弥漫性甲状腺肿大，少数病例甲状腺不肿大；甲状腺上下极可以触及震颤，闻及血管杂音；并发甲状腺相关眼病的 GD 患者可有相关的眼征；部分病例下肢胫骨前皮肤可发生黏液性水肿。TMNG 可触及肿大的甲状腺有结节感，TA 可扪及孤立结节。心率增快、心脏扩大、心律失常、心房纤颤、脉压增大等。

4. 实验室和影像学检查

（1）TSH 水平降低和甲状腺激素水平（FT_4、FT_3、TT_4、TT_3）升高。

（2）TSH 受体抗体（TRAb）、甲状腺过氧化物酶抗体（TPOAb）和甲状腺球蛋白抗体

（TgAb），不同病因可导致甲状腺自身抗体的相应变化。

（3）甲状腺^{131}I代谢试验可用于甲状腺毒症病因鉴别诊断。甲亢患者^{131}I代谢试验结果增高，摄取高峰可前移（如GD，TMNG等）；破坏性甲状腺毒症则^{131}I代谢试验结果降低。

（4）甲状腺核素显像主要用于对TMNG和TA结节功能的评价。

5. 诊断

（1）甲亢的诊断标准：①临床高代谢的症状和体征；②甲状腺激素增高，TSH降低；③甲状腺肿和/或甲状腺结节（少数病例无甲状腺体征）。

（2）GD的诊断标准：以上①②③项为诊断必备条件；④眼球突出及其他相关眼征；⑤胫前黏液性水肿；⑥TRAb增高。④⑤⑥项为诊断辅助条件。

TA或TMNG在诊断为甲亢的基础上，触诊或超声可发现甲状腺有单结节或多结节。核素显像见甲状腺内"热"结节，周围和对侧甲状腺组织受抑制而影像减淡或者不显影。

二、甲状腺功能亢进症的治疗方法及选择

治疗甲亢的一线方法：^{131}I治疗、抗甲状腺药物治疗和外科手术治疗。这三种治疗方法用于甲亢的起始治疗都安全有效，但各有优缺点。甲亢治疗方法的选择要全面考虑和权衡患者的甲状腺大小、病情轻重、病程长短、有无并发症、是否在妊娠或哺乳期、生育计划等因素，及治疗费用和可能利用的医疗条件。GD可选择上述3种方法中的任何一种方法治疗，长期随访结果证明，采用这三种方法治疗的GD患者的生活质量没有差异。TA和TMNG可选择手术或^{131}I治疗。医师应向患者介绍各种方法的优缺点及潜在的并发症和毒副作用，并根据患者的病情和意愿及可利用的医疗条件提出适当的建议，由患者选择和决定使用哪一种治疗方法，并签署知情同意书。这3种治疗方法的优缺点如下：

（1）^{131}I治疗甲亢安全有效和快速简便。既无抗甲状腺药物的副作用和疗程长的缺点，又无手术潜在的并发症。^{131}I治疗甲亢应以达到非甲亢状态（nonhyperthyroid status）为治疗目标，即患者恢复正常甲状腺功能或发生甲减后通过补充甲状腺激素达到正常甲功状态。^{131}I治疗甲亢一次治愈率高，复发率低，治疗结果可预期。^{131}I治疗甲亢如果仅以患者恢复正常甲状腺功能为目标，不能保证患者不发生甲减，是否发生甲减和什么时候发生甲减很难预期，其一次治愈率也低于以达到非甲亢状态为治疗目标的方法。妊娠和哺乳的患者禁用^{131}I治疗。

（2）常用的抗甲状腺药物为甲巯咪唑和丙基硫氧嘧啶（propylthiouracil，PTU），二者都是抑制甲状腺素合成，PTU还可抑制外周T_4转换为T_3。一个疗程通常需12~18个月，停药后复发率高。抗甲状腺药物只能控制甲亢的病情，不能治愈甲亢。副作用包括白细胞减少、皮疹和肝功能损害等，严重者可致粒细胞缺乏症。GD患者的病情较轻、甲状腺肿大不明显、TRAb阴性或滴度较低，使用抗甲状腺药物治疗可能取得缓解。并发活动性突眼的GD患者应先选择抗甲状腺药物治疗。

（3）手术治疗：外科甲状腺切除有超过85%的甲亢患者达到了永久性治愈。缺点是可能发生喉返神经或甲状旁腺损伤等并发症，术后瘢痕影响美观。手术治疗的部分患者可能甲亢复发。手术应被用于对抗甲状腺药物不敏感的妊娠患者，抗甲状腺药物出现严重毒副作用并拒绝^{131}I治疗的患者，怀疑合并癌变的患者，甲状腺肿大伴有压迫症状的患者。

三、^{131}I 治疗甲亢的原理

碘是合成甲状腺激素的物质之一，甲状腺滤泡细胞通过钠/碘共转运子（Na$^+$/I-symporter，NIS）从血循环中摄取 ^{131}I。GD 患者甲状腺滤泡细胞、TA 和 TMNG 的 NIS 过度表达，^{131}I 的摄取明显高于正常甲状腺组织。

^{131}I 衰变发射的 β 射线在组织内平均射程为 1mm，其能量几乎全部释放在甲状腺内，对周围的组织和器官影响较小。β 射线有一定的射程可产生"交叉火力"（cross fire）效应，使甲状腺中心部位接受的辐射剂量大于边缘部位。^{131}I 治疗后 2~4 周，可见甲状腺组织水肿、变性、上皮肿胀和滤泡破坏等病理改变，腺体中心部分的损害更加明显。2~3 个月，腺体内有淋巴细胞浸润和纤维组织增生等改变。^{131}I 的疗效约 2 周后出现，治疗作用可持续 2~3 个月，甚至更长时间，所以应在治疗后 3~6 个月对疗效进行评价。

四、^{131}I 治疗甲亢的目标、适应证和禁忌证

1. **^{131}I 治疗甲亢的目标** 使患者达到非甲亢状态，即患者恢复正常甲状腺功能或发生甲减后通过补充甲状腺激素达到正常甲功状态都是达到了治疗目标。

2. **^{131}I 治疗甲亢的适应证** GD，TMNG，TA。

3. **^{131}I 治疗甲亢的禁忌证** 妊娠和哺乳的甲亢患者，计划在 6 个月内怀孕的患者。

4. **关于 ^{131}I 治疗甲状腺功能亢进症的适应证**

（1）^{131}I 治疗青少年及儿童甲亢安全有效，年龄不应作为限制使用 ^{131}I 治疗青少年及儿童甲亢的因素。5 岁以下的儿童甲亢患者应先选择抗甲状腺药物治疗，到患者大于 5 岁以后再考虑是否需要 ^{131}I 或手术治疗；或者已完成一个疗程的抗甲状腺药物治疗，如疗效差或复发，5 岁以下的儿童甲亢患者也可考虑采用 ^{131}I 或手术治疗；如抗甲状腺药物毒副作用明显，即使 5 岁以下的儿童甲亢患者也应考虑采用 ^{131}I 或手术治疗。

（2）^{131}I 治疗甲状腺肿（伴有或不伴有甲亢），甲状腺明显缩小，既起到治疗作用，又达到美容目的。如甲状腺明显肿大并向胸骨后扩展，或胸骨后异位甲状腺，^{131}I 治疗可能加重压迫症状，处理这样的病人时宜慎重。

（3）白细胞或血小板降低的甲亢患者，不能用抗甲状腺药物治疗。^{131}I 治疗甲亢不导致白细胞或血小板降低，与相关学科合作，通过积极准备和在严密观察下，这类患者应选择 ^{131}I 治疗。

（4）合并肝功能损害的甲亢患者，抗甲状腺药物可加重肝脏功能损害。甲亢所致机体代谢障碍是肝功损害的原因之一，及时控制甲亢才能防止肝功进一步恶化和促进肝功恢复。^{131}I 治疗不会导致肝功能损害加重，所以这样的甲亢患者应选择 ^{131}I 治疗。

（5）GD 合并突眼患者应戒烟。合并非活动性突眼的 GD 患者，可选择 ^{131}I、抗甲状腺药物和手术这三种方法之一进行治疗；如无加重突眼的危险因素，合并轻度活动性突眼的 GD 患者选择 ^{131}I 治疗，可考虑联合糖皮质激素治疗；如有加重突眼危险因素的合并轻度活动性突眼的 GD 患者选择 ^{131}I 治疗，应联合使用糖皮质激素；合并中度-重度活动性突眼的 GD 患者，应选用抗甲状腺药物或手术治疗。

（6）甲亢伴房颤的患者应选择 ^{131}I 治疗，尽快控制甲亢。

（7）如内科药物治疗疗效差和甲状腺摄 ^{131}I 率增高的合并桥本氏病的 GD 患者，应考

虑 ^{131}I 治疗。

五、^{131}I 治疗甲亢的方法

1. 治疗前的准备 停止服用影响甲状腺摄取 ^{131}I 的药物,低碘饮食1~2周。进行体检,查血常规、心电图和肝肾功能。心率过快的患者可给予β受体阻滞剂,精神紧张的患者可给予镇静剂。如症状明显或 FT_4 高于正常参考值上限2~3倍的病情较重的患者,可用抗甲状腺药物治疗,病情减轻后再进行 ^{131}I 治疗。

测定甲状腺激素和TSH,必要时测定相关抗体。测定甲状腺 ^{131}I 摄取率,如需要时可测 ^{131}I 在甲状腺的有效半衰期。扪诊结合甲状腺显像确定甲状腺重量,或结合超声检查的结果估算甲状腺重量。^{131}I 治疗前48h行妊娠试验排除患者已怀孕。

^{131}I 治疗 TA 前甲状腺显像显示结节外甲状腺组织未被完全抑制时,应当用甲状腺激素抑制其 ^{131}I 摄取:T_3 25μg 每日3次,共7天;或 L-T_4 50μg 每日3次共14天。经再次显像,结节外甲状腺组织完全不摄取 ^{131}I 时才能治疗。甲状腺激素应服用到治疗后1个月,防止 ^{131}I 被结节外甲状腺组织摄取。

2. 治疗用 ^{131}I 活度的确定 确定治疗甲亢的 ^{131}I 活度的主要方法可分为固定活度法和计算活度法两大类。固定活度法治疗 GD 的 ^{131}I 活度一般为185~555MBq(5~15mCi),治疗 TMNG 可在治疗 GD 活度基础上适当增加,治疗 TA 的 ^{131}I 活度一般为555~1110MBq(15~30mCi)。这一方法简便易行,疗效高。用于计算治疗用 ^{131}I 活度的主要参数为甲状腺摄 ^{131}I 率、甲状腺重量和有效半衰期。可按甲状腺吸收剂量计算或按每 g 甲状腺组织实际吸收的放射性活度计算。以下是目前常用的计算公式:

$$^{131}\text{I}活度(\text{MBq或}\mu\text{Ci}) = \frac{\text{计划量}(\text{MBq或}\mu\text{Ci/g}) \times \text{甲状腺重量}(\text{g})}{\text{甲状腺最高(或24h)摄}^{131}\text{I}率(\%)}$$

治疗 GD 每 g 甲状腺组织的常用 ^{131}I 活度为2.59~4.44MBq(70~120μCi),美国核医学与分子影像学会2012年的指南推荐治疗 GD 每 g 甲状腺组织的常用 ^{131}I 活度为3~8MBq(80~220μCi)。国内外治疗 GD 使用 ^{131}I 的活度跨度范围很大,主要与治疗的目标不同相关。如以达到非甲亢状态为目标,可明显提高一次治疗成功率,缩短控制甲亢的时间,降低复发率,则使用的 ^{131}I 活度应偏高;如仅以达到正常甲状腺功能状态为目标,一般使用的 ^{131}I 活度偏低,但是一次治疗的成功率低,只能降低早发甲减的发生率,而且不能对患者进行预测其甲减是否发生及什么时候发生。治疗 TMNG 应高于 GD 使用的活度。这一公式是基于有效半衰期为5天设计,如有效半衰期差异较大,应调整计算的 ^{131}I 活度。

^{131}I 治疗 TA 是根据结节重量、^{131}I 摄取率和有效半衰期进行计算,使 TA 的吸收剂量达200~300Gy。

$$^{131}\text{I}活度(\text{kBq}) = \frac{\text{cGy/g} \times \text{结节重量}(\text{g}) \times 247}{\text{Teff}(\text{天}) \times ^{131}\text{I}摄取率(\%)}$$

结节重量(g)$= 4/3\pi \cdot X \cdot Y^2$;$X = 1/2$ 结节长径;$Y = 1/2$ 结节短径

3. ^{131}I 活度的修正 许多因素可能影响 ^{131}I 的疗效,计算出 ^{131}I 的活度后应根据患者的具体情况进行调整。甲状腺较大或质地较硬,可增加 ^{131}I 活度。甲状腺较小和较软,可降低 ^{131}I 活度。有效半衰期较短者可增加 ^{131}I 活度,较长者可降低 ^{131}I 活度。年老、病程较长、长期用抗甲状腺药物治疗者可增加活度。病程短、未经抗甲状腺药物治疗,术后复发,

第一次治疗后已明显好转但未痊愈的患者可适当降低 ^{131}I 活度。

4. 给药方法 为保证充分吸收，应空腹口服 ^{131}I，服 ^{131}I 后 2h 才可以进食。

5. 重复治疗 治疗 3 个月后无明显疗效或加重的患者，治疗 6 个月后有好转而未痊愈的患者，应再次 ^{131}I 治疗。对无效或加重的患者再次治疗应适当增加 ^{131}I 活度，少数患者需经多次 ^{131}I 治疗后才获痊愈。

6. 抗甲状腺药物对 ^{131}I 疗效的影响 ^{131}I 治疗前使用抗甲状腺药物可能降低 ^{131}I 的疗效，PTU 降低 ^{131}I 疗效的作用更加明显。病情较重的患者 ^{131}I 治疗前用抗甲状腺药物最好选用甲巯咪唑。使用甲巯咪唑的患者如病情允许，应停药 3~5 天后再进行 ^{131}I 治疗。使用 PTU 的患者如病情允许，可停药 1~2 周后再行 ^{131}I 治疗。使用抗甲状腺药物治疗的患者，因病情导致停药时间不够，可适当增高 ^{131}I 的活度。

7. 综合治疗措施 病情严重的甲亢患者，可先用抗甲状腺药物进行准备后再 ^{131}I 治疗，也可口服 ^{131}I 2~3 天后继续用抗甲状腺药物治疗，直到 ^{131}I 发生明显疗效为止。^{131}I 治疗前后都可用β受体阻滞剂缓减症状和体征。有活动性突眼的患者应同时应用糖皮质激素防止突眼加重，当患者甲状腺激素降到正常水平，就可给予 L-T_4，防止亚临床甲减或临床甲减的发生。

8. 注意事项 患者应注意休息，避免感染、劳累和精神刺激。不要揉压甲状腺。治疗后一周内避免与婴幼儿密切接触。治疗后半年内应避孕。一般情况下 ^{131}I 治疗后 2~3 个月复查，如病情需要则可 ^{131}I 治疗后每月随访一次。^{131}I 治疗后甲亢痊愈的患者，应终身每年随访至少一次。

六、^{131}I 治疗甲状腺功能亢进症的反应及处理

1. 早期反应的处理 部分患者服 ^{131}I 后几天内出现乏力、头晕、食欲下降、恶心、呕吐、皮肤瘙痒、甲状腺局部肿痛等，一般较轻微，不需特殊处理。如症状较明显的患者可对症处理。^{131}I 治疗后甲亢危象（thyroid storm）虽然发生率极低，但死亡率很高（20%~30%），如发生则多见于 ^{131}I 治疗后 1~2 周。可能原因为：患者停用抗甲状腺药物时间太长致病情加重；患者体内组织中儿茶酚胺的受体数目增多，使心脏和神经系统对儿茶酚胺过度敏感；甲状腺滤泡被射线破坏，使血液中甲状腺激素增加；患者已有机体重要器官的功能障碍，如心功不全，肝功损害等；甲亢患者 ^{131}I 治疗后合并感染、腹泻、发生较强烈的精神刺激和过度劳累等应激状态引起儿茶酚胺释放增多。

对甲亢危象应以预防为主：严重的甲亢患者用抗甲状腺药物准备，^{131}I 治疗后用抗甲状腺药物防止病情加重。患者应注意休息，防止感染，避免劳累和精神刺激。如有危象先兆，则应及时处理。甲亢危象主要表现为高热、心动过速、烦躁和大量出汗等，以及消化系统、神经系统和循环系统的功能障碍。治疗原则：使用大剂量的硫脲类药物和无机碘，抑制甲状腺激素的合成和分泌；β受体阻滞剂和抗交感神经药物（如利血平、胍乙啶等），减少体内儿茶酚胺的数量并阻断其作用；糖皮质激素使用；可采用降低代谢的疗法，换血疗法，透析疗法等。物理降温，给氧，纠正电解质及调节酸碱平衡，控制感染。

2. 甲状腺功能减低 ^{131}I 治疗后甲减的发生可能与患者对射线的个体敏感性差异或自身免疫功能紊乱有关，甲亢患者未经治疗也可发生甲减，目前无有效的预防措施。使用较低活度 ^{131}I 治疗，仅能降低 1 年内早发甲减的发生率，而且是以降低一次性治愈率为代价，

并不能阻止晚发甲减每年以 2%~3%的比例增加，因晚发甲减与 ^{131}I 活度无关。因此以达到非甲亢状态为治疗目标，使用较高活度的 ^{131}I 治疗甲亢以提高一次治愈率，使患者尽快达到非甲亢状态，尽管这可能使早发甲减的发生率增高，甲减通过补充甲状腺激素可获得理想的控制。早发甲减、晚发甲减和亚临床甲减，都应及时给予甲状腺激素制剂治疗。

3. **甲状腺相关眼病** ^{131}I 治疗前不伴有突眼的 GD 患者，治疗后发生突眼的机率较小；^{131}I 治疗前合并中-重度活动性突眼的 GD 患者，治疗后可能加重。甲状腺功能长期异常，甲亢症状反复发作，是导致眼病恶化的主要因素之一。^{131}I 治疗前有活动性突眼的患者治疗后应每月随访一次，当甲状腺激素水平降至正常就给予 L-T$_4$，防止临床或亚临床甲减 TSH 升高导致突眼加重。如发生甲减后才用 L-T$_4$，眼病恶化的机率增高。仅 TSH 升高的亚临床甲减患者，应及时给予甲状腺激素抑制 TSH 水平，防止临床甲减状态的出现。对活动性突眼患者，^{131}I 治疗合并使用糖皮质激素防止突眼加重。

4. **^{131}I 治疗甲亢不导致发生甲状腺癌的危险性增高** Dobyns 等报道的多中心临床试验研究结果为：外科治疗的 11732 例甲亢患者中，甲状腺癌发生率为 0.5%；^{131}I 治疗的 22714 例甲亢患者中，甲状腺癌的发生率为 0.1%。另有资料显示，未用 ^{131}I 治疗的甲亢患者甲癌发生率为 0.15%~2.5%。在瑞典统计了 10552 例用 ^{131}I 治疗的甲亢患者，甲癌的发病率为 0.17%。^{131}I 治疗甲亢不导致发生甲状腺癌的危险性增高。

5. **^{131}I 治疗甲亢不导致发生白血病的危险性增高** 瑞典统计的 10552 例 ^{131}I 治疗甲亢患者中，发生白血病 34 例。Saenger 等报道的多中心临床研究结果：10731 例外科手术治疗的甲亢病人中，白血病年发病率为 16/10000；16379 例 ^{131}I 治疗的甲亢病人中，白血病年发病率为 13/10000。Maxon 研究结果显示，^{131}I 治疗的 81000 例甲亢患者中仅发现 34 例白血病患者，若这批病人不用 ^{131}I 治疗，其白血病发病数量的预期值为 28~44 例。在美国和英国的大量长期研究显示，^{131}I 治疗甲亢不会使白血病发病率增高。

6. **^{131}I 治疗甲亢不影响生殖和遗传** 已有大量研究证明了 ^{131}I 治疗甲亢的生殖和遗传的安全性。因甲亢导致不育或不孕、性功能障碍的患者，^{131}I 治疗后随着甲亢的控制使生育能力恢复和性功能得到明显改善。

七、疗 效 评 价

^{131}I 治疗后一般要 2~3 周才逐渐出现疗效，症状缓解，甲状腺缩小，体重增加。进一步症状逐渐消失，甲状腺明显缩小。部分患者 ^{131}I 的治疗作用可持续到半年以上。GD 一个疗程的治愈率为 52.6%~77.0%，有效率 95%以上，无效率 2%~4%，复发率 1%~4%。TMNG 或 GD 患者如甲状腺较大较硬，常需多个疗程才能治愈。

TA 可在治疗后 2~3 个月逐渐缩小，甲亢的症状和体征也随之逐渐改善。3~4 个月后甲状腺显像可能的改变：热结节消失，结节外甲状腺组织显影；或结节变小，周围甲状腺组织功能未完全恢复。如 6 个月后未痊愈者，可考虑进行再次 ^{131}I 治疗。^{131}I 治疗 TA 的治愈率为 67%，好转率 32%，无效率仅 1%。

^{131}I 治疗甲亢评价疗效的标准如下：

（1）痊愈：治疗 6 个月后评价患者达到非甲亢状态，即患者甲功恢复正常或发生甲减通过补充甲状腺激素达到正常水平。

（2）好转：甲亢症状减轻，体征部分消失或减轻，甲状腺激素明显降低，但未降至正常水平。

（3）无效：患者的症状和体征无改善或加重，甲状腺激素水平无明显降低。

（4）复发：^{131}I 治疗的患者已达痊愈标准后，再次出现甲亢的症状和体征，甲状腺激素水平再次升高。

（匡安仁）

八、甲亢的其他治疗方法

（一）一般治疗

应适当的休息。合理安排饮食，注意补充热量和营养，如糖、蛋白质和B族维生素，低碘饮食；精神紧张、不安、失眠可给苯二氮䓬类镇静药，如安定片。

（二）甲亢的治疗

甲亢的治疗包括抗甲状腺药物（ATD）治疗、放射性^{131}I 治疗和外科手术治疗三种方法。ATD 治疗是甲亢的基础治疗，可以保留甲状腺产生激素的功能，但是疗程长、治愈率仅有 40%，复发率高达 50%~60%；放射性^{131}I 治疗和甲状腺外科手术都是通过破坏甲状腺组织来减少甲状腺激素的合成和分泌，前者具有迅速、简便、疗程短、治愈率高、复发率低的优点，但是甲减发生率高。

1. 抗甲状腺药物（ATD）治疗

（1）抗甲状腺药物（ATD）和作用机制：在甲亢治疗历史上，ATD 拥有 60 多年的历史。常用的 ATD 分为硫脲类、咪唑类，硫脲类包括丙基硫氧嘧啶（propylthiouracil，PTU）和甲硫氧嘧啶；咪唑类包括甲巯咪唑（methimazole，MMI，他巴唑）和卡比马唑（carbimazole，甲亢平）。PTU 和 MMI 是目前治疗甲亢最主要的两种抗甲状腺药物，两药比较：MMI 半衰期长，血浆半衰期为 4~6 小时，可以每天单次使用；PTU 血浆半衰期为 60 分钟，具有在外周组织抑制 T_4 向 T_3 转换的作用，所以发挥作用较 MMI 迅速，控制甲亢症状快，但是必须保证 6~8 小时给药一次；PTU 和 MMI 的药理等效比为 10：1，且 MMI 的实际效能也强于 PTU，故 MMI 可使甲功较快恢复正常，且 PTU 的肝毒性大于 MMI，故在临床上，倾向优先选择 MMI。由于 PTU 与蛋白结合紧密，通过胎盘和进入乳汁的量均少于 MMI，故在妊娠合并甲亢早期是优先使用。它们的作用机制相同，主要为抑制甲状腺内的过氧化酶系统，使进入甲状腺内的碘离子不能氧化成活性碘，阻止了酪氨酸的碘化，同时抑制碘化酪氨酸的偶联，从而妨碍了甲状腺激素的合成。

（2）适应证：①病情轻，病程短、甲状腺轻中度肿大者；②妊娠甲亢；③高龄或者合并严重心、肝、肾疾病不能耐受手术者；④手术后复发，又不适宜放射性^{131}I 治疗者；⑤手术前和^{131}I 治疗前的准备；⑥辅助放射性^{131}I 治疗。

（3）剂量和疗程：分为初治期、减量期和维持期，按病情轻重决定剂量。①初治期：PTU 100~450mg/d，MMI 30~45mg/d，分 3 次口服，持续 6~8 周。临床症状缓解后开始减药；②减量期：每 2~4 周减量 1 次，PTU 每次减量 50~100mg，MMI 每次减量 5~10mg，3~4 个月减至维持量；③维持期：PTU 50~100mg/d，MMI 5~10mg/d，维持治疗 1.5~2 年。治疗中应当监测甲状腺激素水平；但是不能用 TSH 作为治疗目标，因为 TSH 的变化滞后于甲状腺激素水平 4~6 周。停药时甲状腺明显缩小及 TSAb 阴性者停药后复发率低；停药时甲状腺仍肿大或者 TSAb 阳性者停药后复发率高。国外资料表示 ATD 治疗获得缓解率仅为 20%~30%。有分析显示，进一步延长 ATD 治疗时间并不能提高缓解率。

（4）不良反应：ATD 的副作用是皮疹、皮肤瘙痒、白细胞减少症、粒细胞减少症、中毒性肝病和血管炎等，这些副作用以用药后的最初 1~3 个月发生最多。MMI 的副作用是剂量依赖性的，PTU 的副作用则是非剂量依赖性的，两药交叉反应发生率为 50%，ATD 治疗期间若发生严重不良反应，禁止进行药间互换治疗。在甲亢在病情还未被控制时也可以引起白细胞减少和或肝功能损伤，所以应当在用药前常规检查白细胞数目和肝功能作为对照。发生白细胞 $< 4.0 \times 10^9/L$，通常不需要停药，减少抗甲状腺药物剂量，加用一般升白细胞药物（维生素 B_4、鲨肝醇等），如白细胞 $< 0.5 \times 10^9/L$，提示粒细胞缺乏，应停用抗甲状腺药物，予广谱抗生素和支持疗法；皮疹和瘙痒的发生率为 10%，用抗组织胺药物多可纠正。如皮疹严重应停药，以免发生剥脱性皮炎。出现关节疼痛者应当停药，否则会发展为"ATD 关节炎综合征"，即严重的一过性游走性多关节炎。

2. 手术治疗

（1）适应证：①中重度甲亢，长期服药无效，停药后复发，或不愿长期服药者；②有压迫症状或巨大甲状腺肿者（甲状腺体积≥80g）；③怀疑或已确诊甲状腺恶性肿瘤者；④胸骨后甲状腺肿伴甲亢者；⑤伴发需要治疗的甲旁亢者；⑥结节性甲状腺肿伴甲亢者；⑦细针穿刺细胞学检查怀疑癌变者；⑧ATD 治疗无效或者过敏的妊娠患者，手术需要在妊娠中期（4~6 个月）进行。

（2）禁忌证：①浸润性突眼；②甲亢合并较重的心、肝、肾、肺疾病；③妊娠早期（1~3 个月）和晚期（7~10 个月）。

（3）术前准备：尽可能在术前用 ATD 充分治疗至症状控制，心率<80 次/分，在 T_3、T_4 正常后，加用复方碘溶液，5 滴/次，每日 3 次，3 天后增加至 10 滴/次，每日 3 次。使用碘剂 7~10 天后行手术。手术方案首选全甲状腺切除术或甲状腺近全切除术。前者的治愈率近 100%，后者的治愈率约 90%。

（4）并发症：早发并发症：喉返神经损伤；甲状旁腺功能减退症；甲状腺危象；局部出血，导致喉头水肿；伤口感染。迟发并发症：甲状腺功能减退症；瘢痕疙瘩形成。

（5）术后需常规检测血清钙和甲状旁腺激素水平，并根据检测结果补充钙剂和骨化三醇。术后无不适，血清总钙≥1.95mmol/L 且无下降趋势者可定期观察；PTH < 10~15pg/ml 者需补充钙剂和骨化三醇。每 6~8 周检测 1 次血清 TSH 水平。TSH 水平正常且稳定后，每年复查 1 次。

3. 其他治疗

（1）碘剂：减少碘摄入是甲亢的基础治疗之一。过量碘摄入会加重和延长病情，增加复发的可能，因此甲亢患者应当低碘饮食，忌用含碘的药物和造影剂。碘剂仅在手术前和甲状腺危象时为抑制甲状腺激素从甲状腺释放才使用。

（2）锂制剂：可以抑制甲状腺激素的分泌。不干扰甲状腺对放射碘的摄取。主要用于对 ATD 和碘剂均过敏的患者，临时控制其甲状腺毒症。^{131}I 治疗前应用锂剂可能有减少 ^{131}I 治疗用量的作用。

（3）β 受体阻断剂：甲状腺激素可以增加肾上腺能受体的敏感性。本类药物①阻断甲状腺激素对心脏的兴奋作用，②阻断外周组织 T_4 向 T_3 转换；从而使心率减慢、收缩压减低，改善肌无力和肌震颤，同时改善易怒、情绪不稳定和运动不耐受的严重程度，主要在甲亢的初期使用，可较快控制症状。^{131}I 治疗前可使用 β 肾上腺素能受体阻滞剂控制症状。

综上所述，甲亢均可以通过上述 3 种治疗方法对其进行有效治疗，不同的治疗方法都有相对应的适应证和禁忌证，三者的适应证之间也没有绝对的界线，治疗前应根据病人的年龄、性别、病情轻重、病程长短、甲状腺病理、有无其他并发症或合并证，以及病人的意愿、医疗条件、医师经验等多种因素慎重选用适当的治疗方法。积极寻找疗程短、治愈率高、又不以甲减为代价的新的治疗方法是甲亢治疗领域面临的重要课题，相信随着对甲亢发病机制研究的不断深入，将为本病的防治带来曙光。

（陈卫文）

第二节 ^{131}I 治疗分化型甲状腺癌

一、分化型甲状腺癌概述

甲状腺肿瘤是内分泌系统中最常见的肿瘤，2011 年美国确诊甲状腺新发肿瘤占内分泌肿瘤的 95.3%，占所有新发肿瘤的 3.0%，男女发病比为 1:3.2；因甲状腺肿瘤死亡的患者占当年内分泌肿瘤死亡病人的 66.4%，占整个肿瘤死亡病人的 0.3%，男女死亡比 1:1.3。上海的统计资料显示 1983~2007 年期间甲状腺癌发病率，女性从 2.6/10 万增加到 11.6/10 万，男性从 1.0/10 万增加到 3.0/10 万。

1. 甲状腺肿瘤的组织学分类 甲状腺原发肿瘤，根据其组织细胞学起源和分化程度不同进行分类分型。对甲状腺原发肿瘤的分类和分型，见表 22-1。

表 22-1 甲状腺原发肿瘤分类

起源于甲状腺上皮细胞	起源于非甲状腺上皮细胞
滤泡细胞	肉瘤
恶性：	恶性淋巴瘤
分化型甲状腺癌：	其他肿瘤
甲状腺乳头状癌	
甲状腺滤泡癌	
甲状腺未分化癌	
良性：滤泡腺瘤	
滤泡旁细胞（C 细胞）：甲状腺髓样癌	

2. 分化型甲状腺癌（differentiated thyroid cancer，DTC） DTC 包括甲状腺乳头状癌（papillary thyroid carcinoma，PTC）和甲状腺滤泡癌（follicular thyroid carcinoma，FTC）。如既有 PTC 又有 FTC 成分的 DTC，为混合癌。DTC 发病的高峰年龄女性 40~44 岁，男性 65~69 岁。如仅以影像学或活检结果为诊断标准，首次确诊和治疗后 30 年内约 30% 的患者复发或转移。53% 复发或转移发生在首次治疗后 5 年内，77% 发生在 10 年内。

（1）甲状腺乳头状癌：PTC 占甲状腺癌的 50%~90%，其中变异或亚型约为 20%，分别是：PTC 滤泡样变异（follicular variant of PTC）、柱状细胞变异（columnar cell variant）、弥散性硬化变异（diffuse sclerosing variant）和高细胞变异（tall cell variant）。高细胞变异

和柱状细胞变异的 PTC 具有更强的侵袭力。

PTC 多发生于 30~50 岁，女性患者占 60%~80%。PTC 常为多灶性，20%~80% 患者在 PTC 病灶的对侧叶可发现微小的病灶，多发的 PTC 病灶可能起源于不同的克隆。手术发现约 15% 的 PTC 侵犯甲状腺邻近组织，确诊时约 35%~50% 的 PTC 患者有淋巴结转移和 1%~7% 的患者已发生远处转移，17 岁以下的 DTC 患者约 90% 发生淋巴结转移。首次手术治疗的 PTC 患者中 TNM 分期 I 期约 60%，II 期约 20%，III 期和 IV 期约 20%。多因素分析显示年龄和肿瘤甲状腺外侵犯是影响预后的独立因素。

（2）甲状腺滤泡癌：FTC 几乎都是单克隆起源。FTC 与甲状腺滤泡腺瘤很难分辨，二者的鉴别要点是 FTC 可能侵犯甲状腺包膜、血管或甲状腺邻近组织。缺碘地区 FTC 发病率更高。男女发病率之比为 1:2，FTC 多发生于老年人，平均发病年龄 50 岁，嗜酸性 FTC（oxyphilic FTC，Hürthle cell carcinoma，HCC）发病年龄的中位数是 60 岁。FTC 确诊时侵犯颈淋巴结的发生率约 4%~6%，如发现有颈淋巴结转移，应注意与乳头状癌的滤泡样变异、HCC 及岛状细胞癌等分化差的肿瘤鉴别。FTC 确诊时约 5%~20% 已发生远处转移，常转移到肺和骨。骨转移多发生于长骨（如股骨）、扁骨（如骨盆和颅骨）和椎骨。确诊 FTC 时的 TNM 分期 I 期 22%，II 期 53%，发生远处转移的 IV 期 17%。FTC 和 HCC 患者首次手术后存活率没有差异，术后 20 年为 80%，术后 30 年为 70%。多因素分析显示，FTC 患者确诊时就发生了远处转移、患者年龄 50 岁以上和明显的血管侵犯是影响预后的不利因素，如果患者有这 3 个不利因素中的 2 个或 2 个以上，则 5 年存活率为 47%，20 年存活率为 8%；如患者仅有其中 1 个不利因素，则 5 年存活率为 99%，20 年存活率为 86%。

3. 分化型甲状腺癌患者的初始手术治疗及术后危险度分层 DTC 是以手术治疗为主，辅以 ^{131}I 内照射和 TSH 抑制的综合性治疗。手术治疗应达到以下目的：完全切除原发肿瘤，切除肿瘤甲状腺外侵犯的部分和累及的淋巴结；对疾病进行准确的分期；利于术后开展放射性碘治疗；利于长期准确监测 DTC 的复发或转移；降低 DTC 复发和转移的危险性。手术方式是影响患者的预后主要因素。纳入 50 000 多例 PTC 患者的多因素分析显示，对于 DTC 大于 1cm 的患者，甲状腺全切术可明显降低复发率和提高存活率；DTC 1~2cm 的患者，单叶切除与甲状腺全切相比较，复发率高 24%，死亡率高 49%。DTC 患者术后的分期和危险度分层对制定进一步的随访和治疗方案至关重要，TNM 分期和危险度高的患者复发率高，生存期较短。因此，对于 III 期、IV 期、高危的 DTC 患者，应积极采取以手术、^{131}I 和 TSH 抑制治疗的综合方案。以下是美国甲状腺学会（American Thyroid Association, ATA）2009 年关于甲状腺结节和甲癌的指南提出的 DTC 术后危险度分层方法：

（1）低度危险病人（low-risk patients），满足以下所有条件：①无局部复发或远处转移；②原发病灶被完全切除；③原发病灶没有周围组织浸润；④肿瘤细胞不属于侵袭性的细胞类型，且无血管浸润；⑤^{131}I 清甲后显像无甲状腺床外的异常摄取。

（2）中度危险病人（intermediate-risk patients），只要具有以下任一项：①原发病灶对周围组织轻度浸润（镜下浸润）；②颈部淋巴结转移或 ^{131}I 清甲后显像发现甲状腺床外的异常摄取；③肿瘤细胞属于侵袭性类型，或者有血管浸润。

（3）高度危险病人（high-risk patients），只要具有以下任一项：①原发肿瘤明显浸润周围组织（肉眼可见的浸润）；②原发肿瘤手术切除不完全；③有远处转移；④治疗活度 ^{131}I 显像显示的转移灶与 Tg 水平的升高不成比例，Tg 异常升高。

二、^{131}I 治疗分化型甲状腺癌的原理

（1）术后残留甲状腺组织摄取 ^{131}I，用 ^{131}I 清除 DTC 术后残留甲状腺组织可达到以下目的：消除隐匿在残留甲状腺组织中微小 DTC 病灶，降低发生复发和转移的可能性；无残留甲状腺组织，TSH 升高可使 DTC 病灶摄碘能力增强，利于 ^{131}I 显像发现 DTC 病灶和 ^{131}I 治疗；清甲后体内无 Tg 正常来源，利于通过 Tg 变化诊断 DTC 复发或转移；治疗活度 ^{131}I 的全身显像，常可发现诊断活度 ^{131}I 全身显像未能显示的 DTC 病灶。

（2）清甲后因 DTC 细胞的分化程度较高，具有摄取 ^{131}I 的功能，所以能用 ^{131}I 治疗复发和转移的 DTC 病灶。

三、适应证和禁忌证

1. **清甲适应证** ①DTC 发生远处转移、甲状腺外侵犯或原发病灶>4cm，强烈推荐 ^{131}I 清甲。②原发灶 1~4cm 且无甲状腺外侵犯，中度和高度危险性的患者或病理学证实淋巴结转移的患者推荐 ^{131}I 清甲。③DTC 单发灶直径<1cm，或多发性 DTC 病灶的直径均<1cm，无其他危险因素，不推荐 ^{131}I 清甲。

2. **^{131}I 治疗 DTC 复发或转移的适应证** 手术切除原发灶和 ^{131}I 清甲后，复发灶或转移灶不能手术切除，^{131}I 显像病灶浓聚 ^{131}I 的患者。

3. **经验性 ^{131}I 治疗的适应证** 清甲成功的 DTC 患者，诊断活度 ^{131}I 显像阴性，但 TSH 刺激状态下 Tg 水平增高（停用 L-T$_4$ 者 Tg 等于或大于 10μg/L，使用 rhTSH 者 Tg 等于或大于 5μg/L），提示体内有 DTC 病灶活跃，应采用 ^{131}I 治疗。经验性治疗前可行 ^{18}F-FDG 显像，^{18}F-FDG 显像阳性的患者一般不推荐经验性 ^{131}I 治疗，^{18}F-FDG 显像阴性的患者应进行经验性 ^{131}I 治疗。

4. **禁忌证** 妊娠和哺乳的 DTC 患者；术后创口未愈合者；WBC 在 3.0×10^9/L 以下的患者；计划在 6 个月内怀孕的患者。

四、治 疗 方 法

应告知患者治疗的方法及过程，可能产生的副作用和应遵守的相关辐射防护规定。患者对治疗应理解和配合，并签署知情同意书。

1. **病人的准备** 停止服用 L-T$_4$ 2~3 周，使 TSH 水平升至 30mU/L 以上；或可停服 L-T$_4$ 后改为服用 T$_3$ 3 周，然后停用 T$_3$ 2 周，这一方案可缩短病人处于甲减的时间；或可用人基因重组 TSH（recombinant human thyroid stimulating hormone，rhTSH），肌注 0.9mg/天，连续 2 天，第 3 天行 ^{131}I 清甲。低碘饮食 1~2 周，提高残留甲状腺组织或病灶对 ^{131}I 的摄取。测定甲状腺激素、TSH、Tg、TgAb，测定甲状腺摄 ^{131}I 率，作胸部 CT、心电图、肝功和肾功检查。可行 ^{99m}TcO$_4^-$ 甲状腺显像了解残留甲状腺组织的多少。

2. **^{131}I 清除术后残留甲状腺组织** 注意事项：服用 ^{131}I 后宜多饮水，及时排空小便，降低对膀胱和全身的照射。嘱病人每天至少排大便一次，降低辐射对肠道的损害。服用清除活度 ^{131}I 后，嘱患者用酸性饮料或食物促进唾液分泌，减轻辐射对唾液腺的损伤。^{131}I 治疗后半年内须避孕。清甲使用的 ^{131}I 活度：一般为 ^{131}I 1110MBq~3.7GBq（30-100mCi）。

如在清甲前已发现有转移病灶,则 ^{131}I 活度可达 5.55~7.40GBq（150~200mCi）,起到清甲并同时治疗转移灶的作用。低危患者使用的 ^{131}I 活度可偏低,高危患者使用 ^{131}I 活度可偏高。服 ^{131}I 后 5~7 天行全身显像,为进一步随访和治疗方案的制定提供依据。

可于服 ^{131}I 后 24~48 小时开始给予甲状腺激素,剂量一般为 L-T_4 1.5~2.5μg/kg 体重,空腹顿服。可根据血清甲状腺激素水平与 TSH 水平对剂量进行调整。给予甲状腺激素的目的是恢复机体的正常代谢和抑制体内 TSH 的分泌,进而起到抑制 DTC 细胞生长的作用。

1. ^{131}I 治疗 DTC 转移灶　注意事项及患者准备同 ^{131}I 清甲。

^{131}I 活度的确定:确定治疗用 ^{131}I 活度的方法有三种:①经验性固定活度法,颈部淋巴结转移者给予 3.7~5.55GBq,肺转移者给予 5.55~7.4GBq,骨转移者给予 7.4~9.25GBq。②以骨髓吸收剂量安全限值（200cGy）控制 ^{131}I 活度;或以身体接受 ^{131}I 活度的安全限值控制 ^{131}I 活度,即给予 ^{131}I 后 48 小时体内存留 ^{131}I 低于 4.44GBq,如为弥散性肺转移患者应低于 2.96GBq。③以肿瘤病灶吸收剂量高于 80Gy 决定 ^{131}I 活度的方法。目前无证据说明哪一种方法更好。经验性固定活度法简单方便,现临床多采用这一方法。随着个性化医疗的发展,以吸收剂量指导的 ^{131}I 治疗是发展方向。老年患者,特别是 70 岁以上的患者,由于肾功能降低,应考虑适当降低治疗 ^{131}I 的活度。服用 ^{131}I 后 5~7 天全身显像,为制定以后的随访和治疗方案提供依据。

可于服治疗活度 ^{131}I 后 24~48 小时开始给予甲状腺激素,L-T_4 1.5~2.5μg/kg 体重,空腹顿服。逐步调整甲状腺激素的剂量,使 TSH 达抑制治疗的目标水平。

2. DTC 脑转移的治疗　DTC 发生脑或脊髓等部位转移,多见于 DTC 侵袭性较强的老年患者,预后差。如转移灶不能手术切除,应先考虑外照射治疗,特别是立体定向放射治疗。如为较广泛分布的中枢神经系统转移,必要时可考虑全脑或脊髓照射治疗。如转移灶摄取 ^{131}I,可考虑进行 ^{131}I 治疗。为防止 TSH 升高导致的肿瘤病灶长大或局部炎症反应使病情加重,可先行外照射治疗,^{131}I 应联合糖皮质激素治疗。

3. 辐射防护　治疗 DTC 患者使用的 ^{131}I 活度较高,应特别注意辐射防护。病室内最好有专用卫生间,坐式马桶可降低患者小便时污染。患者衣物被褥应行放置衰变处理和单独洗涤。医护人员对患者观察,特别是服 ^{131}I 后 3 天内,应有防护设施（如铅衣、铅屏等）,做好充分准备可缩短与患者接触时间。一般情况下患者住院 3~4 天就可出院。

五、分化型甲状腺癌患者的 TSH 抑制治疗

1. DTC 患者 TSH 抑制治疗的临床意义　TSH 刺激 DTC 细胞 TSH 受体,增加腺苷酸环化酶表达和促进 DTC 细胞的生长。故利用甲状腺激素反馈性抑制垂体分泌 TSH,使 TSH 处于较低水平,起到抑制 DTC 细胞生长、降低 DTC 复发和转移及延长生存期的作用。

2. TSH 抑制治疗方法　根据 DTC 患者的危险度分层、分期、年龄及合并证,决定 TSH 抑制程度及持续时间。清甲完全的 DTC 患者,L-T_4 抑制治疗的平均剂量为 2.2~2.5μg/kg 体重。服药后监测清晨 TSH 和甲状腺激素水平,根据 TSH 浓度调整用量。应使中-高危患者 TSH<0.1mU/L,终身 TSH 抑制治疗;低危患者 TSH 在 0.1~0.5mU/L,持续 5~10 年,如没有复发征象可以减少 L-T_4 剂量维持 TSH 在正常值范围。

3. TSH 抑制治疗并发症和注意事项　长期 TSH 水平下降可导致亚临床甲亢或临床甲亢,并引起相应的临床表现。对长期服用甲状腺激素与骨质疏松关系的研究表明,唯一的

高危组是经绝期妇女,其他患者既不会导致也不会加重骨质疏松。因此经绝后女性患者应监测骨代谢、骨密度及补钙和维生素 D。DTC 手术后甲状旁腺功能低下者,无法有效激活 1α 羟化酶,导致 25-OH-D 不能在肾内转化成 1,25(OH)2-D_3,应给予患者维生素 D 的活性形式-1,25(OH)2-D_3(骨化三醇,0.25μg qd)。其他一些不良反应,如皮疹、瘙痒、轻度白细胞减少等,但都很少见,可对症处理。

甲状腺激素使用的禁忌证为心绞痛、冠心病和快速型心律失常者。动脉硬化、心功能不全、糖尿病、高血压患者慎用。心肌缺血或糖尿病者,TSH 不能过低。老年或伴心血管疾病 DTC 患者,L-T_4 应从较小剂量开始,逐渐增加到需要的剂量。L-T_4 不能与钙剂或铁剂同服,至少应间隔 2 小时以上。伴有垂体功能减低或肾上腺皮质功能减退者,L-T_4 治疗前数日应先用肾上腺皮质激素。

六、^{18}F-FDG 显像的应用

1. **^{18}F-FDG PET 显像的应用** ①术后诊断活度 ^{131}I 全身显像阴性而血清 Tg>10μg/L 的 DTC 患者;②诊断活度 ^{131}I 全身显像阴性,即使 Tg<10μg/L,但临床或其他影像学检查怀疑有复发或转移的 DTC 患者;③TgAb 持续高水平或升高而 ^{131}I-WBS 阴性的患者。

2. **^{18}F-FDG PET 显像评价预后** ^{18}F-FDG PET 显像阳性的患者预后较差,根据 ^{18}F-FDG PET 结果改变治疗策略,做到个体化治疗,有助于改善预后。

七、疗 效 评 价

1. **^{131}I 清除 DTC 术后残留甲状腺组织** 清甲成功的标准:应在 ^{131}I 清甲后 3~6 个月对疗效进行评价。诊断活度 ^{131}I 显像甲状腺床无放射性摄取,或刺激状态下 Tg<1μg/L,达到其中一条为清甲成功。

随访:如患者甲状腺清除完全,未发现转移灶,则间隔 1 年随访。每次随访应进行常规体检、X 线胸片或胸部 CT、甲状腺激素、TSH、Tg、TgAb 测定,颈部超声检查。低危患者,清甲活度 ^{131}I 显像无异常影像,TgAb 阴性,Tg<1μg/L,超声无异常发现,随访可不行诊断活度 ^{131}I 显像;一般主张其他患者在清甲后第一次随访时应进行诊断活度 ^{131}I 显像。

重复治疗:如清甲不完全,应进行再次清除治疗。如随访发现有功能性转移灶,则应用 ^{131}I 治疗转移病灶。

2. **^{131}I 治疗 DTC 转移灶** 一般应在 ^{131}I 治疗 3~6 个月后复查为宜。^{131}I 全身显像,转移灶摄取 ^{131}I 明显降低或完全消失,转移灶数目减少或病灶变小,为治疗有效。发现新的转移灶,转移灶数目增加或长大,则为无效或加重。Tg 和 TgAb 的水平降低或消失,是治疗有效的标志,反之,如 Tg 和 TgAb 水平增高,提示病情恶化。

重复治疗:前一次 ^{131}I 治疗后 3~6 个月,如 ^{131}I 显像发现有异常浓聚灶,则应进行再次 ^{131}I 治疗,直到转移灶完全消失为止。重复治疗时确定 ^{131}I 活度的原则与首次治疗相同,如疗效差可适当增加活度。重复治疗的次数和 ^{131}I 的累积活度没有明确的限制,主要视病情的需要和患者身体状况而定。^{131}I 累积活度增高,发生毒副作用和并发症的危险性也随之增高,所以对重复治疗的风险与效益应慎重地评估。

3. **临床治愈的标准** ①无 DTC 存在的临床证据。②无 DTC 存在的影像学证据:初次

^{131}I 清甲后进行的全身显像没有发现甲状腺床外异常放射性摄取,或在新近的诊断活度 ^{131}I 全身显像和超声检查无肿瘤存在证据。③无 TgAb 的影响,TSH 抑制和刺激时均未检测到 Tg(低于 1μg/L)。

八、^{131}I 清除分化型甲状腺癌术后残留甲状腺组织疗效的影响因素

(1)DTC 术后残留甲状腺组织多少是影响 ^{131}I 清甲效果的重要因素之一。残留甲状腺组织越多,清甲效果越差。行甲状腺全切或近全切手术患者的清甲疗效好。

(2)首次清甲成功率与 DTC 的病理类型无关。

(3)^{131}I 活度是影响清甲疗效的重要因素之一,清甲疗效可能随着 ^{131}I 活度增加而提高。但近期文献报道 DTC 患者甲状腺全切术后,如果 ^{131}I 清甲前没有功能性转移灶,1110MBq 和 1850MBq ^{131}I 可以取得与 3700MBq 同样的治疗效果。所以低危患者应采用较低活度 ^{131}I 清甲。

(4)甲状腺摄 ^{131}I 率和 TSH 水平与残留甲状腺组织的多少相关。残留甲状腺组织少,摄 ^{131}I 率低,TSH 水平高,清甲成功率高,反之则清甲成功率低。如果残留甲状腺组织的摄碘率靠近甲状腺摄碘率正常值的低限,需再次手术。

(5)DTC 转移灶的有无是首次清甲成功率的影响因素。有 DTC 转移灶和无 DTC 转移灶患者,清甲成功率分别为 26.1% 和 93.9%($P<0.01$)。

(6)Tg 水平与残留甲状腺组织多少和是否有转移灶相关,所以 Tg 水平与 ^{131}I 清甲成功率密切相关,Tg 水平低者清甲成功率较高。

九、^{131}I 治疗分化型甲状腺癌转移的疗效及影响因素

1. DTC 较常见的转移部位为颈部及纵隔淋巴结、肺和骨 ^{131}I 治疗 DTC 转移的疗效与转移的部位相关,见表 22-2。^{131}I 治疗 DTC 转移的疗效,从高到低依次为淋巴结转移 > 肺转移 > 骨转移。^{131}I 治疗 DTC 转移,转移病灶消除一般在 ^{131}I 治疗后 6~24 个月。

表 22-2 ^{131}I 疗效与转移部位的关系

转移部位	CR	PR	NR
肺	134/292	26/94	23/94
	(45.9%)	(27.7%)	(24.5%)
骨	16/233	33/72	39/72
	(6.8%)	(35.6%)	(54.2%)
淋巴	58/85	6/32	4/32
	(68.2%)	(18.8%)	(12.5%)

注:CR 为完全缓解,PR 为部分缓解,NR 为无效。分母为纳入病例数,分子为治疗反应病例数,括号内为治疗反应百分数

2. ^{131}I 治疗 DTC 淋巴结转移疗效的影响因素 DTC 淋巴结转移,淋巴结的大小是疗效的重要影响因素之一,淋巴结直径 <1cm 时 ^{131}I 治疗效果显著;淋巴结直径 >1cm,^{131}I 很难完全消除病灶;淋巴结直径 >2cm,^{131}I 治疗效果差。多数研究认为 ^{131}I 治疗 DTC 淋巴结转移的疗效与性别、年龄及病理学类型无关。

3. ^{131}I 治疗 DTC 肺转移疗效的影响因素 患者的年龄是 ^{131}I 治疗 DTC 肺转移疗效的重要影响因素之一,40 岁以下患者的 ^{131}I 治疗有效率为 92.9%,40 岁以上为 72.7%。所以

肺转移确诊年龄越小的患者，^{131}I 治疗效果越好。多数研究认为 DTC 病理学类型并不影响 ^{131}I 治疗肺转移的疗效。也有临床观察到 ^{131}I 治疗 PTC 肺转移的疗效好于 FTC，这可能因为 PTC 更常发生微结节转移，FTC 更常见于老年患者有关。性别不是 ^{131}I 治疗 DTC 肺转移疗效的影响因素。^{131}I 全身显像阳性而胸片阴性的 DTC 肺转移患者疗效好。

4. ^{131}I 治疗 DTC 骨转移疗效的影响因素

（1）DTC 骨转移 ^{131}I 治疗效果差：DTC 骨转移的疗效与 X 线片是否能显示病灶密切相关。凡是在 X 线片上能看出的转移灶 ^{131}I 疗效差；仅用 ^{131}I 显像明确诊断，无 X 线检查证据的骨转移灶，^{131}I 治疗效果明显好于已有 X 线检查改变的病灶。

（2）DTC 骨转移灶的数目与 ^{131}I 治疗效果有关：单发骨转移灶一般发现较早，病灶较小，给予 ^{131}I 治疗后，聚集在单发病灶处的 ^{131}I 可能使一小部分病灶缩小、钙化或者消除；多发骨转移灶因为病灶数目多，使得每个转移灶聚集的 ^{131}I 量降低，所以疗效差。如骨转移灶发现较晚，病灶较大，则 ^{131}I 治疗效果很差。单发病灶且具有手术适应证的患者应结合手术治疗，或考虑外照射治疗。

十、^{131}I 治疗分化型甲状腺癌的毒副作用

^{131}I 治疗 DTC 的毒副作用是临床高度关注的问题，对毒副作用认识和处理，对 ^{131}I 治疗 DTC 效益与风险的评估，直接影响患者随访和治疗方案制定、患者生活质量及预后。

1. ^{131}I 治疗 DTC 的一般反应 放射性甲状腺炎可见于清甲治疗的患者，多发生于 ^{131}I 治疗后几天内。颈前区肿胀疼痛、吞咽疼痛及颈部耳后疼痛等，多数患者不必处理，可自行缓解。残留甲状腺组织越多，症状越明显，症状明显者可对症治疗，严重者应用糖皮质激素可快速缓解病情。^{131}I 治疗早期常见消化系统的反应，可出现恶心，呕吐少见。少数患者 ^{131}I 治疗后出现脱发，可能与治疗过程中反复的甲减状态有关。^{131}I 治疗可能导致泪腺炎和鼻泪管阻塞，引起溢泪或结膜炎。部分患者可出现一过性的味觉和嗅觉改变。^{131}I 治疗 DTC 引起的永久性甲状腺旁腺功能减退非常罕见。

2. ^{131}I 治疗 DTC 对唾液腺的影响 ^{131}I 治疗 DTC 可能导致发生急性或慢性涎腺炎，唾液腺导管阻塞，局部疼痛和肿胀，涎腺功能改变导致口腔环境改变可进一步引发龋齿、口腔念珠菌感染。一项纳入 262 例术后首次清甲治疗 DTC 患者的临床研究显示，^{131}I 治疗后 39% 患者有唾液腺功能改变，多数患者 1 年内唾液腺功能恢复，仅 5% 患者的唾液腺功能持续性损害。随着 ^{131}I 活度的增高，唾液腺肿胀更加明显，但口干、味觉改变、唾液腺疼痛等症状并不加重。用低活度（1.11GBq）^{131}I 清甲，仍有 14% 患者的唾液腺有损伤表现。唾液腺核素显像研究显示：首次清甲治疗唾液腺摄取及排泄功能分别下降 42% 和 46%，腮腺功能损伤较颌下腺更明显。^{131}I 治疗后患者的唾液流量并未明显减少，但其成分发生了改变，如 SOD、总蛋白和白蛋白分别下降 40%、25% 和 18%，从而对口腔的保护作用减弱。用 rhTSH 比激素撤退法血中 ^{131}I 放射性清除更快，所以发生唾液腺损伤较少或较轻，但发生持续性损害的几率无明显降低。防止或减轻 ^{131}I 治疗导致唾液腺损伤的措施有酸刺激、唾液腺按摩和冷敷，使用相关药物，如胆碱能受体激动剂（匹鲁卡品）、细胞保护剂（氨磷汀等）等，尽管对这些措施的作用仍有争议，但酸刺激仍是临床使用普遍的方法。可让患者咀嚼口香糖，或含化水果糖或维生素 C 等，促进唾液腺的排泌。联合使用上述多种方法，可能会有协同作用。

3. ^{131}I 治疗 DTC 对呼吸系统的影响 ^{131}I 治疗 DTC 肺转移患者可明显改善预后，但弥

弥漫性肺转移的 DTC 患者用高活度 ^{131}I 治疗，可能导致放射性肺炎和肺纤维化。高活度 ^{131}I 治疗后，约 2% 和 3% 的患者发生急性放射性肺炎和肺纤维化。^{131}I 治疗导致的放射性肺炎和肺纤维化，特别是肺纤维化一旦发生，目前无有效的治疗措施，应以预防为主。弥漫性肺转移的 DTC 患者 ^{131}I 治疗 48 小时后，体内存留 ^{131}I 活度应低于 2.96GBq，根据这一标准确定治疗用 ^{131}I 活度，可有效防止或降低放射性肺炎和肺纤维化的发生。

4. **^{131}I 治疗 DTC 对肝肾功能的影响** 部分 DTC 患者的诊断和治疗后 ^{131}I-WBS 可见弥漫性肝脏摄取，一般认为弥漫性肝摄取的主要原因是含 ^{131}I 的甲状腺激素在肝脏内代谢所致。吴书其对 ^{131}I 治疗前后肝功能血清学指标分析发现，ALT 和 AST 水平均较 ^{131}I 治疗前升高，但 82.1% 患者的改变发生于正常参考值范围内，肾功能各参数治疗前后无明显变化。慢性肾功能不全 DTC 患者肾脏清除能力差，^{131}I 治疗 1 周后唾液腺和血液中放射性高于肾功能正常患者约 6 倍，血液透析可明显减少非靶器官的照射。肾功能不全的 DTC 患者应适当降低治疗用 ^{131}I 活度。进行血液透析治疗的肾功能不全 DTC 患者可以进行 ^{131}I 治疗。

5. **^{131}I 治疗 DTC 对造血系统的影响** ^{131}I 治疗 DTC 患者可能对造血系统产生影响，其影响大小主要决定于以下因素：^{131}I 活度，治疗次数，治疗间隔时间，累积 ^{131}I 活度，骨转移灶的数目，以及肾功能状态。骨髓是 ^{131}I 治疗的剂量限制器官，其吸收剂量应低于 200cGy。Lassmann 报道给予 DTC 患者 3.7GBq 的 ^{131}I 清甲治疗，血液的吸收剂量约 32±7~47±10cGy。比较 rhTSH 与停用甲状腺激素，给予 3.7GBq ^{131}I，患者血液的吸收剂量分别是 40.3±10.3cGy（最高 66.6 cGy）和 61.7±22.5cGy（最高 129.5cGy）。^{131}I 治疗 DTC 患者可出现暂时性的白细胞、淋巴细胞或血小板轻度降低。给予平均 3.7GBq ^{131}I 清甲治疗，一年后白细胞和血小板平均下降 9.7% 和 5.8%，均无临床症状。高活度 ^{131}I 治疗后约 25% 出现一过性骨髓抑制，最低值多发生在治疗后 1~2 个月，未引起临床症状不需要治疗，到目前为止未见 ^{131}I 治疗 DTC 患者因骨髓抑制而导致死亡的报道。

6. **^{131}I 治疗 DTC 对生殖系统的影响** Sawka 关于 ^{131}I 治疗 DTC 对女性患者生殖系统影响的荟萃分析显示：12%~31% 的患者治疗后可出现月经失调，8%~27% 的患者在治疗后出现持续 1~10 个月的闭经，年龄较大女性更易出现。这类患者 FSH 和 LH 可见一过性升高，^{131}I 治疗后卵巢功能的改变是由于 ^{131}I 辐射作用或是由于甲减引起，有待进一步研究。至今所有研究均未发现 ^{131}I 治疗 DTC 对患者妊娠及胎儿产生不良影响。大样本的队列研究结果发现，^{131}I 治疗的 DTC 患者与未接受 ^{131}I 治疗的 DTC 患者比较，流产、早产、死胎、先天畸形、新生儿死亡率等不良事件未见增多。卵巢受到的照射主要来自于血液、膀胱、肠道、局部转移灶等部位的放射性，应要求患者多饮水常排尿，至少每天排一次大便。Sawka 对低活度（3.7~5.5GBq；平均 4.25GBq）和高活度（13~27.7GBq；平均 20.3GBq）^{131}I 治疗男性 DTC 患者比较发现，低活度组患者 FSH 和 LH 在治疗后 6 个月升高，18 个月恢复正常；高活度组患者中 12/22（54.5%）治疗后 18 个月 FSH 仍升高，其中 8/12（66%）精子数量减少。所以研究者推荐如预计累积 ^{131}I 治疗活度将超过 14GBq 的男性患者应冻存精子。单次 ^{131}I 治疗对性腺功能产生一过性损害，多数患者 1 年内可恢复，但反复 ^{131}I 治疗的患者性腺损害可能累加，目前未观察到对妊娠及后代产生不良影响。

7. **^{131}I 治疗 DTC 与继发肿瘤** 采用化疗和放疗治疗肿瘤，可导致继发肿瘤发病率增高。高活度 ^{131}I 治疗是否会导致继发肿瘤？这是临床高度关注的问题。荟萃分析结果显示，^{131}I 治疗的 DTC 患者继发肿瘤发病率略高，继发实体肿瘤的相对危险度（RR）为 1.19，继发白血病的 RR 为 2.50。继发肿瘤发病率随 ^{131}I 累积活度增高而增加。由于 DTC 患者总体继发肿瘤的绝对数非常低,所以由 ^{131}I 治疗导致增加的肿瘤绝对数非常少。一项研究纳入 344 例小于 20 岁的青少年 DTC 患者,^{131}I 治疗后发生继发肿瘤 13 例,统计结果显示 ^{131}I 治疗无明显致癌作用(RR=1.1)。

学习要点与思考

1. 掌握分化型甲状腺癌术后用 ^{131}I 清甲的适应证及清甲成功的标准。
2. 了解治疗分化型甲状腺癌 ^{131}I 活度的确定原则。
3. 怎样诊断分化型甲状腺癌的复发和转移?
4. 掌握分化型甲状腺癌临床治愈的标准。
5. 掌握甲亢的病因、诊断标准及鉴别诊断。
6. 掌握 ^{131}I 治疗甲亢的目标、适应证和禁忌证。
7. 治疗甲亢常用方法有几种?各有何优、缺点?怎样决定患者用何方法治疗?
8. 甲亢伴突眼的患者,使用 ^{131}I 治疗的指征是什么?什么情况下该联合使用糖皮质激素?

(匡安仁)

中英文对照

甲状腺毒症	thyrotoxicosis
甲状腺功能亢进症	hyperthyroidism
破坏性甲状腺毒症	destructive thyrotoxicosis
Graves 病	Graves'disease,GD
毒性多结节性甲状腺肿	toxicmultinodular goiter,TMNG
甲状腺毒性腺瘤	toxicadenoma,TA
"淡漠型甲亢"	apathetic hyperthyroidism
非甲亢状态	nonhyperthyroid status
丙基硫氧嘧啶	propylthiouracil,PTU
钠/碘共转运子	Na^+/I-symporter,NIS
"交叉火力"	crossfire
甲亢危象	thyroid storm
甲巯咪唑	methimazole,MMI
卡比马唑	methimazole
分化型甲状腺癌	differentiated thyroid cancer,DTC
甲状腺乳头状癌	papillary thyroid carcinoma,PTC
甲状腺滤泡癌	follicular thyroid carcinoma,FTC
PTC 滤泡样变异	follicular variant of PTC
柱状细胞变异	columnar cell variant
弥散性硬化变异	diffuse sclerosing variant
高细胞变异	tall cell variant
嗜酸性 FTC	oxyphilic FTC,Hürthle cell carcinoma,HCC
低度危险病人	low-risk patients
中度危险病人	intermediate-risk patients
高度危险病人	high-risk patients
人基因重组 TSH	recombinant human thyroid stimulating hormone,rhTSH

第二十三章　恶性肿瘤骨转移癌的放射性药物治疗

设问
1. 恶性肿瘤发生骨转移是不是就无药可治了？治标不治本的方法有没有必要？
2. 放射性药物治疗骨转移癌的机制是什么？对原发软组织肿瘤有没有治疗作用？
3. 目前临床用于恶性肿瘤骨转移的放射性药物有哪些？

第一节　放射性药物治疗骨转移癌概论

骨转移是恶性肿瘤最常见并发症之一，几乎任何肿瘤都可以转移到骨骼系统。尸检表明，85%的恶性肿瘤有骨转移，其中前列腺癌、乳腺癌和肺癌等发生骨转移最常见。

恶性肿瘤发生骨转移后，可导致顽固性骨疼痛、功能障碍、病理性骨折、高血钙等一系列临床症状。特别是广泛性的骨转移，顽固性的骨痛，是晚期肿瘤病人最常见和最难以解决的问题，严重影响病人的生活质量和预后。随着肿瘤诊断技术的不断改进及治疗水平的不断提高，恶性肿瘤骨转移的综合治疗与处理亦日益受到重视。目前骨转移瘤常用的治疗方法有外科手术、外照射治疗、放射性核素治疗、激素疗法、化学药物治疗及中药治疗等。然而对于多发性骨转移患者外科手术或外照射等治疗手段往往有一定困难。

利用靶向性的放射性核素内放射治疗是近年发展较快的治疗方法，具有疗效好、方法简便且副作用小等优点，该法已成为肿瘤骨转移及所致疼痛的一种新的有效治疗手段。

核素内放射治疗骨转移癌的基础

（一）治疗机制

骨转移癌是由于原发肿瘤经由血液、淋巴系统等途径侵犯到骨骼的不同部位所致。

尽管放射性核素治疗骨转移瘤的确切机制还未完全明了，但随着放射生物学、免疫学等相关学科的发展，放射性核素导向治疗骨转移癌的机制研究也越来越深入。除了β射线对肿瘤的辐射杀伤作用外，放射性核素内照射通过触发机体防御反应而对肿瘤组织产生间接杀伤作用的研究亦已受到重视。

1. 直接杀伤机制（辐射杀伤）　在放射治疗的放射剂量范围内，大多数细胞的死亡形式是分裂死亡，即细胞受照射后，在形态上仍是完整的活细胞，并不表现出放射损伤，只有在它们进入分裂周期后，由于细胞内 DNA 的放射损伤，使分裂失败导致细胞死亡。

一般来说，非增殖细胞群的细胞功能丧失大约需要剂量 100Gy，而使细胞丧失增殖能力的平均致死量常常小于 2Gy。目前大多数治疗骨转移癌所用放射性核素均是利用其所发射的 β 射线，对转移癌细胞进行辐射（穿透力为 3~8mm）能有效杀死、杀伤周围的肿瘤细胞，起到辐射杀伤作用。

2. 间接杀伤机制（免疫增强）　肿瘤放射性核素治疗后可触发免疫反应，如肿瘤局部注射放射性核素治疗 3~7d 后可见肿瘤局部有大量 T 淋巴细胞浸润；另外，在放射性核素治疗早期，肿瘤吸收剂量很少，却产生明显的临床效果。如 ^{153}Sm-EDTMP 治疗骨转移癌时，5%~10%的治疗病人在静脉注射 ^{153}Sm-EDTMP 1h 内，可明显出现很强的止痛效果，而此时肿瘤组织的理论吸收剂量很低；动物实验证实，此时的肿瘤细胞无坏死。

肿瘤骨转移所致疼痛可由以下方面因素所致：①肿瘤细胞产生的化学物质刺激或细胞浸润、蔓延至神经支配丰富的骨膜；②肿瘤的机械性压迫引起骨组织变薄；③肿瘤从骨组织扩散至神经组织；④转移瘤病灶部位炎症反应，其化学物质（如前列腺素、缓激肽）激活致敏关节感觉导致疼痛加剧；⑤若转移灶巨大，骨质破坏增加也会造成骨痛。

放射性核素治疗骨转移疼痛的可能机制有：①癌变骨组织受 β 粒子辐射效应使肿瘤组织对神经压迫减轻；②射线对瘤细胞作用影响抑制分泌传递疼痛的痛感化学物质；③淋巴细胞分泌各种细胞分裂激动素可以调节疼痛作用，肿瘤部位淋巴细胞死亡是疼痛缓解的原因之一；④膦酸盐类化合物沉积在成骨细胞活跃区对缓解疼痛也起到一定作用。放射性核素治疗骨转移癌疼痛作用是综合性、多因素的，确切机制还有待更深入的研究。

（二）放射性药物的理想特性

1. 半衰期 放射性核素的半衰期决定着治疗起始剂量和放射性总量。用于治疗肿瘤骨转移的放射性药物应有适合的有效半衰期，使药物能浓聚于病灶和尽量多的放射性核素在病灶内衰变，达到理想的治疗目的。

2. 发射光子 γ 射线影响整体吸收剂量，与毒性作用有关，另外，也会形成对工作人员及其家人的辐射，但伴随有合适能量的 γ 光子放射性药物在治疗同时能进行显像，在监测患者体内放射性药物的分布并估测吸收剂量方面有重要优点，故要求低 γ 光子丰度。

3. 发射电子 α、β 辐射及内转化或俄歇电子辐射。短射程的俄歇电子辐射可作用于细胞核而致细胞死亡；α、β 辐射则适宜药物定位于细胞质或细胞表面。几个细胞直径的射程可增加细胞死亡的可能性，但粒子射程大于 100 个细胞直径则可以损伤正常周围组织，毒性增加。由于 α 射程短、衰变复杂且产生不稳定核素等原因，目前治疗放射性核素治疗肿瘤主要依赖 β 射线。最早应用于骨恶性肿瘤治疗的放射性核素 ^{89}Sr 和 ^{32}P 均发射高能量 β 射线，这些射线可穿入骨髓腔并可能会引起骨髓毒性的增加。因此应寻找一种发射较低能量电子射线的核素，以减少对周围组织的损伤及降低骨髓毒性。目前认为最佳能量范围是为 0.8~2.0MeV，在组织内射程小于 1cm。

4. 放射性核素 可最大程度被病灶摄取，达到理想的靶与非靶（T/NT）比；而在软组织和正常骨髓内能迅速清除。

5. 其他因素 其他要考虑的因素有：易制备、体内体外的稳定性、贮存时间和费用等。

（三）使用方法

正确掌握放射性核素治疗骨转移瘤的方法，制订详细合理的治疗方案，科学的评价和随访治疗效果是必要的。现简述如下。

1. 适应证与禁忌证
（1）适应证：①临床、病理、X 线或 MRI 和骨显像确诊的骨转移患者；②骨转移所致的剧烈骨痛（须排除其他原因所致的骨痛）；③核素骨显像示异常放射性浓聚灶。如骨显像所示转移灶仅为溶骨性冷区，且呈空泡的患者，用核素治疗无效；④白细胞不低于 $3.5×10^9$/L，血小板不低于 $80×10^9$/L。

（2）禁忌证：①近期6周内进行过细胞毒素治疗的患者；②化疗和放疗后出现严重骨髓功能障碍者；③严重肝肾功能障碍的患者。脊柱破坏伴病理性骨折和（或）截瘫的患者、晚期和（或）已经历多次放疗或化疗的患者疗效差，应慎用。

2. 疗效评价

（1）治疗前评价患者状况的标准

1）食欲分为四级：Ⅰ级为正常；Ⅱ级为食量减少；Ⅲ级为食量减少1/2；Ⅳ级为食量减少2/3或无食欲。

2）睡眠状况分为四级：Ⅰ级为正常；Ⅱ级为睡眠略差，但不需用安眠药；Ⅲ级为服安眠药后才能入睡；Ⅳ级服用药物也难入睡。

3）疼痛分为四级：Ⅰ级无疼痛；Ⅱ级有轻度疼痛，能忍受，睡眠不受干扰，不需服用止痛剂；Ⅲ级为中度疼痛，正常生活和睡眠受干扰，要求服用止痛剂，阿司匹林口服用量每日650mg左右，或可待因口服用量32mg左右，或杜冷丁50mg左右；Ⅳ级为重度疼痛，生活和睡眠受到严重干扰，杜冷丁用量75mg左右，或吗啡用量10mg左右。

4）生活质量和体力状况分为五级：Ⅰ级为活动能力正常，与患病前活动能力无任何差异；Ⅱ级，能自由走动，能从事轻度体力劳动（包括一般家务或办公室工作），不能从事较重体力劳动；Ⅲ级，能走动，生活能自理，已丧失工作能力，日间一半时间可起床活动；Ⅳ级，生活部分自理，多数时间卧床或坐轮椅；Ⅴ级，卧床不起，生活完全不能自理。

（2）疗效的评价标准和随访观察指标

1）骨痛反应评价标准：Ⅰ级，所有部位骨痛完全消失；Ⅱ级，25%以上部位骨痛消失或骨痛明显减轻，必要时服用少量止痛药物；Ⅲ级，骨痛减轻不明显或无任何改善。

2）疗效评价标准：Ⅰ级为显效，X射线检查或核素骨显像证实所有部位的转移灶出现钙化或消失；Ⅱ级为有效，X线检查证实转移灶上下径和横径乘积减小或钙化大于50%，或核素骨显像显示转移灶数目减少50%；Ⅲ级为好转，X线检查证实转移灶的两径乘积减小或钙化大于25%，或核素骨显像证实转移灶数目减少25%以上；Ⅳ级为无效，X线检查证实转移灶两径乘积减小或钙化小于25%，或无变化，或核素骨显像显示转移灶数目减少不到25%，或无变化。

3）观察和记录食欲、睡眠和生活质量的变化，并与治疗前进行比较。

4）定期检查血象与血生化。

5）X线检查或核素骨显像3~6个月一次。

第二节　用于骨转移癌治疗的放射性药物

用于骨转移治疗的放射性药物的研制和临床研究已成为国内外研究的热点。放射性碘是最先用于治疗的核素。经过多年的发展，目前临床上常用于治疗骨肿瘤的放射性药物有^{89}Sr（^{89}Sr-SrCl$_2$，氯化锶-89）、^{153}Sm-EDTMP（samarium 153-ethylened iaminetetramethylene phosphonic acid，钐-153-乙二胺四甲撑膦酸）、^{186}Re-HEDP（rhennium-186-hydroxyethylene diphosphonate，铼-186-1-羟基亚乙基二膦酸）、^{188}Re-HEDP等。

^{89}Sr是与钙同族的元素，代谢与钙相似。其他几种核素都是以膦酸盐类化合物为载体，膦酸盐类物质直接参与骨代谢，治疗骨转移瘤的常用放射性核素的性质见表23-1。

表 23-1　治疗骨肿瘤的常用放射性核素

核素种类	$t_{1/2}$（d）	$E_{\beta max}$（MeV）	β平均能量（MeV）	组织中平均射程（mm）	E_γ（keV）	γ发射丰度（%）	生成核反应
^{89}Sr	50.5	1.49	0.58	2.4	909	0.0096	^{89}Sr（n, γ），^{89}Y（n, p）
^{32}P	14.3	1.71	0.70	2.7	—	—	^{32}P（n, γ），^{32}S（n, p）
^{153}Sm	1.9	0.81	0.22	0.55	103	28.3	^{152}Sm（n, γ）
^{186}Re	3.8	1.07	0.36	1.06	137	9.12	^{185}Re（n, γ）
^{188}Re	0.7	2.12	0.76	3.8	155	15	^{186}W（2n, γ），^{188}W衰变
^{117m}Sn	13.9	0.13*	—	0.22	159	87	^{117}Sn（n, n, γ）
		0.15*	—	0.29			

* 内转换电子

病灶的吸收剂量与肿瘤病灶浓集药物的量、药物在肿瘤病灶中的滞留时间呈函数关系，另外还与药物的β射线的能量有关，通常吸收剂量与疗程成正相关。常用治疗放射性核素的吸收剂量见表 23-2。

表 23-2　常用治疗放射性核素的吸收剂量 Rad/mCi（cGy/MBq）

放射性核素	骨	骨髓	膀胱	肿瘤
^{32}P	41~46（11.1~17）	20~40（5.4~10.8）	2.7（0.74）	
^{89}Sr	50~60（6.2~13.5）	40~200（10.8~54）	4.8（1.3）	400~2200（108~594）
^{153}Sm	2.5~8.6（2.3~6.8）	3.8~6.9（1.1~1.9）	3.6~4.6（1~1.2）	42（11.3）
^{186}Re	3.2（0.9）	2.8（0.76）	1.8（0.5）	41（11.1）
^{117m}Sn	200~300（54~81）	12~27（3.2~7.3）	0.6（0.16）	

第三节　^{153}Sm-EDTMP 治疗骨转移癌

一、^{153}Sm-EDTMP 的化学特性、药代动力学和作用机制

EDTMP 为膦酸盐化合物，具有较强的络合作用，进入血液后与钙离子迅速络合，使血钙浓度迅速下降，可致心肌中毒，^{153}Sm-EDTMP 是 ^{153}Sm 与 EDTMP 配体按 1∶1 形成的络合物，其化学结构为：

^{153}Sm-EDTMP 的络合作用小，不影响血钙，其特点为与骨组织有高的亲和力，并且浓聚在骨更新的部位，^{153}Sm-EDTMP 累积在病损骨的剂量约是正常骨的 5 倍，转移病灶比正常组织能积聚更大剂量的 ^{153}Sm-EDTMP，这正是用治疗骨转移癌的理论依据。

^{153}Sm 具有用于骨转移癌的最理想物理特性，其物理半衰期是 46.3h，可发射中等能量的β粒子和γ光子，其中β粒子（0.81keV）的最大径迹在骨为 0.7mm，软组织为 3.1mm，水中为 0.83mm；光子为 103keV，在治疗水平时的剂量远远低于造成外照射损伤所需要的剂量，更有价值的是可以用其行常规显像，用以监测用药后在组织内的分布状况。

注射 ^{153}Sm-EDTMP 后 3h，注射剂量的大部分分布在骨骼，在此期间软组织中分布量

不足2%，肝和肾在注射后24h接受的放射性活性只有骨的1%，且几乎全部由肾排出。药代动力学资料表明，给予^{153}Sm-EDTMP后3h转移部位显像与治疗前^{99m}Tc-MDP骨显像的描述完全一致并具有快速的血浆清除率。骨骼的摄取与转移部位的数量显著相关。

二、^{153}Sm-EDTMP 的治疗方法

内照射治疗的剂量分析较复杂，影响因素甚多。

（一）初次治疗剂量的确定

确定剂量的方法有多种。根据体重确定剂量，剂量范围 18.5~37MBq/kg 体重（0.5~1mCi），总剂量不要超过 2405MBq（65mCi）为佳。也有使用固定剂量法，每次给予患者 1110~2220MBq（30~60mCi）。"核医学诊断与治疗规范"推荐的方法为：如患者病情较重，治疗仅以止痛和改善生活质量为目的，则可一次性静脉注射 ^{153}Sm-EDTMP 740~1110MBq（20~30mCi）；如以骨转移病灶缩小或消失为目的，同时达到止痛的效果，则应依据病人对 ^{153}Sm-EDTMP 的骨摄取率和控制红骨髓的吸收剂量在 100~150cGy 计算治疗用剂量。具体计算方法如下：骨累积活性：
$$A_1 = A_{01} \times Bu \times Tp / 0.693$$

式中：A_1 为骨累积活性；A_{01} 为注射时 ^{153}Sm-EDTMP 的活性；Bu（bone uptake）为骨吸收率，可从尿排率算出，即 $Bu = 1 - $ 尿排率；Tp 为 ^{153}Sm 的物理半衰期（46.3 小时）。

而根据骨累积活性计算红骨髓吸收剂量 D_{RM} 要分别考虑骨小梁和骨皮质的 S 因子，即：
$$D_{RM} = 0.5 A_1 \times S_T + 0.5 A_1 \times S_C$$
$$D_{RM} = 0.5 A_1 \times (S_T + S_C)$$

（S_T 为骨小梁 S 因子，S_C 为骨皮质 S 因子）

根据文献：$(S_T + S_C) = 0.0353 \text{m Gy/MBq} \cdot \text{h}$

由于 S 因子是以 70kg 体重的体模为基础得出的，对不同体重的病人须作校正。

故 $D_{RM} = 0.5 A_1 \times (S_T + S_C) \times 70/W$（W 为病人以 kg 为单位的实际体重）

将 $A_1 = A_{01} \times Bu \times Tp / 0.693$ 代入上式

于是 $D_{RM} = 0.5 \times A_{01} \times Bu \times Tp / 0.693 \times (S_T + S_C) \times 70/W$

$$A_{01} = \frac{D_{RM}}{0.5 \times Bu \times Tp/0.693 \times (Sr + Sc) \times 70/W}$$

这就是根据预先确定的红骨髓控制吸收剂量以及病人的骨吸收率和体重计算应给予病人 ^{153}Sm-EDTMP 注射量的公式，由于 S 因子的单位是 mGy/MBq·h，所以式中 D_{RM} 的单位应为 mGy，Tp 应以小时表示，而由此计算出的 A_{01} 的单位是 MBq。

将 $Tp = 46.3$ 小时、$(S_T + S_C) = 0.0353$ 代入，并将所有数字合并化简得：

$$A_{01}(\text{MBq}) = \frac{D_{RM}(\text{mGy}) \times W(\text{kg})}{82.5 \times Bu}$$

由此式，即可非常方便地计算出每个病人的注射量。

例如：某病人骨吸收率为 52.5%，体重 58kg，当控制红骨髓吸收剂量为 1400mGy 时，应注射多少 MBq 的 ^{153}Sm-EDTMP？

计算： $A_{01} = 1400 \times 58 / (82.5 \times 0.525) = 1875 \text{MBq}$

（二）重复治疗

骨痛未完全消失或复发；骨痛明显缓减，为达到消退病灶的目的。这两种情况是重复连续治疗的指征。两次治疗间隔4~5周，其间辅以支持疗法，使病人的血相和身体状况恢复，白细胞在 $3.5×10^9/L$ 以上和血小板在 $90×10^9/L$ 以上。

（三）给药方法的其他参考因素

病灶大小与数量：巨大骨转移瘤和多发性骨转移瘤病人宜增加用药量（计算最大红骨髓的吸收剂量时，可推荐用 2500mGy）；肾功能不全病人宜减少部分用药量；晚期癌症病人，尤其是经过多周期化疗、大剂量多次外放疗或已用过细胞毒素治疗以及长期使用激素治疗的病人，因为骨髓储备功能较差，用药时应分外慎重。

三、^{153}Sm-EDTMP 治疗的副作用

^{153}Sm-EDTMP 注射后发生急性的毒副作用反应少见，极少数病人可出现恶心、呕吐、蛋白尿或血尿、皮疹、发热寒战等，一般较轻微，可及时对症处理。临床上 ^{153}Sm-EDTMP 主要不良反应是对骨髓毒性，影响最明显的是血小板（PLT）和白细胞（WBC），一般在用药后第3~4周达到最低值，第8周恢复正常，最低值与剂量相关。

随着治疗次数的增加，血液毒性反应增加，如同时接受放化疗，则血相变化更明显。所以 ^{153}Sm-EDTMP 治疗尽可能不要与放化疗同时进行，但可根据病人的身体状况和病情需要，间隔交叉进行并辅以支持治疗。

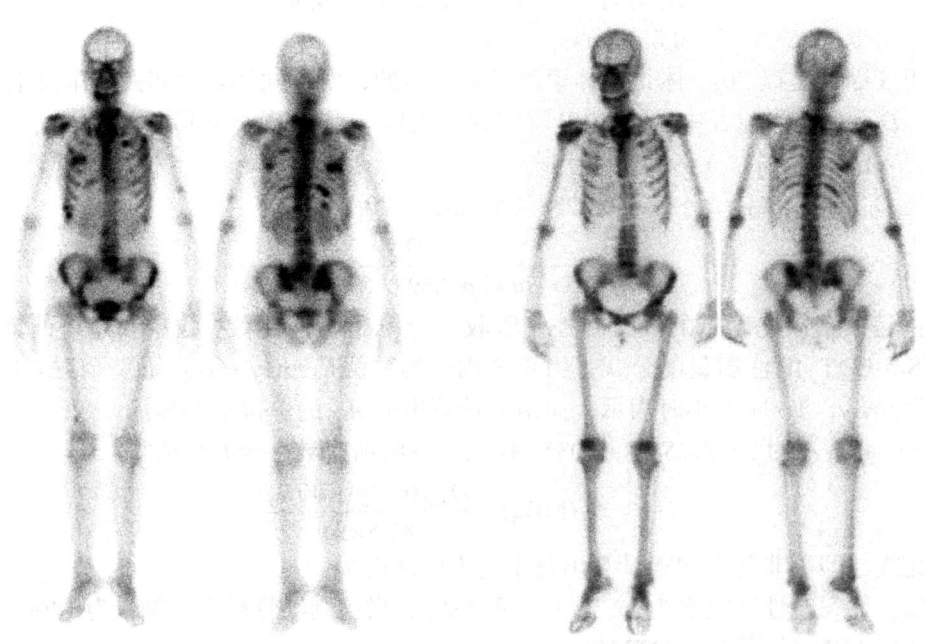

图 23-1 乳腺癌骨转移患者，^{153}Sm-EDTMP 治疗骨显像改变
A.治疗前骨骼多处转移灶；B.每月一次，连续5次后复查情况，病灶明显消失，减少

总之，^{153}Sm-EDTMP 作为放射性药物治疗骨转移有以下优点：①化学状态单一，并具有很好的体外稳定性；②^{153}Sm-EDTMP 大部分沉积在骨骼，并且在骨肿瘤部位的浓聚是正常骨的 20 倍以上，因此对正常骨的损伤程度极小；③^{153}Sm-EDTMP 发射中等的 β 能量和低的组织穿透性，能向肿瘤组织释放很高的辐射剂量，而对肿瘤周围正常组织的损伤极小；④^{153}Sm-EDTMP 的物理半衰期短（46h），能进行短时间多次照射，减少了长期隔离病人和对尿和其他体液的处理；⑤103keV 的 γ 辐射使 ^{53}Sm-EDTMP 的放射性分布可以用全身骨显像来显示，有利于在治疗过程中检测病人的病情变化。这些优点使得 ^{153}Sm-EDTMP 在骨转移癌治疗中占有相当的地位。

第四节 ^{89}SrCl$_2$ 治疗骨转移癌

一、^{89}Sr 的物理、生物学特性和作用机制

^{89}Sr 发射纯 β 射线，其能量为 1.46MeV，半衰期为 50.6d。^{89}Sr 的生物学特性和作用机制主要表现如下。

（1）锶在元素周期表中与钙同一族，因此 ^{89}Sr 的生物化学特性类似于钙，当 ^{89}Sr 以 ^{89}SrCl$_2$ 化学形式静注后很快聚集在成骨细胞组织。静脉注射后 10d，^{89}Sr 在骨肿瘤部位的积聚达到一个平稳的高峰，然后非常缓慢地下降。相比之下，在邻近的正常骨组织，注射后 1d 即达峰值，然后很快减少。

^{89}Sr 进入体内后 10%通过肾脏排泄，其余通过胆道排泄。静注后 48h，尿中的排泄量最大，第一周后排泄量少于 10%，其在体内的滞留与肾血浆清除率的大小和骨转移的程度有关。一般情况下，^{89}Sr 在骨转移灶的聚集量是正常骨的 2~25 倍，对骨癌引起的疼痛具有相当好的镇痛效果。^{89}Sr 的半衰期比较长，一旦进入转移灶后则与正常骨中的 ^{89}Sr 不一样，不再代谢更新，可滞留在转移灶内 100d，持久地维持药效。

^{89}Sr 和 ^{99m}Tc-MDP 在正常骨和转移灶中的分布是相似的，^{89}Sr 治疗前的 ^{99m}Tc-MDP 骨显像不仅可以揭示转移灶的部位，而且可以预测 ^{89}Sr 在骨转移灶中的摄取程度。同样可以利用韧致辐射显像对病灶进行检测。

（2）^{89}Sr 发射的 β 射线能杀死肿瘤细胞。^{89}Sr 的 β 射线（穿透范围约为 3mm）能有效地杀死周围的肿瘤细胞，对骨转移灶起到治疗作用，治疗后病人的肿瘤标志物（包括前列腺特异抗体、酸性／碱性磷酸酶）水平明显下降（在 4 个月内，大多数病人下降 50%以上）。在定期随访复查的骨显像上显示，随 ^{89}Sr 静注后时间的延长，异常浓聚影不断缩小、变淡，甚至消失，临床症状也明显改善。

（3）^{89}SrCl$_2$ 还可降低碱性磷酸酶和前列腺素 E（PGE）水平，有利于减轻骨质溶解，修复骨质，达到止痛和降低血钙的作用。

二、^{89}Sr 的临床应用

（一）^{89}Sr 对骨转移骨痛的缓解作用

缓解骨转移骨痛是 ^{89}Sr 的主要治疗作用之一，有利于改善患者的生活质量，减少痛苦。

^{89}Sr 对前列腺癌和乳腺癌骨转移骨痛病人治疗效果最佳,有效率可达 85% 左右。治疗后可以有效改善患者的疼痛症状,提高睡眠质量等。

为防止疼痛复发,每 3 个月提供重复治疗,可以阻止疼痛的发生。一般情况下,^{89}Sr 治疗骨转移骨痛显效时间是 10~20d,在 6 周内症状可获得改善,再注射一次后镇痛效果可维持 3~6 个月,平均 6 个月。

(二)^{89}Sr 的治疗作用

^{89}Sr 治疗的另一目的是使骨转移灶缩小或消失,以缓解病情,延长病人的生命。

^{89}Sr 发射的 β 射线能杀死肿瘤细胞,^{89}Sr Cl$_2$ 还可降低碱性磷酸酶和前列腺素(PGE),有利于减轻骨质溶解,修复骨质,达到止痛和降低血钙的作用。因而除了镇痛外,^{89}Sr 还可以对骨转移灶起到治疗作用(见图 23-2)。

^{89}Sr 治疗前后,一些患者原 X 射线上的溶骨型病灶已经转换成硬化型改变,可以看见有明显的骨小梁的修复;同一部位病灶中的示踪剂摄取明显减少,损害区与正常骨的放射性比明显下降,部分恢复正常或多年后未见新病灶出现;前列腺特异抗原 PSA,碱性和酸性磷酸酶等都有降低。

也有人认为,^{89}Sr 具有预防和延迟骨转移,推迟新的骨转移灶的出现。

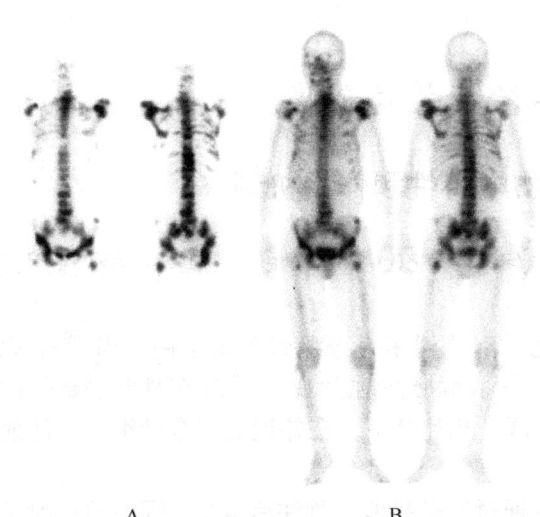

图 23-2 前列腺癌骨转移 ^{89}Sr 4mCi 治疗 3 个月后骨显像情况
A.治疗前;B.治疗后 3 个月骨显像示病灶部分消失,减少

三、^{89}Sr Cl$_2$ 的治疗剂量及副作用

(一)治疗剂量

^{89}Sr 的治疗剂量一般认为以 1.48~2.22MBq/kg(40~60μCi/kg)为宜,但也有认为剂量水平在 2.22~2.96MBq/kg(60~80μCi/kg)或 2.035~3.145MBq/kg(55~85μCi/kg)可产生更好的结果,并且对病人血液方面的影响是足够安全的。一般常用剂量为每次 111~148MBq(3~4mCi)。

关于重复治疗,对于第一次 ^{89}Sr 治疗有效的病人,如需要可考虑再次给予 ^{89}Sr 治疗。但首先要观测病人的血液学情况;其次是与上一次 ^{89}Sr 治疗的间隔时间应大于 3 个月。

(二)^{89}Sr Cl$_2$ 治疗的副作用

部分病人在注射时可有热感,一般没有明显其他的不适症状。^{89}Sr 治疗的主要副作用是血液学的毒性反应,部分病例在注射后 4 周左右出现白细胞、血小板轻度减少,但这些下降是可逆的,在约 2 周内即恢复到治疗前水平。少部分患者可有反跳痛,即给予 ^{89}Sr 后病人出现短暂疼痛加重,一般发生在给药后 5~10d,持续 2~4d,通常预示有好的疗效。

四、^{89}Sr 治疗与放、化疗的关系

放射治疗在癌症症状的缓解方面起重要作用,90%有症状的骨转移病人经低剂量、短疗程放疗后都有所减轻。治疗有效的患者中有半数获得完全的疼痛缓解。但放射治疗技术仅仅对投照部位的病灶有效,对于局限的转移灶有很好的姑息止痛的作用,而对于广泛、多发的骨转移灶则应选用核素内放射治疗如 ^{89}Sr 治疗。

研究显示,在延缓新的疼痛部位的发生上,^{89}Sr 明显优于放疗,这是因为 ^{89}Sr 可以进入尚无症状的病灶中,而即使是半身放疗,在辐射野外仍会有新的疼痛部位出现。因此 ^{89}Sr 是对局部放疗的有效的辅助治疗,它可以延缓疾病进展,减少新的疼痛部位的发生和对进一步放疗的需求。再者局部放疗加上低于常规剂量的 ^{89}Sr 治疗亦可达到缓解疼痛的目的。

理论上,化疗药物能有效地治疗肿瘤(种子),放射性核素能调整骨基质的内环境(土壤)及对骨转移部位癌细胞的杀伤作用,两者联用可以提高疗效。

但是在实际应用中由于化疗对全身副作用较大,个体间也存在着较大差异,最好避免同时使用。在化疗中出现严重骨髓毒性反应者,至少要在血象恢复并维持 3 个月以上才能使用。

使用低剂量的化疗药物来作为增敏剂,以提高核素内放射治疗的有效率。

第五节 ^{186}Re 及 ^{188}Re 治疗骨转移癌

一、^{186}Re-HEDP 的特性

^{186}Re 为反应堆生产,半衰期 3.8d(91.2h),发射的 β 射线能量为 107keV(77%)和 0.934keV(23%),同时发射能量为 137keV 的 γ 射线,适合 γ 显像。铼和锝一样同处于周期表的第七族副族元素,具有十分类似的化学性质。铼的化学性质十分活泼,可以形成许多稳定的络合物,也可以通过直接或间接的方法标记多肽、核酸和单抗、单抗片段或受体配体,制备各种各样的 Re 标记放射性药物。

HEDP 为亲骨的二磷酸盐化合物,具有较强的络合作用,可参与骨盐代谢,抑制溶骨反应,浓聚于骨更新的部位,特别浓聚于肿瘤的骨转移灶。^{186}Re-HEDP 的高效液相层析与 ^{99m}Tc-MDP 近似,第一个淋洗峰具有很高的骨摄取。^{186}Re-HEDP 和 ^{153}Sm-EDTMP 在人体中的生物学定位及药物动力学研究结果与在动物中的研究结果一致。这表明 ^{186}Re-HEDP 是一种比较理想且有发展前途的骨转移癌治疗药物,#Re-HEDP 的化学结构式如下:

实验研究结果表明 ^{186}Re-HEDP 亲骨性较好,但血清除慢,肾残留量高。损伤骨与正常骨的比值为 4~4.5。^{186}Re-HEDP 在病变骨与正常骨中的浓聚比值,随着时间的延长而增加,这对治疗骨转移癌,缓解骨的疼痛非常有益。

化学结构

二、临床应用及特点

国外有部分动物及骨转移瘤患者的应用报道，国内不多。临床应用表明所有病人均未出现血压、脉搏的改变，也未出现任何急性副作用或反应。但在约10%的病人中出现反跳痛，一般在注射后的2~3d内出现，并在一周内减退。3~5周时，白细胞及血小板可有一过性下降，8周时恢复正常，未见明显骨髓抑制现象。

总的来说，^{186}Re-HEDP具有以下优点：①^{186}Re发射的β射线可用于治疗骨肿瘤，其在骨内的辐射范围为0.5mm，在软组织中为1mm。γ射线可用于骨显像技术，以观察病变的发展及其疗效；②^{186}Re-HEDP的亲骨性较好，损伤骨与正常骨的比值为5.4:1；③^{186}Re-HEDP释放到骨肿瘤的辐射剂量与骨髓的比值为153:1[有人认为是（13~186）:1]，肿瘤与骨髓的吸收剂量是^{89}Sr的2倍，它对血象影响小，骨髓不会受抑制；④^{186}Re的物理半衰期3.8d，具有便于运输和处置，同时又可以一次性给予较大剂量和重复多次给药的优点。^{186}Re-HEDP能明显缓解骨转移癌病人的疼痛，及延缓骨肿瘤的生长速度，总疗效达80%以上，有一定的发展前景。

三、^{188}Re的化学特性、药代动力学

^{186}Re由反应堆生产，价格高，其半衰期不够长，因而不便于长时间储存备用。近年来，已有用^{188}Re替代^{186}Re的趋向。

^{188}Re的物理半衰期为16.9h，发射最大能量为2.11MeV和1.97MeV的β射线，同样发射适于显像的155keV的γ射线，可以方便地进行核素标记药物的生物体内分布、辐射剂量估计等药代动力学研究。

^{188}Re-HEDP在小鼠体内分布的实验证明，^{188}Re-HEDP在小鼠骨组织中高度浓集，给药后24h骨摄取率达最高峰，48h开始下降；血液摄取率很低且清除快，6h后接近本底；除肾摄取稍高外，其他脏器摄取率均小于1。^{188}Re-HEDP主要经泌尿系统排泄，在肝、甲状腺和肺中摄取可以忽略。

四、^{188}Re-HEDP的临床应用和副作用

尽管^{188}Re有较高的β能量，但每MBq ^{188}Re对于红骨髓和骨表面的辐射剂量低于^{186}Re和^{153}Sm。^{188}Re被认为是一种非常理想的治疗骨转移癌的放射性核素，它具有优良的核性质和化学性质，适于治疗应用。国内外的一些研究提示^{188}Re治疗的患者生活质量都得到了明显提高，同时^{188}Re-HEDP不像^{153}Sm-EDTMP和^{186}Re-HEDP会对骨髓造成大的抑制。随着^{188}Re用药剂量的增加反应率增加，但对骨髓的抑制作用也相应增加。^{188}Re另外的主要优点是它不像^{153}Sm和^{186}Re药物需要反应堆频繁生产，还免除了运输和储藏等带来的问题，使用方便，价格较低，因此很可能在今后得到临床和患者的广泛认同，为骨转移瘤患者带来福音。

第六节 其他治疗骨转移癌的放射性药物

近年来，正在不断探索新的治疗骨转移瘤的放射性药物，各种药物制剂相继得到研制

开发。起初的 ^{32}P、^{131}I-BDP$_3$（羟叉二磷酸类化合物）、^{90}Y-柠檬酸（^{90}Y-EDTA）等由于核素的物理性能不理想或由于对骨髓等副作用太大，在临床上无法很好地得到应用。在实际工作中也经常利用临床常用的放射性核素来治疗相关肿瘤骨转移，如利用 ^{131}I 来治疗甲状腺癌骨转移及利用 ^{131}I 标记药物 ^{131}I-MIBG（间位碘基苄胍）治疗嗜铬细胞瘤转移等。近来也有人尝试在 CT 引导下利用 ^{125}I 粒子种植来治疗肿瘤骨转移灶，创伤小，疗效好，也值得推广应用。下面再简单列举两种新进研发的放射性药物。

一、^{99}Tc-MDP 注射液

^{99}Tc-MDP，即锝亚甲基二磷酸盐，由 ^{99}Tc 与 MDP 标记而成，为国内专家自己研制开发的国家级新药。

^{99}Tc 是 ^{99m}Tc 衰变后的产物，半衰期为 $2.14×10^5$ 年，通过发射 β 射线（能量为 0.292MeV）而衰变为稳定的 ^{99}Ru。由于 ^{99}Tc 半衰期极长而发射的 β 射线能量很小，可以看成是相对稳定的核素。其治疗机制可能有：①利用微量元素 Tc 的价态变化，通过其失去或获得电子的过程不断消除人体内的自由基，以保护超氧化酶（SOD）的活力，抑制病理复合物的产生，防止自由基对组织的破坏。同时对炎性介质和免疫调节因子白介素（IL-1）的产生有抑制作用，从而起到调节人体免疫功能的作用，增强机体免疫力，对肿瘤转移灶、原发灶均有抑制作用。②其主要成分之一是二膦酸盐，它对金属离子，特别是二价金属离子有很强的螯合力，从而可以降低若干金属蛋白酶，包括胶原酶的活性。胶原酶增加会使含有胶原的骨组织迅速遭到破坏。因此二膦酸盐通过降低胶原酶活性而对组织的破坏过程有所抑制，对破坏的软组织和软骨有修复作用。另外，二膦酸盐对骨、骨关节和滑膜组织具有良好的靶向性，其在骨肿瘤病灶中的摄取与 ^{99m}Tc-MDP 相似。又由于它的 P-C-P 键结构稳定，能抑制磷酸钙结晶的形成，同时抑制破骨细胞的活性，防止羟基磷灰石溶解，抑制骨吸收，因此对癌症骨转移引起的骨的破坏有抑制和修复作用，对骨质疏松有治疗作用。③^{99}Tc-MDP 能抑制前列腺素 E（PGE）的合成。前列腺素（PGE1 和 PGE2）是疼痛因子，PGE 合成减少，疼痛就会减轻。所以 ^{99}Tc-MDP 对骨癌疼痛和其他关节疼痛有良好的镇痛治疗作用。一些学者将 ^{153}Sm、^{89}Sr 等与 ^{99}Tc-MDP 联合应用，可以提高骨转移瘤的治疗疗效。

二、^{117m}Sn

^{117m}Sn-DTPA 是最近几年开发研究的治疗骨疼痛或骨转移癌的又一新型放射性药物。

动物实验表明：锡离子对骨骼有较高的特异性，对转移癌有明显治疗作用。用于骨疼痛缓解的含 ^{117m}Sn 放射性药物是正四价 ^{117m}Sn 标记的 DTPA（二乙三氨五乙酸）盐。

^{117m}Sn 的 Sn 的半衰期为 13.6d，与其他放射性治疗核素不同是其以内转换电子的形式发射能量为 127keV 和 156keV 的 β 射线。伴随内转换电子的还有 58.61keV 的 γ 射线，γ 射线适合显像。显像证实，^{117m}Sn-DTPA 和 ^{99m}Tc-MDP 在骨转移癌患者中的分布相同，能清晰显示转移病灶。

^{117m}Sn 的生产比 ^{153}Sm 和 ^{186}Re 困难，需要在反应堆照射富集靶 ^{116}Sn。初步实验表明 ^{117m}Sn-DTPA 人体内的分布与动物体内的分布相同，骨骼是唯一摄取 ^{117m}Sn-DTPA 的器官；^{117m}Sn-DTPA 的排泄比其他络合物（如 ^{153}Sm-EDTMP）缓慢，排泄时间为 3 天。^{117m}Sn-DTPA

的骨表面与骨髓摄取比,在所有亲骨性放射性核素中最高,这是因为相对较低的内转换电子的能量所致。内转换电子在组织中只穿过非常有限的距离（μm量级）,就把电子能量沉淀在细胞核 DNA 内的极小体积中。因此常常担忧的高能 β 粒子对骨髓或造血系统的抑制作用,对 ^{117m}Sn 药物则不必过多考虑。因而,与其他放射性核素相比具有不可替代的优越性,有人认为它是用于骨转移瘤及疼痛治疗的首选药物。

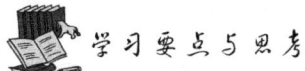
学习要点与思考

1. 掌握放射性药物治疗恶性肿瘤骨转移的机制,并掌握临床常用治疗骨转移癌的放射性药物。
2. 掌握放射性药物治疗恶性肿瘤骨转移的适应证和禁忌证。
3. 熟悉治疗恶性肿瘤骨转移的放射性药物的优缺点和临床应用。
4. 了解放射性药物治疗恶性肿瘤骨转移的方法。

（李林法）

中英文对照

钐-153-乙二胺四甲撑膦酸　　　samarium 153-ethylened iaminetetramethylene phosphonic acid, ^{153}Sm-EDTMP

铼-186-1-羟基亚乙基二膦酸　　rhennium-186-hydroxyethylene diphosphonate, ^{186}Re-HEDP

第二十四章 皮肤病的放射性核素治疗

设问

在传统中医药和现代医药中，人们常将许多药物制成药膏或将药物覆在胶布或纱布中，你能否想到应用放射性核素采取类似敷贴方式，治疗一些皮肤疾病？其原理是什么？

第一节 放射性核素治疗皮肤病概论

一、前　言

早在20世纪50年代，人们就开始应用放射性核素制成敷贴器治疗多种皮肤疾病，已被临床确认，并取得了很好疗效。用吸墨纸浸入放射性磷（^{32}P）酸钠溶液，制成敷贴器治疗皮肤癌、上皮角化增生及血管瘤等是最早的尝试。以后又用放射性锶（^{90}Sr）制成敷贴器治疗眼科疾病及其他皮肤疾病。

经过大量的临床实践，诸如血管瘤、瘢痕疙瘩、慢性湿疹、局限性神经性皮炎、寻常疣及眼科翼状胬肉等许多疾病已列入核素敷贴治疗（application therapy）的适应证范围，因其经济实用、疗效确切、副作用小等特点，已为众多临床医生所接受，尤其是皮肤科、美容整形科及眼科医生等，并发展成为核医学的特色治疗手段之一。

目前使用联合治疗手段治疗深层皮肤病变，例如，海绵状血管瘤或混合型血管瘤采取^{32}P胶体介入+敷贴治疗，较厚较硬的瘢痕疙瘩采取局部手术切除+敷贴治疗，都取得了良好的效果，这为放射性核素治疗皮肤病增添了新的内容和活力。

二、治疗原理

（一）常用放射性核素

1. ^{32}P（^{32}磷）

（1）^{32}P特性：^{32}P在衰变过程中发射纯β$^-$射线后，衰变成稳定性核素$^{32}_{16}$S。衰变方程

$$^{32}_{15}P \rightarrow ^{32}_{16}S + \beta^- + Y + 1.71 MeV$$

^{32}P的化学形式Na$_2$H^{32}PO$_4$，其物理半衰期为14.26天，仅发射β$^-$射线，可产生低能轫致辐射。^{32}P发射的β$^-$射线的能量较高，其最大能量为1.709MeV，平均能量为0.695MeV。在组织内3~4mm深处大部分被吸收，通过1mm组织剩余38%，4mm剩余1.9%。

β$^-$射线使组织产生电离辐射效应可以抑制或破坏增生的组织，37kBq的^{32}P完全衰变时所辐射的剂量为88.5Gy。^{32}P因无γ射线，防护简单，使用方便。

（2）放射性^{32}P（有载体）：^{32}P口服液含有^{31}P载体，它常用于治疗血液病，以及作为制备敷贴器和合成放射性胶体^{32}P的原料。含有^{31}P载体的^{32}P稳定性好。

（3）放射性^{32}P胶体：其化学形式是^{32}P磷酸铬，可与多种稀释剂和药物混合，使用时为了保证混合液中的放射性均匀分布，须特别注意振摇，重新混匀。

^{32}P胶体是多个分子结合在一起，形成颗粒状，不能透过半透膜，注入机体后，注射

处是主要的分布位置。介入治疗后，其大部分的辐射能量将直接作用于靶位，其他部位很少，全身的辐射剂量少，对造血系统的损伤也小。因此，常被用作皮肤病血管瘤深部介入治疗的首选放射性药物。

2. ^{90}Sr-^{90}Y ^{90}Sr-^{90}Y 的衰变过程中，母体与子体均是放射性核素，即出现连续衰变。^{90}Sr 经 β^- 衰变生成子体 ^{90}Y，^{90}Y 再经 β^- 衰变而成稳定性核素 ^{90}Zr。

$$^{90}_{38}Sr(28.1年) \xrightarrow{\beta^-} {^{90}_{39}Y}(64小时) \xrightarrow{\beta^-} {^{90}_{40}Zr}(稳定)$$

^{90}Sr 的物理半衰期是 28.1 年，放出的 β^- 射线能量为 0.65MeV，然后转变成为子代产物 ^{90}Y。虽然 ^{90}Y 的半衰期很短，但能随着 ^{90}Sr 的衰变过程源源不断地形成。^{90}Y 衰变放出 β^- 射线的能量为 2.2MeV，这才是真正起治疗作用的辐射，因此写作 ^{90}Sr-^{90}Y 敷贴器。

^{90}Y 的 β^- 射线在组织中的最大穿透距离为 11mm，随组织深度增加剂量也迅速减少，适合于浅表性疾病的放射治疗，深部正常组织受损伤可能性极少。

（二）敷贴治疗原理与主要优点

1. 治疗原理 β^- 射线射程短，电离密度大，只对近距离内的组织产生电离辐射作用，很适宜于对表浅病灶进行外照射，而不引起深部和邻近组织的损伤；放射性胶体介入治疗只对注射部位的靶组织起作用，不会引起周围组织与其他器官的损伤，全身反应极少见。皮肤表面的血管瘤，采取敷贴照射治疗，不仅破坏和抑制浅层病变，而且增加剂量后，还可使局部微血管发生闭塞、萎缩等退行性改变；对于慢性湿疹等炎症，照射后可引起局部血管渗透性改变，导致白细胞增加和吞噬作用增强而得以治疗；对于增生性疾病如瘢痕疙瘩等，则使细胞（成纤维细胞）分裂速度减慢，逐渐变性坏死，而达到治疗目的。皮肤深部的海绵状血管瘤或较厚的瘢痕疙瘩，采用敷贴外照射治疗，效果较差。但若采用 ^{32}P 胶体瘤体内注射治疗，效果较佳。将 ^{32}P 胶体与地塞米松混合后，直接注入瘤体组织内，大部分停留在注射部位，抑制杀伤血管瘤内皮细胞，使增生血管闭合、萎缩及纤维化，而达到治疗目的。胶体本身则为巨噬细胞和单核细胞所吞噬。

2. 敷贴治疗的主要优点 ①β^- 粒子的电离密度大，治疗效果好；射程短，不对深部及周围正常组织构成损害，便于防护；②可以根据体表病变的大小、形状紧贴于病损处，特别适合于人体各部位皮肤病的治疗；③属于无创性，无痛苦，不留瘢痕，易于操作，尤其是婴幼儿容易接受；④副作用极少。

三、常用敷贴器

（一）^{90}Sr-^{90}Y 敷贴器

应用冶金喷沫技术，将一定量的放射性物质 ^{90}Sr-^{90}Y 均匀制作在 1mm 厚金片或银片中，经必要地防护处理后制成。

敷贴器的形状有圆形、方形或长方形等不同形状。敷贴器的有效区域面积多数小于 $10cm^2$，直径为 1cm、2.5cm 者为多。一般均为商品供应。

^{90}Sr 的半衰期较长，每年只需校正一次剂量率。因此，该敷贴器是临床应用最广泛的

一种，使用寿命长达数十年。

（二）公用 ^{32}P 敷贴器

特别适合于面积较大，病变较为浅表的皮肤病患者的医院内治疗，可供多个患者使用，通常每月制备一次。根据治疗需要，将单层铅橡胶板和双层滤纸统一裁剪成大小、形状相同的方形或长方形，面积可为 $25cm^2$、$50cm^2$、$100cm^2$ 等。

1. 制作程序 取一搪瓷盘置于通风良好的放射性物质操作橱柜中的工作台面，盘中可铺垫吸水好的滤纸，然后把铅橡胶板与两层滤纸重叠放入盘中。用刻度吸管或注射器，将事先配制好的 ^{32}P 溶液，从里向外均匀滴于滤纸上，然后使用电吹风吹干或自然晾干。最后，先用塑料薄膜密封两层，再用双层胶布将背面及四周密封。

2. 计算敷贴器剂量率 根据下述公式计算。首先需要计算敷贴器表面照射率，公式如下：

$$P_0 = \frac{A}{S} \times 1770 = 1770\sigma \ (R \cdot h^{-1} \cdot cm^{-2}) \qquad ①$$

式中 P_0 为表面照射率，A 为 ^{32}P 源的放射性活度（mCi），S 为辐照窗口的面积（cm^2），σ 为 ^{32}P 源的表面活度（mCi/cm^2），常数 1770 为 ^{32}P 的电离常数。

临床治疗常用拉德或戈瑞（rad/Gy）吸收剂量进行定量，所以需要将照射率换算成剂量率，上式可修改为：

$$P_0 = 1770 \times 0.93\sigma \ (rad \cdot h^{-1} \cdot cm^{-2}) \qquad ②$$

式中 0.93 为伦琴 R 与拉德 rad 单位间的换算系数。

（三）专用 ^{32}P 敷贴器

专用 ^{32}P 敷贴器通常适用于来医院治疗有困难的患者，每人一个。制作过程完全与公用敷贴器相同，最大的区别是投入药量明显减少，最多不要超过 3.7MBq，而且有效辐照窗口形状与患者皮肤病变基本相同，只是轮廓稍大于病损周边 0.3~0.5cm。

根据公式②，假设投入 3.7MBq ^{32}P 溶液，制备 $3cm \times 4cm$ 的敷贴器，用于治疗 $2.7cm \times 3.6cm$ 大小的局部血管瘤，那么给予 600rad（6Gy）的治疗剂量，总共需要连续照射 11.12h。计算过程如下：

$$P_0 = 1770 \times 0.93 \times 0.1 \div 12 = 13.72 \ (rad \cdot h^{-1} \cdot cm^{-2})$$

由于烘干过程中损耗，实际可能减少到 7.55 rad，所需时间

$$600 \div (2.7 \times 3.6) \div 7.55 = 11.12 \ (h)。$$

如考虑衰变因素，实际吸收剂量就达不到计算的量，因此，可根据患者的具体情况适当延长时间，以获得较好的疗效。

（四）眼科用 ^{90}Sr-^{90}Y 敷贴器

对翼状胬肉、角膜溃疡、眼睑部血管瘤等有较好疗效。一般由进口商供应，国产的面积为 $1.5cm^2$ 左右的小型圆形敷贴器也能用于眼科疾病的治疗。

四、适应证与禁忌证

1. 适应证 ①局限性毛细血管瘤；②瘢痕疙瘩；③局限性慢性湿疹；④局限性神经

性皮炎；⑤翼状胬肉；⑥慢性外阴营养不良；⑦银屑病（局限于某个部位）；⑧尖锐湿疣、寻常疣等。

2. 禁忌证　①日光性皮炎；②过敏性皮炎，如夏令性湿疹等；③泛发性的皮肤病，如泛发性神经性皮炎、泛发性湿疹和皮损广泛的银屑病等。

五、随访与疗效评价

一个疗程结束后，应嘱患者（或患儿家属）及时复诊，1~2个月未痊愈者，或者复发者，可进行再次治疗，通常不超过三个疗程。最后一个疗程结束后，一般3个月随访一次，如无复发，可延长至半年或1年一次。在随访过程中，应详细描述治疗后症状及病变组织的变化情况，必要时可拍摄患部照片，以作对照，从而客观地判断疗效。

在治疗过程中或结束后，皮损部位可以出现皮炎，表现为色素沉着、干燥、皮肤粗糙有细微的鳞屑样改变及脱屑，此时应终止治疗，否则，皮肤可能出现渗出等改变，引起副作用。

疗效判断标准分为：①痊愈：症状完全消失，病变组织完全被正常组织取代，局部可遗留少许痕迹；②显著好转：症状明显改善，大部分病变组织恢复正常或向正常过渡；③有效：症状有减轻，部分区域病变皮肤恢复正常或改善；④无效：症状或体征无改善，甚至加重。

六、临床应用注意事项

（1）控制总治疗剂量，合理选择一次大剂量法或多次小剂量法进行治疗。对于婴幼儿患者，多次小剂量法更为合适，若是成人患者或放射敏感性较差的患者，则应选择一次大剂量法。如果使用专用 ^{32}P 敷贴器，考虑到表面辐射剂量率很低，也可以采取一次大剂量法，持续给予较长时间的治疗。

（2）多次小剂量法是指总剂量确定的条件下，分多次小剂量治疗。根据具体情况，每天一次，或隔日一次，特殊情况也可间隔2~3天。

（3）无论选用哪一种敷贴器治疗，应注意均匀照射，尤其使用小型敷贴器时，对于面积较大的皮肤病变，应特别注意这一问题。

（4）对于面积较大的病变，敷贴器不能一次照射者，可分次治疗。对于成年患者，一次治疗面积不应大于 $200cm^2$；对于婴幼儿，不应大于 $100cm^2$。

（5）治疗时，照射范围应稍微超出病变周围边界0.3~0.5cm，以避免出现边界效应。

（6）应对周围正常皮肤进行屏蔽，减少不必要的照射。

（7）减少对患者局部病变的刺激因素，如修剪患儿指甲，避免搔抓；同时，避免用刺激性较强的洗涤品，减少擦洗，保持皮肤清洁干燥。

（8）治疗后敷贴器应及时保管，防止放射源丢失事件的发生。

七、不良反应与处理

敷贴治疗的不良反应，取决于治疗方法、剂量及机体对射线的敏感性等因素。正常剂量治疗，一般无全身反应。局部反应主要表现为轻度水肿、充血、红斑、脱屑、色素沉着、瘙痒及轻微灼热感等，通常无需特殊治疗。一旦出现局部明显红肿、灼热、水疱及破溃，甚至出现感染，应立即停止治疗，并给予抗感染，择期再行治疗。

第二节 血管瘤的放射性核素治疗

一、血管瘤的种类

(一)单纯性血管瘤

单纯性血管瘤又称草莓状毛细血管瘤(strawberry hemangioma),是最常见的一种,约占72.3%。绝大多数在7岁前发病,瘤体早期生长迅速,呈鲜红色或暗红色,高出皮肤表面;形状多为圆形或不规则形,大小不等,可从米粒大小到草莓大小或更大,边界清楚;质软,压之不褪色;多单发,好发于面部、头皮、颈部、四肢和躯干,少数累及黏膜;如果发生于鼻、眼、口腔、耳或生殖器等部位,可造成局部功能障碍。

(二)海绵状血管瘤

海绵状血管瘤(cavernous hemangioma)是由发育障碍的血管扩张、静脉窦样血管腔和纤维性基质构成。常在出生时或生后不久发病,逐渐生长,成年后停止。通常生长在皮下,皮肤平坦或明显隆起,表现为柔软富有弹性的皮下肿块,边界不清,深浅不一,皮肤颜色可呈暗色或深紫色。多单发,任何部位均可发病,如果瘤体较大,常常挤压邻近器官,出现隐痛和压迫感,或并发软骨发育不良和骨化不全,可造成畸形,引起功能障碍。

(三)混合性血管瘤

如果血管瘤既有单纯性血管瘤的表现,又有海绵状血管瘤的特性,可称之为混合性血管瘤(compound hemangioma),通常瘤体表面为单纯性血管瘤的特点,深层为海绵状血管瘤,往往前者的体积小,后者的体积大。治疗时,应根据具体情况制订单独的方案。

二、核素治疗方法的选择

血管瘤传统治疗方法有手术、激光、冷冻、深部X线照射、热凝固疗法及瘤体内注射皮质类固醇激素或硬化剂等,这些方法都有一定特点,但都不很理想,尤其是不适合于幼儿患者,易遗留较明显后遗症。而应用放射性核素治疗,无论从治愈率,还是从后遗症及治疗费用等多方面均应是首选方法之一。通常有核素敷贴治疗及 ^{32}P 胶体介入治疗。

(一)核素敷贴治疗

核素敷贴治疗最适合于单纯性血管瘤的患者,年龄越小治愈率越高,优点是无任何痛苦,不留瘢痕,操作简便,方法如下。

1. **选择敷贴器** 根据患者皮肤血管瘤的具体情况,可选用 ^{90}Sr-^{90}Y 敷贴器、公用 ^{32}P 敷贴器及专用 ^{32}P 敷贴器中的任何一种。如果病损深、病程长,可选前两种敷贴器,如皮损浅、年龄小、面积大,可考虑专用敷贴器。

2. **照射方法及剂量** 通常采用分次小剂量法,便于观察病情变化及治疗效果,如果出现剂量偏大,可及时减少,修正治疗方案。每日一次(或隔日),连续照射3~5次为一个疗程,1~2个月后未愈,可再行第二个疗程。对于单纯性血管瘤,分次小剂量治疗的照射剂量可参考表 24-1。若给予一次大剂量，一般给 15~35Gy，3~4 周后再敷贴一次，注意病情变化，直到痊愈。应该引起重视的是，由于年龄、病种、病情、病程及个体差异等因素不同，治疗剂量不应一成不变，应在前次治疗的基础上，及时调整剂量。通常 1~3 个疗程后，90% 以上的患者可痊愈。

表 24-1 不同年龄病人的治疗剂量

年龄（岁）	每次剂量（Gy）	总剂量（Gy）
<1	3~6	15~25
1~6	6~9	25~35
7~17	9~12	35~45
>18	12~15	45~55

3. 照射时间的确定 首先确定给予总剂量，测量病变面积，即可根据敷贴器的剂量率参数，计算出总照射时间及分次照射时间。

4. 治疗反应 治疗后 1~2 个月，血管瘤大多可缩小，颜色变浅，如未痊愈，可再次治疗。

（二）^{32}P 胶体介入治疗

应用 ^{32}P 胶体介入治疗海绵状血管瘤或混合性血管瘤，对于瘤体直径小于 10cm 者，疗效较好，副作用小，应用方便，具体方法如下。

1. ^{32}P 胶体剂量的确定 根据国内学者经验，一般情况下，<1 岁 ^{32}P 胶体 250~500KBq/cm^2（7~14μCi/cm^2）加地塞米松 0.3~0.5mg；>1 岁 ^{32}P 胶体 370~740KBq/cm^2（10~20μCi/cm^2）加地塞米松 0.5~1.0mg。如果瘤体直径大于 5cm，地塞米松 0.5~1.0mg。

2. 注意事项 由于 ^{32}P 胶体的注射靶位效应非常明显，应注意注射部位的准确性，如注射到正常组织，将造成严重不良后果。但大面积及泛发性海绵状血管瘤，由于 ^{32}P 胶体介入剂量太大，可能导致全身不良反应，疗效不理想。

3. 治疗反应 通常 3 周后瘤体开始变软、缩小、变平。2~3 个月内瘤体大多可消失，皮肤表面不留瘢痕。如未痊愈，可再次治疗。注射部位由于局部放射性反应，常伴有硬结，持续 3 个月或 5 个月以上，均可自行消失。

三、疗效评价

血管瘤经过核素敷贴治疗或（和）^{32}P 胶体介入治疗后，疗效判定如下：

1. **痊愈** 血管瘤完全消失。
2. **显著好转** 血管瘤明显缩小，并停止生长。
3. **好转** 治疗后血管瘤缩小或停止生长，颜色不同程度的变浅。
4. **无效** 血管瘤无变化或继续生长。

经过 1 个或几个疗程后，血管瘤都可能出现以上几种情况。疗效与年龄、病程关系极大，越小越早治疗，疗效越好，这可能与婴幼儿的辐射敏感性较强有很大的关系。

国内外文献报道，单纯性血管瘤应用核素敷贴治疗的治愈率高达 98% 以上，是首选的治疗方法，典型病例见图 24-1。海绵状血管瘤应用传统方法的治愈率在 36% 左右，但应用 ^{32}P 胶体介入治疗，治愈率可提高到 90%，总有效率达到 95%；混合性血管瘤一般先行核素敷贴治疗表面的单纯性血管瘤 1~2 个疗程，再行 ^{32}P 胶体介入治疗，典型病例见图 24-2。

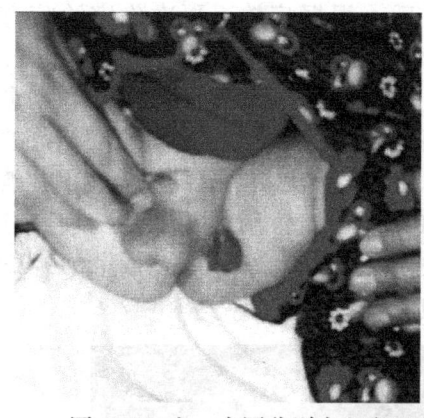
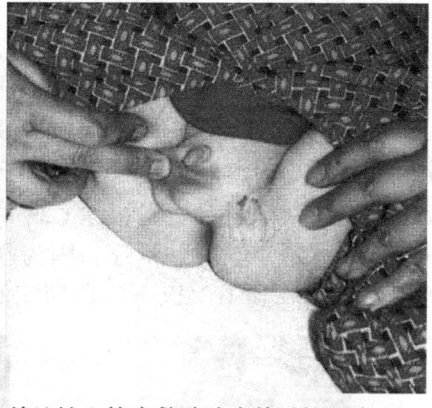

图 24-1　左、右图分别为左腹股沟单纯性血管瘤敷贴治疗前后的照片

血管瘤基本消失，但周边有边缘型复发，主要是照射野范围较小所致，可考虑再次敷贴治疗，效果较为理想

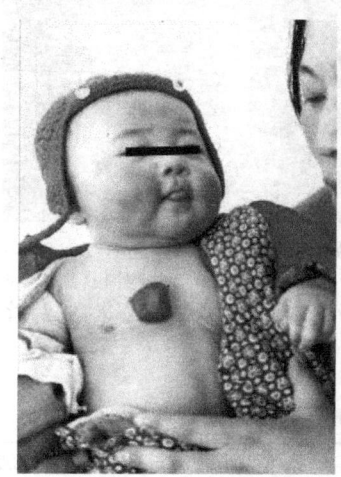
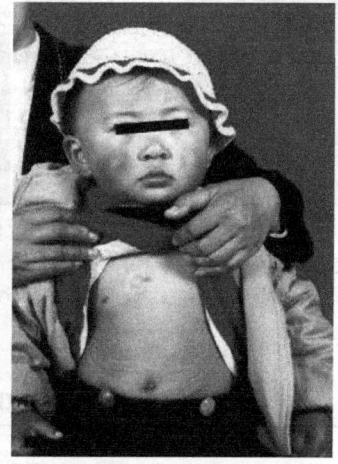

图 24-2　右胸前混合性血管瘤治疗前后的照片

该患者先行敷贴治疗，再行 ^{32}P 胶体介入治疗。随访 2 年未复发，血管瘤基本消失，局部稍有色素丢失，效果理想

第三节　其他皮肤病的放射性核素治疗

一、瘢 痕 疙 瘩

瘢痕疙瘩（keloid）或称瘢痕瘤，是皮肤损伤后局部结缔组织大量增生形成的良性肿瘤。患者多在青春期发病，多有瘢痕体质，可继发于外伤、烧伤、烫伤、感染、异物慢性刺激、注射和手术后。瘢痕疙瘩起始为淡红色丘疹，逐渐高出皮肤，并向外扩散，形成坚硬而有弹性斑块或结节。好发于上胸前、肩部、耳垂及易受损伤处，由于伴有瘙痒、疼痛，常导致失眠、精神不振。面积过大者，严重影响机体功能和美观，甚至引起肢体萎缩。

治疗方法可选择物理疗法、药物疗法、手术切除及放射治疗。放射治疗则包括 X 线照射和放射性核素敷贴治疗。

由于敷贴治疗机制在于 β 射线可抑制成纤维细胞增生和血管增生的作用，故能否早期治疗是获得满意疗效的关键。对于瘢痕疙瘩，第一个疗程很难达到理想的效果，常需多个后续疗程治疗。一般间隔 1~2 个月后，根据疗效，再次确定治疗方案。

部分瘢痕疙瘩，特别是肥厚程度较大、质地较硬、痒痛明显及影响肢体或局部功能者，单纯敷贴治疗需要 3 个疗程以上，且疗效不佳。可采取先手术切除，待伤口初愈后（术后 10~15 天），再进行分次小剂量法治疗，或者采取局部注射 ^{32}P 胶体+敷贴治疗的方法，既减少疗程次数，又提高治愈率。瘢痕面积小于 2cm^2，突出不明显的患者，单独敷贴治疗的治愈率在 75% 以上。对于适合手术切除（或 ^{32}P 胶体局部注射）再行敷贴治疗的严重患者，通常不应只采取手术或单独敷贴治疗，因为联合治疗的治愈率可提高到 80%~90% 以上，复发率也可由 40% 下降到 10% 以下，典型病例见图 24-3。

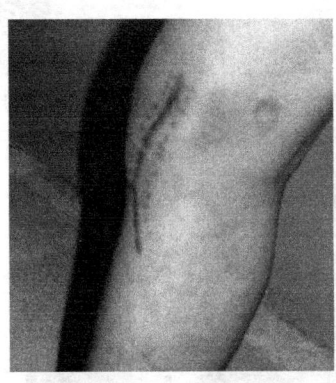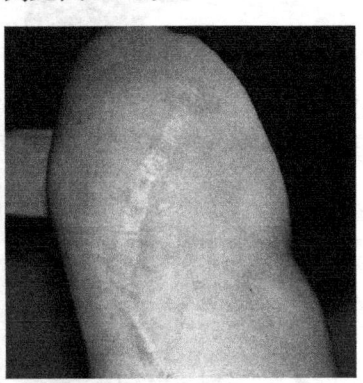

图 24-3　典型病例

左图为膝关节巨大瘢痕疙瘩手术切除脱痂后照片，右图为继续行 ^{90}Sr-^{90}Y 敷贴治疗 3 个疗程后 10 年的随访照片，瘢痕未复发，效果理想。该患者接受敷贴治疗时，每个疗程总剂量为 50Gy，分 5 次，隔日 1 次，每次 10Gy，疗程之间相隔 1~2 个月

敷贴治疗的方法与剂量可参见表 24-2。

表 24-2　不同敷贴治疗方法的特点

敷贴方法	剂量与方法	优点
分次小剂量法	每次 10~20Gy，隔日 1 次，3~5 次 1 疗程，总剂量 30~100Gy	常用方法，可随时观察治疗情况变化，及时调整方案
一次大剂量法	总剂量 30~60Gy	适合远距离就诊患者
专用敷贴器法	总剂量 30~60Gy，连续 48~72h	适合远距离就诊患者

敷贴治疗通常不会出现全身反应，但一次治疗的面积不应超过 200cm^2，如果局部出现破溃，甚至感染，应立即停止敷贴治疗，保持创面干净，并行抗感染治疗。痊愈后，择期再行敷贴治疗。

二、慢性湿疹

湿疹（eczema）是一种常见由多种内外因素引起的具有明显渗出倾向的皮肤炎症反应，属迟发性变态反应。此病病程不定，易复发，可经久不愈。

放射性核素敷贴治疗对慢性局限性湿疹（chronic localized eczema）有较好疗效，尤其是慢性顽固性湿疹。面积较小时，可选用 ^{90}Sr-^{90}Y 敷贴器，面积较大时，采用特制 ^{32}P 敷贴器更为合适，可根据病变大小、形状自制，方便省时。

选择多次小剂量法，对于 ^{32}P 敷贴器，每日 1 次，每次 1~2Gy，10 次 1 疗程，总剂量 10~20Gy，对于 ^{90}Sr-^{90}Y 敷贴器，隔日 1 次，每次 2~4Gy，5 次 1 疗程，总剂量不变。选择一次大剂量法，给予 6~10Gy，2 周后观察反应，如效果欠佳，可再次给予 4~6Gy。

治疗后瘙痒可显著改善，多数病人 1 个疗程后，可以治愈，如未愈，2~3 个月后再行第二个疗程治疗。敷贴治疗的治愈率 61.5%，有效率 92.7%，复发率 16.3%，明显优于传统常规内服和外用药物（复发率分别为 84.6%，56.3%）。

三、神经性皮炎

神经性皮炎（nurodermatitis）是以阵发性剧痒和皮肤苔藓样变为特征的慢性炎症，又称慢性单纯性苔藓。如果患者皮疹仅限于局部，称之为局限性神经性皮炎，如果分布广泛，累及较大面积者，称为泛发性神经性皮炎。对于局限性神经性皮炎，放射性核素敷贴治疗可有效地引起皮损组织的变化，促使正常组织的修复，达到控制症状甚至治愈的目的。此法简便易行，副作用小。若采用 ^{90}Sr-^{90}Y 敷贴器分次小剂量法，隔日 1 次，每次 1.2~3Gy，5 次 1 疗程，总剂量 6~15Gy；也可采取一次大剂量法，总剂量不变。一个疗程结束后，根据效果，应适当调整剂量再行二次治疗。治疗后，剧痒明显减轻、局部轻度红肿、微热均属正常反应，若出现局部红肿加重、灼热、剧痒难忍或皮损边缘有水疱等，应立即停止治疗，对症处理。反应消退时间约需 1~4 周，但色素沉着或色素消失往往需数月之久。如皮损周围 0.5~1cm 的正常皮肤呈现皮炎，或病变区出现肿痛、脱屑、色素增加或消失、干燥或裂纹等，该病治愈的可能性就很大。国内报道治愈率 31.6%~92%，有效率 75.31%~100%，复发率 5.71%~56.2%。

四、翼状胬肉

翼状胬肉（pterygiun）是一种向角膜侵犯的结膜上皮变性及增殖，呈三角形如翼状，故名。根据国内外文献报告，采用放射性核素敷贴治疗结合手术可取得明显的疗效。

敷贴治疗分术前和术后两种：①术前敷贴治疗可起到暂时性抑制作用，缩小胬肉，减轻炎症反应，为手术作准备；②术后敷贴治疗是主要选择，通常在缝合线拆除后进行。每周 1 次，每次剂量 3~10Gy，总剂量为 40~120Gy。对肥厚而多血管的胬肉，敷贴器应放在治疗区与直肌附着点间，每次剂量 6~8Gy，总剂量为 40Gy 左右。敷贴后，角巩膜缘的表皮组织发生变化，新生血管只能在远处迂回，无法前进，从而得到治疗，治愈率 75%~90%。

五、慢性外阴营养不良

慢性外阴营养不良（chronic pubes innutrition）原名"外阴白斑"。主要表现为外阴瘙痒，其剧烈程度不分季节和昼夜，局部皮肤黏膜色素减退变白，增厚或变薄，表面水肿，皲裂或表浅溃疡等。

目前大多数采用局部保守治疗为主，以控制瘙痒，促进外阴皮肤病变的恢复。采用放射性核素敷贴治疗，不仅简便易行，且有较高的治愈率。通常使用 ^{90}Sr-^{90}Y 敷贴器一次大剂量法，每次 15~30Gy。如病理学考虑"非典型增生"，剂量可增至 40Gy，甚至更大。1~2 个月后，若治疗效果不明显，可再给一个疗程。据报道，有效率 100%，治愈率 76.9%。

六、其他疾病

1. **寻常型银屑病**（ordinary psoriasis） 皮损局限时适合敷贴治疗，经过几个疗程，可以达到临床治愈，虽有复发，但比药物治疗后复发时间能延长1年以上。

2. **尖锐湿疣**（condyloma acuminate）**和寻常疣**（verruca） 均由人乳头状瘤病毒感染引起，主要通过性接触和直接接触传播。前者多发于生殖器皮肤黏膜，后者多发于手足皮肤。采取敷贴治疗明显优于手术切除、冷冻及激光等手段，可作为首选。大多数疣体1个疗程后10~14天，赘生物自行脱落。若未愈，可再次治疗。治愈率达91.2%~100%，复发率仅4%~5.9%，远低于其他方法。每个疗程总剂量15~40Gy，每次10~20Gy，隔日1次，可根据疣体大小增减剂量。对于基底细胞乳头状瘤（又名老年疣）也有同样效果。

3. **角膜新生血管**（occuring vessels of cornea） 在角膜移植术前后进行敷贴治疗，可有效抑制其生长，并减少瘢痕形成，效果很好。术前总剂量40~50Gy，分5次，每周1次，术后总剂量20Gy，分5次，隔日1次。总有效率在80%以上。对于角膜和结膜非特异性炎症，也有很好的疗效。

4. **航空性中耳炎**（aviation otitis media）、**慢性扁桃体炎**（chronic tonsilitis）、**鲜红斑痣、酒糟鼻、口腔黏膜白斑** 如方法应用得当，也具有一定的疗效。

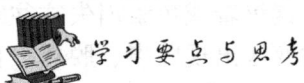 学习要点与思考

1. 掌握放射性核素敷贴治疗及介入治疗的原理和临床应用。
2. 熟悉敷贴治疗的方法、注意事项及不良反应处理。
3. 了解敷贴器的种类及 ^{32}P 公用敷贴器的制备。
4. 通过本章学习，你认为哪种皮肤表浅疾病最适合于核素敷贴治疗，为什么？

（徐慧琴）

中英文对照

核素敷贴治疗	application therapy
草莓状毛细血管瘤	strawberry hemangioma
海绵状血管瘤	cavernous hemangioma
混合性血管瘤	compound hemangioma
瘢痕疙瘩	keloid
湿疹	eczema
慢性局限性湿疹	chronic localized eczema
神经性皮炎	nurodermatitis
翼状胬肉	pterygiun
慢性外阴营养不良	chronic pubes innutrition
寻常型银屑病	ordinary psoriasis
尖锐湿疣	condyloma acuminate
寻常疣	verruca
角膜新生血管	occuring vessels of cornea
航空性中耳炎	aviation otitis media
慢性扁桃体炎	chronic tonsilitis

第二十五章 血液疾病的放射性药物治疗

设问

1. 通过学习几章的放射性核素治疗疾病的内容,同学们了解到了一些放射性治疗药物和治疗方法。那么在血液系统疾病中又有哪几种病可以接受核医学的放射性核素治疗呢?
2. 其治疗原理及使用的放射性药物是什么?
3. 治疗后的疗效和预后又将怎样呢?

让我们带着这些问题来学习本章内容。

第一节 放射性药物治疗血液病概论

血液病的治疗与血液细胞学密切相关。在治疗机制的研究中与细胞的分化、增殖周期、细胞不同阶段的功能、细胞内部的微小器官的结构等等都有着不可分割的密切关系。一些增生性血液疾病在临床上多表现为细胞的异常增殖,如:真性红细胞增多症、原发性血小板增多症、慢性白血病以及多发性骨髓瘤和淋巴瘤,都是属于此类疾病。目前在临床上放射性药物治疗这类疾病的目的就是要抑制或消除异常增殖的细胞,代之以正常细胞的恢复。放射性药物 ^{32}P 用于临床治疗有其独特的优点:①能选择性的被病灶组织摄取,辐射为局限性,对靶器官的辐射剂量大,而对正常组织的辐射较低;②治疗方法简单;③治疗后并发白血病及其他肿瘤的发病率不高于非放射性药物治疗者。由于放射性药物治疗的原理合理、疗效显著、副作用小而逐渐受到临床血液病治疗的关注。

一、治 疗 原 理

磷参与核蛋白、核苷酸和磷脂的代谢,是合成核糖核酸(RNA)和脱氧核糖核酸(DNA)的重要原料。磷在细胞内聚集的程度与细胞分裂的速度成正比,进入体内后被增殖分裂迅速和代谢旺盛的细胞利用。进入体内的 ^{32}P 被恶性增殖的细胞摄取聚集,细胞分裂增殖越快, ^{32}P 聚集的就越多, ^{32}P 发出的 β^- 射线使组织产生电离辐射生物效应,可以抑制或破坏增生旺盛的骨髓组织。真性红细胞增多症、原发性血小板增多症、慢性白血病等这些异常增殖的细胞能聚集比正常细胞多 3~4 倍的 ^{32}P。 ^{32}P 产生的 β 射线可以破坏 DNA 的合成,减低细胞分裂速度,延长核分裂的周期,大量的 β 射线还可以直接杀伤白细胞,尤其是淋巴细胞使之被抑制或破坏,改善临床症状和延长寿命。

二、放射性药物

治疗血液病常用的放射性药物是 ^{32}P。其化学形式为 ^{32}磷酸氢二钠($Na_2H^{32}PO_4$),无色透明液体,其 pH 为 6~8。放射化学纯度 > 95%。 ^{32}P 是纯 β^- 粒子发射体,在衰变过程中发射 β 射线后衰变成稳定性核素。β 射线最大能量为 1.71MeV,平均能量为 0.695MeV。在组织中最大射程 8.6mm,平均为 4mm。 ^{32}P 的物理半衰期为 14.3 天,有效半衰期 10 天。

β射线使组织产生电离辐射效应，可以抑制或破坏骨髓中异常增生的病理组织细胞，达到治疗的目的。

^{32}P 口服后有 75% 经消化道吸收，然后被骨髓、淋巴结、肝、脾及骨骼等组织摄取，浓度超过其他组织 10 倍左右。25%~50% 经过 4~6 天由大便排出。静脉注射后，最初 24 小时内，5%~10% 随尿排出。只有少量出现在大便中。

^{32}P 已列入各国药典中。使用时用无菌生理盐水稀释，供静脉注射或口服。

第二节　^{32}P 治疗真性红细胞增多症

真性红细胞增多症（polycythemia vera，PV）简称真红，是一种以红系细胞异常增多为主的克隆性慢性骨髓增生性疾病。该病是起源于骨髓造血干细胞的疾病。1892 年法国医师 Vaguez 第一个报告此症，故称 Vaguez 病。其临床特点为皮肤黏膜红紫，脾肿大，骨髓造血功能亢进，骨髓象见红细胞系统增生旺盛，红细胞及全血容量绝对增多，血黏滞度增高，常伴有白细胞和血小板增多。有神经系统及血液系统功能障碍，甚至有血栓形成。本病发病率为 0.6~1.6/10 万人，男性略高于女性，中老年患者居多，50~60 岁为发病高峰。

一、病因及发病机制

目前对本病的病因及发病机制不明，多数学者认为红细胞增多的原因是红细胞生成过盛。这是由于骨髓细胞显著增生所致，而不是红细胞本身寿命延长造成。相反，此种患者的红细胞比正常红细胞寿命还要短。有人曾怀疑本病的发病与促红细胞生成素有关，但测得患者的血清及尿中促红细胞生成素含量不但不增加，反而缺少或明显减少。故促红细胞生成素在本病的发病机制上不起主要作用。从而推测真性红细胞增多症是自主性红细胞生成过盛造成。近年的研究证明，真红是由于多能造血干细胞克隆性异常，导致红系细胞异常增殖所致。异常克隆具有细胞遗传的不稳定性，可转化为急性白血病。本病病情发展缓慢，如无严重的并发症发生，病程可达 10~20 年或更久。病程发展分为 3 期：①红细胞及血红蛋白增多期，可持续数年；②骨髓纤维化期，此期血象处于正常代偿阶段；③贫血期，出现巨脾、髓样化生和全血细胞减少。少数病例可转化为急性白血病。

二、诊断与鉴别诊断

（一）诊断

1. 临床表现

（1）病程：发病缓慢，可长期无明显症状。起病到确诊时间多在 1~4 年。

（2）全身症状：由于红细胞增多，导致血液黏稠度增加，血流变慢，微循环障碍。血容量增加，全身血管充盈扩张。最早出现的症状有头痛、眩晕、头胀、乏力、气急、活动后呼吸困难、高血压、易怒、健忘及其他类似神经衰弱的症状。

（3）局部症状：皮肤常呈暗红色，以鼻尖、口唇、耳廓、面颊、手掌等处尤为明显，颜面皮肤发红、皮肤瘙痒、麻木、耳鸣、眼结膜充血、视力模糊、视野缩小。

（4）体征：高血压。结膜充血。眼底检查可见视网膜静脉扩张，充血弯曲，粗细不等。

口腔黏膜暗红，齿龈出血和衄。脾肿大。

（5）病程中有过血栓形成。

2. 实验室检查

（1）血红蛋白测定及红细胞计数明显增加：血红蛋白测定，男性≥180g/L，女性≥170g/L。红细胞计数，男性≥6.5×10^{12}/L，女性≥6.0×10^{12}/L。

（2）红细胞容量绝对值增加：超过正常值的+2个标准差。

（3）红细胞压积增高：男性≥0.54，女性≥0.5。

（4）白细胞计数：多次＞11.0×10^9/L。

（5）血小板计数：多次＞300×10^9/L。

（6）外周血中性粒细胞碱性磷酸酶积分（NAP）：＞100。

（7）骨髓象增生明显活跃或活跃：粒、红与巨核细胞系均增生，尤以红细胞显著。

具有上述多血症表现的任何两项，加实验室检查的第一项及第二项，再加上能除外继发性红细胞增多症即可诊断本病，或具有上述多血症表现，加上实验室检查的第一项并具备第三项至第七项中任何一项，排除继发性红细胞增多症和相对性红细胞增多症方可诊断本病。

（二）鉴别诊断

1. 继发性红细胞增多症　见于慢性缺氧状态及红细胞生成素或白细胞生成素样物质异常增多。如高原性红细胞增多症。慢性肺脏疾病引起的红细胞增多；异常血红蛋白病；某些肿瘤、囊肿和血管异常引起红细胞增多；如肾上腺瘤、肝细胞癌、小脑成血管细胞瘤、肾囊肿、子宫平滑肌肉瘤、肾盂积水、肾动脉狭窄、家族性及"良性"红细胞增多。

2. 相对红细胞增多症　常常是大量出汗、严重呕吐、腹泻、休克、烧伤等原因引起的暂时性红细胞增多。

三、适应证和禁忌证

1. 适应证　凡诊断明确，临床症状显著，红细胞计数＞6×10^{12}/L、血红蛋白在18g/dL以上、血小板计数＞1×10^{11}/L和血细胞比容在0.50以上的患者均可采用该法治疗。

2. 禁忌证　①白细胞＜4.0×10^9/L；血小板计数＜1×10^{11}/L；②急性脑出血；③严重肝肾功能不全；④活动期肺结核；⑤妊娠、哺乳期妇女。

四、治 疗 方 法

真红治疗的目的在于使血容量、红细胞及血小板量接近正常，适当抑制骨髓造血，减少并发症发生，延缓病情，延长生存期。

（一）治疗前准备和治疗后注意事项

服 ^{32}P 前应忌用含磷丰富（如：肉、蛋、鱼、奶和大豆）的饮食两周。用 ^{32}P 后继续忌用含磷丰富的饮食一个月。

(二)给药剂量和方法

一般采用口服方法,服 ^{32}P 前应该空腹,服药 3 小时后方可进食。若消化道功能欠佳,有经常性腹泻者,可采用静脉给药方式。

口服剂量按每公斤体重给予 3.7MBq(0.1mCi)左右的 ^{32}P-磷酸氢钠($Na_2H^{32}PO_4$)。还可参照患者一般情况的好坏,红细胞、白细胞、血小板、红细胞压积升高幅度和脾脏大小等因素酌情增减。一个疗程的核素剂量不超过 296MBq(8mCi),分 2~3 次,间隔 3~7 天服药一次,每次给 74~148MBq(2~4mCi)。如采用静脉给药,其剂量应为口服剂量的 4/5。

也可以采用根据 ^{32}P-磷酸氢钠剂量取决于红细胞容量的增减。一种方式是重复给低剂量的 ^{32}P-磷酸氢钠,直到红细胞容量降低到理想程度。另一种方式是根据病人体重一次性给全量。亦有按身体、表面每平方米静脉给 ^{32}P-磷酸氢钠 74~111MBq(2~3mCi),最高不超过 185MBq(5mCi),或给标准剂量 111MBq(3mCi),每 3~4 周复查一次外周血有形成分,如 12 周内没有明显的反应,增加 25%的剂量,直到适当的反应产生为止。一次静脉注射的最大活度是 259MBq(7mCi)。必要时联合放血疗法以控制红细胞容量。

(三)重复治疗

如一次治疗效果不理想,3~6 个月后再进行第二疗程。因为红细胞寿命一般为 120 天左右,若提前治疗容易引起骨髓抑制。重复治疗的指征是红细胞、血红蛋白、红细胞压积均尚超过正常,并有再上升趋势;白细胞和血小板亦高于正常。剂量可参考首次治疗及根据病情酌情增减。如果治疗后 9~12 个月红细胞容积未下降,就必须改用单独静脉放血或放血加化学治疗。

(四)静脉放血与 ^{32}P 联合治疗

静脉放血只能达到症状减轻的目的。对于红细胞及血红蛋白较高,红细胞容量升高,症状较多较重的患者,可考虑静脉放血与 ^{32}P 联合治疗。

1. 放血治疗的指征 血红蛋白量>20g/L 有出血倾向、血栓形成倾向、冠状动脉供血不全者、脑循环障碍和脾脏急性肿大等。

2. 放血量与时间 每次放血量应在 300~500ml,每周放 1~2 次。使红细胞压积下降至 50%~55%,即可用 ^{32}P-磷酸氢钠治疗。静脉放血治疗一般不应用于 ^{32}P 治疗后。

五、不良反应、疗效及预后

(一)不良反应

(1) ^{32}P 治疗后患者自觉头晕、头痛、无力等,常在数日内得到改善。

(2)治疗中、后可出现白细胞、血小板一过性减低,应定期监测,及时处理。

(3)关于白血病的问题:目前把真性红细胞增多症与白血病的产生看成是自然转归的一种表现,不一定是 ^{32}P 治疗的结果。有的人认为:采用了 ^{32}P 治疗患者寿命延长,增加了真性红细胞增多症转化为白血病的机会。总之,对这个问题还须经一步研究。

（二）疗效评价

脾脏多在治疗后 1 个月缩小。主观症状改善常早于客观检查指标。红细胞及血红蛋白的下降通常要到 1~2 个月左右才出现。首先受到抑制的是血小板，因其对 ^{32}P 最敏感，于 30~50 天达到抑制高峰。若血小板下降到 $< 100 \times 10^9$/L，常可出现一个满意的缓解期。其次受到抑制的是白细胞。由于红细胞数减低，红细胞容量也逐渐下降，同时患者面部潮红，高血压也随之好转。^{32}P 治疗真红明显缓解率为 80%~90%，好转率 10%~20%，无效者很少。缓解期长短不一，一个疗程的缓解期为数月至 10 年左右，平均为 1~2 年。^{32}P 治疗红细胞增多症具有疗效高，缓解期长，毒性反应小，方法简便，剂量容易控制，是可重复治疗较满意的一种方法。治疗后寿命延长的主要原因是血液有形成分恢复正常，血液黏稠度下降，肝脾缩小，出血和血栓形成均得以控制。

（三）预后

真性红细胞增多症是一种进行性疾病，不论采用何种治疗方法，最终因血管、血液或者骨髓纤维化方面的并发症而死亡。^{32}P 治疗在于降低并发症的发生率，提高生活质量和延长寿命。治疗后存活时间可延长至 12 年以上。

第三节　^{32}P 治疗原发性血小板增多症

原发性血小板增多症（primary thrombocythemia，PT）又名血栓性出血性血小板增多症，是一种克隆性慢性骨髓增生性疾病。临床特征为自发性出血倾向及血栓形成，半数以上有轻度至中度脾肿大，40%可有肝肿大，外周血血小板持续明显增多伴形态、功能异常，骨髓巨核细胞过度增殖。本病多发于 40 岁以上成年人，儿童罕见。男女发病率相接近。

一、病因及发病机制

病因和发病机制不明。主要是骨髓巨核细胞持续异常增殖，幼稚型及异常血小板增多，导致骨髓血小板产生率为正常人的 6 倍，加上髓外肝、脾造血，血小板过多的从脾脏释放入血导致了外周血血小板持续极度增高，而且其功能异常血小板常容易并发血栓形成。因为本病多发生在中老年患者，常伴有血管病变，已经活化的血小板可产生血栓素，引起血小板聚集及释放，极度增多的血小板易致微血管栓塞，可见广泛性栓塞，血栓可发生在肢体静脉，脾静脉，肠系膜静脉，肾、肝、脑等不同部位的静脉。栓塞引起毛细血管脆性增加，故出现脾充血。血栓引起出血的机制为血小板黏附及聚集功能缺陷，或伴有凝血机制异常及毛细血管脆性增高。大多数病例发展缓慢，多年保持良好过程，尤其是无出血及血栓形成倾向的年轻患者。有反复出血及血栓形成的老年患者预后差。约 10%的老年患者可转化为真红、骨髓纤维化或慢性粒细胞性白血病等其他类型骨髓增生性疾病。中数生存期在 10~15 年以上。

二、诊断与鉴别诊断

（一）诊断

1. 临床表现

（1）常有头晕、乏力、失眠等症状。

（2）有80%脾脏肿大：一般为轻、中度肿大。

（3）有自发性或外伤引起出血：常见于鼻衄、齿龈及消化道黏膜自发性出血，皮肤表现为淤血。此外泌尿道、呼吸道也易发生出血。

（4）血栓形成：多发于脾静脉、肠系膜静脉及下肢深浅静脉。下肢血栓形成可引起间歇性跛行。肠系膜血管血栓形成可致呕吐、腹痛。肺、肾、脑发生血栓可成为致死原因。

2. 实验室检查

（1）血小板计数：显著增多，通常持续 $>1000 \times 10^9/L$，波动在 $(700\sim2920) \times 10^9/L$。血片中血小板成堆，大小不一。半数病例有巨型血小板，有时较红细胞大3倍，而寿命则正常。血小板直径增大，平均为 $3.15\mu m$（正常值约 $2\sim3\mu m$），外形不规则，有时呈球形血小板，偶伴巨核细胞碎片或裸核。

（2）白细胞计数：常增多，95%在 $(10\sim30) \times 10^9/L$，很少超过 $50 \times 10^9/L$ 以上。主要为中性粒细胞增加。少数患者的嗜酸粒细胞和嗜碱粒细胞增多，中性粒细胞的碱性磷酸酶积分增多（20%）、正常（50%）、减低（30%）。

（3）红细胞数：正常或轻度增多。红细胞内可出现豪周氏小体、嗜碱性和多染红细胞，并有红细胞大小不一和幼稚红细胞。由于红细胞持续增多，可呈现隐性缺铁状态。少数因反复出血而导致低色素性贫血。

（4）骨髓象：增生活跃，有核细胞显著增加，原始及幼稚巨核细胞增生尤为明显，有时成堆出现，也可见到异性巨核细胞。

凡临床符合血小板计数 $>1000 \times 10^9/L$，除外其他骨髓增生性疾病和继发性血小板增多者，即可诊断为原发性血小板增多症。

3. 诊断标准

（1）临床有出血史或（和）血栓史。

（2）脾肿大。

（3）血小板计数 $>1000 \times 10^9/L$，白细胞 $<30 \times 10^9/L$，血红蛋白正常或减低 $<180g/dL \times 10^9/L$，但红细胞数不增高 $<6 \times 10^{12}/L$。红细胞压积 $<54\%$。

（4）血片中血小板成堆，有巨大型血小板。

（5）白细胞计数及中性粒细胞增加。

（6）血小板碱性磷酸酶增高。肾上腺素和胶原的凝集反应可差。

（5）骨髓增生，以巨核细胞系增生明显，体大、胞浆丰富。末梢和骨髓可有嗜酸粒细胞，嗜碱粒细胞增多。

（6）除外其他骨髓增生性疾病和继发性血小板增多者。

（二）鉴别诊断

1. 反应性（继发性）血小板增多症 可找到原因，如：脾切除、溶血性贫血、感染、肿瘤等。血小板计数很少 $>1000 \times 10^9/L$，反应性血小板增多往往短暂，出血和微血管栓塞少见，血小板形态与功能正常。

2. 其他 其他骨髓增生性疾病引发的血小板增多症。

三、适应证和禁忌证

1. 适应证 ①凡诊断明确，血小板计数 $> 1000 \times 10^9$/L，白细胞计数 $< 30 \times 10^9$/L，血红蛋白正常或减低 < 180g/dL $\times 10^9$/L，但红细胞数不增高 $< 6 \times 10^{12}$/L，红细胞压积 $< 54\%$；②骨髓增生活跃明显，末梢和骨髓有嗜酸粒细胞，嗜碱粒细胞增多者；③对于其他治疗无效者，尤其老年患者可选用。

2. 禁忌证 ①未确诊患者；②其他骨髓增生性疾病引发的继发性血小板增多症；③妊娠和哺乳期妇女。

四、治 疗 方 法

用 ^{32}P 治疗原发性血小板增多症的方法和 ^{32}P 治疗真红的方法大致相同。目的在于降低血小板水平以减少血栓及出血发生的危险性。对于合并心血管疾病患者更应积极治疗。

（一）治疗前准备和治疗后注意事项

服 ^{32}P 前应忌用含磷丰富的饮食两周。用 ^{32}P 后继续忌用含磷丰富的饮食 1 个月。

（二）给药剂量和方法

一般采用口服方法，服 ^{32}P 前应该空腹，服药 3 小时后方可进食。如消化道功能欠佳有经常性腹泻者，可采用静脉给药方式。

首次口服剂量 74~148MBq（2~4mCi）的 ^{32}P-磷酸氢钠（Na$_2$H^{32}PO$_4$）。观察 2~4 周。如无明显好转再给 74~111MBq（2~3mCi）。随后观察半年左右，每月复查血象变化。若有回升可行第二个疗程。第二个疗程剂量可参照首次治疗量。还可参照患者一般情况的好坏，若当血小板计数控制到治疗前的 50% 时，应多观察一段时间，不应急于再用 ^{32}P。

治疗中应注意出血和血栓形成，如果急性出血应立即输血。

五、疗效及预后

（一）疗效

经治疗后患者血小板大约在 10 天后开始略有下降，30 天左右明显下降，最大疗效时间是 30~50 天。^{32}P 治疗后脾脏可明显缩小。多数病人一次治疗可缓解 1~18 个月，平均 1 年左右，复发后经 ^{32}P 治疗可再获缓解。长期小剂量间歇维持治疗可保持血小板的正常水平。

（二）预后

本病病程长短不一，生存期因并发症而异。年轻（< 30 岁）患无出血及血栓形成倾向者或治疗有效者可多年保持良性经过。有反复出血或血栓形成的老年患者预后较差。

第四节 ^{32}P 治疗慢性白血病

慢性白血病（chronic leukemia）包括慢性粒细胞性白血病（chronic granulocytic

leukemia）及慢性淋巴细胞性白血病（chronic lymphocytic leukemia，CLL）。慢性粒细胞性白血病是一种起源于骨髓原始造血干细胞的恶性增殖性疾病，周围血液中白细胞总数显著增加，且有幼稚细胞出现。其受累细胞系有粒系、红系、巨核细胞系、B 淋巴细胞系及 T 淋巴细胞系。慢性淋巴细胞性白血病主要起源于 B 淋巴细胞的单克隆恶性增值性疾病，少数可起源 T 淋巴细胞。1939 年 John. H. Lawrence 首先成功的应用 ^{32}P 治疗慢性白血病。

一、病因及发病机制

目前对慢性白血病病因尚未完全明了。较肯定的病因有放射性照射，化学毒物苯等。慢性粒细胞性白血病 93%以上的患者中可找到染色体上的原癌基因，进而出现融合 mRNA，该融合 mRNA 编码 210kd 的蛋白质具有酪氨酸激酶的活性，促进粒细胞的转化和增殖。大多数起病缓慢，发病年龄 20~60 岁，男性略多于女性。病程可分为慢性期、加速期、急变期。临床上大多患者起病缓慢，以脾大、白细胞特别是中晚幼粒细胞增多为主。疾病处于慢性期一般 1~4 年，以后逐渐进入加速期，大多数以急性变而死亡。慢性淋巴细胞性白血病我国发病率占白血病的 1.1%~3.2%。发病年龄高峰在 60~80 岁。男性多于女性。发病缓慢，早期常无症状。

二、诊断与鉴别诊断

（一）慢性粒细胞性白血病临床表现及诊断

1. **临床表现**　无症状或有低热、乏力、多汗、体重减轻、脾脏增大等症状。
2. **实验室检查**
（1）外周血：白细胞计数持续增高 $>30\times10^9$/L，不成熟细胞 $>10\%$，嗜碱性粒细胞增多，原始细胞 $<5\%~10\%$。白细胞升高，以中性粒细胞为主，不成熟细胞 $>10\%$，原始细胞 $<5\%~10\%$。
（2）骨髓象：增生明显至极度活跃，以中性中幼粒细胞、晚幼粒细胞、杆状粒细胞增多为主，原始细胞 <10。
（3）中性粒细胞磷酸酶（NAP）：积分降低。
3. **鉴别诊断**
（1）排除类白血病反应或其他类型的骨髓增殖异常综合征、骨髓增殖性疾病。
（2）与类白血病反应鉴别：类白血病反应是由于某种病因的刺激状态，如严重感染、中毒、恶性肿瘤、大出血、急性溶血、过敏性休克等引起白细胞过度增生和异常释放，使幼稚细胞进入外周血循环。是属于机体的一种防疫反应。
（3）与骨髓纤维化鉴别：骨髓纤维化是一种慢性骨髓增殖性疾病，其特点为骨髓纤维化和髓外造血所致的脾肿大，出现幼稚粒、红细胞及变形和泪滴形红细胞。常有不明原因的髓样化生和骨髓硬化，还有髓系肝脾肿大，幼稚粒红细胞性贫血等，反映了本病多变的临床表现和多样化血液和骨髓形态学改变。该病病因可能与慢性炎症有关。
（4）与肝病、肝硬化、血吸虫病、黑热病等原因引起的脾肿大相鉴别。

（二）慢性淋巴细胞性白血病临床表现及诊断

1. 临床表现 可有疲乏、体力下降、消瘦、低热、贫血、出血、淋巴结（包括头颈部、腋窝、腹股沟）肿大及肝脾肿大。

2. 实验室检查

（1）外周血：白细胞计数 $>10\times10^9/L$，淋巴细胞比例 $\geq50\%$，绝对值 $\geq5\times10^9/L$，形态以成熟淋巴细胞为主，可见幼稚淋巴细胞或不典型淋巴细胞。

（2）骨髓象：骨髓增生活跃或明显活跃，淋巴细胞比例 $\geq40\%$，以成熟淋巴细胞为主。

3. 鉴别诊断

（1）淋巴瘤合并白血病，一般对于无痛性淋巴结肿大，持续发热原因不明的病人应多注意，确诊靠淋巴结等组织活检，结合病理、免疫表型等可以鉴别。

（2）与继发于病毒、结核、感染等引起的淋巴细胞增多性疾病鉴别。

三、适应证和禁忌证

1. 适应证 ①慢性粒细胞性白血病或淋巴细胞性白血病，症状明显，白细胞计数 $>30\times10^9/L$。血小板计数 $>80\times10^9/L$，血红蛋白 $>50g/L$；②迟缓型和中等型慢性粒细胞白血病或淋巴细胞性白血病无急性期表现；③不能用 X 线治疗或化疗者。

2. 禁忌证 ①急性和亚急性白血病；②慢性白血病急性发作，伴有中毒、高热或脾栓塞；③慢性白血病呈急性经过；④血小板计数 $<8.0\times10^{10}/L$，血红蛋白 $<50g/L$ 者；⑤伴有出血的重度白血病患者；⑥白细胞减少性白血病；⑦有严重肝肾疾患或活动性肺结核患者；⑧妊娠和哺乳期妇女。

四、治 疗 方 法

（一）治疗前准备和治疗后注意事项

服 ^{32}P 前应忌用含磷丰富的饮食两周。治疗前先服 ^{32}P，连续 3 天测定 24 小时大小便中 ^{32}P 排出百分率，以预测 ^{32}P 的吸收排泄情况，供确定 ^{32}P 剂量参考。在用 ^{32}P 治疗后继续忌用含磷丰富的饮食一个月。

（二）给药剂量和方法

一般采用口服分次给药方法，服 ^{32}P 前应空腹，服药 3 小时后方可进食。如消化道功能欠佳有经常性腹泻者，可采用静脉给药方式。

口服剂量按每公斤体重给予 2.9~3.7MBq(0.08~0.1mCi)的 ^{32}P-磷酸氢钠($Na_2H^{32}PO_4$)。可分次服，每 7~10 天给一次。如白细胞计数至 $3.0\times10^{10}/L$ 时应停止给药。如预计量已给足，而白细胞总数未下降至正常，应停止治疗，继续观察疗效。

第二个疗程应在 4~6 个月后再进行。如第一个疗程效果不佳，第二个疗程活度可酌情加 74~100MBq（2~4mCi）。尚可采取每 7~10 天给 74MBq（2mCi）达到总活度。

John. H. Lawrence 主张每周给 37~74MBq(1~2mCi)分次给药，总活度达 148~296MBq（4~8mCi）。实际应用中可根据病情与病程酌情决定剂量与次数。

有人主张对慢性淋巴细胞性白血病患者的首次 ^{32}P 的治疗用量根据白细胞的多少而定。白细胞 $< 40 \times 10^9$/L 者，静脉注射 ^{32}P 55.5MBq（1.5mCi）。白细胞计数 $40 \sim 100 \times 10^9$/L 时，静脉注射 ^{32}P 74MBq（2mCi）。白细胞计数 $> 100 \times 10^9$/L 时，静脉注射 ^{32}P 92.5MBq（2.5mCi）。

（三）治疗中的注意事项

（1）因 ^{32}P 后作用时间长又无有效的促排方法，因此服用 ^{32}P 期间应密切观察患者的白细胞计数，当白细胞计数降至 3.0×10^{10}/L 时应停止给药。血小板计数急剧下降和贫血等情况给予输血和维生素及时处理。

（2）给药已达预计总量时，不管白细胞总数是否降至正常水平也应停药观察，因 ^{32}P 治疗显效时间较长，给予药后 2~4 周后才出现疗效。

（3）慢性淋巴细胞性白血病对 ^{32}P 较敏感，首次用药应控制在 74~111MBq（2~3mCi）以内。

（4）如患者脾脏过大可先给予 X 线或 γ 射线局部外照射治疗，总剂量 10~20Gy（1000~2000rad），分次小面积照射。待脾脏缩小，白细胞稍有下降后再开始 ^{32}P 治疗。病情严重又伴贫血者应配合输血和给予对症处理。

（5）部分患者可出现食欲下降、胃痛、喉痛和轻度心悸，少数患者还会出现轻微的流泪、流涎、手足发麻等反应，通常无需特殊处理可自行消失。

五、疗效及预后

（一）疗效

（1）^{32}P 治疗后通常要 2~4 周后才出现疗效。患者自觉症状好转，全身症状改善，如食欲增加、出汗乏力减轻、胸骨痛和压痛减轻、不规则发热也可能消失、体重增加。肝、脾、淋巴结肿大显著缩小，病情缓解。

（2）骨髓象可见到中幼粒及晚幼粒细胞数减少。成熟的粒细胞增加，周围白细胞数下降，甚至降低到正常范围内。红细胞数及血红蛋白相对应上升。

（二）预后

用 ^{32}P 治疗慢性白血病患者平均寿命延长 1 年左右，约为 3.6 年。^{32}P 治疗与 X 线治疗、化疗效果相近。^{32}P 治疗不能治愈慢性白血病，但能控制症状和并发症，副作用及反应均较小，并在一定程度上延长患者的寿命。

学习要点与思考

1. 了解放射性药物治疗血液病的治疗原理？
2. 为什么增生性血液疾病要用 ^{32}P 治疗，而不用其他放射性核素？
3. 掌握 ^{32}P 治疗真性红细胞增多症及原发性血小板增多症的适应证和禁忌证。

4. 熟悉放射性药物能治疗哪些血液疾病?

（袁卫红）

中英文对照

血液疾病的放射性药物治疗	Radionuclide Therapy in the hematopoietic diseases
^{32}P 治疗真性红细胞增多症	^{32}P Therapy in the polycythemia vera
^{32}P 治疗原发性血小板增多症	^{32}P Therapy in the primary thrombocythemia
^{32}P 治疗慢性白血病	^{32}P Therapy in the chronic leukemia
慢性粒细胞性白血病	chronic granulocytic leukemia
慢性淋巴细胞性白血病	chronic lymphocytic leukemia
^{32}P 治疗恶性淋巴瘤	^{32}P Therapy of malignant lymphoma
霍奇金病	hodgkin disease
非霍奇金淋巴瘤	non-hodgkin lymphoma
多发性骨髓瘤	multiple myeloma

第二十六章　放射性核素介入治疗

设问

你知道临床上哪些手术难以切除的以及术后和放疗后复发的肿瘤可以选择应用核医学的放射性粒子进行治疗吗？在临床上，当你面对的顽固性胸腹水而束手无策时，你知道还可以选择腔内注射放射性核素进行治疗吗？你知道一些恶性肿瘤可以应用放射性核素动脉介入治疗，以达到遏制病灶进一步进展吗？你是否了解可以应用放射性支架血管内照射预防血管成形术后再狭窄？

放射性核素介入治疗是一种通过组织植入、腔内注射或血管内介入等方式将放射性核素引入所需要治疗靶区进行治疗的一种内照射治疗方法。具有创伤小、操作简单及正常组织副作用小、治疗效果明显等优势。放射性核素介入治疗是核素治疗学中重要的部分，近年来介入手段不断开拓，放射性新药逐渐进入临床。放射性核素进入治疗在临床上应用越来越广阔，尤其是在恶性肿瘤的治疗上发挥重要的作用。

第一节　放射性粒子植入治疗

放射性粒子植入已成为恶性肿瘤治疗重要手段之一。1905 年居里夫人为 Danlos 特制了植入肿瘤的镭针，完成了第 1 例镭针插植治疗。1909 年，Pasteau 和 Degrais 在法国巴黎给前列腺癌患者经尿道导管植入镭囊，成功成为第一例前列腺癌近距离放射治疗。1917 年 JAMA 报道纽约纪念医院 Barringer 采用手指肛诊指引，会阴刺入导针，行前列腺癌放射核素治疗。1952 年 Flocks 首创术中组织间注射胶体金粒子治疗前列腺癌。1972 年，Whitmore 首创采用 ^{125}I 放射性粒子组织间植入治疗前列腺癌。由于当时无法正确估算靶区放射性活度剂量，虽取得较好的临床治疗效果，但放射性粒子引起的并发症却阻碍了其发展。

到了 20 世纪 80 年代，随着计算机技术快速发展，CT、超声、MRI 等影像定位技术的不断提高，组织间放射治疗技术也得到了繁荣发展；同时由于放射源密封工艺水平的不断提高，使得放射源的临床应用有了安全保证。美、英、法相继开展了前列腺癌的粒子植入治疗研究。国内学者于 20 世纪 90 年代末期开始开展 ^{125}I 放射性粒子永久植入的内放射治疗技术。目前该项技术已经广泛应用到中晚期恶性肿瘤的治疗中。

放射性粒子植入治疗是指通过微创方式将多个封装好的具有一定规格、活度的放射性核素，经施源器或施源导管直接施放到肿瘤组织或受肿瘤侵犯的组织中对肿瘤组织进行较高剂量、长时间照射，从而达到肿瘤治疗目的一种近距离放射治疗方式。

按照放射性核素在人体施放的时间长短，主要分为暂时驻留和永久植入两大类。放射性粒子植入具有靶区剂量高度适形，肿瘤放射生物效应高，周围正常组织损伤小、操作简单、防护安全等优点。尤其对于那些手术难以切除的以及术后和放疗后复发的肿瘤，放射性粒子植入治疗无疑是更合理、更有效的治疗途径。

一、放射性粒子治疗的物理学特点与生物学优势

（一）常用放射性粒子的物理学参数

放射性核素半衰期的长短、射线的类型、能量、核素丰度及原子序数等不同，对放射性粒子植入治疗靶区的剂量分布和放射生物学效应均有一定的影响。因此，在进行放射性粒子植入治疗前首先必须对所选择的放射性粒子的物理学特性进行充分的了解。目前临床上常用于粒子制作的放射性核素有 ^{125}I、^{103}Pd、^{198}Au，临床上 ^{125}I-粒子最常用。半衰期是影响放射性粒子植入疗效的重要参数，^{125}I 半衰期较长一般认为 ^{125}I-粒子用于增殖慢的肿瘤和中-高分化的肿瘤，如前列腺癌。^{103}Pd 初始剂量率较高适用于增殖快的肿瘤和分化差的肿瘤。^{125}I-粒子的活度多为 0.5~0.8mCi/粒（表 26-1）。

表 26-1　常用放射性粒子的物理参数

放射源	发射光子	平均能量（keV）	半衰期（天）	组织穿透能力(cm)	初始剂量率(cGy/h)
^{125}I	γ	27~35.5	59.4	1.6	7.7
^{103}Pd	γ	20~23	16.97	1.7	18
^{198}Au	γ	412	2.70	4.5	—

（二）放射性粒子植入的剂量计算

放射性粒子植入的剂量计算主要通过绝对吸收剂量值来反映。放射源周围的剂量分布遵循平方反比定律，源表面的剂量最高，随着距离变化的增加，离开放射源越远剂量将迅速减小，梯度落差将逐步变缓。因此，放射性粒子治疗是一种不均匀的剂量照射模式，对于不同体积的肿瘤，只能按照特定的剂量学特点选择布源方式。20 世纪 80 年代后期，随着计算机三维计划系统与模板指导系统应用于放射性粒子植入，将超声、CT、MRI 等影像学资料输入到计算机三维计划系统，精确重建肿瘤的三维形态，准确设计植入粒子的位置、数量及施入途径，制订出治疗计划。在治疗计划的指导下定性、定量、定向地将放射性粒子植入到病变部位，从而达到靶区剂量高度适形，周围正常组织损伤最小的个体化治疗要求。放射性粒子植入的总活度可由下列公式计算：

计算肿瘤所需放射总活度(MBq)=期望组织吸收量（cGy）×肿瘤器官重量（g）/4.92

（三）放射性粒子治疗的生物学优势

放射治疗主要通过放射线的直接效应或通过产生的自由基的间接作用来损伤 DNA，导致细胞死亡。其主要表现形式包括单链断裂和双链断裂。

细胞受照射后发生单链断裂和双链断裂的比值一般为 100∶4，双链断裂未必是致死的，但实验证实双链断裂数量在很宽的剂量范围内与细胞死亡有关联。单链断裂一般产生亚致死性损伤，是一种可以修复的损伤，对细胞死亡的影响不大。

低能量线性传递(linear energy transfer，LET) 射线可以引起亚致死性损伤和亚致死性损伤的修复，高 LET 照射时很少有亚致死性损伤，基本也不存在亚致死性损伤的修复。只有增殖的细胞才有损伤修复，未增殖的细胞几乎没有亚致死性损伤的修复。

^{125}I-粒子植入治疗的持续低剂量放疗，有利于杀伤肿瘤，同时改进肿瘤局部乏氧。低剂量率和相对较长的半衰期延长了照射时间，使正常组织损伤明显减少，使临近正常组织

得到保护,而对肿瘤细胞杀伤没有影响,放射治疗后肿瘤体积缩小使 ^{125}I-粒子排布更加密集,保证了持续性杀伤肿瘤细胞。放射性粒子植入治疗主要应用低能 γ 射线、持续低剂量率的照射形式,开始时剂量很高,随着放射性的衰变而下降。当放射性粒子衰变到较低剂量时,对肿瘤细胞的杀灭作用减弱或消失,而钛合金的粒子始终留在组织中(图 26-1)。

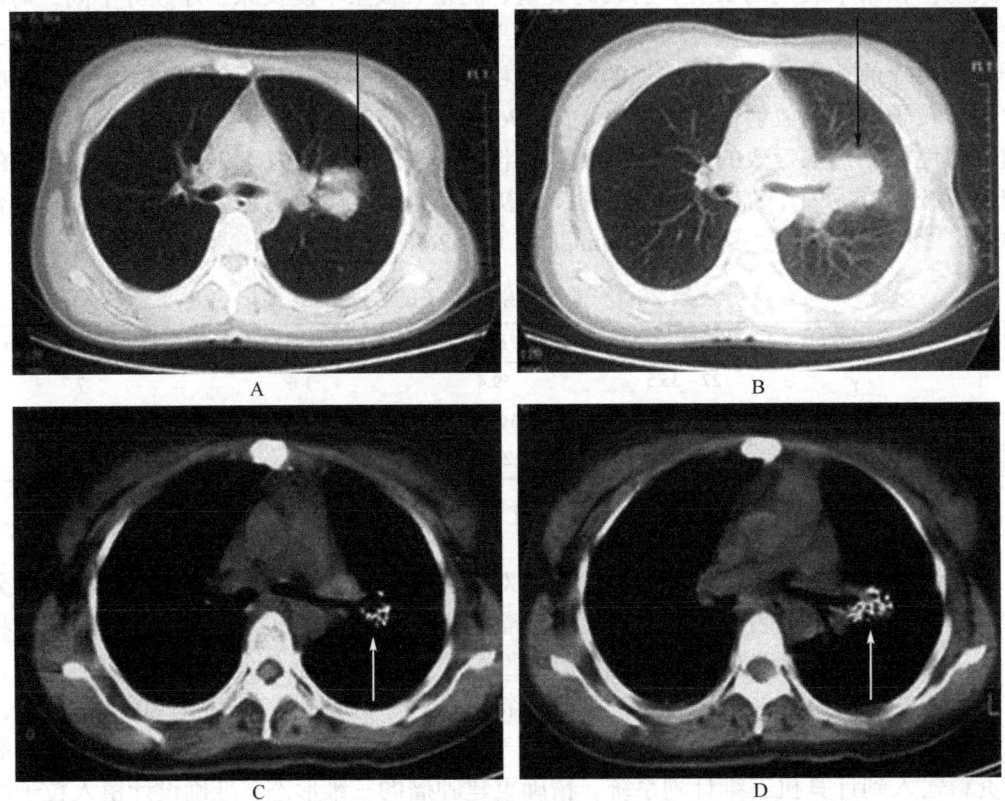

图 26-1　^{125}I 粒子植入治疗中心型非小细胞肺癌前后 CT 影像对比(箭头)
A 和 B 为治疗前；C 和 D 为治疗 1 年后完全缓解

二、放射性粒子植入治疗的适应证

1. **头颈部肿瘤**　舌癌、鼻咽癌、上颌窦癌、腮腺癌、口咽癌、扁桃体癌。
2. **胸部肿瘤**　食管癌、肺癌、乳腺癌。
3. **消化道肿瘤**　胃癌、肝癌、胰腺癌、胆管癌、直肠癌。
4. **神经系统肿瘤**　脑胶质细胞瘤。
5. **泌尿生殖系统肿瘤**　前列腺癌、子宫颈癌、子宫内膜癌、阴道癌。
6. **放射性粒子植入治疗**　一般用于不能手术切除的实体恶性肿瘤或预防术中/后残留肿瘤病灶的局部扩散或区域性扩散。选择接受治疗的患者,身体情况应较好,预计生存期在 6 个月以上。对于一般情况差,恶病质或不能耐受治疗者禁行粒子植入治疗,由于放射性粒子需要经过穿刺等手段植入肿瘤,肿瘤质脆,易致大出血者不宜行粒子植入治疗。为了防止放射性粒子通过血液等移行造成栓塞,对靠近大血管并有感染和溃疡肿瘤,不宜行粒子植入治疗。此外,空腔脏器肿瘤粒子随着肿瘤组织的坏死可能脱落,造成粒子移行,也不宜行粒子植入治疗。

三、放射性粒子植入治疗的操作程序

（1）选择合适放射性粒子植入治疗的患者。
（2）有明确的病理学检查报告及常规检查。
（3）完成 CT 或 B 超的影像采集，应用三维治疗计划系统制订治疗计划（图 26-2）。
（4）术前麻醉及使用镇静剂。
（5）固定体位及重要器官。
（6）应用 CT、B 超等影像设备观察肿瘤位置。
（7）通过模板固定肿瘤在体表位置。
（8）插入植入针，检查植入针的位置（图 26-3）。
（9）完成放射性粒子植入；用透视或超声检查粒子数。
（10）治疗后进行 CT 检查，验证了解放射性粒子分布和剂量分布情况。
（11）发现放射性粒子种植稀疏或遗漏时进行补种（图 26-4）。

放射性粒子植入通常采用的方式是在 CT 或超声引导下经皮穿刺。将穿刺针按照计划系统规划的进针路线穿刺到肿瘤内，抽出针芯，将放射性粒子放入穿刺针内，并推至预定的位置。前列腺癌的粒子植入治疗时穿刺针通过模板定向刺入肿瘤，通过直肠超声探头定位，并在计划系统进行验证。此外，也可以在手术中直视穿刺植入放射性粒子，或对不能切除的肿瘤组织植入，也可在手术切除的肿瘤床放置放射性粒子减少肿瘤的复发。

治疗前应对 10% 放射性粒子进行测定，允许测量结果偏差在 ±5% 以内。放射性粒子植入之后，如果需要配合外照射，应在第一个半衰期内给予外照射的相应生物学剂量。

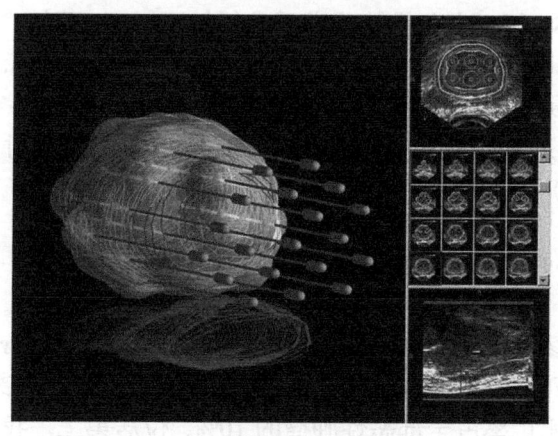

图 26-2　前列腺癌粒子植入 TPS 系统治疗计划

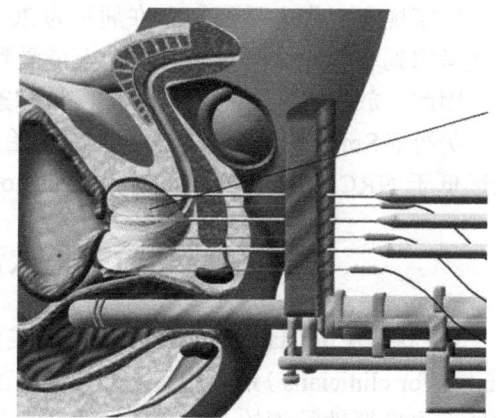

图 26-3　前列腺癌粒子植入模板固定制定插入植入针模式图

四、放射性粒子植入治疗的辐射安全性

放射性粒子发射的低能射线与医学诊断检查及天然辐射一样，都会对人体产生一定的辐射损伤。根据测试，一次 X 线透视被检者接受的辐射剂量约为 2.8mSv；自然界天然辐射，每年作用于人体的剂量约为 2mSv。

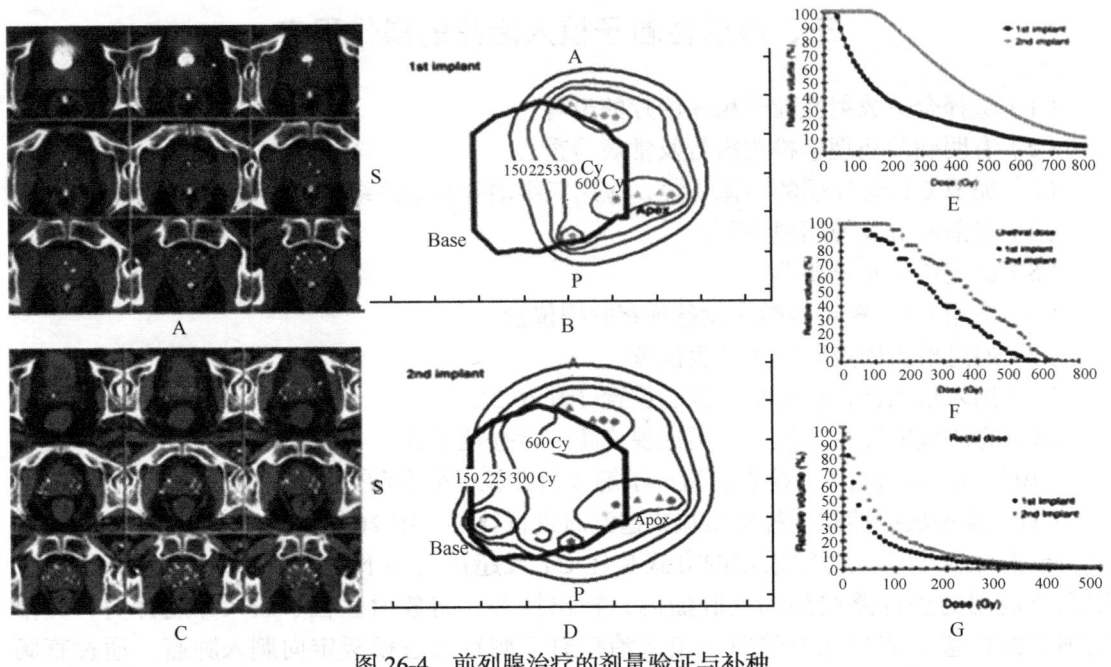

图 26-4 前列腺治疗的剂量验证与补种

A. 第一次植入治疗的 CT 验证图；B. 第一次植入治疗的剂量分布图；C. 第二次植入治疗的 CT 验证图；D. 第二次植入治疗的剂量分布图；E. 两次植入治疗的前列腺 DVH 图；F. 两次植入治疗的尿道 DVH 图；G. 两次植入治疗的直肠 DVH 图

张继勉 2006 年在《中国辐射卫生杂志》发表的测试报告：在放射性粒子植入到患者体内前，医护人员距离活度为 1mCi ^{125}I-粒子 0.5 米处所受到的年辐射剂量为 0.000 002 5mSv/年。据此推算：如按一次植入 ^{125}I-粒子总活度为 50mCi 计算其年辐射剂量为 0.000 125mSv/年。国家规定工作人员每年允许剂量为 20mSv/年，由此推算此类手术每年可行 16 万次。即使考虑到手术操作的时间，医护人员受到的辐射剂量也是很低的，远远低于国家防护标准。因此，放射性粒子植入对医护人员和家属的辐射剂量很低，是安全的。

另外，Smathers 研究了放射性粒子治疗后皮肤表面放射性强度，证实患者所带放射性远低于 NRC(nuclear regulatory comission）规定标准，对周围人群是相当安全的。

五、放射性粒子植入治疗在前列腺癌中的应用

前列腺癌（prostate cancer, PCa）是欧美国家最常见的男性恶性肿瘤之一。据 CA(a cancer jounals for clinicians）最新报道：近几年来前列腺癌的发病率呈上升趋势，年新发病率 APC 占所有男性恶性肿瘤的 28%，位居第一；其死亡率占全部恶性肿瘤的 10%，位居第二。我国前列腺癌的发病率也呈不断上升趋势，据 2012《中国肿瘤登记年报》公布，全国肿瘤登记地区前列腺癌的发病率为 9.92/10 万，占男性全部恶性肿瘤的 3.12%；全国肿瘤登记地区男性患者中第 6 位恶性肿瘤即为前列腺癌。

据美国前列腺癌研究所报道，前列腺癌患者接受单纯内放射治疗（brachytherapy monotherapy, BT）的比例从 1990~1998 年的 6.1% 上升到 1999~2011 年的 16.6%。另外，前列腺癌切除术或外放射治疗联合 BT 的比例也在增加。放射性粒子植入作为前列腺癌根治的一个主要方式，目前已经被广泛接受和应用。

（一）适应证与禁忌证

主要参照美国近距离治疗协会(ABS)的建议。

1. 适应证

（1）单纯近距离治疗的适应证：①临床分期为 T1~T2a 期；②Gleason 评分为 2~6 分；③血 PSA<10μg/L。

（2）近距离治疗作为外放疗的补充治疗的适应证：①临床分期为 T2b、T2c；②Gleason 评分为 8~10 分；③血 PSA>20μg/L；④周围神经受侵；⑤多点活检病理结果为阳性；⑥双侧活检病理结果为阳性；⑦MRI 检查明确有前列腺包膜外侵犯。

（3）Gleason 评分为 7 或血 PSA 为 10~20μg/L：根据具体情况而定。

（4）近距离治疗（包括作为外放疗的补充治疗）联合雄激素阻断治疗的适应证：术前前列腺体积>60ml，需使用雄激素阻断使前列腺缩小。

2. 禁忌证 ①预计生存期少于 5 年；②一般情况差；③有远处转移。

3. 相对禁忌证 ①腺体大于 60ml；②既往行 TURP；③中叶突出；④严重糖尿病；⑤有多次盆腔放射治疗及手术史；⑥美国泌尿外科学会（AUA）评分较高者。

（二）步骤与方法

放射性粒子种植治疗前列腺癌的标准模式是在模板和经直肠超声系统（transrectal ultrasound，TRUS）的引导下经会阴进行粒子植入。目前多采用三维立体定向计划系统（TPS）精确计算制定植入 ^{125}I 粒子数及植入位置，植入后剂量测定 CT，MRI 都仍有缺陷，用三维超声成像较好。

1. 术前准备 服用抗菌药物、清洁灌肠是常规的术前准备。前列腺较大或耻骨弓过窄的患者在进行治疗时穿刺针常受到耻骨的阻挡。因此在术前应对患者的前列腺体积和耻骨弓进行评估。进行粒子植入治疗的所有患者在种植前均制定治疗计划，根据三维治疗计划系统给出预期的剂量分布。对单纯近距离治疗的患者，^{125}I 的处方剂量为 144Gy，^{103}Pd 为 115~120Gy，尽可能使尿道受量小于两倍处方剂量。因为部分患者有前列腺包膜外侵犯的可能，或是因为粒子植入的偏差，前列腺靶区——处方剂量所覆盖的范围应包括前列腺及其周边 3~8mm 的范围，靶区大约是实际前列腺体积的 1.75 倍。

2. 粒子植入 先留置导尿管并向膀胱内注入造影剂，然后在经直肠超声的引导下根据制订的治疗计划从会阴部进行前列腺穿刺。当确定穿刺针到达指定的位置时，再通过粒子植入装置将粒子植入到指定的位置（图 26-5）。术中可以通过 X 线透视了解及调整粒子分布的情况。当粒子全部植入结束后进行膀胱镜检查，将落入膀胱内的粒子取出。术后第一天应静脉使用抗菌药物及止血药物，此后如无严重感染可改为口服抗菌药物。术后留置导尿的时间则根据术前前列腺体积、排尿情况来决定。

3. 术后剂量分布的评估 由于治疗后前列腺水肿、治疗过程中前列腺移动以及操作过程等不确定因素的存在，这时需要通过术后剂量分布的评估了解放射剂量实际在前列腺内是如何分布的，这与近距离放射治疗的疗效及并发症密切相关，也是近年来近距离放射治疗研究的热点之一。术后剂量分布评估常用 CT 来完成（图 26-6）。

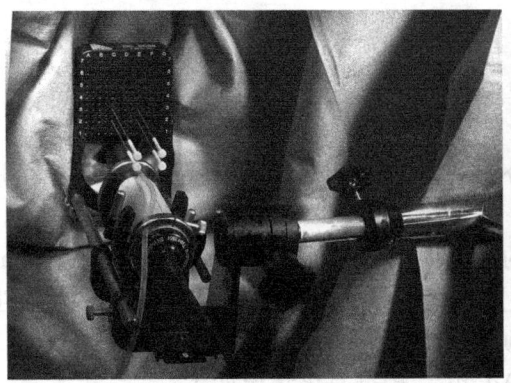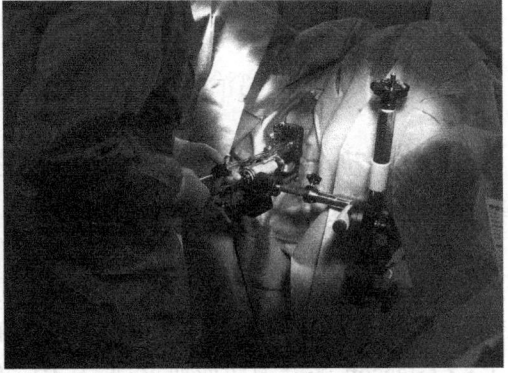

图 26-5 前列腺癌粒子植入术手术固定系统及术中插入植入针

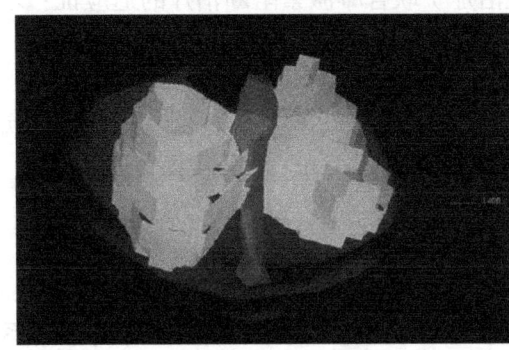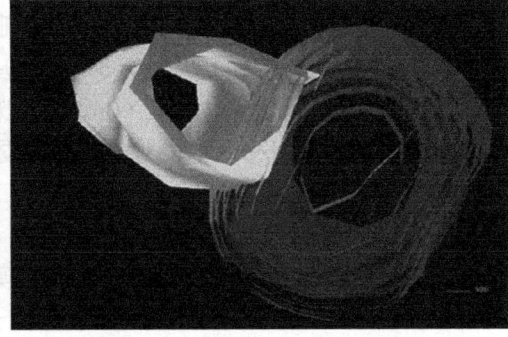

A   B

图 26-6　A 与 B 均显示源周围剂量分布示意图

A.3D 重建图像（尿道周围的剂量分布图）；B.3D 重建图像（直肠周围的剂量分布图）

（三）疗效评价与并发症

大量的研究表明，前列腺癌放射性粒子植入治疗和前列腺癌根治术及前列腺癌外放疗的疗效无明显区别。放射性粒子植入治疗的疗效（图 26-7）和临床分期、Gleason 评分及血 PSA 水平有关。并发症相对于前列腺癌根治术和外放疗而言，放射性粒子植入治疗创伤小，患者容易耐受，并发症相对较少，在欧美国家属于门诊手术，术后的生存质量也优于前列腺癌根治术和外放疗。

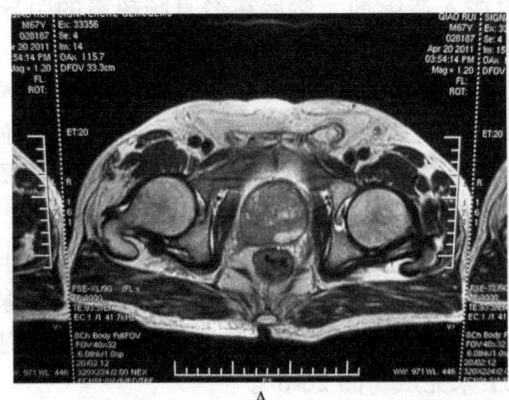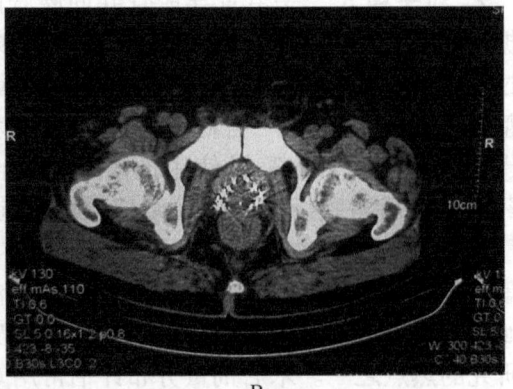

A   B

图 26-7　前列腺癌患者放射性 ^{125}I 粒子植入前后影像图

A. 术前前列腺癌患者 MR 显像；B.治疗后 4 周 CT 图像，粒子无移位或脱落现象，前列腺癌体积有所缩小

近距离治疗的并发症包括短期并发症和长期并发症。短期并发症（1年内）与穿刺创伤及急性放射线损伤有关。术后多数患者有尿频、尿急及尿痛等尿路刺激症状，有些患者表现为排尿困难和夜尿增多。多数研究认为，植入后1年，90%的患者的尿路症状可以恢复正常。急性尿潴留的发生率为1%~34%，多见于IPSS评分较高及前列腺长度较长的患者。短期直肠并发症为大便次数增多及里急后重等直肠刺激症状，多为自限性，一般对症处理即可。长期并发症（1年以后发生）以慢性尿潴留为常见。这种尿路梗阻主要由膀胱颈部及尿道的放射线损伤而导致的瘢痕化有关。一般植入粒子后尿失禁的发生率为1%~2.4%，而有经尿道前列腺电切术（transurethral resection of the prostate，TURP）手术史的患者粒子植入后的尿失禁的发生率高达20%~85%。约有12%的患者表现为尿道狭窄，可能与尿道球部的放射线剂量过高有关。这种情况可以通过定期尿道扩张来解决。直肠炎也是放射性粒子植入治疗的常见并发症，在植入术后3年内出现。多表现为轻度便血，常为自限性。但严重时可出现直肠溃疡甚至于前列腺直肠瘘。相对于前列腺癌根治术而言，放射性粒子植入治疗阳痿的发生率较低。约有62%~86%的患者在术后1~6年内仍保持较好的勃起功能。

第二节 腔内介入治疗癌性胸、腹水

一、腔内介入治疗的原理和放射性核素

腔内放射性核素治疗是指向浆膜腔内注射放射性药物，该药物不被或极少被浆膜吸收，而停留在浆膜腔内，发出射线杀伤浆膜和胸腹水中的癌细胞，抑制癌性胸腹水的产生。放射性胶体是一种不溶解的小颗粒物质或悬浮液，属于惰性物质，化学性质不活泼，无化学毒性，可与生理盐水、麻醉剂和X线造影剂等相混合，但和金属离子（如铝离子）相遇，则容易产生絮状沉淀。它们的特性是能吸附在组织上，因而在注入局部能长时间存留，很少进入血流。这种特性能保证对腔囊壁的病变或腔囊内容物中的肿瘤细胞，进行有效的辐射，达到治疗目的。

> **知识扩展**
>
> 临床上常见的治疗癌性胸腹水方法大致为两种：一是腔内注入抗癌药物，因加重化疗反应，多不与全身化疗同时进行。二是胸膜腔内注入生物制剂或硬化剂来封闭胸膜腔。但由于副作用较多，对肿瘤无直接杀伤作用，使其应用受到限制。

其治疗机制有如下：
（1）放射性胶粒直接混合在渗液内，利用射线直接杀死游离的癌细胞。
（2）引入体腔的放射性胶粒附着在浆膜表面对微小肿瘤播散灶直接辐射，使粟粒样癌灶被消灭。
（3）体液中的放射性胶粒，由网状内皮系统中的吞噬细胞和组织中的巨噬细胞吞噬、转运，到达并浓聚在肿瘤播散的淋巴通道和淋巴组织的隐匿转移灶内，使这些部位的肿瘤转移灶被杀灭。
（4）网状内皮细胞、组织由核射线照射后，会释放出具有生物活性、并与γ球蛋白结合形成的抗肿瘤因子。它作用于肿瘤组织，使其缩小，消灭。

（5）浆膜的脏、壁两层受核辐射能量作用后，内皮下发生纤维化，局部微小血管和微淋巴管闭塞，体液渗出减少，甚至停止。

放射性胶体治疗过去曾使用过胶体 ^{198}Au，但由于它的物理半衰期较短，β射线能量较低，在组织内的平均射程较短，放射出的γ射线极少起治疗作用，而且需加以防护，增加操作和护理工作的不便，目前已很少使用。现在多使用 ^{32}P-胶体磷酸铬（phosphorus-32 chromic phosphate，P-32CP）。它的颗粒大小 1~2μm，物理半衰期 14.3 天，纯β发射体，β射线能量 0.69MeV，在组织中平均射程 4mm，最大射程 8mm。

二、适应证

适应证包括：①胸腔和腹腔顽固性癌性积液；②腔内肿瘤术后复发或转移；③难以彻底切除或根本无法手术切除的体腔肿瘤，以放射性核素作组织间和腔内联合介入治疗；④术中切除肿瘤后做预防性治疗，例如卵巢癌及其他腹腔肿瘤。

三、禁忌证

禁忌证包括：①非肿瘤因素导致的胸腹腔积液；②包裹性积液；③伤口渗液或无法关闭体腔者；④严重恶病质，伴严重贫血；⑤儿童及妊娠妇女。

四、治疗方法和给药剂量

1. 治疗前准备

（1）详细询问病史和体格检查，掌握治疗和疗效判断指征。

（2）检查血常规、血小板和肝、肾功能。

（3）若离手术时已超过 2 周以上，或重复治疗时，必须行 X 线检查或注入少量 ^{99m}Tc-胶体进行显像以明确有无体腔内粘连形成局限性包囊（图 26-8）。

（4）胸腹腔内有大量积液时，必须事先多次抽液，尽量减少治疗前的积液，以免注入放射性胶体后因短期内停止抽液造成病人胀痛、呼吸困难等现象。

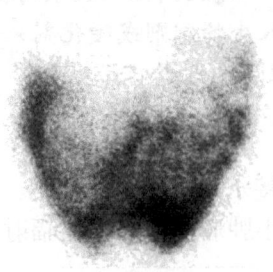
注射锝胶体后1h显像
A

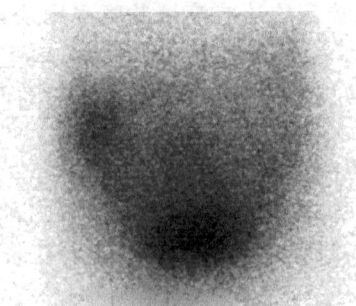
注射P-32 CP后24h显像
B

图 26-8　A．锝胶体显像无局限性包裹形成；B．^{32}P-胶体进行腔内注射后显像

2. 用药剂量和注入方法

（1）胸腔注入法：在注入放射性胶体以前，应抽去胸水。^{32}P-胶体的剂量为 185~555MBq

（5~15mCi）。放射性胶体稀释于50ml的无菌生理盐水内，摇匀，通过导管直接注入胸腔内。注射后2h内每10min变换一次体位，使放射性胶体在胸腔内得到均匀分布。第一次腔内注射无效时，4~8周后可重复治疗一次。

（2）腹腔注入法：方法与胸腔注入法相同。^{32}P-胶体的剂量为370~740MBq（10~20mCi），稀释于300~500ml生理盐水或50%右旋糖酐内。当脾脏不大时，注射部位应选在左髂前上棘与左季肋之间的腋前线上。注入放射性胶体之前至少应放出腹水500ml，然后将放射性胶体缓慢注入腹腔内。注射后再抽取20ml生理盐水注入腹腔。放射性胶体注入腹腔后，在病情允许情况下，应使病人在24h内每15min改变体位一次，以利放射性胶体在腹腔内均匀分布。

（3）手术中或手术后放置：手术中放置放射性胶体，可在切口缝合前于病变部位放置。也可在病变区域留置导管，待术后通过导管注入放射性胶体。剂量与注意事项与上述方法相同。

五、不 良 反 应

少数病人会引起疲倦、食欲不振、恶心、胸腹痛、胀气、呕吐、体温升高等反应，有的患者治疗2~3天后会出现白细胞或血小板下降。如放射性胶体误注射于前腹壁、胸廓及肺组织内，可发生周围组织坏死、皮肤红斑、色素沉着、放射性肺炎等并发症。

六、治 疗 效 果

一般肿瘤组织经照射后2周至数月开始消退和纤维化，米粒样种植灶可全部消失，胸腹水暂时缓解。本方法控制恶性积液的有效率可达50%~70%，治疗效果决定于肿瘤的原发部位，病理类型及液体聚集的部位。该方法对微小病灶有效，对较大病灶则难以控制，主要是改善症状、提高生活质量和延长患者生命；^{32}P-胶体治疗癌性胸腹水效果良好，但显效缓慢，明显效果出现在治疗后的3个月。资料显示，它对卵巢和乳腺的原发肿瘤效果较好，采用手术和放射性胶体综合治疗可明显提高病人的5年生存率。

近年来，放射免疫药物发展迅速，有报道将^{131}I标记肿瘤细胞核人鼠嵌合单抗注射液（^{131}I-chTNT），商品名：唯美生用于治疗肺癌造成的胸水取得了良好的临床效果。

第三节 放射性核素动脉介入治疗

放射性核素制剂用于动脉内介入治疗是通过选择或超选择性动脉插管技术把导管插进肿瘤的供血动脉，经过导管把介入因子载带的放射性核素制剂直接注射到靶部位。介入因子使放射性核素持续滞留在病变处，从而实现辐射、栓塞或化学治疗作用。常用的放射性核素有^{131}I、^{32}P和^{90}Y，载体则为微球（陶瓷或玻璃）、碘化油等，放射性药物有^{131}I-碘油、^{32}P-微球和^{90}Y-微球。目前这种技术应用于肝癌、肺癌、消化道及盆腔等部位肿瘤的治疗，其中以肝脏肿瘤的治疗开始最早、经验最多。以下就以肝癌为例加以介绍。

治疗原理和放射性核素

正常肝实质的营养约20%~25%来自肝动脉，75%~80%来自门静脉。原发性肝癌或转移性肝癌的血液供应 90%~95%来自肝动脉。这就为选择性肝动脉插管灌注各种治疗剂进行靶向治疗提供了解剖学的依据。肝脏肿瘤血供丰富，具有虹吸作用；肿瘤血管缺乏平滑肌；肿瘤组织无 Kupffer 细胞，缺乏吞噬能力，同时无完整的淋巴系统，这些都有利于放射性微球等药物长期集聚在肿瘤血管及组织内，使其缺血缺氧坏死，而对正常肝细胞影响较小，此为肝动脉栓塞的肿瘤生物学基础。

放射性微球直径多为 30~50μm 不能通过毛细血管床，经肝动脉导管注入后主要积聚在肝小动脉末端，阻塞肿瘤血供产生栓塞效应，同时放射性核素发出射线产生辐射效应，这双重效应使肿瘤细胞坏死。由于动脉导管超选择进入肿瘤供血动脉，因此，正常肝组织却很少聚集，所以不会受到明显损害。

肝癌癌灶周边供血动脉丰富、癌细胞的生长力最强，同时肿瘤周边还存在一定的门静脉供血，因此，如何有效遏制肿瘤周边癌组织的生长，同时确保一定的肿瘤内部照射剂量是治疗肝癌等实体肿瘤的关键。国内有学者报道采用超选择性经肝动脉灌注 ^{32}P-玻璃微球（^{32}P-glass microspheres，^{32}PGMS）、超液化碘油和化疗药物混悬液联合治疗肝癌，取得了一定的疗效，其主要作用机制详见（图 26-9）。

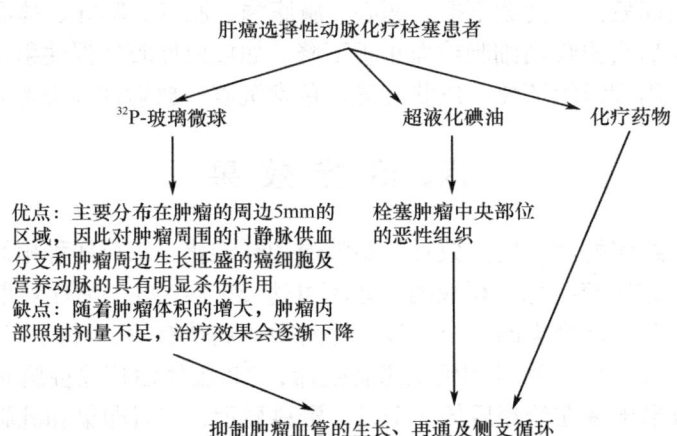

图 26-9　经肝动脉灌注 ^{32}PGMS、超液化碘油及化疗药物联合治疗肝癌原理图

对肝癌介入治疗常用的放射性核素有 ^{131}I-碘油、^{90}Y-微球和 ^{32}P-微球。^{131}I 既可以起治疗作用又可以从体外进行显像以监测其在体内的分布。^{90}Y 是较为理想的内照射治疗核素，它的半衰期和 β 射线能量都适中，^{90}Y-微球对于组织生长较快的肝癌细胞杀伤力集中，临床效果明显。^{32}P 也是发出 β 射线，它的半衰期相对较长，方便运输和临床使用，^{32}P-微球常用于治疗肝癌。

经动脉灌注的放射性微球治疗应充分了解是否存在血液分流，常见的血液分流有肝肺分流，肝胃分流等。如果分流明显，部分放射性微球随血流到达肺或胃部位会造成相应的器官受损。通常肿瘤、非瘤肝组织和肺组织的吸收剂量各不相同，而疗效、正常肝组织耐受性及放射性肺炎的发生均与其吸收剂量有关。正确估算肿瘤、非瘤肝组织及肺组织的吸收剂量是内照射栓塞治疗的关键和难点。据有关文献报道：原发性肝癌的肿瘤致死剂量一般认为是 120Gy；非瘤肝组织的外照射耐受吸收剂量为 80Gy，低于肝癌组织。为了避免血液分流对其他脏器造成伤害，可以在注射放射性微球前，经导管注射 ^{99m}Tc-MAA，并进行显像，如果肺或胃等脏器显像，表明存在血液分流，该患者不适合进行放射性微球经肝动脉灌注治疗。

1. **适应证** ①不能手术切除的中、晚期肝癌；②化学治疗和外辐射治疗失败的富血管型转移性肝癌；③肝肿瘤出血和为控制晚期肝癌的疼痛；④手术后肝癌复发。

2. **禁忌证** ①有明显动-静脉瘘；②门静脉梗阻，严重门静脉高压；③有严重出血和凝血机制障碍；④有严重心、肾功能不全，高血压病和活动性肺结核；⑤癌症晚期，病人濒临死亡。

3. **临床效果** 对于直径小于 8cm 的肝癌或隐匿性肝癌，本方法可以起到根治作用。对于直径在 15cm 以下的肿瘤，可作为首选合理的治疗措施，达到 AFP 降低、临床改善、肿痛缩小，使术后 1 年生存率提高 31%~62%。

对于中、晚期肝癌，经该方法治疗后，可变为可以手术切除的肝癌，明显提高 5 年生存率。汤钊猷报道，中晚期肝癌采用放射性核素——栓塞介入治疗后的手术切除率为 21.4%。从而使过去绝对无希望的不能切除肝癌变为有治疗的希望。放化疗失败的病人也可以通过这种方式的治疗，延长生存时间。

近年来放射性核素免疫治疗得到了广泛的研究，该类药物利用具有特异导向能力的单克隆抗体（mAb）为载体，耦联放射性核素来杀伤肿瘤细胞。利卡汀（^{131}I-美妥昔单抗）中美妥昔单抗特异性结合到肝癌细胞膜抗原 HAB8G/CD147，不但可以将放射性核素带到肿瘤细胞并直接杀伤，还可以通过抗体依赖的细胞毒性作用杀伤肿瘤细胞，而且抗体能够被肿瘤快速摄取，在正常组织中可以快速清除，毒性低（图 26-10）。少数病人有恶性、呕吐、发热、寒战及疼痛等副作用。经肝动脉灌注利卡丁治疗肝

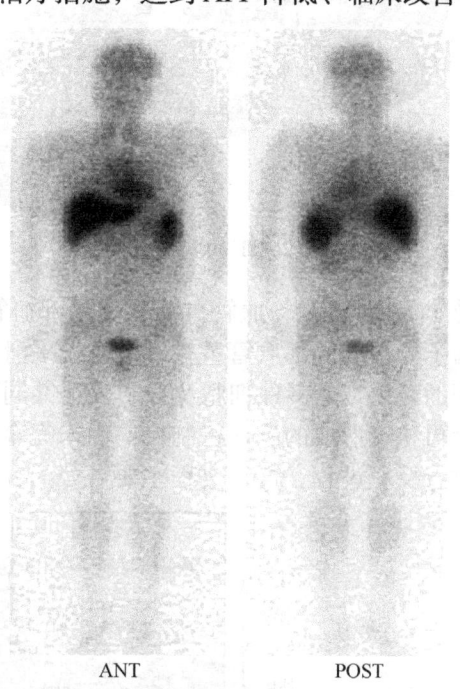

图 26-10 利卡汀显像药物主要集中于肝脏、脾脏、心脏及少量的甲状腺组织显影

癌其临床结果显示，具有抑制肝癌的侵袭和转移作用，尤其对 10mm 左右的转移灶疗效显著。

第四节 放射性支架血管内照射预防血管成形术后再狭窄

经皮冠状动脉血管成形术（PTCA）是治疗冠状动脉粥样硬化性心脏病的有效手段之一。自 Andreas Gruentzig 1977 年发明该技术以来，随着技术的日臻完善，其安全性、有效性和成功率得到了充分体现，开展逐渐普遍，挽救和提高了千百万人的生命和生活质量。

PTCA 作为一项重要的冠心病血运重建技术，迅速在世界范围内推广应用。不仅应用于稳定型心绞痛，而且也用于急性心肌梗死的再灌注治疗，使其病死率较溶栓疗法进一步降低。但 PTCA 术后 6 个月内会发生在原扩张狭窄冠状动脉处出现再狭窄问题，尤其是冠脉支架内再狭窄（in-stent restenosis ISR），据资料报道其发生率可达 20%~40%，波动在 10%~60%。即使配合支架术后严格的抗凝、抗血小板、降脂等一系列措施，仅 1999 年欧洲就有约 250000 例支架内再狭窄发生，其发生率也在 20%左右。人们曾试图应用各种药物制剂及基因技术等方法进行预防治疗，尽管动物实验的初步结果令人鼓舞，但用于临床却

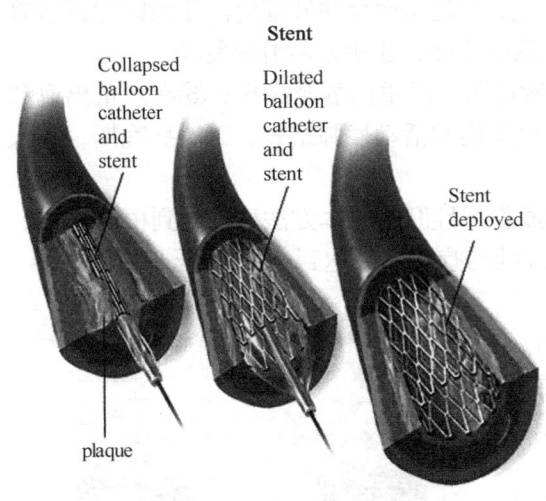

图 26-11 血管内支架

令人失望。经临床证实能够降低冠脉扩张后再狭窄率的干预治疗措施中，血管内支架（图 26-11）是较为有效的方法。而支架与放射性核素的结合为临床预防再狭窄提供了令人耳目一新的技术。

一、冠脉再狭窄的形成机理

血管再狭窄通常指一支狭窄的动脉在机械性介入治疗后显著开放，又恢复至没有足够管腔的狭窄状态。在血管造影图上，再狭窄定义为在原狭窄部位经过治疗后又发生>50%的管腔狭窄（支架置入后 6~9 个月其管腔净丢失率≥ 50%已为大多数所接受）。一般认为，血管再狭窄是局部血管损伤后的一种修复反应，是多种细胞因子和生长因子介导的局部血管重构，是血管平滑肌细胞（SMC）增殖、迁移及细胞外基质分泌和堆积的结果，是多种细胞及分子表达共同引起的血管功能与结构的改变（图 26-12）。关于血管再狭窄形成的确切机制目前尚未完全明了，大量研究表明血管再狭窄是一种复杂的损伤愈合反应过程，这一过程主要可分为：早期回缩、新生内膜增生和血管重构。

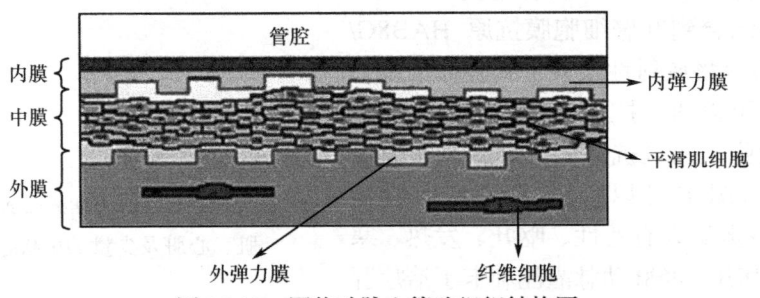

图 26-12 冠状动脉血管壁组织结构图

1. **早期回缩**（early recoil） 早期回缩又称早期弹性回缩，在动脉扩张后立即发生。

2. **内膜增生**（neointimal hyperplasia）（图 26-13） 正常冠状动脉在血管内皮细胞与内弹力层之间的内膜组织菲薄，细胞稀少。血管成形术后，内皮细胞剥离，基底膜暴露，内弹力层撕裂，由平滑肌细胞组成的中膜及由纤维细胞组成的外膜挤压撕拉，随即产生增生修复反应。其中内皮细胞剥离受损，可释放多种生物活性物质，如内皮素、5-羟色胺、生长因子、细胞因子和黏附因子，这些活性

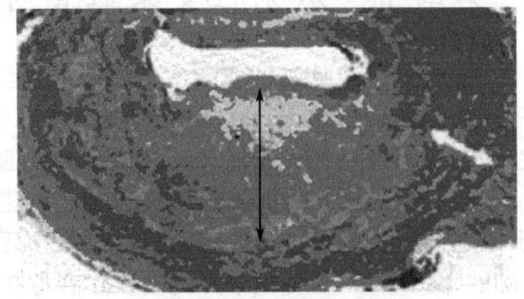

图 26-13 冠脉血管内膜细胞明显增生（黑色箭头）

物质不仅使血管收缩，而且触发血管中膜层原来处于静止期的平滑肌细胞开始分裂增殖，故内皮细胞是血管损伤修复形成再狭窄的启动因素。

血管中膜层平滑肌在血管成形术 24~72h 后开始增殖，由收缩表型转变为合成表型，

除引起平滑肌细胞本身大量分裂增殖外，还大量合成分泌细胞外基质，同时增殖的平滑肌细胞通过内弹力层撕裂处向管腔内迁移弥散，这一过程在血管成形术后1到2周达到高峰，并可持续1到2个月，最终在血管内皮细胞与内弹力层之间形成明显增厚的新生内膜组织。新生内膜组织的主要成分是平滑肌细胞和细胞外基质。目前，在广泛开展内支架治疗冠状动脉狭窄的过程中，新生内膜组织是引起冠状动脉内支架再狭窄的主要因素。

3. **血管重构**（vessel remodeling） 血管重构是血管扩张受损后在多种因素参与下整个受损血管大小、几何形状的改变。

血管成形术后，局部血管的扩张导致血管壁剪切应力（sheer stress）低于术前水平。另外，由于内皮细胞损伤，致使局部舒血管物质如内皮源性舒张因子及前列环素等释放减少，而缩血管物质如血栓烷等因子释放增加，为维持局部血管劈切应力的平衡，将出现血管壁回缩，加上血管内膜增生反应，引起血管大小结构变化，直至血管壁剪切应力建立起新的平衡，血管回缩重构方可结束。

目前认为在形成再狭窄的重构过程中都有血管内膜、中膜和外膜的参与。实验证明，在发生再狭窄的血管中，内膜增生引起的管腔面积的损失仅占再狭窄发生时管腔面积损失的27%~47%，而血管重构引起的面积损失则占再狭窄发生时管腔面积损失的70%左右。

再狭窄的病理基础分为以下三个阶段：①血栓形成阶段。此期血小板的活化、聚集，24h内形成富含纤维蛋白的血小板-纤维蛋白血栓。②恢复阶段。3~8天形成内皮细胞并伴有单核细胞、淋巴细胞的浸润。但是内皮细胞是否为临床所需的功能正常的内皮细胞还知之不多。③增生阶段。肌动蛋白阳性细胞聚集覆盖血栓形成"帽"状结构直至完成整个愈合过程。随后平滑肌迁移、增殖至血栓降解的部位从而增加了内膜的体积。就其整个过程的涉及机械牵张、内膜破裂刺激平滑肌的迁移、成纤维细胞的增生同时激活凝血因子而致血栓形成以及炎症反应、细胞因子、免疫等多种因素。这里机械刺激包括球囊扩张和支架置入对血管壁的刺激，但我们对机械刺激引起的增生反应的机制还知之甚少，如血管壁的何种组织对机械作用最敏感？机械刺激又是如何导致细胞的增生等？都有待深入研究。

二、放射性核素支架预防冠状动脉成形术后再狭窄

美国因冠状动脉成形术后再狭窄而需再次行血管重建术甚至外科手术搭桥的费用一年可高达30亿美元。多年来，人们做出了巨大的努力试图控制冠状动脉成形术后再狭窄的发生，试验用各种药物制剂和不同成形术方法进行预防。但是其发生率仍居高不下，血管内支架的再狭窄率也为20%~30%。近来在预防血管成形术后再狭窄的众多研究中，应用放射性核素进行血管内照射来预防再狭窄最受人们注目（图26-14）。

（一）血管内照射历史回顾

临床上，放射性核素治疗被应用于抑制良恶性细胞增殖性疾病已有百年历史，积累了大量丰富的临床经验。1991年Schwartz等首先提出用X射线照射来预防再狭窄的假设，虽然实验结果令人失望，但为后人提出了一条预防再狭窄的新方法。1994年Wiedermann等报道了大剂量γ射线在猪冠状动脉内照射可成功抑制血管损伤后内膜增生预防再狭窄。随后，Condado等于1994年首先把血管内放射治疗应用于人体冠状动脉扩张术后在狭窄的防治取得了明显的疗效。

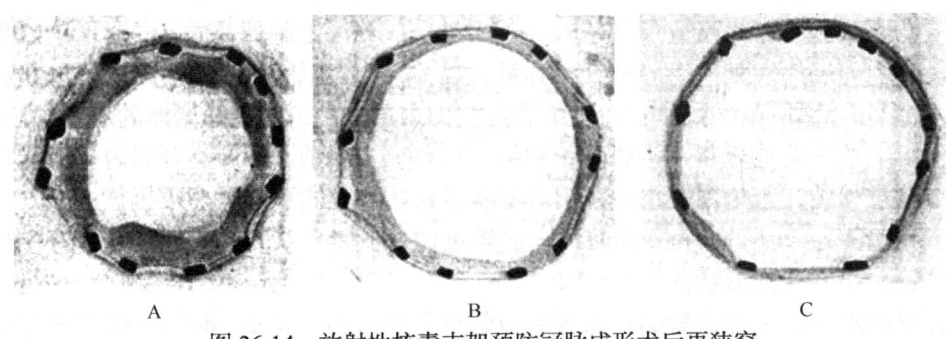

图 26-14 放射性核素支架预防冠脉成形术后再狭窄

（二）放射治疗预防再狭窄的机制

在体内正常情况下，血管平滑肌细胞通常处于舒缩功能状态并不增殖。当球囊扩张损伤血管后，在多种损伤因子介导下，血管平滑肌细胞开始迅速分裂增殖，同时大量合成分泌细胞外基质。平滑肌细胞这种代谢活跃状态使其对放射线敏感程度增加，容易受到放射线电离辐射损伤，从而使平滑肌细胞分裂增殖受到抑制，最终使血管新生内膜形成减少。放射线不仅能阻止新生内膜形成，而且可能影响血管外膜结缔组织的增生和收缩，改善血管负性重构从而达到预防血管再狭窄的目的。与以往各种特异性药物制剂预防血管再狭窄的作用机制不同，放射线可影响平滑肌细胞分裂增殖的各个环节，其作用是非选择性的，不管平滑肌细胞分裂增殖为何种原因诱发，均能起到相应的抑制效应，故放射线在抑制内膜形成预防血管再狭窄中，与其他作用于细胞分裂增殖某一环节的特异性制剂比较，有较大的优越性。

我国黄钢课题组对辐射防治血管再狭窄进行了系统研究。从细胞水平和分子水平进行了辐射抑制平滑肌细胞及内皮细胞增殖的研究，辐射致平滑肌细胞、内皮细胞和心肌细胞的凋亡研究，不同细胞之间辐射效应比较、辐射致平滑肌细胞 HPRT 基因第 7、8 外显子突变分析研究以及应用放射性支架与放射性液体充盈球囊进行近距离防治血管再狭窄的动物模型研究和离体培养细胞辐射吸收剂量研究等。提出辐射防治血管再狭窄的机制主要有以下几个方面：

（1）电离辐射诱导血管平滑肌细胞周期阻滞，抑制其增殖和迁移。放射治疗抑制内膜增生的机制为通过破坏单链或双链脱氧核糖核酸（DNA）而抑制内膜或中膜内快速分裂的平滑肌细胞，因此血管中快速分裂细胞数量对治疗至关重要。辐射诱导平滑肌细胞 G_1 期阻滞，并伴有野生型 P53 蛋白核内堆积。已发现 P53 蛋白在辐射诱导细胞周期分裂受抑过程中起重要作用，P53 蛋白与其下游效应基因如 cipi/wap1、gadd45、mdm2 等结合，从而激活这些基因的转录，使其 mRNA 和蛋白表达水平均升高，进而调节细胞周期进程，损伤平滑肌细胞的分裂增殖能力，从而抑制新生内膜的过度增生。此外，P53 蛋白还通过其他方式调控细胞周期。平滑肌细胞按表型可分为收缩型和合成型，正常血管平滑肌细胞基本为收缩型，PTCA 后收缩型平滑肌细胞演变为合成型，可以合成血管外基质，且合成型平滑肌细胞具有很强的迁移能力，电离辐射可诱导合成型向收缩型转化，抑制平滑肌细胞的迁移。

（2）电离辐射诱导血管平滑肌细胞凋亡。Verin 等实验证实射线可以诱导平滑肌细胞凋亡，并认为凋亡也是射线抑制的机制之一。辐射能直接引起 DNA 损伤促使发生凋亡外，还可间接电离水分子,产生过氧化氢等自由基,而自由基是细胞凋亡的强诱导剂。电离辐射通过 DNA 损伤诱导细胞凋亡的机制复杂,目前认为可能主要与 p53 基因、Bcl-2/Bax 基因、Fax 基因和 CDK2 等基因有关。

(3)电离辐射引起血管正性重构,扩张管腔。Verin 等用 ^{90}Y 血管内近距离治疗人冠状动脉狭窄,给予 9、12、15、18Gy 后 6 个月,发现平均管腔直径分别为 1.67mm、1.76mm、1.83mm、1.97mm,各剂量组管腔扩大的百分数分别为 28%、50%、45%、74%,存在着剂量依赖性管腔扩大,说明射线不但抑制管腔狭窄,而且引起血管正性重构,诱导管腔扩大。

(4)电离辐射抑制单核-巨噬细胞和多种生长因子。血管成形术的早期阶段,内皮细胞损伤,胶原暴露,血小板黏附,产生单核细胞趋化因子(MCP),促进单核、巨噬细胞黏附及向内膜下浸润,浸润及活化的巨噬细胞合成和分泌多种细胞因子、生长因子及趋化因子,包括血小板衍化生长因子(PDGF)、转化生长因子 β(TGF-β)、肿瘤坏死因子 α(TNF-α)、白细胞介素-1(IL-1)等。这些因子不但引起局部炎症反应,更重要的是促使中膜平滑肌细胞向内膜迁移和增殖,形成血管再狭窄。Rubin 等认为射线使血管损伤后巨噬细胞聚集的数量明显减少,PDGF 表达减少,抑制巨噬细胞在平滑肌细胞增殖过程中所起的介导和放大作用,从而有效地抑制再狭窄的发生。

(三)预防再狭窄的放射源(表 26-2)

近距离照射主要采用的放射性核素有发射 γ 或 β 射线的核素。γ 射线穿透力强,随距离衰减慢,防护要求高,治疗上存在三个不足之处:①过量的动脉周围组织辐射剂量不能忽视;②在通常的导管实验室,需加合适的放射防护,这成为实施该技术的重要障碍;③γ 源难以定位在管腔中心,难以保证管壁的均匀照射。相比而言,β 射线有三个优点:①在组织中剂量衰减很快,因此动脉周围组织基本上避免了不必要的照射;②在水或其他介质半价层厚度更低,很大程度上解决防护难的问题,使它能在通常的导管室应用;③在短时间内使局部传输高剂量成为可能。大部分 β 衰变放射性核素,90%能量在 4mm 组织内衰减,对小血管再狭窄的防治极为理想。

表 26-2 预防再狭窄的常用放射性粒子物理参数

放射源	发射光子	平均能量(MeV)	半衰期	组织穿透能力(mm)	对周围正常组织的影响
^{90}Y	β	2.27	2.67天	4	^{90}Y 脱落进入血液,对肝、骨髓损害很大
^{32}P	β	1.711	14.3天	2~3	一旦脱落进入血液,对骨髓产生明显的抑制作用

1. γ射线源 血管再狭窄防治中使用的γ放射性核素主要是 ^{192}Ir。^{192}Ir 最大能量为 612keV,平均能量 370keV,$T_{1/2}$ 73.8d,^{192}Ir 籽源和线源在动物实验和临床试验中较多使用。

^{125}I 和 ^{103}Pd 为发射俄歇电子及特征 X 线的放射性核素。^{125}I 最大能量 35keV,平均能量 28keV,$T_{1/2}$ 60.1d;^{103}Pd 最大能量 23keV,平均能量 21keV,$T_{1/2}$ 16.97d。由于 ^{125}I 和 ^{103}Pd 的活度水平还达不到目前导管介导系统所需要求,可能较适用于制作放射性支架。

2. β射线源 主要有 ^{90}Y、($^{90}Sr/^{90}Y$)和 ^{32}P 等核素。β射线在组织中电离密度较高,近距离照射组织生物学效应较好。与γ射线相比,β射线能在更短的时间内、以更低的放射性活度进行血管内照射,就可使血管壁组织细胞达到有效吸收剂量。另外β射线的穿透力弱,对患者内照射部位邻近组织和手术操作者所产生的辐射危害很小,不需要特别防护,可在普通导管室内进行手术操作。以上几点好处，使人们更倾向于使用β射线来预防血管成形术再狭窄。但β射线射程短，在组织中衰减迅速。选用能量较高的β射线放射源，并提高放射源放射性活度，适当延长照射时间，可克服β射线放射源的这些不利影响，达到抑制血管壁损伤后组织细胞增生过度的目的。

γ和β射线混合型放射性核素有 ^{186}Re、^{188}Re、^{188}W/^{188}Re 和 ^{198}Au 等。^{188}Re $T_{1/2}$ 16.9h，发射的β射线最大能量为 2.12MeV，一些学者认为 ^{188}Re 是近距离照射最适宜的放射性核素之一。

目前，血管再狭窄防治研究中使用的放射性核素还有 ^{153}Sm、^{144}Pr、^{106}Rh 以及发射正电子的放射性核素如 ^{18}F、^{68}Ga、^{11}C、^{13}N、^{15}O 和 ^{48}V 等。由于近距离照射治疗需考虑放射源的活度、深度吸收剂量和剂量率、疗效和安全性等因素。美国医学物理学会血管内近距离照射专门小组 60 号文件（AAPM TG-60）中还没有推荐出最适放射性核素。

（四）照射方法

在防治再狭窄的过程中，研究使用了几种照射技术，包括血管内短时间插入高活度γ或β籽源和线源；用放射性液体或气体扩张球囊；经冠状动脉导管插入微型 X-线球管；种植永久性放射性支架；血管成形术后分次外照射等。

冠状动脉再狭窄的防治均使用血管内近距离照射。在一些外周血管再狭窄的防治中，有人进行分次外照射尝试。近距离照射防治血管再狭窄的方法可概括为两类基本的操作平台：

1. 以导管为基础的系统（catheter-based systems） 经导管将固体放射性籽源（seed）、线源（wire）或放射性液体充盈的球囊送达血管狭窄部位，在短时间内达到治疗剂量。导管输送系统的放射源一般为籽状、丝状、带状或液体，由于其放射治疗时间较短，放射活性一般为数 Ci。本法操作简单易行，但常常呈偏心性，导致血管壁受照射不均匀。此外，充满放射性液体的球囊一旦破裂，有可能造成患者多器官的辐射损伤。

2. 放射性支架（radioactive stent） 多采用发射纯β射线的核素。将放射性核素与支架结合，支架活度水平比导管介导系统放射性籽源和线源活度水平低 10000 倍，永久性放置在血管内实施低剂量率持续照射。因为放射性支架直接和血管内周接触，可提供均匀的剂量分布和准确的剂量定量。目前，常用的放射性支架有 Palmaz-Schatz 支架和 BX 支架等。^{32}P 是制作放射性支架最常用的放射性核素。

放射性支架具备一些较理想的优点：①纯β射线射程短，在 3~4mm 范围内 95% 以上的能量被吸收；②放射性支架的照射时间令人满意。血管损伤后组织细胞增殖活性高峰时间为 24h 至 2 周，^{32}P 放射性支架在 2 周内释放能量最大，而后迅速下降，至 3 个月时则探查不到放射性。因此，这种放射性支架的照射时间正好满足了抑制内膜增生的需要，又不会形成持久辐射。③由于放射性支架于细胞增殖活动期呈持续性照射，完全抑制 SMC 增殖所需的照射剂量很低。若用 20cm 长的金属线制作直径 3mm、长 20mm 的冠脉支架，最大放射活性若为 2.22kBq/cm，估计 1.4g 组织的吸收剂量大约 3.1Sv，机体吸收的总剂量不过 0.1mSv。这个放射剂量仅相当于病人进行 PTCA 时所暴露的 X 线总量的 0.1%。

应用 ^{32}P 等核素制作放射性支架同时也存在着一些不足：^{32}P 放射支架必须事先用离子轰击，因此不能根据病变特征决定支架的长度和支架的类型。另外放射性支架从生产到使用往往经过较长时间，由于放射性衰变活度降低，使放射支架预防再狭窄的疗效降低。放射性支架的抗血管弹性回缩作用和放射治疗抑制新生内膜形成和改善血管重塑作用，此法虽是一种很好的治疗方法，但是部分支架放置后可能变形，使剂量分布不均匀，且费用大。

（五）支架放射性活度及放射剂量的选择

在采用放射性支架进行内照射治疗时，照射剂量及照射时间对内膜增生的抑制至关重要。一般认为，血管损伤后48h至2周内是细胞增殖活动的高峰期，此期间放疗效果最佳。由于核素固定于支架，于血管损伤后植入血管内呈连续性照射，故其照射时间恒定而适宜。由于照射剂量主要决定于放射活度及时间，且由于时间恒定，故放射活度即成为放疗成功的关键因素。放射性支架发射的β射线射程短，在组织中衰减迅速，离开支架4mm内就可达吸收总剂量的95%以上。如在管腔表面释放18Gy的放射剂量，在深1mm部位的组织所得到的放射剂量仅约为5.4Gy，2mm处组织所得到的放射剂量仅约2.7Gy，4mm深处组织仅得到不足1Gy的放射剂量。

尽管精确的必需剂量率仍不详知，如果使用导管介导系统可承受的时间限度内完成治疗，剂量率>5Gy/min将是最佳的。因为在照射治疗中病人动脉血流将降低很多，过长的治疗时间将增加并发症的危险性，当剂量率4~5Gy/min时，γ放射性核素（^{192}Ir）的活度需达18.5~37GBq（但目前大多数血管内近距离照射使用的^{192}Ir的活度仅为370~740MBq）。而放射性支架使用β放射性核素（^{32}P、^{90}Y），其所需活度为740~1850MBq。放射性支架治疗所需活度水平为kBq级。

总的说来，目前尚无公认的最佳靶血管吸收剂量或吸收剂量窗，AAPM TG-60提及阻止血管再狭窄的最小吸收剂量似乎为8~16Gy（在血管壁0.5mm深度）。

（六）放射性核素支架应用的合理性

目前，预防再狭窄的有效方法是血管内支架，它可使再狭窄率减少30%。但其作用机制纯属机械性，它通过扩大血管管腔，阻止血管成形术后弹性回缩，影响血管重构来预防再狭窄。因此它并不能抑制血管损伤后组织细胞增殖及内膜增生。相反，它可能刺激血管内膜增生。因放射治疗以其针对增殖活性细胞及内膜增生抑制而发挥其特殊作用，故二者的结合则使预防再狭窄的治疗方法趋于完善。

FDA认可血管内近距离照射治疗的益处远超出此技术的危险，批准运用导管介导系统籽源、线源和放射性支架进行冠状动脉内近距离照射防治再狭窄。冠状动脉内近距离照射治疗是一种崭新的、令人兴奋的技术，同时又处在技术发展的初期。

血管内近距离照射的操作程序是否规范、放射源种类、放射性活度、支架构成材料和长度、施行近距离照射的时机、照射时间，吸收剂量、剂量率和剂量分布等因素，都将影响此技术的疗效。

（七）放射性支架的安全性

由于放射性支架发射的β射线射程短，放射性活度低，不会对血管外周围心肺组织产生损害。病人接受的射线总剂量也不过是常规心血管造影所受剂量的1/1000，故不会对机体产生危害。所用核素的半衰期短（2.7~14.3天），植入3~5个月后其放射性活度衰减到极低。因此不必担心支架会对机体产生持久的辐射作用。同时核素支架也不会对工作人员产生危害。故使用放射性核素支架应该说是安全的。

虽然放射性支架可能延迟内膜内皮化时间，但并未见到血栓形成的概率增加。研究表明它没有血管壁坏死、血管闭塞、动脉瘤形成、血栓形成等副作用。短期（3个月）观察也没有发现血管壁结缔组织增生。临床研究短期内也没有发现急性期并发症及其他副作用。

(八)问题和展望

血管内放射治疗预防血管再狭窄的一期临床试验已预示该方法将在再狭窄处理方面发挥重要作用。尽管最初的试验结果令人鼓舞,但试验样本病例数仍较小,解释仍需谨慎。这项技术的可行性、有效性和安全性必须要有更多大型随机临床试验来加以证实。

目前,放射性核素支架预防冠状动脉成形术后再狭窄仍存在的问题:①照射剂量的确定:射线与血管壁相互作用很复杂,剂量与疗效之间的关系并非完全一致,须明确临床上究竟需要多大剂量才能真正有效抑制血管内膜增生,同时尽可能减少对周围正常组织损伤。②最佳照射时间的确定:研究显示在血管成形术后 48 小时照射效果最佳,但在临床上要在术后 48 小时再进行由导管系统介导血管内照射却很困难。③最优治疗方式的选择:采取何种方式才能使血管壁受到均匀照射。④血管内照射的远期效果的评价等。另外放射预防再狭窄的作用仍有争议。

近年来,为解决患者在置入后重新出现血管再狭窄风险问题,发明了药物涂层支架。药物涂层支架问世以来,凭借其显著降低金属裸支架再狭窄发生率的优势,在世界范围内得到了迅猛发展。但是药物涂层支架仍存在着一系列的挑战:①主要的发展方向是研发适合小血管、分叉部位的支架;②寻求新的涂层、生物材料支架;③研发涂层药物的选择和洗脱技术,以及改善药物涂层支架安全性的同时,寻找促进支架置入部位血管内膜愈合的方法。

目前,血管内近距离放射治疗是举世瞩目的研究热点。研究结果很可能提供有力的循证医学证据,使近距离放射治疗、放射性支架和其他药物支架,成为介入心脏病学的主流治疗。近距离放射治疗的开发,为预防血管内再狭窄的治疗提供了新途径。可以预计,随着那些精心设计的大规模随机对照临床试验的进行和结果的总结,血管内放射治疗预防冠状动脉成形术后再狭窄必将成为临床上常规使用的治疗手段而被广泛应用。

 学习要点与思考

1. 掌握什么是放射性核素介入治疗?
2. 了解放射性核素介入治疗的主要适应证?
3. 掌握放射性核素介入治疗与临床其他介入方法一样吗?有何差别?有何优势?

(谭 健)

中英文对照

低能量线性传递	Linear Energy Transfer LET
单纯内放射治疗	brachytherapy monotherapy BT
三维立体定向计划系统	Three-dimensional stereotactic planning system TPS
经直肠超声	transrectal ultrasound TRUS
^{32}P-胶体磷酸铬	phosphorus-32 chromic phosphate P-32 CP
^{32}P-玻璃微球	^{32}P-glass microspheres ^{32}PGMS
冠脉支架内再狭窄	in-stent restenosis ISR
放射源不充分覆盖	geographical miss GM
边缘效应	edge effect

第二十七章 放射免疫治疗

设问

同学们已经学习过了放射免疫分析（RIA）和放射免疫显像（RII），对其原理、方法和临床应用都有所了解。本章节学习放射免疫治疗（RIT）是在前两者基础上发展的新技术。那么 RIT 的原理是什么？常用于 RIT 的放射性核素有哪些？具有什么特点？抗核抗体 ^{131}I-chTNT 不同于其他肿瘤特异性抗体的特点是什么？RIT 尚有哪些问题需要解决？

放射免疫治疗（radioimmunotherapy，RIT）是一种重要的介导性核素靶向治疗方法，是目前肿瘤诊断与治疗研究中的一个热门课题。

目前，肿瘤已成为威胁人类生命和健康的首要敌人，其发病率也在逐年上升。在一些发达国家和我国的大中城市，癌症死亡占死因中的第一位。故对肿瘤防治一直以来是一项重点课题。随着杂交瘤技术的发展，肿瘤的放射免疫治疗作为一种系统的特异靶向性的肿瘤治疗手段，具有优于放疗和化疗对肿瘤细胞选择性杀伤的特点，正受到人们重视。

肿瘤的放射免疫治疗是放射免疫学（radioimmunology）的主要组成部分。放射免疫学是由放射性核素的物理特性与免疫学抗原、抗体反应的生物学特性相结合的边缘学科，主要包括三方面内容：放射免疫分析（RIA）、放射免疫显像（RII）和放射免疫治疗（RIT），就其基本原理和发展历史而言，三者有相通之处。

1953 年美国学者 Berson 等通过应用放射性核素标记蛋白质，奠定了以竞争抑制结合为原理作为定量分析的理论基础，并于 1959 年与 Yalow 共同创建了放射免疫分析技术。

1956 年 Beierwaltes 首次报道了 ^{131}I 标记免疫黑色素瘤抗血清治疗 1 例黑色素瘤合并多处转移患者，取得明显疗效。

1957 年 Pressman 等以放射性核素标记抗体，实现了实验动物的肿瘤显示和定位。

20 世纪 70 年代末期随着细胞融合技术、杂交瘤技术的出现和日趋完善和成熟，加速了这种放射免疫显像和治疗的发展。

1978 年 Goldenberg 等首次用 ^{131}I 标记抗 CEA 抗体，注入体内后在体外探测肿瘤病灶。我国于 20 世纪 80 年代初开始了这方面的工作，到了中期陆续有文献报道。至今世界各地已用了数十种不同肿瘤的单克隆抗体（McAb）与放射性核素交联物，对多种肿瘤进行定位诊断和靶向治疗，已成为核医学研究的热点之一。

1978 年 Koprovshi 等报告了第一株黑色素瘤杂交瘤生产 McAb 的信息。

1982 年美国 Order 等用 ^{131}I 标记抗铁蛋白抗体和 ^{131}I-抗 CEA 抗体治疗原发性肝癌，率先发表了 RIT 对实体瘤的治疗的系统研究论文。

1985 年美国国家癌症研究委员会正式将肿瘤免疫治疗（包括放射免疫治疗）确立为继手术、放疗、化疗后的第四种疗法。

随着基因工程抗体和人源化抗体等先后获得成功和迅速发展进一步推动了 RIT 的发展。其中，1987 年 DeNardo 报道 ^{131}I-Lym-1 治疗恶性 B 细胞淋巴瘤，公认 RIT 临床应用最为成功的实例之一。

Scheinberg 的实验室从 1995 年应用放射性核素铋-213（Bismuth-213）研究对白血病与

前列腺癌的治疗，目前已进入临床试验研究。

1997 年通过 ^{131}I-人鼠嵌合型抗 CD20 单克隆抗体 – 商品名为美罗华（Rituxan，MabThera）经 FDA 批准临床应用，用以治疗低级别 NHL 或滤泡性 NHL。

进入 21 世纪，放射免疫治疗在国内外得到充分重视和广泛发展，每年都有大量应用于 RIT 的药物的研究论文，并取得可喜的成果。许多药物已经应用于临床，几种药物在我国也已经上市。2002 年美国 FDA 批准了 ^{90}Y 标记鼠抗人 CD20 抗体 ibritumomab tiuxetan 用于治疗 B 细胞性非霍奇金淋巴瘤（NHL），商品名 ZevalinL。2003 年 6 月 FDA 正式批准了另一种用于治疗 NHL 的 ^{131}I 标记的鼠抗人 CD20 单抗 ^{131}I-Tositumomab，商品名 Bexxar。目前在我国近期经 SFDA 批准的 ^{131}I 标记肿瘤细胞核人鼠嵌合单克隆抗体（^{131}I-chTNT），可用于临床多种肿瘤的治疗。

第一节　放射免疫治疗的原理和药物

一、放射免疫治疗的原理

放射免疫治疗又称标记抗体导向治疗或免疫核素靶向治疗，是在免疫治疗的基础上建立和发展起来的，已成为"肿瘤靶向治疗"方法之一。

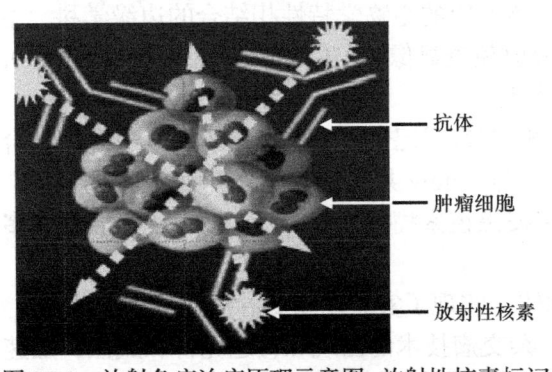

图 27-1　放射免疫治疗原理示意图。放射性核素标记的特异性抗体与肿瘤表面相关抗原结合，通过电离辐射作用杀伤肿瘤细胞

放射免疫治疗的原理是利用针对肿瘤相关抗原的特异性抗体作为载体，以放射性核素进行标记，注入体内与肿瘤细胞相应抗原特异性结合，根据抗体-抗原特异性结合的原理将到达具有特异性抗原的肿瘤部位，使抗原失去生物活性而起到免疫治疗作用。另一方面，所连结的放射性核素也将到达肿瘤，使肿瘤组织内浓聚大量的放射性核素，通过放射性核素在衰变过程中发出的射线的辐射作用，干扰和破坏瘤细胞的结构和功能，进而抑制和杀伤肿瘤细胞，而较少损伤正常组织细胞，如图 27-1 所示。

肿瘤放射免疫治疗是肿瘤靶向治疗的一种新方法，以肿瘤中一些具有特异性的位点作为"靶体"，以对该肿瘤这些特异性位点具有亲和力的物质作为"载体"，对肿瘤细胞具有杀伤作用的物质为"弹头"连接到"载体"上，通过"靶体"与"载体"的亲和力将"弹头"导向到肿瘤部位，集中地杀伤肿瘤细胞，这一疗法具有高靶向性、疗效高、毒副作用小，同时较少地伤害正常组织细胞，这是目前最理想的治疗模式。

"载体"可分为抗体类和非抗体类，以抗体类研究使用最多。"弹头"要求重量轻，杀伤力大，但必须与载体连结牢靠。用作"弹头"的有放射性核素、化学药物、毒蛋白、生物反应修饰剂等。目前应用最多的是放射性核素。放射免疫治疗是在前面章节讲过的放射免疫显像的（RII）的基础上，通过改变放射性核素和加大抗体量，增加靶组织局部内照射作用，即为 RIT。RII 不仅是 RIT 发展的基础，同时也是研究和实施 RIT 必不可少的工具，如对患者肿瘤抗原性的定性和定位，为 RIT 提供依据，也是监测 RIT 疗效和剂量计算的最好方法。

二、放射免疫治疗用药物

近年来，RIT 药物和方法得到了不断发展，在肿瘤治疗学领域得到了深入的研究和广泛的临床应用。核医学和分子生物学的新进展更是带来了 RIT 药物研制的全面革新。放射免疫治疗药物由抗体和放射性核素两个部分组成，二者通过化学方法结合，既有生物靶向性，又有双重杀伤性。该技术是利用生物靶向治疗和放射性核素治疗的协同作用，体现了多学科的交叉与融合，放射免疫治疗药物由以下部分组成：

1. **抗体** 抗体是当免疫系统在抗原物质的刺激下，B 细胞转化为浆细胞，由浆细胞分泌产生的免疫球蛋白（Ig）。它存在于体液和淋巴细胞表面上，能与相应抗原特异性结合，并具有多种生物学功能。现已发现 IgG、IgA、IgM、IgD、IgE 五大类。抗体的双重性是指抗体本身是高分子蛋白质，也同时具有抗原的性质，可刺激机体产生专一的抗体。临床应用 RIT 方法时，抗体必须具有高特异性、高亲和力和在靶组织中滞留时间较长的特点。目前理想的抗体还不是很多，人们在不断地研究和优化。

2. **放射性核素** 通过抗体靶向引导到肿瘤组织的放射性核素，必须具备适合于局部放射的物理性能，才能产生最强的辐射效应，获得最佳疗效。同时又必须具有适合的化学性质，便于标记抗体而不影响它的免疫活性。常用的或可能有前景的放射性核素有：发射 β 粒子的 ^{90}Y、^{109}Pd、^{131}I、^{186}Re、^{67}Cu；发射 α 粒子的核素 ^{213}Bi、^{225}Ac、^{211}At；发射低能俄歇电子的 ^{125}I 等。

3. **抗体的放射性核素标记** 抗体的标记就是应用化学方法将放射性核素与抗体进行连接，见图 27-2。分为直接标记法和间接标记法，要求标记化合物有高的标记率、放化纯、免疫源性、稳定性和无菌无热源。

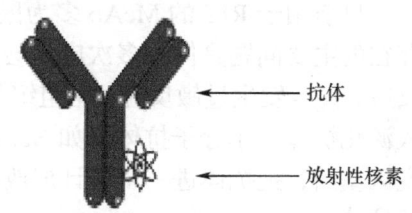

图 27-2 放射性核素标记化合物

（一）常用于放射免疫治疗的放射性核素

用于 RIT 的放射性核素应具备的条件为：①能量适中，既能达到治疗肿瘤的目的，又不会引起严重的不良反应；②核素辐射的射程要适当，既不会对他人及远处正常组织造成损害，又能有效杀伤附近肿瘤细胞；③核素的半衰期要适当，半衰期太短，对肿瘤组织的强度不够，半衰期太长，防护困难；④放射性核素从抗体上脱落后，不会在其他重要器官和组织中形成浓集，以免造成不良反应；⑤核素的标记方法要简单易行，标记后要不影响 McAb 的免疫活性，且单位 McAb 携带的放射性核素的量要足够大；⑥核素来源要方便，价格要便宜。用于 RIT 的核素有多种（如 ^{131}I、^{90}Y、^{186}Re、^{188}Re、^{67}Cu 和 ^{211}At 等），但大多数核素发射 β 射线，由于其组织中射程相对较长，能杀灭抗体不能到达的肿瘤细胞，因此是 RIT 的主要射线。^{131}I 和 ^{90}Y 是目前 RIT 中最常用的两种放射性核素。

（1）^{90}钇（^{90}Y）：物理半衰期 64h，β 衰变，最大能量 2.273MeV，组织内射程 5mm 左右，比较适合于实体瘤的治疗。表现在体内外稳定性好、标记抗体免疫活性损失少、比活性高、能量高、有效射程较长、无需特殊屏蔽防护等。存在的问题主要是在非靶器官如肝、脾，特别是骨骼中聚集，标记单抗的过程较繁杂。

（2）^{131}碘（^{131}I）：物理半衰期 8.04d，98%以上是 β 衰变，同时还发射有 γ 射线，可以通过显像观察治疗效果。^{131}I 是一种较常用的肿瘤 RIT 用核素。^{131}I 的价格便宜、标记方法简单。但标记物在体内稳定性差，造成非靶器官的放射性本底增高。所发射的 γ 射线，可对医护人员和患者造成不必要的照射。

（3）^{188}铼（^{188}Re）：该核素是最近的研究热点，物理半衰期为 16.7h，组织内射程可达 10mm 以上，其衰变释放出高能量的 γ 射线，最大能量为 2.128MeV，它还能释放出能量为 155keV 的 γ 射线。与 ^{131}I 相比，^{188}Re 具有更长的组织内射程，更适于治疗直径 1cm 左右的实体瘤。^{188}Re 肿瘤 RIT 有良好的发展前景。

（4）^{211}砹（^{211}At）：该核素是一种 α 粒子发射体，物理半衰期为 7.5h，42% α 衰变，52%EC 衰变，平均能量 6.8MeV，组织内射程为 6μm。α 粒子具有很高的传能线密度（LET），只要极少 α 粒子击中细胞核就能彻底的摧毁癌细胞。但由于半衰期较短，来源比较困难等，进入临床阶段较困难，临床表明应用 ^{211}At 进行 RIT 更适于对微小转移肿瘤的治疗。

近年来，一类新的放射性核素在肿瘤的治疗研究和临床应用中得到重视，如 ^{125}碘（^{125}I），伴随有发射内转换电子和俄歇电子的核素。作为核素治疗使用的内转换电子的能量约为 100keV，有的甚至低于 10keV，在生物组织内的射程小于 10nm，但具有高 LET，杀伤范围在亚细胞区域内。

（二）常用于放射免疫治疗的抗体

目前用于 RIT 的 McAb 多为鼠源性 McAb，其特点是性质稳定、纯化方便、产量高。存在的主要问题是体内多次应用会产生人抗鼠抗体（human antimouse antibody，HAMA）反应，甚至发生过敏反应；靶组织与非靶组织的放射性比值低；抗体分子量大，穿透力差。人源化抗体、小分子抗体（如 ScFv、Fab）等，特别是噬菌体抗体库技术的出现，克隆可变区基因，把抗体进一步设计成改进特异性、提高稳定性、降低免疫原性和具有高亲和力的抗体。

（1）人鼠嵌合抗体：它是利用基因工程技术将鼠源性单抗进行人源化改造，即将鼠抗可变区重链、轻链基因与人 IgG 恒定区 Cr3 基因相拼接，构建得嵌合抗体，并在大肠杆菌系统中表达。这种抗体既保留了鼠源性抗体的亲和力和特异性，又能在人体内避免或降低 HAMA 效应。然而，人鼠嵌合抗体靶向肿瘤剂量过低并很难进入肿瘤内部；由于嵌合抗体保留了完整的鼠抗体可变区结构，仍有一定程度的免疫原性。

（2）单链抗体（single-chain Fv，ScFv）：ScFv 是由抗体轻链和重链可变区基因（VH、VL）通过一段编码连接肽基因拼接后表达形成的重组蛋白，是具有抗原结合能力的最小抗体片段。由于 ScFv 分子量小，仅为 IgG 的 1/6，没有 Fc 段，所以它与传统单抗相比具有组织穿透能力强、免疫原性低的优点。而且，作为一种基因工程抗体，ScFv 具有较强的可塑性，容易改造。ScFv 可以通过基因工程方法大量制备，克服了单抗腹水制备的有限性，因而制备方便，生产成本低。但由于 ScFv 的单价特性及血中清除速度快，使得肿瘤摄取 ScFv 的绝对数量仍然较低。

（3）多价 ScFv：拥有多个抗原结合位点的多价 ScFv 具有更高的亲和力。事实上，在体外二价 ScFv 已经显示了比单价 ScFv 的抗原亲和力更高。三价及四价 ScFv 亲和性较二价高，与抗原免疫反应复合物更加稳定。

（4）噬菌体抗体：噬菌体展现技术（phage display）的建立和发展，使得体外可以大规模地生产完全人源化的 McAb。噬菌体抗体库（phage antibody library）技术是通过 PCR 将全套人抗体重链和轻链 V 区基因克隆出来，并在噬菌体表面表达、分泌，经筛选后获得特异性抗体。采用错配 PCR 技术人为地诱导突变或用基因工程链置换技术将轻、重链基因随机重组可以在体外实现抗体亲和力的大幅度提高，约是天然人抗体的 100~1000 倍，可以达到甚至超过人体免疫系统本身所具有的抗体多样化程度。

随着核医学、免疫学及分子生物学等诸多学科的不断发展，更合适的放射性核素将不断被发现，特异性更强、亲和力更高、生产制备更方便的新型载体会不断出现，RIT 药物会不断发展。另外，也要注意到在 RIT 药物临床实践中需结合使用各种先进的肿瘤 RIT 治疗策略，才能达到更满意疗效。

第二节 放射免疫治疗的临床应用和现状

RIT 作为生物靶向治疗的技术之一，是近 20 多年来肿瘤治疗学最主要的进展之一，是分子核医学的最主要的内容之一。国内外已经进入临床应用阶段的 RIT 类药物主要用于治疗恶性淋巴瘤、肺癌、肝癌等，涉及其他领域的 RIT 药物大多数仍然在研究阶段。2002 年，美国 IDEC 公司研制的替伊莫单抗（Zevalin®）是第一个被 FDA 批准用于对其他治疗方案无效的非霍奇金淋巴瘤；2003 年，托西莫单抗（Bexxar®）也被 FDA 批准用于治疗难治性非霍奇金淋巴瘤和 CD20 阳性滤泡性非霍奇金淋巴瘤。我国在 RIT 也得到快速发展，目前经 CFDA 批准已经用于临床的有两种药物：^{131}I 标记肿瘤细胞核人鼠嵌合单克隆抗体（唯美生）用于晚期肺癌的治疗、^{131}I 标记美妥昔单抗（利卡汀）用于晚期肝癌患者治疗。

一、恶性淋巴瘤

淋巴瘤 RIT 的研究已经取得丰硕成果，已从小规模阶段进入多中心Ⅲ期临床试验，对 B 细胞非何杰金淋巴瘤（NHL）的有效率已达 75%~80%，完全缓解率达 35%~40%。

该治疗方法在临床取得较满意的效果，与以下因素有关：①淋巴细胞对射线敏感；②体液免疫的缺陷减少了 HAMA 反应；③淋巴瘤细胞比其他实体瘤细胞更易与抗体结合。

目前 NHL 的 RIT 主要集中在 CD20 抗体。^{90}Y-ibritumomab tiuxetan（商品名 Zevalin）被美国 FDA 批准上市。这是第一个上市的用于肿瘤放疗的放射性单抗。另一个用于治疗 B-Cell NHL 的抗 CD20 单抗 ^{131}I-tositumomab（商品名为 Bexxar）也被批准上市，标志着 B-Cell NHL 的放射免疫治疗方兴未艾。

二、肝细胞癌（HCC）

肝细胞癌（HCC）是我国的高发恶性肿瘤，临床所见多为中晚期患者，治疗的总体疗效较差，外科手术是首选方法。

我国 HCC RIT 已从实验阶段进入临床应用，^{131}I 标记美妥昔单抗（利卡汀）2005 年经 CFDA 批准，用于不能手术切除或术后复发的原发性肝癌，以及不适宜作动脉导管化学栓塞（TACE）或经 TACE 治疗后无效、复发的晚期肝癌患者。

以抗甲胎蛋白抗体和抗铁蛋白抗体进行 HCC RIT，上海、西安等地研究的肝癌细胞抗体，分别命名为 Hepama I 和 Hab 18，已进入临床 I～II 期试验阶段。

HCC 为实体瘤，一般静脉注射标记抗体后，进入肿瘤部位的总放射性甚少，因此疗效较差。为此，临床上多采用肝动脉插管注射，据报道可在症状改善的同时，发现肿瘤缩小，使一些中晚期患者重获手术切除的机会，RIT 已作为中晚期 HCC 患者的一项综合治疗措施，也是使患者重获手术机会的一项重要方法。

三、CEA 表达阳性的肿瘤

CEA 为消化道上皮细胞的一种胚胎性抗原，广泛存在于多种肿瘤，并伴有血液中 CEA 的增高。Behr 报道了 57 例 CEA 高表达患者的 ^{131}I-抗 CEA McAb 的 I/II 期临床试验。这些病人大多数为晚期肿瘤患者，其中结直肠癌 29 例，肺癌 9 例，胰腺癌 9 例，乳腺癌 6 例，甲状腺髓样癌 4 例。57 例中，35 例进行疗效追踪观察，其中 12 例有效。1999 年 Stein 报道，甲状腺髓样癌（MTC）表面有丰富的 CEA 表达，实验研究注射 ^{125}I-MN-24（抗 CEA 抗体），3 天后肿瘤摄取值 19.7%/g，而 ^{90}Y 标记抗体摄取值增至 50.5%/g。因此提出应用 ^{90}Y-MN-24 对甲状腺髓样癌的放射免疫治疗有望成为一项新的临床治疗手段。

四、脑恶性胶质瘤

脑胶质瘤恶性程度高，术后容易复发。2001 年北美核医学年会 Zalutsky 报道，用 ^{211}At 标记 ehMab 抗 Tenasin 81cb，腔内注射 74~370MBq ^{211}At，99%放射性停留于局部，血中放射性浓度<0.1%，未见毒性反应。12 例中 7 例生存 1 年，3 例分别生存 116 天、127 天和 135 天。苏州医学院应用 ^{131}I-SZ39 脑胶质瘤腔内注射，获得较好疗效。而 ^{35}S-SZ39 实验研究，对人脑胶质瘤细胞系 SHG-44 有杀伤作用，使 DNA 合成受阻，但对骨髓无毒副反应，因此可有良好的应用前景。

五、乳 腺 癌

乳腺癌是女性中常见的恶性肿瘤，当有骨髓、肺等部位转移时，RIT 可起到一定的作用。RIT 对乳腺癌的疗效不及对 NHL 者，不少 I、II 期临床试验的结果表明，对一些病情严重的患者，治疗缓解率可达 20%~60%。

此外，在放射性标记多种特异性抗体治疗卵巢癌、胃癌、肺癌、黑色素瘤和膀胱癌等方面的研究均有重大研究进展。

六、抗核抗体 ^{131}I-chTNT 的肿瘤放射免疫治疗

TNT 是用从人恶性淋巴瘤 Ragi 细胞提取的抗原，免疫小鼠脾淋巴细胞与 NS-1 细胞融合而成的一种抗核抗体，通过基因工程重组 DNA 技术将鼠抗体的可变区与人 IgG 的重链恒定区嵌合而成 chTNT，由美国南加州大学医学院 Epstein 实验室研制，用 ^{131}I 标记。我国国家食品药品监督管理局（CFDA）已批准 ^{131}I-chTNT 为一类新药进入临床使用。

^{131}I-chTNT 的特点：①持久有效性：^{131}I-chTNT 在血液中清除较缓慢，与肿瘤退行性

变细胞的核膜抗原结合，能进入肿瘤内部，进入的 ^{131}I 不仅可以促进变形细胞坏死，并且能对其邻近的肿瘤细胞进行内照射而加速其变形，又可结合更多的抗体，使变性区和坏死区不断扩大，形成"滚雪球"效应，多次给药就可以由内向外摧毁肿瘤。②抗癌广谱性：以往对于不同种类的恶性肿瘤需用专一性单抗进行治疗，而 ^{131}I-chTNT 与之不同，它利用各种不同种类的恶性肿瘤具有共同的病理组织细胞学特征，即大量变性坏死细胞，^{131}I-chTNT 能特异性结合于肿瘤变性细胞的细胞核，从而对多种恶性肿瘤均有一定效果。③安全性与临床实用性：正常细胞的健康细胞膜不会让 ^{131}I-chTNT 透入，只能从具有孔隙的即将坏死的变性细胞的细胞膜渗透进入细胞而与核膜抗原结合，因此 TNT 不会对健康组织产生内照射，另外，它是嵌合抗体，减少了 HAMA 的产生，可多次治疗。

七、RIT 研究和应用中遇到的一些问题和解决办法

1. 人抗鼠抗体的产生 目前临床用的抗体大多数是鼠源性抗体，对人体来说它们是异源性的异种蛋白质，会引起人体的免疫应答反应，而产生 HAMA。当再次引入相同的治疗用抗体后，可能引发变态反应和毒副作用增多，而不宜进行再次治疗。为了避免或减轻 HAMA 反应，根本的解决方法是改用人源性单抗，把鼠源化抗体改造成为人源化抗体是较为切实可行的办法，应用重组 DNA 技术将鼠源性单克隆抗体的可变区基因与人 Ig 的恒定区基因相拼接，这一新的单克隆抗体的大部分氨基酸序列是人源序列，可达到既能基本保留鼠源性单克隆抗体的免疫特异性和亲和力，又能大大降低该单克隆抗体的异源性。现在研究的较多的有两种：①人-鼠嵌合抗体；②改型抗体。

2. 静脉给药后进入肿瘤的量少 静脉给药后，抗体进入肿瘤的量一般仅为注入量的 0.01%~0.001%，靶本底比值（T/NT）低。这些都直接影响疗效，其原因为抗体进入血液经大量稀释，靶组织和正常组织的比值（T/NT）低，存在血液中的肿瘤特异性抗原结合，在正常组织内发生非特异性结合。另外肿瘤生长过程中，血管间距加大，交换面积减少，肿瘤间质压力又较高，限制了肿瘤内集聚抗体的量。解决这一问题的办法有选择最佳给药途径、应用小型化抗体和生物预定位技术等。

（1）选择最佳给药途径：肿瘤内注射给药、经动脉导管给药、腔内给药、鞘内给药。

（2）基因工程小分子抗体：是抗体小型化，仅保留决定抗体特异性部分，可增加对肿瘤组织的扩散能力，特别是可以到达分子量较大的抗体不易达到的肿瘤核心部分，且血液廓清速度快，降低血液本底，有助于提高 T/NT 的比值。

（3）预定位技术：预定位技术是一种变种的提高抗体肿瘤聚集量和靶/非靶比值的方法，以 1987 年提出的生物素-亲和素系统（biotin-avidin system，BAS）应用较多，基本原理是先静脉注入与生物素耦合的非标记的特异性抗体（称生物素化抗体），使之预先结合于肿瘤部位，称预定位，血液或组织内的未结合抗体及抗原抗体复合物会在 2~3 天内较快清除；接着再注入可与生物素化抗体相结合的放射性核素标记亲和素，亲和素能与生物素结合，放射性核素便通过这一系统而定位于肿瘤内实现内照射，与抗体共同发挥治疗作用。

3. 瘤抗原的异质性 同一块肿瘤组织有多种抗原性，甚至其中各种肿瘤细胞彼此的抗原性也各异，某些肿瘤抗原表达很弱甚至可呈阴性，在导向治疗中，这些肿瘤细胞成了治疗盲区。解决的办法也是当今研究的热点。

（1）提高肿瘤细胞抗原表达：有报告用干扰素-α 能增强肿瘤的 TAG-72 抗原表达，从

而提高肿瘤对其特异性抗体 ^{131}I-CC49 的摄取率,提高疗效。

(2)抗核抗体:这是避开传统的肿瘤特异性抗原与抗体结合的套路的一种新思路。如前述 ^{131}I-chTNT 具有优良的治疗特点。

RIT 是肿瘤治疗的新方法,经过半个多世纪的研究,已使某些肿瘤 RIT 的临床应用成为现实。但 RIT 面临许多问题,虽然有大量的特异性抗体被发现,但迄今为止,RIT 还未能被广泛应用于临床。随着核医学、免疫学及分子生物学等诸多学科的发展,更适合的放射性核素,特异性更强、亲和力更高、制备更方便的新型载体会不断出现,RIT 类药物也将会源源不断地运用到临床中。

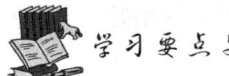 学习要点与思考

1. 掌握:RIT 的原理、RIT 药物的组成、主要临床应用研究情况和抗核抗体 ^{131}I-chTNT 的临床应用特点。
2. 熟悉:常用于 RIT 的放射性核素及其特点、用于 RIT 的抗体及其有缺点。
3. 了解:RIT 的发展史,目前 RIT 尚有哪些问题需要解决?

(吕中伟)

中英文对照

放射免疫治疗	radioimmunotherapy,RIT
放射免疫学	radioimmunology
人抗鼠抗体	human antimouse antibody,HAMA
单链抗体	single-chain Fv,ScFv
噬菌体展现技术	phage display
噬菌体抗体库	phage antibody library
生物素-亲和素系统	biotin-avidin system,BAS

第二十八章 其他疾病的放射性核素治疗

设问

除了前面介绍的疾病可以用放射性药物治疗外,你知道还有哪些疾病可以用放射性药物治疗吗?请看本章节的叙述。

第一节 ^{99}Tc-MDP(云克)治疗

^{99}锝-亚甲基二膦酸盐(^{99}Tc-MDP,商品名"云克")是我国研制的抗类风湿性关节炎药物,其由微量元素锝(^{99}Tc)和亚甲基二膦酸盐(MDP)螯合而成。^{99}Tc 为 ^{99m}Tc 的衰变产物,发射纯 β 射线,但能量较低,对人体损伤几乎可以忽略。其物理半衰期为 21 万年,被视为稳定性核素。动物实验证明其不仅具有消炎镇痛作用,而且具有免疫抑制作用。临床将其用于治疗类风湿性关节炎、Graves 眼病等自身免疫性疾病及某些骨骼疾病取得一定疗效。

一、治疗的可能机制

^{99}Tc-MDP 用于治疗类风湿关节炎的确切机制尚不清楚,可能与以下机制有关:
(1)抑制巨噬细胞产生白介素 1(IL-1),具有抗炎作用。
(2)通过螯合金属离子可降低胶原酶对关节滑膜组织的破坏作用。
(3)人工微量元素锝在低价态时容易得失电子而清除人体内的自由基,防止免疫复合物的形成,调节人体自身免疫。
(4)抑制前列腺素的产生和组胺释放,具有明显镇痛作用。
(5)抑制磷酸酶的降解,不仅延缓磷灰石结晶聚集成大块晶体,同时也抑制磷灰石晶体溶解。
(6)被破骨细胞摄取,可直接抑制破骨细胞活性,达到抑制骨溶解(骨破坏)、降低血钙、缓解骨痛的作用。

二、适应证

适应证包括:①类风湿关节炎、Graves 眼病等自身免疫性疾病;②恶性肿瘤骨转移的辅助治疗;③预防和治疗骨质疏松。

三、禁忌证

禁忌证包括:①过敏体质;②血压过低;③严重肝、肾功能不良患者;④孕妇、哺乳期妇女、儿童、心功能不全者慎用。

四、临床应用

(一) 类风湿关节炎

类风湿关节炎是一种以侵及关节滑膜的慢性、对称性多关节炎等为主要临床表现的自身免疫性疾病。随着病程的进展其致残率极高,严重影响人们的生活和工作。传统的治疗方法主要有水杨酸盐类药、免疫抑制剂、手术治疗等,副作用大、疗效差,对于关节破坏、变形和功能障碍难以抑制。

1993年"云克"研制成功后,首先被用于抗类风湿性关节炎的治疗,取得较好的疗效。

1. 治疗方法 "云克"注射液包括A、B剂,在无菌操作条件下,将A剂5ml注入到B剂瓶中,充分振摇,使冻干物溶解,室温静置5分钟,即制得锝[^{99}Tc]亚甲基二膦酸盐注射液(云克注射液)。静脉注射,每日一次,20日为一个疗程。也可根据病情需要,适当增加剂量和延长疗程。

2. 疗效评价

(1) 治疗效果与疗程的长短有关,一般在第一疗程后,患者均有不同程度的改善,第二、三疗程后,症状得到较明显的改善。

(2) 对于严重的类风湿性关节炎患者,采用多疗程治疗后,关节肿胀、疼痛减轻,狭窄的骨关节间隙变宽,骨质疏松有所改善,关节活动明显好转。

(二) Graves眼病

Graves眼病被认为是一种自身免疫性疾病,是Graves病的一种临床表现,病人可伴有或不伴有甲状腺功能亢进症(甲亢);也可出现在甲亢的前或后,或在甲亢经过药物、手术、放射性碘等治疗后才发生。

Graves眼病的发病机制目前尚未完全清楚。比较可能的机制是眼肌周围的成纤维细胞、眼球后脂肪组织的脂肪细胞和成纤维细胞的细胞膜上有促甲状腺激素受体(TSH-R)。这些受体刺激眶周组织T淋巴细胞,活化的T淋巴细胞分泌大量的细胞因子,促使球后及眶周组织中成纤维细胞分泌氨基葡聚糖(GAGs)增多和表达主要组织相容性复合物(MHC class II)抗原(HLA-DR),从而造成眶内胶原聚集、结缔组织增加以及眼肌肥厚,而产生一系列症状和体征。

由于可能与T细胞有关,因此能抑制T细胞的药物就可能达到治疗效果。而眼肌内的成纤维细胞、眼球后脂肪组织的脂肪细胞和成纤维细胞的细胞膜上有TSH-R,因此在治疗时宜避免使TSH升高,以避免对上述细胞发生刺激作用。

此外在放射性碘治疗时,因TSH-R作为抗原突然大量释出,亦可能诱发自身免疫反应,使眼部病情恶化。

目前治疗Graves'眼病的方法主要有药物治疗和手术治疗。无一方法既具有疗效高而副作用又小之特点。动物试验表明"云克"可以消除体内的自由基,保护人体内超氧化物歧化酶(SOD)的活性,调节人体免疫功能,因而被用于治疗自身免疫性疾病。将其用于治疗Graves'眼病取得一定疗效。

1. 治疗方法 如前所述方法配置好"云克"注射液,静脉注射,每天一针,20针为一疗程,40针以后,可每周静脉注射两针,酌情维持2~3个月可逐渐改善症状。

对于伴甲亢的患者,应同时配合抗甲亢治疗。如果发生甲状腺功能低下,应服用甲状腺素维持甲状腺功能的正常,抑制 TSH 过多的分泌。

2. 疗效评价 经过"云克"治疗的患者,临床症状均有不同程度的改善。主要表现在突眼明显好转、眼肿胀感觉减轻、消失、眼睑肌挛缩减轻等。

(三)其他疾病的治疗

目前转移性骨肿瘤的治疗仍以放、化疗为主,放疗(外照射)对孤立性转移性骨肿瘤有较好疗效,但对多发性转移性骨肿瘤,多数放疗病人难以承受,化疗效果也不佳。虽然,放射性核素内照射治疗对多发性转移性骨肿瘤已得到广泛应用,并取得较好的疗效,但如长期多次反复使用,其镇痛作用有下降趋势,同时对骨髓造血功能有一定的抑制作用。近年来,二膦酸盐被用于转移性骨肿瘤的治疗。其可以抑制破骨细胞的骨吸收能力,促进破骨细胞的凋亡,抑制破骨细胞的形成。云克中的 MDP 也是一种二膦酸盐,其与放射性核素内照射联合应用对多发性转移性骨肿瘤的治疗有更好的效果。

此外,有报道用"云克"治疗骨质疏松及股骨头坏死取得一定疗效。

第二节 ^{131}I-MIBG 治疗恶性富肾上腺素能受体肿瘤

一、前 言

富肾上腺素能受体肿瘤主要包括嗜铬细胞瘤(pheochromocytoma)、神经母细胞瘤(neuroblastoma)、交感神经母细胞瘤和神经节瘤等。

嗜铬细胞瘤是最常见的肾上腺素能肿瘤,其多数来源于肾上腺髓质,少数来源于肾上腺外的嗜铬细胞。由于肿瘤或增生细胞阵发或持续性分泌过量的儿茶酚胺(CA)及其他激素(如血清素、血管活性肠肽、肾上腺髓质素和神经肽 Y 等),而导致血压异常(常表现为高血压)与代谢紊乱症候群。某些患者可因长期高血压致严重的心、脑、肾损害或因突发严重高血压而导致危象,危及生命,但如能及时、早期获得诊断和治疗,是一种可治愈的继发性高血压病。

神经母细胞瘤(neuroblastoma)是交感肾上腺器官的高度恶性的肿瘤,可发生于身体任何部位,但以肾上腺髓质多见。常见于儿童,多在 6 岁前出现症状。此瘤转移较早,约 70% 在诊断时已发生肝、脑、骨髓、淋巴结和骨转移。

交感神经母细胞瘤(sympathoblastoma)及神经节神经瘤(ganglioneuroma)系发源于神经嵴而分化较完全的肿瘤,多见于胸椎旁后胸中隔,亦多见于儿童及青少年,较少转移,预后良好。

外科手术切除是治疗肾上腺素能肿瘤的首选方法。但有些情况下无法手术切除。目前已发现 MIBG(meta-iodobenzylguanidine,间位碘代苄胍)与去甲肾上腺素有相似的吸收和贮存机制,与肾上腺素能肿瘤有较高的亲和力。因此,^{131}I-MIBG 不但用于这类肿瘤的显像诊断,对某些摄取 ^{131}I-MIBG 较高的病变,还可应用大剂量 ^{131}I-MIBG 进行治疗。利用 ^{131}I-MIBG 发射的 β-射线抑制和破坏相应肿瘤组织和细胞的活性,达到治疗作用。

二、适应证

适应证包括：①不能手术切除的嗜铬细胞瘤、神经母细胞瘤、交感神经母细胞瘤和神经节瘤。②手术后残余肿瘤病灶及术后预防性治疗。③甲状腺髓样癌转移及复发灶。④恶性神经母细胞瘤Ⅲ及Ⅳ期。

三、禁忌证

禁忌证包括：①孕妇及哺乳期妇女；②预计生存时间短于3个月；③严重肾功能不全需要透析；④白细胞低于 $3.0×10^9$/L，血小板低于 $10.0×10^{10}$/L。

四、治疗方法

1. 治疗前准备

（1）向患者说明治疗的目的、方法和注意事项，以充分取得患者的合作。

（2）停用影响肿瘤摄取 ^{131}I-MIBG 的药物，如可卡因、苯丙醇胺、利血平、N-去甲麻黄碱等。

（3）封闭甲状腺：治疗前3天开始用复方碘化钾封闭甲状腺，每日3次，每次5~10滴。一直用至治疗后2周。

（4）^{131}I-MIBG 全身显像：口服复方碘化钾后第四天，静脉注射 ^{131}I-MIBG 74~111MBq（2~3mCi）。24~48h 后行全身显像，确定肿瘤部位和数量，并计算每克组织 ^{131}I-MIBG 摄取率和有效半衰期。结合 CT、B 超估算肿瘤的大小，用以计算肿瘤的吸收剂量。

（5）在治疗前测定24小时尿儿茶酚胺，以便作疗效判断。

（6）治疗前作肝、肾功能及血常规检查，如有异常，应暂停治疗。

2. 方法

（1）给药剂量：^{131}I-MIBG 的单次用量在 3.7~11.2GBq（100~300mCi）。给予的剂量应该根据每个患者不同而定。也可根据示踪剂量 ^{131}I-MIBG 显像的结果进行估算，按每疗程肿瘤吸收剂量为 200Gy 计算 ^{131}I-MIBG 用量。

（2）给药方法：^{131}I-MIBG 溶液注入 250ml 生理盐水中，缓慢滴注，约需 90~120 分钟，滴注过程中检测脉率、血压，必要时进行 EKG 监护。患者安置在放射性隔离室内治疗。

（3）重复治疗：重复治疗视病情发展和患者的身体状况而定，至少在 3~5 个月后进行，剂量确定原则与第一次相同。

3. 注意事项

（1）病人应多饮水，及时排空小便。

（2）治疗后住院隔离至少 5~7 天。

（3）避孕 4 个月。

（4）每月检查血常规。

五、疗效评价

1. 疗效评估指标

（1）阵发性高血压控制情况：阵发性高血压发生频率；发作时血压高低变化，发作时轻重程度变化；苯苄明、哌唑嗪等用量减少或停用。

（2）血肾上腺素、去甲肾上腺素、多巴胺的定量变化。

（3）24小时尿儿茶酚胺（或VMA）定量变化。

（4）肿瘤大小变化情况。

（5）^{131}I-MIBG显像：肿瘤摄^{131}I-MIBG的变化。

2. 治疗有效的主要根据是

（1）高血压有明显改善。

（2）有转移性骨痛者，骨痛在3~5天内缓解。

（3）尿排出的儿茶酚胺明显降低或达正常值。

（4）酚苄明的用量减少或停用。

（5）肿瘤缩小或消失。

3. 影响 ^{131}I-MIBG 治疗效果的主要因素

（1）治疗效果与肿瘤的大小、部位、血浆或尿中儿茶酚胺水平有关。

（2）一些方法可用于提高 ^{131}I-MIBG 的疗效：

1）治疗前使用利尿剂可提高肿瘤的 ^{131}I-MIBG 摄取率，提高靶与非靶器官的放射性比值，治疗效果更加。

2）钙离子拮抗剂和血管扩张剂可增加病灶 ^{131}I-MIBG 的摄取率。

3）肿瘤中心部位可能有缺血或坏死的区域，如配合给予放射增敏剂可望增加肿瘤细胞的摄取和对射线的敏感性。

（3）降低治疗效果的因素：服用利血平可使肿瘤摄取 ^{131}I-MIBG 量减少80%以上，因此治疗前应停用。

六、副 作 用

（1）个别病例在注射 ^{131}I-MIBG 后短时间内可出现恶心、呕吐、血压升高等高血压危象。因此在静脉滴注时要缓慢滴注。

（2）如甲状腺封闭不好的，易引起甲状腺功能减退症。

（3）对骨髓有抑制，特别是长期连续用药。一般这种抑制是可逆性的，因此在每次用药前必须作一次血常规检查，发现白细胞低于 4.0×10^9/L，血小板低于 9.0×10^{10}/L，红细胞低于 3.5×10^{12}/L 应暂停用药，待恢复后再用药。

第三节 前列腺增生的治疗

一、前 言

前列腺是男性泌尿生殖系统中最大的内分泌腺体，良性前列腺增生（benign prostatic hyperplasia，BPH）是老年男性常见病，简称前列腺增生。

前列腺增生是由于多种因素使老年人性腺激素代谢障碍而导致不同程度的腺体和/或纤维、肌组织增生，造成前列腺体积增大、正常结构破坏并引起一系列功能障碍的疾病。

该病病程较长，起初症状仅为夜尿次数增多，尿线逐渐变细，尿不净，尿分叉。但长期的排尿不畅可使膀胱逼尿肌发生病理改变或功能受损、进而造成肾积水、肾功能不全。

目前，治疗前列腺增生的方法大致分为药物治疗、手术治疗和物理治疗，部分已有症状的早期患者可口服药物来改善症状。中晚期患者则需考虑改用其他方法治疗。

放射性核素治疗前列腺增生是近年来一种全新的安全有效的非手术治疗的新方法。放射性核素治疗是利用放射性核素的电离效应使增生的组织萎缩、细胞凋亡，前列腺体积变小。所使用的放射性核素发射的射线在组织内射程较短，不会对邻近脏器或周围组织造成损伤，较为安全。而且该方法无需特殊麻醉，治疗时间短，病人基本无痛苦，治愈后不易复发。为不愿手术或不能耐受手术的年老体弱、有心肺功能不全或高血压等并发症的患者提供一种有效的治疗手段。

二、治 疗 原 理

放射性核素治疗前列腺增生是通过 $^{90}Sr/^{90}Y$ 前列腺增生治疗仪完成。治疗仪分为尿道型和直肠型两种。

将 $^{90}Sr/^{90}Y$ 前列腺增生治疗仪经直肠或尿道置入，其发射的 β 射线通过两个途径达到治疗目的：β 射线直接作用于对射线敏感的前列腺增生细胞，使其受到抑制和破坏；β 射线和其产生少量的韧致射线作用于前列腺组织内的微血管，使其狭窄和闭塞，以减少和中断前列腺增生细胞的供血，进而加速尿道周围增生的前列腺组织发生萎缩。随着尿道周围增生前列腺组织的逐渐萎缩，其对尿道的压迫和阻塞逐渐减轻或消除，排尿恢复通畅。

放射性核素治疗是一种有效的、安全的治疗早期前列腺增生的手段，并有延缓和阻止前列腺增生的作用。

（一）适应证

适应证包括：①经临床确诊的前列腺增生但无前列腺手术史的患者；②前列腺增生重量≤40g，但合并尿道梗阻者，膀胱残留尿＞60ml；③前列腺增生重量≥40g，伴有尿道刺激症状者；④最大尿流率（MFR、以 Q 表示）Q≤10ml/s 合并液尿增多者；⑤有手术禁忌或手术治疗后复发的病人；⑥药物治疗疗效差或有严重的药物副作用的患者。

（二）禁忌证

禁忌证包括：①高危患者，心、肺、肝、肾功能不全者；②急性传染病患者（传染性肝炎，活动性肺结核等）；③再生障碍性贫血及凝血机制差者，血小板减少者；④膀胱、尿道、前列腺、直肠急性炎症期患者；⑤尿道、肛门及直肠狭窄不能置入治疗器者；⑥前列腺中叶增生向膀胱突出者；⑦神经源性膀胱患者；⑧膀胱结核及小膀胱患者；⑨严重包茎者（禁用尿道型治疗器）。

（三）治疗方法

1. 治疗前的准备工作

（1）对病人病史的详细询问和记录。

（2）一般体格检查和经肛门直肠指检。

（3）必要的实验室检查：血尿常规、凝血功能测定、肝肾功能检测、血糖、血清 PSA、睾酮、等。

(4) 尿动力学检测。

(5) 心电图，必要时做胸片或心脏超声。

(6) 前列腺超声、必要时还需检查双肾及输尿管等。

2. 照射剂量的确定 照射剂量的确定采用个体化和最优化原则。根据病人的年龄、全身情况、前列腺的大小及质地（硬度）、前列腺组织是否突入膀胱等因素来确定治疗方案和照射剂量。

3. 治疗过程

(1) 直肠型治疗仪：每次治疗剂量 4~5Gy，10~12 次为一疗程，每日或隔日一次，总剂量控制在 40~50Gy。根据病情需要可于第一疗程后 6 个月行第二疗程治疗，总剂量应控制在第一疗程的 1/3~1/2。

(2) 尿道型治疗仪：一次性治疗，剂量控制在 40~50Gy。治疗 1~3 个月后根据病情需要可进行第二次治疗，剂量控制在 20~40 Gy。

(四) 治疗后反应及其疗效

治疗后由于前列腺组织发生放射性无菌性炎性水肿，部分病人的症状在短时间（1~2周左右）内可能会加重，但随着水肿的逐渐消退和绕尿道的前列腺组织的逐渐萎缩，患者的尿路梗阻症状随之逐渐减轻。一次性治疗的有效率可达 85%以上。由于个体对射线敏感性的差异，以及前列腺增生和梗阻程度的不同，少数病人可能需治疗 2~3 次，极个别无效的病人需改用其他方法治疗。

(五) 治疗后的并发症及相应的处理措施

1. 前列腺组织发生炎性水肿 治疗后前列腺组织发生放射性炎性水肿，尿路梗阻症状在短时间内会加重，因此需要常规保留导尿管 3~7 天，待水肿减轻后拔去导尿管。

2. 尿道黏膜损伤出血 由于前列腺增生患者的尿道狭窄，当治疗器通过尿道前列腺狭窄部位时，部分病人尿道黏膜会有不同程度的损伤和出血，一般出血量很少，在 1~3 天内即可恢复。个别病人由于自身凝血功能差或口服抗凝等，则可能出血量大，如遇此种情况，应到医院及时采取相应的处理措施。

3. 疼痛 由于尿道黏膜的擦伤、前列腺组织炎性水肿和尿路的感染，部分病人会有会阴部不适、坠胀以及排尿时灼痛或刺痛，随着黏膜的修复、水肿的消退和炎症的控制，一般 7~14 天左右症状逐渐消失。

4. 尿路感染 前列腺增生的病人多存在泌尿系感染，使用尿道型治疗仪后更容易发生感染。因此，为了预防和治疗尿路感染，在治疗后须常规使用抗生素 7~14 天。

5. 急性尿潴留 极个别核素治疗器很难置入的病人，因核素治疗器的刺激和损伤，可使病人尿道黏膜产生水肿，从而导致不能常规留置导尿管，则有可能出现急性尿潴留，如遇此情况，则应及时处理。

6. 急迫性尿失禁 前列腺增生患者约 50%以上存在膀胱逼尿肌不稳定，当治疗后前列腺缩小，尿道阻力降低，极少数患者可能出现急迫性尿失禁现象，对于此类情况，患者应尽早采取药物治疗，以调节膀胱逼尿肌功能。

7. 包皮嵌顿　包皮嵌顿多发生于包皮口狭窄的病人,临床表现为包皮水肿和压痛。如遇此情况,病人应及时到医院进行包皮复位处理。

（六）治疗中及治疗后的注意事项

（1）凡接受治疗的患者均要定期按观察指标追踪随访,一般在治疗后1、3、6个月至1、2、3年进行随访。

（2）治疗后注意休息,采用尿道型治疗器后,患者要限制活动3天。

（3）避免过度劳累或久坐。

（4）保持大便通畅,应多吃蔬菜,以免大便干结。避免解便时过分用力,必要时可能用药通便。

（5）定期复查外周血象。

（6）接受尿道型治疗器的患者少数出现全身乏力或尿频尿急较治疗前加重、排尿灼热感、血尿或放射性膀胱炎；接受直肠型治疗的患者可出现全身乏力、头晕、放射性肠炎、直肠部位坠胀感,以上症状出现后可对症施治即可缓解。

（7）使用尿道型治疗器在插入尿道时,动作应轻柔缓进,切勿暴力插入,否则会损伤尿道或形成假道,造成大流血进而危及患者生命。因此,做此操作一定要有泌尿外科医生在场指导,操作者必须熟悉男性尿道解剖结构及前列腺增生后的尿道变化。

（七）重复治疗

治疗后三个月左右复查,如症状改善不明显,则需要及时进行第二次治疗。轻、中度增生且对射线敏感的前列腺增生病人一般治疗一次即可。前列腺增生突入膀胱的、重度增生的,以及对射线敏感性稍差的病人,一般需治疗第二次,个别病人需要第三次治疗。

第二次或第三次治疗后症状仍改善不明显,且超声提示前列腺无明显缩小则说明增生前列腺组织对射线的敏感性很差,对于这类病人只能改用手术或其他方法次治疗。

由于前列腺具有随着年龄的增长而增大的特性,即便是手术治疗,5~10年后尿路梗阻症状又可能出现,其发生率为20%左右。同样,核素腔内治疗也存在复发。多年后再复发的病人年龄往往较大,绝大多数病人已不能承受手术之创伤,但是病人仍可以选择核素腔内治疗,大部分的病人再次治疗与第一次治疗同样有效。

第四节　^{131}I治疗脊髓空洞症

脊髓空洞症是脊髓内一种缓慢进行的退行性疾病,是在脊髓中央管附近或后角底部有胶质增生及空洞形成,最基本的病理改变是脊髓炎,也叫空洞性脊髓炎。如病变位于延髓者,称延髓空洞症；如病变同时波及脊髓和延髓者,称球脊髓空洞症。

临床上,由于病变累及周围的神经组织而引起相应部位的分离性感觉障碍、下运动神经元瘫痪和植物神经功能障碍,以及受损节段平面以下的长束体征。随空洞范围和部位的不同,感觉和运动障碍的部位、范围、程度也各有不同。

脊髓空洞症的治疗目前尚无特效疗法,临床上可采用手术治疗,如椎板切除减压术、脊髓空洞与蛛网膜下腔分流术、第四脑室出口矫治术、枕骨大孔减压术等。

脊髓病变部位的^{131}I治疗,可使部分病人疼痛减轻,感觉及营养障碍有所改善,同时本法简便、易行、安全。

（一）原理

^{131}I 治疗脊髓空洞症的确切原理尚不甚清楚。有人认为脊髓空洞症的胶质有聚集 ^{131}I 的能力，但未能得到证实。有人认为与 ^{131}I 的射线对病变部位照射，使空洞缩小、神经元受压减轻，炎性浸润消散有关，从而阻止病情的发展，但这仍难以解释小剂量 ^{131}I 即可产生疗效的原因。

（二）治疗方法

（1）治疗前病人先口服复方碘溶液每次5滴，一天3次，连服三天，以封闭甲状腺。

（2）第4天空腹口服 ^{131}I 18.5MBq（500μCi），2h后方可进食，并继续服复方碘溶液3天，观察1~2个月为一疗程。

（3）第一个疗程后视病情变化，若效果不佳或需继续治疗者，可在2~3个月后再次治疗，方法同前。一般治疗3~4个疗程或更多。

（三）疗效评价

^{131}I 治疗脊髓空洞症的疗效与病程及疗程有关，病变早期疗效较好，经2个以上疗程治疗后，可见到疼痛症状消失或明显减轻，同时，感觉障碍范围缩小，个别病例病人可恢复正常体力劳动，但是，病程长者的疗效较差。

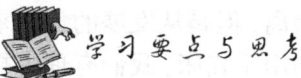 学习要点与思考

1. 熟悉 ^{99}Tc-MDP（云克）的适应证、禁忌证、临床应用及疗效。
2. 熟悉嗜铬细胞瘤放射性核素治疗机制及方法；熟悉前列腺增生的治疗方法。
3. 了解 ^{131}I 治疗脊髓空洞症的方法。

（田　蓉）

中英文对照

超氧化物歧化酶	superoxide dismutase，SOD
间位碘代苄胍	meta-iodobenzyl guanidine，MIBG
基质金属蛋白酶	matrix metalloproteinase，MMP
良性前列腺增生	benign prostatic hyperplasia，BPH
葡萄糖氨基葡聚糖	GAGs
前列腺增生	prostatic hyperplasia
亚甲基二膦酸盐	medronate diphosphonate，MDP

第四篇 展 望

第二十九章 核医学的研究热点

　　核医学最突出的特点是利用放射性核素示踪技术，从分子水平揭示生命现象的本质、生命活动的物质基础和组织细胞新陈代谢的变化规律，阐明病变组织受体密度与功能的变化、基因的异常表达、生化代谢和细胞信息传导的改变以及药物的作用机制等，为临床疾病的诊断、治疗研究提供分子水平信息。核医学的另一个突出特点是，在它形成和发展过程中不断吸收生物学、基础医学和临床医学的最新研究成果，研制新的示踪剂，探索新研究方法和技术，为其他相关学科和疾病研究提供新手段，促进医学和生命科学发展。

　　当前核医学的研究热点主要包括受体显像研究、基因显像与基因治疗研究、凋亡显像研究、血管粥样硬化斑块显像研究、乏氧显像研究、放射免疫显像与治疗研究、多模式分子影像等方面。虽然这些研究中的大多数尚处于实验研究和动物研究阶段，有许多问题还需通过深入研究加以解决，距离临床上推广应用尚有一定的距离，但是从发展的角度来看，目前所取得的成就仍然是令人鼓舞的，其中有一些目前已成功用于临床。我们有理由相信，随着分子生物学技术的不断发展，新示踪剂的不断涌现和显像仪器的不断完善和普及，这些研究成果必将为人类的生命和健康做出贡献。

第一节 受体显像研究

　　受体是细胞表面或亚细胞组分中的一种蛋白质分子，可以识别并特异地与有生物活性的化学信号物质（配体）结合，从而激活或启动一系列生物化学反应，最后导致该信号物质特定的生物效应。受体与配体结合的主要生物学特征包括：特异性（specificity）和高亲和性（high affinity）、可饱和性（saturability）、可逆性（reversibility）、识别能力（recognition）与生物效应的一致性。

　　受体显像即是在活体上将放射性核素标记的特定配体引入体内，利用放射性标记的配体能与高亲和力的特异靶受体结合的原理，在体外用SPECT或PET显像显示其在特定部位的受体结合位点及其分布、密度和功能。受体显像在医学研究中已被广泛应用，并在神经、心血管系统疾病和肿瘤的诊断、治疗以及基础研究中发挥着重要的作用。

一、神经系统受体显像

　　目前神经受体显像主要包括多巴胺受体及多巴胺转运蛋白、乙酰胆碱受体、苯二氮䓬受体、5-羟色胺受体和阿片受体等，它们分别在运动系统共济失调、学习记忆、癫痫、精神疾病、疼痛及药物依赖研究方面取得了长足的进展。

(一) 多巴胺受体系统显像

多巴胺受体系统是中枢神经功能活动的重要系统，在人们熟知的 PD、HD 等运动系统共济失调疾病中，该系统的病变起到了主导作用。该系统还可能是该类疾病治疗药物或精神神经中枢抑制药物的主要作用部位。故多巴胺受体系统成为神经受体显像研究重点，多巴胺神经递质、D_2 受体和转运蛋白的显像从不同角度为该系统的研究提供了相应手段。

1. 多巴胺能神经递质显像 ^{18}F-多巴（^{18}F-dopa）是多巴胺神经递质显像剂，为 L-多巴的类似物，能透过血-脑屏障，主要分布在纹状体，由突触前膜的多巴胺能神经摄取并转化为多巴胺。^{18}F-dopa PET 显像中正常对照纹状体放射性浓聚，影像结构清晰，而 PD、HD 患者早期纹状体无明显特征性变化，随着患者年龄增大或患病时间长，可见纹状体呈不同程度的放射性减低甚至缺损。经积极治疗至临床症状改善或明显好转者，再次显像示纹状体放射性呈不同程度增高或分布正常。^{18}F-dopa 多巴胺能神经递质功能显像反映了突触前多巴胺能系统功能。由于其他 PD 综合征也存在一定的多巴胺神经递质摄取障碍，因此要诊断 PD 还需要引入其他更有力的方法。

2. 多巴胺 D_2 受体显像 多巴胺受体属 G 蛋白耦联受体，通过基因克隆已证明多巴胺有五种受体亚型（D_1~D_5），按其结构和功能可区分为 D_1-样和 D_2-样受体，具有不同的药理和生化特性，其中对于 D_2 受体的研究最为深入。1983 年 Wagner 等首次用 ^{11}C 标记的 N-甲基螺旋哌啶酮（^{11}C-N-methyl-spiperone，^{11}C-NMSP）对多巴胺 D_2 受体进行了显像研究。^{11}C-雷氯必利（^{11}C-raclopride）D_2 受体显像示纹状体与大脑皮质摄取比值很高，可以发现疾病在解剖结构发生改变之前早已出现的生理、生化、代谢及功能变化，对 PD 进行早期诊断（包括亚临床型 PD），监测临床上用 L-多巴治疗 PD 病人的疗效，同时对神经精神药物的药理学研究和指导用药以及研究影响多巴胺受体的生理性因素都具有重要意义。D_2 受体显像除发现 PD 患者黑质和纹状体（特别是豆状核）D_2 受体的密度和活性明显减低以外，原发性 PD 和 PD 综合征在显像特征和治疗效果上也存在明显差异，前者纹状体可浓聚 D_2 受体显像剂 ^{123}I-IBZM 且经多巴胺治疗后效果明显，而后者正好相反，说明多巴胺 D_2 受体显像对原发性 PD 和 PD 综合征诊断和鉴别诊断以及制定合理化个体治疗方案具有重要临床意义。

3. 多巴胺转运蛋白显像 相对于受体，定位于突触前膜的多巴胺转运蛋白（dopamine transportor, DAT）重摄取多巴胺的能力直接影响着突触间隙神经递质的水平和神经系统功能的改变，此类转运蛋白的变化较之受体的改变更为敏感、直接。1997 年，Kung 首次成功地用 ^{99m}Tc 标记多巴胺转运蛋白显像剂 ^{99m}Tc-TRODAT-1 获得了活体人脑 DAT 图像，这是神经受体系统显像历史上一个新的里程碑。目前研制比较成功的 DAT 配体多为可卡因系列衍生物，如 β-CIT。^{123}I-β-CIT SPECT 显像在国外已用于帕金森病（PD）及一些精神性疾病的研究。PET 显像还发现，PD 病人纹状体对 DAT 显像剂 ^{11}C-d-threo-MP 摄取减低程度较 ^{11}C-raclopride D_2 受体显像和 ^{18}F-FDG 代谢显像更为明显，表明 DAT 显像可用于早期诊断亚临床型 PD。

目前，已有多种多巴胺受体系统显像剂被研制开发，其中 ^{18}F-dopa、^{11}C-NMSP 和 ^{11}C-raclopride 已被美国 FDA 批准上市使用，DAT 显像剂 ^{99m}Tc-TRODAT-1 用于 PD 的 SPECT 诊断也已获得成功，这些为多巴胺受体系统显像进一步走近临床创造了条件。

除应用于锥体外系疾病的研究以外，多巴胺受体系统显像还被应用于体内细胞示踪。有研究者用可卡因类衍生物对成功移植胚胎脑细胞的帕金森综合征大鼠进行 DAT 显像，发现纹状体放射性随移植时间延长而增加，并与移植细胞 DAT mRNA 的表达增高相一致。国内亦有学者以 ^{11}C-raclopride 为显像剂，通过 PET 显像成功示踪到兔脊髓内移植第 2 天的人神经前提细胞 HNPC-TERT，为移植细胞的存活、示踪提供了一种无创性的监测手段。

（二）乙酰胆碱受体显像

乙酰胆碱受体（AChR）包括 M 型和 N 型两种，AChRs 显像对检出和监测与受体系统变化相关的疾病诸如阿尔兹海默病（AD）或痴呆患者具有研究意义。AD 又称早老性痴呆，是一种慢性、渐进性、退化性中枢神经系统疾患，其主要病理改变为胆碱能神经元丧失或破坏导致乙酰胆碱合成障碍。90 年代初，有人利用放射性配体 ^{123}I-IQNB 与 M 型 AChR 的高亲和力，通过 SPECT 显像发现 AD 患者颞叶后部、额叶局部对称性的放射性分布缺失，而正常对照组上述脑区以及枕叶、岛叶、基底节则均呈放射性浓聚表现。另一学者以 ^{11}C-NMPB 为示踪剂对轻中度 AD 患者进行 mAChR 显像时发现，早在局部脑血流量下降以前，mAChR 的密度已明显降低，这对 AD 的早期诊断具有重要的意义。除 M 型 AchR 以外，N 型 AChR 显像在 AD 及认知功能减低的研究中也发挥着一定的作用。相对于散发型 AD 患者，发病更早的携带突变型淀粉样前体蛋白患者的大脑皮层摄取 nAChR 显像剂水平更低。早期 AD 患者脑中，基底节、额叶和顶叶 nAChR 已有丢失，且反映其结合率的速率常数 k2 和反映认知功能的 MMSE（简易智力状态检查量表）呈负相关，表明 nAchR 的丢失和认知功能减退有关，对与年龄有关的神经衰退性疾病的研究与治疗具有很大的启发作用。乙酰胆碱受体显像在研究 AD 的病因、病理变化以及与其他类型痴呆症的鉴别诊断中都具有重要意义。

（三）苯二氮䓬受体

苯二氮䓬受体（BZR）是脑内最主要的抑制性神经递质受体，目前研究结果表明，HD、AD、狂躁症和原发性癫痫（EP）等神经精神疾病均与它的活性减低有关。1979 年法国 Comar 等用 ^{11}C 标记 Flunitrapane 成功地进行了猴脑 BZR PET 显像，观察到放射性浓聚分布与 BZR 的脑内分布相一致。随后许多碘标的苯二氮䓬类衍生物先后合成，并用于 SPECT BZR 显像。Venz 等对 EP 患者进行 ^{123}I-Iomazenil BZR 显像、^{99m}Tc-HMPAO 脑血流显像和 MRI，发现前者 EP 病灶的检出率要明显高于后两者。而另一种 BZR PET 显像剂 ^{11}C-氟马西尼除了可以准确定位 EP 病灶以外，更可以确定病灶大小以指导手术切除范围，在 EP 灶的早期诊断、定位和疗效监测方面具有实用意义。

（四）5-羟色胺受体显像

5-羟色胺（5-HT）是一种重要的中枢神经递质，调控着睡眠、饮食、生理节律、神经内分泌等神经活动，在许多神经精神病变中该递质也有明显的异常。研究证实 5-HT 受体与狂躁/抑郁精神病有关。D'haenen 等分别对抑郁症和正常对照进行脑 5-羟色胺受体显像，发现重度抑郁症患者存在脑 5-羟色胺受体密度和亲和力的降低，且经抗抑郁药物 citalopram 治疗后，脑内 5-HT 的摄取明显增加。对服用不同剂量 citalopram 的抑郁症患者、未经治疗的抑郁症患者和正常对照分别进行 ^{123}I-β-CIT 脑 SPECT 显像，结果显示，与正常对照相比，服用 citalopram 的抑郁症患者内侧丘脑、下丘脑、中脑和延髓 ^{123}I-β-CIT 摄取显著减少，而纹状体部位的 ^{123}I-β-CIT 摄取无明显变化，这是首次在活体人脑中直接观察选择性 5-HT 再摄取抑制剂效应的研究。

（五）阿片受体显像

阿片受体生理作用极为广泛，与麻醉药物成瘾密切相关。1985 年 Frost 等开始研制 ^{11}C 标记的阿片受体显像剂 ^{11}C-甲基芬太尼（^{11}C-CFN），并首次实现了对人脑阿片受体进行 PET 显像。此后陆续报道了 ^{11}C-特培洛菲（^{11}C-DPN）、^{11}C-哌替啶（^{11}C-pethidine）及放射性标记的吗啡、海洛因和可待因等阿片受体显像剂。^{11}C-CFN 阿片受体显像可直接观察美沙酮治疗阿片成瘾病人时美沙酮占据阿片受体位点的程度，从而提供一种监测美沙酮药效和合理用药的有效手段。阿片受体显像在麻醉药成瘾患者或戒断药物治疗的观察和评价中发挥重要的作用。国外还成功地用阿片受体显像对 EP、抑郁症患者进行诊断和治疗评价。研究发现，间歇期 EP 的颞叶和海马区对 ^{11}C-CFN 的特异性结合明显增高，而 ^{18}F-FDG 显像却呈低代谢。

（六）腺苷受体

腺苷受体在神经调控中发挥着重要作用，在癫痫、中风、运动失调和精神分裂患者脑内腺苷受体的功能出现明显改变。因此应用 ^{18}F-CPFPX、^{11}C-MPDX 等放射性腺苷受体示踪剂将有助于上述疾病的诊断。

二、心血管受体显像

心脏神经分布十分丰富，受交感神经和副交感神经的双重支配，通过末梢神经递质作用于心肌细胞膜中的受体调节心肌功能。交感神经末梢释放去甲肾上腺素（NE），作用于心肌细胞中的 $β_1$-肾上腺素能受体（$β_1$ 受体）；副交感神经末梢释放乙酰胆碱（Ach），作用于心肌细胞中的 M 型受体。应用放射性核素标记的相应配体可对心肌受体进行显像，其中应用最多的是 ^{123}I/^{131}I-MIBG 心肌肾上腺能受体显像。

^{123}I/^{131}I 标记的间位碘代苄胍（MIBG）是 NE 的类似物，可通过与 NE 类似的摄取途径-钠依赖性摄取进入交感神经末梢并存储于囊泡中，但不能被儿茶酚胺-O-甲基转移酶或单胺氧化酶代谢，因而 ^{123}I/^{131}I-MIBG 在细胞内几乎不被代谢，可以反映心肌内交感神经受体的分布和活性。研究证实，急性心肌梗死、缺血性心脏病患者的病变心肌部位均可表现出 ^{123}I/^{131}I-MIBG 摄取缺损或减低，其范围较 ^{201}Tl 心肌血流灌注显像的缺损区更大，经治疗后其显像剂的充填也明显滞后于血流灌注的恢复，表明急性心梗和缺血性心脏病患者的病变心肌在急性发病期和恢复期的去神经区均较血流缺损区更大、恢复更慢，所以 ^{123}I/^{131}I-MIBG 心脏神经受体显像可以更敏感的反映心肌梗死或缺血的程度、疗效和预后。充血性心力衰竭患者 MIBG 的摄取明显减低，并与心力衰竭的预后呈相反关系，测定心脏/纵隔的放射性比值对于预测病人存活是一项具有独立价值的预后指标。对于特发性心肌病患者，MIBG 的摄取水平与左心室心功能参数有着密切关系，是评价心肌病分期的良好指标。糖尿病病程中是否侵犯心脏自主神经对其预后的判断极为重要，因而利用 ^{123}I/^{131}I-MIBG 显像进行心脏交感神经机能评价将成为判断糖尿病病情的重要手段。

三、肝受体显像

肝结合蛋白（HBP）是糖蛋白的特异受体，存在于肝细胞表面，^{99m}Tc 标记的新半乳糖白蛋白（^{99m}Tc-NGA）是 HBP 天然配体的标记类似物，能选择性地与肝细胞膜上的 HBP 结合用于肝受体显像。肝细胞恶性分化时，其表面的 HBP 受体密度减少或丢失，表现为异常的放射性减低或缺损区，并且显示的病变范围、大小、程度较肝脏胶体显像更为清晰，而一些良性病变如局灶性结节增生则显示 ^{99m}Tc-NGA 摄取正常甚至增高，所以肝受体显像对良、恶性肝脏病变进行鉴别诊断，评价肝脏功能是非常有用的方法。目前，市场上已有 NGA 的标记药盒出售，并且已有学者尝试将抗癌药物或生长激素等药物与 NGA 偶联，以提高药物的作用的靶向性与疗效。

四、肿瘤特异性受体显像

由于基因的突变与扩增，肿瘤细胞膜上的受体往往过量表达，因而放射性核素标记配体可与相应细胞膜上的特异性受体结合而使肿瘤显像，用于肿瘤定位诊断、指导治疗和评价疗效。目前研究较多的肿瘤特异性受体包括生长抑素受体（SSTR）、血管活性肠肽（VIP）受体、转铁蛋白受体（TfR）、叶酸受体等传统的肿瘤特异性受体，此外一些针对细胞外基质、神经内分泌激素受体的人工合成小肽也成为了肿瘤特异性受体显像的工具，更有许多新的技术被用于特异性受体配体的筛选。

（一）生长抑素受体显像

生长抑素（SST）主要分布在下丘脑、大脑皮层、胃肠道、胰腺等部位，SST 几乎对机体所有的生理性内外分泌反应均有抑制作用，而且能广泛抑制细胞增殖活性，可以用于治疗由肿瘤细胞引起的激素过度分泌或过度增殖。生长抑素受体（SSTR）结构上是完整膜上的糖蛋白，人、鼠的 SSTR 亚型各有 5 种，均为 G 蛋白耦联受体。SSTR 主要分布在胃肠道、中枢神经系统、内分泌系统等部位。另外，尚有一些非神经系统的内分泌细胞例如淋巴细胞也具有 SSTR。研究显示大多数肿瘤如乳腺癌、卵巢癌、外分泌型胰腺癌、前列腺癌和结肠癌等肿瘤上均高表达有 SSTR。因此，生长抑素及其类似物进行标记得到放射性配体，可与肿瘤上的 SSTR 进行结合从而达到临床显像和受体导向治疗的目的。

由于天然生长抑素（SST-14 和 SST-28）在人体内很不稳定，生物半衰期很短（约 3min），因此并不适合于 SSTR 显像。自 1982 年瑞士的 Bauner 等合成了含 8 个氨基酸的 SST 类似物奥曲肽以来，已有越来越多的 SST 类似物被合成并引入 SSTR 显像，它们通过改变组成分子的非必需氨基酸，可在保留原分子生物活性部位的同时，对其他非活性中心部位进行改进或修饰，达到降低酶解敏感性，延长生物半衰期的目的。此外，通过分子改造，还可使 SST 类似物更适于放射性核素标记，如将原分子的 3Phe 改为 3Tyr 可用于放射性碘标记；在分子中引入 His 可用于 ^{99m}Tc 和 ^{186}Re 或 ^{188}Re 的标记。Wester 等进一步设计合成了几种糖代奥曲肽的类似物，在方便标记核素的同时提高标记物的水溶性和稳定性。

同时，随着双功能螯合剂研究的发展，间接标记的方法被更多的应用于 SSTR 显像剂的标记中。较之直接标记法，间接法不破坏配体分子的活性部位，可在保持配体分子生物活性的同时，获得更高的标记率并改善标记配体在体内的生物分布特性。目前，

^{111}In-DTPA-D-Phe1-octreotide（Octreoscan-111）显像已被作为一种常规的肿瘤诊断方法在临床上得到应用，而 ^{90}Y-DOTA-Tyr3-octreotide 亦在肿瘤病人的治疗研究中取得了可喜的成果。在 ^{99m}Tc 的标记中 N_3S 类、N_2S_2 类、N_4 类双功能螯合剂也得到了充分的开发，为肿瘤 SSTR 的 SPECT 显像提供了更多的途径。

作为研究最为成熟的肿瘤特异性受体显像，SSTR 显像除用于对 SSTR 阳性肿瘤的定位诊断与 SST 疗效预测以外，通过转基因技术，还可将 SSTR 基因引入 SSTR 阴性的肿瘤细胞，进行基因治疗及监测，这一部分将在报告基因显像中予以介绍。

（二）血管活性肠肽受体显像

血管活性肠肽（VIP）由 28 个氨基酸组成，是一种具有扩张血管、刺激呼吸与增高糖浓度等生物活性的神经多肽，主要分布在胃肠道内。VIP 受体全身分布广泛，在多种消化系统、神经内分泌系统、生殖系统等肿瘤中也有很高的表达，因此 VIP 受体显像也成为了肿瘤特异性受体显像中的重要一员。Virgolini 等率先开展了 ^{123}I-VIP 肿瘤受体显像研究，发现肝、脾和正常胃肠道组织的摄取量相对较少，因此 ^{123}I-VIP 对于胃肠道肿瘤显像效果较好。^{123}I-VIP 显像能够检出直径小于 2cm 的肿瘤，甚至 CT 未能发现的部分类癌。^{123}I 或 ^{131}I 标记的 VIP 已应用于肠道腺瘤与内分泌肿瘤、类癌、胰腺癌、嗜铬细胞瘤、甲状腺髓样癌、胃泌素瘤、Zollinger-Ellison 症等恶性肿瘤的临床诊断，其显像的肿瘤类型多于生长抑素受体显像。国内也有学者成功地进行了 VIP 的 ^{123}I 和 ^{131}I 标记，并完成了细胞和动物学实验，取得了良好的结果。此外，利用 VIP 受体的靶向作用介导，可以提高肿瘤反义治疗的效果，为 VIP 受体显像开辟了新的应用方式。

（三）转铁蛋白受体显像

转铁蛋白（Tf）是一种主要在肝脏合成的血清糖蛋白，其主要作用在于通过细胞膜上的受体介导的内吞作用，将铁转入细胞内。研究证实，许多肿瘤如肝细胞肝癌、乳腺癌及胰腺癌，均高表达转铁蛋白受体（TfR），使 Tf 和肿瘤组织的亲和力增高。通过细胞膜 TfR 介导的内吞，Tf 进入细胞，且与细胞内特定组分结合并滞留于细胞内，这使得以放射性核素标记 Tf 为载体进行的肿瘤 TfR 分子成像成为可能。目前国内已有学者成功进行了荷肝癌 SMMC7721 裸鼠的 ^{99m}Tc-Tf 显像，国外更有研究人员利用 TfR 显像对体内移植的骨髓基质干细胞进行示踪研究，进一步扩大了 TfR 显像的应用范围。

（四）叶酸受体显像

叶酸受体通常低表达于正常组织，但是在多种肿瘤组织，如卵巢癌、子宫内膜癌、乳腺癌、宫颈癌、结直肠癌、肾癌和鼻咽癌中却有很高的表达，尤其是卵巢癌和子宫内膜癌的叶酸受体过表达率在 90% 以上，因此通过叶酸受体显像可对肿瘤进行有效的定位诊断。Sudimack 等成功完成了 ^{99m}Tc-HYNIC-folate 的标记，并发现其可被叶酸受体阳性的肿瘤组织选择性的摄取，清楚地显示出裸鼠模型上的肿瘤病灶。研究还发现，卵巢癌的叶酸受体表达水平随着疾病组织学分级和临床分期增高而稳步上升，因而叶酸受体显像可能还有助于卵巢癌预后的判断。

（五）类固醇激素受体显像

乳腺肿瘤富含雌激素和孕激素受体，前列腺癌中富含雄激素受体，它们的受体配基均含有类固醇结构,其中对雌激素的研究较多,已有数十种雌激素的衍生物用于放射性标记研究。目前,^{18}F-16α-氟 17β-雌二醇(FES)已用于乳腺癌患者的原发灶及转移灶显像。研究表明,乳腺癌原发病灶对示踪剂 ^{18}F-FES 的摄取率与肿瘤活检组织受体浓度之间呈良好的相关。^{123}I-MIVE 的 Z 异构体在体内和体外均显示为一种有效的放射性核素受体显像剂,对雌激素受体阳性乳腺癌的探测敏感性和特异性均较高。核素标记的雄激素用于前列腺癌的受体阳性显像也已取得的较大进展,用 ^{123}I、^{18}F 标记的睾酮、双氢睾酮及其衍生物对动物进行肿瘤受体显像,可见前列腺部位放射性明显增高。

(六)σ 受体显像

σ 受体是阿片受体的一种类型,在正常组织中表达高度保守,而在大部分恶性肿瘤如神经胶质瘤、黑色素瘤、乳腺癌、前列腺癌和肺癌中高度表达。大多数 σ 受体显像剂为碘标记苯甲酰胺类衍生物,如 ^{125}I-IPAB、^{125}I-PIMBA、^{125}I-IBP 等。体内实验显示,在注射上述显像剂 6h 后,模型鼠肿瘤/血液的摄取比值为 17~70,肿瘤/肌肉的比值为 10~30,说明其在血液中清除快,能特异性地浓聚在肿瘤细胞中。^{123}I-IDBA 和 ^{123}I-IMBA 已被应用于临床研究,Everaert 等报道,^{123}I-IDBA 诊断恶性黑色素瘤的灵敏度为 87%,而 Caveliers 等则用 ^{123}I-IMBA 对 80%的乳腺癌患者进行了准确定位。近年来的研究还发现,σ2 受体可以作为肿瘤增殖状态的生物学标记。

(七)新生血管受体显像

除了上述常用的肿瘤特异性受体显像方法以外,许多针对肿瘤新生血管受体的人工合成小肽,也成为肿瘤受体显像研究的热点。血管新生是恶性肿瘤表现其生长、浸润和转移等生物学行为的重要前提,无论原发性或转移性肿瘤,其持续性生长都必须依赖于新生血管的形成。尽管 CT 血管造影(CTA)、对比增强超声、磁共振血管成像(MRA)等方法的空间分辨率不断提高,但仍局限于中小血管的显示,但对于血管结构或功能改变前分子水平的变化无法显示。因此,需要特异性更高的成像方法对血管新生过程做出评估,其中最重要、也是目前应用最多的方法是以血管新生过程中相关分子标志物为靶点的显像方法,比如针对肿瘤新生血管的血管内皮生长因子受体(VEGFR)和整合素受体,以可与之高特异性结合的配体作为显像剂,对血管新生过程做出评估。

1. 血管内皮生长因子受体 血管内皮生长因子(VEGF)主要通过与内皮细胞表面的特异性受体结合发挥作用,对血管生成的多个环节均具有明显的促进作用,如促进血管内皮细胞增殖、分化、迁移和管腔结构形成,同时对血管基底膜的降解也有明显的促进作用。血管内皮生长因子受体有两种亚型,分别为 VEGFR-1 和 VEGFR-2,主要存在于血管内皮细胞表面。

最初,研究者主要利用"配体-受体结合"的原理使用放射性核素标记的抗 VEGF 单克隆抗体进行新生血管显像,如 ^{124}I-VG76e 和 ^{124}I-HuMV833 等,但由于免疫活性较低和显像结果异质性太大而难以实现临床应用。贝伐单抗作为第一个获得批准上市的抑制肿瘤血管生成的药物,其 ^{111}In 和 ^{89}Zr 标记物在肿瘤患者新生血管显像中表现出的肿瘤结合特异性及生物学特性并不好,表明以抗体为基础的 VEGF 相关显像剂并不是很好的选择。

研究者开始探索利用放射性标记的 VEGF165 或 VEGF121 作为显像剂,使其与血管内皮细胞表面上调的 VEGFR 结合从而达到新生血管显像的目的。但是在动物模型中,前者的肿瘤/本底比值(T/B)不高,而后者与新生血管结合的特异性也并不高。为进一步提高显像效果，研究者对显像剂进行了一系列的改进，改进连接放射性核素与 VEGF 的中间体，如 ^{99m}Tc-HYNIC-VEGF、^{99m}Tc/^{64}Cu-ScVEGF 和 VEGF-Arib/SA800 均显示了良好的生物学特性。由于 VEGFR-2 在血管新生过程中起主要作用，为提高显像的特异性，研究者利用 DNA 重组技术对 VEGF121 进行改进得到对 VEGFR-2 具有更高特异性的 VEGF$_{DEE}$，提高了靶组织的对比度。

2. 整合素受体 整合素（Integrin）是细胞膜表面的一种跨膜异二聚体糖蛋白受体，主要通过介导细胞与细胞、细胞与基质之间的相互黏附和信号传导，对细胞的黏附、增殖、分化、转移、凋亡起重要的调控作用，参与体内多种生理和病理过程。整合素家族是由 19 种 α 亚基和 8 种 β 亚基以非共价键结合形成的 25 种不同亚型构成，其中整合素 $α_Vβ_3$ 是目前最受关注的亚型。整合素 $α_Vβ_3$ 受体在多种恶性肿瘤细胞表面，尤其是在恶性肿瘤组织新生血管内皮细胞膜都有高水平的表达，而成熟血管内皮细胞和绝大多数正常器官系统则无表达或几乎不能测及。含有 RGD（精氨酸-甘氨酸-天冬氨酸）序列的小分子多肽是整合素 $α_Vβ_3$ 受体拮抗剂，对整合素 $α_Vβ_3$ 受体具有高度的选择性与亲和力，是一类具有潜在临床应用价值的肿瘤受体显像剂。

特异性标记的外源性 RGD 肽进入机体后可与整合素 $α_Vβ_3$ 位点结合，可以作为一种指示剂到达靶组织，并通过各种影像学方法得到显示。常用的显像技术包括利用放射性核素的 PET、SPECT 显像，MRI 显像，超声显像和光学显像，其中放射性核素显像是目前肿瘤新生血管成像中较为成熟且应用最多的技术。目前放射性核素 ^{123}I、^{99m}Tc、^{111}In、^{18}F 和 ^{64}Cu 等均已成功标记 RGD 并应用于肿瘤显像。^{99m}Tc 标记的 RGD 复合物 NC100692 已成功用于临床研究，二期临床研究证实 NC100692 对肺癌、乳腺癌的肺转移、脑转移较敏感，对肝转移和骨转移不敏感。^{18}F-galacto-RGD 为第 1 个成功应用于人体的 PET 显像剂，且显示出较好的病灶/本底（L/B）比值，可用于黑色素瘤、结肠癌、头颈部鳞状细胞癌、乳腺癌等肿瘤的显像。

但是大多数线性 RGD 肽在循环过程中半衰期较短，其生物活性不够理想。为了增加 RGD 肽的稳定性，提高其与整合素 $α_Vβ_3$ 结合能力和靶/本地比值，加快血清廓清时间，优化排泄途径，人们尝试以 RGD 为核心，对其分子结构进行修饰，获得多种 RGD 衍生物，如环形 RGD、多价 RGD、糖基化或 PEG 修饰 RGD、螯合剂偶联的 RGD、纳米载体的 RGD 等，提高了整合素 $α_Vβ_3$ 显像的特异性、灵敏度及应用范围。需要特别强调的是，国内已率先开展了 RGD 肽显像的临床转化研究。北京协和医院在一项 ^{99m}Tc-3PRGD$_2$ 与国外同类产品 ^{99m}Tc-NC100692 的对比研究中发现，^{99m}Tc-3PRGD$_2$ 对肺癌转移灶和乳腺癌的显像效果明显好于 ^{99m}Tc-NC100692。吉林大学中日联谊医院的研究显示，^{99m}Tc-3P$_4$-RGD$_2$ 发现原发乳腺癌的诊断能力与 ^{99m}Tc-MIBI 相当，但前者的 T/NT 比后者明显提高；^{99m}Tc-RGD-BBN 在探查 GRPR（胃泌素释放肽受体）表达阳性而整合素 $α_Vβ_3$ 表达阴性的乳腺恶性肿瘤中似乎比 ^{99m}Tc-3P$_4$-RGD$_2$ 更有优势。朱朝晖等成功使用 ^{67}Ga-PRGD$_2$ 对 7 例志愿者和 178 例患者（肺占位 109 例，脑胶质瘤 10 例，心梗 23 例，脑梗 16 例和类风湿关节炎 20 例）进行 PET/CT 显像及系列随访，结果显示，^{67}Ga-PRGD$_2$ PET/CT 显像是一项安全有效的整合素受体显像方法，而且具有广泛的临床应用价值。

五、肿瘤受体介导的靶向药物治疗

放射性核素内照射治疗是肿瘤治疗学的一个重要分支，^{131}I 治疗分化型甲状腺癌及其转移病灶就是十分成功的例子。遗憾的是，大多数放射性药物在生物机体内的靶向性不高，特异性不强，严重制约了肿瘤内照射的应用。基于受体与相应配体结合的高特异性、高选择性、高亲和性的特性，将适当的放射性核素标记特异性配体，注入生物机体后到达靶器官，与肿瘤细胞表面高表达相应的受体发生特异性结合，通过受体的介导作用放射性配体不断地进入细胞内，发挥射线的辐射生物效应，有效地杀伤肿瘤细胞。受体介导肿瘤靶向治疗的关键是筛选合适的放射性配体，其必备条件是放射性配体的特异性强、性质稳定、作用可靠、能在靶细胞内达到高浓度并且停留时间足够长。

生长抑素受体介导的靶向治疗是目前研究较多，并具抑癌前景的治疗方法。以奥曲肽、RC-160、DOTA-TOC 等生长抑素类似物为载体，用 ^{188}Re、^{177}Lu 和 ^{90}Y 等放射性药物标记形成耦联物，进行肿瘤的靶向药物治疗。结果显示，注入药物的 SSTR 阳性肿瘤患者和小鼠均可见瘤体明显减小或消失，效果非常明显，同时全身非靶器官受照剂量大大减少。

^{131}I-MIBG 能被富肾上腺素能受体的肿瘤（如嗜铬细胞瘤、恶性嗜铬细胞瘤及其转移灶、神经母细胞瘤等）摄取，同时也能浓聚于类癌及甲状腺髓样癌组织内。^{131}I-MIBG 释放的 β 射线，在所聚集的病变部位产生低剂量率、持续内照射作用，能抑制和破坏肿瘤组织和细胞的活性，以达到治疗的目的。

除了 SSTR 和肾上腺素能受体之外，具有临床应用潜力的相关受体还有 CCK-B 受体、胃泌素释放肽受体、P 物质肽受体、高血糖素样肽-1 受体、神经肽 Y 受体、促皮质激素释放因子受体、微小胃泌素受体等。改良这些与受体相关的肽将可能应用到乳腺、前列腺、胃、肠、胰、脑等肿瘤的放射性受体核素治疗领域。

总之，受体显像作为一种无创、动态的方法，将从分子水平为正常生理活动和多种疾病的研究提供一种新的方法。当然，面对受体配体代谢动力学复杂等特点，受体显像还需要进一步开发生物学性能和药理学活性更优良的标记配体，建立更为合适的生理数学模型，使其在活体、分子水平研究中发挥更大的作用。

第二节　基因显像与基因治疗研究

基因显像是用体外显像方法探测各种标记探针在体内的分布和代谢过程，在 DNA、mRNA 及其表达产物的不同水平对疾病进行诊断。根据成像方式不同，基因显像主要可分为光学成像、磁共振成像和核素显像三种。光学方法有生物荧光蛋白成像、荧光素酶生物发光成像和近红外荧光成像（NIRF）等，但由于荧光穿透力较弱，仅适合于小动物的浅表病变的研究。磁共振成像有更高的空间分辨力，有利于同时获得生理与解剖信息，但需有一强大的扩增系统——超顺磁底物以进一步扩增磁共振信号。用放射性核素 SPECT/PET 进行体内基因表达显像，具有可重复及无损伤的优点，能监测基因在体内的具体位置、表达数量和持续时间等，已成为基因显像的研究热点。

核素基因显像根据放射性核素标记探针的靶向结合方法的不同分为以下三类：一是利用放射性核素标记与 DNA 或 mRNA 中某些特定序列互补的反义寡聚核苷酸（ASON），通过 ASON 与靶序列的特异结合实现显像诊断，称为反义显像。二是利用编码某种酶或受体蛋白质的外源性基因（报告基因）转染特定的细胞，使其表达报告基因编码的蛋白，再以放射性核素标记特定酶底物或受体配体进行显像，称为报告基因显像。三是通过对自身基因表达产物的显像达到诊断或评价的目的，如多药耐药基因显像。

一、报告基因显像

用一种基因与治疗基因同时转染靶细胞,这种基因的表达与治疗基因的表达具有高度相关性,可通过检测这种基因的表达对治疗基因的表达进行评价,这种基因即被称为报告基因(reporter gene),而利用各种成像技术对报告基因和治疗基因的表达进行直接和间接的监测即是报告基因成像(imaging of reporter gene)。由于报告基因显像可以将报告基因与任一治疗基因组合,而报告基因的检测方法又相对简单,理论上适合于任何一种基因治疗过程,尤其是有些治疗基因不适于用作报告基因,或者没有合适的报告探针供基因治疗显像,所以尽管在多数情况下是通过对报告基因的检测只是间接反映治疗基因的转染和表达情况,仍具有其他基因显像方法不可替代的优势。

(一)报告基因显像的原理

为了监测基因治疗,可以将两种不同的基因(治疗基因和报告基因)重组,共同转染到同一种细胞,利用放射性核素标记的报告探针与报告基因的表达产物发生反应或特异性结合,使报告探针在特定的部位蓄积、浓聚,通过显像的方法对报告基因的表达进行体外监测,间接反映治疗基因的表达情况。在这个过程中,报告基因和治疗基因表达的高度相关性至为关键,因此重组方案的选择十分重要。以最常用的双顺反子方案为例:将报告基因与治疗基因分别克隆到一个内部核糖体进入位点(interal ribosomal entry site,IRES)序列的上、下游,由同一启动子转录为一条 mRNA 后,在 IRES 的作用下翻译为两个相互独立的蛋白质。由于使用同一个启动子,两个基因转录后在同一条 mRNA 上,使这两种基因具有高度的相关性;因为 IRES 的存在,翻译产生的两个蛋白质分子相互独立,不影响各自的生物学活性。

(二)核素报告基因显像系统的分类

根据报告基因产物的性质及其与报告探针之间的关系,可分为以下几类:

1. 酶/底物报告基因系统 用于核素显像的酶/底物报告基因系统主要有两种,胞嘧啶脱氨酶(CD)和单纯疱疹病毒Ⅰ型胸苷激酶(HSV1-tk)基因,两者均不存在于哺乳动物细胞中。CD 可以将 5-氟胞嘧啶(5-FC)转化为 5-氟尿嘧啶(5-FU)阻断 DNA 合成,采用 ^{18}F 标记 5-FC 可用于 PET 显像,但由于 5-FU 外流,造成探针胞内积累不足使其应用受到了限制。HSV1-tk 可以使酰基鸟嘌呤核苷和尿嘧啶衍生物磷酸化,磷酸化产物不能再次穿过细胞膜而在细胞内积累,当其底物被不同的核素(^{18}F、^{123}I、^{124}I 和 ^{131}I 等)标记以后可以采用 γ 相机、SPECT 和 PET 进行报告基因显像。HSVI-tk 的突变体 HSV1-sr-39tk 能更有效地利用鸟嘌呤核苷底物,而不利用哺乳动物胸苷激酶底物胸腺嘧啶脱氧核苷,可使显像特异性更高。HSV1-tk 本身作为一种自杀基因还是被广泛采用的治疗基因,它转移到细胞后通过表达产生的 HSVI-tk 可将无毒性的前体药物代谢成为细胞毒性药物,首先使导入自杀基因的细胞"自杀",其次可以通过"旁观者效应"(bystander effect,BSE)杀死未导入自杀基因的邻近细胞,显著地扩大其杀伤作用。以酶为报告基因产物的突出优势就在于,一个酶分子可以与多个底物分子反应,有信号放大作用。

2. 受体/配体报告基因系统 报告探针是受体的特异性标记配体，受体-配体特异性结合的结果可以反映报告基因和目的基因的表达部位与水平。常见的受体/配体报告基因系统有：多巴胺 2 型受体（D_2R）/螺环哌啶酮衍生物系统，人生长抑素受体 2 型（hSSTR2）/生长抑素类似物(SSA)系统。目前研究较为成熟的 D_2R 放射性配体是 ^{18}F-FESP，而 hSSTR2 的配体种类繁多[如 Octreotide、Vapreotide（RC-160）、Lanreotide（Bim23014）、P2045、P587、P829]，根据标记核素的不同可分别用于 γ 相机、SPECT 和 PET 显像。

3. 转运体/底物系统 钠/碘转运体（Sodium/iodide symporter，NIS）是一种糖化膜蛋白，是甲状腺组织及非甲状腺组织摄取碘的分子基础。NIS 基因作为报告基因，报告探针可为 ^{131}I、^{123}I、$^{99m}TcO_4^-$ 等，具有来源丰富的独特优点，且其代谢机制十分明确，因此，NIS 作为报告基因具有广阔的应用前景。最近，去甲肾上腺素转运体也被引入了报告基因显像的领域，由于其在正常组织中主要集中表达于神经系统，且探针 ^{131}I-MIBG 也十分成熟，其研究正逐步引起重视。

4. 金属结合肽 氧代锝酸盐结合性融合蛋白 C-末端具有连续的 GGC（diglycylcysteine）结构，通过转螯合作用可使 ^{99m}Tc-GH 中的五价 ^{99m}Tc 转螯合至融合蛋白上，稳定结合于半胱氨酸残基的巯基上。因此，在融合蛋白基因中引入编码这些金属结合肽的序列后，用 ^{99m}Tc-GH 显像就可以间接反映该融合蛋白的表达情况。

5. 抗原或抗原表位 是指以抗原或抗原表位作为报告基因，以特定抗体或抗体片段作为报告探针，来监测治疗基因的表达。抗原与抗体结合可产生免疫反应使其应用受到了一定的限制，但对于低表达肿瘤相关抗原的肿瘤细胞，特异性抗原基因的导入在监测治疗基因表达的同时，更可增加靶细胞抗原性并介导放射免疫治疗。

（三）核素报告基因显像在基因治疗中的应用

1. 肿瘤基因治疗监测 肿瘤是威胁人类健康的严重疾病，也是基因治疗研究的主要对象，所采用的研究方案众多，但无论是基因增补、免疫调节还是药物导向，对治疗基因表达的监测都是至关重要的。核素报告基因显像技术涉及的所有方式几乎都可以应用于肿瘤基因治疗的监测。

HSV1-tk 基因表达产物可以将放射性核素标记的底物磷酸化，使之不能再次穿过细胞膜，在细胞内滞留从而反映 HSV1-tk 基因的表达。Tjuvajev 等以体外转染 HSV1-tk 基因的肿瘤细胞建立小鼠肿瘤模型，24~48h 后行 ^{131}I-FIAU 的 SPECT 显像，证明 ^{131}I-FIAU 能反映 HSV-tk 基因表达水平。Yaghoubi 等将重组腺病毒载体 Ad-CMV-HSVl-sr39tk 直接注射到荷 C6 神经胶质瘤裸鼠模型的瘤体内后，发现 GCV 对高摄取 ^{18}F-FHBG 的肿瘤组织有明显的增殖抑制作用。

Zinn 等用 ^{99m}Tc-P829 和 ^{188}Re-P829 首次进行人生长抑素受体 2 型（hSSTR2）报告基因显像，在 Ad5-CMV-hSSTr2 感染的肿瘤及转染对照组中发现，核素标记多肽在实验组肿瘤中蓄积量为对照组的 5~10 倍。注射后 3h 的%ID/g 为 2.5~3.8。在此基础上，该研究组又利用双启动子方案，构建了编码 hSSTr2a 基因和 HSV1-tk 基因的腺病毒载体（Ad-hSSTr2-TK），并感染人肺癌细胞 A427，发现其对 SSTR 探针 ^{99m}Tc-P2045 和 HSV1-TK 底物 125I-FIAU 的摄取率间呈正相关，说明两种基因均在靶细胞中得到表达，且两基因的表达存在一定的相关性，提示通过对报告基因 hSSTr2a 表达产物的检测可间接反映治疗基因 HSV1-tk 表达情况。

转运子 hNIS 亦可作为报告基因对肿瘤的基因治疗进行监测。实验证实通过转染 hNIS 基因，不但可以提高的肿瘤细胞对 ^{131}I 和 ^{99m}TcO$_4^-$ 的摄取水平，而且当把 hNIS 基因插入到 p53 反应元件下游时，还可以通过监测 hNIS 的表达，间接反映肿瘤细胞在化疗药物阿霉素作用下，P53 蛋白表达水平的变化。

Jeffrey 以抗 FITC 单链抗体基因为报告基因转染肿瘤细胞，以 ^{111}In-DTPA-FITC 为探针对肿瘤模型显像，可以清楚的显示肿瘤组织，表明特异抗原/抗体基因亦可用于肿瘤报告基因显像。

2. 心血管疾病基因治疗监测 目前随着心血管疾病基因治疗研究的深入，核素报告基因显像也逐渐被引入此领域。Wu 研究发现，无论在心肌内注射腺病毒载体 AdCMVtk 还是病毒体外转染的成肌细胞 H9c2，在 ^{18}F-FHBG PET 显像中均可以清楚的显示注射部位。Martina 将 HSV1-sr39tk 和 VEGF 121 基因共转染成肌细胞 H9c2 后，体外实验发现 VEGF 的产生与细胞对报告探针 ^{18}F-FHBG 的摄取呈正相关（r=0.93，P=0.0003），提示 HSV1-sr39tk 可在心血管疾病基因治疗中发挥监测作用。hNIS 也被用于心血管疾病的研究，心肌注射 Ad-CMV-hNIS 部位可明显摄取 ^{123}I 和 ^{99m}Tc，为监测共转染治疗基因提供可能。

3. 转基因细胞体内示踪 随着细胞/基因联合治疗的发展，如何在体内示踪携带有治疗基因的细胞，也成为研究的热点。Dubey 等将 HSV1-tk 基因转染至 M-MSV/M-MuLV 肿瘤鼠脾脏细胞后，再将该细胞经静脉回输至肿瘤鼠体内，^{18}F-FHBG 显像发现 M-MSV/M-MuLV 肿瘤部位较对照肿瘤部位有明显放射性浓聚，展示了 HSV1-tk 基因的细胞示踪作用。同理 Guenther Koehne 等则将 EB 病毒特异性 T 细胞体外转染 HSV1-tk 基因后，注入荷 EBV$^+$肿瘤模型体内，间隔不同的时间用 ^{124}I-FIAU 进行显像，发现注射细胞 8 天后肿瘤部位即可见到明显的放射性浓聚，说明转染有 HSV1-tk 基因的 T 细胞仍然具有免疫功能，其体内迁移亦可被有效的显示。

4. 显示蛋白质间相互作用 对蛋白质相互作用的分析可获得未知功能基因的生物学作用，了解已知功能蛋白质之间的新作用及新功能，这通常利用纯粹的计算模型推导或利用大规模的蛋白质组学方法获得。无创性报告基因显像为实时显示蛋白质间的相互作用提供了新的研究手段。Ray 等利用酵母双杂交技术及冷却充电偶联设备照相机活体检测 Fluc 表达，证实 MyoD 和 ID 两种蛋白质的相互作用。Paulmurugan 等利用蛋白质互补及复原的方法，显像蛋白质间的相互作用。

由于核素报告基因显像监测治疗基因具有无创伤性、可重复、可定量，其在基因治疗领域已显示出极大的潜力，尽管大部分基因治疗还处于试验阶段，但随着人体基因治疗和分子显像技术的快速发展，核素报告基因显像技术在提高基因治疗的准确性和治疗质量方面具有光明的应用前景。

二、反义治疗与反义显像

（一）反义治疗

反义基因治疗依据碱基互补原理，应用能与目的基因或其 mRNA 互补的核酸，通过空间阻遏作用，或诱导 RNase H 活性，或与目的 DNA 双股螺旋形成三聚体（triple helix）结构，在基因复制、转录、剪接、mRNA 转运及翻译水平上，抑制蛋白质合成的特性，抑制癌基因的表达，抑制生长因子的分泌或封闭其受体，以期阻断癌细胞内的异常信号传导及自分泌和旁分泌环路，使癌细胞进入正常化轨道或引起癌细胞凋亡。反义核酸包括反义核糖核酸（antisence RNA）、核糖酶（ribozyme）和反义寡核苷酸（antisense oligodeoxynucleotides，ASON）三类。

ASON及其衍生物是一些人工合成的反义核酸，均为小分子物质，一般由15~21个核苷酸聚合而成的短链分子，其特有的核苷酸序列决定了它能与靶DNA或靶RNA的碱基互补，阻止这些异常基因的表达，从而达到治疗癌症的目的。由于其具有分子量小、易于人工合成、基本无毒、在细胞内与靶RNA形成杂交体的Tm值低等优点，故成为反义核酸中广为使用的重要类型。用于核素反义显像的主要是ASON。

（二）反义显像

反义显像是指利用核酸碱基互补原理，在特定蛋白质表达过程中，在细胞内导入用放射性核素标记人工合成的、与其mRNA互补的特定寡核苷酸（即反义寡核苷酸），与癌基因mRNA相结合以显示其过度表达的靶组织。反义显像作为一种基因监测系统，在肿瘤、动脉粥样硬化、艾滋病、遗传性疾病等的研究中具有广阔的应用前景，有望作为一种新的工具，广泛应用于体内生物机制的无创性研究。

肿瘤组织因为癌基因的激活或抑癌基因的失活，导致某种或多种特异性癌基因mRNA的过度表达，如c-myc基因在白血病和实体瘤中有高表达，c-erbB或neu癌基因在乳腺癌等组织中有高表达等，在这方面进行的初步实验研究表明，将反义显像技术应用于肿瘤诊断是可行的。例如，Dewwanjee MK等以DTPA为螯合剂制备了 ^{111}In 标记反义探针，成功地进行了荷乳腺癌小鼠模型癌基因c-myc mRNA显像，瘤/非瘤（T/NT）比值在注射后0.5h即可达到21.48，第24h为18.38，这是迄今为止反义显像最为成功的例子。Dewwanjee MK等还以 ^{111}In 标记c-erbB$_2$ mRNA的两种反义DNA（磷酸二酯键DNA和磷酸键DNA），进行了荷乳腺癌小鼠模型c-erbB$_2$ 癌基因显像，注射后1h T/B（瘤/血）比值分别为3.7和4.2，T/M（瘤/肌）比值分别为22.5和23.1。

反义显像的主要优点在于，ASON设计简单，只需靶基因的很少一部分关键序列，对读码框无特殊要求，其序列与靶mRNA分子的一部分或全部顺序互补即可，合成也比较容易；ASON只作用于特异的mRNA分子，它不引入外源DNA，不存在外源DNA整合到靶细胞DNA上的问题，而且ASON也是一种RNA分子，无论它怎样修饰，还是无法抵抗细胞内RNA酶的水解作用，最终都全部被降解，因而安全性强；ASON分子一般很小（<1kb），免疫原性低，其自身没有抗体，即使同一核酸复合物的掺入量很大，也从未检测到多肽或核酸的抗体。

虽然反义显像的理论比较成熟，但是仍存在很多问题，目前仍未能用于临床。这些问题主要包括以下一些方面：①ASON的体内稳定性差：尽管天然的寡核苷酸有较好的杂交潜力，但在体内血浆中稳定性却有变化，半衰期从低聚核糖核酸的数秒，到寡二核苷酸的数分钟。为了解决这一问题，需要在尽可能保留其原始序列与它们同类物质相近的基础上，对寡核苷酸的骨架进行化学修饰。②标记探针向靶细胞的传递和转运：合适的转运系统在反义显像中十分重要。增加ASON在细胞中转运能力的策略包括：将ASON偶联穿透肽或转运肽、应用基因治疗中的载体技术如病毒载体（腺病毒、逆转录病毒等）、阳离子脂类或脂质体等。③核素标记ASON的体内靶向特征：到目前为止，研究人员已经通过一系列体外细胞实验及在体显像等各种方法证实反义显像发生的机制是反义技术。但是需要注意的是,一些在体外得到阳性结果的核素标记 ASON 探针,在体内并不能得到同样的结果。标记探针在体内的药代动力学和组织生物分布、反义寡合甘酸的骨架、长度及溶解度、ASON 与血浆的结合能力、靶组织/细胞中 mRNA 的浓度等,都是影响核素标记 ASON 体内靶向性的重要因素。

(三)放射性核素反义技术的双重治疗作用

理论上,反义基因治疗能抑制任何已知序列的基因,然而目前采用的基因工程技术还不能达到理想的转染率,这样使得用反义基因有效抑制癌基因的转录、mRNA 的翻译及抑制癌细胞过度增殖比较困难,并且在肿瘤细胞中有多种癌基因,通过反义技术仅抑制肿瘤中一种癌基因的表达是不能对其产生很大的影响,因而反义治疗在恶性肿瘤中的应用受到一定的限制。

为提高肿瘤基因反义治疗效果,Kassis 等提出放射性核素反义治疗的策略。放射性核素反义治疗技术结合了反义寡核苷酸的反义作用和放射性核素的电离辐射的双重抗肿瘤作用。放射性核素反义治疗是将发射 α、β 或俄歇电子的放射性核素与反义寡核苷酸偶联,定向引入癌细胞中,不仅可以抑制癌基因的过度表达和癌基因的增殖,而且能够利用放射性核素的电离辐射生物效应破坏癌细胞,以达到基因治疗的目的。

常用的治疗核素有 ^{125}I、^{131}I、^{32}P、^{111}In、^{188}Re 等,其中以 ^{125}I 最为常用。^{125}I 发射的俄歇电子能量较低,其杀伤范围只有 10bp 左右,用 ^{125}I 标记的与靶基因紧密结合时发射的俄歇电子才有可能通过打断目标链使细胞死亡。欧晓红等将 ^{131}I 标记血管活性肠肽(VIP)受体介导的 C-myc mRNA 反义寡核苷酸复合物(^{131}I-VIP-ASON)对荷瘤裸鼠结肠腺癌的抑制效果。结果显示,注射后 2h,^{131}I-VIP-ASON 在肿瘤部位浓聚显著高于 ^{131}I-ASON($t=7.79$,$P<0.01$),肿瘤/肌肉放射性比值于 4h 达到最高,^{131}I-VIP-ASON 能有效抑制肿瘤生长,肿瘤生长终点抑制时间为 25.4d。组织形态学和免疫组织化学染色观察示,注射 ^{131}I-VIP-ASON 后,肿瘤出现大片坏死区和脂肪变性,^{131}I-VIP-ASON 组 C-myc 蛋白表达得分值明显低于其他组($q=5.51$,$P<0.01$)。由此得出结论,^{131}I-VIP-ASON 可明显抑制荷瘤裸鼠结肠腺癌肿瘤生长及癌蛋白表达,可望为肿瘤的诊断和治疗提供新的思路。

目前,小鼠乳腺癌基因反义显像的研究取得成功,与放射免疫显像相比有众多优点,诸如核苷酸不引起免疫反应,反义寡核苷酸探针分子量小,易进入瘤组织等。但寡核苷酸修饰、标记、稳定性、靶向定位等技术还需进一步完善,以及仅有少数的癌基因参与肿瘤的发生过程等,都使其与临床应用有一定距离,有待深入研究。随着基因组学、分子核医学、核生物技术发展,放射性核素反义治疗和反义显像在肿瘤中的应用将会越来越广。

三、多药耐药基因显像

肿瘤多药耐药(multidrug resistance,MDR)是指在肿瘤化疗中由一种药物诱发,而同时对其他多种结构和作用机制完全不同的药物产生交叉耐药,它是导致肿瘤化疗失败的最主要原因,也是化疗急需解决的问题。MDR 的产生机制十分复杂,尚未完全阐明,目前普遍认为主要与 P-糖蛋白(P-gp)和多药耐药相关蛋白(MRP)的过度表达有关。

用放射性核素标记的 P-gp 或 MRP 的转运底物为放射性探针,通过显像动态观测放射性探针在肿瘤细胞的浓聚和洗脱，对 P-gp 或 MRP1 的功能进行评价，进而可判断相应基因的表达水平。MDR 基因显像与报告基因显像不同，前者是通过显示 MDR1 或 MRP1 基因表达蛋白转运放射性探针功能实现，而后者则是利用放射性探针与基因表达的蛋白特异结合或发生特异反应来实现。肿瘤化疗前、化疗中和化疗后对肿瘤细胞 MDR 进行评价和动态监测，有助于抗癌药物的选择、化疗方案的制定与调整，以及疗效评价。所以，核素 MDR 基因显像作为一种体内监测评价肿瘤细胞 MDR 的方法，具有重要的临床应用价值。

^{99m}Tc-MIBI 是临床上常用的心肌显像剂和亲肿瘤阳性显像剂，也是 P-gp 的转运底物。肿瘤摄取 ^{99m}Tc-MIBI 的量主要决定于依赖电位差的被动摄入与 P-gp 介导的洗脱，同时也受到肿瘤的血供和是否有肿瘤组织坏死等因素的影响。人乳腺癌裸鼠模型实验显示，不表达 P-gp 的乳癌摄取 ^{99m}Tc-MIBI 是表达 P-gp 乳癌的 2.2~2.5 倍；表达 P-gp 乳癌的耐药性比不表达 P-gp 乳癌高 200~300 倍。Ciarmiello 等对乳腺癌患者阿霉素疗效与 ^{99m}Tc-MIBI 的清除速度之间的关系进行研究，结果显示，$T_{1/2}$ 小于 204min 的 17 例疗效不佳（通过组织学证明），$T_{1/2}$ 大于 204min 的 8 例患者疗效较好。^{99m}Tc-MIBI 同时也是 MRP1 的转运底物。体外研究显示，MRP1 阴性的小细胞肺癌 GLC4 细胞摄取 ^{99m}Tc-MIBI 比过度表达 MRP1 的 GLC4/ADR150 细胞高 13 倍；使用 MDR 逆转剂进行调节后，两种细胞的 ^{99m}Tc-MIBI 摄取率无显著性差异。^{99m}Tc-MIBI 既是 P-gp 的转运底物，也是 MRP1 的转运底物，所以 ^{99m}Tc-MIBI 显像综合反映这两种药物洗脱泵的功能状态。

^{99m}Tc-tetrofosmin 和 ^{99m}Tc-p53 也都是 P-gp 的转运底物，MDR 细胞对它们的摄取明显低于药敏细胞，MDR 调节剂可使 MDR 细胞摄取增加。Q 类化合物使非还原型的混合配体，由 2 个疏水磷酸基和一个希夫碱构成的正一价亲脂性化合物。Carolyn 等对 37 种 ^{99m}Tc（Ⅲ）-Q 类化合物进行筛选，发现 ^{99m}Tc-Q57、^{99m}Tc-Q 58 和 ^{99m}Tc-Q 63 作为 P-gp 显像剂，可获得比 ^{99m}Tc-MIBI 更高的信噪比。

第三节　凋亡显像研究

凋亡（apoptosis）又称细胞程序性死亡（programmed cell death），是正常组织功能的重要组成部分，涉及生命活动中的许多重要领域如胚胎发育、造血、免疫、肿瘤等，其生物学意义在于清除多余的、无用的、衰老的、异常的、有害的细胞，维持器官、组织、细胞数目的相对平衡。凋亡过度或不足也是一些疾病的主要原因，其中肿瘤、自身免疫疾病、疱疹病毒和腺病毒感染等与凋亡抑制有关；而获得性免疫缺陷综合征（AIDS），神经变性疾病（如 Alzheimer 病、帕金森病）、再生障碍性贫血等则与凋亡的升高有关。人们可以通过抑制或者诱导细胞凋亡的方法来治疗相关的疾病，因此定量检测凋亡和监测其变化对认识疾病，评价、指导疾病的治疗以及开发新药等具有重要意义。应用放射性核素标记进行凋亡显像是研究最早，也是目前最为成熟的体内凋亡探测技术。

一、细胞凋亡的基本概念

从形态学角度讲，凋亡有两个阶段：激发期和实行期。在典型的形态学改变之前，细胞有一个最初的阶段（也称为激发期），这一时期中一些可以引起形态学改变的酶被激活。实行期的特征是细胞核及胞浆浓缩，发生组织学改变，这些是细胞成分自我消化的结果。

随后细胞解体形成一些细胞膜包被的超微结构——凋亡小体（apoptotic body），这些凋亡小体被临近的细胞和巨噬细胞消化，最终凋亡细胞消失。

磷脂酰丝氨酸（phosphatidylserine，PS）是一种简单的阴离子磷脂，其选择性暴露于细胞表面是凋亡实行期的先兆。正常细胞膜由四种主要的磷脂组成，这些磷脂在细胞膜表面的分布并不均匀。与其他磷脂不同的是，PS 在细胞膜上转运酶（translocase）和翻转酶（floppase）作用下，固定于细胞膜内层。当细胞开始进入凋亡程序时，转运酶和翻转酶失活，而另一种被称为爬行酶（scramblase）的酶被激活。爬行酶的作用是平衡细胞膜内外的磷脂，它的激活可导致 PS 快速的出现于细胞膜外层。这一凋亡的普遍现象发生在凋亡形态学改变之前，因而检测暴露于细胞膜外层的 PS 是检验细胞是否凋亡的一项早期指标。

二、核素细胞凋亡显像

（一）核素细胞凋亡显像原理及显像剂

细胞凋亡程序启动后，就按照固有的模式进行。凋亡的早期，细胞膜上的脂质分布发生改变，在质膜内层的磷脂酰丝氨酸（PS）快速暴露在细胞膜外层。质膜 PS 的出现是细胞凋亡的早期标志，PS 的这一特性也使其成为探测细胞早期凋亡的目的靶。

人膜联蛋白（Annexin V）是钙和磷脂结合的膜联蛋白超家族成员之一，广泛分布于机体的各种组织细胞中，具有重要的生理功能。Annexin V 由 319 个氨基酸组成，分子量为 36kD，与细胞膜上的 PS 有高度亲和力，亲和力高达 10^{-9}mol/L，作用位点是第 187 位的色氨酸。当细胞凋亡时，Annexin V 与 PS 结合位点明显增加 100~1000 倍，在某些细胞株每个细胞结合位点可达到 3、4 百万个。通常情况下，当 Annexin V 与 PS 的亲和力大于 10^{-8}mol/L 时，每个细胞的结合位点达到 50000~100000 即足以进行显像，故用放射性核素标记后的 Annexin V 作为显像剂，注入一定剂量后能与凋亡细胞膜外表面的 PS 结合而进行凋亡的显像和探测。

迄今为止，研究者已尝试采用多种放射性核素标记 Annexin V，包括直接运用 ^{123}I、^{125}I、^{131}I 及 ^{99m}Tc 标记，或通过双功能螯合剂二硫二氮（diamide dimervaptide，N_2S_2）、联肼尼克酰胺（hydrazino-nicotinamide，HYNIC）、4,5-bisthioacetamido pentanoyl（BTAP）等进行 ^{99m}Tc 间接标记。由于放射性核素 ^{99m}Tc 具有优良的物理性质、方便的获取途径、相对廉价等诸多优点，受到研究者的广泛青睐。目前大多数临床前研究采用 HYNIC 为螯合剂进行 ^{99m}Tc 标记 Annexin V，得到的 ^{99m}Tc-HYNIC-Annexin V 标记率、比活度较高，放射性化学纯度大于 90%，稳定性良好。应用正电子核素如 ^{11}C、^{18}F、^{64}Cu、^{124}I 等标记 Annexin V 也均有研究报道，其中 ^{18}F 因具有较适合的半衰期，临床应用前景较好，在标记过程中，N-琥珀酰亚胺-4-氟苯甲酸酯（SFB）是其合适的标记中间体。Murakami 等比较 ^{18}F-SFB-Annexin V 和 ^{99m}Tc-HYNIC-Annexin V 在正常大鼠和心肌缺血模型大鼠体内生物分布情况，发现凋亡心肌摄取两种显像剂的程度相仿，是正常心肌的 3 倍，但前者在肝脏、脾脏及肾脏的分布明显低于后者，证实 ^{18}F-SFB-Annexin V 可能在腹部器官的显像前景优于 ^{9m}Tc-HYNIC-Annexin V。

C2A-GST（GST 为谷胱甘肽 S 转移酶）是神经突触囊泡上具有重要功能的近膜胞质片段，有 Ca^{2+} 存在时，C2A-GST 可以与外露的磷脂酰丝氨酸（PS）和磷脂酰肌醇（PI）结合，而且由于其分子量小，实体肿瘤穿透性强，血清除快，有望成为另一探测凋亡的分子探针。目前已有应用 ^{99m}Tc 及 ^{18}F 标记 C2A-GST 的报道。

除了以与 PS 特异性结合为凋亡显像原理开发不同显像探针外，以 Caspase 为靶标的凋亡影像探针也是近期研究的热点。Caspase 是半胱氨酸天冬氨酸特异性蛋白酶的简称。在正常情况下，Caspase 选择性地剪切一组蛋白质，导致其功能的丧失或结构变化，细胞发生凋亡。因而，在细胞凋亡的进程中，Caspase 家族成员起到非常重要的作用。当 Caspase 的活性受到抑制而引起细胞凋亡障碍，即细胞凋亡与增殖之间动态平衡失调时，就可能引起多种肿瘤的发生、发展。Caspase 有多种家族成员，其中 Caspase-3 被称为"死亡蛋白酶"，它是细胞凋亡的执行者，是凋亡信号转导通路中的效应分子，参与细胞的生理及病理性死亡过程，以磷酸化方式激活后导致细胞的不可逆性凋亡。因此，针对 Caspase-3 的放射性核素探针的设计和凋亡显像的研究方兴未艾。Nguten 等筛选出 ICMT-11 作为凋亡成像的影像物质，以 ^{18}F 标记合成具有高代谢稳定、对活化 Caspase-3 具有高亲和力的分子探针。国内解放军总医院研发 ^{18}F-Caspase-18（^{18}F-CP-18）与 Caspase-3 的结合能表达肿瘤组织中 Caspase-3 的活性，因此这一新型示踪剂的浓聚程度代表了细胞凋亡程度，在动物体内显像中取得较好的结果。

（二）核素凋亡显像的临床应用

1. 在肿瘤中的应用 放射性核素凋亡显像最有潜力的应用领域之一是肿瘤应用研究，包括早期预警、监测疗效、评价预后、指导治疗方案以及研发抗肿瘤新药。通过大量的研究发现，治疗恶性肿瘤最常用的两种手段——放射治疗和化学治疗的主要形式不是细胞被动性死亡，而是主动反应形式，即细胞凋亡。因此应用放射性核素凋亡显像，就可以在治疗前后通过分析肿瘤凋亡情况而评价治疗效果。

Mochizuki 等建立了荷肝癌 KDH28 细胞的大鼠模型，应用 ^{99m}Tc-HYNIC-Annexin V 监测大鼠化疗前后肿瘤细胞的凋亡情况，并同时以 TUNEL 法作比较。结果发现，实验组的 ^{99m}Tc-HYNIC-Annexin V 在肿瘤组织中的摄取值和 TUNEL 法检测的阳性细胞数均明显高于对照组（<0.01），且两者相关性良好（$r = 0.712$，$P<0.001$）。Belhocine 在一组化疗病人的研究中证实，化疗后应用 ^{99m}Tc-HYNIC-Annexin V 显像阳性的患者生存率高于显像阴性的患者，而所有病例在治疗前均无明显显像剂摄取。Haas 证实 ^{99m}Tc-HYNIC-Annexin V 同时可以用于放射治疗疗效的评价。在一组 11 例复发性滤泡性淋巴瘤患者中，在放疗前以及放疗后 24h 进行 ^{99m}Tc-HYNIC-Annexin V 显像，并进行半定量评价。在放疗前的显像中，有 6 例病人无明显显像剂摄取，其余 5 例仅轻微摄取。而在放射治疗后，有 10 例患者照射局部显像剂摄取明显增加，与细胞学分析结果一致。

2. 在心血管系统中的应用 心血管疾病较多发生细胞凋亡的增加，如心肌梗死、心衰、动脉粥样硬化中，凋亡起重要作用。心衰的病理改变之一是心肌细胞凋亡。在 Kietselaer 的研究中，9 例严重充血性心力衰竭病人（左心室功能<0.35）进行 ^{99m}Tc-Annexin V 显像，其中 5 例有心肌核素摄取，这 5 例患者最近疾病均恶化，而其他病情平稳的病人无明显摄取。血管平滑肌细胞（VSCM）和巨噬细胞的凋亡均是动脉粥样硬化不稳定斑块的特征，因而应用核素标记 Annexin V 凋亡显像，可间接辨别斑块的性质。Kolodgie 等应用球囊损伤导致斑块形成的家兔模型进行 ^{99m}Tc-Annexin V 显像，表明核素摄取与组织学证实巨噬细胞凋亡之间有明显的相关性，而在对照组正常动脉内未见明显的核素摄取。

3. 在中枢神经系统中的应用 人缺血缺氧性脑损伤（HII）常见于卒中、多发性脑梗死性痴呆等，由于细胞凋亡，会出现延迟的脑灰质和白质的丢失。在正常人中，^{99m}Tc-

Annexin V 不能通过血-脑屏障而不会在脑部摄取。发生缺血缺氧性脑损伤后，显像剂可以通过血-脑屏障在病变处聚集，故可协助诊断。新生儿缺血缺氧性脑损伤发生后会导致细胞凋亡，引起延迟细胞丢失，脑室周围白质软化，到患儿 2~3 岁时出现脑瘫症状再进行治疗往往为时已晚，常规的检查方法很难早期发现。放射性核素标记的 Annexin V 显像可以在早期判断缺血缺氧性脑损伤患儿是否可能进展为脑瘫，从而在发生脑损伤后的最初几天（或几小时）内进行干预。D'Arceuil 等通过对动物模型研究证实，在磁共振检查没有明显异常时，放射性核素标记 Annexin V 显像可以灵敏地发现病变，可以评价缺血缺氧性脑损伤患儿是否可能进展为脑瘫。

4. 在其他疾病中的应用 心脏移植、肺移植、肝移植均已经在动物实验中应用 ^{99m}Tc-Annexin V 显像，证实其可以进行移植器官排异反应的无创性、反复监测。一些慢性疾病的急性过程，如镰状细胞贫血、地中海贫血、多发性硬化症、系统性红斑狼疮和类风湿性关节炎均与凋亡急剧增加有关，这些疾病均有可能通过凋亡显像对疾病进行辅助诊断、疾病病情观察和药物疗效评估。

由于 PS 是凋亡早期出现的普遍现象，从理论上讲，核素 Annexin V 凋亡显像能够检测所有类型细胞的凋亡，目前国外已经完成 ^{99m}Tc-HYNIC-Annexin V 冻干品商业化药盒制备，并进入临床 I~III 期研究，但是 Annexin V 仍然无法明确区分凋亡和坏死。相比之下，凋亡进程中 Caspase-3 激活早于磷脂酰丝氨酸外翻过程，而且 Caspase-3 的激活仅限于凋亡细胞，能有效区分细胞凋亡与坏死，以 Caspase-3 底物作为凋亡显像剂能早期检测出细胞凋亡，其特异性优于 Annexin V。但对其显像剂的研发及临床应用等还需大量的实验与临床前研究证实。

第四节 动脉粥样硬化斑块显像研究

动脉粥样硬化（atherosclerosis）是西方发达国家的主要死亡原因，随着我国人民生活水平提高和饮食习惯的改变，该病亦成为我国主要死亡原因。通过大量临床研究和观察发现，动脉粥样硬化斑块的破裂是导致冠心病患者死亡的主要因素，因而早期诊断动脉粥样硬化，尤其是对动脉粥样硬化斑块的显像和诊断，对于心脑血管疾病的预防、诊断、治疗和改善预后有重要的价值。

一、动脉粥样硬化斑块的特征

动脉粥样硬化始发自儿童时代而持续进展，通常在中年或中老年出现临床症状。动脉粥样硬化形成的主要环节包括脂质渗透、细胞侵入与增殖、血栓形成。动脉粥样硬化斑块成分主要有三种：一是细胞成分，包括平滑肌细胞、巨噬细胞及 T 淋巴细胞；二是结缔组织，包括胶原、弹性纤维及蛋白多糖；三是细胞内外沉积的脂质，主要为低密度脂蛋白（LDL）。典型的斑块由位于斑块中央的脂质（脂质核心）、覆盖在其上的纤维帽和一些平滑肌细胞、炎症细胞组成。

引起临床症状的动脉粥样硬化斑块有两种。一种是斑块增大逐渐引起管腔狭窄，导致血流储备能力降低，引起在需氧增加的时候产生缺血症状。这种斑块的特征是较厚的纤维帽、丰富的血管平滑肌细胞和一个占有整个斑块体积一半以下的脂质核心，炎症细胞如巨噬细胞和 T 淋巴细胞只有很少数量，被认为是"稳定性斑块"（stable plaque）。另一种是斑块的纤维帽突然破裂，导致血栓形成引起部分或全部血流中断，尽管在临床上毫无症状，却是产生严重威胁生命疾病（如急性冠状动脉综合征、中风）的最主要因素。这种斑块的特征包括较薄纤维帽、少量平滑肌细胞和大量炎症细胞（特别是巨噬细胞），脂质核心占整个斑块体积的一半以上，被认为是"不稳定性斑块"（unstable plaque）。不稳定性斑块的体积可能非常小，而且管腔的狭窄程度与纤维帽破裂之间没有明确的关系，在急性事件发生前可能无任何临床症状，但是却严重威胁人类生命健康。准确地对不稳定性斑块进行判断，是早期预测心脑血管事件发生的最重要因素。

二、动脉粥样硬化斑块显像

核素显像方法是在细胞水平上确定斑块稳定性以及斑块组成成分的最有前景的方法。动脉粥样硬化从最初的阶段发展到易损病灶以及进一步斑块破裂，包含着一系列的生理机制，通过核素标记不同靶向探针就可以显示这些生理过程，而且可以通过一次扫描显示不同血管床的情况。更重要的是，核素显像显示的是重要的分子和细胞水平的病理生理学特征。为进行动脉粥样硬化斑块核素显像，国内外学者针对斑块不同成分对核素标记显像剂进行了大量的研究。

（一）针对斑块内脂质聚集为靶向的核素显像

低密度脂蛋白（LDL）的沉积是动脉粥样硬化斑块形成的重要环节。脂质从血液循环中转移至管壁上，以及随后斑块内 LDL 代谢等均为核素显像提供了不同的作用点。一些研究应用 ^{123}I、^{125}I、^{99m}Tc、^{111}In 标记 LDL，在人体及动物模型中检测到无症状的病灶。在家兔球囊损伤致动脉粥样硬化模型上，^{125}I-LDL 摄取与巨噬细胞浸润的范围成正相关，提示这种方法可以鉴别泡沫细胞丰富的早期病灶。然而其他一些显像研究显示，核素标记 LDL 在斑块内的摄取较慢，阳性显像只有在注射显像剂后 8~21h 才能获得，而即使进行延迟显像，放射性核素大部分仍滞留在血池内，对斑块显像效果欠佳。

核素标记氧化 LDL 更容易被斑块内的巨噬细胞迅速摄取。体外研究表明可以获得较高的靶/非靶比值，血浆清除快。氧化 LDL 包括多种抗原决定簇，这就提供了一些潜在的核素标记作用点。大多数研究应用放射性核素标记鼠的单克隆抗体-MDA2，可以与氧化 LDL 上抗原决定簇特异性结合。研究表明，脂质含量丰富的斑块组织对 ^{125}I-MDA2 的摄取是正常组织的 20 倍，免疫组织化学证明 ^{125}I-MDA2 摄取部位正是泡沫细胞的部位。放射性自显影研究表明，^{125}I-MDA2 可以示踪泡沫细胞密度的改变。换言之，核素标记 MDA2 通过评估泡沫细胞进而提供有关斑块稳定性的情况。目前还有应用人的氧化 LDL 抗体（IK17）进行核素标记后放射性自显影的研究。由于 IK17 分子量较低，可能会得到较高靶/非靶比值的图像，同时发生免疫反应的机会较低，但是目前还没有应用于人体显像。

载脂蛋白 B（apolipoprotein B，Apo B）是低密度脂蛋白和极低密度脂蛋白的主要载脂蛋白成分，人工合成的寡肽 SP-4 是 LDL ApoB 上的一段 18 个氨基酸的多肽，在参与调节细胞内胆固醇水平方面其中要作用，且与斑块结合并不通过 LDL 受体途径，与斑块的结合特异性比 LDL 高。碘标记 SP-4 动物模型研究显示，在体内有较高的靶/非靶比值，成像迅速，经微观放射性自显影证实 SP-4 与斑块内的泡沫细胞结合。

（二）针对斑块内巨噬细胞和基质金属蛋白酶为靶向的核素显像

斑块内巨噬细胞是引起斑块破溃的直接原因，因而一些核素显像期望对斑块内巨噬细胞数量和/或活性进行定量研究。

1. 斑块单核细胞聚集显像 单核细胞向血管壁聚集是通过趋化分子和内皮黏附分子与细胞表面受体相互作用而形成的，因而一些受体可以作为作用点进行显像。单核细胞趋化蛋白-1（MCP-1）是单体多肽趋化因子，可以与单核细胞和巨噬细胞表面的受体结合。斑块组织对 ^{125}I-MCP-1 的摄取是正常组织的 6 倍，血浆清除快，半排时间仅 10min。

2. 斑块基质金属蛋白酶（MMPs）显像 MMPs 是分解斑块纤维帽的一种重要酶类，它是斑块破溃的关键决定因素，无创性探测 MMPs 对于鉴别斑块稳定性十分重要。放射性核素标记 MMPs 抑制剂 ^{123}I-HO-CGS 27023A 已经用于 γ 显像检测动脉粥样硬化斑块的实验中，结果显示，病灶动脉对显像剂的摄取明显高于正常动脉，血浆清除快。微观放射性自显影 ^{125}I-HO-CGS 27023A 在病灶的部位与 MMP-9 的免疫组化染色阳性部位一致。目前正在进行的 ^{11}C 和 ^{18}F 标记 MMPs 抑制剂的研究，从而使 PET 显像进行更为精确的斑块 MMPs 活性定量成为可能。

（三）针对巨噬细胞代谢活性为靶向的核素显像

FDG 反映体内葡萄糖代谢情况，而动脉粥样硬化斑块富含的炎症细胞具有高代谢特征，因而 ^{18}F-FDG PET 显像可能用于斑块的诊断。首次证实 ^{18}F-FDG PET 显像可以用于显示巨噬细胞活性的研究是在高胆固醇的家兔试验中进行的，Vallabhajosula 证实，富含巨噬细胞的斑块对 ^{18}F-FDG 有明显的摄取。Rudd 进行的最初临床研究中，应用放射性自显影技术证实，^{18}F-FDG 聚集于斑块的巨噬细胞中。在 8 名有症状的颈动脉狭窄的病人中应用 ^{18}F-FDG PET 显像，^{18}F-FDG 显示的"热区"与 CT 颈部狭窄部位定位基本一致。

（四）针对血栓为靶向的核素显像

近期破溃的斑块有高度可能再次破溃，因而斑块相关的血栓可能成为核素显像的目标。这类显像研究主要集中在纤维蛋白（fibrin）及其相关的分子和血小板上。

1. 纤维蛋白及其相关分子 外伤所致狗急性血栓模型中，核素标记单克隆抗体片断 ^{99m}Tc-T2Gls Fab 可以与纤维蛋白特异性结合，结合率相当于对照组 2 倍，但是同一显像剂对慢性血栓探测的灵敏度仅 50%。^{131}I 标记 D-二聚体单克隆抗体 TRF1 的体外研究表明，显像剂在斑块内结合较正常组织明显增加。应用 ^{99m}Tc 标记鉴别 D-二聚体的单克隆抗体片断的临床研究显示，8 例病人在给予显像剂后 3h 显像，其中有 5 人探测到斑块的病变，但是切除相应组织后进行显微镜观察，却未能找到新鲜血栓存在，未能进行组织学评价。因而这类显像用于易损性斑块的评价仍需进一步证明。

2. 血小板显像 与静脉血栓相比，动脉血栓富集血小板而纤维蛋白含量较少，因而一些研究者将血小板作为核素显像的靶组织。但是对于不稳定斑块的显像得出的结论仍不统一。在 Moriwaki 的研究中，60 例病人进行 ^{111}In-血小板显像，显像剂聚集情况与 B 超下探测的斑块负荷和斑块溃疡的情况一致。然而在 Minar 的相似的研究中，未能得出相同的结论。这些差别可能与显像程序以及是否应用抗血小板药物有关。在这项检查中，需要停止抗血小板药物的应用，这对一些高度可能出现急性血管病变的患者十分危险，因此限制了应用。糖蛋白 IIb/IIIa 受体（GP IIb/IIIa）在血小板聚集和血栓形成中有重要作用，因而可以成为核素显像的靶组织。^{99m}Tc-P748（GP IIb/IIIa 抗体）已经用于牛急性动脉血栓的颈动脉栓子的显像中。类似的显像剂，^{99m}Tc-P280 在 18 例有颈动脉粥样硬化的患者中显像，探测出 11 例，但是由于没有组织学相关性的证实，而无法进行灵敏度和特异性的评价。

第五节 乏氧显像研究

实体恶性肿瘤细胞生长迅速，使得肿瘤组织内血流灌注不均匀，可造成肿瘤内部局部组织的急性或慢性缺氧。实体肿瘤乏氧可降低放疗及化疗的治疗效果，而且肿瘤细胞乏氧程度越高，对放、化疗的敏感性越低，常常导致肿瘤难以治愈、容易复发和再生长。临床有许多证据表明，肿瘤乏氧细胞的存在不仅能使肿瘤对放化疗的抗拒性增强，而且使肿瘤更具侵袭性，容易发生远处转移。治疗前对肿瘤乏氧状况的评价，影响到治疗方案的制定、增敏剂的选择和疗效预测。

一、核素乏氧显像的原理

核素乏氧显像是利用乏氧显像剂进入局部病变组织后因缺氧而导致显像剂滞留，使用 SPECT 或 PET 无创性地探测乏氧组织，并进行定性和半定量分析，从而达到鉴别诊断、评价预后及指导治疗的作用。目前应用的乏氧显像剂可分为硝基咪唑类化合物及非硝基咪唑类，两种显像剂在乏氧组织中滞留的原理不尽相同。

硝基咪唑类化合物为亲脂性化合物，主要弥散作用进入细胞内，在细胞内黄嘌呤氧化酶的作用下，硝基发生单电子还原，产生自由基阴离子。在正常细胞中，由于氧化硝基具有更高的电子亲和力，自由基阴离子被迅速再氧化成原化合物，扩散到细胞外。当缺乏足够的氧时，自由基阴离子被进一步还原，其产物与细胞内组分结合，从而滞留于细胞内。硝基咪唑类化合物包括：①卤素标记的硝基咪唑类化合物，如 ^{18}F-MISO、^{18}F-FAZA、^{18}F-EF5、^{18}F-FETNIM、^{18}F-HX4；②碘标记的糖基-硝基咪唑类化合物，如 ^{123}I/^{124}I 标记的 IAZR、IAZA、IAZP 等；③^{99m}Tc 标记化合物，如 ^{99m}Tc-BATO-硝基咪唑类化合物、^{99m}Tc-希夫碱和 ^{99m}Tc-PnAO 衍生物。^{99m}Tc-PnAO 衍生物是当前研究最多的一类 ^{99m}Tc 标记乏氧组织显像剂。

非硝基咪唑类化合物显像原理目前尚不十分清楚，一般认为可能与其高渗透性和低氧化还原电位有关，前者便于它到达细胞内线粒体，后者利于在正常细胞中稳定而在乏氧组织中被异常高浓度的电子还原。由此看来，硝基咪唑基团并非乏氧显像必需的官能基团。非硝基咪唑类化合物显像剂主要有：^{99m}Tc-HL91、^{64}Cu-ATSM 和 ^{64}Cu-ATSE 等。

二、乏氧显像的临床应用

乏氧显像的临床应用主要表现在心、脑血管疾病和肿瘤三方面，其中在肿瘤领域的研究最为活跃。动物实验及初步临床应用表明，乏氧显像能直接提供任何器官中有功能障碍但组织存活的依据，这些信息在临床诊断决策中起到重要作用。

（一）在肿瘤诊断和放疗中的应用

1. 在肿瘤临床诊断中的应用 一系列动物模型研究均表明 ^{99m}Tc-HL91 是一种较好的

肿瘤乏氧组织显像剂，在临床上也逐渐用于肿瘤诊断，并显示出了良好应用前景。Cook 等的临床研究结果表明，^{18}F-氟代脱氧葡萄糖（^{18}F-fluorodeoxyglucose，^{18}F-FDG）确定的人恶性肿瘤中的大部分对 ^{99m}Tc-HL91 有摄取，无不良反应，临床显像研究对比了 ^{99m}Tc-HL91 肺显像和 ^{18}F-FDG 符合显像对肺部恶性肿瘤的诊断价值及肿瘤乏氧组织探测能力。研究结果明确显示，具有 ^{18}F-FDG 高摄取的肿瘤组织也具有较高 ^{99m}Tc-HL91 摄取值，各组肺部良恶性病变对 ^{18}F-FDG 和 ^{99m}Tc-HL91 摄取值相关分析均表现为正相关，表明 ^{99m}Tc-HL91 对肿瘤乏氧组织具有良好的亲和力。曹卫等研究表明：^{99m}Tc-HL91 在肿瘤中的摄取明显高于炎症组，在鉴别肿瘤与炎症方面优于 ^{99m}Tc-MIBI。冯彦林等报道，^{99m}Tc-HL91 在肺部原发性肺癌中阳性率 100%，在肺转移性肿瘤中的阳性率为 87.5%，表明 ^{99m}Tc-HL91 在给药 3h 后能很好地显示肿瘤的乏氧组织，对肺部原发性恶性肿瘤和转移性肿瘤具有很好的探测敏感性。这些研究结果均表明，^{99m}Tc-HL9 对恶性肿瘤具有明确的诊断价值，肿瘤浓聚乏氧显像剂越多表明肿瘤的乏氧程度越大。但 ^{99m}Tc-HL91 乏氧肿瘤显像也有其局限性，其在肠道和肝脏中的摄取均显著高于肿瘤，显像也发现腹部放射性显著高于肿瘤，因此 ^{99m}Tc-HL91 不适合腹部的肿瘤显像。

2. 在肿瘤放疗中的应用 乏氧显像不仅是诊断恶性肿瘤的较好方法，而且在肿瘤放疗方案的决策方面有重要临床参考价值，为个体化治疗提供依据。

（1）指导生物适形调强放疗：近年来，随着三维立体适形放疗和调强适形放疗技术的建立和临床应用，大大提高肿瘤靶区物理剂量和显著降低肿瘤周围正常组织的物理剂量，然而在适形放疗过程中，最为基础和关键性的步骤是生物靶区的构建，即根据肿瘤内放射敏感性的不同给予不均匀照射，其中乏氧靶区的规划是极其重要的一环。乏氧显像指导调强放疗可使乏氧组织的受量增加而不影响正常组织功能。梁培炎等报道用 ^{99m}Tc-HL91 乏氧显像指导三维适形放疗，按乏氧靶区的构建指导鼻咽癌放疗，结果显示鼻咽及颈部病灶经三维适形放疗后明显好转，其近期疗效优于常规放疗。

（2）动态监测放疗中肿瘤的再氧合状态：实体肿瘤在照射后即刻的乏氧分数会接近 100%，然后逐渐下降并接近初始值，即为再氧合。再氧合对临床放疗具有重要意义，根据不同肿瘤的再氧合程度进行分割照射的调整，可提高放疗疗效。Kinuya 等报道人膀胱癌细胞接受 X 线照射后对 ^{99m}Tc-HL91 的摄取的变化，研究显示肿瘤细胞在照射后对 ^{99m}Tc-HL91 摄取增加，然后逐渐又下降，表明 ^{99m}Tc-HL91 乏氧显像检测放疗中肿瘤再氧合是可行性的。李玲等通过对非小细胞肺癌行 ^{99m}Tc-HL91 乏氧显像，观察放疗中乏氧的变化情况，结果显示放疗前、中和后显像 T/NT 的差异有显著性意义，说明 ^{99m}Tc-HL91 乏氧显像能为研究人体肿瘤再氧合提供了有价值的信息。

（3）指导放射增敏剂的研究：放射增敏剂是一种可提高肿瘤的氧含量，进而提高放射治疗疗效的化合物，在使用增敏剂前后需能精确测量肿瘤的乏氧状态，从而使其在临床合理上使用。^{99m}Tc-HL91 显像可用于放射增敏剂的筛选，运用放射增敏剂后能降低乏氧部位对 ^{99m}Tc-HL91 的摄取，证实这种药物具有放射增敏活性，否则就没有放射性增敏作用。

（4）预测放疗疗效：肿瘤组织乏氧程度与其对放疗或化疗的抵抗性呈正相关，乏氧显像能直接提供组织乏氧状况，其信息在预测预后、判断放疗疗效中有重要意义。Suzuki 等观察了肿瘤 ^{99m}Tc-HL91 乏氧显像与放疗疗效的关系，研究结果显示了 ^{99m}Tc-HL91 显像阳性组的放疗疗效较 ^{99m}Tc-HL91 显像阴性组的差，说明 ^{99m}Tc-HL91 显像在预测肿瘤对射线的敏感性和评价放疗疗效是一种很好方法。

(二)在心血管疾病诊断中的应用

乏氧显像能迅速、准确地区分缺血但存活与坏死的心肌，有助于及时选择治疗方案，降低其死亡率。目前临床所用心肌灌注显像和探测急性心肌坏死的显像，都不能可靠判断心肌缺血但存活。心肌灌注显像显示的是氧气到组织的相对输送情况，但不能说明输送氧气量是否满足该区域存活心肌细胞需求；急性心肌坏死的显像对于灌注迅速恢复患者，由于心肌组织还存在一定坏死情况，显像仍呈阳性，无法可靠确定为存活但缺血的组织。

有作者分别制作了正常氧压下离体灌注心脏、乏氧离体灌注心脏、低流灌注离体心脏和缺血离体心脏模型，进行两种乏氧显像剂的研究发现，与正常心肌相比，乏氧心肌、低流灌注心肌和缺血心肌对二者的摄取和滞留率均增加，滞留时间延长。乏氧是导致心肌组织对其摄取增加的主要因素，此外低流灌注也可导致心肌对 ^{99m}Tc-HL91 摄取增加，且 ^{99m}Tc-HL91 较 ^{99m}Tc-PnAO 硝基咪唑肝/心比值低，有潜在的临床应用价值。

实验研究显示乏氧心肌显著摄取 ^{99m}Tc-HL91，并随着乏氧程度的加重，摄取率逐渐增高，而坏死心肌组织则不摄取 ^{99m}Tc-HL91。贺永明等对 48 例急性心肌梗死患者行 ^{201}Tl 和 ^{99m}Tc-HL91 双核素心肌显像，比较两种显像方法对缺血/存活心肌检测能力以及匹配方式。研究结果显示，尽管心肌组织和本底摄取 ^{99m}Tc-HL91 差别梯度较小，缺血缺氧程度不同的心肌摄取差别剃度也不大，显像质量不如 ^{201}Tl，但 ^{99m}Tc-HL91 显像检测缺血/存活心肌的能力显著高于 ^{201}Tl。

(三)在脑血管疾病诊断中的应用

脑血管疾病具有突发性强、死亡率高的特点，严重威胁着人类生命。在其发展过程中，即使没有进一步的外部刺激，它们也易于受内部因素影响而发生形态学损伤。乏氧显像能特异性地确定乏氧状态下的存活组织，对于卒中类型的判断和这些区域中受累组织的确定有很好的价值，这将对脑卒中病人的治疗起到重要作用。冯珏等对 18 例临床确诊为缺血性脑血管病患者进行脑 ^{99m}Tc-HL91 断层显像，其中 17 例患者同时进行了 CT 或 MRI 检查，11 例患者次日行 ^{99m}Tc-ECD 脑灌注断层显像，三种方法进行了对比研究。结果发现，^{99m}Tc-HL91 脑乏氧显像诊断缺血性脑血管病的影响因素较多，但对脑血流灌注显像出现低灌注区时可以区分组织乏氧或坏死，对指导治疗有一定临床意义。

第六节 放射免疫显像研究

1953 年 Pressman 首次以 ^{131}I 标记抗鼠骨肉瘤抗体，证实了核素标记抗体可被肿瘤积聚，并证明了放射性标记抗体在骨肉瘤组织内的浓聚，这一开创性工作启动了放射免疫显像（radioimmunoimaging，RII）和放射免疫治疗（radioimmunotherapy，RIT）的研究。20 世纪 70 年代中期的单克隆抗体技术和 80 年代基因工程抗体技术的发展更促进了 RII 和 RIT 的加速发展。

目前 RII 在临床试用已达数万例，包括结直肠癌、卵巢癌、乳腺癌、胃癌、甲状腺癌、肺癌、膀胱癌、黑色素瘤及淋巴瘤等多种恶性肿瘤，其诊断的灵敏度达 70%~90%。放射免疫显像尽管取得了很大的进步，但真正在临床广泛应用于还有一定的困难，主要原因是血本底高，血内滞留时间长，靶器官/本底的比值偏低，图像不很理想等。目前经美国 FDA

批准上市的仅有 ^{111}In-B72.3、^{99m}Tc-CEA Fab（CEA-Scan）、^{99m}Tc-NR-LU-10-Fab' 和 ^{111}In-Capromab pendetide 四种放免显像剂，并局限于结直肠、卵巢、肺和前列腺癌等的应用。近年来，基因工程抗体、预定位技术及 PET 显像方面的进展使 RII 研究进一步完善，对扩大其应用价值和应用范围产生了重要影响。

（一）RII 原理

放射免疫显像是基于抗原抗体特异性免疫结合的原理，将针对肿瘤相关抗原的特异性抗体用放射性核素标记后注入人体，标记抗体随血液到达肿瘤组织，与肿瘤的相关抗原特异性结合，从而使肿瘤组织局部聚集大量放射性核素，然后用体外显像技术获得肿瘤的阳性显像图，对肿瘤进行定位和定性诊断，评价对治疗的反应和鉴别肿瘤复发与炎症或纤维组织。用于抗体标记的核素主要有 ^{99m}Tc、^{111}In、^{131}I、^{123}I 和 ^{18}F、^{124}I 等。由于 ^{99m}Tc 的能量合适、半衰期短和易于获得等特性，^{99m}Tc 标记抗体具有较好临床应用前景。随着 PET 的普遍应用，^{18}F、^{124}I 标记单抗的研究成为当今热门研究领域，它将 PET 的高灵敏度、高分辨率的特性与单抗的高特异性有机结合起来，提高了肿瘤的诊断效率，被称为免疫正电子发射型断层显像，简称免疫 PET。

（二）发展趋势

目前 RII 仍然存在一些问题，如 T/NT 比值不尽理想，其根本问题是标记抗体的特异性不强、亲和力不高、血液清除缓慢以及 HAMA 反应。肿瘤组织的血供状态和抗原暴露程度也决定了标记抗体的浓聚，血供较好的肿瘤，定位效果则较好；肿瘤坏死、缺血、囊性变等定位效果则较差，需延长显像时间或用动脉插管注入标记抗体等。因此，如何提高 T/NT 比值使其达到理想的导向性能，怎样提高蓄积在肿瘤内的标记核素的绝对活度，使放射免疫显像基础上的放射免疫治疗达到较好的疗效，是目前研究者普遍关心的问题。提高 RII 效果除了对特异性抗体进行基因重组改造外，还可采取以下策略：

1. 抗体结构改造 用传统动物免疫法获得的多克隆抗体是由一群混杂的 B 细胞所分泌，抗体包含有各种不同抗原决定簇，其特异性较差，临床应用受到较大的限制。单克隆抗体是由杂交瘤细胞株技术获得，虽然产生的抗体具有均一性，与抗原表位结合具有高度特异性。但目前大多为鼠源性抗体，对于人体是一种异种蛋白，使用过程中可能产生人抗鼠抗体（human antimouse antibody，HAMA）反应，因而对其使用亦有限制。基因工程技术为抗体结构改造提供了新的方法。

所谓基因工程抗体是指采用 DNA 重组技术产生的，符合人们所需特性和要求的抗体，属于第三代抗体，主要有嵌合抗体、重构型抗体、完整人抗体、单链抗体、抗核抗体等。如重组单链可变区片段（single-chain variable fragment，ScFv）是由重链可变区与轻链可变区连接起来的多肽链，分子量大约为 Fab 的一半，但其亲和力和特异性与 Fab 相同。ScFv 的肿瘤穿透能力为完整抗体分子的 100 多倍。嵌合抗体是通过基因重组将鼠 McAb 的 V 区和人 Ig 的 C 区连接而成的人-鼠嵌合抗体。由于其既完整地保留了鼠 McAb 的特异性和亲和力，同时有降低人体免疫原性及 HAMA 等不良反应，故在肿瘤等疾病的治疗中显示良好的效果。Hirayama 等用 Nd2 人鼠嵌合抗体进行了胰腺癌 RII 显像诊断，实验结果证实其对胰腺组织比完整鼠源性单抗抗体有较高的亲和力和特异性。但因为抗体的 V 区仍是鼠源性的，其完整抗体分子对人体具有一定的免疫源性。完整人抗体是由人淋巴细胞产生的抗体分子，不包含任何鼠源成分，因其特异性、亲和力不受任何影响，为目前最为理想的抗体分子，但是目前其制备工艺尚不十分成熟，方法学有待进一步优化。近年来抗体改造的研究取得了重要进展，具有前景的技术主要有以下几种：

（1）Affibody：Affibody 的功能类似于抗体，但其分子量很小，仅有 7kDa 左右，但其结合位点与抗体相似，而且稳定性比抗体好，耐高温，可以大量生产，价格低。目前研究较多的有放射性核素 ^{18}F 标记针对抗人表皮生长因子受体 2（human epidermal growth factor receptor 2，HER2）的 Affibody 分子影像探针，用于肿瘤 HER2 表达的分子显像。Tolmachev 等应用 ^{111}In 标记靶向 EGFR 的蛋白 ZEGFR：1907 的 Affibody 分子，用于 EGFR 表达的放射性核素显像。肿瘤模型显像结果表明，静脉注射 ^{111}In-ZEGFR:1907 后 24 小时，肿瘤与血液比值高达 100，提示放射性核素标记的 Affibody 分子是探测恶性肿瘤 EGFR 表达具有前景的分子探针。

（2）微型抗体是基于单链抗体的基础上改造而成，如 diabody，miniantibody，（scFv）2 等。双链抗体-diabody 也是目前研究的热点之一。研究证明，^{18}F 标记的抗 HER2 Diabody（微型双功能抗体）能够与乳腺肿瘤细胞产生的 HER2 受体结合用于肿瘤显像。由于微型双功能抗体对靶抗原亲和性高，因此还可应用放射性核素标记后进行恶性肿瘤的治疗。

（3）纳米抗体：Hamers-Casterman 于 1993 年首次发现骆驼体内存在天然缺失轻链的功能性抗体。利用基因工程技术克隆其可变区，可得到只由一个重链可变区组成的单域抗体，即 VHH（variable domain of heavy chain of heavy chain antibody）。研究发现 VHH 的晶体结构呈椭圆形，直径仅 2.5 nm，长仅 4 nm，分子量为 15kDa，故又称为"纳米抗体"。纳米抗体具有体积小、穿透力强、亲和力和特异性高、高水溶性和稳定性、免疫毒性低、易于制备等其他抗体不可比拟的许多独特性质，在肿瘤精确诊断和靶向治疗方面展现了广阔应用前景。研究表明，^{99m}Tc-8B6 纳米体能够与 EGFR 高表达细胞的 EGFR 选择性结合，在鼠肿瘤模型 SPECT 显像中显示出肿瘤病灶较高的摄取（5.2%±0.5%），具有特异性高、血液清除迅速（半清除时间 1.5h）的优点。应用 ^{99m}Tc-8B6 纳米体 SPECT 显像能够分辨出体内中、高度 EGFR 过度表达的肿瘤，其良好的生物分布特性适合于体内肿瘤显像诊断。

2. 预定位技术 为提高肿瘤组织的特异性摄取，可采用预定位技术，其中最常用的是生物素-亲和素系统。由于生物素（Bt）和亲和素（Av）或链霉亲和素（sAv）之间具有高亲和力，一分子 Av 或 sAv 可结合四分子 Bt，借此可提高肿瘤对抗体的摄取，另一方面，Av 分子量小，从血中清除迅速。目前，常规的使用方法有二步法和三步法。二步法系先注射生物素化抗体（Bt-McAb），然后注射放射性标记的亲和素（*Av），由于 Bt-Av 之间有高度的亲和力和特异性，游离的*Av 在血中可被迅速清除，从而使本底降低，T/NT 比值提高，图像质量得以改善。由于生物素化抗体定位于肿瘤表面的最佳结合时间在注射标记抗体后 24~48h，有的研究者又提出三步法预定位技术，即先注射 Bt-McAb，24~48h 后注射过量的未标记 Av，24~48h 后再注射放射性标记的生物素（*Bt）形成 Bt-McAb-*Bt。因游离 Av、*Bt 和非标记的 Bt-McAb-Av 被清除及四价 Av 的信号放大作用，使肿瘤放射性摄取增加，又不致发生放射性核素注入过早导致的放射性衰变，从而获得更清晰图像。

3. RII 的 PET 显像 PET 显像的灵敏度是目前核医学常规仪器 SPECT 的 10 倍，其探测示踪剂的最低浓度可达 10^{-11}~10^{-12}mol/L。PET 最低分辨体积可达 3~9mm^3，能明显提高影像质量和诊断效率。PET 显像所用的标记核素半衰期短，放射性剂量可明显提高，因此用 PET 进行 RII 显像将有利于图像质量的改善，具有良好的实验和应用前景。^{124}I 标记的单抗已被用于结肠、乳腺和卵巢等肿瘤动物模型实验和人体乳腺癌研究。如 ^{124}I 标记的抗血管内皮生长因子（VEGF）单抗已经开始用于动物和人体的几种实体肿瘤中，但因 VEGF 所采用的是完整的免疫球蛋白，其血清清除缓慢，通常在 3~10 天后才能获得较高质量的图像。Sundaresan 等首次用基因工程抗 CEA 抗体进行了 PET 放免显像，结果表明具有较高分辨率、灵敏度、特异性和较好的药代动力学特性。标记抗体展现出较快的血浆清除率、高特异性肿瘤摄取、高靶/非靶组织，肿瘤在注药后 48 小时即可清晰分辨。Sundaresen 等还用 ^{18}F-FDG 在同一动物进行了对比研究，证实了特异性的肿瘤放免显像比葡萄糖代谢显像更有优势。

^{64}Cu 标记单抗亦有相关学者报道。^{64}Cu 半衰期为 12.7h，十分适合于抗体的分子清除，但主要的缺陷是肝脏和肾脏等非靶向部位非特异性摄取较高，不能有效地用于肝脏部位的肿瘤和转移灶的探测。^{68}Ga 是另外一种合适的标记核素，^{68}Ga 标记抗 MUCI 抗体已被用于乳腺癌的 RII 显像。^{68}Ga 和 ^{64}Cu 的共同问题是，抗体需额外的结构修饰才能标记，这往往会改变抗体的结合特性。如果用 ^{124}I 标记单抗，就不存在上述问题。相信随着 PET 检查费用的降低和普及应用，将在高分辨率的显像上有较大应用前景。

随着分子生物学及各种显像技术的日益进步，通过选择合适的靶向抗体、载体和显像方法，目前 RII 将会有更进一步的发展，并有望迅速用于临床肿瘤的早期诊断、分期和复发转移的监测。另外放免显像的发展亦可为肿瘤靶向放射免疫治疗奠定基础，从而为肿瘤治疗开创新的局面。

第七节 多模式分子影像研究

医学影像是临床医学中必不可少的组成部分，近十年来无论是放射学、核医学还是超声影像都有了飞跃发展，成像的灵敏度、分辨率、速度都有了本质改善，改变了当今临床医学的思维和诊疗决策。但是以反映形态为特征的影像技术在显示组织或细胞分子信息方面的敏感性却没有很大提高，其探测灵敏度极限仍然停留在毫摩尔或微摩尔级水平，与当前的核医学显像的皮摩尔或纳摩尔水平相比，还存在几个数量级差异。同样，以显示脏器功能、代谢信息为优势的核医学 SPECT 和 PET 也取得了飞跃发展，从过去的整体脏器功能进入细胞分子信息时代，然而功能影像的解剖分辨率却没有明显提高，1cm 以下的病灶难以被 SPECT 所发现，即使是目前尖端的仪器 PET 也难以分辨 0.5cm 以下的病灶。这些表明任何一种先进的仪器都不能解决临床所有问题，各种成像技术都受限于自身的特点而存在某一不足，没有一种显像技术是十全十美的，目前还没有一种单一模式的影像能同时提供精细的解剖、功能以及分子信息。因此，从目前的发展趋势来看，解决这一问题的唯一手段就是"多模式分子影像"。

所谓"多模式分子影像（multi-modality molecular imaging）"是指在一次影像检查中联合使用两种或两种以上的显像模式，不仅获得脏器、组织或病灶的解剖学信息，同时获得不同显像模式提供的分子功能信息，实现不同影像模式的优势互补，克服各自的不足，提高影像诊断效能。多模式的分子影像包括两层含义，一是指不同模式的影像仪器融合，如 PET、SPECT、光学成像与 CT、MRI、超声等融合，甚至 SPECT/CT/光学三种模式融合；二是多模式分子影像探针的显像，包括放射性标记分子探针与磁性纳米粒子、荧光或生物发光分子探针的融合等。

一、多模式分子影像仪器

早在 20 世纪九十年代初，人们就尝试利用计算机软件技术对不同显像模式获得的图像进行融合，并且获得了初步成果。但是也同时发现，图像对位的计算方法多种多样，没有确定标准算法，也没有一种算法能够完全通用；对于刚性结构（如脑）的图像配准已基本解决，而非刚性（弹性）组织（如腹部、盆腔）的对位有较大难度。于是研究者又尝试将两台或两台以上的设备安装在同一个机架上，采用同一计算机工作站，不同显像技术的定位坐标系统相互校准，扫描期间病人处于同一个检查床上，且保持体位不变，实现同机实时图像融合。多模式分子影像仪器的组合方式有很多种，最经典和最成功的多模式仪器为 SPECT/CT 和 PET/CT。

1. SPECT/CT 最先与 CT 组合的功能成像设备是 SPECT，加州大学旧金山分校的 B. H. Hasegawa 和 T. F. Lang 等可能是最早的探索者。1991 年，他们即报告双功能医学成像系统的原型机，其设计是用高纯度锗作为探测物质，通过设置不同的能窗以同时接收 γ 射线和 X 射线，然后处理获得不同性质的图像。X 射线断层图像除用于定位外，也用作 SPECT 图像的衰减校正。在此基础上，将两种成熟的临床专用设备组装到同一台机器上——将一台 GE 600 XR/T 型 SPECT 仪和一台 GE 9800 型 CT 串联在一起，并获得很好的效果。1996 年，Blankespoor 等首先报告这一设备在心肌灌注显像中的应用。1998 年 GE 公司经过多年的研究、试验和临床观察，首次将基于这一设计的 Hawkeye（鹰眼）系列 SPECT/CT 一体机推向市场，并获得巨大的成功。

此后，SPECT/CT 朝两个方向发展：一个是配备低剂量 CT 的 SPECT/CT，目前的代表机型为 GE 公司的 Infinia Hawkeye 4 和 NM/CT 640 以及飞利浦公司的 BrightView XCT。这种类型的 SPECT/CT 系统都是将 SPECT 探头、X 线球管和探测器安装在同一机架上，可以同时进行 CT 和 SPECT 扫描。另一个发展方向是配备常规的 CT（即诊断级 CT），目前的代表机型是西门子公司的 Symbia TruePoint 系列、飞利浦公司的 Precedence 系列、GE 公司的 Discovery NM/CT 670 和 Discovery NM/CT 570c。前三类产品均采用的是常规通用型 SPECT 与 16 排以下（包含 16 排）CT 的结合，而 Discovery NM/CT 570c 则是采用半导体探测器的心脏 SPECT 与 64 排 CT 的结合，将 SPECT/CT 推向全新领域。

SPECT/CT 目前已成为临床核医学科的常规设备。CT 图像不仅可以很容易地对 SPECT 图像进行衰减校正，提高图像质量，而且 CT 对病灶的精确定位以及 CT 图像自身的特点，可以提供更多的组织结构变化信息，帮助明确诊断。Pfannenberg 等发现 SPECT/CT 比单独的 SPECT 和 CT 很大程度上提高了诊断的灵敏度和特异性。Wolfgang Romer 等研究表明 SPECT/CT 融合显像可以使 90% 以上的 SPECT 显像不能明确的骨骼病变得以确诊，其中 63% 为良性病变，包括骨软骨病、椎关节强硬、脊椎骨节病等，29% 为骨转移，明显减少了诊断步骤。Ruf 等发现 SPECT/CT 在全身碘闪烁成像检测甲状腺癌的转移上具有重要价值。Bural 等报道，诊断级 SPECT/CT 有助于神经内分泌肿瘤的准确定位和定性，并建议将带诊断级 CT 的 SPECT/CT 检查纳入神经内分泌肿瘤筛查的标准流程中。此外，定量 SPECT/CT 成为了核医学研究热点，西门子公司在 2013 年欧洲核医学年会上推出了世界首台定量 SPECT/CT 系统 Symbia Intevo xSPECT，可给出稳定可靠的定量结果（Bq/mm^3，SUV），具有广阔的科研和临床应用前景。

2. PET/CT PET/CT 的构想在 1994 年就已提出，并在 1995 年获得美国国立卫生研究院（National Institutes of Health，NIH）的资助。1998年4月，第一台专用PET/CT的原型机安装在匹兹堡大学医学中心，并在同年5月进行了第一例临床显像工作。这台原型机是与CTI PET Systems（CPS）合作研制的，其设计是将已临床使用的CT和PET串联在同一机架上，PET组件来自CPS的ECAT ART扫描仪，而CT部分是Siemens公司的第三代螺旋CT（Somatom AR：SP）。从1998~2001年，在这台原型机上做了300余例肿瘤病人，并获得很好的效果，其中一幅图像被评为1999年美国核医学年会最佳图像（Image of the Year），而基于此项工作的一篇文章也在2001年被评为美国核医学杂志最突出的基础科学论文。同时，2000年PET/CT还被美国时代周刊（TIME Magazine）评为最具创意且已商业化的三大发明之一。2000年，美国FDA批准由Siemens公司推出商业化Biograph PET/CT。此后GE公司（2000年）和Philips公司（2003年）也相继推出Discovery系列和Gemini系列PET/CT。PET/CT扫描仪由PET扫描仪和CT扫描仪组成，PET和CT被设计安装在同一机架上，CT扫描仪位于PET扫描仪的前方，两者组合在一个机架内，后配PET、CT融合对位工作站。一次成像同时完成CT及PET扫描，PET/CT融合工作站通过识别图像的位置标识进行对位、融合。PET/CT也可单独进行PET或CT显像。目前PET/CT使用的基本上都是诊断级的多排螺旋CT，故CT还可以单独使用进行临床诊断。CT图像不但可用于病灶定位，还可用于PET图像衰减校正。经CT衰减校正后的PET图像分辨率高于传统PET图像，且比传统PET的透射扫描节省80%的时间。

PET/CT推出之后，迅速获得临床各学科的认可，在临床上得到广泛应用，也极大地促进了核医学的发展和学科地位的提升。在肿瘤方面，PET/CT已经成为了最重要的成像模式，可以进行肿瘤的分期、指导治疗计划的确定、疗效以及预后评估等。正因为有了PET/CT融合图像，对于肿瘤的分期和再分期的准确度比单独的PET显像提升10%~15%，改变了30%临床诊断结果，减少了其他辅助检查的开支，增加了临床医师对影像诊断的信心。在放射治疗方面，根据PET/CT提供的图像进行生物靶区勾画，也可弥补传统放射治疗中CT对于肿瘤边缘靶区确定灵敏度和特异性较低的不足。PET/CT还可通过心肌血流灌注成像和血管造影成像有效地评估心肌缺血、动脉粥样硬化斑块状况，从而诊断冠状动脉疾病、心肌梗死以及心力衰竭等心脏疾病，尤其对于心肌活力的评估是目前诊断的"金标准"。在脑部疾病方面，PET/CT除了能对脑部肿瘤诊断分期评估、对癫痫病灶定位外，也用于抑郁症、帕金森病等脑部疾病诊断。此外，Kuehl等将PET/CT用于炎症成像，也取得了一定的进展。据中华医学会核医学分会的最新统计结果，截止到2012年1月底，国内PET/CT的装机数量已达165台。

3. PET/MRI PET与MRI一体机的构想始于20世纪90年代中期，甚至早于PET/CT融合技术的提出。与CT相比，MRI在反映解剖形态和生理功能信息方面具有无可比拟的优越性：没有射线，安全性好，极佳的软组织分辨能力，除了形态学检查之外还可以提供多种功能显像选择，例如波谱成像分析（MRS）、功能MRI（fMRI）、动脉自旋标记（ASL）等。虽然PET/MRI具有光明的前景，但是相对于PET/CT，PET/MRI一体机的研制却相对缓慢，原因主要在于PET与MRI完全融合存在PET探头与MRI磁场兼容、PET图像衰减校正、PET/MRI系统结构设计等技术性难题。

2006年，Pichler等研制成功了无需光纤连接的PET/MRI系统，该系统采用基于雪崩光电二极管（APD）的PET探测器，同时这也是第一台用于人脑的PET/MRI系统。2010年11月在第96届北美放射学年会（RSNA 2010）上，Siemens公司推出了全球首款全身型 PET/MRI 一体机——Biograph mMR 成像系统。该系统为 3T MRI 和 PET 所组成的一体化架构，成功实现了全身 MR 和 PET 数据的同步采集，并且通过一次扫描得到融合 PET 和 MRI 信息的全身成像。GE 公司在 2013 年 RSNA 会议上展示其最新的一体化，并带有飞行时间（time of flight，TOF）技术的 PET/MRI（Signa TOF-PET/MR）。该设备在 3.0T MRI 设备上，将 PET 探测器与 MRI 的体线圈有机结合在一起实现 PET 探测器与 MRI 设备的一体化。其中 PET 探测器采用 LBS 晶体和阵列式光电转化器（Solid State Photomultiplier，SSPM）相结合，PET 的轴向视野达到 25 厘米以上，PET 探测灵敏度达到 23cps/kBq（不带 TOF 技术情况下），TOF 时间分辨率可以达到 350ps。采用 MRI 多序列和联合估算法明显提高采用 MRI 信息对γ射线在组织衰减校正的准确性。TOF-PET/MR 能够在 10 分钟内完成全身扫描，注射剂量仅仅是现在 PET 的 25%。TOF-PET/MR 具有最先进的 TOF 技术，使得一体化 TOF-PET/MR 实现 PET 和 MRI 真正的同步扫描，为深入进行神经系统疾病，特别是脑功能研究创建了一个全新的平台。

尽管 PET/MRI 目前尚处于初步的临床应用阶段，已收集到的部分临床应用病例证明了 PET/MRI 具有突出的优势和潜在的巨大价值。MRI 具有良好的软组织对比，所以 PET/MRI 对头颈部、上腹部、骨骼肌肉的局部应用比较广泛。另外，结合 MRI 多种功能成像方法以及 PET 显像在神经系统血流、代谢、受体研究方面不可替代的优势，PET/MRI 必将为人类的认知与思维研究、神经精神疾病的研究等方面，开创一个崭新的领域，对现代和未来医学模式产生革命性的影响。

4. 小动物多模式分子影像仪器 小动物 PET/CT 和 SPECT/CT 的应用对于实验核医学具有举足轻重的作用，因为临床型的显像仪器用于小动物显像分辨率很差，难以满足实验要求，而专用的小动物显像仪器的空间分辨率可达 1~2mm 水平，是临床前分子影像研究的主要手段。临床前 PET/CT 和 SPECT/CT 可以对小动物活体内部精细复杂的生理和病理过程进行实时、动态的再现，成为实现疾病的早期诊断、肿瘤或其他疾病准确分级、推动药物研发进程的强大工具。

目前，市场上的小动物多模式分子影像仪器，其技术大多起源于学术界。例如：加州大学洛杉矶分校（University of California，Los Angeles，UCLA）早在 1990 年代就开始了小动物核医学影像设备的早期研发、设备搭建和临床前应用，是西门子小动物影像产品 Inveon 的前身；德州大学（University of Texas）的研究成果转化成了 Gamma Medica 公司的商业化产品 Ideas；欧洲核子研究中心（European Organization for Nuclear Research，CERN）下属的闪烁晶体研究小组（ClearPET Group）开展了小动物 PET 系统的研究工作，其核心技术转化成了 ClearPET 产品。一体化的二合一 PET/CT 和 SPECT/CT 借助 CT 的高分辨率组织信息，将 PET 和 SPECT 所揭示的生理过程更好地定位和可视化。在 2006 年的北美核医学年会上，西门子推出了世界首台一体化三合一 PET/SPECT/CT 系统，将 PET、SPECT 和 CT 这三项优势互补的影像方式整合在同一个机架上，为研究人员提供了宝贵的多模态分子影像平台。

类似于临床 PET 和 SPECT 系统，小动物 PET、SPECT 最重要的性能参数为空间分辨率、灵敏度和成像视野。空间分辨率越高则图像越清晰；灵敏度越高则有越利于系统在短时间内捕捉快速变化的动态信息，并节省用药剂量；足够大的成像视野可以用单次扫描完成对整只动物的成像，缩短实验时间。目前市场上的小动物 PET 的空间分辨率在 1~2mm，灵敏度为 3%~10%，轴向视野 2~15cm；SPECT 系统的空间分辨率为亚毫米量级，灵敏度相比于 PET

低大约一个数量级，成像视野在 10cm×10cm 左右。以西门子 Inveon 为例，以上各项参数分别为：1.2mm，10%，12.7cm，0.8mm，1100cps/MBq，15cm×15cm，为业界领先水平。

小动物分子影像技术还在不断探索和发展过程中，目前的主要研究方向包括采用新一代的闪烁晶体和光电探测器、通过获得光子在晶体中的反应深度信息（depth of interaction）纠正视差效应（parallax error）、更快速更准确的重建算法，等等，目的都是为了提高系统的关键性能参数，以更好地在分子和细胞层面上再现生物体的生理过程。

5. 其他多模式成像技术 除了上述讨论的 SPECT/CT、PET/CT 以及 PET/MRI 之外，人们还对其他的多模式成像技术进行了探索性研究。比如 SPECT/MRI，其除了以上与 PET/MRI 有类似的问题外，尚有其他的问题，如传统旋转的 γ 照相机以及准直器产生的涡流会对磁场产生影响。PET/光学成像、SPECT/光学成像可以利用 PET 或 SPECT 的全身成像获得的"热点"和以内镜或导管为基础的光学成像局部定位的荧光信号结合进行光学的"活检"。X 线血管造影机有较高的空间和时间分辨率，但只能二维成像，将其与成像较慢但可三维成像的 MRI 结合，可用于肝血管分流术、动静脉畸形和膀胱造影术等。利用光学成像的较高敏感度和分辨率与超声能探测到组织深层的特点设计出的光声成像，可用于实验研究中检测分子靶点的分布和基因表达，也可用于临床中的乳房成像，黑色素瘤、前哨淋巴结的检测，内镜应用，甚至脑部成像。MRI 与光学成像融合可提高其三维重建的准确性，已逐步应用于小动物成像和人类乳房、脑部成像。Lindseth 等将手术过程中获得的超声图像与 MRI 图像融合进行神经导航。Walimbe 等将 2D 或 3D 超声心脏图像与 SPECT 灌流图像进行融合，对心脏疾病进行评估。

二、多模式分子影像探针

多模式或多功能分子探针的构建是多模式分子影像研究的另一个重要内容，近年来已引起国内外的广泛重视。多模式分子探针是指在某一种分子探针、化合物或显像剂上同时携带或可表达两种以上的分子识别单元或表达产物，将该分子探针引入机体或转染到活体细胞后，可以通过不同的显像方式分别获取反映不同功能的分子信息。多模式分子显像较单一模式显像可提供更多分子信息，可实现优势互补，将成为分子影像发展的重要方向。

1. 核素/MRI 探针 MnMEIO（主要成分为 $MnFe_2O_4$）是一种增强效果非常好的 MR 对比增强剂，它的 T_2 弛豫系数是传统超顺磁性氧化铁探针的 3~4 倍，Jin-sil 等首先将 MnMEIO 纳米颗粒与血清白蛋白（SA）结合使其在更宽的 pH 范围和更高浓度的盐溶液中都较稳定，最后用 ^{124}I 标记后形成 PET/MRI 探针 ^{124}I-SA-MnMEIO。将其用于大鼠的前哨淋巴结，发现它对癌症的淋巴结转移非常敏感，也可用于细胞迁移、癌症诊断以及药物输送。Lee 等报道了一种以 RGD 序列作为靶向的 PET/MRI 探针 ^{64}Cu-DOTA-IO-RGD，这种探针能被用于整合素受体 $\alpha_v\beta_3$ 表达阳性的肿瘤早期检测以及深入了解肿瘤新生血管形成及发生的分子机制，如人脑星形胶质母细胞瘤 U87MG 细胞的显像。

Liu 等发明了一种由生物兼容的 Fe_3O_4 纳米晶体、单克隆抗体和放射性核素组成的 SPECT/MRI 双模式探针，主要功能成分是 Fe_3O_4、聚乙二醇（PEG）、抗胃肿瘤单克隆抗体 3H11（mAb 3H11）和 ^{125}I，它通过与肿瘤细胞表达的受体间的相互作用对肿瘤有特异的靶向性。Chen 等通过 ^{99m}Tc 标记二亚乙基三胺五乙酸钆（Gd-DTPA）的方法制备了一种同时具有放射性核素及顺磁性物质的螯合物，可作为 SPECT/MRI 双模式探针。

2. 核素/光学成像探针 Liu 等将细菌叶绿素肽叶酸（Bchl-peptide-folate，BPF）与 ^{64}Cu 结合形成一种 PET/光学成像探针，主要可用于检测表达叶酸受体的肿瘤，比如卵巢、头颈部、脑、乳房、结肠、肾和肺部的肿瘤。叶酸受体也可表达于一些被激活的巨噬细胞上，因此 ^{64}Cu-BPF 也可用于类风湿关节炎、克罗恩病、动脉粥样硬化、器官移植排斥反应等一些炎症相关疾病的成像和治疗。Liu 等用路易斯酸比如 $SnCl_4$ 促发 ^{18}F 到 ^{19}F 的同位素转变，进而使 BODIPY 染料具有放射活性，由此发明了一种 PET/光学成像探针，主要可用于肿瘤成像。

Kumar 等发明了一种叫 Pam-Tc/Re-800 的 SPECT/光学成像探针，主要由 *N*-ε-t-Boc-*L*-赖氨酸、Me-Pam、MAS3 和 IRDye800CW 组成，它的主要特点是放射性活度高，具有钙盐特异性，因此对骨骼和钙化成像效果好。与传统的 SPECT 示踪剂 ^{99m}Tc-亚甲基二膦酸盐（MDP）相比，它被骨骼和钙化摄取更多，可用于骨骼和乳腺癌微钙化等的成像。Hisataka 等使用第 6 代 PAMAN 与乙二胺结合作为核心后用 ^{111}In 标记，再与 5 种不同的 Cy5 结合发明了一种多模式、多色彩的核医学/光学成像探针，它可提供更深的渗透和实时的时空分辨率，可以区分多个淋巴引流，可用于检测乳腺癌、恶性黑色素瘤的淋巴引流。

应用报告基因方法同样可以进行多模态成像。Ponomarev V 等用单纯疱疹病毒 I 型胸腺嘧啶激酶/绿色荧光蛋白（HSV1-tk/GFP）双报告基因应用核素/荧光成像成功监测了 T 细胞在体内的活性。有研究将 HSV-tk、GFP 和生物素酶（Fluc）三种报告基因融合构建融合基因，构建可以同时进行核素、生物发光和荧光显像的报告基因分子探针（TGF），这一探针已用于肿瘤及干细胞监测的系列研究中。

3. MRI/光学成像探针 Ivan 等发明了一种 MRI/光学成像探针 TiO_2@RhdGd，它的核心是 TiO_2 纳米颗粒，表面覆盖用于 MRI 成像的 Gd（Ⅲ）螯合物和用于光学成像的罗丹明 B 衍生物，可在体内用于细胞示踪，在体外可在紫外线的作用下杀死癌症细胞。Yu 等报道了一种热交叉偶联 SPIO（TCL-SPIO）纳米粒，并且用这种探针进行了活体肿瘤显像，将 Cy5.5-TCL-SPIO 纳米粒由静脉注入接种了 Lewis 肺肿瘤的小鼠体内，肿瘤能在 4h 内被 T_2 加权 MRI 清晰显示，并在光学成像下显影。

4. 其他多功能分子影像探针 Willmann 等报道了能用于超声-PET 系统的、由 ^{18}F 标记的定位于肿瘤血管内皮生长因子受体 2 的靶向微泡，并评估了这种微泡在肿瘤小鼠体内的生物学分布，PET 显示其在数分钟内快速从血液内清除，然后被肝脏的枯否细胞和脾脏的巨噬细胞吞噬，并且这种靶向性微泡在肿瘤组织中有较高的摄取率。

Do Won 等发明了一种名为 ^{67}Ga-MNP@SiO_2（RITC）-PEG/NH_2-AS1411（MFRAS1411）的 PET/MRI/光学三模式成像探针，将二氧化硅壳层内的荧光罗丹明包裹在钴铁氧体纳米粒子外，并与核酸适体 AS1411 合成后被 ^{67}Ga 标记形成，AS1411 可与肿瘤细胞表面高度表达的核仁素蛋白结合，可用于癌症和神经元疾病的诊断以及细胞代谢的研究。

多模式分子成像仪器与多功能分子影像探针技术发展迅速，这离不开不同科学领域之间的交融，比如医学、物理学、分子生物学等，目前许多新的多模式成像仪器和多功能分子影像探针技术仍在发展完善中，有些目前还在用于小动物成像或者体外实验阶段，对于其临床应用还需要不断地探索。但通过对现有成果的了解，我们有理由相信，多模式成像仪器及多功能分子影像探针技术将会愈发先进和完善，也将给疾病诊断和指导临床治疗及效果评估带来更多的帮助。

（安　锐）

第三十章　核医学分子影像展望

分子影像学是20世纪90年代随着分子生物学和医学影像的快速发展而正式提出并广为认可的概念。分子影像作为一门新兴学科及国内外医学研究的热点，无疑将成为21世纪医学影像学发展的趋势和主导，成为连接分子生物学等基础学科与临床医学的桥梁，对现代和未来医学模式将会产生革命性影响。

分子影像学的本质就是以分子生物学为基础，借助现代医学影像技术，真正实现在活体的细胞及分子水平无创、动态、定量观测功能蛋白和功能基因表达及产生作用的实时成像；其优势是动态客观地定量描述启动疾病发生的分子作用、促进疾病发展的基因表达、反映疾病预后的蛋白变化、评估治疗效果、设计研发新药的靶点定位及相关生理与病理过程的机制研究等。目前分子影像学已发展成为涵盖影像医学、分子与细胞生物学、生理及病理生理学及免疫学等，并与计算机科学、材料科学及电子学等多学科交叉融合形成了崭新的综合学科。

作为分子影像学最重要组成部分、目前已较为成熟并应用于临床的是核医学分子影像。从20世纪40年代临床核医学诞生之日起，就以其灵敏及动态的"分子示踪"显示技术展现出分子影像学的基本特征。放射性核素 ^{131}I 应用于甲状腺疾病的诊断和治疗，正式揭开了临床核医学发展的序幕，也是现代分子影像学靶向诊治的雏始和萌芽。随着众多反映特定组织细胞的特异性摄取、转运、结合与代谢的放射性标记分子探针的发展与应用，核医学影像已越来越充分地显示出其分子影像的内涵本质。而PET（PET/CT）的研究与推广，更是为分子影像学概念的形成及其技术的进入临床和研究实践提供了革命性工具。通过组成生命基本分子的 ^{11}C、^{13}N、^{15}O 等短半衰期放射性核素及 ^{18}F 标记的各种生命分子，在活体内动态而灵敏地检测机体的实时生理、生化、病理生理等各种生命活动，系统研究各种分子在行使生命功能中的作用及相互影响，并进一步揭示疾病发生的分子机制及转归预后的动态过程。随着分子生物学的迅速发展，更多的特异性靶向分子将应用于核医学的分子显像与治疗，核医学以其分子影像的独特表现与客观展示，架起了分子生物学成果转化为临床应用的通畅桥梁，并成为转化医学的关键载体。核医学影像现已成为至今唯一能用于临床诊断、疗效监测及预后判断的分子影像手段，实现了活体分子水平上四维显示发病机制与药物作用的结果，并在新药发现、评价、靶点定位与机制研究中展现出无与伦比的价值。

分子探针是实现分子影像的首要条件，根据探针的种类，分为直接分子影像和间接分子影像。直接分子影像学是直接显示探针靶组织的影像，这种探针具有特异的靶标并能相互作用，探针的位置与聚集的程度反映靶标的位置与变化。间接分子影像是将外源性探针注入靶组织内使其产生内源性探针，并对内源性探针进行成像的过程。分子探针的构建是分子影像学研究的关键环节，涉及多个学科领域，是该领域最热点、最前沿的问题，也是转化医学最为基础的应用工具。

一、常用的正电子分子探针

PET放射性药物的开发利用是PET显像的成功条件之一，目前可用于PET显像的放射性核素均由医用回旋加速器生产，如 ^{11}C、^{13}N、^{15}O、^{18}F、^{64}Cu 等，是组成人体生命的基本元素，其本身或其标记化合物的代谢过程真正反映了机体生理、生化功能的变化，是实现分子水平诊断的基础和必备条件。

二、PET 分子探针研究现状和应用实例

近年来，各种数据库如基因库（www.ncbi.nlm.nih.gov/geo）、高通量肿瘤微阵列数据表达谱和生物信息学的发展，加速了人类对肿瘤标志物的发现，同时随着这些生物数据挖掘工具的可用性，使人们比以前更容易找到特异性识别的分子靶点（细胞间、细胞膜、细胞外基质等），这些已被识别的靶分子及生理变化过程包括①血管生成；②细胞凋亡；③缺氧；④肿瘤扩散；⑤蛋白酶、受体分布及活性测定；⑥神经受体过度表达特定的分子生物标志物。现将已处于临床前和临床研究的 PET 的分子探针总结如表 30-1，表 30-2。

表 30-1 常见的 PET 代谢分子探针成像原理及临床应用

分类	名称	英文缩写	PET 成像原理	临床应用
糖、乙酸和磷脂代谢	β-2-^{18}氟-2-脱氧-D-葡萄糖	^{18}F-FDG	是葡萄糖衍生物，被转运至细胞内后，在己糖激酶作用下被磷酸化成 6-磷酸-^{18}FDG（6-P-^{18}FDG），不能被进一步代谢而滞留在细胞内	肿瘤分期、再分期，治疗疗效监测，复发和转移
	^{18}F-氟代乙酸	^{18}F-FAC	参与细胞三羧酸循环代谢	支气管肺泡癌、部分原发性肝细胞肝癌
	^{11}C-乙酸	^{11}C-Acetate		
	^{11}C-胆碱	^{11}C-Choline	胆碱通过特异性转运载体进入细胞，最终代谢为磷脂酰胆碱而被整合到细胞膜上	前列腺癌，肝癌和脑肿瘤
	^{18}F-乙基胆碱	^{18}F-FECh		
核苷酸代谢	2-^{18}氟-胸腺嘧啶	^{18}F-FLT	是胸腺嘧啶类似物，进入细胞内并被胞质内的人腺苷激酶I磷酸化，磷酸化后的代谢产物不能进一步参与 DNA 的合成，又不能通过细胞膜返回至组织液中，就滞留于细胞内	肿瘤疗效监测
	^{18}F-C1-20-deoxy-20-fluoro-beta-D-arabin-ofuranosyl）-thymine	^{18}FMAU		
氨基酸代谢	9-（4-^{18}氟-3-丁基羟甲基）鸟嘌呤	^{18}F-FHBG	鸟嘌呤类似物，反应核苷酸合成	检测胸腺激酶活性，用于报告基因成像
	^{11}C 标记的蛋氨酸	^{11}C-MET	反应氨基酸转运、代谢状态	肿瘤细胞代谢、放射治疗疗效监测

表 30-2 常见的神经递质

分类	名称	英文缩写	PET 成像原理	临床应用
神经递质代谢	6-^{18}F-L-DOPA	^{18}F-DOPA	被细胞摄取脱羧后滞留细胞内，主要反映神经内分泌瘤对 DOPA 的摄取功能	神经内分泌瘤成像
	^{11}C-苯二氮䓬	^{11}C-FMZ	检测 γ-氨基丁酸受体密度	癫痫灶定位诊断
	^{11}C-（R）-PK11195	^{11}C-（R）-PK11195		
	^{11}C-DAA1106	^{11}C-DAA1106		
	^{11}C-β-CIT	^{11}C-β-CIT	5-TH 受体显像	焦虑、躁狂/抑郁、精神病
	^{11}C-PD153035	^{11}C-PD153035	是生长因子受体酪氨酸激酶抑制剂。能够和 EGFR-TKI 竞争性结合，所以可以检测 EGFR 受体活性的目的	检测表皮生长因子受体分布、活性，用于肿瘤治疗疗效监测

续表

分类	名称	英文缩写	PET成像原理	临床应用
受体、酶分布和活性	^{18}F-FB-HYNIC-RGD	^{18}F-FB-HYNIC-RGD	与组织细胞整合素特异性结合，反映组织细胞整合素表达	检测整合素表达分布，用于肿瘤疗效监测
	^{18}F-FB-HYNIC-Octreotide	^{18}F-FB-HYNIC-Octreotide	与组织细胞生长抑素受体结合，反映组织细胞生长抑素受体活性、分布	检测生长抑素受体表达分布，用于肿瘤疗效监测
	16α-^{18}氟-17β-雌二醇	^{18}F-EBS	检测雌二醇受体分布、活性	乳腺癌分类、疗效监测
凋亡显像	^{18}F-ANNEXIN V	^{18}F-ANNEXIN V	与细胞凋亡时外翻的PS膜结合	凋亡成像，用于疗效监测、神经系统退行性变及心肌缺血性疾病的研究
	^{18}F-ML-10	^{18}F-ML-10	细胞膜特异性标志物	
	^{18}F-ICMT-11	^{18}F-ICMT-11	与活性的caspase-3特异性亲和，可行凋亡成像	
组织细胞乏氧代谢	1-（2'-硝基-1-咪唑基）-3-^{18}氟-2-丙醇	^{18}F-FMISO	当组织细胞乏氧时，还原后的有效基团（—NO_2）不能被再氧化，与细胞内的物质不可逆结合而滞留在细胞内	检测乏氧组织细胞，预测放疗疗效

（一）糖、乙酸和磷脂代谢分子探针

（1）^{18}F-FDG是广泛应用于临床的肿瘤糖代谢显像，^{18}F-FDG显像原理及临床应用此处不再赘述。

（2）氨基酸代谢：^{11}C-蛋氨酸（^{11}C-MET）是临床上应用最广的PET氨基酸代谢显像剂，因其能够在活体状态下反映氨基酸的转运、代谢和蛋白质的合成，另外其在正常脑组织中的摄取明显低于^{18}F-FDG，故可更好显示脑部肿瘤，主要用于脑瘤诊断和治疗计划制定。与^{18}F-FDG比较^{11}C-MET在正常脑组织中摄取低，肿瘤摄取高。在恶性程度高的脑肿瘤中，^{11}C-MET PET显像灵敏度为97%，低恶性肿瘤灵敏度为61%，临床上常用于脑瘤术后或放疗后复发、坏死的鉴别诊断。与^{18}F-FDG相比，^{11}C-MET PET/CT具有两大优势：肿瘤的间变坏死区对^{11}C-MET摄取较^{18}F-FDG明显下降；^{11}C-MET的脑本底低，与肿瘤对比明显。因此，^{11}C-MET对胶质瘤的检出率高，定性好，在显示肿瘤范围方面也优于^{18}F-FDG显像。此外，用于胶质瘤诊断的还有^{18}F标记的氨基酸衍生物示踪剂。^{18}F-氟代乙酸盐（^{18}F-FAC）作为^{11}C-碳标乙酸盐（^{11}C-ACE）的类似物，是一种具有潜在应用价值的PET显像剂，特别在诊断前列腺癌和转移性前列腺癌中显示出很好的应用前景，在诊断前列腺肿瘤方面能够取代^{11}C-ACE。近年有研究者利用^{18}F-FAC监测肿瘤经治疗后不同的免疫激活通路（见图30-1），显示了独特的应用前景。

（二）肿瘤血管生成分子探针

肿瘤血管生成（angiogenesis）是指新生血管在肿瘤现有血管基础上形成的过程，血管生成在肿瘤生长及转移中起着至关重要的作用。对肿瘤新生血管生成过程成像，可以为临床提供病变探测、药物应用筛选、治疗有效性评价和监测、疾病预后等多方面的大量重要信息，因此成为研究的热点。

整合素是细胞黏附分子家族中的一类生物大分子，由α和β两个亚基形成跨膜异二聚体。整合素$\alpha_v\beta_3$是整合素家族中的重要成员，在肿瘤新生毛细血管内皮细胞上高表达，而在（正常成熟组织）静止型非增殖内皮细胞表面不表达，并且其表达水平与肿瘤的恶性

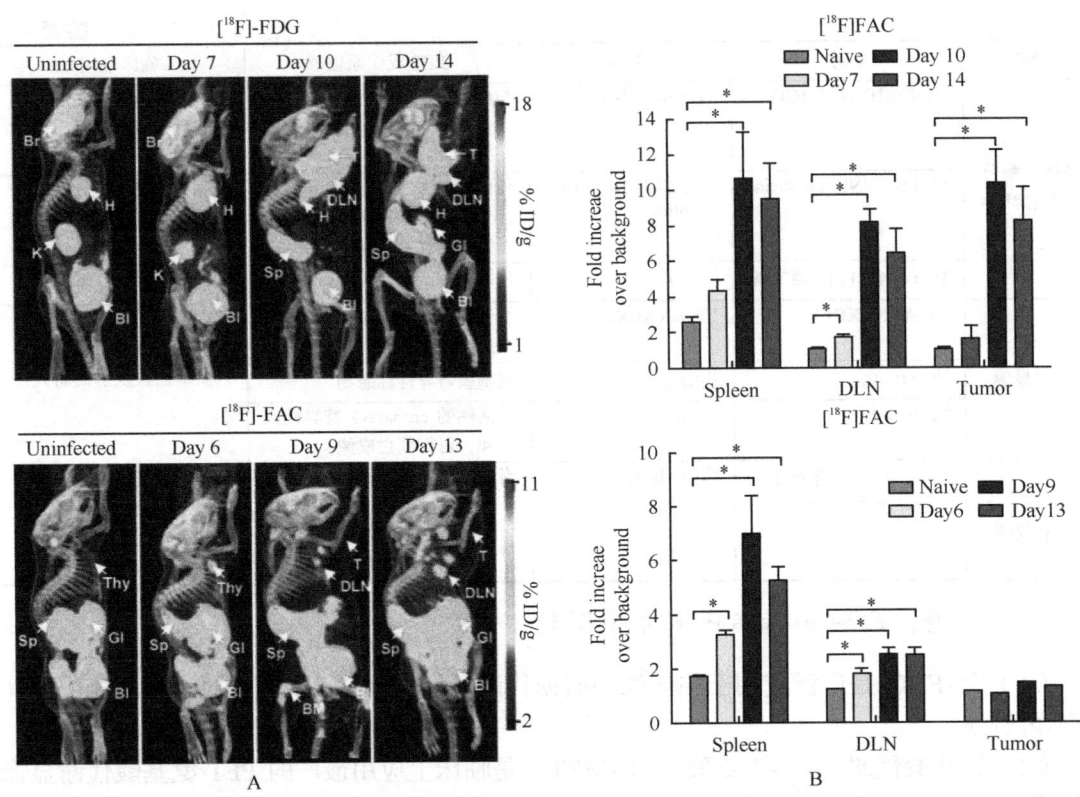

图 30-1　PET 监测经抗肿瘤治疗时机体内不同的免疫激活通路

肌肉注射 MSV/MuLV 前、后 7 天，10 天和 14 天的 ^{18}F-FDG 和 ^{18}F-FAC PET 均探测机体多部位免疫激活。

A. ^{18}F-FDG；B. ^{18}F-FAC

程度以及转移浸润特性紧密相关，Intergin $α_vβ_3$ 已经成为用于肿瘤靶向诊断和治疗的靶点。含精氨酸-甘氨酸-天冬氨酸（RGD）的肽片段可以与 $α_vβ_3$ 特异性结合，利用放射性同位素 ^{64}Cu、^{111}In 和 ^{125}I 等标记后可以对肿瘤新生血管进行成像。多项研究采用核素标记的 RGD 肽单体或多聚体，对包括前列腺癌、黑色素瘤、乳腺癌、肺癌、骨肉瘤、卵巢癌、神经胶质瘤及胰腺癌等多种人或鼠肿瘤血管 $α_vβ_3$ 进行在体内或体外成像。

RGD 单肽探针在体内药物生物学分布、药物代谢、肿瘤摄取率和亲和性等多个方面仍存在缺陷，众多研究者尝试多种手段进行修饰，以提高肿瘤部位摄取的靶/本比。Chen 等应用 ^{64}Cu 分别标记 DOTA-RGD 用于人胶质瘤大鼠模型的成像，结果显示：PEG 修饰可显著改善 ^{64}Cu-DOTA-RGD 的肿瘤影像效果。天然的 intergin $α_vβ_3$ 配体在体内可能存在与 intergin $α_vβ_3$ 的多价结合位点，由此研究者们提出了 RGD 多聚化的概念。Wu 等合成了 ^{64}Cu 结合的 RGD 四聚体（^{64}Cu-DOTA-E（E[c（RGDfK）]$_2$）$_2$），研究其对靶向整合素 $α_vβ_3$ 阳性肿瘤 U87MG 胶质瘤的 PET 影像效果，RGD 四聚体与 RGD 单体或二聚体相比较显示出更高的整合素亲和性，而肿瘤的摄取快且高，清除较慢（30 分钟为 9.93%ID/g±1.05%ID/g；24 小时为 4.56%ID/g±0.51%ID/g）。八聚体具有比四聚体更好的亲和力和更高的肿瘤摄取。多聚体分子中的单个 RGD 模序之间距离较小，不能同时结合相邻的 $α_vβ_3$ 位点，因此随着 RGD 环肽数目的增加，其与 $α_vβ_3$ 的亲和力也随之增高。

实体肿瘤的血管通透性增加，同时肿瘤的淋巴管道回流系统受阻，导致大分子物质在肿瘤部位浓聚，即肿瘤部位的渗透增强与滞留效应（EPR）将小分子药物连接到大分子聚合物载体上,能够利用 EPR 效应有效地增加药物在肿瘤部位的浓聚,聚合物药物在肿瘤的摄取是单纯小分子药物的 10~100 倍。尽管 RGD 类多肽放射性药物在动物实验中已经取得了一系列成果,但目前所面临的挑战是能否和如何将这些研究结果应用到临床,我国学者王凡教授在 3PRGD2 方面的研究取得了可喜的成就并正在进行三期临床实验,代表着国内在分子探针研发方面的进步。

(三)肿瘤乏氧代谢分子探针

乏氧是实体肿瘤普遍存在的现象,可降低放疗及化疗的治疗效果。对肿瘤组织进行乏氧显像,对肿瘤的早期诊断、治疗方案的确定及疗效预后评价具有重要意义。肿瘤 PET/CT 乏氧显像剂按显像原理的不同主要分为两大类:硝基咪唑类乏氧显像剂和非硝基咪唑类乏氧显像剂。常见的硝基咪唑类乏氧显像剂有 ^{18}F-氟米索硝唑(^{18}F-FMISO)、^{18}F-硝基咪唑丁二醇(^{18}F-fluoroerythronitroimidazole,^{18}F-FETNIM)、^{18}F-硝基咪唑呋喃糖苷(^{18}F-FAZA)、^{18}F-EF1、^{18}F-EF3、^{18}F-EF5 等,其中以 ^{18}F-FMISO 临床应用最广。非硝基咪唑类乏氧显像剂 Cu-甲基缩氨基硫脲(Cu-ATSM)。同时 Cu(^{60}Cu、^{61}Cu、^{62}Cu、^{64}Cu)具有不同的物理半衰期。其标记的 ATSM 复合物具有不同的优势,使其在乏氧显像以及治疗上有更好的前景。PET/CT 是目前对肿瘤的乏氧状况进行准确探测、反复定位、定量评价的最好方法,在准确探测肺癌的乏氧状况、指导治疗方案制定与实施、评价预后及检测治疗效果等方面已经初显成效。

(四)凋亡检测分子探针

凋亡是一种由基因调控的细胞主动死亡过程,对促进机体发育、维持机体内细胞数的平衡具有重要作用。细胞凋亡异常可诱发多种疾病,如肿瘤与自身免疫性疾病等等。因此早期在体监测肿瘤治疗前后细胞凋亡的变化对肿瘤治疗方案的确定、早期疗效监测及抗肿瘤药物的开发具有重要意义。

目前,细胞凋亡的检测手段分为体外检测和体内显像两种方法。虽然体外检测细胞凋亡的方法众多,但膜联蛋白 V(Annexin V)-FITC/PI(碘化丙啶)双染色流式细胞仪检测凋亡的方法是目前公认的最佳方法。细胞凋亡时,其表面会表达一些特征性"噬我信号",用于标记识别和清除凋亡细胞。磷脂酰丝氨酸膜(phosphatidylserine,PS)外翻就是最普遍也是研究最透彻的一种"噬我信号"。Annexin V 检测凋亡细胞的原理就是因为其能特异性结合细胞凋亡时外翻的 PS 膜,从而达到对凋亡细胞的检测。体内影像学检测凋亡主要有:磁共振波谱分析对凋亡定量分析、磁共振凋亡成像、荧光和生物发光凋亡成像以及高频超声凋亡成像等。放射性核素凋亡成像是研究最早也是目前最常用的体内成像方法。以核素标记的 Annexin V 及其类衍生物为代表的凋亡显像,已在临床应用中推广接受。利用 ^{18}F、^{11}C 和 ^{64}Cu 标记 Annexin V 进行凋亡显像是学者研究的方向。宋少莉等研究了 ^{64}Cu 标记的靶向 PS 膜的天然小分子物,同样也可以对于凋亡或坏死细胞外翻的 PS 膜进行成像,见图 30-2。

除了靶向 PS 膜的探针外,研究者同时还研究了一些靶向凋亡通路其他环节的探针,如靶向酶 Caspase-3 的分子探针。Nguyen QD 等合成了 ^{18}F-ICMT-11 能够在极低浓度下与激活的 Caspases-3 特异性结合,从而可以进行凋亡成像,图 30-3。^{18}F-ML-10 是小分子量凋亡标志物,靶向凋亡细胞的细胞膜 ApoSense,具体结合机制尚不明确,但研究证实该化合物只特异性结合凋亡细胞不结合活细胞的细胞膜,可以通过对凋亡细胞的细胞膜选择性结合而对凋亡过程进行早期成像,目前已在美国进入 Ⅰ/Ⅱ 临床实验。

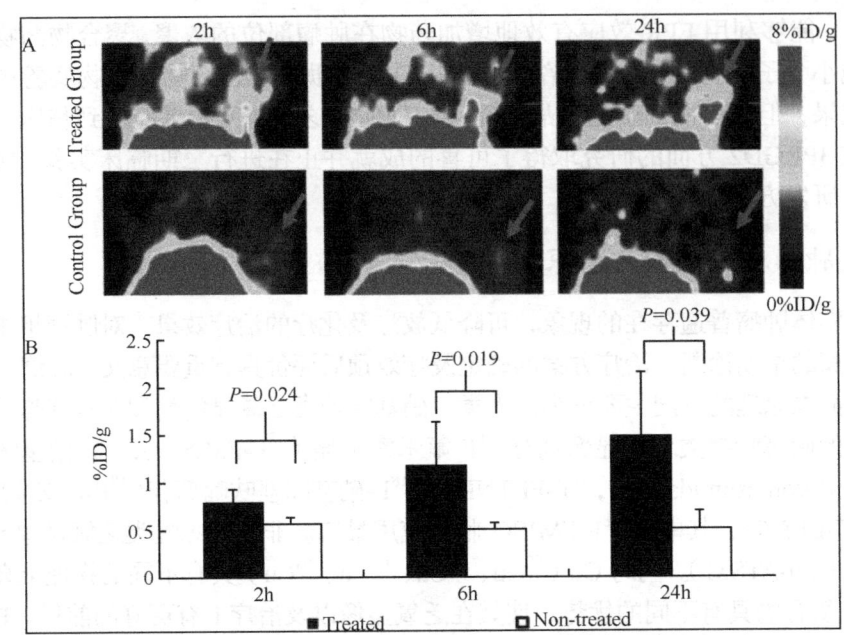

图 30-2　^{64}Cu-Hypericine PET 显像监测肿瘤热疗后凋亡坏死

BT474 乳腺癌肿瘤模型，治疗组瘤内注射纳米颗粒，并用光热疗进行照射

A. 上排为治疗过肿瘤模型；下排为未治疗肿瘤；B. 在治疗后 2h、6h 和 24h 两组肿瘤模型中该显像剂摄取之间的差异

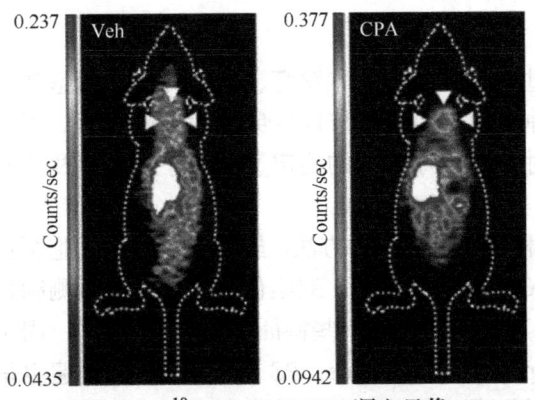

图 30-3　^{18}F-ICMT-11 PET 凋亡显像

38C13 荷瘤鼠在环磷酰胺 100mg/kg 化疗后，静脉注射 18F-ICMT-11 PET 显像，见化疗后肿瘤部位核素摄取明显增加（右侧肿瘤模型）

（五）PET 肿瘤细胞增殖的探针

3'-脱氧-3'-^{18}F-氟胸苷（^{18}F-FLT）是一种部分代谢的胸苷类似物，已经被临床用于对肿瘤增殖状况的诊断性评价和治疗检测。采用 PET 影像为动态评价 ^{18}F-FLT 的摄取提供了一种非侵袭性评价体内细胞增殖和定量检测新型抗增殖治疗的方法。

（六）神经受体、蛋白和配体的分子探针

多巴胺 D_2 受体　帕金森病（PD）主要是纹状体黑质多巴胺能神经元的丢失，导致纹状体多巴胺受体数目、密度和功能下降，从而导致基底神经节对丘脑和大脑皮质前部抑制性调节的增加。因此，多巴胺受体、多巴胺能神经递质和多巴胺转运蛋白显像显示出良好的应用前景。多巴胺 D_2 受体主要分布于下丘脑、黑质、纹状体、腺垂体等，显像剂主要为：^{18}F 或 ^{11}C 标记的 N-甲基螺环哌啶酮（^{18}F 或 ^{11}C-NMSP）、^{11}C-雷氯必利（^{11}C-RAC）和 ^{123}I-碘化苯酰胺（^{123}I-IBZM）等。

多巴胺转运蛋白　多巴胺转运蛋白（DAT）是定位于多巴胺能神经末梢细胞膜上的单胺特异转运蛋白，它将突触间隙的多巴胺运回突触前膜以待重新利用或进一步分解，是控制脑内多巴胺水平高低的关键因素。DAT 显像直接反映 DAT 的功能和密度的变化，比突触后膜 D_2 受体的变化更敏感、更直接，是反映多巴胺系统功能的重要指标。目前研制比较成功的 DAT 显像剂多为可卡因系列衍生物，如 [^{123}I]β-CIT、[^{123}I] FP-CIT、[^{123}I]-IPT、

^{99m}Tc-TRODAT-1 和[^{18}F]CFT 等，都已成功用于 PD 的 PET 及 SPECT 显像。纹状体多巴能突触结构示意图，如图 30-4，突触前侧为能对多巴胺神经元整体成像的标志物，如[^{18}F]DOPA、[^{11}C]DTBZ、[^{123}I]FP-CIT、[^{123}I]β-CIT、[^{11}C]IPT、[^{11}C]CFT 和[^{99m}Tc]TRODAT 都是 DAT 的显像剂；突触后侧为多巴胺 D$_2$ 受体的显像剂，如[^{123}I]IBZM、[^{11}C]-RAC 和[^{18}F]fallypride。

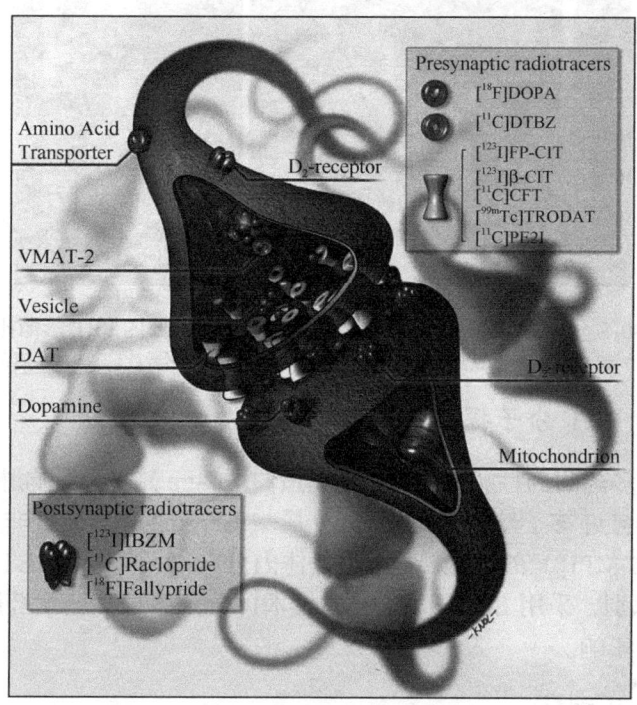

图 30-4　纹状体多巴能突触结构及常见的 PET 分子探针设计

^{18}F-DOPA 是第一个用于评价突触前多巴胺能完整性的标记物。纹状体核在 90 分钟内对 ^{18}F-DOPA 的摄取反映了轴突末梢丛的密度以及纹状体芳香氨基酸脱羧酶（AADC）的活性，该脱羧酶可将 ^{18}F-DOPA 转变为 ^{18}F-dopamine，因此，^{18}F-DOPA 的纹状体内摄取反映了 PD 患者剩余多巴胺能细胞的数量。但是，在疾病的早期，由于在剩余末梢中 AADC 的补偿性上调，^{18}F-DOPA PET 可能会过低评价退行性过程。

DAT 与多巴胺具有高亲和力，其唯一表达于多巴胺能神经元的树突和轴突，因此是一种检测黑质纹状体投射的标记物。许多 PET 配体（^{11}C-CFT、^{18}F-CFT，^{18}F-FP-CIT 和 ^{11}C-RTI-32）被证实可用于检测 DAT 功能。通常，所有的 DAT 标记物显示出与 ^{18}F-DOPA 类似的 PET 影像，它们能够区分正常志愿者和早期 PD 患者，灵敏度达到 90%左右。相比 ^{18}F-DOPA，早期 PD 患者由于剩余神经元的 DAT 相对下调，纹状体摄取 DAT 配体可能过高估计末梢密度的降低。

Ⅱ型囊泡单胺转运载体（VMAT2）在脑内唯一表达，在多巴胺神经元中负责从胞质中摄取单胺进入分泌囊泡，（^{11}C）DTBZ PET 示踪剂诊断 PD 的机制是与 VMAT2 特异性结合。Paveseand 比较 ^{18}F-DOPA、DAT 的配体 ^{11}C-methylphenidate 和（^{11}C）DTBZ 的 PET 影像结果表明，（^{11}C）DTBZ 能够最可靠地检测多巴胺能末梢的密度；但该结论有待通过病理学检查黑质细胞的数量进一步证实，Okamura 等研究了一种新型 ^{18}F-AV-133，在 17 名 PD 患者及 6 名健康受试者的 PET 影像体素分析显示，PD 患者 VMAT2 在纹状体和中脑中减少，并且 ^{18}F-AV-133 在尾状核 VMAT2 的结合率与 PD 的临床严重度呈显著相关（图 30-5）。^{18}F-AV-45 显现出与 Aβ

斑块的高亲和力。试验证实，^{18}F-AV-45 有望用于 PET 影像检测 AD 患者脑内 Aβ 斑块。

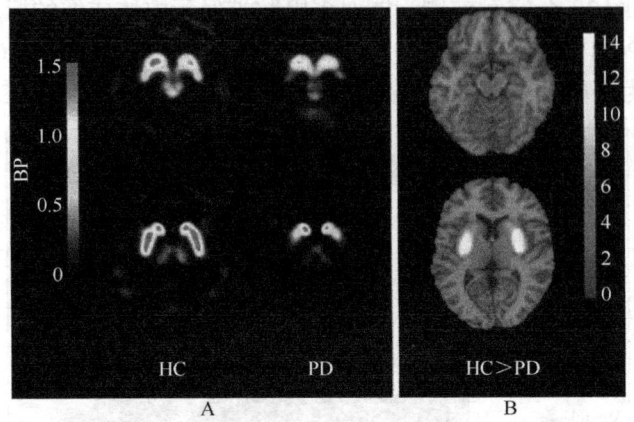

图 30-5　^{18}F-AV-133 在健康志愿者和 PD 患者脑部的 PET 影像比较
A. 健康志愿者（HC）和 PD 患者（PD）的脑部 PET 影像；B. 与正常志愿者比较，PD 患者的结合潜力下降区域

（七）其他的 PET 分子探针

P-gp 过量表达多药耐药性（MDR1）P-糖蛋白（P-gp）成为影响肿瘤患者化疗成功的重要屏障，并影响许多药物的药动学性质。Sharma 等研究非代谢性镓复合物（Ga-[3-ethoxy-ENBDMPI]）$^+$ 的细胞转运、小鼠体内分布以及 Micro-PET 影像。该 Ga^{67}/Ga^{68} 复合物可被 P-gp 识别，采用 SPECT 和 PET 技术可分别验证多药耐药肿瘤中以及血-脑屏障上 P-gp 对转运的影响。

（八）前景及展望

分子影像技术能够真正实现在活体的细胞及分子水平无创、动态、定量观测功能蛋白和功能基因表达及产生作用的实时成像，有助于在分子水平上理解疾病的发生机制，在新药发现、评价、靶点定位与机制研究中展现出无与伦比的价值，在疾病的早期诊断、疗效监测等方面将会有革命性的价值。由于分子影像最为关键的两个部分是成像技术及分子探针，故未来分子影像的发展将主要集中在以下方面：

1. 分子影像成像技术的发展　将从单模式到多模式发展；分子影像技术临床应用已经从简单定性、半定量走向精确定量化的时代，采用精确定量化的分子影像技术指导个性化治疗、靶向治疗已经成为分子影像临床应用和研究的热点和重点。

2. 分子探针的发展　多功能分子探针的研发将成为未来发展的方向；开发高效治疗性的分子探针，在分子水平上治疗疾病，将成为所有分子研究领域中的共同追求目标；分子影像手段将继续在新药发现、评价、靶点定位与机制研究提供更进一步的支撑作用。

3. 分子影像临床应用领域中　分子影像技术尚有待于进一步改进和开发，用于临床的图像后处理技术尚有待于进一步提高，如建立精准的模型、提高计算方法的准确度和速度、实现多种模态图像的三维融合，以及制定融合图像的诊断标准等。同时各种分子探针的诊治规范尚需要进一步完善。相信在不久的未来，分子影像尤其是核医学分子影像将在疾病诊断、治疗及疾病机制研究中将发挥越来越重要的作用，为医学发展谱写新的篇章。

（黄　钢）

参 考 文 献

陈家伦.2011.临床内分泌学.上海：上海科学技术出版社.
陈盛祖.2006.临床诊疗指南核医学分册.北京：人民卫生出版社.
黄钢. 2003. 核医学. 北京：高等教育出版社.
黄钢，刘建军. 2010. 分子影像学：转化医学的重要载体. 上海交通大学学报(医学版), 30(9): 1021~1023.
黄悦勤. 2006. 临床流行病学. 第2版. 北京：人民卫生出版社.
匡安仁. 2013.^{131}I 治疗分化型甲状腺癌. 北京：人民卫生出版社.
李少林. 2002.核医学.北京：人民卫生出版社.
李少林，王荣福. 2013. 核医学. 第8版. 北京：人民卫生出版社.
李亚明. 2007. 核医学教程. 北京：科学出版社.
潘中允.2006.放射性核素治疗学. 北京：人民卫生出版社.
谭红专. 2001. 现代流行病学. 第2版. 北京：人民卫生出版社.
王滨有. 2002. 临床实用流行病学. 哈尔滨：黑龙江科技出版社.
王风计.1997.血液病治疗学.天津：天津科学技术出版社.
王吉耀.2006.内科学.北京：人民卫生出版社.
王吉耀.2006.循证医学与临床实践. 第2版. 北京：科学技术出版社.
王家良. 2009. 临床流行病学. 第3版. 上海：上海科学技术出版社.
王荣福. 2011. PET/CT——分子影像学新技术应用. 北京：北京大学医学出版社.
王荣福. 2013. 核医学. 第3版. 北京：北京大学医学出版社.
王霄霞.2007.血液系统疾病的检验诊断. 北京：人民卫生出版社.
吴谨倩.2000.血液病诊疗手册.北京：人民卫生出版社.
张之南.2005.血液病治疗学. 北京：科学技术文献出版社.
中华人民共和国卫生部令55号《放射工作人员职业健康管理办法》2007, 3: 23.
中华医学会. 2004. 临床技术操作规范·核医学分册. 北京：人民军医出版社.
中华医学会. 2006. 临床诊疗指南·核医学分册. 北京：人民卫生出版社.
中华医学会内分泌分会《中国甲状腺疾病诊疗指南》编写组. 2007. 中国甲状腺疾病诊疗指南-甲状腺功能亢进症.中华内科学杂志, 46(10)：876~882.
Abraham P, AvenellA, Park CM, et al. A systematic review of drug therapy for Graves' hyperthyroidism[J]. Eur J Endorinol, 2005, 153(4)：489~498.
Ahmed K, Rao S, Simha V. Antineutrophil cytoplasmicantibody-positive vasculitis in a patient with graves disease：cross-reaction between propylthiouracil and methimazole[J]. Endocr Pratt, 2010, 16(3)：449~451.
Andrew Taylor, David M.Schuster, Naomi Alazraki.A Clinician's Guide to Nuclear Medicine.2nd edition.Published by the Society of Nuclear Medicine.2006.
Bahn Chair RS, Burch HB, Cooper DS, et al. Hyperthyroidism and otner causes of thyrotoxicosis: management guidelines of the American Thyroid Association and American Association of Clinical Endocrinologists. Thyroid, 2011, 21: 593~646.
Bleeker-Rovers CP, Vos, FJ.Corstens FHM. Scintigraphic Detection of Infection and Inflammation. In Biersack HJ, Freeman LM, editors. Clinical Nuclear Medicine. Berlin：Springer, 2007：347~356.
Bogazzi F, Giocannetti C, Fessehatsion R, et al. Impact of lithium on efficacy of radioactive iodine therapy for Graves' disease: a cohort study on cure rate, time to cure, and frequency of increased serum thyroxine after antithyroid drug withdrawal. J Clin Endocrinol Metab, 2010, 95: 201~208.
Booij J, Kemp P. Dopamine transporter imaging with [(123)I]FP-CIT SPECT: potential effects of drugs[J]. Eur J Nucl Med Mol Imaging, 2008, 35(2)：424~438.
Britton KE, Wareham DW, Das SS, et al. Imaging bacterial infection with ^{99m}Tc-ciprofloxacin (Infecton). J Clin Pathol 2002, 55(11)：817~23.
Chen X, Hou Y, Tohme M, et al. Pegylated Arg-Gly-Asp peptide: 64Cu labeling and PET imaging of brain tumor alphavbeta3-integrin expression[J]. J Nucl Med, 2004, 45(10)：1776~1783.
Cooper DS. Antithyroid drugs[J]. N Engl J Med, 2005, 352(9)：905~917.
D.S.Cooper, G.M.Doherty, B.R.Haugen, et al.Revised American Thyroid Association management guidline for patients with thyroid nodules and differentiated thyroid cancer.Thyroid.2009；19(11)：1167~1214.
Danzi S, Klein I. Thyroid hormone and the cardiovascular system. Mde Clin North Am, 2012, 96: 257~268.
E.B.Silberstein, A.Alavi, H.R.Balon, et al.The SNMMI practice guideline for therapy of thyroid disease with ^{131}I 3.0.J Nucl Med, 2012；53(10)1633~1651.
H.M.Kronenberg, S.Melmed, K.S.Polonsky.et al.Williams Textbook of Endocrinology.11nd edition.Published by Saunders Elsevier.2008；297~442.

H.M.Kronenberg, S.Melmed, K.S.Polonsky.et al.Williams Textbook of Endocrinology.11nd edition.Published by Saunders Elsevier.2008; 297~442.

Kim S, Chung J K, Im S H, et al. 11C-methionine PET as a prognostic marker in patients with glioma: comparison with 18F-FDG PET[J]. Eur J Nucl Med Mol Imaging, 2005, 32(1): 52~59.

Klein I, Becker D, Levey GS. Treatment of hyperthyroid disease[J]. AnnInt Med, 1994, 121(4): 281~288.

Mahfouz T, Miceli MH, Saghafifar F, et al. ^{18}F -fluorodeoxyglucose positron emission tomography contributes to the diagnosis and management of infections in patients with multiple myeloma: a study of 165 infectious episodes. J Clin Oncol 23(31): 7857~7863.

Melmed S, Polonsky KS, Larsen PR, et al. 威廉姆斯内分泌学, 向红丁, 译. 北京: 人民军医出版社, 2008: 339~380.

Modi S, Prakash J J, Domb A J, et al. Exploiting EPR in polymer drug conjugate delivery for tumor targeting[J]. Curr Pharm Des, 2006, 12(36): 4785~4796.

Nair-Gill E, Wiltzius S M, Wei X X, et al. PET probes for distinct metabolic pathways have different cell specificities during immune responses in mice[J]. J Clin Invest, 2010, 120(6): 2005~2015.

Nguyen Q D, Smith G, Glaser M, et al. Positron emission tomography imaging of drug-induced tumor apoptosis with a caspase-3/7 specific [18F]-labeled isatin sulfonamide[J]. Proc Natl Acad Sci U S A, 2009, 106(38): 16375~16380.

Okamura N, Villemagne V L, Drago J, et al. In vivo measurement of vesicular monoamine transporter type 2 density in Parkinson disease with (18)F-AV-133[J]. J Nucl Med, 2010, 51(2): 223~228.

Ponde D E, Dence C S, Oyama N, et al. 18F-fluoroacetate: a potential acetate analog for prostate tumor imaging--in vivo evaluation of 18F-fluoroacetate versus 11C-acetate[J]. J Nucl Med, 2007, 48(3): 420~428.

R.S.Bahn, H.B.Burch, D.S.Cooper, et al.Hyperthyroidism and other causes of thyrotoxicosis:management guidelines of American Thyroid Associatin and American Association of Clinical Endocrinologists.Thyroid.2011; 21(6): 1~54.

R'Brian Haynes. Clinical Epidemiology.third edition. LWW, A Wolters kluwer company.2006.

Song S, Xiong C, Zhou M, et al. Small-animal PET of tumor damage induced by photothermal ablation with 64Cu-bis-DOTA-hypericin[J]. J Nucl Med, 2011, 52(5): 792~799.

Wu Y, Zhang X, Xiong Z, et al. microPET imaging of glioma integrin {alpha}v{beta}3 expression using (64)Cu-labeled tetrameric RGD peptide[J]. J Nucl Med, 2005, 46(10): 1707~1718.

附　　录

附录一　常用放射性核素主要物理参数表

核素	物理半衰期	衰变方式	射线能量 (MeV)		核反应
			β_{max}	γ	
^{3}H	12.33y	β^-	0.0186 (100%)		^{6}Li(n, α)^{3}H
^{11}C	20.39m	β^+ EC	0.960 (99.8%) 0.2%	0.511 β^+	^{11}B(p, n)^{11}C ^{14}N(p, α)^{11}C
^{13}N	9.965m	β^+ EC	1.198 (99.8%) 0.2%	0.511 β^+	^{13}C(p, n)^{13}N ^{16}O(p, α)^{13}N
^{14}C	5.730×10^3y	β^-	0.156 (100%)		^{14}N(n, p)^{14}C
^{15}O	2.037m	β^+ EC	1.732 (99.9%) 0.1%	0.511 β^+	^{15}N(p, n)^{15}O ^{14}N(d, n)^{15}O
^{18}F	109.8m	β^+ EC	0.633 (96.7%) 3.3%	0.511 β^+	^{18}O(p, n)^{18}F ^{20}Ne(d, α)^{18}F
^{30}P	2.498m	β^+ EC	3.210 (99.8%) 0.14%	0.511 β^+ 2.235 (0.069%)	^{27}Al(α, n)^{30}P ^{32}S(d, α)^{30}P ^{30}Si(p, γ)^{30}P
^{32}P	14.26d	β^-	1.711 (100%)		^{31}P(n, γ)^{32}P ^{32}S (n, p)^{32}P
^{40}K	1.277×10^9y	β^- EC	1.312 (89.3%) 10.7%	1.461 (10.7%)	天然存在
^{41}Ar	1.822h	β^-	1.199 (99.1%) 2.492 (0.83%)	1.294 (99.1%)	^{40}Ar(n, γ)^{41}Ar
^{42}K	12.36h	β^-	2.000 (17.6%) 3.525 (81.9%)	0.313 (0.34%) 1.525 (18.1%)	^{41}K(n, γ)^{42}K ^{42}Ar $\xrightarrow{\beta^- \ 32.9y}$ ^{42}K
^{47}Ca	4.536d	β^-	0.695 (81.0%) 1.992 (19.0%)	0.498 (6.2%) 0.808 (6.2%) 1.297 (71.0%)	^{46}Ca(n, γ)^{47}Ca
^{51}Cr	27.70d	EC	100%	0.320 (9.92%)	^{50}Cr(n, γ)^{51}Cr ^{51}V(d, 2n)^{51}Cr
^{52}Fe	8.275h	β^+ EC	0.804 (55.5%) 44.5%	0.169 (99.0%) 0.511 β^+	^{52}Cr(α, 4n)^{52}Fe
^{59}Fe	44.50d	β^-	0.465 (53.1%) 0.273 (45.3%) 0.130 (1.3%)	1.099 (56.5%) 1.292 (43.2%) 0.192 (3.1%)	^{58}Fe(n, γ)^{59}Fe
^{57}Co	271.7d	EC	100%	0.122 (85.6%) 0.136 (10.7%) 0.014 (9.2%)	^{60}Ni(p, α)^{57}Co
^{60}Co	5.271y	β^-	0.318 (99.9%)	1.173 (100%) 1.333 (100%)	^{59}Co(n, γ)^{60m}Co ^{60m}Co $\xrightarrow[10.47m]{IT(99.8\%)}$ ^{60}Co
^{67}Ga	3.261d	EC	100%	0.093 (39.2%) 0.185 (21.2%) 0.300 (16.8%)	^{68}Zn(p, 2n)^{67}Ga ^{66}Zn(d, n)^{67}Ga ^{65}Cu(α, 2n)^{67}Ga
^{68}Ga	67.63m	β^+ EC	1.899 (88.0%) 0.822 (1.1%) 10.9%	1.077 (3.0%) 1.883 (0.14%) 0.511 β^+	^{68}Ge $\xrightarrow[270.8d]{EC}$ ^{68}Ga
^{75}Se	119.8d	EC	100%	0.265 (58.9%) 0.136 (58.3%) 0.280 (25.0%) 0.121 (17.2%) 0.401 (11.5%) 0.097 (3.4%)	^{74}Se(n, γ)^{75}Se

续表

核素	物理半衰期	衰变方式	射线能量 (MeV)		核反应
			β_{max}	γ	
^{81m}Kr	13.10s	IT	100%	0.190 (67.6%)	^{81}Rb $\xrightarrow{EC,\beta^+ (95.6\%)}$ ^{81m}Kr 4.576h
^{81}Rb	4.576h	β^+ EC	1.024 (25.0%) 0.578 (1.8%) 72.9%	0.190 (64.0%) 0.446 (23.2%) 0.510 (5.3%)	^{82}Kr(p, 2n)^{81}Rb ^{79}Br(α, 2n)^{81}Rb
^{82}Rb	1.273m	β^+ EC	3.379 (83.3%) 2.602 (11.7%) 4.5%	0.777 (13.4%) 1.395 (0.47%) 0.511 β^+	^{82}Sr $\xrightarrow{EC}$ ^{82}Rb 25.55d
^{86}Rb	18.63d	β^-	1.774 (91.4%) 0.698 (8.6%)	1.077 (8.6%)	^{85}Rb(n, γ)^{86}Rb
^{89}Sr	50.53d	β^-	1.495 (100%)		^{88}Sr(n, γ)^{89}Sr U(n, f) ^{89}Sr
^{90}Sr	28.74y	β^-	0.546 (100%)		U(n, f) ^{90}Sr
^{90}Y	64.10h	β^-	2.280 (100%)		^{89}Y(n, γ) ^{90}Y ^{90}Sr $\xrightarrow{\beta^- 28.74y}$ ^{90}Y
^{99}Mo	65.94h	β^-	1.215 (82.4%) 0.437 (16.4%)	0.739 (12.1%) 0.181 (6.0%)	^{98}Mo(n, γ)^{99}Mo U(n, f) ^{99}Mo
^{99}Tc	2.111×10^5y	β^-	0.294 (100%)		^{99}Mo $\xrightarrow{\beta^- (12.3\%)65.94h}$ ^{99}Tc ^{99m}Tc $\xrightarrow{IT\ 6.01h}$ ^{99}Tc
^{99m}Tc	6.02h	IT	100%	0.141 (89.1%)	U(n, f) ^{99m}Tc ^{99}Mo $\xrightarrow{\beta^- (87.7\%)65.94h}$ ^{99m}Tc
^{111}In	2.805d	EC	100%	0.245 (94.0%) 0.171 (90.2%)	^{112}Cd(p, 2n)^{111}In ^{111}Cd(p, n)^{111}In ^{109}Ag(α, 2n)^{111}In
^{121}I	2.12h	β^+ EC	1.045 (10.0%) 90%	0.212 (84.3%) 0.532 (6.1%)	^{121}Sb(α, 4n)^{121}I ^{124}Te(p, 4n)^{121}I ^{122}Te(p, 2n)^{121}I
^{123}I	13.27h	EC	100%	0.159 (83.3%) 0.529 (1.4%)	^{124}Te(p, 2n) ^{123}I
^{125}I	59.40d	EC	100%	0.036 (6.7%)	^{124}Xe(n, γ) ^{125}Xe EC, β^+,16.9h ↓ ^{125}I
^{131}I	8.021d	β^-	0.606 (89.9%) 0.334 (7.3%) 0.248 (2.1%)	0.364 (81.7%) 0.637 (7.2%) 0.284 (6.1%)	U(n, f) ^{131}I ^{130}Te(n, γ) ^{131}Te $\xrightarrow{\beta^-,25.0m}$ ^{131}I
^{133}Xe	5.243d	β^-	0.346 (99.0%) 0.267 (0.81%)	0.081 (38.0%) 0.080 (0.27%)	^{132}Xe(n, γ) ^{133}Xe U(n, f) ^{133}Xe
^{137}Cs	30.04y	β^-	0.514 (94.4%) 1.176 (5.6%)	0.662 (85.1%) 0.032 (5.6%) 0.036 (1.3%)	U(n, f) ^{137}Cs
^{153}Sm	46.50h	β^-	0.635 (32.2%) 0.705 (49.6%) 0.808 (17.5%)	0.103 (29.8%) 0.070 (4.85%)	^{152}Sm(n, γ) ^{153}Sm
^{186}Re	90.64h	β^- EC	1.070 (71.0%) 0.932 (21.5%) 6.9%	0.137 (9.4%)	^{185}Re(n, γ) ^{186}Re
^{198}Au	2.695d	β^-	0.961 (99.0%) 0.285 (0.99%)	0.412 (95.6%) 0.071 (2.2%) 0.676 (0.80%)	^{197}Au(n, γ) ^{198}Au
^{201}Tl	72.91h	EC	100%	0.069~0.080 (95.0%) 0.167 (10.0%) 0.135 (2.6%)	^{203}Tl(p, 3n)^{201}Pb EC, 9.33h ↓ ^{201}Tl

附录二 放射性核素通用衰变计算表

$t/T_{1/2}$	0.00	0.01	0.02	0.03	0.04	0.05	0.06	0.07	0.08	0.09
0.0	—	0.993	0.986	0.979	0.973	0.966	0.959	0.953	0.946	0.940
0.1	0.933	0.927	0.920	0.914	0.908	0.901	0.895	0.889	0.883	0.876
0.2	0.871	0.865	0.859	0.853	0.847	0.841	0.835	0.829	0.824	0.818
0.3	0.812	0.807	0.801	0.796	0.790	0.785	0.779	0.774	0.768	0.763
0.4	0.758	0.753	0.747	0.742	0.737	0.732	0.727	0.722	0.717	0.712
0.5	0.707	0.702	0.697	0.693	0.688	0.683	0.678	0.674	0.669	0.664
0.6	0.660	0.655	0.651	0.646	0.642	0.637	0.633	0.629	0.624	0.620
0.7	0.616	0.611	0.607	0.603	0.599	0.595	0.591	0.586	0.582	0.578
0.8	0.574	0.570	0.567	0.563	0.559	0.555	0.551	0.547	0.543	0.540
0.9	0.536	0.532	0.529	0.525	0.521	0.518	0.514	0.511	0.507	0.504
1.0	0.500	0.497	0.493	0.490	0.486	0.483	0.480	0.476	0.473	0.470
1.1	0.467	0.463	0.460	0.457	0.454	0.451	0.448	0.444	0.441	0.438
1.2	0.435	0.432	0.429	0.426	0.423	0.421	0.418	0.415	0.412	0.409
1.3	0.406	0.403	0.401	0.398	0.395	0.392	0.390	0.387	0.384	0.382
1.4	0.379	0.376	0.374	0.371	0.369	0.366	0.364	0.361	0.359	0.356
1.5	0.354	0.351	0.349	0.346	0.344	0.342	0.339	0.337	0.335	0.332
1.6	0.330	0.328	0.325	0.323	0.321	0.319	0.316	0.314	0.312	0.310
1.7	0.308	0.306	0.304	0.301	0.299	0.297	0.295	0.293	0.291	0.289
1.8	0.287	0.285	0.283	0.281	0.279	0.277	0.276	0.274	0.272	0.270
1.9	0.268	0.266	0.264	0.263	0.261	0.259	0.257	0.255	0.254	0.252
2.0	0.250	0.248	0.247	0.245	0.243	0.241	0.240	0.238	0.237	0.235
2.1	0.233	0.232	0.230	0.229	0.227	0.225	0.224	0.222	0.221	0.219
2.2	0.218	0.216	0.215	0.213	0.212	0.210	0.209	0.207	0.206	0.205
2.3	0.203	0.202	0.200	0.199	0.198	0.196	0.195	0.193	0.192	0.191
2.4	0.190	0.188	0.187	0.186	0.184	0.183	0.182	0.181	0.179	0.178
2.5	0.177	0.176	0.174	0.173	0.172	0.171	0.170	0.168	0.167	0.166
2.6	0.165	0.164	0.163	0.162	0.160	0.159	0.158	0.157	0.156	0.155
2.7	0.154	0.153	0.152	0.151	0.150	0.149	0.148	0.147	0.146	0.145
2.8	0.144	0.143	0.142	0.141	0.140	0.139	0.138	0.137	0.136	0.135
2.9	0.134	0.133	0.132	0.131	0.130	0.129	0.129	0.128	0.127	0.126
3.0	0.125	0.124	0.123	0.122	0.122	0.121	0.120	0.119	0.118	0.117
3.1	0.117	0.116	0.115	0.114	0.113	0.113	0.112	0.111	0.110	0.110
3.2	0.109	0.108	0.107	0.107	0.106	0.105	0.104	0.104	0.103	0.102
3.3	0.102	0.101	0.100	0.099	0.099	0.098	0.097	0.097	0.096	0.095
3.4	0.095	0.094	0.093	0.093	0.092	0.092	0.091	0.090	0.090	0.089
3.5	0.088	0.088	0.087	0.087	0.086	0.085	0.085	0.084	0.084	0.083
3.6	0.083	0.082	0.081	0.081	0.080	0.080	0.079	0.079	0.078	0.078
3.7	0.077	0.076	0.076	0.075	0.075	0.074	0.074	0.073	0.073	0.072
3.8	0.072	0.071	0.071	0.070	0.070	0.069	0.069	0.068	0.068	0.068

续表

t/T$_{1/2}$	0.00	0.01	0.02	0.03	0.04	0.05	0.06	0.07	0.08	0.09
3.9	0.067	0.067	0.066	0.066	0.065	0.065	0.064	0.064	0.063	0.063
4.0	0.063	0.062	0.062	0.061	0.061	0.060	0.060	0.060	0.059	0.059
4.1	0.058	0.058	0.058	0.057	0.057	0.056	0.056	0.056	0.055	0.055
4.2	0.054	0.054	0.054	0.053	0.053	0.053	0.052	0.052	0.052	0.051
4.3	0.051	0.050	0.050	0.050	0.049	0.049	0.049	0.048	0.048	0.048
4.4	0.047	0.047	0.047	0.046	0.046	0.046	0.045	0.045	0.045	0.045
4.5	0.044	0.044	0.044	0.043	0.043	0.043	0.042	0.042	0.042	0.042
4.6	0.041	0.041	0.041	0.040	0.040	0.040	0.040	0.039	0.039	0.039
4.7	0.039	0.038	0.038	0.038	0.037	0.037	0.037	0.037	0.036	0.036
4.8	0.036	0.036	0.035	0.035	0.035	0.035	0.034	0.034	0.034	0.034
4.9	0.034	0.033	0.033	0.033	0.033	0.033	0.032	0.032	0.032	0.031
5.0	0.0313	0.0311	0.0308	0.0306	0.0304	0.0302	0.0300	0.0298	0.0296	0.0294
5.1	0.0292	0.0290	0.0288	0.0286	0.0284	0.0282	0.0280	0.0278	0.0276	0.0274
5.2	0.0272	0.0270	0.0269	0.0267	0.0265	0.0263	0.0261	0.0259	0.0258	0.0256
5.3	0.0254	0.0252	0.0251	0.0249	0.0247	0.0245	0.0244	0.0242	0.0240	0.0239
5.4	0.0237	0.0235	0.0234	0.0232	0.0231	0.0229	0.0227	0.0226	0.0224	0.0223
5.5	0.0221	0.0220	0.0218	0.0217	0.0215	0.0214	0.0212	0.0211	0.0209	0.0208
5.6	0.0206	0.0205	0.0204	0.0202	0.0201	0.0199	0.0198	0.0197	0.0195	0.0194
5.7	0.0193	0.0191	0.0190	0.0189	0.0187	0.0186	0.0185	0.0183	0.0182	0.0181
5.8	0.0180	0.0178	0.0177	0.0176	0.0175	0.0174	0.0172	0.0171	0.0170	0.0169
5.9	0.0168	0.0166	0.0165	0.0164	0.0163	0.0162	0.0161	0.0160	0.0159	0.0157
6.0	0.0156	0.0155	0.0154	0.0153	0.0152	0.0151	0.0150	0.0149	0.0148	0.0147
6.1	0.0146	0.0145	0.0144	0.0143	0.0142	0.0141	0.0140	0.0139	0.0138	0.0137
6.2	0.0136	0.0135	0.0134	0.0133	0.0132	0.0131	0.0131	0.0130	0.0129	0.0128
6.3	0.0127	0.0126	0.0125	0.0124	0.0123	0.0123	0.0122	0.0121	0.0120	0.0119
6.4	0.0118	0.0118	0.0117	0.0116	0.0115	0.0114	0.0114	0.0113	0.0112	0.0111
6.5	0.0111	0.0110	0.0109	0.0108	0.0107	0.0107	0.0106	0.0105	0.0105	0.0104

t/T$_{1/2}$		t/T$_{1/2}$		t/T$_{1/2}$		t/T$_{1/2}$		t/T$_{1/2}$		t/T$_{1/2}$	
6.6	0.0103	7.2	0.0068	7.8	0.0045	8.4	0.0030	9.0	0.0020	9.6	0.0013
6.7	0.0096	7.3	0.0064	7.9	0.0042	8.5	0.0028	9.1	0.0018	9.7	0.0012
6.8	0.0090	7.4	0.0059	8.0	0.0039	8.6	0.0026	9.2	0.0017	9.8	0.0011
6.9	0.0084	7.5	0.0055	8.1	0.0037	8.7	0.0024	9.3	0.0016	9.9	0.0010
7.0	0.0078	7.6	0.0052	8.2	0.0034	8.8	0.0023	9.4	0.0015	10.0	0.0010
7.1	0.0073	7.7	0.0048	8.3	0.0032	8.9	0.0021	9.5	0.0014		

附录三　小儿放射性药物投予剂量计算法

（1）有一定厚度的脏器（如肝、脑等），用体重校正：

小儿投予剂量 = [体重（kg）/50] × 成人投予剂量

此计算方法不适合年龄太小(体重过轻)或年龄偏大（体重过重）的儿童。

（2）较薄的脏器（如甲状腺、骨等），用体表面积校正：
$$\text{小儿投予剂量} = [\text{体表面积}(m^2)/1.7] \times \text{成人投予剂量}$$
（3）Webster 法：
$$\text{小儿投予剂量} = [(\text{年龄}+1)/(\text{年龄}+7)] \times \text{成人投予剂量}$$
（4）动态显像，可用身高校正：
$$\text{小儿投予剂量} = [\text{身高}(cm)/174] \times \text{成人投予剂量}$$

附录四　常用放射性药物

英文缩写名称	中文全名	常用标记放射性核素	用途
Acetate	乙酸盐	^{11}C	乙酸代谢显像
Choline	甲基胆碱	^{11}C、^{18}F	胆碱代谢显像
$C^{15}O$	一氧化碳	^{15}O	血流灌注显像
$C^{15}O_2$	二氧化碳	^{15}O	血流灌注显像
DMSA	二巯基丁二酸	^{99m}Tc	肾静态显像
DMSA(V)	二巯基丁二酸	^{99m}Tc	肿瘤显像
DTPA	二乙烯三乙胺五醋酸	^{99m}Tc	肾动态显像，肺通气显像
DX	右旋糖苷	^{99m}Tc	淋巴显像
EC	双半胱氨酸	^{99m}Tc	肾动态显像
ECD	双半胱乙酯	^{99m}Tc	脑血流灌注显像
EDTMP	乙二胺四甲撑膦酸	^{153}Sm	癌性骨痛治疗
EHIDA	二乙基乙酰替苯胺亚二醋酸	^{99m}Tc	肝胆显像
FDG	氟代脱氧葡萄糖	^{18}F	葡萄糖代谢显像
FDOPA	氟代多巴	^{18}F	氨基酸代谢显像、多巴胺能神经递质显像
FET	氟代乙基酪氨酸	^{18}F	氨基酸代谢显像
FMISO	氟硝基咪唑	^{18}F	乏氧显像
FMT	甲基酪氨酸	^{18}F	氨基酸代谢显像
^{67}Ga	枸橼酸镓	^{67}Ga	炎症显像，肿瘤显像
GH	葡庚糖	^{99m}Tc	肝肿瘤显像，脑显像
GSA	半乳糖人血白蛋白	^{99m}Tc	肝细胞受体显像
HAM	人血清白蛋白微球	^{99m}Tc	肺灌注显像
HEDP	羟基亚乙基二膦酸	^{186}Re	癌性骨痛治疗
HMPAO	六甲基丙烯胺肟	^{99m}Tc	脑血流灌注显像
$H_2^{15}O$	水	^{15}O	血流灌注显像
HAS	人血清白蛋白	^{99m}Tc	血池显像
$Na^{18}F$	氟化钠	^{18}F	骨显像
$Na^{123}I$	碘化钠	^{123}I	甲状腺显像
$Na^{131}I$	碘化钠	^{131}I	甲状腺显像
IMP	异丙基安非他明	^{123}I	脑血流灌注显像
MAA	大颗粒人血清白蛋白	^{99m}Tc	肺灌注显像

续表

英文缩写名称	中文全名	常用标记放射性核素	用途
MAG$_3$	巯基乙酰三甘氨酸	^{99m}Tc	肾动态显像
MDP	亚甲基二膦酸盐	^{99m}Tc	骨显像
MET	甲基蛋氨酸	^{11}C	氨基酸代谢显像
MIBG	间位碘代苄胍	^{123}I	肾上腺髓质显像，心肌显像
MIBI	甲氧基异丁基异腈	^{99m}Tc	心肌显像，肿瘤显像
^{13}NH$_3\cdot$H$_2$O	氨水	^{13}N	血流灌注显像
^{15}O$_2$	氧气	^{15}O	氧代谢显像
OIH	邻碘马尿酸钠	^{123}I	肾动态显像，肾图
PA	棕榈酸	^{11}C	心肌脂肪酸代谢显像
Phytate	植酸钠	^{99m}Tc	肝脾显像
PMT	吡哆醛-5-甲基色氨酸	^{99m}Tc	肝胆显像，肝脏肿瘤显像
PYP	焦磷酸盐	^{99m}Tc	骨显像，血池显像
SC	硫胶体	^{99m}Tc	肝脾显像,骨髓、淋巴显像
^{89}SrCl$_2$	氯化锶	^{89}Sr	癌性骨痛治疗
^{99m}TcO$_4^-$	高锝酸根	^{99m}Tc	甲状腺显像，唾液腺显像
^{201}TlCl	氯化铊	^{201}Tl	心肌显像，肿瘤显像
Tyrosine	酪氨酸	^{11}C	氨基酸代谢显像

（杜补林）

彩 插

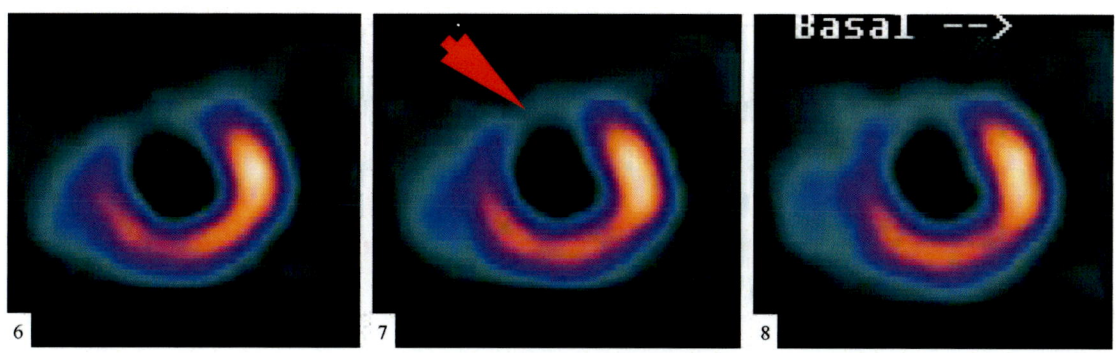

图 8-10 心肌血流灌注断层显像

箭头所指处为左室前间壁心肌梗死处

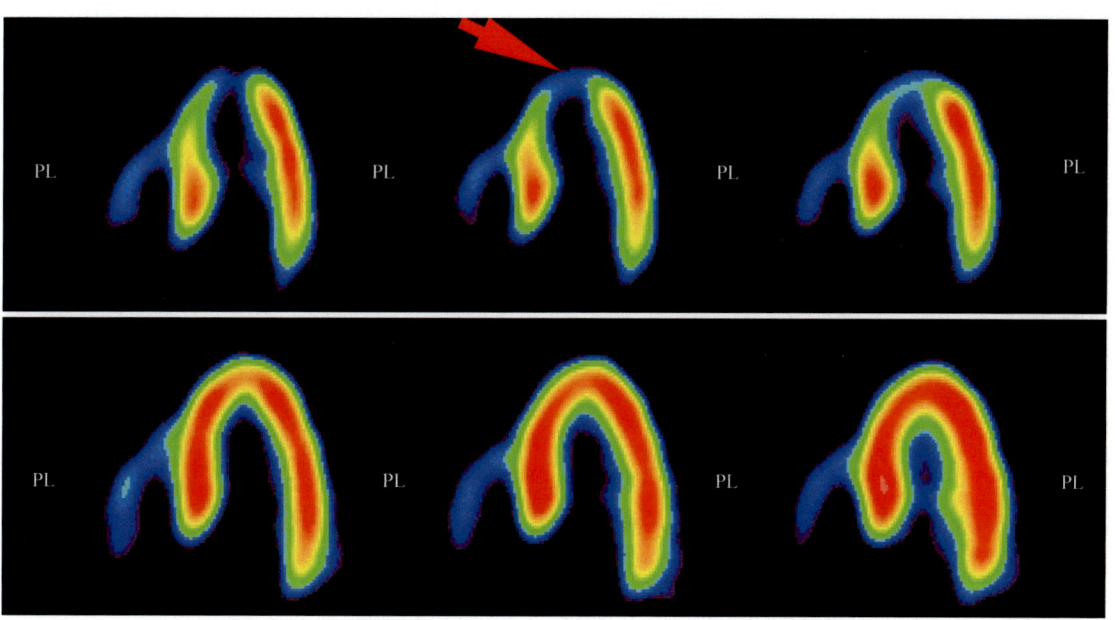

图 8-11 ^{13}N-NH$_3$·H$_2$O PET 心肌血流灌注断层显像（水平长轴）

上排为负荷心肌显像图：前间壁心肌缺血（如箭头所指）；下排为静息心肌显像图：未见明显异常

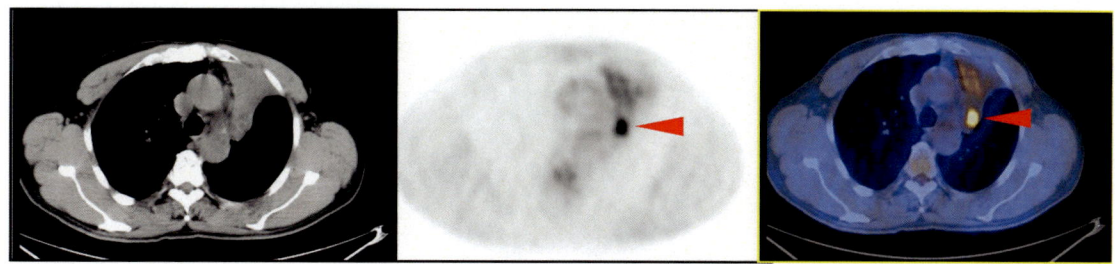

图 8-12 左上肺癌 ^{18}F-FDG PET/CT 图像

从左向右分别为纵隔窗 CT、同层面 PET 图像和同层面 PET/CT 融合图像。箭头所指处为肺癌病灶，其远端肺不张

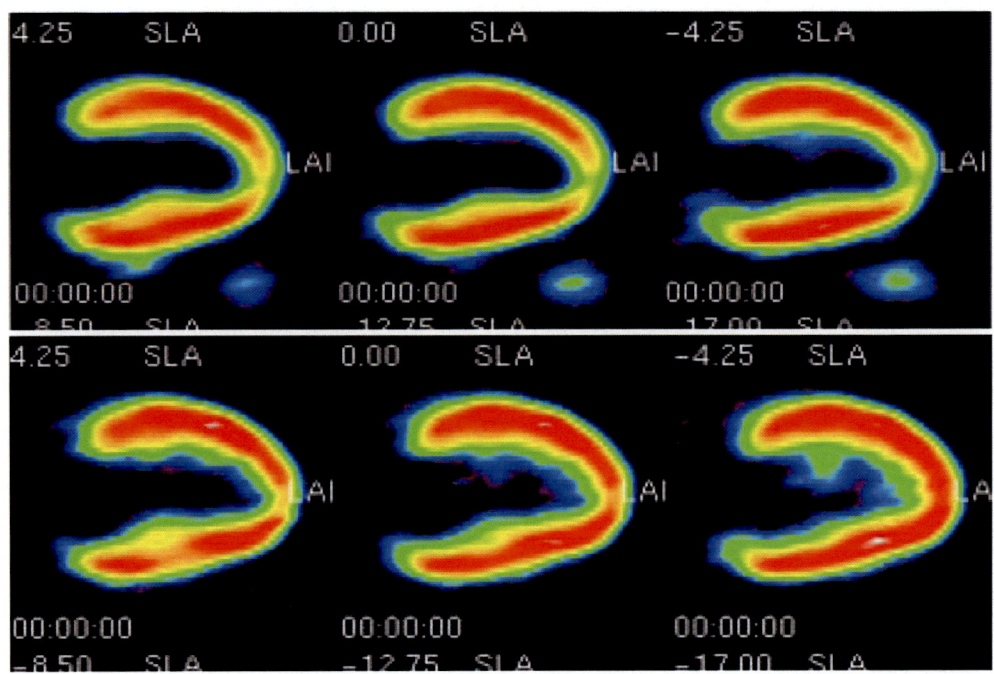

图8-13 上排图:^{13}N-NH$_3$·H$_2$O PET心肌血流灌注图像(垂直长轴);下排图:^{18}F-FDG PET心肌代谢图像(垂直长轴)

两者心肌图像相近,但内涵不同

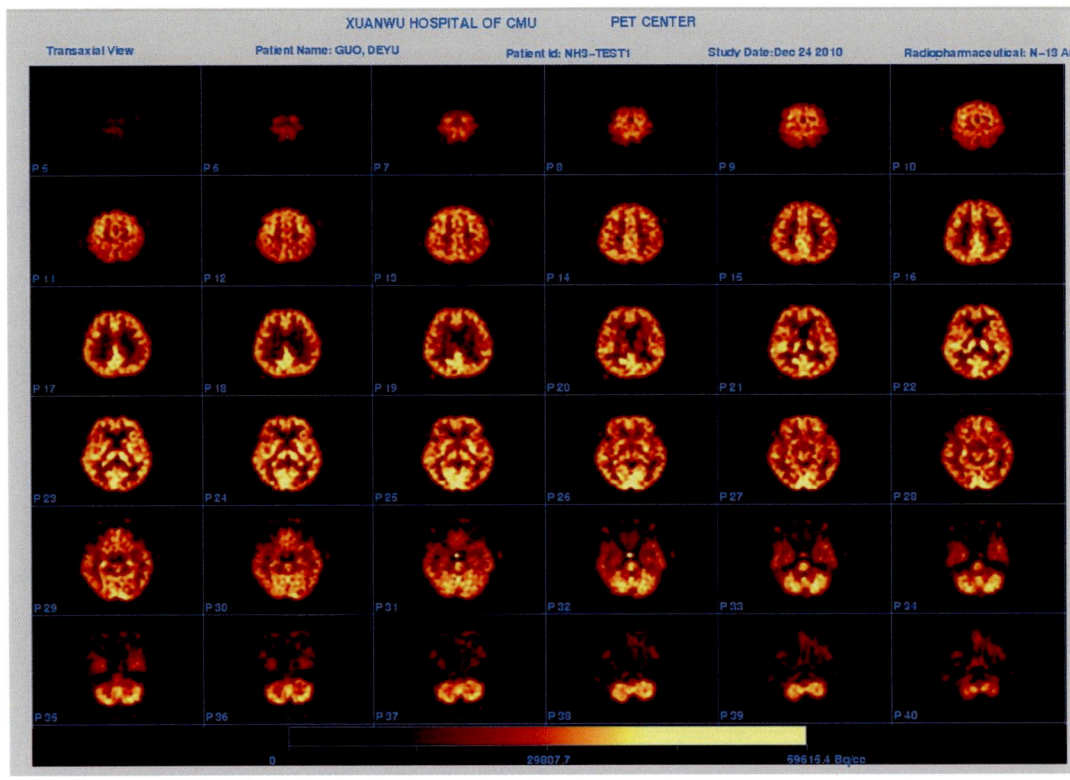

图9-2 正常脑血流灌注^{13}N-Ammonia PET横断层影像

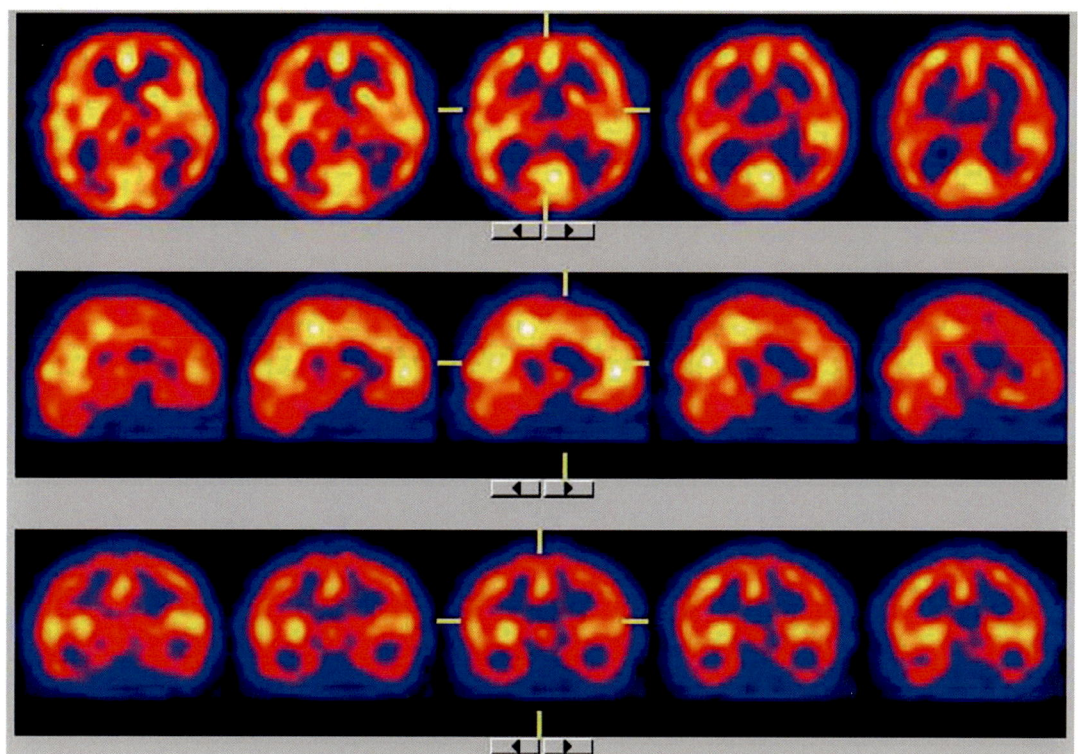

图 9-3　正常脑血流灌注 ^{99m}Tc-ECD SPECT 影像

上排：横断层，中排：矢状断层，下排：冠状断层

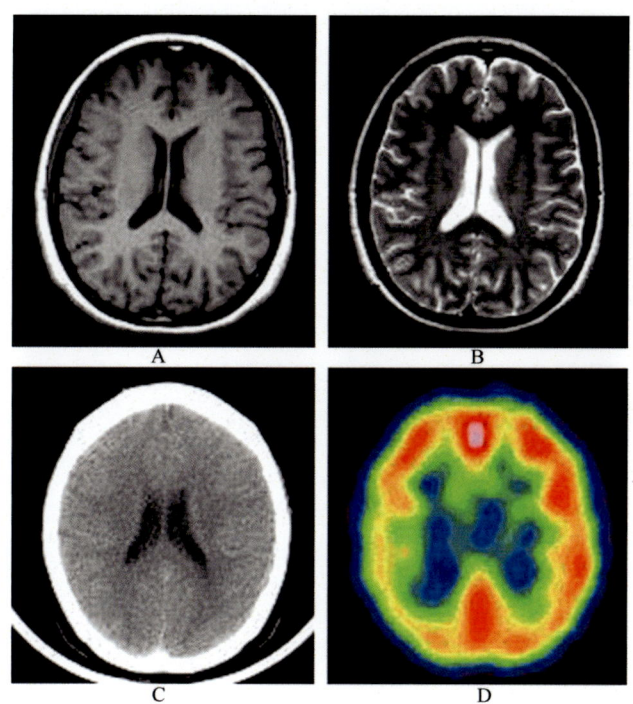

图 9-6　脑缺血 SPECT 影像

患者反复发作眩晕，MRI（A、B）、CT（C）均阴性，^{99m}Tc-ECD SPECT 脑血流灌注显像（D）发现右顶叶显像剂摄取减低区，最后诊断为右大脑中动脉狭窄导致脑缺血发作

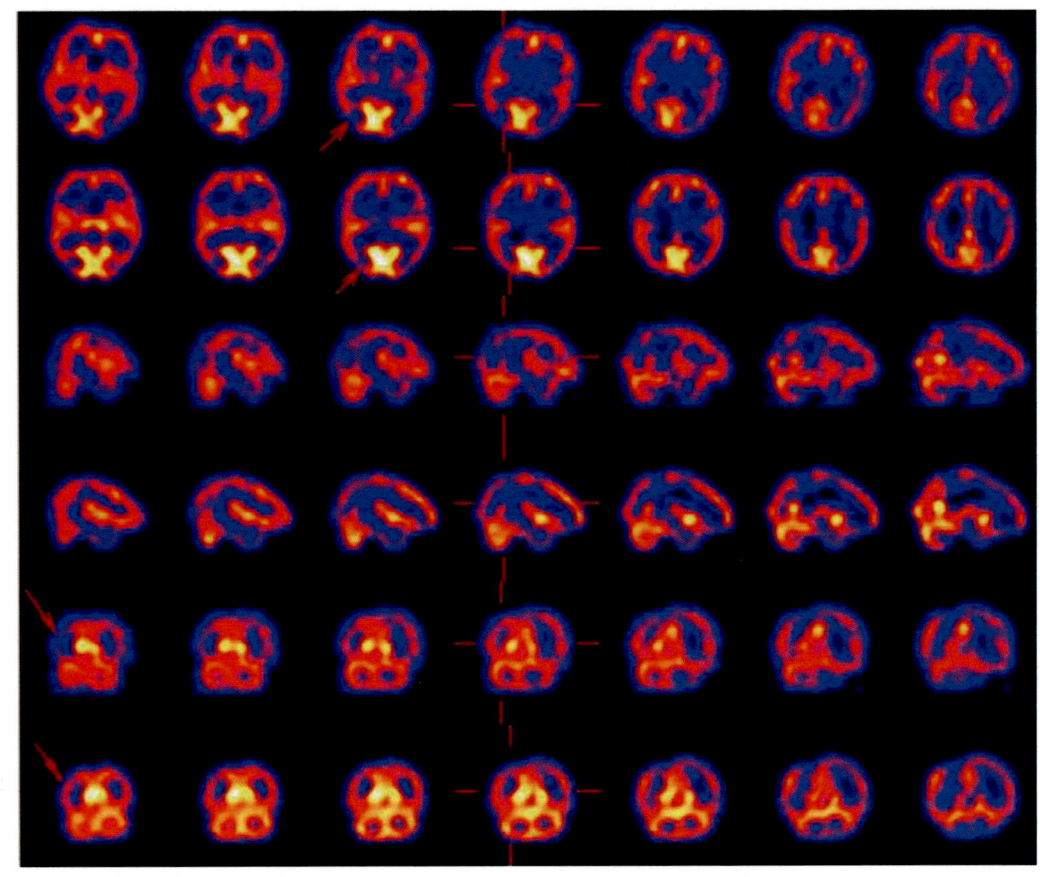

图 9-7 腺苷药物负荷试验 SPECT 脑显像

第一行图：腺苷药物负荷试验后显像，可见右侧枕叶放射性摄取明显减低。第二行图：静息状态显像，右侧枕叶放射性分布未见明显减低

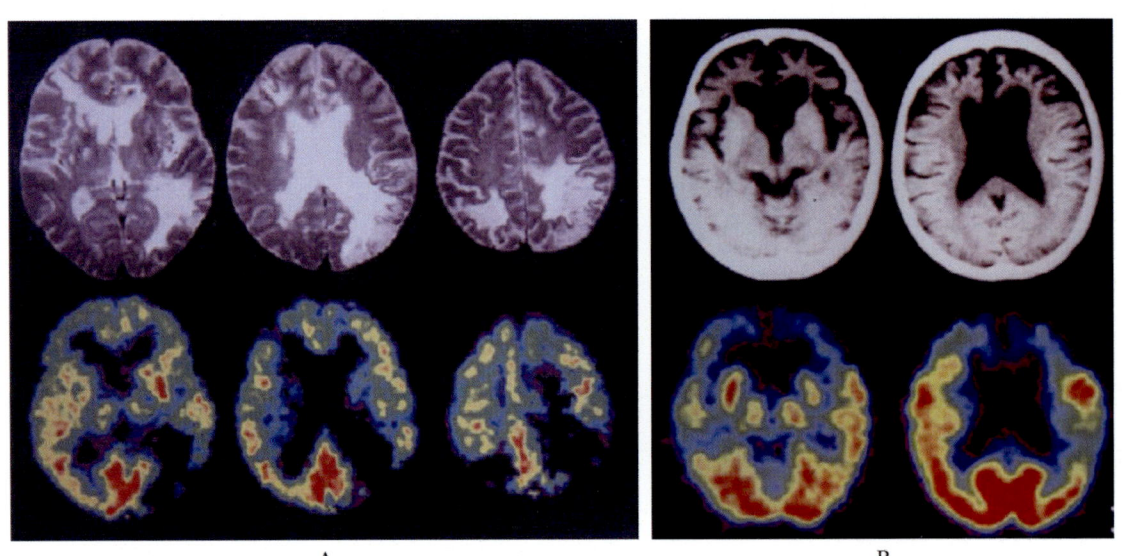

图 9-10 脑代谢影像与解剖影像相匹配的痴呆

血管性痴呆 PET 与 MRI 影像（A）和 Pick 病痴呆 PET 与 CT 影像（B）

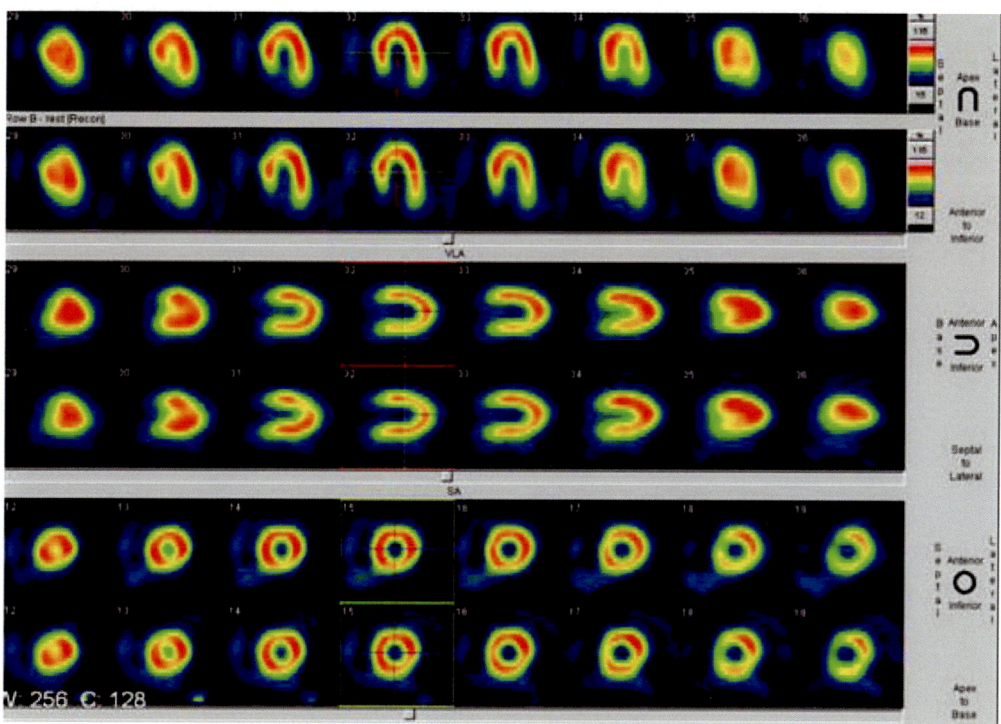

图 10-6 正常心肌灌注显像影像

1、3、5 排为运动负荷显像,2、4、6 排为静息显像依次显示水平长轴、垂直长轴、短轴三个断面。左室各个节段显像剂分布均匀,心尖部和室间壁膜部显像剂分布稍稀疏

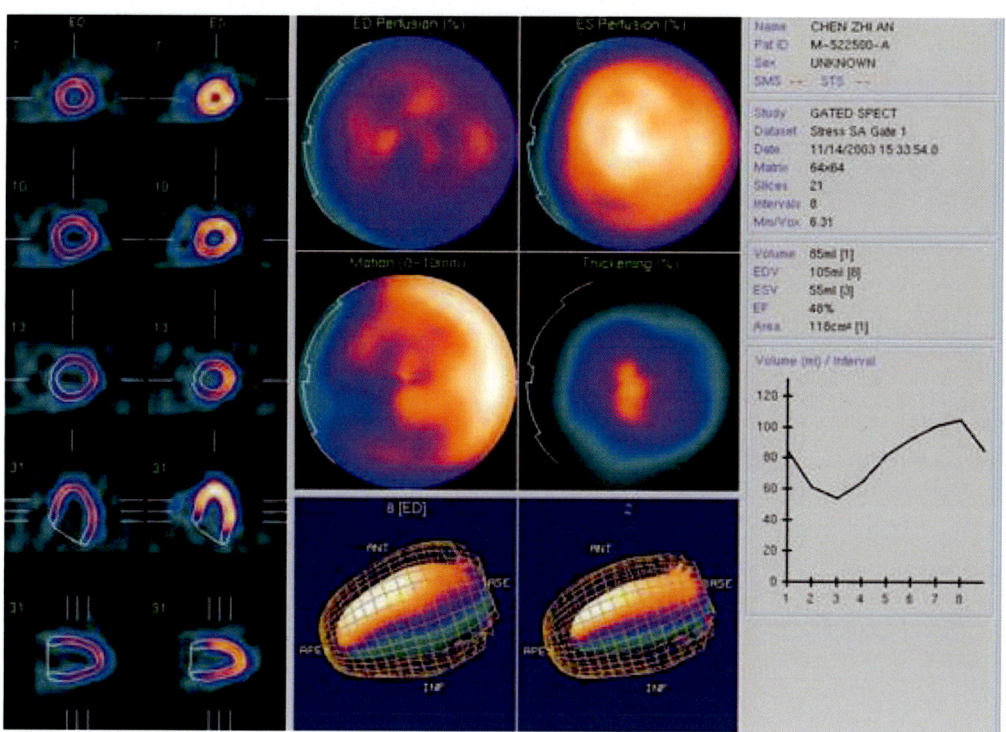

图 10-7 门控心肌断层显像

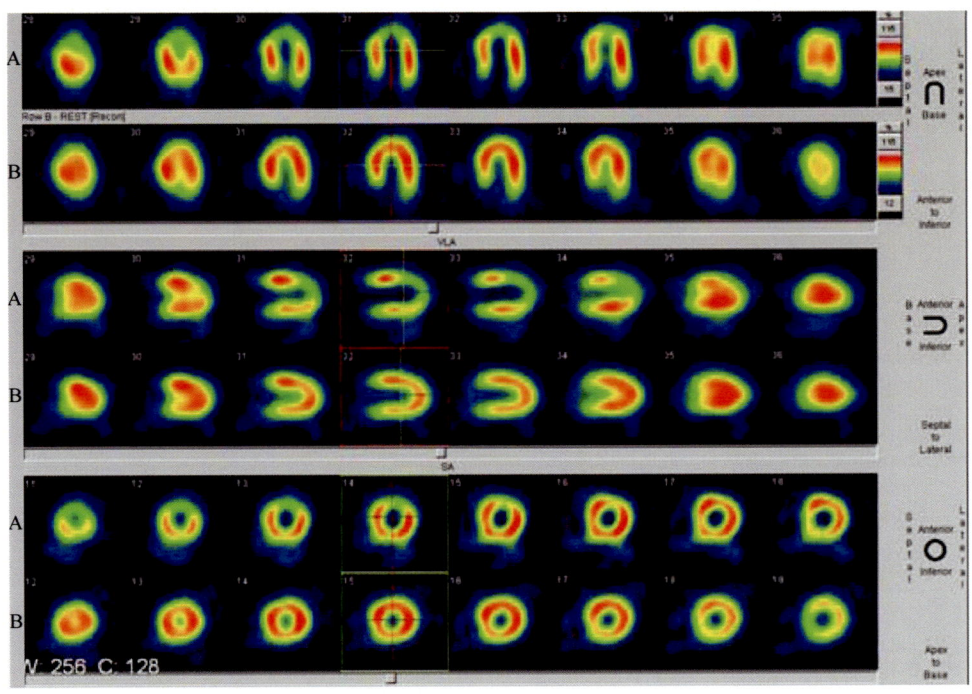

图 10-8 可逆性缺损图像

男性，68 岁，胸痛不适 1 月余，有劳累后发生，心电图正常。SPECT 显示（A 运动显像，B 静息显像）：运动试验心肌显像在心尖部、前壁近心尖部显像剂分布明显稀疏缺损，静息心肌显像在心尖部、前壁近心尖部显像剂充填，为可逆性缺损，提示心尖部、前壁近心尖部心肌缺血改变。冠状动脉造影前降支 90% 狭窄

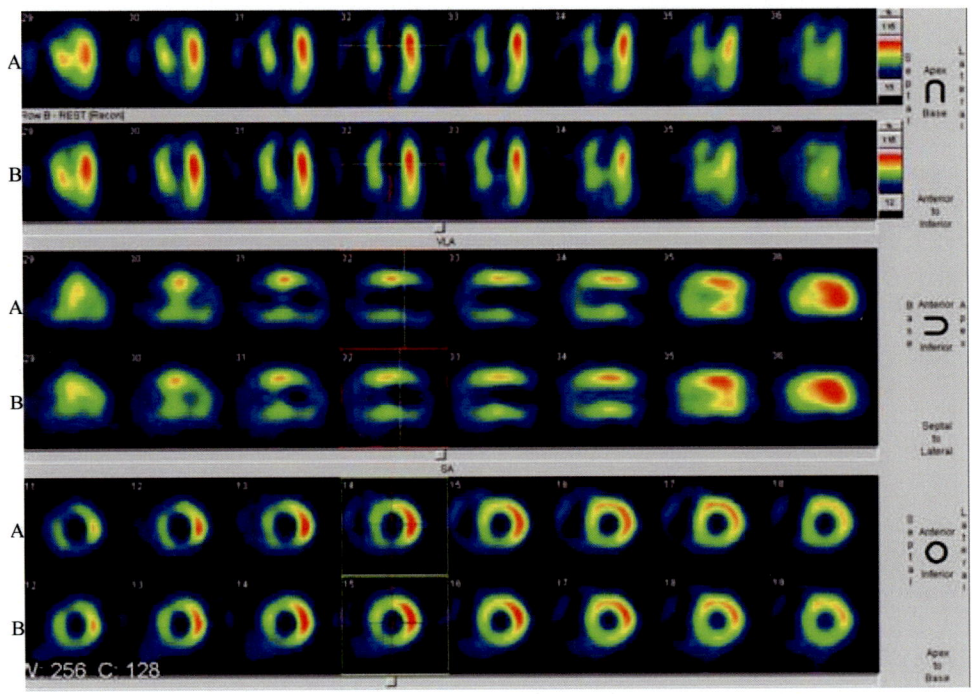

图 10-9 不可逆性缺损图像

男性，54 岁。阵发性胸痛半年，曾诊断为心肌梗死，心电图可见异常 Q 波。SPECT 显示：运动试验心肌显像心尖、前壁显像剂分布缺损，间壁、下后壁分布稀疏，静息显像无变化，为不可逆性缺损，提示心肌梗死改变。冠状动脉造影三支病变：前降支 100%，回旋支 70%，右冠状动脉 80%

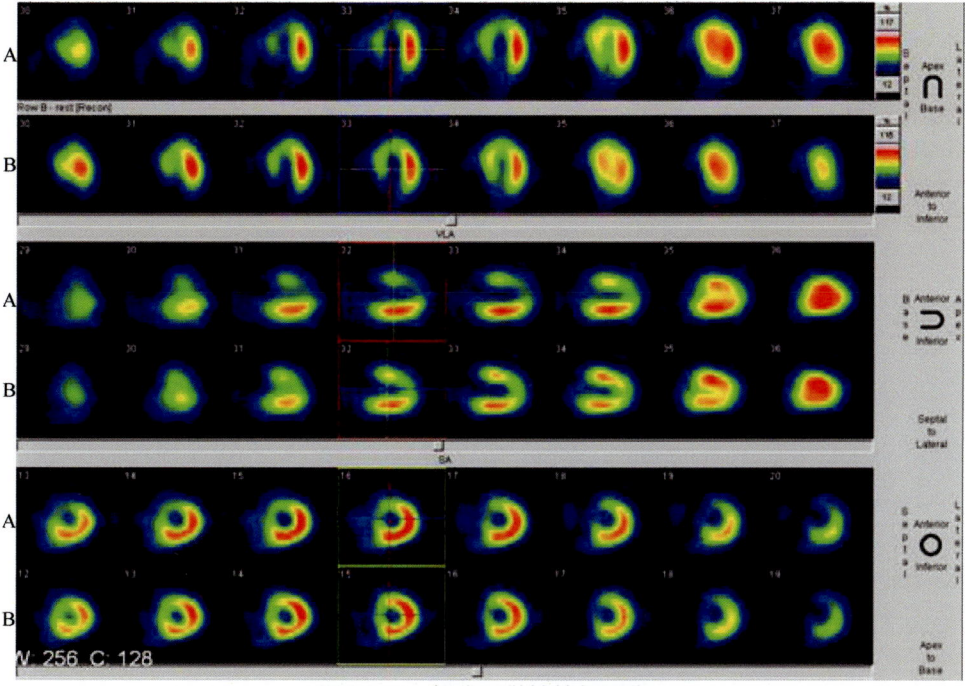

图 10-10　部分可逆性缺损图像

女性，53 岁。胸闷不适 1 年余。心电图：ST-T 改变。SPECT 显示：运动试验心肌显像心尖缺损，前壁、间壁分布稀疏，静息显像心尖缺损无变化，为不可逆性缺损，前壁、间壁少量充填，提示心肌缺血＋梗死改变。冠状动脉造影：前降支 95% 狭窄

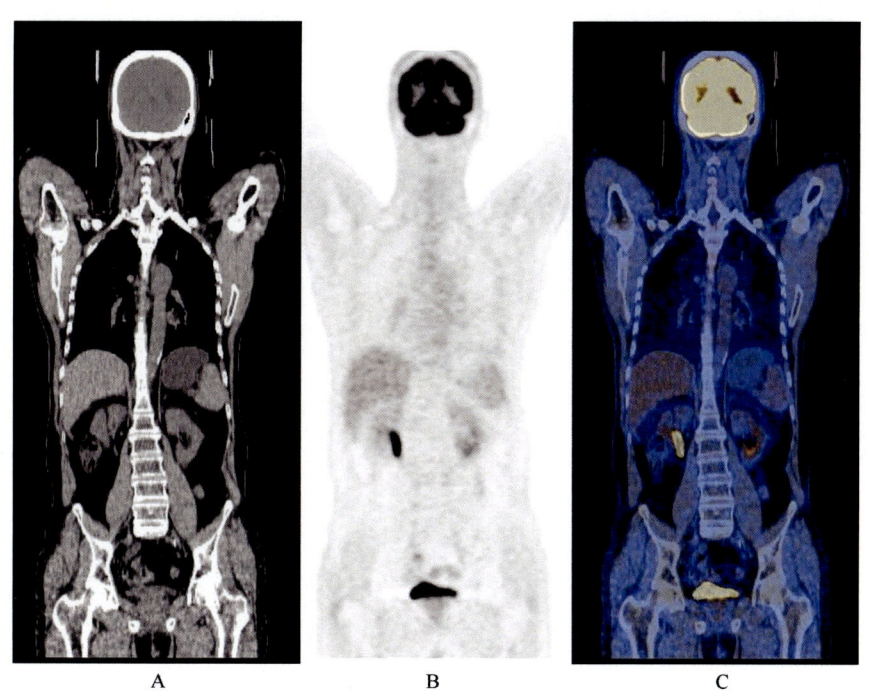

图 17-3　正常人 18F-FDG 全身显像

A~C. 分别为冠状断层的 CT、PET 和融合图像

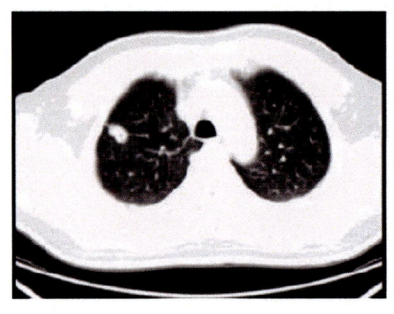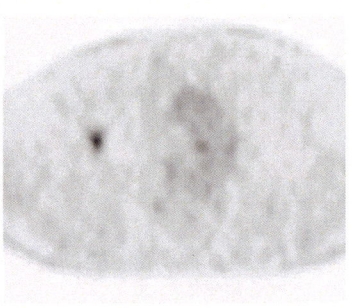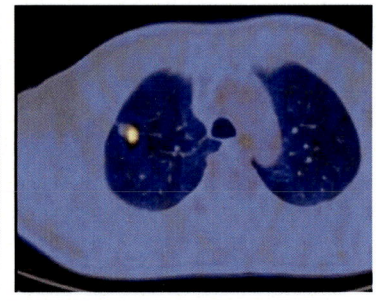

图 17-4　PET 肺部结节显像

左肺孤立性肺结节半年，临床诊断为结核，PET 显像示代谢增高，术后病理为肺泡癌